21世纪清华MBA精品教材

北京市高等教育精品教材立项项目

# 会计学

## （第四版）

夏冬林　主编

Accounting

清华大学出版社

北京

# 内 容 简 介

本书以我国现行会计准则为依据,结合上市公司公开披露的实例,解释了会计学的基本概念、方法和原则。全书包括三个部分:财务报告、会计报表要素以及管理会计基本概念和方法。财务报告部分介绍资产负债表、利润表和现金流量表的功能、编制原理以及会计报表分析的基本方法,财务会计的基本概念和原则以及记账原理也在本部分介绍。会计报表要素部分主要介绍其确认、计量和报告的原则和方法,主线是资产负债表要素,利润表要素则是通过资产负债表要素介绍,或者在财务报告中介绍,如收入和费用的确认等。管理会计部分主要介绍成本会计、预算管理和长期投资分析三项内容,如成本的分类、计算及其运用的基本方法等。本书同时配有较为丰富的习题,其中的讨论题大多来源于上市公司的实例,有助于学生理解和应用会计学的基本概念、方法和原则。

本书适用于高等院校 MBA 和其他非会计专业教学,也可用于自学。

**图书在版编目(CIP)数据**

会计学 / 夏冬林主编. --4 版. --北京:清华大学出版社,2014(2024.2重印)
(21 世纪清华 MBA 精品教材)
ISBN 978-7-302-38546-2

Ⅰ. ①会⋯ Ⅱ. ①夏⋯ Ⅲ. ①会计学—研究生—教材 Ⅳ. ①F230

中国版本图书馆 CIP 数据核字(2014)第 273594 号

责任编辑:梁云慈
封面设计:李伯骥
责任校对:宋玉莲
责任印制:宋 林

出版发行:清华大学出版社
    网    址:https://www.tup.com.cn,https://www.wqxuetang.com
    地    址:北京清华大学学研大厦 A 座        邮    编:100084
    社 总 机:010-83470000        邮    购:010-62786544
    投稿与读者服务:010-62776969,c-service@tup.tsinghua.edu.cn
    质量反馈:010-62772015,zhiliang@tup.tsinghua.edu.cn
印 装 者:三河市铭诚印务有限公司
经    销:全国新华书店
开    本:185mm×260mm    印张:39    插页:1    字数:895 千字
版    次:2003 年 9 月第 1 版 2014 年 12 月第 4 版    印次:2024 年 2 月第 14 次印刷
定    价:89.00 元

产品编号:062082-03

# 第四版前言

　　2011 年 8 月第三版修订以来,会计准则以及相关的法律法规发生了变化,如国务院 2013 年 10 月 25 日决定改革注册资本登记制度,国家工商行政管理总局 2014 年 2 月 20 日发布《公司注册资本登记管理规定》,2013 年 11 月 30 日国务院发布《关于开展优先股试点的指导意见》,中国证监会 2014 年 3 月 21 日发布《优先股试点管理办法》,财政部 2014 年修订和新发布了《长期股权投资》等 7 个会计准则。为了体现法律法规和会计准则的变化,我们重新修订了相关内容。

　　与此同时,根据教材使用过程中老师和同学的意见和建议,我们对部分内容进行了补充、修改和完善,更新了教材中的实例数据。

　　由于时间较为紧张,这次没有对习题进行修改。

　　本次修订由夏冬林、谢德仁和陈武朝三位老师负责。

　　我们热忱欢迎并衷心感谢老师和同学提出更多的意见和建议,帮助我们今后更好地完善本教材。

编著者

2014 年 11 月 21 日

# 前言

由于会计学知识的专业性和技术性,使得非会计专业学生学习会计一直是个难题,或者过于专业而不易于理解,或者过于简单而不能掌握必要的知识。虽然我们一直将财务报告的阅读和理解作为 MBA 教学的主要目标,然而,苦于没有专门适用于 MBA 教学的教材,这一目标或多或少都转向了更为专业的会计知识教学。

为了满足 MBA 教学的需要,我们一直试图编写一本适用的会计学教材,但由于时间和精力所限,迟迟未能如愿。在得到北京市教委精品教材计划的支持以及诸位老师的共同努力下,这个愿望最终得以兑现。

我们将 MBA 教学的目标确定为:通过理解和掌握财务会计的基本概念、原则和方法,获得阅读和理解会计报表的专业能力,同时,掌握管理会计的基本概念和方法。为了达到这一教学目标,我们将全书分为三个部分:财务报告、会计报表要素和管理会计基本知识。

为使学生更加直接地了解会计报表,我们从会计的基本功能入手,首先介绍会计报表的作用、含义以及会计报表的基本分析方法,并将会计报表主要要素的概念以及会计报表编制的基本原则融入其中,如资产、负债、所有者权益、收入、费用,持续经营、历史成本计价、权责发生制、收付实现制、会计分期、实现原则、配比原则等。然后介绍会计报表各项目确认、计量和报告的基本原则和方法,其中,结合上市公司的实例,用了较大的篇幅介绍会计报表主要项目的披露方法。本书将关联交易、债务重组、非货币性交易、会计变更、资产负债表日后事项并成一章,作为特殊会计问题给予介绍,同时将国际财务报告问题专门介绍。本书最后介绍了成本管理会计中的基本方法,如成本控制和方法、本量利分析、预算管理和长期投资管理。

本书具有以下四个特点：

1. 贴近中国实际

本书以我国会计准则为依据，结合上市公司大量实例，介绍会计的基本概念、方法和原则，使学生能够获得较多的感性认识，在应用中理解会计概念和方法。

2. 习题丰富

我们认为，练习是会计教学十分重要的环节。为此，我们编写了较为丰富的习题，且有一定难度。习题分为三个类型：

(1) 思考题。侧重于基本概念、原则和方法的理解与掌握。

(2) 练习题。侧重于基本方法和基本原则的练习。

(3) 讨论题。侧重于会计原则的运用和深入讨论，绝大多数讨论题取自上市公司的实例，便于查阅资料和分析。

3. 内容较为全面

本书作为非专业会计学生的教材，包含了财务会计和管理会计的基本内容。财务会计包含了会计原理、中级会计和高级会计的基本内容，如会计原理中的记账原理、账户以及凭证、账簿等；中级会计中关于会计报表要素确认的会计原则以及方法、程序；高级会计中的企业合并和合并会计报表。管理会计侧重于成本的概念、计算方法、分类功能以及不同成本概念和方法在企业管理中的应用，并介绍了预算管理和长期投资管理的基本内容，为了使学生了解管理会计的发展，还专门介绍了作业成本法。

4. 通俗易懂

本书尽量使用通俗的语言和贴近生活的实例，介绍会计学的基本概念和方法。

本书的分工如下：

第一章 导论(陈关亭)，第二章 资产负债表(夏冬林)，第三章 利润表(陈武朝)，第四章 现金流量表(陈武朝)，第五章 会计报表分析(肖星)，第六章 货币资金和应收项目(徐瑜青)，第七章 存货(张海燕)，第八章 投资和合并财务报表(谢德仁)，第九章 固定资产、无形资产及其他资产(瞿卫菁)，第十章 负债(夏冬林)，第十一章 股东权益(夏冬林)，第十二章 特殊会计问题(夏冬林)，第十三章 国际财务报告(郝振平)，第十四章 成本核算与控制(于增彪)，第十五章 本量利分析(郝振平)，第十六章 预算管理(于增彪)，第十七章 长期投资分析(肖星)。

第二章、第十章、第十一章和第十二章的习题以及其他章的部分习题均由博士生李晓强，硕士生黄梅、陈丹、张淼、尹瑜编写，刘俊如、王竞达、赵晓东也参加了本书的编写工作。

徐瑜青老师为本书的组织、编写付出了辛勤的劳动。

本书由夏冬林总纂定稿。

尽管我们将本书定位于 MBA 以及其他非会计专业教学，并为此付出了巨大的努力，但仍然有许多不如意之处。我们热切地期待着读者的批评和建议。

编著者

2003 年 6 月

# 目录

会 计 学
ACCOUNTING

# 第一章

# 导　论

会 计学
**ACCOUNTING**

### 学习目的
*XUE XI MU DI*

1. 概括了解企业的基本活动：制定目标和战略，融资、投资和经营活动；

2. 初步认识主要的会计报表；

3. 了解会计报表的多种用途及其使用者；

4. 了解会计规范，重点是企业会计准则；

5. 理解会计的含义；

6. 了解会计职业。

学习会计,必须通过经济活动和经济业务来认识和理解会计的基本概念和基本理论,包括会计提供什么信息,向谁提供这些信息,怎样生成这些信息,会计的定义及其职业等。

即使不是一名职业会计师,作为会计报表使用者,不论是投资者,还是债权人,或者企业管理者,都需要利用会计信息作出投资、融资、生产、营销或其他商业决策。

我们先从一个企业的典型经济活动开始,了解企业如何对这些经济活动进行记录、计量,并在会计报表中报告。

# 第一节　企业活动概述

会计报表集中反映了企业活动的相关经济信息,因此,要理解会计报表所表达的信息内容,首先需要了解企业的各种经营活动。我们以一简例介绍企业的活动,然后说明企业活动与会计的关系。

汽车工程系博士生丁旭成功研制出了一款智能汽车软件,并做出了智能系统模型机。毕业之际,他决定同本校的 MBA 欧阳琼合伙筹建专门生产和销售该汽车的公司——三维智能汽车公司。下面我们简要介绍三维智能汽车公司(以下简称"三维公司")管理人员必须了解的若干重要企业活动。

## 一、制定目标和战略

任何组织都有自己的使命和目标,企业并不例外。很多知名的大公司都有独特的使命、目标。丁旭和欧阳设立公司的目标很简单:将自己的科研成果商业化,获得盈利,使公司稳定、持续地经营下去。

为了在市场上占据一席之地,三维公司需要考虑自己的客户是谁? 自己的竞争对手有哪些? 用什么办法使自己在市场竞争中赢得客户? 作为高科技公司,丁旭决定从优秀技术人才和销售人才入手,构建公司的基本力量。

## 二、融资活动

欧阳简单列了一个投资预算,购置场地和装修、购置设备、购买元器件等原材料、招聘技术人员和销售人员,共需投资 1 550 万元。

丁旭和欧阳自己没有足够多的资金,筹集资金是无法避免的。欧阳的考虑是,先由丁旭和欧阳自己作为股东投资,不足部分通过举债解决,发挥财务杠杆的作用。等到公司有一定基础了,再吸引风险投资、私募股权投资。

### (一) 所有者

丁旭、欧阳琼决定向工商行政管理局登记注册资本 800 万元。他们作为三维公司的发起股东,分别投资 150 万元和 270 万元。由于丁旭和欧阳对汽车智能软件的估值有很大差异,丁旭决定暂不估值入股,丁旭按照销售收入的 5% 收取技术服务费。

公司于 1 月份注册登记。

采用复式簿记，每笔经济业务同时记录两个账户。股东投资于企业，企业收到现金，同时股东的权益增加了。

$$资产 ＝ 股东权益$$
$$420 ＝ 420$$

### （二）债权人

欧阳琼编制了一份详细的商业计划书，发动同班同学，通过借债方式筹集资金。最终三年期借款 500 万元（年利率 8％），五年期借款 200 万元（年利率 9％），六年期借款 420 万元（年利率 7.5％，三年后可自愿转为三维公司股东，转股价格为前一年末每股净资产的 5 倍），合计 1 120 万元。

所有借款于公司注册当月到账。

企业借款，收到现金的同时，负债增加了。三维公司的会计记录为

$$资产 ＝ 负债 ＋ 股东权益$$
$$1 540 ＝ 1 120 ＋ 420$$

## 三、投资活动

企业获得资金后，需要通过使用这些资金形成企业的经营能力，对这些资金的使用通常称为投资活动[①]，表现为获得生产经营所需的各种资产。三维公司投资活动获取的资产包括：

（1）以 330 万元购买一处旧厂房（含土地使用权 300 万元），装修支出 98 万元。厂房具备生产使用条件。土地使用权剩余 30 年，厂房可使用 20 年。

（2）购置生产设备和办公设备 220 万元，估计使用年限为 10 年。

（3）招聘技术专家 5 人。

上述投资活动形成了不同的新的资产。

$$资产（银行存款＋厂房＋设备＋土地使用权）＝ 负债 ＋ 股东权益$$
$$1 540（ 892 ＋ 128 ＋ 220 ＋ 300 ）＝ 1 120 ＋ 420$$

## 四、经营活动

企业获得资金并通过资金的使用形成经营能力后，就要持续地开展各种经营活动，获得利润。企业的经营活动是指与企业销售商品、提供劳务等业务直接相关的活动。在具备生产经营条件后，三维公司当年 2 月份购买电子元器件等原材料 350 万元，招聘销售人员 3 人，生产工人 10 人，发生了以下生产、销售等经营活动：

（1）生产耗用 350 万元的原材料，发生制造费用 100 万元。产品全部完工。

---

① 这里的投资活动是指资金运用，筹集资金并设立公司后，就需要运用筹集到的资金，形成公司生产经营能力，并为生产经营做好准备（如购买商品、原材料）。这里所说的投资活动与现金流量表中所使用的投资活动概念不同。

（2）以 650 万元销售全部上述完工产品，货款收讫。

（3）购买原材料 500 万元。

（4）生产耗用原材料 500 万元，发生制造费用 190 万元，全部完工。

（5）销售上述完工产品的 70％，价款 680 万元，其中 100 万元未收。

（6）收到客户购买产品定金 51 万元。

（7）发生销售费用 80 万元，管理费用 110 万元。

（8）假设所有折旧费用计入存货并已转为费用。

（9）支付利息费用 74.5 万元。

（10）缴纳税金 11 万元（当年免交所得税）。

上述四种主要的企业活动如图 1-1 所示。图中对短期项目和长期项目进行了区分，虽然划分短期和长期的时间界线在不同的企业之间不尽一致，但通常以一年作为分界线。

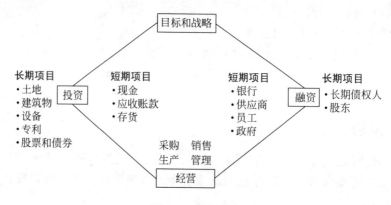

**图 1-1　企业活动**

将三维公司发生的经济业务汇总计入下列等式（表 1-1）。

**表 1-1　三维公司经济业务记录汇总表**

单位：万元

| 银行存款 | + 应收账款 | + 存货 | + 土地使用权 | + 厂房 | + 设备 | = 预收账款 | + 长期借款 | + 股本 | + 留存收益 |
|---|---|---|---|---|---|---|---|---|---|
| 420 | | | | | | | | 420 | |
| 1 120 | | | | | | | 1 120 | | |
| −428 | | | 300 | 128 | | | | | |
| −220 | | | | | 220 | | | | |
| −350 | | 350 | | | | | | | |
| −100 | | 100 | | | | | | | |
| 650 | | | | | | | | | 650 |
| | | −450 | | | | | | | −450 |
| −500 | | 500 | | | | | | | |
| −190 | | 190 | | | | | | | |
| 580 | 100 | | | | | | | | 680 |
| | | −483 | | | | | | | −483 |
| 51 | | | | | | 51 | | | |
| −80 | | | | | | | | | −80 |

| 银行存款 | + 应收账款 | + 存货 | + 土地使用权 | + 厂房 | + 设备 | = 预收账款 | + 长期借款 | + 股本 | + 留存收益 |
|---|---|---|---|---|---|---|---|---|---|
| -110 | | | | | | | | | -110 |
| | | | -10 | -6.4 | -22 | | | | -38.4 |
| -74.5 | | | | | | | | | -74.5 |
| -11 | | | | | | | | | -11 |
| 757.5 | 100 | 207 | 290 | 121.6 | 198 | 51 | 1 120 | 420 | 83.1 |

表 1-1 的记录是分散零碎的,需要编制成专门的表格形式,便于会计信息的外部使用者阅读理解。

# 第二节 财务报告

财务会计的任务是对企业经济活动予以确认、计量、记录,并向利益相关者提供财务报告,以便于其做出理性的判断和决策。

财务报告包括会计报表及其附注(包括附表)、审计报告。会计报表是综合反映企业一定时期财务状况、经营成果以及现金流量情况的表式文件,主要有资产负债表、利润表(也称损益表)、现金流量表和股东权益变动表。

按照我国法规规定,企业编制的会计报表必须按规定时间及时报送有关部门,如税务机关、财政部门、贷款银行、证券监督管理部门等,公开发行股票的公司还需要向社会公开。企业向外报送的年度会计报表,应当由企业负责人和主管会计工作的负责人、会计机构负责人签字并加盖单位财务专用章后才能报出。

## 一、资产负债表

资产负债表是静态反映企业在报告期末的资产、负债、所有者权益情况及其相互关系的会计报表。它根据基本会计等式"资产=负债+所有者权益",将某一会计期间结束日的全部资产、负债、所有者权益账户余额,依照既定的分类标准和程序编制成报表,集中反映企业过去的融资、投资、经营活动对资产、负债、所有者权益产生的累计影响。投资者、债权人以及其他相关人员,通过该报表可以了解企业资产、负债、所有者权益的结构是否合理,企业的财务实力和偿债能力如何等。表 1-2 比较了三维公司在开展生产经营活动第一年的资产负债表。

表 1-2 三维智能公司资产负债表

20××年 12 月 31 日　　　　　　　　　单位:万元

| | 期 末 数 | 期 初 数 | | 期 末 数 | 期 初 数 |
|---|---|---|---|---|---|
| 银行存款 | 757.50 | 892.00 | 预收账款 | 51.00 | |
| 应收账款 | 100.00 | | 长期借款 | 1 120.00 | 1 120.00 |
| 存货 | 207.00 | | 负债合计 | 1 171.00 | 1 120.00 |

续表

| | 期末数 | 期初数 | | 期末数 | 期初数 |
|---|---|---|---|---|---|
| 固定资产 | 319.60 | 348.00 | 实收资本 | 420.00 | 420.00 |
| 土地使用权 | 290.00 | 300.00 | 留存收益 | 83.10 | |
| | | | 所有者权益 | 503.10 | 420.00 |
| 资产总计 | 1 674.10 | 1 540.00 | 负债和所有者权益总计 | 1 674.10 | 1 540.00 |

注:期初数为三维公司正式开展生产经营活动前的余额。本章的会计报表格式都是简化的,与会计准则要求的标准格式不同。

上述报表反映了三维公司开业当年末的资产、负债及所有者权益状况。三维智能公司的所有者提供了 420 万元的资金,长期债权人提供了 1 120 万元,经营过程中,客户预付货款 51 万元。三维公司将这些资金,投资于土地、建筑物和设备共 648 万元,银行存款 892 万元。经过了一年经营,表中大多数项目的期末数都有所改变。将期末数和期初数比较,可以分析公司流动资产、非流动资产、流动负债、非流动负债和所有者权益的变化情况、原因等。

**(一) 资产、负债、所有者权益是构成资产负债表的基本要素**

(1) 资产。资产是企业用于创造未来收入的各种经济资源,包括各种财产、债权和其他权利。例如,三维公司的银行存款、土地使用权、建筑物和设备等。

(2) 负债。负债是企业欠的债务,包括债务筹资形成和生产经营过程中形成的债务。三维公司通过借债筹集 1 120 万元,形成了企业的长期负债,在生产经营过程中收取了客户 51 万元定金,形成了向客户交付商品的负债。

(3) 所有者权益。所有者权益是企业所有者对企业剩余收益的索取权,其金额为资产减去负债后的余额,也称为净资产。与债权人权益不同,所有者权益是剩余权益,也就是说,所有资产偿还欠债权人的债务后的剩余归所有者拥有。

**(二) 资产等于负债加所有者权益**

正如三维公司的资产负债表所显示的,资产等于负债加所有者权益:

$$资产 = 负债 + 所有者权益$$

资产负债表可以从两个角度来看待同样的资源:企业持有资产的分布状况和这些资产的形成来源,这两者必然相等。任何一个企业的资产,只可能有两种来源:一是借入,二是所有者投入,这在会计上即分别表现为负债(债权人权益)和所有者权益。资产组合(也就是,由应收账款、存货、设备和其他资产体现的总资产的比例结构)反映了企业的投资决策,负债加上所有者权益的组合反映了企业的融资决策。

**(三) 资产负债表项目的分类**

资产负债表按照流动性质,将资产和负债分别分为流动项目和非流动项目。

流动资产包括现金和企业期望能在资产负债表日后约一年之内变成现金、出售或消耗的资产,银行存款、应收账款和存货是最常见的流动资产。非流动资产包括土地、建筑物、设备、专利权和长期股权投资等,其特点是持有和使用若干年。

流动负债指的是企业期望在一年之内偿付的债务,如应付银行的借款、应付供应商的货款、应付员工的工资和应该交纳的税金等。非流动负债是偿还期超过一年的负债,如长期借款,公司债券等。

股东权益主要包括股东的投资和公司的留存收益(公司累计未分配的利润)。

### (四)资产负债表项目的计价

资产、负债和所有者权益项目在资产负债表中都是以货币金额表示的,大类上看,财务会计有两种计价方法:(1)历史成本计价,反映资产的取得成本或从债权人和所有者手中获取的资金的原始数额;(2)公允价值计价,反映资产的现行价值或债权人和所有者对企业索取权的现行市场价值。

## 二、利润表

资产负债表只能报告企业某一时点的财务状况,而不能反映在过去某一期间的经营业绩。企业的经营业绩可以用利润及其相关指标反映,为此而编制的会计报表是利润表。利润表,也称损益表,反映企业在报告期内的收入、费用和利润情况,包括收入的来源和金额,费用的性质和金额,以及企业的利润状况,据此可以判断企业的获利能力。

表1-3是三维公司的利润表,它列示了该公司20××年的经营活动结果。

表1-3　三维公司利润表

| 20××年度 | 单位:万元 |
|---|---|
| 项　　目 | 本 期 金 额 |
| 营业收入 | 1 330.00 |
| 减:营业成本 | 971.40 |
| 营业税金及附加 | 11.00 |
| 销售费用 | 80.00 |
| 管理费用 | 110.00 |
| 财务费用 | 74.50 |
| 净利润 | 83.10 |

### (一)收入、费用和利润构成了利润表的主要内容

(1)收入。收入是企业通过销售商品、提供劳务或从事其他经营活动所获得的经济利益的总流入,主要表现为企业现金的流入。收入是企业持续经营的基本保证,是补偿费用、取得盈利的源泉。收入具有如下特征:首先,收入是通过向客户交付商品或提供劳务等经营业务获得的;其次,收入表明企业所有者权益的增加;最后,收入必须是经

确认已实现的。①

（2）费用。费用是企业在生产经营过程中为取得营业收入所发生的耗费，它表现为现金的流出、资产的耗费。根据其与生产经营活动的关系，通常划分为直接费用和期间费用。

直接费用是企业直接为销售产品而发生的产品成本。期间费用是企业行政管理部门为组织和管理生产经营活动而发生的管理费用、为筹措资金等而发生的财务费用、为销售商品和劳务而发生的销售费用，期间费用发生后直接计入当期损益。费用表现为资产的减少，也可能表现为负债的增加。在本例中，三维公司的直接费用是营业成本971.4万元，期间费用包括销售费用80万元、管理费用110万元和财务费用74.5万元。

（3）利润。利润是企业在某一期间收入超过费用的盈余，其包括营业利润、投资收益和营业外收支净额。如果收入低于费用，也即利润为负数，则称之为亏损。

### （二）收入减去费用等于利润

收入、费用和利润的关系，表现为收入减去费用等于利润（收益），即下列计算公式：

$$收入 - 费用 = 利润$$

## 三、现金流量表

现金流量表是反映企业在报告期内现金和现金等价物增减变动情况的会计报表，它是企业第三张主要的会计报表。表1-4为三维公司当年的现金流量表。

表1-4　三维公司现金流量表

| 20××年度 | 单位：万元 |
|---|---:|
| 经营活动产生的现金净流入 | −60.00 |
| 销售商品收到的现金 | 1 281.00 |
| 购买商品支付的现金 | −850.00 |
| 缴纳税金 | −11.00 |
| 其他经营活动支付的现金 | −480.00 |
| 投资活动产生的现金净流入 | −648.00 |
| 购买固定资产、无形资产支付的现金 | −648.00 |
| 筹资活动产生的现金净流入 | 1 465.50 |
| 来自股东投资的现金 | 420.00 |
| 借款增加的现金 | 1 120.00 |
| 支付利息 | −74.50 |
| 当年现金净增加额 | 757.50 |

---

① 传统上，我国将收入通常划分为主营业务收入和其他业务收入，如，主营业务收入在工业企业为产品销售收入，在商品流通企业为商品销售收入，在房地产开发企业为销售房产的收入，在交通运输企业为运输收入，在施工企业为工程结算收入。在本例中，三维公司销售汽车所得1330万元为主营业务收入。

### （一）经营活动、投资活动、筹资活动的现金流量

（1）经营活动的现金流量。经营活动是企业从事生产经营的日常活动,如生产产品、销售产品、购买原材料、缴纳税金、支付工资等。表1-3表明,三维公司在20××年度销售商品的现金收入为1 281万元,购买商品、支付税金等支出现金891万元,其他经营活动支付的现金480万元,经营活动提供的净现金额为－60万元。

（2）投资活动的现金流量。投资活动是企业非流动资产的购建和处置产生的现金流量。三维公司购置固定资产和土地使用产生了648万元的现金净流出。

（3）融资活动的现金流量。融资活动从企业外部筹集资金而产生的现金流量,主要包括吸收投资、发行股票、发行债券和借款等业务,用现金支付利息和股利发生的现金流出也包括在内。表1-3表明,除了股东投资420万元外,三维公司通过借款筹集了1 120万元现金,支付利息74.5万元。

### （二）现金流量表与资产负债表和利润表的联系

从三维公司的资产负债表和利润表可以看出,利润表中的净利润与资产负债表中的留存收益是相等的。此外,利润表中的收入表现为资产负债表中的资产增加,费用表现为资产负债表资产的减少。因此,利润表部分地解释了资产负债表在期初、期末之间的变化。

## 四、会计报表附表及附注

资产负债表、利润表和现金流量表是基本会计报表,提供全面而扼要的会计信息。为了增进报表内信息的可理解性和突出其中的重要数据,需要对会计报表本身无法或难以充分表述的内容和项目,以及会计报表的编制基础、编制依据、编制原则方法等,进行补充说明和详细解释,这就需要编制会计报表附注。会计报表附注在后面几章的内容做详细介绍。

## 五、注册会计师与独立审计报告

由于现代公司制所有权与控制权的分离,产生了信息不对称问题。为了提高企业提供的会计报表的可信度,需要聘请会计师事务所审计,对会计报表的公允性、合法性和一致性发表意见。会计师事务所的审计通常称为独立审计。[①] 上市公司、公开募集债券的公司提供经审计的会计报表是法定要求。

独立审计的目的是对被审计的会计报表的公允性发表意见,企业舞弊并不是独立审计的直接目的,尽管独立审计需要关注企业舞弊问题;独立审计不担保审计后的报表的绝对正确性,而只是提供合理保证。

承担审计工作的注册会计师必须具有专业胜任能力,只有通过全国注册会计师考

---

① 此外,还有国家审计(我国为中央政府的审计署和地方政府的审计厅局)、内部审计(一个组织内部的审计)。

试,并在会计师事务所从事审计实际工作的人员才具备资格;承担股份公司审计工作还需要通过专门的从事证券期货业审计的考试。按照我国法律规定,通过考试只是取得了资格,如果要获得执业注册会计师证书,还需要加入会计师事务所,从事实际审计工作。

审计报告是注册会计师根据独立审计准则的要求,在实施了必要的审计程序后,出具的用于对被审计单位年度会计报表发表审计意见的书面文件。审计报告通常遵循标准格式,由标题、收件人、引言段、管理层对会计报表的责任段、注册会计师的责任段、审计意见段、注册会计师的签名和盖章、会计师事务所的名称、地址及盖章和报告日期九部分组成。审计意见段是审计报告的核心,主要说明企业会计报表是否符合国家颁布的企业会计准则和相关会计制度的规定,在所有重大方面是否公允反映了单位的财务状况、经营成果和现金流量。

审计意见分为标准审计意见和非标准审计意见,标准审计意见即无保留审计意见,非标准审计意见包括带强调事项段的无保留意见、保留意见、否定意见和无法表示意见。

发表非标准审计意见的审计报告时,注册会计师应当在意见段之前增加一段,清楚地说明导致所发表意见或无法发表意见的事项和原因,指出其对会计报表的影响程度。

### (一) 无保留意见的审计报告

如果认为会计报表符合下列所有条件,注册会计师应当出具无保留意见的审计报告:

(1) 会计报表已经按照适用的会计准则和相关会计制度的规定编制,在所有重大方面公允反映了被审计单位的财务状况、经营成果和现金流量;

(2) 注册会计师已经按照中国注册会计师审计准则的规定计划和实施审计工作,在审计过程中未受到限制。

当出具无保留意见的审计报告时,注册会计师应当以"我们认为"作为意见段的开头,并使用"在所有重大方面公允反映了"等专业术语。无保留意见的审计报告格式如下:

### 审 计 报 告

三维智能汽车有限公司全体股东:

我们审计了后附的三维智能汽车有限公司(以下简称三维公司)会计报表,包括20××年12月31日的资产负债表,20××年度的利润表、股东权益变动表和现金流量表以及会计报表附注。

#### 一、管理层对会计报表的责任

按照企业会计准则的规定编制会计报表是三维公司管理层的责任。这种责任包括:(1)设计、实施和维护与会计报表编制相关的内部控制,以使会计报表不存在由于舞弊或错误而导致的重大错报;(2)选择和运用恰当的会计政策;(3)作出合理的会计估计。

### 二、注册会计师的责任

我们的责任是在实施审计工作的基础上对会计报表发表审计意见。我们按照中国注册会计师审计准则的规定执行了审计工作。中国注册会计师审计准则要求我们遵守职业道德规范，计划和实施审计工作以对会计报表是否不存在重大错报获取合理保证。

审计工作涉及实施审计程序，以获取有关会计报表金额和披露的审计证据。选择的审计程序取决于注册会计师的判断，包括对由于舞弊或错误导致的会计报表重大错报风险的评估。在进行风险评估时，我们考虑与会计报表编制相关的内部控制，以设计恰当的审计程序，但目的并非对内部控制的有效性发表意见。审计工作还包括评价管理层选用会计政策的恰当性和作出会计估计的合理性，以及评价会计报表的总体列报。

我们相信，我们获取的审计证据是充分、适当的，为发表审计意见提供了基础。

### 三、审计意见

我们认为，三维公司会计报表已经按照企业会计准则的规定编制，在所有重大方面公允反映了三维公司20××年12月31日的财务状况以及20××年度的经营成果和现金流量。

| | | |
|---|---|---|
| 力达会计师事务所<br>（盖章） | 中国注册会计师：孙勇<br>（签名并盖章） | 中国注册会计师：万安<br>（签名并盖章） |
| 中国北京市 | | 二○××年×月×日 |

### （二）非标准的审计意见

除了无保留意见外，其他审计意见都是非标准审计意见。各种非标准审计意见的含义如下：

（1）带强调段的无保留审计意见。会计报表是公允、合法的，但个别项目对会计报表影响重大，尽管公司已经做了披露，注册会计师仍然认为有必要提示会计报表读者留意，特别加一段予以说明。

（2）保留意见。如果会计报表就其整体而言是公允的，但个别事项存在严重的不符合会计准则的情况，但还不至于出具否定的审计意见，于是，注册会计师将对该事项的会计处理持保留意见。注册会计师发表保留意见审计报告时，在发表意见段会使用"除……的影响外"等术语，显示保留意见的项目。

（3）否定意见。否定意见的审计报告是对所审计会计报表的全面否定，即会计报表不符合企业会计准则的规定，未能在所有重大方面公允反映其财务状况、经营成果和现金流量，注册会计师应当出具否定意见的审计报告。当出具否定意见的审计报告时，注册会计师会在意见段中使用"由于上述问题造成的重大影响"、"由于受到前段所述事项的重大影响"等专业术语。

（4）无法表示意见。无法表示意见的审计报告是表达注册会计师不知道被审会计报表是否公允、合法，通常是审计范围受到严重限制、不能获取充分和适当的审计证据时才会发表这种审计意见。

# 第三节　会计报表的使用者及用途

## 一、会计报表使用者

三维公司在营业过程中,必然与公司内部的、外部的利益群体或者现有的、潜在的利益群体发生经济关系。这些利益群体在作出经济决策时,需要通过公司的会计报表,了解和分析公司的财务状况和盈利能力。通常,公司股东是会计报表的最主要使用者;债权人、企业管理者、税务部门、供货方、客户等与公司利益相关者,也是会计报表的主要使用者;此外,国家监管部门(如证券监督管理委员会)、社会中介机构(如会计师事务所)、企业职工等也可能使用财务报告。不同会计信息使用者,其决策重点和对会计信息的需求可能不同。

### (一) 公司股东

在现行法律框架下,股份公司的股东一旦将资本投入公司之中,就不可能再抽回资本,因此股东与公司经营成败有着最直接的利益关系,必须在投资前后根据财务信息和其他经济信息慎重进行决策。对公司的现有股东而言,他们根据所持有股票的数量并通过股东大会的形式,对公司的融资、投资和经营等重大事项作出决策。例如:(1)决定公司的融资规模、投资计划和经营方针;(2)批准公司的年度预、决算报告和利润分配方案;(3)评价公司董事会的工作业绩等。

股东作出上述决策,不仅取决于自身的决策能力,而且取决于他们是否掌握充分并可靠的经济信息。这些经济信息主要包括:(1)国内外宏观经济和行业发展信息;(2)三维公司的财务状况和经营成果信息;(3)三维公司的生产经营和市场信息;(4)行业内其他企业的相关信息。其中,财务状况和经营成果信息,就来源于反映财务状况的资产负债表、反映经营成果的利润表、反映财务状况变动情况的现金流量表及其附表、附注。

### (二) 债权人

企业的债权人通常包括银行等金融机构、持有公司债券的社会公众以及原材料供应商等,这些债权人侧重于关注企业的持续经营能力和偿债能力。因此,银行通常要求企业提供经过注册会计师审计的会计报表,在贷款之前判断企业的财务状况和经营能力,在放贷之后掌握企业的经营情况及偿债能力;债券投资者根据会计报表决定是否购买公司债券、数量多少以及期限结构等;原材料供应商则根据企业会计报表决定是否同意赊销或分期付款及其金额规模、付款期限等。

### (三) 企业管理者

企业管理者包括企业董事会成员、企业经理以及计划、财务、供应、生产、营销、人事等部门的管理人员,他们随时需要根据会计信息制定经营决策并提出融资、筹资建议。

例如,(1)生产决策:生产哪些产品,生产多少,如何配备生产设备,生产成本为多少等;(2)营销决策:产品定价为多少,销售费用如何控制等;(3)融资建议:企业经营需要多少资金,是向银行借款,还是发行债券、股票,负债期限如何等;(4)投资建议:企业资源如何配置,闲置资金有多少,投资方案有哪些等;(5)人事决策:企业的工资预算有多少,职工收入和福利水平如何设定,经营业绩指标完成情况如何等。

### (四) 监管部门

监管部门主要包括税务部门、工商行政管理部门、财政部门,国有企业的监管部门还包括政府审计机构、国资委,上市公司的监管部门另外增加了证券监督管理委员会、证券交易所。这些监管部门通常以企业会计报表为基础,履行各自的监督管理职能。例如,税务部门一般以会计资料为基础进行纳税调整,计算企业依照税法应该缴纳多少税金,已纳、待缴或应退税款各是多少,企业未来的税源怎样等;政府审计部门通常以企业的会计报表为主要对象,审查资产、负债、损益及其财务收支的真实、合法和效益性等;证券监督管理委员会、证券交易所则需要根据公司会计报表判断其披露的会计信息是否真实、完整和及时,会计核算是否符合国家法规、会计准则和制度等。

### (五) 会计师事务所

正如本章第二节的介绍,会计师事务所根据企业委托,对企业的会计报表及其相关资料进行独立审查并发表审计意见,它们需要复核会计报表同账簿、凭证是否相符,核实会计报表同资产实物、财务状况和经营业绩是否相符,确定会计报表的编制同会计规范是否相符,然后形成关于会计报表的审计意见,出具审计报告。

此外,企业的供货商、客户和内部职工也是会计信息的使用者。其中,供应商需要根据会计信息判断企业的购货数量、需求时间和货款支付能力等,客户需要根据会计信息判断企业的生产供货能力、产品定价趋向和产品开发情况等,企业职工需要根据会计信息考虑企业的持续经营前景、就业保障能力、劳务报酬和职工福利支付水平等。

尽管上述会计信息使用者的决策重点和所需信息并不完全相同,但企业会计部门通常向各类使用者提供通用性会计信息,即通用会计报告。通用会计报告,主要服务于外部信息使用者,也可以用于企业内部管理。为了满足监管部门等使用者的特别需求,企业有时需要补充若干信息。此外,为了满足企业成本核算、预算控制、定价决策等内部管理需要,会计部门通常需要编制产品生产成本、费用开支等内部会计报表,专门报送给企业管理者。

## 二、资本市场的有效性

有效市场假说认为,如果市场有效的话,价格就能够迅速并无偏地反映新的信息,也就是说当信息公布后,价格能够很快地反映信息,因此,会计政策或会计方法的差异都无法影响投资者的信息,投资者能利用有关的披露信息来识别这些差异。

一般来说,学者按照市场对信息的反映程度划分出三类有效市场:强式有效、半强有效和弱式有效。在强式有效市场下,价格已经充分及时地反映了所有信息,这也包括内幕信息；在半强有效市场下，价格已经充分及时地反映了公开的信息；在弱式有效市场下，价格已经充分及时地反映了历史的信息。然而不管怎样，市场都离不开信息的供给，尤其是会计信息的供给。

在有效市场情况下，信息是重要的，有效市场并不排斥信息的供给。一旦新的信息被披露，无数的分析师和投资者就开始阐述信息、分析信息和理解信息，而价格也会及时准确地反映信息。例如，当公司年报公布后，分析师和投资者会迅速地分析年报，根据年报中的新信息作出买卖的建议而影响市场原有的供需平衡，市场价格根据这些新信息会及时调整，重新达到市场供需平衡，信息也就反映到了价格中。

在资本市场上，会计报表是向社会公开发行股票的企业（即上市公司）公布经营业绩的重要信息，也是现有股东和潜在股东获取公司作出投资决策的重要依据。向社会公开发行股票的企业需要承担公开披露信息的义务，各国法律、法规通常规定上市公司在募集股份、申请上市以及上市后，按时向证券交易管理机构提交会计报表，并向社会公示会计报表。我国的《证券法》、《公司法》、《会计法》、《股票发行与交易管理暂行条例》、《公开发行股票公司的信息披露实施细则》等一系列法律、法规，对证券发行和交易中的信息披露作出了详细规定，其中就要求上市公司在每一会计年度结束时，必须在证券监督管理委员会指定的媒体上公告年度会计报告和注册会计师对该会计报告的审计报告。

国内外很多研究表明，会计信息在资本市场上具有信息含量，对股票价格会产生影响。即便在资本市场有效的情况下，及时、完整地披露会计信息仍然是十分重要的。

# 第四节　会 计 规 范

会计信息要成为有用信息，应当满足使用者的需要。尽管存在很多可供选择的会计方法，但不能破坏会计信息的可比性，否则就无法通过会计信息的比较发现企业之间的差别。因此，编制会计信息应当有一套基本规则，统称为公认会计原则。公认会计原则在不同国家体现为不同的形式，当然，具体内容也有差异，美国与欧洲大陆一些国家的公认会计原则有差异，中国制度与国际会计准则也不完全相同。就形式来看，我国的会计规范体系比会计原则更为广泛，主要包括四个层次：会计法律、会计法规、会计准则和会计准则解释。

## 一、会计规范体系

### （一）会计法律

会计法律由全国人民代表大会制定。我国会计法律规范的最高层次是《中华人民共和国会计法》，它是一切会计工作的根本大法。我国的国家机关、社会团体、企事业单位、军队、个体工商户以及其他经济组织办理会计事项，必须遵守《会计法》；会计法规、会计准则、会计制度和其他有关法规的制定，必须依据《会计法》。

我国《会计法》于1985年首次颁发，1993年进行了第一次修订，1999年进行了第二次修订，并于2000年7月1日起实施。现行《会计法》主要规定了立法目的、适用范围、会计工作的管理权限划分等总则,以及在会计核算、会计监督、会计机构和会计人员、法律责任等方面,会计工作必须或应当达到的要求。

此外,在会计法律规范体系中,还有其他若干法律也涉及会计领域,如《刑法》、《公司法》、《税法》、《证券法》、《商业银行法》和《保险法》等,其中十分重要的内容就是规定了对违反会计规定的行为的法律责任,包括提供虚假财务报告、伪造和变造会计凭证及会计账簿等。我国首个用法律手段处罚不法会计行为的例子是红光实业案。

### (二)会计法规

会计法规由国务院根据有关法律的规定制定,或者根据全国人民代表大会及其常务委员会的授权制定。我国会计法规主要包括《企业财务会计报告条例》、《总会计师条例》等有关会计工作的条例。

此外,根据我国法律的规定,省、自治区、直辖市的人民代表大会及其常务委员会,可以根据本行政区域具体情况和实际需要,在不与现有相关法律、行政法规相抵触的前提下,制定地方性的会计法规。

### (三)会计准则

会计准则由财政部根据有关法律、法规制定,是处理会计业务最重要、最核心的标准。我国会计准则分为基本会计准则和具体会计准则两个层次。

基本会计准则是关于会计业务处理的基本要求,包括会计核算的基本前提(会计假设)、会计信息质量特征、会计要素和会计报告;具体会计准则是对确认、计量和报告某一会计主体的具体业务所作的具体规定。二者的关系在于:基本会计准则是制定具体会计准则的理论依据和指导原则;具体会计准则则是基本会计准则在处理具体会计业务中的应用。

我国现行会计准则是2006年2月15日发布的,包括1项基本会计准则和38项具体会计准则,其中16项会计准则是修订发布的,22项是新制订发布的。无论在形式上还是在实质内容上,2006年的会计准则都在很大程度上实现了与国际财务报告准则的趋同。2014年又修订和新增了八项企业会计准则。

### (四)中国证监会的规定

根据《中华人民共和国证券法》,中国证监会依法对全国证券市场实行集中统一监督管理,并有权制定有关证券市场监督管理的规章、规则。中国证监会制定的有关会计问题的规定主要涉及会计信息披露问题,如年度报告、中期报告、季度报告的标准格式,会计报表附注的特别规定等。

## 二、企业基本会计准则

企业基本会计准则规定了会计业务处理的基本原则、会计核算的基本前提、会计信息质量特征、会计要素确认和计量以及会计报告的基本要求,同时也是制定具体会计准则的理论依据和指导原则,在会计规范体系中具有重要地位。我国的企业会计准则包括会计假设、会计一般原则、会计要素、财务报告四部分。其中，会计要素和财务报告在本章第二节已经涉及，下面侧重介绍会计假设和一般原则，如表 1-4 所示。

表 1-4　会计假设和一般原则

| 准　则 | | 内　容　简　释 |
| --- | --- | --- |
| 会计假设 | （1）会计主体 | 也称会计个体或会计实体，它设定会计为之服务的是一个特定经济单位，会计反映和监督的空间范围就是这个单位的经济活动 |
| | （2）持续经营 | 设定企业将按照现时的经营目标和方式，长期、持续不断地经营下去，在可以预见的将来不会破产、不会清算 |
| | （3）会计分期 | 设定企业客观上连续的生产经营活动，可以划分为若干个长度相等的期间阶段，即会计期间。会计期间可分为年度、季度和月度 |
| | （4）货币计量 | 设定会计核算所指向的核算对象是能以货币计量的经济业务，并且货币价值稳定不变 |
| | （5）权责发生制 | 也称应计制或应收应付制，即以收入和费用的归属期为确认标准，与实际收付期无关。[①] 凡是属于本期的收入或费用，不管是否发生款项收支，均应作为本期的收入或费用处理。反之，凡是不属于本期的收入或费用，即使已经收付款项，也不应作为本期的收入或费用 |
| 会计信息质量要求原则 | （1）真实性 | 也称客观性原则，即会计核算应当以实际发生的经济业务为依据，如实反映企业的财务状况和经营成果 |
| | （2）相关性 | 也称有用性原则，即会计系统应该提供对信息使用者有用的会计信息，符合国家宏观经济管理的要求，满足各方了解企业财务状况和经营成果的需求，满足企业加强企业内部经营管理的需求 |
| | （3）明晰性 | 会计记录和会计报表应当清晰明了，对于必须说明和披露的事项尽可能用通俗易懂的语言毫无保留地在财务报告中说明，以便于信息使用者理解和利用 |
| | （4）可比性 | 也称统一性原则，即会计核算应当按照规定的会计处理方法进行，会计指标应当口径一致，相互可比 |
| | （5）一致性 | 也称一贯性原则，即会计处理方法前后各期应当一致，不得随意变更。如确有必要变更，应该经过批准，并在财务报告中说明变更的情况、原因及其对财务状况和经营成果的影响 |
| | （6）实质重于形式 | 会计核算应当按照交易或事项的经济性质，而不应当仅仅按照它们的法律形式，当实质和形式发生矛盾时应该服从前者 |
| | （7）重要性 | 财务报告应当全面反映企业的财务状况和经营成果，对于重要的经济业务应当单独反映；对于不影响决策或对决策影响较小的信息可以合并归类、综合列示 |
| | （8）谨慎性 | 企业对交易或者事项进行会计确认、计量和报告应当保持应有的谨慎，不应高估资产或者收益、低估负债或者费用 |
| | （9）及时性 | 及时记录、整理和传递会计信息，以保证会计信息的有效性 |

---

[①]　收付实现制，也称现金制，是与权责发生制相对应的另一种确认基础，它以款项是否收付为标准来确认某一会计期间的收入或费用，即凡是本期收付的款项，不管其是否为本期的收入或费用，均应作为本期的收入或费用处理。

| 准 则 | 内 容 简 释 |
|---|---|
| 会计要素 | 会计要素是对会计对象具体内容所作的分类,是会计用以反映财务状况和经营成果的因素。其包括资产、负债、所有者权益、收入、费用和利润。其中,前三项是反映企业财务状况的静态要素,后三项是反映企业经营成果的动态要素 |
| 财务报告 | 包括资产负债表、利润表、现金流量表及会计报表附注 |

# 第五节　会计含义及职业

## 一、会计含义

从上述会计处理经济业务的方法、会计报表的形成、会计规范、会计信息的使用者(企业利益相关者)可以看出,会计是对企业经济业务进行分类、计量和报告的系统,进而发挥保证经济业务合规、资产安全的控制作用。

会计活动呈现在人们眼前的是处理并报告会计信息,如填制凭证、登记账簿、编制报表等等,往往被人们忽视也很难被外部人员观测到的是蕴藏在这些活动中的内在的控制机制,实际上,会计的控制机制一直随着会计信息过程默默地、自发地发挥作用,见图1-2。

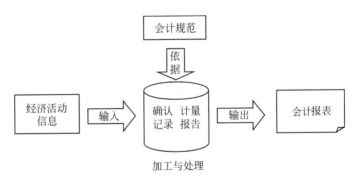

**图 1-2　会计信息系统**

关于财务会计信息加工与处理的环节,即确认、计量、记录、报告,简要解释如下:

(1) 确认。按照会计规范记录经济业务。在对经济业务进行会计记录之前,需要判定某项经济活动的性质,是否应当作为会计信息记录,作为什么会计要素记录,以及何时记录。凡符合确认标准的经济活动信息,均应在会计报表中予以确认。例如,三维公司的销售业务,在确认过程中需要判断:交易是否合规、销售是否实质上完成、三维公司的承诺是什么、是否存在潜在的纠纷、是否能收到货款,等等,对这些问题的判断估计的过程也就是三维公司内部管理和控制过程。只有在确定这些问题之后,会计上才可以记录销售业务。从这个意义上讲,会计分析是对经济业务的合规性、经济实质掌握最为透彻的方法和程序。

会计记录是会计的专门方法,按照既定会计方法记录在会计凭证、账簿、报表等会计信息载体中。上例业务,在我国应该采用借贷复式簿记方法,分别进行如下记录:①编制会计凭证;②登记存货、销售收入、现金、应收账款明细账;③登记总账;④编入会计报表。

(2) 计量。对经确认的会计信息,以货币或其他度量单位衡量其对会计要素在数量上的影响及结果,其解决如何度量并以多少度量单位进行记录的问题。三维公司以428万元购置了厂房和土地使用权,今后价格发生变化是否要调整厂房和土地使用权的账面价值。

(3) 报告。即对经确认、计量、记录的会计信息,以会计报表的形式,提供给投资人、债权人、管理者、供销方、税务机构等会计信息使用者。报告是会计信息系统的最终环节,也是确认、计量的结果。除了财务会计报表内的信息外,表外信息也是财务报告很重要的组成部分。需要指出的是,管理会计主要利用财务会计信息、统计信息和其他资料,侧重从成本和利润角度,对企业经营、投资、融资活动进行预测、决策、控制和考核,旨在提高企业成本管理水平和盈利能力。因此,比较全面地讲,现代会计除了确认、计量、记录和报告会计信息外,还利用会计信息监督、评价和控制单位的经济活动,同时通过编制预算、控制成本和分析投资决策等直接参与单位管理活动。对此,可结合会计在企业管理过程中的作用加以论证,见图 1-3。

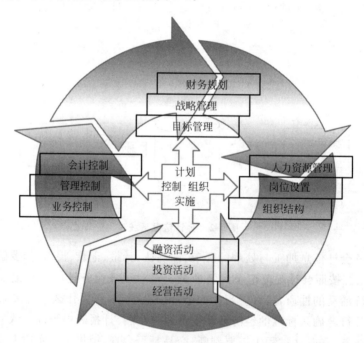

**图 1-3 企业管理过程**

在企业管理的规划、组织、实施和控制阶段,会计除了为各管理环节提供信息外,还直接参与其中,尤其是从成本和资金的角度。

规划是管理活动的开始,管理人员首先应确定企业的目标和策略,草拟和选择方案,制订实施计划和预算。在本阶段,会计人员一方面需要为草拟和选择方案、编制计划和预算提供财务信息,另一方面需要从资金、成本和利润角度分析并确定各种方案、计划和预算。

组织是为完成规划而优化各项资源的组合,并按时配置这些资源,包括机构设置、职责分配、人力配置、资金调度、团队协调等。在本阶段,会计人员需要协助高层管理者将规划分解为财务指标,筹措和调度资金,控制资金使用成本等,此外还直接参与财务信息系统的功能设计和人力配置,以保证会计信息在管理活动中的有效沟通。

实施是规划的执行过程,具体表现为融资、投资和经营活动的开展。在本阶段,会计人员需要具体办理并控制各项资源的流入、流出和配置,如收支资金、发放工资、核算存货、控制成本等,此外还向管理人员反映规划实施的偏差、异常现象并提供改正建议等。

控制主要是检查规划执行情况,辨识潜在风险,分析差异原因,并对组织实施活动进行监督。在本阶段,会计人员需要分析融资、投资和经营活动情况同计划的差异及原因,比较企业总体财务状况、经营成果同计划的差异及原因,并同管理人员联合制订对策等。

可见,会计人员除了为规划、组织、实施和控制阶段提供会计信息,还直接从成本和资金角度参与各个阶段的管理和控制。因此,会计又可视为一项管理活动。从这种意义上可将会计归纳为:会计是收集、处理和提供财务信息,并利用财务信息对经济活动进行规划、组织、实施和控制的管理活动。

## 二、会计职业

前面我们提及的会计,特指存在于企业中的会计。实际上,会计职业不仅限于企业,同样也存在于其他各类经济组织之中,如政府机关、学校、医院等非营利组织,会计师事务所等公共会计组织。按照服务对象不同,会计职业主要分为三大类:企业会计、非营利单位会计和社会会计。

### (一) 企业会计

企业会计,概指服务于以营利为目的的企业组织的会计,如工厂、商店、酒店的会计,独资、合资、合伙企业的会计。企业会计依其工作重点的不同,一般分为财务会计和管理会计。

1. 财务会计

财务会计,也称对外报告会计或传统会计,其对象、内容、目的和定义已在本章前面三节及本节的"会计信息系统"中简要介绍,后面的章节还将详细介绍其具体方法和内容。总而言之,财务会计主要以会计法规、准则和制度为依据,对企业已经发生的融资、投资、经营业务或事项,进行确认、计量、记录和报告,并以会计报表的形式,提供给股东、债权人、管理者、政府部门等企业利益相关者。因为其主要向企业外部会计报表使用者报告财务信息,因此,也被称之为"对外报告会计"。在实际工作中,财务会计除了主要从事填制会计凭证,登记会计账簿,编制会计报表等会计信息反映工作外,还分析会计报表和企业经济活动,筹措和调度资金,提供经营管理建议。财务会计是会计在历史上的最初形式,并一直是会计有史以来的主要内容,同现代会计相对应,它也被称为"传统会计"。

企业财务会计的一个延伸分支,是税务会计。税务会计主要按照税法要求核算企业各项税金,将财务会计口径下的会计利润调整为符合税法口径的应税利润,据以申报和缴纳税款,并在不违反税法的前提下,进行税务筹划,合理降低或延缓税负,以取得最大的税后收益。目前在我国,由于多种原因的存在,多数企业的税务会计并没有分离出来作为相对独立的会计系统。

2. 管理会计

管理会计,也称对内报告会计,它是为了满足企业规划决策、经营管理的需要,而收集、记录、分析企业内部和外部的财务及非财务信息,并主要呈报给企业内部经营管理者的企业会计分支。针对企业管理部门关于制订计划、编制预算、作出决策、控制经济活动的需要,管理会计需要记录和分析经济业务,收集、整理和呈报企业内部和外部的管理信息,在为经营管理提供会计管理服务的同时,直接参与企业活动的会计决策和控制。管理会计按其内容,通常分为以下领域:

- 成本会计。主要归集和分配生产过程中的各种耗费,计算、报告和分析产品成本,预测未来成本或标准成本及其同实际成本的偏差,提供并解释成本数据以帮助管理当局控制当期和未来的成本。
- 责任会计。主要划分企业内部责任部门,并以企业内部各责任部门在经济业务和作业上所承担的责任为对象,归集、报告和分析各部门责任的履行情况。
- 决策会计。主要提供有关企业经营和投资决策的成本、费用、利润信息,参与决策过程,以提高企业决策的正确性。

3. 财务会计和管理会计的区别

财务会计同管理会计并列,构成了现代企业会计的两大独立分支。作为会计范畴,它们共同服务于加强企业经营管理、提高经济效益的企业总体目标,在实际工作中一方面彼此依托、相互联系,一方面也各有侧重、互相区别。财务会计同管理会计的主要区别如下。

- 服务对象不同。财务会计所提供的信息,虽然也为企业内部使用者所用,但主要面向企业外部信息使用者;而管理会计所提供的信息则基本上是为了满足内部经营管理人员的需要,通常不向企业外部提供。
- 会计规范不同。财务会计必须遵循会计法规、会计准则和会计制度等会计规范,按照"凭证→账簿→报表"的基本模式,确认、计量、记录和报告会计信息,并按照统一格式和渠道提供会计报表;而管理会计(除成本会计外)则一般不受会计准则和会计制度的约束,也不存在固定的模式和方法,只根据企业内部管理要求履行工作职责。
- 职责作用不同。财务会计的职责重在确认、计量、记录和报告会计信息,以客观反映企业经济活动;而管理会计的职责重在预测、决策、分析和控制成本利润,以有效管理企业经济活动。

- 信息要求不同。财务会计主要处理和提供企业内部的历史性会计信息,严格要求信息的真实性、准确性和一致性;而管理会计处理和提供的信息,不但包括企业内部信息还包括企业外部信息(如竞争者、供应商和客户的信息),不但包括财务信息还包括非财务信息(如区域投资、产品开发、内部控制信息),不但包括历史信息还包括预测数据,此外管理会计提供的信息强调决策有效性而非反映真实性和准确性,并不需要遵循统一的披露格式。

### (二) 非营利单位会计

非营利单位会计,概指服务于政府行政机关和事业单位等非营利组织的会计,如政府机关、学校、医院、图书馆、科研单位和慈善机构等的会计。在我国,非营利组织会计主要分为三类:财政总预算会计、行政单位会计和事业单位会计。

(1) 财政总预算会计。总预算会计是各级政府财政部门核算、反映、监督政府预算执行和财政周转金等各项财政性资金活动的专业会计。我国的财政总预算会计分为五级,即中央、省(直辖市、自治区)、市(地、州)、县(市)和乡(镇)政府预算会计。

(2) 行政单位会计。行政单位会计是以行政单位发生的各项经济业务为对象,记录和反映行政单位自身的各项经济活动、资金和财产的专业会计。在我国,行政单位包括各级行政机关和实行行政财务管理的其他机关、政党组织。根据机构建制和经费领报关系,行政单位的会计组织系统,分为主管会计单位、二级会计单位和基层会计单位三级。

行政单位会计主要通过预算,控制各种预算内资金和预算外资金,并记录预算执行过程,所以行政单位会计也称为单位预算会计,是预算会计的组成部分。总预算会计和单位预算会计,统称为预算会计。

(3) 事业单位会计。事业单位会计是以事业单位发生的各项经济业务为对象,记录和反映事业单位自身的各项经济活动、资金和财产的专业会计。国有事业单位的会计组织系统分为主管会计单位、二级会计单位和基层会计单位三级。

行政单位会计和事业单位会计,在我国合称为行政事业单位会计。

### (三) 社会会计

社会会计,也称公共会计,是指会计师事务所从事的面向全社会各类企业、事业和行政单位提供会计、审计和咨询服务,并按规定向客户收取服务费用的会计职业。公共会计的组织机构为会计师事务所,从业人员一般具有注册会计师资格,因为其面向社会单位并公开提供会计服务,因此,同只为本单位服务的企事业会计、行政单位会计相对应,它被称为社会会计或公共会计。社会会计的主要业务包括:会计报表审计,资产评估,资本验证,会计服务,税务服务,管理咨询服务,经济案件鉴证,参与办理企业解散、破产的清算事项等。

在我国,会计师事务所及其注册会计师,由中国注册会计师协会(CICPA)管理。社会会计的执业规范,主要为注册会计师法、独立审计准则和职业道德规范。

需要指出的是,社会会计承担的主要业务是会计报表审计。会计师事务所在接受客户审计委托业务后,对企业提供的会计报表进行审查,发表无保留意见、保留意见、否定意见或拒绝表示意见,说明企业会计报表的编制是否符合会计准则,是否真实、公允地反映了企业的财务状况、经营成果和现金流量等。鉴于审计业务是会计师事务所的主要业务,因此社会会计也被称为社会审计;由于社会审计机构和人员独立于会计报表使用者和提供者,在形式和精神上具有超然独立性,因此又被称为独立审计;此外,因为这类审计的执行主体是注册会计师,因此,它还被称为注册会计师审计。我们认为,按照审计独立性要求,审计应该并且实际上也独立于会计报表编制者及其会计工作,因而社会会计提供的会计报表审计服务,应该作为审计业务而非会计业务。

各类会计职业及其分支,可以概括如图 1-4 所示。

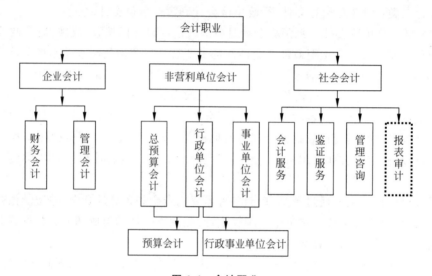

**图 1-4 会计职业**

会计除了按照职业分为上述三类外,还可以按照其他标准进行分类。如按照行业区分为工业企业会计、商品流通企业会计等;按照范围划分为微观会计、宏观会计;按照会计学的内容分为初级会计、中级会计、高级会计等。

鉴于企业这种经济组织形式比较典型,本书主要讨论企业会计。

## 第六节 企业会计的内部管理

为了充分发挥会计的职责作用,企业单位应当结合企业类型和内部管理的需要,建立健全会计组织结构和相应的内部会计管理制度。企业的规模、类型、组织结构等实际情况不同,其会计组织结构和内部会计管理制度就可能不同。一般而言,制定会计组织结构和内部会计管理制度应当遵循下列原则:(1)执行法律、法规和国家统一的财务会计制度;(2)体现本单位的生产经营、业务管理的特点和要求;(3)全面规范本单位的各项会计工作,建立、健全会计基础工作,保证会计工作的有序进行;(4)科学、合理,便于操作和执行;(5)定期检查执行情况;(6)根据管理需要和执行中的问题不断完善。

## 一、会计组织结构

企业会计组织结构不可能相同,关键是需要同企业组织结构协调匹配,并满足企业会计核算和监督的需求。当企业发展到一定规模时,下列会计组织结构比较科学和合理:财务管理部门、管理会计部门、财务会计部门、数据处理中心及内部审计部门分别设置,各部门内岗位职责明确,会计系统由财务总监或主管财务的副总经理管辖,并由内部审计部门负责审计。其基本结构如图 1-5 所示。

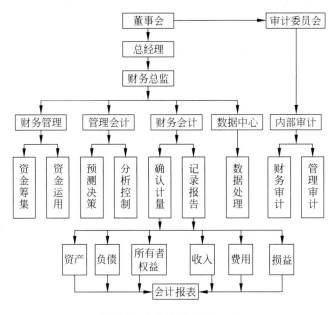

**图 1-5 企业会计组织结构**

我国《会计法》规定:"国有的和国有资产占控股地位或者主导地位的大、中型企业必须设置总会计师。"设置总会计师的企业,会计系统由总会计师管辖。

内部审计部门主要负责对会计系统进行审计,根据对象内容主要分为财务审计和管理审计。为了保证审计独立性,其应直接接受公司董事会或董事会中的审计委员会领导,也可以接受总经理领导,但如果由负责会计系统的财务总监、总会计师或副总经理管辖,则有违职务分离原则,难以保证审计机构和人员在形式上和精神上的独立性。

我国目前多数企业管理会计并没有单独分离,而是由财务会计人员兼任;甚至有的企业财务管理部门也未单独设置,而是与会计部门合并,担负财务管理与会计管理、会计核算的职责。随着企业规模的扩大和管理科学化的发展,这些不合理的会计组织结构形式将会逐渐改变。

## 二、内部会计管理制度

企业应该建立哪些内部会计管理制度,各项内部会计管理制度包括哪些内容,主要取决于单位内部的经营管理需要,不同类型的企业也会对内部会计组织管理制度有不同的选择。通常而言,健全的内部会计管理制度体系包括:会计组织管理体系,会计人员岗位责任制度,账务处理程序制度,内部牵制制度,稽核制度,原始记录管理制度,定额管理制度,计量验收制度,财产清查制度,财务收支审批制度,成本核算制度,财务会计分析制度。各项管理制度的主要内容分别如下。

### (一)会计组织管理体系

会计组织管理体系主要包括:单位领导人、总会计师对会计工作的领导职责;会计部门及其会计机构负责人,会计主管人员的职责、权限;会计部门与其他职能部门的关系;会计核算的组织形式等。

### (二)会计人员岗位责任制度

会计人员岗位责任制度主要包括:会计人员的工作岗位设置;各会计工作岗位的职责和标准;各会计工作岗位的人员和具体分工;会计工作岗位轮换办法;对各会计工作岗位的考核办法。

会计工作岗位一般可分为:会计机构负责人或者会计主管人员,出纳,财产物资核算,工资核算,成本费用核算,财务成果核算,资金核算,往来结算,总账报表,稽核,档案管理等。开展会计电算化和管理会计的企业,可以根据需要设置相应工作岗位,也可以与其他工作岗位相结合。

### (三)账务处理程序制度

账务处理程序制度主要包括:会计账户及其明细账户的设置和使用;会计凭证的格式、审核要求和传递程序;会计核算办法;会计账簿的设置;编制会计报表的种类和要求;单位会计指标体系。

### (四)内部牵制制度

内部牵制制度主要包括:不相容职务的分离,重点是记账人员与经济业务事项和会计事项的审批人员、经办人员、财物保管人员的职责相互分离,重大对外投资、资产处置、资金调度及其他重要经济业务事项的决策和执行职责相互制约;出纳岗位的职责和限制条件,主要是不得兼管稽核、会计档案保管和收入、费用、债权债务账目的登记工作;其他有关岗位的职责和权限。

### (五)稽核和审计制度

稽核和审计制度主要包括:稽核和审计工作的组织形式与具体分工;稽核和审计工作的职责、权限;审核会计凭证和复核会计账簿、会计报表的方法;对会计资料定期进行内部审计。

### （六）原始记录管理制度

原始记录管理制度主要包括：原始记录的内容和填制方法；原始记录的格式；原始记录的审核；原始记录填制人的责任；原始记录签署、传递、汇集要求。

### （七）定额管理制度

定额管理制度主要包括：定额管理的范围；制定和修订定额的依据、程序和方法；定额的执行；定额考核和奖惩办法等。

### （八）计量验收制度

计量验收制度主要包括：计量检测手段和方法；计量验收管理的要求；计量验收人员的责任和奖惩办法。

### （九）财产清查制度

财产清查制度主要包括：财产清查的范围；财产清查的组织；财产清查的期限和方法；对财产清查中发现问题的处理办法；对财产管理人员的奖惩办法。

### （十）财务收支审批制度

财务收支审批制度主要包括：财务收支审批人员和审批权限；财务收支审批程序；财务收支审批人员的责任。

### （十一）成本核算制度

成本核算制度主要包括：成本核算的对象；成本核算的方法和程序；成本分析等。

### （十二）财务会计分析制度

财务会计分析制度主要包括：财务会计分析的主要内容；财务会计分析的基本要求和组织程序；财务会计分析的具体办法；财务会计分析报告的编写要求等。

## 三、企业会计核算流程

为了保证会计核算的效率性、会计信息的可靠性以及经营活动的效益性，企业应该根据上述会计管理制度，确立各项业务循环的流程，并制定相应的具体政策。

各业务循环发生的经济业务事项，其会计核算流程为：取得或填制原始凭证，编制记账凭证，登记会计账簿，编制会计报表。其中对于实现会计控制目标具有重要保证作用的环节，一般称为控制点。会计核算流程，通常绘制为流程图，如图 1-6 所示。

为了清楚说明会计核算流程图中，各控制点的控制目标以及控制措施，通常编制相应的流程图说明，见表 1-5。

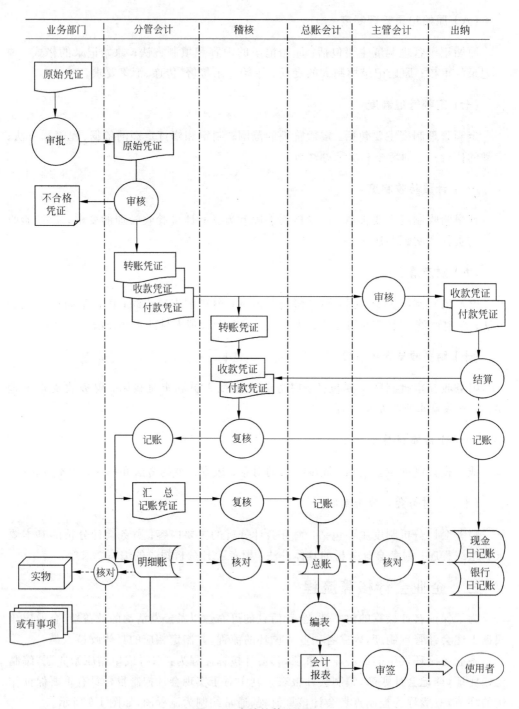

**图 1-6 会计核算流程图**

表 1-5　会计核算流程图说明

| 控制点 | 控制目标 | 控制措施 |
|---|---|---|
| 审批 | 保证经济业务符合授权,原始凭证真实、合规 | (1) 授权办理经济业务<br>(2) 经办人员制取凭证,注明并签章<br>(3) 部门负责人审核,签署意见<br>(4) 原始凭证错误,应重开或更正 |
| 审核 | 保证原始凭证内容真实,形式合格,金额符合标准 | (1) 分管会计审核原始凭证<br>(2) 拒收不真实、不合法的凭证,并向单位负责人报告<br>(3) 重开或者更正错误的原始凭证,更正处加盖出具单位印章<br>(4) 根据审核无误的原始凭证及有关资料编制记账凭证<br>(5) 记账凭证连续编号并签章<br>(6) 重大收支事项由会计主管审核 |
| 结算 | 保证资金安全,结算正确,收付及时 | (1) 出纳员根据审核无误的收付凭证办理结算<br>(2) 财务印鉴、银行票据分管<br>(3) 银行票据连续编号,保留存根<br>(4) 凭证加盖收讫、付讫戳记并签章<br>(5) 当日登记结算簿和日记账 |
| 复核 | 保证核算内容正确,核算手续合格 | (1) 稽核员复核记账凭证及所附原始凭证内容和手续<br>(2) 差错报经审批后更改并签章<br>(3) 复核合格后加盖印鉴 |
| 记账 | 保证账簿记录完整、真实并及时 | (1) 依据审核合格的记账凭证登记会计账簿<br>(2) 会计账簿应当按照连续编号的页码顺序登记<br>(3) 会计账簿发生错误或隔页、缺号、跳行,应按规定方法更正,并由会计人员和会计主管在更正处盖章 |
| 核对 | 保证会计账簿记录与实物及款项实有数额相符,会计账簿与会计凭证的有关内容相符,会计账簿之间相对应的记录相符,会计账簿记录与财务报表的有关内容相符 | (1) 定期核对总账与明细账、日记账和实物账<br>(2) 核对工作由稽核员或指定的非记账人员进行,并签章<br>(3) 会计主管审核会计账簿,并签章<br>(4) 误差报经审批后更正,并由会计人员和会计主管在更正处盖章 |
| 编表 | 保证财务会计报告编制依据真实,附注说明清晰完整,向不同使用者提供的报告编制依据一致,并符合法规和准则编制要求 | (1) 财务会计报告应根据审核无误的会计账簿和有关资料编制,并签章<br>(2) 说明会计处理方法变更及影响<br>(3) 说明担保、未决诉讼等或有事项<br>(4) 随同财务会计报告提供审计报告 |
| 审签 | 保证财务会计报告真实、完整 | (1) 由单位负责人和主管会计工作的负责人、会计主管人员签章<br>(2) 设置总会计师的单位,还须由总会计师签章<br>(3) 单位负责人对报告予以承诺<br>(4) 会计凭证、账簿、报告和其他会计资料,建档保管 |

# 习 题

## 一、思考题

**Q1-1** 会计主要反映哪些企业活动？在会计报表中如何体现？

**Q1-2** 财务报告通常包括哪些内容？

**Q1-3** 会计报表包含哪些具体报表？它们分别反映哪些企业活动的信息？

**Q1-4** 会计报表主要有哪些使用者？他们需利用会计信息作出哪些决策？

**Q1-5** 如何理解有效资本市场假说与会计信息的关系？

**Q1-6** 什么是审计意见？有哪几种审计意见？

**Q1-7** 我国有几种会计规范？分别发挥什么作用？

**Q1-8** 什么是公认会计原则？

**Q1-9** 会计职业包含哪些类别？其中企业会计包含哪些主要会计分支？

**Q1-10** 财务会计与管理会计有哪些主要区别和联系？

**Q1-11** 你认为企业的会计部门和内部审计部门，应该接受谁的领导？

**Q1-12** 内部会计管理制度有哪些？各自的主要内容是什么？

## 二、练习题

### E1-1 理解经济业务和会计事项

三维智能汽车公司 20×4 年发生了下列交易或项目：

| | | | | |
|---|---|---|---|---|
| 银行借款 | 劳务收入 | 办公用品 | 投入资本 | 差旅费 |
| 原材料 | 工资津贴 | 银行存款 | 机器设备 | 建筑物 |
| 应付职工薪酬 | 租金收入 | 广告费 | 应交税费 | 现金 |
| 利润 | 银行利息 | 预付货款 | 预收货款 | 盈余公积 |

要求：

请按照会计要素列表，分别将上述项目归入相应的会计要素栏目中。

### E1-2 理解经济业务和会计事项

三维智能汽车公司 20×4 年同时发生了下列现金收支业务：

| | | | |
|---|---|---|---|
| 销售商品收到现金 | 接受劳务支付现金 | 购建固定资产支付现金 | 支付增值税 |
| 收回应收账款 | 发行股票收到现金 | 支付职工工资津贴 | 取得银行借款 |
| 支付广告费用 | 购买原材料支付现金 | 收到投资利润 | 购买商品支付现金 |
| 提供劳务收到现金 | 发行债券收到现金 | 偿还银行借款利息 | 使用现金分配股利 |

要求：

请按照企业活动列表，分别将上述项目归入相应的企业活动栏目中。

### E1-3 各会计报表之间的关系

编制资产负债表和现金流量表。北京金峰计算机公司 20×4 年 12 月 31 日和 20×5 年 12 月 31 日的会计记录如下：

| 资产负债表项目 | 20×4 年 12 月 31 日 | 20×5 年 12 月 31 日 |
|---|---|---|
| 应付账款 | 411 788 | 488 717 |
| 应收账款 | 449 723 | 510 679 |
| 建筑物和设备(净值) | 227 477 | 315 038 |
| 现金 | 447 718 | 593 601 |
| 普通股 | 290 829 | 295 535 |
| 计算机软件开发费 | 31 873 | 39 998 |
| 商誉 | 35 631 | 118 121 |
| 存货 | 278 043 | 249 224 |
| 土地 | 14 888 | 21 431 |
| 长期负债 | 7 244 | 7 240 |
| 应付票据 | 15 041 | 13 969 |
| 其他流动资产 | 74 216 | 152 531 |
| 其他流动负债 | 207 336 | 315 292 |
| 其他非流动负债 | 50 857 | 98 081 |
| 留存收益 | 410 870 | 634 509 |
| 应付特许使用费 | 125 270 | 159 418 |
| 交易性金融资产 | 0 | 38 648 |
| 应交税费 | 40 334 | 26 510 |
| | | |
| **损益表项目** | | |
| 营业成本 | | 5 217 239 |
| 所得税 | | 93 823 |
| 利息费用 | | 1 740 |
| 利息收入 | | 28 929 |
| 营业收入 | | 6 293 680 |
| 销售和管理费用 | | 786 168 |

要求:

(1) 编制北京金峰计算机公司 20×4 年 12 月 31 日和 20×5 年 12 月 31 日的比较资产负债表。将资产负债表中的各项划分为以下类别:流动资产、非流动资产、流动负债、非流动负债和股东权益。

(2) 编制北京金峰计算机公司截至 20×5 年 12 月 31 日的损益表。将损益表项目划分为收入和费用。

(3) 计算在 20×5 年中宣布并支付给普通股股东的股利。

(4) 20×4 年 12 月 31 日和 20×5 年 12 月 31 日之间现金的增加,主要是由经营活动、投资活动还是融资活动引起的? 请加以解释。

### 三、讨论题

**P1-1** 请结合下列材料讨论会计信息在经济生活中的作用,以及会计信息可能的局限性,并提供相应的例子来阐述你的判断。

**材料 1**

意大利人很早就认识到会计对经商的重要性。巴其阿勒提出:凡是希望获得经营成功的商人,必须具备三个条件,其中最主要的是现款,或某些与此等值的经济实力。经商的第二个条件是:商人必须是精明的会计员和敏捷的数学家。经商的最后一个条件是所有商业事务必须采取有条不紊的方式加以记录,使商人能一目了然地了解自己的经营活动。应该使用借贷记账法,因为借贷记账法是记述经营活动的最有效的办法……

(P G 布朗等.巴其阿勒会计论[M].上海:立信会计图书用品社,1988,41~42 页)

**材料 2**

从美国建国到 20 世纪初,由于财政收入以关税和交易税为主,计税的依据同会计信息关系不大,当然也不会有税务会计的概念。后来,公司所得税和个人所得税的开征,使损益显得比以往重要起来,但是当时的公司税后法规由于不顾会计惯例的要求,曾经造成损益不实,甚至出现了纯所得应税额有时大大超过所得利润的现象,征收所得税忽视财务会计的做法,激起了会计职业界的反对,所以,1913 年美国国会通过了《宪法第 16 项修正案》重新修订了所得税法案,规定纳税所得额的确认必须以会计记录为基础,从而把会计实务和税务活动紧密地联系在一起。

(于长春.税务会计研究[M].大连:东北财经大学出版社,2001,5)

**材料 3**

通过信息披露成本调查问卷显示,投资者普遍认为对投资决策权重要的公开信息项目,包括年度报告(选择比例 59.02%),利润分配及转增股本实施公告(选择比例 38.53%),首次发行或二次发行招股说明书(选择比例 35.87%)。投资者认为对投资决策较为重要的信息项目,包括中期报告(选择比例 40.71%),收购、出售资产公告(选择比例 31.23%),董事会和股东大会决议(选择比例 34.72%),关联交易公告(选择比例 34.8%),股权变更公告(选择比例 39.22%),对外(含委托)投资公告(选择比例 37.37%)……

从机构投资者最关注的财务指标(1 表示最关注)来看,投资决策时最关注的财务指标依次是上市公司成长性指标(平均关注程度 2.80)、盈利数量指标(平均关注程度 2.90)、盈利质量指标(平均关注程度 3.32),而对于偿债能力指标、资产状况指标、营运状况指标、现金流量指标和利润分配指标则关注程度不是很大。

(周勤业等.上市公司信息披露与投资者信息获取的成本收益问卷调查分析[J].会计研究,2003(5))

**材料 4**

泰达股份制定了对公司管理层实施长期激励的《激励机制实施细则》,根据《细则》,泰达股份将在每年年度财务报告公布后,企业年度利润增长 15% 作为最重要的考核指标,公司将提取年度净利润的 2%,作为公司董事会成员、高层管理人员及有最大贡献的业务骨干的激励基金,用激励基金购买泰达股份的流通股票并作相应冻结,而处罚所形成的资金,则要求受罚人员在 6 个月内清偿。泰达股份的管理层所持有的股票在离职半年后才能解冻,利益不能在当期兑现。

(孙铮,王霞.员工认股计划会计问题的探讨[J].会计研究,2002(11))

**材料 5**

《首次发行股票并上市管理办法》第三十三条规定:最近一期末无形资产(扣除土地使用权、水面养殖权、采矿权等),在净资产中所占比例不高于 20%。《首次发行股票并在创业板上市管理办法》无法规定。

**P1-2** 请根据如下材料讨论会计信息和资本市场之间的联系,并给出适当的案例来说明你的观点。

**材料 1**

1974 年 10 月 1 日,《华尔街日报》发表一篇社论,叹息人们普遍将每股收益额看作价值指标:许多管理人员显然认为,只要他们能够设法提高报告利润,他们的股票就会上涨,即使高收益并不意味着任何根本性的经济变化。换句话说,管理人员认为,他们很精明,而市场很蠢……但市场很精明,听信每股收益额神话的公司经理,显然才是愚不可及的……对于我们来说,教训很清楚,如果经理们盯住企业的长远利益,股票价格自然会照顾自己……

(Tom Copeland,Tim Koller,Jack Murrin. Valuation 中译本. 北京:中国大百科全书出版社,1997,72~73 页)

**材料 2**

1968 年,Ball and Brown 研究 1957—1965 年在纽约证券交易所上市的 261 家公司的年度收益信息与股价变动的关系,研究显示,所有实际收益高于预期收益的公司,其平均非正常报酬率均为正数,而所有实际收益低于预期收益的公司,其平均非正常报酬率均为负数。这一结果说明,在收益表公布当月的时间段(窗口)内,市场会对"好"和"坏"的收益信息作出反应,从而为收益信息的有用性提供了证据,另外,他们也发现虽然会计收益确实影响股价,但不像人们所相信的那样有用,会计收益只有 10%~15% 的信息含量。之后,Beaver,Lambert and Morse 在 1980 年,Lev 在 1989 年也得到类似的结论。

**材料 3**

针对投资基金管理人的问卷分析揭示:75% 的被调查者主要依赖"公开信息"进行投资决策,11% 的人主要依赖"非公开信息"进行投资决策(非公开信息并非专指内幕消息,还包括市场传闻、市场调研和公司调研得到的信息等),另有 14% 的人认为公开信息和非公开信息在其投资决策中都具有重要作用。认为会计信息对投资决策重要的被调查者占 47%,认为比较重要的占 47%,认为不重要的占 6%。认为会计信息对投资决策具有重要性的调查对象不足一半,但认为"重要"和"比较重要"的调查对象达到 94%,与此形成鲜明对照的是,一般散户投资者"以公司业绩为选股依据的仅占 31.7%"。

**材料 4**

在分析上市公司经理人操纵利润的动机(可复选)时,《投资基金管理人调查》表明,对"哄抬本公司股票市价"的支持率最高(占 56%),55% 的调查对象指出"提高公司筹资能力"的动机,即使是上市公司的经理人对此也不予否认,"操纵利润是为了获得或保持配股资格"(《上市公司经理人调查》中的支持率达到 91%)。此外,调查对象对"经理人员谋取自身利益"的选项支持率较高(36%),少数基金管理人操纵利润可以"向市场传递公司成长性的信号"(22%),"递延所得税费用"的支持率仅占 6%。

在哪些类型的上市公司容易产生利润操纵的行为(可复选)时,《投资基金管理人调查》表明,对"净资产收益率略高于 10% 的上市公司容易产生利润操纵行为"支持率占首位(80%),对"连续两年亏损的公司容易产生利润操纵行为"的支持率占第二位(58%),对"每股收益略高于零的上市公司容易产生利润操纵行为"的支持率居第三位(45%)。公司经理人还认为盈利突然巨幅增减的公司(34%)和主业不突出的公司(38%)也存在较大的操纵可能。在《上市公司经理人调查》中,被调查的上市公司经理人也认为:利润操纵的动机首先是为了获得或保持配股资格(支持率 91%),其次是为了扭转或避免亏损(支持率 44%)。

**材料 5**

1996 年之前,新股发行定价主要以盈利预测为依据;1996 年定价就不再以盈利预测为依据,改为以过去三年已实现每股税后利润算术平均值为依据。同时,规定对国内企业依法改组新设立的公司,可按主要发起人改制当年经过评估确认后的净资产所折股数,模拟计算改制前各年度的每股税后利润为定价依据;1997 年,发行定价中又包含盈利预测的因素,1998 年,新股发行定价方法修改后便考虑发行当年的预测利润,而直到 1999 年后,发行定价逐步向市场化改革。

# 第二章

## 资产负债表

学习目的
XUE XI MU DI

1. 了解资产负债表的作用及其局限性；

2. 掌握资产负债表各主要项目的经济含义及其在资产负债表中的列示方法；

3. 熟悉流动资产和流动负债、非流动资产和非流动负债的计价方法；

4. 理解持续经营假设对资产计价的含义；

5. 掌握会计报表附注项目的含义和基本编制方法；

6. 了解会计循环的步骤；

7. 掌握借贷记账方法。

**2000** 年,红光实业案成为证券市场上一个广为关注的舞弊案件,其中一个舞弊问题就是资产不实,包括固定资产和存货都存在重大虚假。那么,什么样的东西可以在会计报表中作为资产列示?什么是不良资产?这些都是会计中的基本问题。本章将讨论与资产负债表相关的基本概念和原则,同时,还将介绍会计核算的基本程序和方法,从会计师记账的角度来看这些定义和原则。

# 第一节  资产负债表的格式

## 一、资产负债表的基本格式

资产负债表是反映企业资产、负债和所有者权益状况的报表,通常称为财务状况。严格意义上的财务状况至少包括三层意思:一是关于资产、负债和所有者权益构成情况及其合理性;二是关于流动性,通常指资产的流动性,也就是资产变成现金的能力,俗称"变现能力";三是关于财务弹性,即企业应付意外情况的能力,如意外灾害、意外机会等。

我国企业的资产负债表各个项目按照流动性顺序排列。对于资产和负债,流动性分别有不同的含义。资产的流动性是指资产的变现能力,变现能力越强的资产,越排在前面。比如,货币资金本身就是现金,不存在变现问题,所以,它在资产负债表中排第一;应收票据和应收账款可以在比较短的时间里面转变成现金,原材料、产成品、库存商品变成现金的时间更长一些,所以,要依次靠后排。负债的流动性是指负债的偿还期限,偿还期越短的负债,流动性越强,所以,短期借款比长期借款要排在更前面。按照这个要求,资产负债表的格式如表 2-1 所示。

**表 2-1  合并资产负债表**

编制单位:宝山钢铁股份有限公司  2013 年 12 月 31 日 　　　　　　　　　　单位:百万元

| | 2013 年 12 月 31 日 | 2012 年 12 月 31 日 |
|---|---|---|
| 流动资产: | | |
| 货币资金 | 12 881 | 8 851 |
| 交易性金融资产 | 29 | 90 |
| 应收票据 | 12 147 | 12 411 |
| 应收账款 | 11 275 | 8 551 |
| 预付款项 | 3 064 | 3 716 |
| 应收利息 | 740 | 949 |
| 应收股利 | 61 | 34 |
| 其他应收款 | 1 645 | 1 387 |
| 买入返售金融资产 | 91 | |
| 存货 | 31 087 | 28 872 |
| 一年内到期的非流动资产 | 4 760 | 4 880 |
| 其他流动资产 | 277 | |
| 流动资产合计 | 78 057 | 69 741 |

续表

| | 2013 年 12 月 31 日 | 2012 年 12 月 31 日 |
|---|---|---|
| 非流动资产: | | |
| 发放货款及垫款 | 3 072 | 2 763 |
| 可供出售金融资产 | 1 009 | 1 468 |
| 长期应收款 | 13 515 | 18 036 |
| 长期股权投资 | 13 681 | 10 539 |
| 投资性房地产 | 476 | 477 |
| 固定资产 | 86 218 | 79 451 |
| 在建工程 | 15 173 | 15 384 |
| 工程物资 | 232 | 111 |
| 无形资产 | 6 878 | 6 759 |
| 长期待摊费用 | 886 | 906 |
| 递延所得税资产 | 2 053 | 2 035 |
| 其他非流动资产 | 5 418 | 1 320 |
| 非流动资产合计 | 14 8611 | 151 134 |
| 资产总计 | 226 668 | 220 875 |
| 流动负债: | | |
| 短期负债 | 34 471 | 31 647 |
| 吸收存款及同业存放 | 7 599 | 8 071 |
| 拆入资金 | 300 | 600 |
| 交易性金融负债 | | 21 |
| 应付票据 | 2 430 | 3 495 |
| 应付账款 | 18 175 | 18 659 |
| 预收款项 | 11 971 | 11 195 |
| 卖出回购金融资产款 | 667 | 438 |
| 应付职工薪酬 | 1 697 | 1 567 |
| 应交税费 | 1 781 | 1 093 |
| 应付利息 | 227 | 180 |
| 应付股利 | 14 | 22 |
| 其他应付款 | 1 225 | 1 880 |
| 一年内到期的非流动负债 | 12 228 | 4 503 |
| 其他流动负债 | 1 849 | 1 017 |
| 流动负债合计 | 94 634 | 84 388 |
| 非流动负债: | | |
| 长期借款 | 4702 | 2732 |
| 应付债券 | 3503 | 9836 |
| 长期应付款 | | 250 |
| 专项应付款 | 740 | 689 |
| 递延所得税负债 | 305 | 320 |
| 其他非流动负债 | 2 718 | 2 701 |
| 非流动负债合计 | 11 968 | 16 528 |
| 负债合计 | 106 602 | 100 916 |

| | 2013 年 12 月 31 日 | 2012 年 12 月 31 日 |
|---|---|---|
| 股东权益: | | |
| 股本 | 16 472 | 17 122 |
| 资本公积 | 32 967 | 36 009 |
| 减:库存股 | | 116 |
| 专项储备 | 22 | 18 |
| 盈余公积 | 24 528 | 23 230 |
| 未分配利润 | 37 044 | 34 803 |
| 外币报表折算差额 | −521 | −300 |
| 归属于母公司股东权益合计 | 110 512 | 110 766 |
| 少数股东权益 | 9 554 | 9 193 |
| 股东权益合计 | 120 066 | 119 959 |
| 负债和股东权益总计 | 226 668 | 220 875 |

一般认为,资产负债表按流动性排列是一种传统习惯。股票市场还没有发达起来以前,企业的资金来源主要是从银行的借款,银行关心的是企业的还债能力,这就要看流动资产是否充裕。为了适应银行的这种要求,企业在编资产负债表时都习惯地将流动资产排在前面,慢慢就形成了按流动性顺序排列的方式。

## 二、资产负债表项目金额

### (一) 时点报表

资产负债表是一个时点报表,反映某一特定时刻的状态,如月末、季末、年末。时点报表有三层不同的意思:

第一,不同时期的时点报表相加起来是没有意义的,例如,不能把一年中每个月的资产负债表各项目全部相加,来计算企业一年的总资产和总负债。

第二,时点报表中的每一个数字都是某个时刻的数字,很可能由于企业川流不息的经营活动而发生变化。今天的银行存款是 1 000 万元,明天可能就是 1 100 万元或 900万元,这时时刻刻变化着的数字,只反映某个时刻的情况,过了这个时刻就是另一种情况,所以,资产负债表上的日期不仅有年、月,还有日,反映到这一天为止的资产、负债情况。某年的资产负债情况,实际上就是该年年底(12 月 31 日)资产负债表上的数字。

第三,既然是某一时刻的数字,它同时也意味着这些资产和负债是代表企业目前所拥有的、未来可以使用的资产和目前所承担的、未来要偿还的负债。

### (二) 年初数和期末数

资产负债表里包括了两个时间的数字:一是年初数,二是期末数。年初数是上年年底(12 月 31 日)的数据,期末数是编制资产负债表当期期末的数据,如果是月度报表,就是该月月末的数据,如果是年报,就是该年年末的数据,这种编制方式称为比较资产负债表,也就是将两个不同时点的数据放在一张资产负债表里,实际上就是两张资产负债表。

# 第二节 资产负债表的主要项目

## 一、资产、负债和所有者权益

### (一) 资产

1. 资产的含义

资产是指企业过去的交易或者事项形成的、由企业拥有或者控制的、预期会给企业带来经济利益的资源。该定义有三层含义。

第一,资产能够为企业带来经济利益。

未来经济利益是以直接或间接现金流量表示的,直接现金流量包括现金、银行存款及现金等价物——交易性金融资产和三个月内变现的应收票据、应收账款;间接现金流量包括通过使用固定资产、无形资产等所取得的现金流量,也就是说,使用这些经济资源能为企业获得经济利益。

第二,资产必须由企业拥有或控制。

凡不属于企业所有也不为企业所控制的经济资源都不能成为企业的资产。比如,同是道路,厂内修建的道路与厂门外的公路,都能为企业带来经济利益或为此提供条件,但厂门外的公路不为企业所控制或拥有,因此不是企业的资产。

拥有或控制资产的关键在于获得资产所产生的收益,如果不能获得资产所产生的收益,就意味着没有取得资产。

第三,资产的取得是源自过去的交易或事项。

未来的或者未发生的交易或事项不能为企业带来资产。比如,A 企业与 B 企业订立合同,A 企业向 B 企业购买商品并由 B 企业在将来某个时刻交货。A 企业在这种条件下就不能将商品视为资产,因为合同尚未履行,交易尚未发生。

任何一项经济业务,如果同时满足上面的关于资产定义的三个条件,就可以确认为资产。争议比较多的一种不能确认为资产的情况就是上文提到的未执行合同(executory contract)。

2. 资产的分类

对资产进行恰当的分类,有助于更好地掌握资产的特性。根据不同的分类方法,可以将资产作出许多不同的划分,根据资产的流动性分为流动资产和非流动资产。流动资产是预期在一年或者长于一年的经营周期之内可以变成现金的资产,如应收项目、存货等。非流动资产的变现期限通常超过一年或长于一年的经营周期以上(为简便起见,本书多用一年来表述一个经营周期)。习惯上,流动资产通常以一年为标准,但是,如果企业的经营周期超过一年,则按一年作为流动资产的区分时间就不合适了。比如,造船等大型设备制造企业,经营周期通常超过一年,在企业经营周期还没有循环一次的时候就决算利润,并区分流动资产和非流动资产,可能误导会计报表使用者。

一个经营周期是企业完成一个经营循环所需要的时间,即从现金到现金的循环。

图 2-1 表示一个工业企业的经营循环。

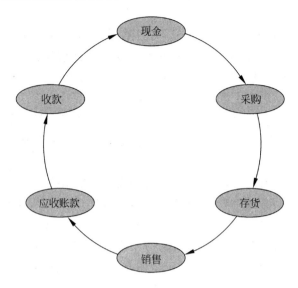

**图 2-1 工业企业经营循环**

根据资产的货币形态分为货币性资产和非货币性资产。货币性资产是指金额固定或者可以确定的资产。例如,现金、银行存款、应收账款、应收票据等是货币性资产,而存货、固定资产、无形资产是非货币性资产。这一分类对于外币折算、调整通货膨胀、确定非货币资产交易十分重要。

根据是否有实物形态分为有形资产和无形资产,等等。

3. 资产计价

资产计价是以恰当的方式赋予资产价值。资产计价的标准有很多,如市场价格、购买价格、重置成本价格等。计价是财务会计的核心问题之一,也是困惑会计的难题。

比如,去年用 15 万元买了一台设备,今年价格涨到 18 万元,账面是 15 万元还是 18 万元? 去年购买钢材每吨 1 000 元,还没用完,今年又买了同样的钢材,价格却是每吨 1 100 元,领用的时候是按 1 000 元一吨算还是按 1 100 元一吨算? 前者是固定资产价格问题,后者是存货计价问题。

会计上的计价方法一般用历史成本和公允价值来归纳。

(1)历史成本。历史成本是会计的基本计价原则之一,要求企业的资产、负债均以交易发生时的交换价格或实际成本入账。

(2)公允价值是指市场参与者在计量日发生的有序交易中,出售一项资产所能收到或者转移一项负债所需支付的价格。有序交易是惯常市场活动的交易,清算等被迫交易不属于有序交易。实践中,公允价值通常采用市场价格,如果没有恰当的市场价格,使用估值方法获得公允价值,如现金流量贴现等。现行会计准则中,采用公允价值计价的项目主要有交易性金融资产和负债、可供出售金融资产、投资性房地产、生物资产。

历史成本计价与公允价值计价的不同表现为在编表日是否按照公允价值重新调整

账面价值。对于交易发生时的价格或者成本,即资产和负债的入账价值(初始计量),两种计价模式都采用公允价值。

财务会计计价的基本原则是历史成本,为此,也有人将现行财务会计模式称为历史成本会计。历史成本计价的依据是会计核算的两个会计假设:一是持续经营,二是币值稳定。根据这两条假设,会计对资产的计价应当采用历史成本原则,上述购买的设备,当时花了15万元,账面上就是15万元,涨到18万元不予考虑。

持续经营是假设企业在可以预见的将来不会发生破产清算;币值稳定是假设用于记账的货币的币值是稳定不变的。由此可以推论出下列以历史成本计价作为基本原则的结论。

第一,在持续经营条件下,资产是按原定用途继续使用的,不会因为现在涨价了,就把它们卖掉,这虽然会赚钱,但却失去生产能力,与持续经营假设不符。即使卖掉了,为了今后的持续经营,还要把它们买回来。比如,一座办公楼,现在涨价了,把它卖掉赚点钱,以后还要继续经营吗? 如果不是,那就等于清算,不属于正常经营;如果是,就不应当卖。当然,出售闲置固定资产是盘活资金的有效手段,但这是不同的问题。币值稳定已经假设物价不变了,价格发生变化就不予考虑。

第二,很多资产的市场价格并不是唯一的。企业的机器设备和原材料成千上万,一种机器设备或原材料市场价格有好几种甚至几十种,要找到一一对应的价格,代价很高,而且有可能不客观、不公正,添加随心所欲的人为因素,会给另有所图的人留下操纵会计数据的机会。

第三,会计最终要核出利润,收入就是按照现在销售计算的,那么费用呢? 应当是企业已经花费的,没有花费就不应当有成本费用,既然资产是以前花钱购置的,所以应当是当时花多少现在算多少,利润不是企业所要出售的商品价格变化的差额,而是交易的结果,是所得与所费的比较。

应当注意,历史成本计价并不是绝对的。财务会计最重要的目标是为投资者和债权人提供有用的信息。如果历史成本计价严重损害了会计信息的有用性,改变历史成本计价方法就成为必然。在现代财务会计中,偏离历史成本计价的现象较为常见。

4. 资产与收入和费用的关系

资产是企业取得收入的物质基础,是赚钱的工具,资产越小,收入越高,说明效率高,资产多而收入少就是一种浪费。资产的价值是与其所取得的收益相联系的,不能取得收益的资产是不值钱的。

资产会带来收入,但也是有代价的,即资产在产生收入的过程中会产生费用,而且,大部分资产都必定会逐渐转化为费用。例如,现金会慢慢地花掉;原材料通过加工制成产品,形成产品成本;固定资产通过折旧进入产品成本或制造费用、管理费用。极端地看,所有资产都会变成费用,所以,会计上认为费用是瞬间的资产。

某一项支出应当确认资产还是费用,取决于支出的性质是符合资产的定义还是费用的定义。

### （二）负债

#### 1. 负债的含义

负债是指企业过去的交易或者事项形成的、预期会导致经济利益流出企业的现时义务。该定义也有三层含义。

第一，负债必须以资产或劳务的方式偿还（经济利益流出）。

凡不是以资产或劳务方式偿还的义务都不是负债，比如，宣布现金股利，企业便承担了负债，但若宣布股票股利，企业便没有产生负债。

第二，负债必须是由企业承担的现时的义务。

负债的归属必须是一个特定企业，否则对某一特定企业就不形成负债。比如，W企业为M企业发行债券提供担保，在M企业债券到期不能偿还时，W企业代为偿还，W企业不会因为担保就产生负债，而只能在M企业无力偿还时才有负债。

第三，产生负债的交易或事项业已发生。

一项过去的交易和事项是负债定义中的一个重要条件。例如，购货预约实际上是买卖双方就将来要进行的交易达成的协议。若卖方已履行了预约，它将形成买方的一项债务，但从目前来看（协议签订时），这种经济行为是属未来的交易。因此，不能把购货预约当作负债。这样，负债的定义就将对未来经济活动可能产生的负债，排除在会计上的负债之外。

#### 2. 负债的分类

负债的分类方法有很多，常见的是按偿还期长短分为流动负债和非流动负债。流动负债是在一年或长于一年的经营周期内要偿还的负债，除短期借款外，流动负债主要是在企业经营过程中自然产生的，如应付账款、应付工资、预收账款、应付票据。非流动负债是偿还期在一年或长于一年的经营周期以上的负债，如长期借款、应付债券等。

流动负债还可以按负债金额确定的程度进一步分类：金额确定的流动负债，指到期日明确、金额确定的负债，如短期借款、应付账款、应付票据、预收账款等；金额视经营结果而定的流动负债，指要根据期末企业经营情况才能确定的流动负债，如应交税金、应付利润等；金额需要估计的流动负债，有些负债的金额在编制资产负债表的时候是无法确定的，但确实属于负债，这就需要合理的估计，如因产品质量担保而引起的负债。

一般来说，负债都有特定的支付对象，而且有确定的偿还日期，但是在会计里面，并不是所有的负债都有特定的债权人，如递延收益只是在将来某一时刻转化为收益或者分期转化为收益。

#### 3. 负债与企业经营的关系

企业的资金全部来自所有者投资不一定对所有者有利，负债经营是企业的一个可能有利于所有者的经营策略。假如一个项目投资100万元，所有者出资50万元，借50万元，投资报酬率15%：

| | 利息率 10% | 利息率 18% | 利息率 15% | 不借债 |
|---|---|---|---|---|
| 扣除利息前的利润 | 15 万元 | 15 万元 | 15 万元 | 7.5 万元 |
| 利息 | 5 万元 | 9 万元 | 7.5 万元 | 0 |
| 利润 | 10 万元 | 6 万元 | 7.5 万元 | 7.5 万元 |

在这个例子中,第一种情况是投资报酬率大于利息率,对所有者最有利;第二种情况是投资报酬率小于利息率,对所有者不利;第三种情况是投资报酬率等于利息率,与第四种情况(不借债)一样。从中可以看出,当投资报酬率大于利息率时,借钱越多对所有者越有利,这就是财务管理中财务杠杆的基本原理。

**4. 营运资金**

营运资金,也称营运资本,广义上是指流动资产,甚至是流动资产和流动负债的总称。会计上的营运资金是流动资产减流动负债后的差额,也称为营运资金净额。流动资产是用于企业日常经营的资产,流动负债是企业在一年内要偿还的债务,是企业资金的基本来源,流动负债一般是要用流动资产来还的。企业为了能够如期地偿还流动负债,就要保留与流动负债相适应的流动资产,比如,一家企业在年末共有流动资产 1 000 万元,流动负债 800 万元,静态地看,意味着 800 万元的流动资产不能任意支配,以备还债,明年企业可以随意支配使用的流动资产只有 200 万元,也只有这 200 万元才能用于购置固定资产、偿还非流动负债、支付股利等。

对于阅读报表的人来说,就要了解哪些经济业务才会影响企业的营运资金。我们先来看看下面的利润表(表 2-2)。

**表 2-2  利  润  表**　　　　　　　　　　　　单元:万元

| | | |
|---|---|---|
| 营业收入 | | 1 000 |
| 营业成本(包括折旧 50) | 500 | |
| 管理费用(包括折旧 20) | 100 | |
| 利息费用 | 100 | |
| 所得税 | 30 | 730 |
| 净收益 | | 270 |

在这张表中,270 万元的净收益肯定是营运资金的增加,但还不够确切,因为费用中包括了不影响营运资金的因素——折旧费。购买固定资产是要花现金的,但计提固定资产折旧时却是不用花一分现金的,折旧费丝毫不影响企业的营运资金,所以,在计算营运资金时,要将不影响营运资金的折旧费加回到净收益里。这样,企业的营运资金就有 340 万元了(270 万元+70 万元)。在这个例子中,还有一些影响企业营运资金的业务没有包括进来,比如,企业购买固定资产一般是要花现金的,肯定会减少企业的营运资金,当企业向银行借入长期借款时,肯定会增加企业的营运资金。

要了解影响企业营运资金的经济业务,就需要了解哪些经济业务不会影响企业的营运资金。营运资金的计算公式是一个算术等式:

$$流动资产 - 流动负债 = 营运资金$$
$$1\,000\,万元 - 600\,万元 = 400\,万元$$

从简单的算术道理,我们可以看出,有三种业务不会影响企业的营运资金。

（1）流动资产内部各项目之间的增减，比如，用 100 万元银行存款购买原材料，银行存款和原材料（存货）都是流动资产，一个增加另一个减少，流动资产总额不变，营运资金也不变。

（2）流动负债内部各项目之间的增减，比如，企业把 100 万元应付票据转为应付账款，流动负债总额不变，不影响营运资金。

（3）流动资产和流动负债同时增加或同时减少，比如，用 50 万元银行存款偿还购买原材料时欠的货款，流动资产（银行存款）和流动负债（应付账款）同时减少，营运资金不变。再比如，从银行借入短期资金 500 万元，流动资产和流动负债（短期借款）同时增加，营运资金不变。

归纳起来，长期项目（非流动资产、非流动负债、实收资本等）的增减变化与流动资产相关的经济业务都会影响营运资金。营运资金的来源和运用可以用图 2-2 表示。

**图 2-2　营运资金的来源和运用**

### （三）所有者权益

1. 所有者权益的含义

所有者权益，又称净资产，是企业的所有者应该享有的权益，会计上表现为资产减负债的差额。不同的企业组织形式，所有者权益有不同的名称，独资企业称为业主权益，股份公司称为股东权益。

企业的资产有两个来源，或者借债，或者所有者投资，无论哪种方式，出资人都有自己的权益。债权人借钱不仅要收回本钱，还要得到利息，所有者投资是为了取得利润，可见，债权人和所有者都有他们可以主张的权利，即权益。权益分为两种：一是债权人权益，也就是负债；二是所有者权益。可以说，有资产就会有可以主张的权益，有权益就会有其赖以存在的资产，对于企业，既不存在没有资产的空洞权益，也不存在没有权益的资产。企业是没有自己的利益的，企业的利益就是所有者的利益，企业的利润分给了所有者，就减少了所有者的利益，没有分的仍属于所有者，只是留给企业继续使用。

2. 所有者权益的内容

《企业会计准则》按照所有者权益的来源把它分为四类：实收资本、资本公积、盈余公积和未分配利润。

3. 所有者权益与负债的区别

所有者权益与负债之间区别的核心是资本与非流动负债的区别。资本有很多种

解释[①],最常见的解释是所有者的投资,也是企业的本钱。资本与负债的区别主要有两个:

(1) 资本是永久投资,与企业共存亡,负债到期是要还的,相对于资本而言,负债的期限再长也是临时的。

(2) 资本收益是不确定的,资本所有者与企业同舟共济,企业盈利越高,资本收益就可能越多,企业亏损,资本就没有收益,企业破产,资本就可能会损失。借款的利息是固定的,与企业利润高低无关。

由此可见,所有者所承担的风险大于债权人的风险。

## 二、资产项目

### (一) 流动资产项目

1. 货币资金

在资产负债表中,"货币资金"(包括现金、银行存款和其他货币资金)列第一项,它的流动性是最强的。但是,具有特定用途的货币资金不能作为流动资产,或作为货币资金项目下的一个单独项目,并在表外予以说明。

2. 交易性金融资产

交易性金融资产是企业在短期内持有的金融资产,包括股票、债券、基金等。交易性金融资产随时可以变现,也称为准现金或者有价证券,因此在流动资产中列第二项。交易性金融资产按照编表日的市价计价,与账面价值的差额计入当期损益。

3. 应收项目

应收项目包括应收票据、应收账款和其他应收款。应收项目应当按净额列示,即扣除减值准备后的金额。

4. 存货

不同行业,存货内容不尽相同。如建筑公司的存货包括周转材料、工程物资,房地产公司的存货包括库存设备、开发产品、出租开发产品、周转房、开发成本等。

按照现行会计准则,存货以净额列示,存货跌价准备不在资产负债表中单独反映,资产负债表的附注通常会详细披露存货的构成及跌价准备计提情况。

5. 预付款项

预付款项包括预付账款和预付费用。预付账款是企业购买商品和劳务而预先支付的款项。预付费用是为在未来一年内取得收益而支出的费用,这些支出已经发生,也肯定是费用,但不属于今年的费用,而是明年的费用,暂时列在流动资产里。典型的是预付租金、预付保险费等。为简便起见,有些公司将金额不大的长期预付费用也列作流动资产,如预付2年的保险费。

### (二) 非流动资产

如果资产转化为现金的时间在一年或一个经营周期以上,则属于非流动资产,通常

---

① 也有教材将资本与投入资本等同,包括所有者权益和带息负债。

有投资性非流动资产、固定资产、生产性生物资产、无形资产和其他非流动资产。

1. 投资性非流动资产

投资性非流动资产包括可供出售金融资产、持有至到期投资、投资性房地产和长期股权投资四个资产负债表项目。

（1）可供出售金融资产是指初始确认时即被指定为可供出售的非衍生金融资产，主要是除了贷款和应收款项、持有至到期投资和以公允价值计量且其变动计入当期损益的金融资产以外的金融资产。可供出售金融资产应当在编表日按照市价调整，与账面价值的差额作为未实现损益计入资产负债表的股东权益。

（2）持有至到期投资是指到期日固定、回收金额固定或可确定，以及企业有明确意图和能力持有至到期的非衍生金融资产。持有至到期投资主要是企业准备持有至到期的债券，持有至到期的证券应当按照摊余成本计价（参见第八章）。

（3）投资性房地产是指企业持有的以投资为目的而不是以销售为目的的房地产，投资性房地产需要在编表日按照公允价值调整。会计准则严格定义了投资性房地产。

（4）长期股权投资是指公司准备持有一年以上的股权投资。长期股权投资的列示应当注意长期投资的减值，同时在报表附注中说明长期股权投资的核算方法——权益法或成本法。

2. 固定资产

固定资产是公司在日常经营过程中可以长期使用的实物资产，如房屋建筑物、机器设备、车辆等，一些价值较大的耐用品也可以作为固定资产，如模具、家具、工具等。绝大部分固定资产是可折旧固定资产。

固定资产的计价基础、抵押情况、折旧方法以及各类固定资产的折旧额应当在报表附注中说明。固定资产的期末价值是原值减累计折旧和减值准备的净额。固定资产清理反映公司尚未清理完毕固定资产的价值以及清理净收入（清理收入减去清理费用）。

尚未完工的自建固定资产（在建工程）、用于固定资产建造的工程物资单独列示。

3. 生产性生物资产

生物资产是指有生命的动物和植物。生物资产分为消耗性生物资产、生产性生物资产和公益性生物资产。消耗性生物资产是指为出售而持有的或在将来收获为农产品的生物资产，包括生长中的大田作物、蔬菜、用材林以及存栏待售的牲畜等。生产性生物资产是指为产出农产品、提供劳务或出租等目的而持有的生物资产，包括经济林、薪炭林、产畜和役畜等。公益性生物资产是指以防护、环境保护为主要目的的生物资产，包括防风固沙林、水土保持林和水源涵养林等。

生产性生物资产按照成本计价，对达到预定生产经营目的的生产性生物资产，应当按期计提折旧，并根据用途分别计入相关资产的成本或当期损益。企业每年定期检查生产性生物资产，确定是否减值，减值多少。

4. 无形资产

无形资产的基本特征是：没有实物形态、未来收益很不确定、企业长期使用，通常包括商标权、专有技术、专利权、版权、特许经营权、商誉①、土地使用权等。有些无形资产的使用寿命很长,如土地使用权可达 70 年,为稳妥起见,可以在较短的时间内摊销,如 10 年。无形资产按单项计提的无形资产减值准备与固定资产不同,无形资产在资产负债表中是直接用净值表示的,即直接列示摊销后的价值。若无形资产预计可收回金额低于其账面价值,应按单项无形资产计提无形资产减值准备,并在报表中从无形资产的净值中扣除。

无形资产是公司一项十分重要的经济资源,尽管未来的收益风险较高,但收益率却可能很高。公司研发项目在开发阶段的支出,满足一定的条件(具体参看《企业会计准则第 6 号》),可以被确认为无形资产。

5. 其他非流动资产

其他非流动资产是除了上述资产以外的资产,主要是长期待摊费用,如固定资产大修理支出、租入固定资产的改良支出等。

尽管其他非流动资产无法归于上述分类的一些资产,但对于一些重要的项目,应当单独列示,或在报表附注中说明。

## 三、负债项目

### (一) 流动负债项目

1. 短期借款。"短期借款"是企业在未来一年内要偿还的借款,债主一般都是银行或其他金融机构。这一项目在流动负债中占的比例通常较大。

2. 应付账款。"应付账款"是企业因为购买材料、商品等物品所欠下的货款,这些货款也是要在未来一年内偿还的。应付账款是企业最常见、最普遍的流动负债,应付账款的偿还期不长,大多在三个月以内。

3. 应付票据。"应付票据"是企业购买材料、商品等物品没有付钱而签发的票据,与应付账款一样,都是企业欠的货款,不同的是应付票据是企业签发的票据,更具有约束力。

4. 预收款项。"预收款项"是企业向购货方预先收取的货款,如购货方预先支付的定金。货款虽然收到了,但因为商品还没有发出去,销售还没有成立,暂时还不能算收入。既然事先收了客户的钱,商品还没有给客户,等于是企业欠的债,在一年内用商品来偿还,等到商品发出去了,销售成立了,就要转成收入。所以,预收账款也称预收收入。

5. 其他应付款。"其他应付款"是企业在一年内要偿还的一些杂项欠款,如向购货方收取的包装物押金,应当付给别人的固定资产租金、包装物的租金等。

6. 应付职工薪酬。"应付职工薪酬"是企业在一年内要付给职工的各种薪酬,包括工资、职工福利、社会保险费、住房公积金、工会经费、职工教育经费、解除职工劳动关系补偿等,退休后福利形成企业的负债也包含这个项目中。

7. 应交税费。"应交税费"是企业在未来一年内应当向国家税务机关缴纳的各种

① 资产负债表中商誉和开发支出都单独报告,未并入无形资产项目。

税费,包括所得税、增值税、营业税、消费税、城市建设维护税、车船税、资源税、房产税、土地使用税、教育费附加、矿产资源补偿费等。

8. 应付股利。"应付股利"是企业在未来一年内要付给股东的股利,比如代表国家行使所有者权利的政府部门、联营方、合资方等。如果是付给不代表所有者身份的上级主管部门的管理费,就不是分配股利,一般不放在"应付股利"里面,而是放在"其他应付款"里面。

9. 一年内到期的非流动负债。这是指原来是非流动负债,但要在今后一年内偿还的部分,比如,2010 年 3 月 5 日向银行借入期限为三年的借款 1 000 万元,在 2012 年 12 月 31 日的资产负债表就要把这 1 000 万元的长期借款,从非流动负债里面转到"一年内到期的非流动负债"里。

### (二) 非流动负债项目

1. 长期借款

"长期借款"是企业向银行或其他金融机构借入的期限在一年以上的借款,该项目还包括长期借款中没有支付的利息,如果借的是外币,"长期借款"这个项目里还有按规定汇率折算为人民币的折算差额。

2. 应付债券

"应付债券"是企业还没有偿还的债券本金与利息和,债券筹集的一般都是长期资金,即偿还期在一年以上。在我国,工商企业发行的债券称为企业债券,银行发行的称为金融债券。应付债券中也包括可转换公司债券。

3. 长期应付款

"长期应付款"是企业还没有偿还的除长期借款和应付债券以外的其他各种非流动负债。工业企业资产负债表中的长期应付款主要有两项内容:一是采用补偿贸易方式而发生的应付引进设备款;二是融资租入固定资产应付款。

(1) 应付引进设备款。补偿贸易是由国外企业提供设备、技术,以生产出来的产品来偿还引进设备款的一种加工贸易方式。通过补偿贸易,外商以贷款方式提供设备,同时承担向企业购买一定数量的产品的义务,企业引进设备时可以暂时不付款,以出口产品的销售收入来补偿。当企业拿到设备时,实际上就产生了一笔非流动负债。"应付引进设备款"项目里除了应该支付的设备价款外,还包括应该支付的利息和外币折算为人民币的差额。

(2) 融资租入固定资产应付款。企业因为融资租入固定资产而形成的应付款,除了应付的租金外,还包括利息和外币折算为人民币的差额。当企业按照融资租赁的方式租入固定资产时,就欠了租赁公司的债,形成一笔非流动负债。

4. 预计负债

"预计负债"是企业根据或有事项等相关会计准则确认的各项负债,包括对外担保、未决诉讼、产品质量保证等产生的预计负债。

5. 递延所得税负债

"递延所得税负债"是企业因所得税法与会计准则在确认和计量资产和负债方面的

差异而产生的将来要支付的所得税,该项金额并不是当年按照所得税规定计算出来的应当向税务机关缴纳的所得税。比如,S公司年初以100万元从证券市场购入K公司股票,并作为交易性金融资产入账,当年末,S公司所持有的K公司股票的市场价值为110万元。S公司为此确认10万元的公允价值变动净收益,计入当年利润总额。由于没有出售,该收益没有实现,按照税法规定,S公司这10万元的收益不列入当年应纳税所得额。该项业务意味着S公司产生了递延所得税负债2.5万元(10万元×25%),因为这笔收益是需要缴纳所得税的,只是当年还没有实现,一旦将来实现了,就必须缴纳所得税,相当于将应该缴纳的所得税递延到以后年度。

递延所得税资产是与递延所得税负债相对应的概念。

### (三) 或有负债

有些负债只存在发生的可能性,编表日并没有实际发生,只是一种潜在的负债,这些负债是否实际发生要取决于未来特定经济业务的情况,比如应收票据贴现就会引起或有负债。未决诉讼也是一项常见的或有负债,是否会成为企业的实际负债取决于法院的裁定,这样,企业在诉讼期间就存在或有负债。已经确认的或有负债计入"预计负债"项目。

## 四、所有者权益项目

所有者权益通常包括两大类项目:所有者投入的资本和尚未分配给所有者的利润(统称为"留存收益")。但是,由于财务会计计价和分类上的复杂性,所有者权益并不是单纯的资本和利润,还包括一些不能计入当期损益的资产价值变动的项目。比如,资产评估价值高于原账面价值的差额等。

我国资产负债表上的所有者权益包括四个项目:实收资本、资本公积、盈余公积和未分配利润。大致可用图 2-3 表示。

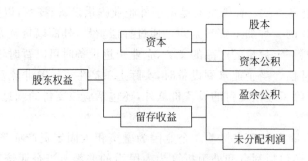

图 2-3 所有者权益的构成

所有者权益是一个剩余项目,无法单独计量。比如,实收资本取决于所有者投入的资产的价值,资本公积取决于形成资本公积的经济业务,其中的股票溢价是股票发行价格与其面值的差额,留存收益则取决于利润表项目的计量以及利润分配表的结果。总之,所有者权益是资产、负债、收入和费用计量的结果。当然,所有者权益各项目之间也会发生变化,但对资产和负债项目没有影响,如发放股利、股票分割、优先股转为普通股、利润转为资本等。

### 1. 实收资本

"实收资本"是企业所有者的投资,股份有限公司称为"股本"。只要股东的投资不发生变化(包括股票股利、资本公积转增股本、增发股本等因素),资产负债表中的这个数字就是固定的。

### 2. 资本公积

"资本公积"是与企业资本相关的一项资金来源,也包含直接计入股东权益的损益,包括资本(或股本)溢价、接受捐赠资产、外币资本折算差额等。

### 3. 盈余公积

"盈余公积"是具有特定用途的留存利润,通常用于生产经营发展。盈余公积包括两个内容:

(1) 法定盈余公积。这是根据《公司法》或财务制度的规定提取的一部分利润,提取的比例是10%,用途是弥补亏损、转增资本和在亏损年度发放红利。企业在亏损年度用盈余公积发放红利,首先要弥补亏损并经董事会批准。

(2) 任意盈余公积。这是根据董事会决议提取的一部分利润,提取的比例可以根据企业未来发展的需要来确定。

### 4. 未分配利润

"未分配利润"是企业在完成利润分配后剩余的一部分利润。这一部分没有分配掉的利润,是可以由企业任意支配使用的。

值得注意的是,未分配利润包括了由于会计差错而对以前年度损益进行的调整。"以前年度损益调整"是由于以前年度会计处理错误或其他原因发生的损益误差。比如,企业因建厂房向银行借入1 500万元,当年利息100万元,按照会计制度的规定,这100万元本应算到厂房的成本里,但企业却计入了当年的管理费用,第二年发现这是错误的,去年的利润少算了100万元,所得税也少交了25万元,这些在第二年更正时就要算到"以前年度损益调整"里。

# 第三节 资产负债表的作用

## 一、资产负债表的作用

资产负债表是一张提供公司财务状况的时点报表,所谓财务状况是公司的资产、负债和股东权益的构成情况以及资产、负债和股东权益各自的结构,因此,资产负债表是计算投资报酬率,评价资本结构以及公司资产的流动性和财务弹性的基础。

### 1. 有助于评价企业的偿债能力

流动性是指资产变成现金和负债的偿还时间。流动负债是用资产来偿还的,而资产的流动性决定了公司偿还债务的能力。因此,无论是短期的债权人还是长期的债权人,都对公司的短期流动比率予以高度重视。同样,公司的股东和潜在的投资者也关心公司资产的流动性,以评价公司支付现金股利和扩充规模的能力。一般而言,流动性越强,公司财务失败的风险越小。

目前人们常说的不良资产在很大程度也指的是资产的流动性,如应收账款不能及时收回,存货不能顺利地转化为现金,等等。当然,不良资产(non-performing assets)是就资产的功能而言的,特别是创造效益的功能,所有不能发挥预定作用的资产都是不良资产,也可以说是无效资产。无效资产自然不会具有很强的流动性。

2. 有助于分析企业的财务弹性

财务弹性是公司采取有效行动改变现金流量的数量和时间以满足不可预见的需要的能力,因此,财务弹性是公司适应能力的标志。通过资产负债表,报表使用者可以了解公司拥有或控制的资源以及提供这些资源的人的权力,从而评价公司的财务弹性。比如,如果公司的负债对股东权益的比例太高,公司可能因此缺乏通过债务筹集长期资金的能力,而只能追加发行股票,其不利影响是稀释每股利润。债务负担过重的公司,财务弹性小,扩充规模和支付到期债务的能力较弱,而财务弹性强的公司则有能力渡过难关、克服挫折,利用有利的投资机会。

3. 有助于分析企业的盈利能力

通过比较净利润和公司投入的资产或股东的投资,可以确定公司的投资回报;比较资产负债表项目和利润表有关项目,可以了解公司资源的利用效率。比如,利润表中的主营业务成本与资产负债表的存货项目相比较,就可以掌握存货的周转情况,即公司通过掌握一定数量的存货取得收入的能力。

4. 有助于分析企业的资本结构

企业的资金来源,主要是债权人的资金和所有者的投资。对企业的资金来源进行准确分类并明确地告诉会计信息的使用者,有助于会计信息使用者利用短期负债、非流动负债的金额和比例;对投入资本与非经营性因素增加的资本及企业的盈利形成的资本相区别,帮助会计信息使用者评价企业的资本结构,以得出企业是否激进、企业处于何种阶段(初创阶段、成长阶段、成熟阶段和衰退阶段)的结论。一般而言,企业的负债比重越大,说明债权人所承担的风险也越大。

## 二、资产负债表的局限性

尽管资产负债表可以分析企业的流动性、财务弹性和盈利能力,但由于受财务会计概念的影响,资产负债表仍然存在很大的局限性。

第一,由于资产负债表的绝大部分项目采用历史成本计价,使得资产负债表提供的信息与投资的决策相背离,不能完全满足会计信息相关性的要求。例如,固定资产的使用寿命相对较长,账面价值与现行价值可能相差很大,投资和存货也存在同样的问题。因此,按资产的账面价值进行分析,就会歪曲企业的损益,以此为基础计算的各种分析指标也不会准确。

第二,由于现行财务会计强调过去的交易,且列入资产负债表的项目都是可以准确或合理估计的项目,因此,资产负债表没有完全反映公司的资源,如人力资源、管理能力、公司声誉、研究积累水平等。

第三,资产负债表中有许多人为的估计和判断因素。由于客观环境的不确定,财务会计核算是建立在很多假设的基础上,再加上一些项目只能根据职业判断才能做出处理,如应收账款收回的可能性、存货的流动性、固定资产折旧等,使得会计知识不充分的报表使用者难以理解和把握。

# 第四节　会计报表附注及补充信息

要理解公司所编制的资产负债表,仅仅阅读报表项目是不够的,还必须知道编制资产负债表的方法(会计政策)、各项目的主要内容。为了使报表使用者更好地理解资产负债表,企业需要提供补充信息。

根据中国证监会的要求,上市公司应当提供 13 类附注和补充信息,包括会计报表的编制基础,重要会计政策的说明,重要会计估计的说明,会计政策和会计估计变更以及差错更正的说明,或有和承诺事项的说明,资产负债表日后非调整事项的说明,关联方关系及其交易的说明,对已在资产负债表、利润表、现金流量表的所有者权益变动表中列示的重要项目的进一步详细列表说明,等等。

以下摘要说明这些附注的内容:

1. 重要会计政策和会计估计的说明

会计政策是指企业在会计核算时所遵循的具体原则以及企业所采纳的具体处理方法。例如,企业资产计价采用历史成本原则,收入和费用的归属采用权责发生制,发出存货按加权平均法或先进先出法等。

会计估计,是指企业对其结果不确定的交易或事项以最近可利用的信息为基础所作的判断。例如,企业应收账款不能收回的可能性、固定资产的使用寿命、无形资产的受益期等。

由于会计准则和会计制度设计了很多可供企业选择的原则和方法,所以需要说明企业根据实际情况所作的选择及估计的依据等。

2. 重要会计政策和会计估计变更的说明

会计政策的变更和会计估计的变更将直接影响公司的财务状况和经营成果,使得前后各期的会计信息不可比,报表使用者无法正确判断公司的经营状况,因此,会计原则要求公司前后一贯地采用相同的会计政策和会计估计标准,如果公司的经营环境发生变化,需要变更会计政策和会计估计,应当按照相关会计准则的要求进行账务处理,并在表外予以说明。如果会计政策变更和会计估计变更很难区分,应当按照会计估计变更的处理方法进行处理。

3. 或有事项的说明

根据财务会计的基本概念,所有资产和负债都是由过去的交易而产生的,未发生的交易,即便可能产生重大的资产和负债项目,均不在资产负债表中反映。然而,公司将要发生的可能对资产负债表产生重大影响的项目,也将对报表使用者的决策产生重大影响,尤其是可能产生的负债。为此,公司应当对或有和承诺事项所产生的或有负债引起高度重视,并以恰当的方式反映。

或有负债是公司可能承担的债务,其是否实际发生取决于未来某一事项是否发生,例如,未决诉讼。如果公司胜诉,没有任何债务可言,一旦败诉,公司即面临债务负担。在我国,或有负债大量出现在替第三方的债务担保和抵押中。

4. 资产负债表日后事项的说明

资产负债表是一张时点报表,随时都会发生变化,为了使报表使用者及时掌握企业的财务状况,需要对编表日到报表报出日之间发生的影响企业财务状况和经营成果的重大事项作出说明。

5. 关联方关系及其交易的说明

由于我国企业发展演变的特定历史条件,关联交易成为我国企业较为普遍的交易形式。关联方之间通常存在某种利益关系,为了让报表使用者了解企业关联交易的公允性,就需要披露关联方关系、关联交易的种类、关联交易的定价方法等。

6. 资产负债表重要项目的说明

会计报表重要项目(共 63 项)的说明,主要是指对企业资产的计价,以及影响资产计价的因素和核算方法的说明。以下简要举例说明:

(1)应收账款(不包括应收票据)及计提减值(坏账)的方法。包括坏账的确认标准以及坏账准备的计提方法和计提比例、本年度实际冲销的应收账款及其理由、应收账款的账龄。

(2)存货核算方法。包括存货分类、取得、发出、计价以及低值易耗品和包装物的摊销方法,计提存货跌价准备以及可变现净值的依据。

(3)投资的核算。包括当期发生的投资净损益、各类投资、当年提取的资产减值准备、投资的计价方法,以及投资的期末计价、投资总额占净资产的比例。采用权益法核算时,还应说明投资企业与被投资单位会计政策的重大差异,说明投资变现及投资收益汇回的重大限制、股权投资差额的摊销方法、债券投资溢价和折价的摊销方法以及长期投资减值准备的计提方法。

(4)固定资产计价和折旧方法。包括固定资产的标准、分类、计价方法和折旧方法,各类固定资产的预计使用年限、预计净残值率和折旧率,如有在建工程转入、出售、置换、抵押和担保等情况的,应予说明。

(5)无形资产的计价和摊销方法。

(6)长期待摊费用的摊销方法。

# 第五节　记账方法与会计循环

## 一、记账方法

### (一) 会计等式

在资产负债表中,"资产"方的最后一栏和"负债及所有者权益"方的最后一栏是相等的,这便是会计平衡,用会计等式表示:

$$资产 = 负债 + 所有者权益$$

会计上的平衡来源于经济活动。企业经营必须有一定的物质基础,也就是我们所说的资产,企业的任何资产都有特定的来源。从根本上讲,有两种来源,一是借来的,二是所有者的投资。所以,企业的资产不是从负债中形成的,就是从所有者那里形成的,这样,资产总是等于负债加所有者权益之和。

资产、负债和所有者权益本身的变化不会影响会计平衡,企业产生的费用和取得的收入同样会保持这种平衡。所有者享有剩余索取权,企业的利润自然属于所有者,要赚钱就会有费用,这些费用也需要由所有者承担。下面举例说明。

(1) 股东投资 100 万元设立一个公司,公司收到 100 万元的现金(银行存款),对企业来说,股东的投资就是企业的"实收资本",属于所有者权益项目,现金是企业的资产:

$$资产 = 负债 + 所有者权益$$
$$100 = 0 + 100$$

(2) 公司因发展需要,向工商银行借入 50 万元。公司取得现金 50 万元,同时,产生了 50 万元的负债。这样,公司全部现金就有 150 万元了:

$$资产 = 负债 + 所有者权益$$
$$150 = 50 + 100$$

(3) 公司用 30 万元购入办公设备,这样,现金减少 30 万元,而固定资产增加了 30 万元,资产两个项目一增一减:

$$资产 = 负债 + 所有者权益$$
$$100 + 50 - 30 + 30 = 50 + 100$$

(4) 公司取得收入 130 万元,其中 80 万元收到现金,50 万元为应收账款:

$$资产 = 负债 + 所有者权益$$
$$150 + 130 = 50 + 230$$

(5) 公司支付各种费用 90 万元:

$$资产 = 负债 + 所有者权益$$
$$280 - 90 = 50 + 230 - 90$$

### (二) 借贷记账法

根据会计平衡的要求,产生了复式记账方法,最通用的是借贷记账方法。借贷记账法产生于 1494 年的意大利,尽管十分古老,但却十分严密。按照借贷记账法的原则:有借必有贷,借贷必相等。"借"和"贷"仅仅是一种记账符号,与其字面所表达的含义完全不相关。

为了保持会计上的平衡,会计等式两边或者同增同减,或者任何一边有增有减。同增同减:如资产增加的同时负债增加,或者资产减少的同时负债减少。等式一边有增有减:如用现金购买商品。会计等式的变化可以用借贷记账法来反映:资产的增加记为"借",减少记为"贷";负债和所有者权益则相反,增加记为"贷",减少记为"借"。归纳如表 2-3 所示。

表 2-3　借贷记账法

| 借　　方 | 贷　　方 |
|---|---|
| 资产的增加<br>资产的期初、期末余额 | 资产的减少 |
| 负债的减少 | 负债的增加<br>负债的期初、期末余额 |
| 所有者权益的减少 | 所有者权益的增加<br>所有者权益的期初、期末余额 |
| 费用的增加<br>费用的余额（如果有的话） | 费用的减少 |
| 收入的减少 | 收入的增加<br>收入的余额（如果有的话） |

### （三）账户

上述资产、负债、所有者权益仅仅是报表项目，而要使用借贷记账方法，还要有更加具体的项目，如具体的资产项目有库存现金、银行存款、固定资产等。这些具体的项目称为"账户"或者"科目"，定义为对经济活动的分类。为了在会计账目上更加详细地反映经济业务，可以在一级账户下设更为具体的子项目，分别称为一级分类账户（也称为总账账户）和明细分类账户，如固定资产——车辆——卡车。

我国会计制度对企业使用的一级账户作出了统一规定，某些重要的明细账户也有统一规定。在国家会计制度的统一规定下，企业可以根据自己的需要设置账户。

## 二、会计循环

会计循环是会计信息产生的步骤，也可以说是会计核算的基本过程。在企业经营过程中，会计人员一开始接受的是大量的、零星的经济业务，如原材料的购入、领用，工资和其他费用的支付，产成品的销售，收取货款，等等。要在会计报表中充分反映这些情况，必须经过一系列有条不紊的工作程序，对这些原始的会计事项进行分类、汇总。由于各企业的行业性质和经济业务各不相同，会计业务的处理方法也有所不同，但会计核算的基本过程总体上是一致的。一般来说，所有会计程序都需要经过证（会计凭证）、账（账簿）、表（财务报表）三个环节。具体来讲，会计循环的步骤包括以下几项：

（1）收集和分析经济业务与有关数据。

（2）登记记账凭证。即在记账凭证中对每一笔经济业务编制会计分录。

（3）过账。即根据日记账的会计分录，将每笔应借余额和应贷余额，分别记入分类账的有关账户。

（4）试算平衡。即根据各分类账账户的余额，编制试算平衡表。

（5）账项调整[①]。即调整有关账项，在日记账中编制必要的调整分录，并予以过账。

---

① 将在第三章详细介绍账项调整的方法。

这一步骤与编制工作底稿是同时进行的。

（6）编制调整后的试算平衡表。

（7）结账。即将各账户的记录汇总、结算清楚，以便编制会计报表。

（8）编制会计报表。

（9）编制结转分录。即结清各营业收入、费用等虚账户。

（10）编制结账后试算平衡。

以上会计循环中的各步骤发生的时间是不同的，第（1）、第（2）步骤在月中进行，第（3）、第（4）步骤在月末进行，第（5）～（9）步骤在编制会计报表时进行。会计循环可如图 2-4 所示。

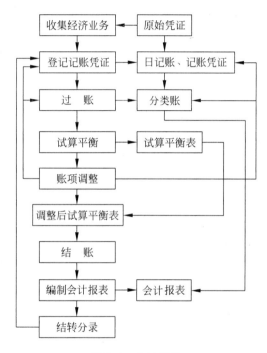

图 2-4　会计循环

## 三、会计凭证

记账要"有根有据"，这个"根据"就是会计凭证。会计凭证总体可以分为两大类：一类是经济业务发生或完成时所形成的、可以证明经济责任的"原始凭证"；另一类是本单位会计部门根据原始凭证所填制的、作为登记账簿依据的"记账凭证"。

### （一）原始凭证

原始凭证是经济业务发生时所取得的相关单据，如企业采购商品时取得相应的购货发票。经济业务发生时，可能形成的书面文件有很多种，不是所有这些书面文件都是会计上的原始凭证，只有具备法律证明效力并有货币计价的书面文件才能作为会计上的原始凭证。

原始凭证按照取得来源的不同,分为"外来凭证"和"自制凭证"。根据填制手续的不同,原始凭证又可分为"一次凭证"和"累计凭证"。

审核原始凭证是进行会计处理的第一步,也是分清责任的重要原始资料,因此,必须对原始凭证的合法性、完整性、真实性进行审核。从手续上看,完整的原始凭证必须具备名称(如购货发票、领料单等),交易双方的名称,经济业务发生的日期,经济业务的简要说明,经济业务的数量、单价、金额等,有关经办人员的签名、盖章。

### (二)记账凭证

记账凭证是由本单位财会部门根据已经审核的原始凭证填制的,载有会计分录,并作为登账依据的书面文件。记账凭证的功能是将原始的经济业务表达为会计语言,如表 2-4 所示。

表 2-4 (××企业)

记账凭证

20××年 4 月 13 日　　　　　　　　　　　　　　　第 018 号

| 摘　要 | 会计科目 | 账页 | 借方金额 | | 贷方金额 | |
|---|---|---|---|---|---|---|
| | | | 一级科目 | 二级科目 | 一级科目 | 二级科目 |
| 销售洗衣机 2 台,货款未收到 | 应收账款 | √ | 6 400 | | | |
| | A 公司 | | | 6 400 | | |
| | 营业收入 | √ | | | 6 400 | |
| | 洗衣机 | | | | | 6 400 |
| 合　计 | | | 6 400 | 6 400 | 6 400 | 6 400 |

附件 2 张

会计主管　　　　　　记账　　　　审核　　　　　　　填制

## 四、会计账簿

记账凭证只是整个会计工作的第一步,尽管详细、具体,但却分散。为了连续、系统、综合地反映企业的经济活动,需要把会计凭证中的具体资料分门别类地加以整理、归类,为此必须设置"会计账簿"。会计上,将由许多具有相同格式的账页所组成的、用来登记企业经济活动的簿籍,称做"账簿"。

会计账簿分为三类,具体见图 2-5。

序时账簿是指按照经济业务发生时间的先后顺序来登记的账簿,也称为"日记账簿"。最常用的日记账簿是"现金日记账簿"和"银行存款日记账簿"。分类账簿是用来对企业经济活动进行归类登记反映的,分为总分类账簿和明细分类账簿。辅助账簿,是在上述两类账簿之外,对一些不经常发生或特殊事项进行辅助登记的。

账簿体系是按照装订形式和账页格式等标准进行分类。以外表形式为标志的分类见图 2-6,按账页格式的分类见图 2-7。

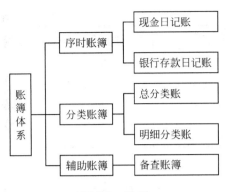

图 2-5　账簿

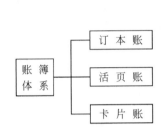

图 2-6　账簿按照装订形式分类

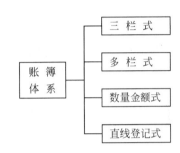

图 2-7　账簿按照格式分类

最常见的账页格式是三栏式,即在账页上列明借方、贷方和余额,也称"借贷余三栏式"。三栏式账页主要适用于各式总账、现金和银行存款日记账以及应收账款、应付账款明细账等。表 2-5 例示的就是三栏式账页格式。

设置账簿后,需要将记账凭证中的会计记录登记到会计账簿中,称为"过账"。过账时,要注意平行登记,也就是在登记总分类账簿和明细分类账簿时,要做到依据相同、方向相同、金额相等。

如果在账簿登记的过程中,发生了错误,不允许随便涂改,而是要按照专门的方法加以更正。通常运用的专门方法有划线更正法、红字冲销法和补充登记法三种。

过账后,需要采用试算平衡的方法,检查过账中出现的错误。做完账项调整后,便可以填制会计报表。

表 2-5　现金日记账　　　　　　　　　　单位:元

| 日　期 | 摘　要 | 收　入 | 支　出 | 余　额 |
|---|---|---|---|---|
| 3 月 1 日 | 月初余额 | | | 723.84 |
| 3 月 2 日 | 向银行提取现金 | 1 000.00 | | 1 723.84 |
| 3 月 6 日 | 购买办公用品支出 | | 523.93 | 1 199.91 |
| 3 月 9 日 | 李林预支差旅费 | | 600.00 | 599.91 |
| 3 月 13 日 | 收到零星收入 | 761.24 | | 1 361.15 |
| 3 月 16 日 | 王华预借备用金 | | 850.00 | 511.15 |
| 3 月 19 日 | 李林报销差旅费 | | 287.50 | 223.65 |

续表

| 日　期 | 摘　要 | 收　入 | 支　出 | 余　额 |
|---|---|---|---|---|
| 3 月 23 日 | 向银行提取现金 | 1 000.00 | | 1 223.65 |
| 3 月 27 日 | 收到零星收入 | 642.77 | | 1 866.42 |
| 3 月 31 日 | 多余现金送存银行 | | 1 000.00 | 866.42 |
| 3 月 31 日 | 本月合计 | 3 404.01 | 2 261.43 | 866.42 |

## 专 用 名 词

| | | | |
|---|---|---|---|
| 资产负债表 | 资产 | 流动资产 | 负债 |
| 流动负债 | 营运资金 | 所有者权益 | 持续经营 |
| 历史成本计价 | 公允价值 | 会计循环 | 会计凭证 |
| 会计账簿 | 会计等式 | 账户 | 借贷记账法 |

# 习　题

## 一、思考题

**Q2-1**　资产有哪些特征？如何理解这些特征？

**Q2-2**　负债与所有者权益有哪些区别？

**Q2-3**　请比较基于历史成本和公允价值计价方法的差异以及利弊。

**Q2-4**　持续经营与历史成本计价有什么关系？

**Q2-5**　为什么按照期限对资产和负债进行分类？（流动资产与长期资产、流动负债与长期负债的划分，对报表使用者有何意义？）

**Q2-6**　资产负债表有哪些作用？其主要的缺陷有哪些？你有无改进建议？

**Q2-7**　分析会计等式与借贷复式记账的关系。

**Q2-8**　什么是会计循环？

**Q2-9**　资产负债表的格式有哪几种？请简单列示其格式。

**Q2-10**　为了使报表使用者更好地理解资产负债表，报表编制者还应当提供补充信息。根据2001年《企业会计制度》，公司应当提供哪些附注和补充信息？请探讨这些规定出台的背景和出台的目的。

## 二、练习题

**E2-1　辨认资产**

下面哪些交易会增加 A 公司的资产，并具体列出受影响资产的名称以及影响数额。

（1）A 公司投资 1 000 万元开发基因新产品，公司认为该产品不久就会进入市场，尽管目前其商业可行性还不确定。

（2）A 公司和 B 公司签订了购买 2 000 万元生物制药材料的采购合同，而且已经支付 10 万元定金。

（3）A 公司当年在中央电视台投放广告费 1 000 万元，宣传公司的保健品。

（4）A 公司收购 Y 公司，其中支付现金 500 万元以及股票 500 000 股，当时股价为 20 元/股。

（5）A 公司从银行贷款 6 000 万元，用于购买设备，设备的相关移交以及确认手续还在办理中。

（6）A 公司从 D 公司获得产品订单 500 万元。

（7）A 公司向原料供应商 E 购买 1 000 万元原料，该原料已经由 E 公司发出，有关手续也已经办理。

（8）A 公司向 F 公司支付 200 万元，委托 F 公司帮助培训公司管理层，银行已经转账。

**E2-2　辨认资产**

下面哪些交易会增加"生生地产"公司的资产，并具体列出受影响资产的名称以及影响数额。

（1）"生生地产"以 1 000 万元通过竞标得到 A 市一块土地的使用权，但有关转让手续还没有完成。

（2）"生生地产"受 A 市国资局委托管理上市公司"为民基建"30％的股份，总计大约 1 000 万股，每股净资产 1.2 元。

（3）"生生地产"首次公开发行成功，对外发行 1 000 万股，募集资金 2 亿元。

（4）"生生地产"用 800 万元现金以及 1 200 万元债券购买一处厂房，计划用于建造"青青家园"，并已经投入 300 万元拆迁费、10 万元过户费和注册费等有关法律行政费用。

（5）"生生地产"支出 2 000 万元购买"天天建筑"20％的股份，"天天建筑"的总股份账面值为

5 000 万元。

（6）为了和国内其他地产公司竞争，"生生地产"预付 100 万元订金参与城北开发区的投标工作，整个开发区项目预计 10 亿元。

（7）"生生地产"董事会决定与现任总裁续约，双方达成了一个 4 年的聘用合同，每年支付 100 万元，该项目当年生效。

（8）"生生地产"开出 300 万元票据购买了"宜家居"的商标。

**E2-3　辨认负债**

下面哪些交易会增加"生生地产"公司的负债，并具体列出受影响负债的名称以及影响数额。

（1）"生生地产"收到某单位价值 1 000 万元的购房订单，支票已经转入"生生地产"的银行户头。

（2）"生生地产"签署协议替"宜家居"担保 500 万元的债务。

（3）"生生地产"接受 A 市国资局"0"价格转让上市公司"为民基建"30％的股份，并承担该公司 1 000 万元的债务，"为民基建"总计大约 1 000 万股，每股净资产 1.2 元。

（4）"生生地产"签署租赁"华夏建筑"X-11 机器的协议，租赁期为 2 年，"生生地产"每年向"华夏建筑"支付 30 万元，X-11 机器账面价为 200 万元，市值为 180 万元。

（5）"生生地产"在"青青家园"项目拆迁过程中损害了周围居民的利益，因此，周围居民上诉法院要求"生生地产"赔偿 200 万元，法院目前还在受理中。

（6）在去年城南开发区项目中，某些建筑质量不过关，因此，"生生地产"被上诉到市法院要求赔偿 800 万元，公司律师认为"生生地产"很有可能会败诉，而"生生地产"在该项目中曾投保。如果败诉，保险公司承担 50％的损失。

**E2-4　确认影响资产总额的业务**

在我国会计实务中，下列项目中能引起资产总额增加的事项有：

（1）在建工程完工结转固定资产。

（2）为长期债券投资计提到期的利息。

（3）用现金购买原材料。

（4）支付融资租入固定资产到期行使购买权的公允价值。

（5）转让短期债券取得净收益。

（6）向银行借款。

**E2-5　练习编制会计分录**

下面为"生生地产"20×2 年 12 月的交易，请根据这些交易编制 12 月的会计分录。

（1）12 月 1 日，"生生地产"购买 X-13 机器，支付 500 万元。

（2）12 月 4 日，"生生地产"从供应商处购买原材料，支付 1 000 万元。

（3）12 月 8 日，"生生地产"收到某单位的价款 1 000 万元，支票已经转入"生生地产"的银行账户。

（4）12 月 10 日，"生生地产"收到某客户 21×1 年购房款（130 万元）的余额 50 万元，该客户 21×1 年已经支付 80 万元。

（5）12 月 13 日，"生生地产"用现金支付价值 800 万元的到期票据，该票据是 20×1 年为购买原料而签发的。

（6）12 月 15 日，"生生地产"接受 A 市国资局委托管理上市公司"为民基建"30％的股份，总计大约 1 000 万股，每股净资产 1.2 元。

（7）12 月 28 日，"生生地产"首次公开发行成功，共对外发行 1 000 万股（面值 1 元），募集资金 2 亿元。

（8）12 月 30 日，"生生地产"用 800 万元现金以及 1 200 万元债券购买一处厂房，计划用于建造"青青家园"，并已经投入 300 万元拆迁费、10 万元过户费和注册费等有关法律行政费用。

（9）在 20×2 年 6 月，"生生地产"曾购买城南一块价值 1 000 万元的空地，"生生地产"先支付 200 万元，并签发 800 万元的票据，4 年期，10％的利率，每年支付两次，6 月 30 日和 12 月 31 日。

**E2-6　练习编制会计分录**

下面为 A 公司 1 月份的交易，请根据这些交易编制 1 月份的会计分录。

（1）A 公司和 B 公司签订了购买 2 000 万元生物制药材料的采购合同，已支付 10 万元定金。

（2）A 公司向中央电视台支付当年的广告费 1 000 万元，用于宣传公司的保健品。

（3）A 公司收购 Y 公司，支付现金 500 万元和股票 500 000 股，当时股价为 20 元/股。

（4）A 公司从银行获得为期 3 年的贷款 6 000 万元，用于购买设备，设备的相关移交以及确认手续还在办理中。贷款利率为 5％。

（5）A 公司从 D 公司获得产品订单 500 万元。

（6）A 公司以 100 万元购买 E 公司某型号设备，该设备账面价为 120 万元，设备价款尚未支付。

（7）从 B 公司购买的 2 000 万元生物制药材料运达 A 公司。A 公司先支付 1 000 万元（含以前的订金）。剩余的 1 000 万元打算在 3 月支付。

（8）在 B 公司运来的材料中，有价值 100 万元的不合格材料退还给 B 公司。

（9）A 公司打算租华天宾馆用于未来 3 个月的产品研讨会及推广会，并预支了现金 9 万元。

（10）A 公司办公费支出 5 万元，已经支付了 3 万元，剩下 2 万元将在 2 月支付。

（11）获得银行短期贷款 200 万元，贷款利率为 10％，60 天内偿还。

**E2-7　练习编制资产负债表**

某企业 20×1 年 12 月 31 日的会计科目余额表如下：

**科目余额表**

20×1 年 12 月 31 日　　　　　　　　　　　　　　　单位：元

| 会 计 科 目 | 借 方 余 额 | 会 计 科 目 | 贷 方 余 额 |
|---|---|---|---|
| 库存现金 | 2 000 | 短期借款 | 340 000 |
| 银行存款 | 80 000 | 应付账款 | 800 000 |
| 应收票据 | 7 000 | 预收账款 | 80 000 |
| 应收账款 | 987 628 | 其他应付款 | 988 700 |
| 其他应收款 | 7 899 | 应付职工薪酬 | 90 000 |
| 原材料 | 217 821 | 应交税费 | 48 776 |
| 库存商品 | 240 000 | 应付股利 | 30 000 |
| 固定资产 | 8 000 000 | 长期借款 | 2 000 000 |
| 在建工程 | 380 000 | 应付债券 | 900 000 |
| 固定资产清理 | 80 000 | 坏账准备 | 2 213 |
| 无形资产 | 600 000 | 累计折旧 | 33 345 |
|  |  | 股本 | 1 000 000 |
|  |  | 资本公积 | 800 000 |
|  |  | 盈余公积 | 600 000 |
|  |  | 未分配利润 | 2 889 314 |
| 合计 | 10 602 348 |  | 10 602 348 |

要求：根据上述资料编制资产负债表。

**E2-8　练习编制会计分录和会计报表**

"大地"公司 3 月发生了如下交易（假设 3 月 1 日公司成立）：

(1) 发行 10 000 股面值为 1 元的股票,发行价格为 15 元/股。

(2) 以 50 000 元现金及 4 000 股普通股换取一幢建筑物。

(3) 购买 50 000 元的设备,支付 10 000 元现金和 40 000 元票据,票据利率为 8%,一年后到期。之后,公司还支付了设备运费 500 元,安装费 1 000 元。

(4) "大地"公司赊购 50 000 元的材料。

(5) 发现以前赊购的 50 000 元材料中,有 9 000 元材料不合格,将这 9 000 元的材料退还供应商。

(6) 从"红日"公司购买"博大"商标,支付 100 000 元。

(7) 某客户订购 80 000 元的货物并支付订金 10 000 元,该货物将在明年发出。有关协议已经达成。

(8) 供应商为奖励"大地"公司及时付款,"大地"公司只需支付 40 000 元(购货金额为 50 000 元)。

要求:

(1) 根据上述交易编制会计分录,并指出所影响的会计项目是资产、负债还是权益。

(2) 编制"大地"公司 3 月 31 日的资产负债表。

**E2-9　练习编制会计分录和会计报表**

"红日"公司 3 月份发生了如下交易(假设该公司成立于 3 月 1 日)。

(1) 3 月 1 日,发行 200 000 股普通股票,面值为 1 元,发行总收入为 30 万元。

(2) 3 月 2 日,从银行贷款 20 万元,期限 2 年,年利率为 12%。

(3) 3 月 2 日,发行 10 000 股、面值为 1 元的普通股换取排版软件技术,发行 5 000 股、面值为 1 元的普通股从"博大"公司购入"博大"商标。

(4) 3 月 5 日,签署一年期的办公楼租赁协议,面积 500 平方米,"红日"公司预付 60 000 元。协议从当月开始生效。

(5) 3 月 6 日,购买办公用品,支付现金 500 元。

(6) 3 月 7 日,购买打印机 1 000 元,下个月付款。

(7) 3 月 8 日,收到排版软件订单 5 000 元。客户先支付 2 000 元,余款在软件安装并调试好后支付。

(8) 3 月 18 日,"红日"公司为某印刷厂提供技术支持,咨询费 2 000 元,该印刷厂将在 2 天后以支票方式支付。

(9) 3 月 23 日,预支本年度(剩下的 9 个月)的广告费用 1 000 元,以现金支付。

(10) 3 月 30 日,"红日"公司觉得"博大"商标不合适,以 10 000 元现金出售给"大地"公司。

要求:

根据上述交易编制会计分录,并指出所影响的会计项目是资产、负债还是权益。编制"红日"公司 3 月 31 日的资产负债表。

## 三、讨论题

### P2-1　资产计价

1997 年广电股份的审计报告中指出:①1997 年 11 月,股份公司将上述地块再转让给集团公司。考虑到这块土地股份公司已支付较多前期开发费和其他有关损失,集团公司同意按补偿费名义支付 21 926 万元,该项收入在冲减贵公司账面价值 6 926 万元后,11 000 万元转入"其他业务利润",用于补偿由于土地筹划搬迁后造成积压呆滞物资处理损失,其余 4 000 万元转入"营业外收入"。②1997 年 12 月 24 日,股份公司将所属一家公司整体产权,计账面收益 1 454 万元,有偿转让给集团公司,双方协商作价 9 419 万元,产生"营业外收入"7 960 万元,并相应做了会计处理。该项业务虽经产权交易所签证,但未经过资产评估确认价值。

要求:

(1) 收集资料分析案例背景,研究这些会计交易产生的目的、过程以及结果。

(2) 根据案例给出的问题,探讨资产计价方法可能的问题,并体会为什么财务会计计价的基本原则是历史成本法。如果可能的话,就计价方法的利弊给出建议。

(3) 列举上市公司变更资产计价数额的情况,并描述上述各情况下的上市公司的违规行为。

**P2-2 资产损失**

1996 年,深安达一次性清理应收账款和其他应收款 6 231 万元,下属公司投资损失 980 万元,固定资产损失 753 万元,存货及预付货款 439 万元,待处理财产损失 445 万元,共计 6 648 万元。

要求:

(1) 收集资料分析案例背景,理解为什么深安达会发生如此巨额冲销。

(2) 为什么我国会计准则规定了计提减值准备的标准和方法,效果如何?

**P2-3 原始凭证**

收集银广夏有关资料,回答银广夏如何虚构主营业务收入,虚构巨额利润 7.45 亿元,从中体会原始凭证和记账凭证对于会计分录编制以及报表编制的重要意义。

**P2-4 资产评估、公允价值**

以下信息来自大唐电信科技股份有限公司(筹)招股说明书中"资产评估的主要情况"一栏的内容。

(1) 资产评估情况

本公司委托北京国友大正资产评估有限公司对本公司的各类资产及负债进行了评估,评估基准日为 1997 年 12 月 31 日。北京国友大正资产评估有限公司出具了资产评估报告书,评估结果已经财政部财国字[1998]435 号文确认。

(2) 资产评估结果分类汇总表

**资产评估结果分类汇总表**

评估基准日:1997 年 12 月 31 日

| | 账面原值/元 | 账面净值/元 | 调整后净值/元 | 评估值/元 | 增加值/元 | 增加率/% |
|---|---|---|---|---|---|---|
| 流动资产 | | 100 140 693.22 | 100 251 860.94 | 101 447 789.13 | 1 195 928.19 | 1.19 |
| 长期投资 | | 130 769 306.47 | 130 769 306.47 | 116 109 270.50 | −14 660 035.97 | −11.21 |
| 在建工程 | | | | | | |
| 建筑物 | | | | | | |
| 机器设备 | 87 002 918.7 | 66 797 050.03 | 66 685 882.31 | 113 004 624.65 | 46 318 742.34 | 69.46 |
| 土地使用权 | | | | | | |
| 无形资产 | | | | | | |
| 递延资产 | | | | 403 200.00 | 403 200.00 | |
| 其他资产 | | | | | | |
| 资产总计 | | 297 707 049.72 | 297 707 049.72 | 330 964 884.28 | 33 257 834.56 | 11.17 |
| 流动负债 | | 42 245 043.67 | 42 245 043.67 | 42 245 043.67 | 0.00 | 0.00 |
| 非流动负债 | | 4 500 000.00 | 4 500 000.00 | 4 542 083.00 | 42 083.00 | 0.94 |
| 负债总计 | | 46 745 043.67 | 46 745 043.67 | 46 787 126.67 | 42 083.00 | 0.09 |
| 净资产 | | 250 962 006.05 | 250 962 006.05 | 284 177 757.61 | 33 215 751.56 | 13.24 |

（3）资产评估方法

针对列入本次评估范围内各类资产的不同特点分别采用不同的评估方法。流动资产和固定资产评估主要采用重置成本法和现行市价法；负债的评估则主要采用清查核实的方法予以确认；同时采用收益现值法对净资产进行整体评估验证。

对列入本次长期投资评估范围内的无形资产即西安大唐电信有限责任公司的通信网综合技术及大规模交换网络专有技术（公司各种通信产品设计的基础技术）采用超额收益法对其进行评估。

要求：

根据上述资料分析，资产和负债的计价方法对资产负债表的影响，并比较历史成本法和公允价值法的差异。

**P2-5　账面价值与市值**

大唐电信科技股份有限公司上市当年（1998）的资产负债表如下（12 月 31 日），当天股价为 22.54元，总市值为个股的总股数与收盘价的乘积，计算得到 70.550 2 亿元，然而 12 月 31 日大唐电信科技股份每股净资产为 3.26 元，股东权益为 10.206 6 亿元，大唐电信科技股份有限公司市值/账面值为6.91。如果上市公司的市值才是企业股东权益的真实反映，那么基于历史成本法下的股东权益账面值就明显低估了，因此，基于历史成本法下的资产负债表所提供的财务信息"失真"。在会计恒等式（资产＝负债＋权益）成立的情况，我们可以猜想资产和负债的账面价值信息也"失真"。

要求：

（1）根据上述资料分析，比较历史成本法和公允价值法的差异，并回答为什么该公司市值/账面值不为 1。

（2）参阅有关资料，指出股东权益的市值/账面值比率的含义。

**P2-6　账面价值与市值**

下表（节选）为美国公共事业行业股东权益 1993 年到 1995 年的市值/账面值比率，股东权益市值以及 1995 年相对于 1993 年股东权益市值的变化率。

| Utility | 市值/账面值比率 | | | 市值/千美元 | | | 市值变化率/% |
|---|---|---|---|---|---|---|---|
| | 1993 | 1994 | 1995 | 1993 | 1994 | 1995 | 1993—1995 |
| Allegheny Power System Inc. | 1.56 | 1.34 | 1.68 | $ 3 047 | $ 2 762 | $ 3 591 | 17.80 |
| American Electric Power Co. | 1.61 | 1.42 | 1.81 | 6 671 | 5 993 | 7 808 | 17.00 |
| Atlantic Energy Inc. NJ. | 1.47 | 1.21 | 1.12 | 1 225 | 1 024 | 920 | −24.90 |
| Baltimore Gas & Elec Co. | 1.34 | 1.22 | 1.43 | 3 520 | 3 314 | 3 963 | 12.60 |
| Black Hills Corp. | 2.13 | 1.67 | 1.91 | 358 | 292 | 344 | −4.00 |
| Boston Edison Co. | 1.52 | 1.28 | 1.26 | 1 331 | 1 170 | 1 293 | −2.90 |
| Carolina Power & Light Co. | 1.88 | 1.59 | 1.97 | 4 951 | 4 106 | 5 191 | 4.80 |
| Centerior Energy Corp. | 1.32 | 0.85 | 0.63 | 2 353 | 1 591 | 1 221 | −48.10 |
| Central Hudson Gas & Elec Co. | 2.01 | 1.59 | 1.68 | 544 | 459 | 514 | −5.50 |
| Central Louisiana Elec Inc. | 1.3 | 1.05 | 1.13 | 561 | 519 | 592 | 5.70 |
| Central Maine Power Co. | 1.72 | 1.53 | 1.57 | 631 | 415 | 446 | −29.30 |
| Central Vermont Public Svc Corp. | 1.14 | 0.85 | 0.91 | 264 | 200 | 170 | −35.50 |
| Central & South West Corp. | 1.52 | 1.17 | 0.96 | 5 897 | 4 853 | 5 347 | −9.30 |
| CILCORP Inc. | 1.51 | 1.25 | 1.55 | 516 | 432 | 565 | 9.40 |
| Cinergy Corp. | 1.55 | 1.56 | 1.84 | 2 356 | 3 756 | 4 650 | n/a |

| Utility | 市值/账面值比率 | | | 市值/千美元 | | | 市值变化率/% |
|---|---|---|---|---|---|---|---|
| | 1993 | 1994 | 1995 | 1993 | 1994 | 1995 | 1993—1995 |
| CIPSCO Inc. | 1.7 | 1.47 | 1.99 | 1 076 | 952 | 1 294 | 20.20 |
| CMS Energy Corp. | 2.01 | 1.74 | 1.87 | 1 943 | 1 930 | 2 685 | 38.20 |
| Commonwealth Energy System | 1.39 | 1.18 | 1.25 | 468 | 429 | 472 | 0.90 |
| Consolidated Edison of NY. | 1.57 | 1.22 | 1.35 | 7 980 | 6 507 | 7 435 | −6.80 |
| Delmarva Power & Light Co. | 1.61 | 1.36 | 1.43 | 1 391 | 1 206 | 1 324 | −4.80 |
| Detroit Edison Co. | 1.49 | 1.19 | 1.44 | 4 926 | 3 955 | 4 957 | 0.60 |
| Dominion Resources Inc. | 1.66 | 1.51 | 1.46 | 7 380 | 6 922 | 6 915 | −6.30 |
| DPL Inc. | 2.04 | 1.9 | 2.05 | 2 091 | 2 139 | 2 389 | 14.30 |
| DQE | 1.47 | 1.27 | 1.67 | 1 813 | 1 624 | 2 211 | 21.90 |
| Duke Power Co. | 1.9 | 1.71 | 2.1 | 8 225 | 7 774 | 10 053 | 22.20 |

要求：

（1）参阅有关资料，指出股东权益的市值/账面值比率的含义。

（2）相对于第 P2-5 讨论题，为什么公共事业行业的市值/账面值大都在 1～2 之间，而大唐电信科技股份有限公司市值/账面值为 6.91。请结合行业差异、资本市场差异等因素讨论。

（3）根据上述资料，你觉得资产负债表是否需要革命：通过使用公允价值来提高会计信息的相关性。资产负债表"革命"可能会遇到怎样的问题？

## 学习目的
*XUE XI MU DI*

1. 理解权责发生制和收付实现制的区别，以及权责发生制为什么会成为企业编制利润表的基础；

2. 掌握权责发生制下收入和费用确认的原则及其应用；

3. 了解账项调整的方法；

4. 理解会计分期对财务会计确认、计量和报告的影响；

5. 掌握资本性支出和收益性支出的区别；

6. 理解利润表的格式以及表中各项目的含义；

7. 理解利润的构成；

8. 理解综合收益的含义。

**资**产负债表是反映企业在某一时点的财务状况的报表,也就是说,在某一时点,如年末、月末,企业有多少资产、多少负债、投资者(股东)在企业享有多少权益等信息,都可以在资产负债表中找到。然而,企业是以营利为目的的经济实体,企业的投资者之所以要投资,最根本的目的是要营利。在一定程度上,企业的投资者更关心企业的盈利情况,比如,企业经过一段时间的经营,是盈利还是亏损? 盈利或亏损的金额是多少? 因此,除了编制资产负债表外,企业还需要单独编制一张反映企业一定期间盈利或亏损情况的报表——利润表。本章将讨论利润表编制的基本原则,帮助我们理解利润表中的信息。

# 第一节　利润表的编制原理和格式

如同资产负债表一样,编制利润表也需要遵循一定的原则,确认利润表中的项目也需要符合这些项目的定义。我们在日常生活中经常听到关于虚假利润的议论,有虚假利润,就有真实的利润。什么是真实的利润? 很重要的一个标准就是确定利润是否遵循了一些公认的会计原则。

## 一、利润表的编制原理

从投资者的角度看,他们是从企业编制的利润表来获得企业盈利的相关信息的。在介绍利润表的格式之前,我们有必要先了解利润表的编制原理。

### (一) 会计分期

一般而言,企业总是在持续不断的经营之中,为便于会计核算,假定企业持续经营,不预期企业在未来某个时候清算。理论上讲,持续经营的企业只有在解散的时候进行一次汇总结算,算出企业从开业到结算或倒闭共盈利或亏损多少,才算是准确的、最终的经营成果,至少避免了人为的估计而产生的会计误差。但是,这种方法,无论对企业的投资者还是债权人或者其他与企业相联系的利益相关者而言都是难以接受的。为了便于投资者、债权人以及其他与企业相关的利益集团及时了解企业的财务状况和经营成果,有必要在持续经营的时期定期作出报告,因此,需要人为地将企业的持续经营期间划分为若干个会计期间。这种人为划分的期间即为会计期间,或会计分期。

我国的《企业会计准则》规定,会计核算应当划分会计期间,分期结算账目和编制会计报表。会计期间分为年度、季度和月份。年度、季度和月份的起讫日期采用公历日期。会计期间也可以不是公历日期,如一些国家和地区(如美国、我国的香港地区等)规定企业可以根据其经营的实际情况自行选择会计期间,而一些企业据此将自己的会计年度定为每年的 4 月 1 日到次年的 3 月 31 日,或者 7 月 1 日到次年的 6 月 30 日,等等。

在确定会计期间后,企业编制的资产负债表通常反映的是会计期间(年度、季度和月份)最后一天的资产负债表;而利润表则反映该期间发生的收入、费用、利润情况。当我们提到企业的业绩时,一定要注意该业绩是哪个会计期间形成的。

### （二）权责发生制

尽管会计分期满足了定期报告的要求，但却产生了许多会计问题，甚至可以说，财务会计中几乎所有的重大问题都源自会计分期。

由于商业信用的存在，在企业的经营过程中，销售产品或提供劳务并不一定是马上收到现金，收到现金的时间可能早于，也可能晚于交易完成的时间。同样，对于发生采购或支付费用的一方而言，支付款项的时间也不一定是交易完成的时间。那么，就存在这样一个问题，在会计分期的情况下，对于那些款项收付与交易完成不一致的交易，到底以什么标准来确定该笔交易所产生的收入或费用应该属于哪一个会计期间呢？

在会计上，解决上述问题有两种方法：一种是权责发生制，也称为应计制；另一种是收付实现制，也称为现金制。

（1）权责发生制。按照企业经济业务是不是实际发生了为标准，而不是按照是否实际收到现金来确认收入和费用。经济业务是否实际发生是指经济业务所产生的权利义务关系是否产生，如经济业务导致企业拥有某种权利，需要确认资产以及与此相关的收入，如果经济业务导致企业承担义务，需要确认负债以及与此相关的费用，这就意味着：只要收入实际发生了，不论企业是否收到了现金，都要算收入；只要费用实际发生了，不论企业是否付出了现金，都要算费用。

> 如：A 公司于 20×8 年 12 月 1 日销售价值 100 万元的货物给 B 公司，B 公司已于当天提走了货物；双方约定货款在 6 个月之后付清。这样，对于 A 公司而言，这 100 万元的销售收入应该算作 20×8 年度的收入。再如，某公司向银行借 1 000 万元，二年后连本带息 1200 万元一次还清。按照权责发生制，在计算利息费用时，就不能把 200 万元的利息全部算在第 2 年。应当在 2 年分别算，每年 100 万元利息。

由于权责发生制，会计上产生了许多特殊的概念，如应收、应付、摊销、递延、预提等等。

（2）收付实现制。按照现金的实际收付为标准确认收入和费用，这样，确认的收入和费用完全与收付的现金一致，不存在应计项目，也不会出现摊销、递延等事项。在上面的例子中，如果 A 公司按照收付实现制来确认收入，则 100 万元的收入应该算作 20×9 年的。

权责发生制是公认的企业采用的会计核算基础，收付实现制多用于行政事业单位，比如几乎所有国家或地区的政府会计都采用收付实现制。当然，也有的国家采用权责发生制作为政府会计的核算基础。

我们在上面已经提到会计分期的概念。权责发生制和收付实现制虽然存在上述区别，但在企业整个生命周期内，一般都会有：

$$现金收入 = 收入$$

而当把企业的整个生命周期划分为若干会计期间时，在各个会计期间内，可能会有：

$$现金收入 \neq 收入$$

上述不等关系的存在主要是因为一些应计项目造成的,如应收账款、预收账款、应付账款、预付账款、待摊费用、预提费用等。

**例 3-1** 某公司为一施工企业。在某一会计期间开始营业,并为一所学校建造价款为 700 万元的教学大楼。在第一个会计期间,A 发生成本 630 万元,并将竣工的大楼交付给学校。A 在第一个会计期间发生的全部成本均来自银行借款。第二个会计期间,A 从学校收到工程价款 700 万元。在第三个会计期间,A 向银行偿还到期的 630 万元。不考虑任何税金。

对 A 公司的业务可以利用权责发生制和收付实现制计算其经营成果(表 3-1)。

表 3-1　用权责发生制和收付实现制计算 A 公司经营成果　　　　单位:万元

| | 会 计 期 间 | | | 合　计 |
| --- | --- | --- | --- | --- |
| | 1 | 2 | 3 | |
| **权责发生制** | | | | |
| 收入 | 700 | — | — | 700 |
| 成本费用 | 630 | — | — | 630 |
| 净收入 | 70 | — | — | 70 |
| **收付实现制** | | | | |
| 收入 | — | 700 | — | 700 |
| 成本费用 | — | — | 630 | 630 |
| 净收入 | — | 700 | −630 | 70 |

若从三个会计期间综合起来看,两种方法的净收入相同,唯一的区别在于取得净收入的时间。而从每一个会计期间看,则收入不等于现金。

### (三) 收入的确认原则——实现原则

**1. 收入确认的基本原则和条件**

从权责发生制的概念可以看出,在确定一笔收入是否应该计入某一会计期间时,并不以是否收到现金为标准,那么,这个标准是什么呢? 会计上确认一笔收入是否属于某一会计期间时采用的是实现原则。

实现原则是一个高度概括的要求,任何收入确认都需要满足两个基本要求:已实现或者可实现(to be realized or realizable)、已取得(to be earned)。已实现或可实现的标志是已经收回现金或者很可能收回现金;已取得的标志是完成了盈利过程,并不再承担与产品销售或提供劳务相关的义务。营业收入包括销售商品收入、提供劳务收入和让渡资产使用权收入。对销售收入而言,我国的会计准则规定,只有同时具备了以下几个条件,收入才算是实现了,才可以反映在利润表中:

A. 企业已将商品所有权上的主要风险和报酬转移给购货方;

B. 企业既没有保留通常与所有权相联系的继续管理权,也没有对已售出的商品实施有效控制;

C. 收入的金额能够可靠地计量;

D. 相关的经济利益很可能流入企业;

E. 相关的已发生或将发生的成本能够可靠地计量。

在这里,前两项是关于取得的要求,后三项是关于实现的要求。

2. 确认收入的时点和方法

应该说,上述几个标准是非常原则化的。事实上,收入核算或者报告的最为关键、最为核心的地方,就是确定收入何时实现了。在实际运用这几个标准时,应该针对不同交易的特点,分析交易的实质,正确判断上述几个标准是否同时满足,只有这些条件同时满足,才能确认收入,否则即使已经发出商品,或即使已经收到价款,也不能确认收入。

如:某公司销售产品取得产品销售收入。当产品的销售经过签订合同、出库、发运时,企业的盈利过程就已经完成,这时候满足了"已取得"这个标准,但还不能确认收入,因为购入方还没有确认这笔销售;只有当对方确认了这笔业务,如验收了货物,付了货款,或确认欠销售方这笔货款,这笔收入才满足"已实现"。此时,该笔收入就可以在会计上确认了。这两个标准缺一不可。

符合已实现或可实现和已取得的业务很多,具体到不同行业、不同交易方式,有不同的确认方法。从时间上看,可以在交货前确认收入、交货时确认收入、交货以后确认收入。

交货前确认收入主要采用完工百分比法,如正在建设中的长期工程、跨年度的服务项目等,都可以采用完工百分比法。按照这种方法,可以按照业务的完工比例逐步确认收入。采用完工百分比法确认时,需要满足若干条件,特别是要满足可靠性的要求,如完工百分比可以合理确定、价款可以收回等。

交货以后确认收入主要针对那些风险较大的业务,如分期收款销售,采用成本补偿法、收款法等。收款法要求在收到现金后确认收入,而成本补偿法则要求在收到的现金足以补偿成本以后才能确认收益,是一种更加稳妥的方法。

交货时确认收入是最为典型的方法,也十分简单,交货时直接记录收入。

国际会计准则理事会(IASB)于 2014 年 5 月 28 日发布了《国际财务报告准则第 15 号——与客户之间的合同产生的收入》(IFRS 15),取代了《国际会计准则第 18 号——收入》等六个与收入确认相关的准则。IFRS 15 确立了向财务报表使用者报告企业因与客户签订合同而产生的收入和现金流量的性质、金额、时间和不确定性的原则,其中的一个主要变化是收入确认的基础。按照 IFRS 15,收入确认不再使用"已经取得"和"已经实现"这两个基本原则,而是按照五个步骤确认收入,确认收入的核心要求之一是完成履约义务,完成履约义务强调识别控制权转移给客户的时点。IAS 18 则通过关注识别风险和报酬转移的时点来判断是否"取得"并"实现"了收入。IFRS 15 对自 2017 年 1 月 1 日或以后日期开始的年度期间生效,允许提前采用。采用 IFRS 15 之后,对某些特定时点交易的收入确认时间可能会有所不同。IFRS 15 的主要内容见本章附录。

**(四) 成本、费用的确认原则——配比原则**

在利润表中,利润是用收入减去各种成本、费用等而得到的。在按照实现原则确认收入之后,还需按照特定的原则来确定费用,该原则就是配比原则。配比原则要求,当期确定的费用,必须是为取得一定收入而发生的费用;换句话说,一旦确认了收入,就要把与这些收入相联系的费用都算出来,与当期收入有联系的费用算当期的,与以后各期有联系的算以后各期的。

在运用配比原则时,应考虑收入和费用的因果关系:

(1) 存在直接因果关系的。此种情况下,可直接根据本期收入确认本期费用。最典型的就是销货成本与销货收入。如销售一辆汽车的成本很容易直接认定。

(2) 存在因果关系但不直接的。如制造业企业在生产过程中使用的固定资产,其购置成本一般是一次发生。虽然这些固定资产与利用其生产出来的产品有因果关系,但为产生这些收入而消耗的资产的成本的数额却不容易确定。在这种情况下,就必须采用合理而系统的方法,将使用资产的成本与使用资产产生的收入进行配比。这时候就必须采用直线折旧法或加速折旧法。

如,某一企业于20×2年购得某项固定资产,成本是1 000万元,可以使用10年。自然,在20×2年就将这1 000万元反映于利润表中是不合理的。合理的方法是,在此后的10年使用期间,每一年摊销1 000万元的一部分。这一过程就是折旧。也就是说,在此后10年中,每一年计算当年的利润时,必须从当年取得的收入中扣除该项资产的折旧。原因是,在取得收入的过程中,发生了折旧费用。

(3) 因果关系不明确的。管理部门使用的固定资产的消耗、管理人员的工资、广告费用、员工培训费用等,虽然与收入有关系,但因果关系不明确。这类费用一般称为期间费用(后面会讲到),包括管理费用、营业费用、财务费用。对这类费用,在会计上,直接计入当期的利润表,而不进行合理而系统的分摊。

### (五) 配比原则需要注意的问题——区分收益性支出和资本性支出

企业经营活动中发生的所有支出都会与收入有或多或少的联系。在使用配比原则时,还必须注意区分两种不同性质的支出:收益性支出和资本性支出。

(1) 收益性支出。支出的效益仅与本会计年度相关的,就是收益性支出。收益性支出,要么形成企业的存货,在形成时体现在资产负债表的资产项目中,但随着存货的销售而体现在利润表的销售成本中(在会计报表中列在"营业成本"项目中);要么体现为企业的各类期间费用,直接反映在利润表中。

这里需要强调的,形成存货的收益性支出,要么是采购存货时直接形成存货的成本,要么是在存货的继续加工中,以材料、人工或其他费用形式形成在产品或产成品的成本。由于存货一般会在一年或超过一年的一个营业周期内变现,所以形成存货成本的支出与形成期间费用的支出都作为收益性支出。

(2) 资本性支出。凡支出的效益与几个会计年度相关的,就是资本性支出。如企业固定资产的购置支出、开办费以及购置无形资产的支出等就是资本性支出。此类支出不能直接在利润表中反映,而必须先资本化,即作为资产项目反映在资产负债表的资产项目中,然后随着资产的使用逐步摊销而进入利润表。

企业购置、改良固定资产的支出均属资本性支出。

显然,如果不能正确区分收益性支出和资本性支出,必然导致企业的费用反映不正确,最后会影响企业当期的经营成果。

## 二、账项调整

第二章讨论会计循环时,曾经提到在编制会计报表之前需要对一些会计事项进行调整,以全面反映企业的财务状况和经营成果。

### (一) 账项调整的必要性

从某种意义上讲,可以把企业的业务分为两类。一类是有外部原始凭证证明的业务,如现金的收入、支出以及赊购、赊销。另外一类业务在发生时则不涉及外部原始凭证,正因为如此,这类业务容易被忽视。企业平时记录的大多是第一类业务,对于第二类业务,需要在会计期末时通过调整分录的方法予以记录,以全面地反映企业期末的财务状况和当期的经营成果,如坏账的计提、固定资产折旧等。

此外,由于权责发生制的要求,有些业务发生当初所作的会计记录并没有体现在企业的损益当中,而是需要根据业务的性质,确认这些事项对当期损益的影响,如预收收入,业务发生时确认为预收收入,随着时间的推移,需要将预收收入逐步调整为各期的收入。

企业的调整事项大致可以归纳为以下四类:

(1) 预收/预付项目。

(2) 应计项目。指经济业务发生早于现金流量发生的业务。

(3) 估计项目。如固定资产折旧、坏账准备的计提、长期资产的摊销。

(4) 存货调整。对于采用实地盘存制的企业,需要编制调整分录,确定销售成本和期末存货。

### (二) 通常需要调整的项目

需要调整的项目可以分为以下几类:

1. 此前记录的支出项目需要在一个以上的期间确认

如经营租赁方式租入的固定资产发生的改良支出,在发生时不能直接确认为费用,而应该计入"长期待摊费用"项目,按照权责发生制的要求,在租赁期内分期计入费用。

**例 3-2**  20×8 年 12 月 31 日,A 公司以银行存款支付租入固定资产改良支出 100 万元。租期尚有 3 年。

支付租入固定资产改良支出时:

| | |
|---|---|
| 借:长期待摊费用 | 1 200 000 |
| 贷:银行存款 | 1 200 000 |

20×9 年,确认属于本期的费用:

| | |
|---|---|
| 借:管理费用 | 400 000 |
| 贷:长期待摊费用 | 400 000 |

2. 此前记录的收入项目需要在一个以上的期间确认

**例 3-3**  假定 A 公司提供某项服务给 B 公司,服务的期限为 3 年。B 公司一次性支付 100 万元。则在收到该笔款项时,A 公司的现金增加,同时应确认一笔对 B 公司的负债(在"预收账款"中反映)。此后,在每一年度,当 A 公司按照合同规定完成服务时,应按完成部分的金额将对 B 公司的负债转销,确认为 A 公司在该年度的收入。如果 A 公司在下一个年度完成 40％的服务,则应转销 40 万元的对 B 公司负债,同时确认 40 万元的收入。用分录表示为

借:预收账款 400 000
　贷:主营业务收入 400 000

3. 应计而未计的收入

如果一家公司在一个会计期间已经取得一些收入,但是并没有反映在账簿中,则应该进行调整。

**例 3-4**　如一家公司在银行存款,银行已经在 12 月 20 日结息,但 12 月 21 日～12 月 31 日之间的利息并未反映在期末的会计账簿中。这样,在期末,应该确认这一笔已经赚取的,但还没有收到的利息收入。假定其金额为 1 万元,则用分录表示如下:

借:银行存款 10 000
　贷:财务费用——利息收入 10 000

4. 应计而未计的费用

一些费用在日常经营中已经发生,但可能还没有及时记录,如公司职员的工资每天都在发生,但并不是每天都有记录。这样,在期末编制会计报表前,必须予以记录。调整的方式是,确认工资费用,同时确认对职员的负债(计入"应付职工薪酬")。

假定未计的工资为 10 万元,则用分录记录如下:

借:管理费用(或制造费用、生产成本) 100 000
　贷:应付职工薪酬 100 000

此外,典型的需要期末调整的应计项目还有应交而未交的税金、应付而未付的利息和已宣布但未发放的股利等。

固定资产的折旧、应收款项的坏账准备等估计类的调整事项,请参见有关章节。

## 三、利润表的格式

利润表不仅体现企业当期的经营成果,还体现了经营成果(利润或亏损)的计算过程。在计算经营成果时,有单步式和多步式两种。同样,利润表也就分为单步式和多步式两种。

利润的单步式计算过程如下:

営业收入
－ 营业成本
－ 各种费用、税金、损失(减利得)等
－ 所得税
净利润

可见,单步式利润表一般是一步给出净利润,而多步式利润表则在给出净利润前,

还给出营业利润、利润总额等指标,以便财务报表使用者从不同角度评价企业的盈利能力。通常情况下,企业编制的利润表都是多步式利润表。按照企业会计准则及其解释,利润表的格式如表 3-2 所示。

表 3-2　合并利润表

编制单位:宝山钢铁股份有限公司　　　　2013 年度　　　　　　　　　单位:百万元

| 项　　　目 | 2013 年 | 2012 年 |
|---|---|---|
| 一、营业总收入 | 190 026 | 191 512 |
| 其中:营业收入 | 189 688 | 191 135 |
| 利息收入 | 335 | 372 |
| 手续费及佣金收入 | 3 | 5 |
| 减:营业成本 | 171 718 | 176 885 |
| 利息支出 | 234 | 266 |
| 手续费及佣金支出 | 1 | 1 |
| 营业税金及附加 | 414 | 308 |
| 销售费用 | 1 963 | 1 928 |
| 管理费用 | 6 881 | 7 444 |
| 财务费用 | −544 | 489 |
| 资产减值损失 | 2 388 | 2 147 |
| 加:公允价值变动损益(损失以"−"号填列) | 28 | −13 |
| 投资收益 | 684 | 1 077 |
| 其中:对联营企业和合营企业的投资收益 | 175 | 69 |
| 二、营业利润 | 7 683 | 3 108 |
| 加:营业外收入 | 882 | 10 520 |
| 减:营业外支出 | 556 | 965 |
| 其中:非流动资产处置损失 | 472 | 780 |
| 三、利润总额 | 8 009 | 12 663 |
| 减:所得税费用 | 1 969 | 2 708 |
| 四、净利润 | 6 040 | 9 955 |
| 归属于母公司股东的净利润 | 5 818 | 10 089 |
| 少数股东损益 | 222 | −134 |
| 五、每股收益 | | |
| (一) 基本每股收益(元) | 0.35 | 0.60 |
| 六、其他综合收益 | −651 | −67 |
| 七、综合收益总额 | 5 389 | 9 888 |
| 归属于母公司股东的综合收益总额 | 5 196 | 10 019 |
| 归属于少数股东的综合收益总额 | 193 | −131 |

从表 3-2 可以看出,利润表是一张时期报表。这意味着:

(1) 不同时期的报表可以相加;

(2) 时期报表中的每一个数字都是累计数,代表过去一定时期以及当期发生的业务量的总和。所以,时期报表是一个历史汇总数,代表过去的业绩。

# 第二节　利润表各项目的含义

只有理解利润表中各个项目的概念,才有可能对企业经营成果做出恰当的评价。这一节,我们就来介绍利润表中反映企业盈利或亏损情况的一些会计指标。

## 一、收入

### (一)收入的概念及其分类

我国《企业会计准则第 14 号——收入》所规范的收入是指企业在日常活动中形成的、会导致所有者权益增加的、与所有者投入资本无关的经济利益的总流入,如销售商品取得收入,但不包括非经常性的收益,如出售证券取得的净收益利得、资产增值所产生的未实现收益等。按照基本会计准则,利得是构成利润的独立要素,主要体现在营业外收入项目中。

### (二)利润表中的收入项目

利润表中的"营业收入"项目,反映企业经营主要业务和其他业务所确认的收入总额。其中,反映企业经营主要业务所确认的收入为主营业务收入;而反映其他业务的则为其他业务收入。

主营业务收入是企业主要经营活动产生的收入。这些收入的特点是经常重复发生。总的来说,就是企业因销售商品或提供劳务而取得的收入,比如,制造业的主营业务收入就是产品销售收入;商业企业就是商品销售收入,建筑企业是提供劳务收入,商业银行、保险公司、证券公司的主营业务收入分别是利息收入、保费收入、佣金和手续费收入等。

其他业务收入是从非主要生产经营活动中取得的收入,这些收入也是营业收入的一部分,比如销售原材料的收入、固定资产租金收入、无形资产转让收入,等等。

收入的分类对分析经营成果非常有用,企业的收入主要来自营业收入,营业收入又主要是主营业务收入,则说明企业的经营是稳定的;如果企业的利润大多是来自非营业收入,哪怕当年利润再高,企业的经营都可能是不稳定的,也可能是不好的。

宝钢股份 2013、2012 年度营业收入组成如表 3-3 所示。

**表 3-3　宝钢股份 2013、2012 年度营业收入**　　　　　单位:百万元

| 类　　别 | 2013 年度 | 2012 年度 |
| --- | --- | --- |
| 主营业务收入 | 188 328 | 189 712 |
| 其他业务收入 | 1 360 | 1 423 |
| 合计 | 189 688 | 191 135 |

## 二、费用

企业在取得各类收入的过程中,必然要发生费用。费用是指企业在日常活动中发

生的、会导致所有者权益减少的、与向所有者分配利润无关的经济利益的总流出,包括已经销售的商品的成本、日常经营过程中发生的期间费用(如管理费用、营业费用)以及与融资相关的财务费用,但不包括非经常性的损失,如出售证券发生的损失等。按照基本会计准则,损失专指非经常性的资产流出,是构成利润(减项)的独立要素,主要体现在营业外支出项目中。

### (一) 期间费用

期间费用是和制造费用相对的一个概念。在解释期间费用之前,先需要弄清楚制造费用的概念。

1. 制造费用

对于制造业企业而言,在产品的生产过程中会发生以下支出:

材料耗费。包括企业生产经营过程中实际消耗的原材料、辅助材料、备品配件、外购半成品、燃料、动力、包装物以及其他直接材料。这部分材料耗费也称为直接材料。

工资。包括企业直接从事产品生产人员的工资、奖金、津贴和补贴。这部分工资支出也称为直接工资。

制造费用。除直接材料和直接工资以及其他直接支出(如直接从事产品生产人员的职工福利费)外,制造业企业的各个生产单位(分厂、车间)为组织和管理生产所发生的生产单位管理人员工资,职工福利费,生产单位房屋建筑物、机器设备的折旧费,修理费,机务料消耗,低值易耗品,水电费,办公费,差旅费等,称为制造费用。

下面我们将会提到,直接材料、直接工资、制造费用就构成了制造业企业的产品生产成本。

2. 期间费用

在日常经营活动中,除生产部门要发生制造费用外,企业的其他部门还会发生一些费用,这些费用,我们统称为期间费用。期间费用包括:

(1) 管理费用。企业行政管理部门为管理和组织经营活动会发生一部分费用,称为管理费用。具体包括企业的董事会和行政管理部门在企业的经营管理中发生的,或者应由企业统一负担的公司经费(包括行政管理部门职工工资、修理费、物料消耗、低值易耗品摊销、办公费和差旅费等)、工会经费、待业保险费、劳动保险费、董事会费(包括董事会成员津贴、会议费和差旅费等)、聘请中介机构费、咨询费(含顾问费)、诉讼费、业务招待费、房产税、车船使用税、土地使用税、印花税、技术转让费、矿产资源补偿费、无形资产摊销、职工教育经费、研究与开发费、排污费、存货盘亏或盘盈(不包括应计入营业外支出的存货损失)。企业计提的坏账准备和存货跌价准备也包括在内。

按照现行会计准则,在会计报表附注中无须列示管理费用的具体组成。

(2) 财务费用。企业行政管理部门在管理和组织经营活动时往往需要向企业外部的机构如银行和其他企业等筹集资金。为筹集资金而发生的费用,如借款利息、手续费等,就构成了企业的财务费用。需要说明的是,在编制会计报表时,财务费用包括了那些应由当期分摊的借款利息支出(扣除企业银行存款产生的利息收入)、因持有外汇资产或负债而产生的汇兑损失(扣除汇兑收益)以及为筹集资金而发生的手续费等。

按照现行会计准则,在会计报表附注中需列示财务费用的具体组成。

宝钢股份 2013、2012 年度财务费用组成如表 3-4 所示。

表 3-4　宝钢股份 2013、2012 年度财务费用组成　　　单位:百万元

| | 2013 年度 | 2012 年度 |
| --- | --- | --- |
| 利息支出 | 1 751 | 2 202 |
| 减:利息资本化金额 | 183 | 249 |
| 减:利息收入 | 1 205 | 1 403 |
| 汇兑差额 | −955 | −108 |
| 其他 | 48 | 46 |
| 合计 | −544 | 488 |

(3) 销售费用。主要是与销售活动相关的费用。对于制造业企业而言,为销售生产出来的产品也需要发生一些支出,而商业企业除了要发生如上费用外,还需要花费一些进货费用。这些费用显然不同于制造费用或管理费用,会计上称为销售费用。具体包括:销售过程中发生的运输费、装卸费、包装费、保险费、展览费和广告费,以及为销售本企业商品而专设的销售机构(含销售网点、售后服务网点等)的职工工资及福利费、类似工资性质的费用、业务费等经营费用。商品流通企业的销售费用还包括在购买商品过程中发生的运输费、装卸费、包装费、保险费,运输途中的合理损耗和入库前的挑选整理费。

按照现行会计准则,在会计报表附注中无须列示销售费用的具体组成。

3. 区分制造费用和期间费用的意义

对制造业企业而言,计算产品的成本时采用制造成本法,即产品的成本包括了直接材料、直接工资、其他直接支出、制造费用,但不包括期间费用即管理费用、营业费用、财务费用。当产品销售时,存货的成本就从资产负债表中的"存货"项目中转至利润表中的"营业成本"项目。也就是说,"存货"余额减少,而"营业成本"则增加同样的金额。简单地讲,在计算某一期间的利润时,制造费用并不直接进入利润表,而是进入资产负债表中的存货项目。当产品售出时,再随存货成本转到利润表中的"营业成本"。

与制造费用形成明显区别的是,期间费用直接计入当期损益,在计算当期利润时全部减去,而不管当期产品的生产、销售情况。这主要是因为,期间费用与产品的生产并无直接关系,而是与特定的会计期间相联系,因此称其为"期间费用"。

假定某企业期初没有存货,期末有未销售出去的存货。这样,期末存货的成本中含有一部分制造费用。也就是说,在此种情况下,当期发生的制造费用在计算利润时并没有减掉。假定企业当期生产的产品全部没有售出,则当期发生的制造费用就全部包括在存货的成本中(体现于期末资产负债表中),然而,管理费用、营业费用、财务费用则全部计入当期损益(体现在利润表中)。可见,正确区分制造费用和期间费用有重要的意义。一些企业想把利润做大,可能会将本应在管理费用、销售费用、财务费用中核算的费用项目,放在制造费用项目中核算。这样,如果产品没有完全售出,其所分摊的费用就不会在损益表中反映,从而虚增当期利润。

### （二）成本

成本是指能够对象化的支出，也就是说，企业发生的支出能够明确直接或间接归集到某种产品或劳务中。成本一般与实物资产的计价有关。如固定资产的成本，是为取得固定资产而发生的全部支出，原材料的成本是指购置原材料所支付的价款以及整理挑选、保险等费用，在产品的成本是指加工在产品所耗费的材料、人工以及其他费用，产成品的成本是产品加工完成之前所耗费的材料、人工以及其他费用。

成本作为一种对象化的费用，会随着资产的使用逐渐转化为费用，如固定资产通过折旧转化为费用（直接用于生产的固定资产的折旧转化成产品成本的一部分；管理部门或者销售部门的固定资产的折旧转化成为管理费用或销售费用），产品成本在产品销售后转化为销售成本计入当期费用。资产是未耗成本，而费用是已耗成本或逝去的资产。

对制造业而言，利润表中的"营业成本"是指已经销售的产品的成本。当产品售出后，原来在资产负债表"存货"项目反映的成本就转到利润表的"营业成本"中。

在宝钢股份 2013 年会计报表附注中，在列示主营业务收入组成的同时，也列示了主营业务成本的组成，如表 3-5 所示。

表 3-5　宝钢股份 2013、2012 年度主营业务收入与主营业务成本组成

单位：百万元

| 行 业 名 称 | 2013 年度 | | 2012 年度 | |
|---|---|---|---|---|
| | 主营业务收入 | 主营业务成本 | 主营业务收入 | 主营业务成本 |
| 分行业： | | | | |
| 钢铁制造 | 127 284 | 115 297 | 165 222 | 156 433 |
| 加工配送 | 176 821 | 172 910 | 180 826 | 176 999 |
| 信息科技 | 3 576 | 2 729 | 3 620 | 2 882 |
| 电子商务 | 3 501 | 3 460 | 58 | 39 |
| 化工 | 10 678 | 9 654 | 11 375 | 10 414 |
| 行业间抵消 | −133 531 | −133 489 | −171 389 | −171 066 |
| 合计 | 188 328 | 170 561 | 189 712 | 175 700 |
| 分产品： | | | | |
| 钢铁 | 171 273 | 155 866 | 170 624 | 158 859 |
| 化工产品 | 10 678 | 9 654 | 11 375 | 10 414 |
| 信息服务 | 3 647 | 2 730 | 3 407 | 2 714 |
| 其他 | 2 730 | 2 310 | 4 307 | 3 714 |
| 合计 | 188 328 | 170 561 | 189 712 | 175 700 |

根据表 3-5，可以计算、分析毛利率，以进一步评价宝钢股份的盈利能力。

### （三）利润表中的费用项目

按照我国《企业会计准则第 30 号——财务报表列报》，费用应当按照功能分类，分为从事经营业务发生的成本、管理费用、销售费用和财务费用等。在利润表中，要分别列示营业成本、管理费用、销售费用、财务费用。

## 三、税金

### (一)与收入相关的税金

企业在取得收入的过程中,不仅要发生各种成本和费用,还需要缴纳一些税金及其附加。纳税是企业的义务,从会计上看,也就是企业的负担。

企业要缴纳的一类税与企业的营业收入直接相关,即流转税,如增值税、消费税、营业税。这些税收都是以企业的营业收入为依据的。在计算缴纳流转税时,还要缴纳一些附加的税费,如依据企业缴纳的增值税、消费税、营业税,还需缴纳城市维护建设税以及教育费附加等。

在企业的利润表中的"营业税费",专门反映价内税和附加税以及政府征收的类似于税金的费用。按照我国目前的制度规定,该项目的计算一般为

"营业税金及附加"金额=(当期缴纳的增值税、营业税、消费税之和)×(城市维护建设税税率+教育费附加比率)+当期缴纳的营业税+消费税+矿产资源补偿费+其他各种政府性收费

**例 3-5** 某企业某月应交增值税为 10 000 元,应交营业税 1 000 元,消费税为 100 元。

该月"营业税金及附加"=1 000+100+(10 000+1 000+100)×(7%+3%)= 2 210 元

此外,当企业的收入扣除成本、费用,计算出利润之后,还需要交所得税。

宝钢股份"营业税金及附加"的组成如表 3-6 所示。

表 3-6　宝钢股份 2013、2012 年度营业税金及附加组成　　　单位:百万元

| | 2013 年度 | 2012 年度 |
|---|---|---|
| 营业税 | 38 | 81 |
| 城市维护建设税 | 183 | 106 |
| 教育费附加 | 169 | 98 |
| 其他 | 24 | 23 |
| 合计 | 414 | 308 |

### (二)利润表中的税金项目

1. 营业税金及附加。如前所述,反映企业经营主要业务应负担的营业税、消费税、城市维护建设税、资源税、土地增值税和教育费附加等。

2. 所得税费用。反映企业按规定从本期损益中减去的所得税。该项目不能简单地理解为企业当期应该向税务机关缴纳的所得税,而是按照一定会计方法计算得到的。

税务当局是按照税法的规定确定一个"应纳税所得额"(与扣除所得税前的利润总额不一定相等),然后再乘以企业适用的所得税率计算出应纳所得税额。同时,按照税法的规定,纳税人发生年度亏损的,可以用下一纳税年度的所得弥补;下一纳税年度的所得不足弥补的,可以逐年延续弥补,但是延续弥补期最长不得超过五年。这样,利润

总额大于 0 的,未必要交所得税;而利润总额小于 0 的,未必不交所得税。

在会计上,按照应付税款法,该项目就是企业当期实际应向税务机关缴纳的所得税款;而按照递延法或债务法,则不等于当期实际应向税务机关缴纳的所得税款。在《企业会计准则第 18 号——所得税》实施前,企业可以自由选择上述三种方法来计算所得税;而该准则实施后,只能采用债务法。相关概念在本书负债一章会做进一步的解释。

3. 管理费用中的税金项目。不在"营业税金及附加"中反映的一些零星税金,如房产税、印花税等。

## 四、利润表中其他增加或减少利润的项目

### (一) 资产减值损失

资产减值损失指企业在期末对固定资产、无形资产和商誉等资产计提不可恢复减值准备所形成的损失。按照我国会计准则的规定,这些资产的损失一旦计提,就不能转回。

对于存货、应收账款等项目计提的减值准备,当相应资产的可变现净值高于账面值时,以前期间计提的减值准备可以转回。转回的减值损失不在利润表的"资产减值损失"项目中列示。

利润表中的资产减值损失,反映企业各项资产当期发生的减值损失。

宝钢股份资产减值损失明细如表 3-7 所示。

表 3-7 宝钢股份 2013、2012 年度资产减值损失组成 单位:百万元

| 项 目 | 2013 年度 | 2012 年度 |
|---|---|---|
| 一、坏账损失 | 137 | −31 |
| 二、存货跌价损失 | 601 | −527 |
| 三、贷款损失 | 27 | 25 |
| 四、长期股权投资减值损失 | 2 | 35 |
| 五、长期资产减值损失 | 1 621 | 2 645 |
| 合计 | 2 388 | 2 147 |

### (二) 公允价值变动净收益

公允价值变动净收益是指以公允价值计量且公允价值变动直接计入当期损益的金融工具(包括金融资产和金融负债)上公允价值的变动,如以公允价值计量的交易性金融资产、交易性金融负债项目期初、期末公允价值变动所形成的损益。

宝钢股份公允价值变动净收益组成如表 3-8 所示。

表 3-8 宝钢股份 2013、2012 年度公允价值变动净收益组成 单位:百万元

| | 2013 年度 | 2012 年度 |
|---|---|---|
| 交易性金融资产 | 7 | 8 |
| 交易性金融负债 | 21 | −21 |
| 合计 | 28 | −13 |

### (三) 投资收益

该项目反映企业对外投资所取得的收益,减去发生的损失后的净额。在本书的投资一章会详细地介绍投资收益的核算。

### (四) 营业外收入和营业外支出

1. 营业外收入。指企业发生的与其生产经营无直接关系的各项收入。其特点是不经常发生,也不会重复发生,包括固定资产盘盈、处置固定资产净收益、非货币性交易收益、出售无形资产收益、罚款净收入等。

宝钢股份营业外收入组成如表 3-9 所示。

表 3-9　宝钢股份 2013、2012 年度营业外收入组成　　　　单位:百万元

| 项　　目 | 2013 年度 | 2012 年度 |
| --- | --- | --- |
| 非流动资产处置收益合计 | 360 | 9 691 |
| 其中:固定资产收益 | 14 | 1 927 |
| 无形资产收益(注) | 346 | 7 763 |
| 政府补助 | 392 | 716 |
| 赔偿金收入 | 27 | 22 |
| 其他 | 103 | 91 |
| 合计 | 882 | 10 520 |

其中,政府补助的明细如表 3-10 所示:

表 3-10　宝钢股份 2013、2012 年度营业外收入项下政府补助组成

单位:百万元

| 项　　目 | 2013 年度 | 2012 年度 | 说明 |
| --- | --- | --- | --- |
| 高新技术成果转化专项补助资金 | 60 | 71 | 与收益/资产相关 |
| 拆迁补偿 | 60 | 133 | 与收益相关 |
| 以前年度与技术改造类资产相关政府补助转入 | 44 | 34 | 与资产相关 |
| 土地基础设施建设专项用途财政性资金 | 31 | | 与资产相关 |
| 废气治理补助 | 11 | 8 | 与收益相关 |
| 重大技术创新项目 | | 150 | 与收益相关 |
| 对外经济技术合作专项资金 | | 140 | 与收益相关 |
| 其他财政补助 | 186 | 180 | |
| 合计 | 392 | 716 | |

2. 营业外支出。企业发生的与其生产经营无直接关系的各项支出,如固定资产盘亏、处置固定资产净损失、出售无形资产损失、债务重组损失、罚款支出、捐赠支出、非常损失等。在新准则实施前,该项目也包括计提的固定资产减值准备、计提的无形资产减值准备、计提的在建工程减值准备等。

宝钢股份营业外支出组成如表 3-11 所示。

表 3-11　宝钢股份 2013、2012 年度营业外支出组成　　　单位:百万元

| 项　　目 | 2013 年度 | 2012 年度 |
| --- | --- | --- |
| 非流动资产处置损失合计 | 472 | 780 |
| 其中:固定资产处置损失 | 447 | 718 |
| 无形资产处置损失 | 25 | 61 |
| 对外捐赠 | 16 | 35 |
| 其他 | 68 | 150 |
| 合计 | 556 | 965 |

## 五、利润

### (一)利润的一般概念

企业赚取收入的最终目的是为了赚取利润。利润是指企业一定期间的经营成果,包括收入减去费用后的净额(营业利润)、直接计入当期的利得和损失等。利润的反面是亏损。如果企业在一定期间实现的各项收入不能抵补费用和支出等,则利润为负,即出现了亏损。

利润用公式表示,就是:

$$利润 = 收入 - 费用 + 利得 - 损失$$

### (二)利润表中的利润项目

在前面介绍利润表的格式时,已经提到,利润表一般是多步式。在多步式利润表中,有不同的利润概念。

1. 营业利润。是企业从生产经营活动中取得的全部利润。其计算方式是

营业利润 = 营业总收入 - 营业总成本 + 公允价值变动净收益 + 投资净收益

其中,

营业总收入 = 营业收入 + 利息收入 + 已赚保费 + 手续费及佣金收入

营业总成本 = 营业成本 + 利息支出 + 手续费及佣金支出 + 退保金 + 赔付支出净额 + 提取保险合同准备金净额 + 保单红利支出 + 分保费用 + 营业税金及附加 + 销售费用 + 管理费用 + 财务费用 + 资产减值损失

如果企业没有经营商业银行、保险、证券期货等业务,则营业总收入、营业总成本的计算公式为

营业总收入 = 营业收入

营业总成本 = 营业成本 + 营业税金及附加 + 销售费用 + 管理费用 + 财务费用 + 资产减值损失

2. 利润总额。是企业当期取得的全部利润之和。它的计算方式是

利润总额 = 营业利润 + 营业外收入 - 营业外支出

3. 净利润。是扣除所得税后的利润,是企业最终的财务成果。用公式表示,就是

净利润 = 利润总额 - 所得税费用

如果企业需要编制合并报表，则在合并利润表中，还需要计算归属于母公司股东的净利润：

归属于母公司股东的净利润 ＝ 利润总额 － 所得税费用 － 少数股东损益

区分利润项目是为了评价利润质量的需要。显然，利润总额的质量高低，主要取决于营业利润的多少，营业利润越大越好。一些企业的营业利润为负，正的利润总额完全来自于营业外收入、营业外支出项目，则其前景可能就不妙了。

## 六、每股收益

对于股份有限公司，在计算出净利润后，可以算出一个非常重要的指标：每股收益。每股收益的基本计算公式如下：

$$每股收益 = \frac{净利润}{流通在外的普通股总数}$$

具体而言，每股收益又包括基本每股收益和稀释每股收益。

### （一）基本每股收益

$$基本每股收益 = \frac{归属于普通股股东的当期净利润}{发行在外的普通股加权平均数}$$

其中，

发行在外的普通股加权平均数

＝ 期初发行在外普通股股数

＋ 当期新发行普通股股数 $\times \dfrac{已发行时间}{报告期时间}$

－ 当期回购普通股股数 $\times \dfrac{已回购时间}{报告期时间}$

需要注意的是：(1)可分配给普通股股东的当期净利润应为当期扣除优先股股利后的净利润；(2)已发行时间、报告期时间和已回购时间一般按照天数计算。在不影响计算结果合理性的前提下，也可以采用简化的计算方法。

例 3-6　某公司普通股在 20×5 年变化如下所示：

| 时　　间 | 变动原因 | 已发行股数 | 回购股数 | 发行在外股数 |
|---|---|---|---|---|
| 20×5-01-01 | 年初余额 | 2 550 000 000 | | 2 550 000 000 |
| 20×5-05-31 | 发行新股 | 1 200 000 000 | | 3 750 000 000 |
| 20×5-12-01 | 回购股票 | | 375 000 000 | 3 375 000 000 |
| 20×5-12-31 | 年末余额 | | | 3 375 000 000 |

20×5 年普通股加权平均数为

(2 550 000 000 × 12/12) ＋ (1 200 000 000 × 7/12) － (375 000 000 × 1/12)

＝3 218 750 000 股

或

$$(2\,550\,000\,000 \times 5/12) + (3\,750\,000\,000 \times 6/12) + (3\,375\,000\,000 \times 1/12)$$
$$= 3\,218\,750\,000\ 股$$

### (二) 稀释每股收益

如果企业存在稀释性潜在普通股,应当分别调整归属于普通股股东的当期净利润和发行在外普通股的加权平均数,并据以计算稀释每股收益。

潜在普通股,是指赋予其持有者在报告期或以后期间享有取得普通股权利的一种金融工具或其他合同,包括可转换公司债券、认股权证、股份期权等。所谓稀释性潜在普通股,是指假设当期转换为普通股会减少每股收益的潜在普通股。

计算稀释每股收益时,通常需要对归属于普通股股东的当期净利润和发行在外的普通股加权平均数都进行调整。

对归属于普通股股东的当期净利润进行调整时,应根据下列事项进行:(1)当期已确认为费用的稀释性潜在普通股的利息;(2)稀释性潜在普通股转换时将产生的收益或费用。上述调整应当考虑相关的所得税影响。

发行在外普通股的加权平均数(调整后)

＝计算基本每股收益时普通股的加权平均数

＋假定稀释性潜在普通股转换为已发行普通股而增加的普通股股数的加权平均数

其中,计算稀释性潜在普通股转换为已发行普通股而增加的普通股股数的加权平均数时,以前期间发行的稀释性潜在普通股,应当假设在当期期初转换;当期发行的稀释性潜在普通股,应当假设在发行日转换。

**例 3-7** 某上市公司 2012 年归属于普通股股东的净利润为 656 百万元,期初发行在外普通股股数 1 000 百万股,年内普通股股数未发生变化。

2012 年 12 月 31 日,某公司成功发行每张面值为 100 元人民币的可转换债券 1 200 万张,募集资金净额为人民币 1 200 百万元(不考虑承销费及保荐费、审计费、律师费、法定信息披露费等其他发行费用)。

该可转换债券期限 5 年,采用每年付息一次的付息方式,计息起始日为可转债发行首日。票面利率:第一年 0.50%,第二年 0.70%,第三年 1.30%,第四年 1.70%,第五年 2.00%。初始转股价格:15.00 元/股。该可转债转股期自可转债发行结束之日起十二个月后的第一个交易日起至可转债到期日止。债券利息不符合资本化条件,直接计入当期损益,所得税税率为 25%。假设不具备转换选择权的类似债券的市场利率为 5.744%。

在对该批可转换公司债券初始确认时,根据《企业会计准则第 37 号——金融工具列报》的有关规定将负债和权益成分进行了分拆。2013 年度稀释每股收益计算如下:

第 1 年支付利息 ＝ 1 200 × 0.50% ＝ 6.0(百万元)

第 2 年支付利息 ＝ 1 200 × 0.70% ＝ 8.4(百万元)

第 3 年支付利息 ＝ 1 200 × 1.30% ＝ 15.6(百万元)

第 4 年支付利息 ＝ 1 200 × 1.70% ＝ 20.4(百万元)

第 5 年支付利息 ＝ 1 200 × 2.00% ＝ 24.0(百万元)

负债成分公允价值 ＝ $6.0 \div (1+5.744\%)^1 + 8.4 \div (1+5.744\%)^2 + 15.6 \div (1+$

$5.744\%)^3+20.4\div(1+5.744\%)^4+(1\,200+24.0)\div(1+5.744\%)^5=968.46$(百万元)

权益成分公允价值$=1\,200-968.46=231.54$(百万元)

假设转换所增加的净利润$=968.46\times5.744\%\times(1-25\%)=41.72$(百万元)

假设转换所增加的普通股股数$=1\,200/15.00=80$(百万股)

基本每股收益$=656\div1\,000=0.66$(元/股)

增量股的每股收益$=41.72/80=0.52$(元/股)

增量股的每股收益小于基本每股收益,可转换公司债券具有稀释作用。

稀释每股收益$=(656+41.72)/(1\,000+80)=0.65$(元/股)

对于可转换公司债券,应判断其稀释性,并计算稀释每股收益。首先,假定可转换公司债券在当期期初(或发行日)即已转换成普通股,增加了发行在外的普通股股数,而可转换债券转换成普通股后,与这些潜在普通股有关的利息将不再发生,从而增加了归属于普通股股东的当期净利润。接着,用增加的净利润除以增加的普通股股数,得出增量股的每股收益,与原来的基本每股收益比较。如果增量股的每股收益小于原每股收益,则说明该可转换公司债券具有稀释作用,应当计入稀释每股收益的计算中。

计算稀释每股收益时,以基本每股收益为基础,分子的调整项目为可转换公司债券当期已确认为费用的利息等的税后影响额。需要注意的是,溢价发行或折价发行的可转换公司债券各期的利息费用,并非按照票面金额及票面利率支付的利息,而是采用实际利率计算出来的。分母的调整项目为假定可转换公司债券当期期初(或发行日)转换为普通股股数的加权平均数。

### (三)每股收益的重新计算

按照《企业会计准则第 34 号——每股收益》的规定,发行在外普通股或潜在普通股的数量因派发股票股利、公积金转增资本、拆股而增加或因并股而减少,但不影响所有者权益金额的,应当按调整后的股数重新计算各列报期间的每股收益。上述变化发生于资产负债表日至财务报告批准报出日之间的,应当以调整后的股数重新计算各列报期间的每股收益。

唐山港集团股份有限公司(简称"唐山港",股票代码:601000)2012 年度和 2011年度股本变化如表 3-12 所示。

表 3-12 唐山港股本变化情况 单位:元

| 期 初 数 | 本次变动增减(十、一) | | | | | 期 末 数 |
| | 发行新股 | 送股 | 公积金转股 | 其他 | 小 计 | |
| 2011 年 1 000 000 000 | 127 973 058 | | | | 127 973 058 | 1 127 973 058 |
| 2012 年 1 127 973 058 | 0 | | 902 378 446 | | 902 378 446 | 2 030 351 504 |

其中,2011 年 8 月非公开发行 A 股 127 973 058 股;2012 年度股本年末金额较年初金额增加 902 378 446 元,增幅 80.00%,系 2012 年 8 月 28 日公司第一次临时股东大会审议并通过资本公积金转增股本的议案,以 2012 年 6 月 30 日总股本

1 127 973 058股为基数,每 10 股转增 8 股,共转增 902 378 446 股,转增后公司总股本金额为 2 030 351 504 元。

表 3-13 给出了基本每股收益的计算过程。

**表 3-13　唐山港基本每股收益计算过程**　　　　　　　　　　　　　　单位:元

| 项　　目 | 序号 | 2012 年度 | 2011 年度 | |
|---|---|---|---|---|
| | | | 重新计算后 | 重新计算前 |
| 归属于母公司股东的净利润 | 1 | 645 695 152 | 461 438 268 | 461 438 268 |
| 归属于母公司的非经常性损益 | 2 | 9 190 420 | 16 827 614 | 16 827 614 |
| 归属于母公司股东、扣除非经常性损益后的净利润 | 3＝1－2 | 636 504 732 | 444 610 654 | 444 610 654 |
| 年初股份总数 | 4 | 1 127 973 058 | 1 000 000 000 | 1 000 000 000 |
| 公积金转增股本或股票股利分配等增加股份数(Ⅰ) | | 902 378 446 | 800 000 000 | |
| 发行新股或债转股等增加股份数(Ⅱ) | 6 | | 230 351 504 | 127 973 058 |
| 增加股份(Ⅱ)下一月份起至年末的累计月数 | 7 | | 3 | 3 |
| 因回购等减少股份数 | 8 | | | |
| 减少股份下一月份起至年末的累计月数 | 9 | | | |
| 缩股减少股份数 | 10 | | | |
| 报告期月份数 | 11 | 12 | 12 | 12 |
| 发行在外的普通股加权平均数 | 12＝4＋5＋6 ×7÷11－8× 9÷11－10 | 2 030 351 504 | 1 857 587 876 | 1 031 993 265 |
| 基本每股收益(Ⅰ) | 13＝1÷12 | 0. 32 | 0. 25 | 0. 45 |
| 基本每股收益(Ⅱ) | 14＝3÷12 | 0. 31 | 0. 24 | 0. 43 |

2011 年,加权平均股本计算过程为

1 000 000 000＋127 973 058×3/12＝1 031 993 265(元)

2012 年度,股本增加了 80%。在计算 2012 年度基本每股收益时,须重新计算 2011 年度发行在外的普通股加权平均数。

重新计算后的 2011 年发行在外的普通股加权平均数

＝(1 000 000 000＋127 973 058×3/12)×(1＋80%)

＝1 031 993 265×(1＋80%)

＝1 857 587 876

其中,重新计算后,2011 年年初股份总数 1 000 000 000 变为 1 800 000 000,分成两个部分:在"年初股份总数"列示 1 000 000 000,"公积金转增股本或股票股利分配等增加股份数(Ⅰ)"中列示 800 000 000。"发行新股或债转股等增加股份数(Ⅱ)"重新计算前为 127 973 058,重新计算后为 230 351 504。

在重新计算 2011 年发行在外的普通股加权平均数后，2011 年基本每股收益由原来披露的 0.45 元变为 0.25 元。

## 七、其他综合收益、综合收益

其他综合收益，反映企业根据企业会计准则规定未在损益中确认的各项利得和损失扣除所得税影响后的净额。主要包括可供出售金融资产产生的利得（损失）金额、按照权益法核算的在被投资单位其他综合收益中所享有的份额，以及外币财务报表折算差额等。

按照相关规定，上市公司应在会计报表附注中按照表 3-14 所示的格式和内容披露其他综合收益。

表 3-14　其他综合收益的具体内容

| 项　　目 | 本期<br>发生额 | 上期<br>发生额 |
| --- | --- | --- |
| 1. 可供出售金融资产产生的利得（损失）金额 | | |
| 　减：可供出售金融资产产生的所得税影响 | | |
| 　　　前期计入其他综合收益当期转入损益的净额 | | |
| 　　　　　　　小　计 | | |
| 2. 按照权益法核算的在被投资单位其他综合收益中所享有的份额 | | |
| 　减：按照权益法核算的在被投资单位其他综合收益中所享有的份额产生的所得税影响 | | |
| 　　　前期计入其他综合收益当期转入损益的净额 | | |
| 　　　　　　　小　计 | | |
| 3. 现金流量套期工具产生的利得（或损失）金额 | | |
| 　减：现金流量套期工具产生的所得税影响 | | |
| 　　　前期计入其他综合收益当期转入损益的净额 | | |
| 　　　转为被套期项目初始确认金额的调整额 | | |
| 　　　　　　　小　计 | | |
| 4. 外币财务报表折算差额 | | |
| 　减：处置境外经营当期转入损益的净额 | | |
| 　　　　　　　小　计 | | |
| 5. 其他 | | |
| 　减：由其他计入其他综合收益产生的所得税影响 | | |
| 　　　前期其他计入其他综合收益当期转入损益的净额 | | |
| 　　　　　　　小　计 | | |
| 　　　　　　　合　计 | | |

综合收益总额，反映企业净利润与其他综合收益的合计金额。即

$$综合收益 = 净利润 + 其他综合收益$$

可见,综合收益实际上包括了报告期内除股东投资和股东分红外的一切股东权益的变动。

表 3-15 是宝钢股份 2013 年年报披露的其他综合收益的内容。

**表 3-15　宝钢股份 2013 年度其他综合收益组成**　　　　　单位:百万元

| 项　　目 | 2013 年度 | 2012 年度 |
|---|---|---|
| 1. 可供出售金融资产产生的利得(损失)金额 | －502 | －31 |
| 　减:可供出售的金融资产产生的所得税影响 | －125 | －9 |
| 　　前期计入其他综合收益当期转入损益的净额 | －3 | 6 |
| 　　　　　　小　计 | －374 | －28 |
| 2. 按照权益法核算的在被投资单位其他综合收益中所享有的份额 | －29 | 15 |
| 　减:前期计入其他综合收益当期转入损益的净额 | 0 | 0 |
| 　　　　　　小　计 | －29 | 15 |
| 3. 外币财务报表折算差额 | －249 | －54 |
| 　　　　　　小　计 | －249 | －54 |
| 4. 其他 | 0 | 0 |
| 　　　　　　合　计 | －652 | －67 |

注:表中为 0 的项目系金额四舍五入后不足 1 百万元的结果。

# 第三节　所有者权益变动表

## 一、所有者权益变动表的概念及格式

《企业会计准则第 30 号——财务报表列报》(2014 年 1 月 26 日修订发布)要求,财务报表至少应当包括下列组成部分:资产负债表;利润表;现金流量表;所有者权益(或股东权益)变动表;附注。换言之,企业除应编制传统的三大报表之外,还应编制所有者权益(或股东权益)变动表(以下称所有者权益变动表)。

所有者权益变动表是反映构成所有者权益的各组成部分在会计报表期间增减变动情况的报表。从其反映的内容看,该表是一张时期报表。

所有者权益变动表的编报格式如表 3-16 所示。

所有者权益变动表各项目应当根据当期净利润、其他综合收益、所有者投入资本和向所有者分配利润、提取盈余公积等情况分析填列。

所有者权益变动表在一定程度上体现了综合收益的特点。除列示属于所有者权益变动的净利润外,同时列示其他综合收益,从而构成企业的综合收益。

编制单位：

单位：元

表 3-16　所有者权益变动表

　　　　　　　　　　　　　　　　　　　年

| 项　目 | 本 年 金 额 | | | | | | 上 年 金 额 | | | | | |
|---|---|---|---|---|---|---|---|---|---|---|---|---|
| | 实收资本（或股本） | 资本公积 | 盈余公积 | 未分配利润 | 库存股（减项） | 所有者权益合计 | 实收资本（或股本） | 资本公积 | 盈余公积 | 未分配利润 | 库存股（减项） | 所有者权益合计 |
| 一、上年年末余额 | | | | | | | | | | | | |
| 1. 会计政策更正 | | | | | | | | | | | | |
| 2. 前期差错更正 | | | | | | | | | | | | |
| 二、本年年初余额 | | | | | | | | | | | | |
| 三、本年增减变动金额（减少以"－"号填列） | | | | | | | | | | | | |
| （一）净利润 | | | | | | | | | | | | |
| （二）直接计入所有者权益的利得和损失 | | | | | | | | | | | | |
| 1. 可供出售金融资产公允价值变动净额 | | | | | | | | | | | | |
| 2. 现金流量套期工具公允价值变动净额 | | | | | | | | | | | | |
| 3. 与计入所有者权益项目相关的所得税影响 | | | | | | | | | | | | |
| 4. 其他 | | | | | | | | | | | | |
| 小计 | | | | | | | | | | | | |
| （三）所有者投入资本 | | | | | | | | | | | | |
| 1. 所有者本期投入资本 | | | | | | | | | | | | |
| 2. 本年购回库存股 | | | | | | | | | | | | |
| 3. 股份支付计入所有者权益的金额 | | | | | | | | | | | | |
| （四）本年利润分配 | | | | | | | | | | | | |
| 1. 对所有者（或股东）的利润分配 | | | | | | | | | | | | |
| 2. 提取盈余公积 | | | | | | | | | | | | |
| 3. 盈余公积弥补亏损 | | | | | | | | | | | | |
| 四、本年年末余额 | | | | | | | | | | | | |

第三章　利润表

宝山钢铁股份有限公司 2013 年度合并股东权益变动表如表 3-17 所示。

**表 3-17　合并股东权益变动表**

编制单位:宝山钢铁股份有限公司　　　　　2013 年度　　　　　单位:百万元

| 项　目 | 本年金额 归属母公司股东权益 | | | | | | | | 少数股东权益 | 股东权益合计 |
|---|---|---|---|---|---|---|---|---|---|---|
| | 股本 | 资本公积 | 减:库存股 | 专项储备 | 盈余公积 | 未分配利润 | 外币报告折算差额 | 小　计 | | |
| 一、上年年末余额 | 17 122 | 35 892 | −116 | 18 | 23 230 | 35 541 | −300 | 111 387 | 5 954 | 117 341 |
| 1. 同一控制下企业合并的影响 | | 117 | | | | −738 | | −621 | 3 239 | 2 618 |
| 二、2013 年 1 月 1 日余额 | 17 122 | 36 009 | −116 | 18 | 23 230 | 34 803 | −300 | 110 766 | 9 193 | 119 959 |
| 三、本年增减变动金额 | −650 | −3 042 | 116 | 4 | 1 298 | 2 242 | −222 | −254 | 361 | 107 |
| （一）净利润 | | | | | | 5 818 | | 5 818 | 222 | 6 040 |
| （二）其他综合收益 | | −401 | | | | −222 | −623 | −29 | −652 | |
| 上述（一）和（二）小计 | | −401 | | | | −222 | −623 | 193 | −430 | |
| （三）股东投入和减少资本 | | −93 | −3 083 | | | | | −3 176 | 310 | −2 866 |
| 1. 子公司少数股东投入资本 | | | | | | | | 0 | 343 | 343 |
| 2. 购买子公司少数股东股权 | | −143 | | | | | | −143 | −33 | −176 |
| 3. 其他 | | 50 | −3 083 | | | | | −3 033 | | −3 033 |
| （四）利润分配 | | | | | 1 298 | −3 577 | | −2 279 | −144 | −2 423 |
| 1. 提取盈余公积 | | | | | 1 298 | −1 298 | | | | |
| 2. 对股东的分配 | | | | | | −2 278 | | −2 278 | | −2 278 |
| 3. 少数股东股利 | | | | | | | | | −144 | −144 |
| （五）股东权益内部结转 | −650 | −2 549 | 3 199 | | | | | | | |
| 1. 其他 | −650 | −2 549 | 3 199 | | | | | | | |
| （六）专项储备 | | | | 4 | | | | 4 | 2 | 6 |
| 1. 本年提取 | | | | 336 | | | | 336 | 9 | 345 |
| 2. 本年使用 | | | | −332 | | | | −332 | −8 | −340 |
| 四、本年年末余额 | 16 472 | 32 967 | | 22 | 24 528 | 37 045 | −522 | 110 512 | 9 554 | 120 066 |

| 项　目 | 上年同期金额 归属母公司股东权益 | | | | | | | | 少数股东权益 | 股东权益合计 |
| --- | --- | --- | --- | --- | --- | --- | --- | --- | --- | --- |
| | 股本 | 资本公积 | 减:库存股 | 专项储备 | 盈余公积 | 未分配利润 | 外币报告折算差额 | 小　计 | | |
| 一、上年年末余额 | 17 512 | 37 331 | | 12 | 21 132 | 30 754 | −246 | 106 495 | 6 975 | 113 470 |
| 1. 同一控制下企业合并的影响 | | 6 570 | | | | −406 | | 6 164 | 2 472 | 8 636 |
| 二、2012 年 1 月 1 日余额 | 17 512 | 43 901 | | 12 | 21 132 | 30 348 | −246 | 112 660 | 9 446 | 122 106 |
| 三、本年增减变动金额 | −390 | −7 892 | −116 | 6 | 2 097 | 4 455 | −54 | −1 893 | −253 | −2 146 |
| （一）净利润 | | | | | | 10 090 | | 10 090 | −134 | 9 955 |
| （二）其他综合收益 | | −16 | | | | | −54 | −71 | 4 | −67 |
| 上述（一）和（二）小计 | | −16 | | | | 10 090 | −54 | 10 019 | −131 | 9 888 |
| （三）股东投入和减少资本 | | −6 464 | −1 917 | | | −35 | | −8 416 | 73 | −8 343 |
| 1. 子公司少数股东投入资本 | | | | | | | | 0 | 359 | 359 |
| 2. 同一控制下企业合并的影响 | | −6 453 | | | | −35 | | −6 488 | 948 | −5 540 |
| 3. 其他 | | −11 | −1 917 | | | | | −1 928 | −1 235 | −3 162 |
| （四）利润分配 | | | | | 2 097 | −5 600 | | −3 502 | −195 | −3 698 |
| 1. 提取盈余公积 | | | | | 2 097 | −2 097 | | | | |
| 2. 对股东的分配 | | | | | | −3 502 | | −3 502 | | −3 502 |
| 3. 少数股东股利 | | | | | | | | | −195 | −195 |
| （五）股东权益内部结转 | −390 | −1 411 | 1 801 | | | | | | | |
| 1. 其他 | −390 | −1 411 | 1 801 | | | | | | | |
| （六）专项储备 | | | | 6 | | | | 6 | 0 | 6 |
| 1. 本年提取 | | | | 167 | | | | 167 | 8 | 175 |
| 2. 本年使用 | | | | −161 | | | | −161 | −8 | −169 |
| 四、本年年末余额 | 17 122 | 36 009 | −116 | 18 | 23 230 | 34 803 | −300 | 110 766 | 9 193 | 119 960 |

## 二、利润分配

所有者权益变动表中,盈余公积、未分配利润项目的变化,与企业利润分配有关。

企业利润分配,首先要遵循相关法律、法规的规定。《公司法》(2013 年 12 月 28 日第十二届全国人民代表大会常务委员会第六次会议修订,2014 年 3 月 1 日施行)对公司的利润分配主要规定包括:

1. 弥补亏损。对于以前年度亏损,可以用法定公积金或当年实现的利润弥补。法定公积金不足以弥补以前年度亏损的,应当先用当年利润弥补亏损。

2. 提取法定公积金。公司分配当年税后利润时,应当提取利润的百分之十列入公司法定公积金。公司法定公积金累计额为公司注册资本的百分之五十以上的,可以不再提取。

3. 提取任意公积金。公司从税后利润中提取法定公积金后,经股东会或者股东大会决议,还可以从税后利润中提取任意公积金。

4. 向股东分配。有限责任公司按照股东实缴的出资比例分取红利,全体股东约定不按照出资比例分取红利的除外;股份有限公司按照股东持有的股份比例分配,股份有限公司章程规定不按持股比例分配的除外。

宝钢股份公司章程(2012 年度股东大会修订通过)规定的利润分配政策如下:

> 公司分配当年税后利润时,应当提取利润的 10% 列入公司法定公积金。公司法定公积金累计额为公司注册资本的 50% 以上的,可以不再提取。公司的法定公积金不足以弥补以前年度亏损的,在依照前款规定提取法定公积金之前,应当先用当年利润弥补亏损。公司从税后利润中提取法定公积金后,经股东大会决议,还可以从税后利润中提取任意公积金。公司弥补亏损和提取公积金后所余税后利润,按照股东持有的股份比例分配,但本章程规定不按持股比例分配的除外。股东大会违反前款规定,在公司弥补亏损和提取法定公积金之前向股东分配利润的,股东必须将违反规定分配的利润退还公司。公司持有的本公司股份不分配利润。

> 公司的税后利润按照下列顺序分配:弥补亏损、提取法定公积金、提取任意公积金、支付普通股股利。公司在弥补亏损和提取法定公积金前,不得分配股利。

> 当年度经审计公司报表(未合并)净利润为正,且累计未分配利润为正,且公司现金流可以满足公司正常经营和可持续发展情况时,公司应分派年度现金股利。分派的现金股利不低于当年度经审计合并报表归属于母公司净利润的 50%,现金分红的数额为含税金额。公司在当年度实施股票回购所支付的现金视同现金股利。公司可以进行中期利润分配。

在 2007 年前,我国企业需单独编制利润分配表,或编制利润与利润分配表,反映当年利润的分配情况。

宝钢股份 2006 年度利润分配表如表 3-18 所示。

| 表 3-18　宝钢股份 2006 年度利润分配表 | | 单位:百万元 |
|---|---|---|
| | 2006 年度 | 2005 年度 |
| 一、净利润 | 13 010 | 12 666 |
| 　加:年初未分配利润 | 12 592 | 9 966 |
| 二、可供分配的利润 | 25 602 | 22 632 |
| 　减:提取法定盈余公积 | 1 651 | 1 530 |
| 　　提取法定公益金 | | 1 518 |
| 　　提取储备基金 | 6 | 18 |
| 　　提取企业发展基金 | 5 | 22 |
| 三、可供股东分配的利润 | 23 940 | 19 544 |
| 　减:提取任意盈余公积 | 1 400 | 1 349 |
| 　　应付普通股股利 | 5 604 | 5 604 |
| 四、未分配利润 | 16 936 | 12 591 |

需要说明的是,宝钢股份 2006 年利润分配表中的提取储备基金、提取企业发展基金等项目,按照新公司法的规定无须提取。

# 第四节　资产负债表与利润表的关系

利润表与资产负债表的关系非常密切,如图 3-1 所示。

从图 3-1 可以看出,如果不考虑实收资本、股利的变化,则存在如下关系式:

利润 ＝ 期末净资产 － 期初净资产(不包括资本变化)

从上面的等式中,我们不难发现,净资产的期末余额包含了本期取得的净利润。资产负债表与利润表的关系可以用图 3-2 来表示:

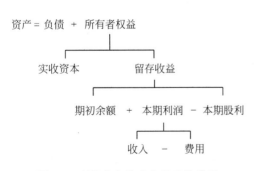

图 3-1　利润表与资产负债表的关系

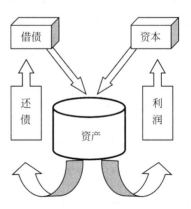

图 3-2　资产、负债、所有者权益和净利润之间的关系

# 第五节　与利润表相关的表外附注

## 一、收入确认方法

由于权责发生制的影响,收入确认的原则尽管没有变化,但因行业差异、业务差异,销售收入的具体确认方法各不相同。为了使报表使用者了解企业在哪种情况下确认收入,判断收入确认的可靠性,企业在提供会计报表时一般都对收入确认的政策予以说明。

宝钢股份 2013 年披露的收入确认政策如下:

商品销售收入。在已将商品所有权上的主要风险和报酬转移给买方,既没有保留通常与所有权相联系的继续管理权,也没有对已售商品实施有效控制,收入的金额能够可靠地计量,相关的经济利益很可能流入企业,相关的已发生或将发生的成本能够可靠地计量时,确认商品销售收入的实现。

提供劳务收入。在提供劳务收入的金额能够可靠地计量,相关的经济利益很可能流入企业,交易的完工程度能够可靠地确定,交易中已发生和将发生的成本能够可靠地计量时,确认提供劳务收入的实现。本集团于资产负债表日按照完工百分比法确认提供的劳务收入。劳务交易的完工进度按已经发生的劳务成本占估计总成本的比例确定。如果提供劳务交易的结果不能够可靠估计,则按已经发生并预计能够得到补偿的劳务成本金额确认提供的劳务收入,并将已发生的劳务成本作为当期费用。已经发生的劳务成本如预计不能得到补偿的,则不确认收入。本集团与其他企业签订的合同或协议包括销售商品和提供劳务时,如销售商品部分和提供劳务部分能够区分并单独计量的,将销售商品部分和提供劳务部分分别处理;如销售商品部分和提供劳务部分不能够区分,或虽能区分但不能够单独计量的,将该合同全部作为销售商品处理。

使用费收入。按照有关合同或协议约定的收费时间和方法确认收入。

利息收入。按照他人使用本集团货币资金的时间和实际利率计算确定。

## 二、经常性损益与非经常性损益

经常性损益(利润)和非经常性损益(利润)的区分对于判断公司利润健康状况具有重要意义,一般认为,经常性损益是公司可望持续获得的利润,而非经常性损益则是临时性的、不能长久的。

按照中国证监会的规定,非经常性损益是指与公司正常经营业务无直接关系,以及虽与正常经营业务相关,但由于其性质特殊和偶发性,影响报表使用人对公司经营业绩和盈利能力做出正常判断的各项交易和事项产生的损益。非经常性损益应包括以下项目:

(1) 非流动性资产处置损益,包括已计提资产减值准备的冲销部分;

(2) 越权审批,或无正式批准文件,或偶发性的税收返还、减免;

（3）计入当期损益的政府补助，但与公司正常经营业务密切相关，符合国家政策规定、按照一定标准定额或定量持续享受的政府补助除外；

（4）计入当期损益的对非金融企业收取的资金占用费；

（5）企业取得子公司、联营企业及合营企业的投资成本小于取得投资时应享有被投资单位可辨认净资产公允价值产生的收益；

（6）非货币性资产交换损益；

（7）委托他人投资或管理资产的损益；

（8）因不可抗力因素，如遭受自然灾害而计提的各项资产减值准备；

（9）债务重组损益；

（10）企业重组费用，如安置职工的支出、整合费用等；

（11）交易价格显失公允的交易产生的超过公允价值部分的损益；

（12）同一控制下企业合并产生的子公司期初至合并日的当期净损益；

（13）与公司正常经营业务无关的或有事项产生的损益；

（14）除同公司正常经营业务相关的有效套期保值业务外，持有交易性金融资产、交易性金融负债产生的公允价值变动损益，以及处置交易性金融资产、交易性金融负债和可供出售金融资产取得的投资收益；

（15）单独进行减值测试的应收款项减值准备转回；

（16）对外委托贷款取得的损益；

（17）采用公允价值模式进行后续计量的投资性房地产公允价值变动产生的损益；

（18）根据税收、会计等法律、法规的要求对当期损益进行一次性调整对当期损益的影响；

（19）受托经营取得的托管费收入；

（20）除上述各项之外的其他营业外收入和支出；

（21）其他符合非经常性损益定义的损益项目。

例如，宝钢股份 2013 年年度报告披露的非经常利润如表 3-19 所示。

表 3-19　宝钢股份 2013 年利润及非经常性损益　　　　　　单位：百万元

| 项　　目 | 金　　额 |
|---|---|
| 归属于上市公司股东的净利润 | 5 818 |
| 归属于上市公司股东的扣除非经常损益后的净利润 | 6 321 |
| 扣除的非经常性损益明细： | |
| 　非流动资产处置损益 | −108 |
| 　计入当期损益的政府补助（与企业业务密切相关，按照国家统一标准定额或定量享受的政府补助除外） | 392 |
| 　除同公司正常经营业务相关的有效套期保值业务外，持有交易性金融资产、交易性金融负债产生的公允价值变动损益，以及处置交易性金融资产、交易性金融负债和可供出售金融资产取得的投资收益 | 12 |
| 　其他非流动资产减值准备 | −976 |
| 　除上述各项之外的其他营业外收入和支出 | 46 |

续表

| 项　　目 | 金　　额 |
|---|---|
| 所得税影响额 | 163 |
| 少数股东权益影响额（税后） | －32 |
| 非经常性损益合计 | －502 |

## 三、利润表主要项目的构成

在阅读利润表时，最好通过会计报表附注来弄清楚这些项目的具体构成。

### （一）营业收入

营业收入可以按照主营业务收入、其他业务收入来分类，也可以按照收入来源的地区分类，便于了解企业主营业务收入的持续性，也有利于作连续分析。宝钢股份营业收入构成如表 3-20 所示。

表 3-20　宝钢股份营业收入构成　　　　　　单位：百万元

| 项　　目 | 2013 年 | 2012 年 |
|---|---|---|
| 主营业务收入 | 188 328 | 189 712 |
| 其他业务收入 | 1 360 | 1 423 |
| 营业收入合计 | 189 688 | 191 135 |

### （二）营业成本

在披露营业收入的分类、构成时，会计报表附注往往同时提供相应的营业成本，使报表使用者能够了解各种产品的成本构成，并判断成本发生的合理性，据以估计毛利的可靠性和持续性。

宝钢股份 2013 年报表附注提供了主营业务收入和主营业务成本的分行业信息、分产品信息、分地区信息，如表 3-21、表 3-22、表 3-23 所示（其中，表 3-21、表 3-22 系表 3-5 的一部分）。根据上述信息，可以按照不同口径计算宝钢股份销售商品的毛利率（收入减去成本，再除以收入），分析宝钢股份盈利能力的变化。

表 3-21　宝钢股份主营业务收入和主营业务成本（分行业）　　单位：百万元

| 行业名称 | 2013 年度 | | 2012 年度 | |
|---|---|---|---|---|
| | 营业收入 | 营业成本 | 营业收入 | 营业成本 |
| 钢铁制造 | 127 284 | 115 297 | 165 222 | 156 433 |
| 加工配送 | 176 821 | 172 910 | 180 826 | 176 999 |
| 信息科技 | 3 576 | 2 729 | 3 620 | 2 882 |
| 电子商务 | 3 501 | 3 460 | 58 | 39 |
| 化工 | 10 678 | 9 654 | 11 375 | 10 414 |
| 行业间抵消 | －133 531 | －133 489 | －171 389 | －171 066 |
| 合计 | 188 328 | 170 561 | 189 712 | 175 700 |

表 3-22　宝钢股份主营业务收入和主营业务成本(分产品)　单位:百万元

| 产品名称 | 2013 年度 | | 2012 年度 | |
| --- | --- | --- | --- | --- |
| | 营 业 收 入 | 营 业 成 本 | 营 业 收 入 | 营 业 成 本 |
| 钢铁 | 171 273 | 155 866 | 170 624 | 158 859 |
| 化工产品 | 10 678 | 9 654 | 11 375 | 10 414 |
| 信息服务 | 3 647 | 2 730 | 3 407 | 2 714 |
| 其他 | 2 730 | 2 310 | 4 307 | 3 714 |
| 合计 | 188 328 | 170 561 | 189 712 | 175 700 |

表 3-23　宝钢股份主营业务收入和主营业务成本(分地区)　单位:百万元

| 地区名称 | 2013 年度 | | 2012 年度 | |
| --- | --- | --- | --- | --- |
| | 营 业 收 入 | 营 业 成 本 | 营 业 收 入 | 营 业 成 本 |
| 中国境内 | 169 121 | 152 250 | 170 363 | 157 207 |
| 中国境外 | 19 208 | 18 310 | 19 350 | 18 492 |
| 合计 | 188 328 | 170 561 | 189 712 | 175 700 |

# 专 用 名 词

| | | | |
| --- | --- | --- | --- |
| 会计分期 | 权责发生制 | 收付实现制 | 实现原则 |
| 配比原则 | 收入 | 成本 | 费用 |
| 制造费用 | 期间费用 | 收益性支出 | 资本性支出 |
| 营业利润 | 利得 | 损失 | 净利润 |

# 附录 3-1 《国际财务报告准则第 15 号——与客户之间的合同产生的收入》的主要要求

国际会计准则理事会(IASB)于 2014 年 5 月 28 日发布了《国际财务报告准则第 15 号——与客户之间的合同产生的收入》(IFRS 15)。IFRS 15 对自 2017 年 1 月 1 日或以后日期开始的年度期间生效,允许提前采用。IFRS 15 确立了向财务报表使用者报告企业因与客户签订合同而产生的收入和现金流量的性质、金额、时间和不确定性的原则。

## 一、发布 IFRS 15 的原因

收入是财务报表使用者评估主体经营成果和财务状况的关键数据。但是,国际财务报告准则(IFRS)和美国公认会计原则(US GAAP)的收入确认要求存在差异,并且两者都有待改进。国际财务报告准则对收入确认的要求仅提供极有限的指引,两项主要的收入确认准则《国际会计准则第 18 号——收入》(IAS 18)和《国际会计准则第 11 号——建造合同》(IAS 11)较为简单,在应用时常常出现问题,对诸如包含多项要素的安排的收入确认提供指引有限,加大了在实务应用上的难度及不一致性。与之相比,美国公认会计原则(US GAAP)的收入确认概念更宽泛,对不同行业或交易的收入确认有不同的要求,有时候可能导致对具有类似经济实质的交易作出不同的会计处理。在此背景下,国际会计准则理事会(IASB)和美国财务会计准则委员会(FASB)于 2002 年启动了一个关于收入确认的联合项目,以制定一套国际财务报告准则和美国公认会计原则(US GAAP)均适用的收入确认准则,IFRS 15 就是这一项目的成果。该准则期望达到如下目标:

(1) 消除现行收入要求的不一致性及不足之处;

(2) 提供应对收入问题的更完善的框架;

(3) 提高收入确认实务在不同主体、行业、司法管辖区及资本市场之间的可比性;

(4) 通过改进披露要求为财务报表使用者提供更多有用的信息;

(5) 通过减少须遵循准则的数量,简化主体报表编制工作。

## 二、适用范围

IFRS 15 取代如下国际财务报告准则:

(1)《国际会计准则第 11 号——建造合同》(IAS 11);

(2)《国际会计准则第 18 号——收入》(IAS 18);

(3)《国际财务报告解释公告第 13 号——客户忠诚度计划》(IFRIC 13);

(4)《国际财务报告解释公告第 15 号——房地产建造协议》(IFRIC 15);

(5)《国际财务报告解释公告第 18 号——客户转让的资产》(IFRIC 18);以及

(6)《解释公告第 31 号——收入:涉及广告服务的易货交易》(SIC 31)。

IFRS 15 适用于与客户签订的合同,但不包括:

(1) 租赁(适用《国际会计准则第 17 号——租赁》);

(2) 保险合同(适用《国际财务报告准则第 4 号——保险合同》);

(3) 金融工具,以及其他适用于《国际财务报告准则第 9 号——金融工具》、《国际财务报告准则第 10 号——合并财务报表》、《国际财务报告准则第 11 号——合营安排》、《国际会计准则第 27 号——对联营及合营企业投资》的合同权利和义务;

(4) 同一业务的主体之间为促进对客户或潜在客户的销售而进行的非货币交换(例如,两家石油公司同意交换石油以及时满足其在不同特定地点客户需求的合同)。

## 三、IFRS 15 的主要特点

IFRS 5 的核心原则是,主体确认收入应反映向客户转移已承诺的商品和服务,而确认的金额应反映主体预计因交付该等商品和服务而有权获得的对价。按照该核心原则确认收入时应运用如下 5 个步骤:

**步骤 1:识别与客户签订的合同(Identify the contract(s) with a customer)**

合同是双方或多方之间建立可强制执行的权力和义务的协议。IFRS 15 的要求适用于所有与客户达成的、符合特定标准的每一项合同。在特定情形下,应该合并与同一客户(或客户的关联方)在同一时间或相近时间订立的一组合同。

**步骤 2:识别合同中的履约义务(Identify the performance obligations in the contract)**

合同中包含了对交付商品或服务的承诺。如果这些商品或服务是"可明确区分"的,则承诺就是履约义务,应该单独核算。如果客户能够从单独使用该商品或服务或将其与客户可易于获得的其他资源一起使用中获益,且主体向客户转让商品或服务的承诺可与合同中的其他承诺区分开来,则该商品或服务是"可明确区分"的。

**步骤 3:确定交易价格(Determine the transaction price)**

交易价格是主体预计因交付已承诺的商品或服务而有权获得的对价金额。交易价格可以是固定金额,也可能是可变对价,或非现金对价。若合同中包含重大融资成分,或任何应付客户对价,应调整交易价格。如果对价是可变的,主体应该估计因交付已承诺的商品或服务而有权获得的对价金额。包含在交易价格中的可变对价估计部分,仅应以可变对价相关的不确定性得以解决、累计确认收入金额不会发生重大转回的可能性非常大(highly probable)时为限。

**步骤 4:将交易价格分摊至合同中的履约义务(Allocate the transaction price to the performance obligations in the contract)**

主体应该按照合同中各项明确可区分的商品或服务的相对单独销售价格为基础分摊交易价格。如果单独销售价格不可观察,主体应当对其进行估计。有些情形下,交易价格包含一项折扣,或者完全与合同某项应履行义务相关的可变对价。IFRS 规定了何时主体应该将折扣或可变对价分摊至合同中可明确区分的一项或多项(而非全部)履约义务。

**步骤 5：在主体满足履约义务时确认收入（Recognize revenue when（or as）the entity satisfies a performance obligation）**

当特定履约义务涉及的相应商品或服务转移给客户、客户获得了该商品或服务的控制权时，则履约义务得到履行，主体应该确认收入。确认的收入金额为分配至满足标准的履约义务的金额。履约义务可能在某一时点（如向客户交付商品的承诺），也可能在一段时间内（如向客户提供服务的承诺）满足履行的标准。对于在一段时间内满足履行标准的履约义务，主体应该在一段时间内确认收入。如果履约义务满足在一段时间内履行的标准，主体应该采用恰当的方法计量完全满足履约标准的进度。

## 四、披露要求

IFRS 15 规定了收入确认的披露要求，旨在使主体向财务报表使用者提供因与客户订立合同而产生的收入和现金流量的性质、金额、时间和不确定性方面的综合信息。具体的，IFRS 15 要求主体提供如下信息：

（1）确认的与客户之间的合同产生的收入，包括将收入按不同类别进行分解；

（2）合同余额，包括合同应收款项、合同资产与合同负债的期初和期末余额；

（3）履约义务，包括主体何时履行其履约义务，分摊至合同中剩余履约义务的交易价格；

（4）涉及履行履约义务重大判断，以及此类判断的任何变化；

（5）获取或履行合同的成本所确认的资产。

## 五、影 响

尽管 IFRS 15 生效的时间为 2017 年 1 月 1 日及以后的会计年度，但对于一些主体而言，无论是否提前采用，都有可能需要花费大量时间做好准备。应用 IFRS 15 不仅可能会对财务报告产生影响，更可能会对关键业绩指标、职工薪酬、合同条款及商业惯例、税收、融资安排、股价等产生重大影响。

IFRS 15 的一个主要变化是收入确认的基础。IFRS 15 强调识别控制权转移给客户的时点，而 IAS 18 则关注识别风险和报酬转移的时点。因此，采用 IFRS 15 之后，对某些特定时点交易的收入确认时间可能会有所不同。

具体而言，该准则的影响主要表现在两个方面：消除现行收入确认中的不一致，以及缺陷。

1. 消除收入确认中的不一致

包括但不限于：

（1）附带义务和销售奖励（Incidental obligations and sales incentives）

现行实务。一些主体认为合同中承诺的商品或服务是其他承诺商品或服务的销售奖励，或附带或附加（incidental or ancillary）义务，而另一些主体则不分开确认这些已承诺商品或服务的收入。这种做法导致在主体还有履约义务未满足标准时就已经确认了全部销售价格。这种情况经常发生在汽车行业。厂家在销售汽车时还附带激励，如销售后一段时间才发生的质保服务。

IFRS 15 的规定。公司应评估因附带义务和销售激励所产生的承诺商品或服务是否为可明确区分的。如果是,将在每一项可明确区分的承诺商品或服务交付给客户时确认收入。

(2) 或有收入上限(contingent revenue cap)

现行实务。在分摊交易价格时,分配给满足履约义务的价格金额上限为不取决于将来履约义务满足标准时的金额。电信营运商经常把手机销售与之后一到两年提供通信服务捆绑在一起。

IFRS 15 的规定。根据 IFRS 15 的要求,应将客户根据合同支付的交易价格分摊至可明确区分的履约义务,即将交易价格,包括客户签订合同时支付的价格与以后按月支付的价格,按照销售手机和提供通信服务的相对单独销售价格为基础进行分摊。

(3) 不存在可观察的价格(no observable selling price)

现行实务。如果合同中每一项承诺商品或服务没有可观察到的单独销售价格,在向客户交付承诺商品或服务时不能确认收入。这常常导致收入递延,因为首次向客户交付承诺商品或服务时不能确认收入。软件行业存在这种情形,因为计算机软件升级及额外功能的价格无法观察到。

IFRS 15 的规定。如果承诺的商品或服务的可观察到的价格是不可用的,公司应对该承诺商品或服务的交易价格以单独销售价格为基础进行分摊。公司应在向客户交付每一项可明确区分的商品或服务时确认收入。

(4) 特许权(licences)

现行实务。知识产权的特许权收入确认指引较为宽泛。对指引的不同解释导致存在特许权收入确认的多种方法。

IFRS 15 的规定。IFRS 15 为不同类型的知识产权特许权收入确认提供了应用指引。

2. 消除收入确认中存在的缺陷

包括但不限于:

(1) 收入确认时间

现行实务。由于缺乏清晰和全面的指南,实务中在确定是在某一时点或一段时间内确认收入上存在不同做法。例如,销售由多个单元组成的住宅的公司,难以确定销售该不动产属一段时间内提供的服务(因此应该在一段时间内确认收入),还是在该不动产建设完成并交付给客户时是一项商品(因此应在某个时点确认收入)。

IFRS 15 的规定。只有在满足 IFRS 15 规定的标准时,才能在一段时间内确认收入。在所有其他情形中,当客户取得承诺商品或服务的控制权时,公司应该在此时点确认收入。

(2) 估计可变对价

现行实务。在对价可变时如何计量收入的金额,收入确认要求没有包括具体指南。

IFRS 15 的规定。如果客户承诺的对价是可变的,公司应该采用预期价值或最可能金额来估计,取决于哪种方法估计所得金额能更好地预测公司有权获得的对价。包含在交易价格中的可变对价的估计部分,仅应以可变对价相关的不确定性得以解决、累计确认收入金额不会发生重大转回的可能性非常大(highly probable)时为限。

（3）重大融资成分

现行实务。如果客户预付或欠付款项以获得商品或服务，一些公司在确定应确认的收入金额时往往不会考虑合同中的任何融资成分的影响。

IFRS 15 的规定。在确定交易价格从而确认收入时，公司需要考虑任何重大融资成分的影响。这可能会影响客户付款与公司履约发生在不同时间的长期合同。

（4）披露

现行实务。有关收入的信息披露不充分，与财务报表中其他项目的披露缺乏关联。例如，许多投资者表示，无法把公司的收入与其财务状况相关联。

IFRS 15 的规定。IFRS 15 包括了一套全面的披露要求，要求公司披露与客户的合同的定性和定量信息，以帮助投资者了解收入的性质、金额、时间以及不确定性。

# 习 题

## 一、思考题

**Q3-1** 所谓会计分期就是按照公历年度或月份来编制会计报表,对吗? 会计年度一定要与公历年度一致吗? 会计分期中的月份一定要与公历的月份一致吗?

**Q3-2** 区别权责发生制和收付实现制,并说明在何种情况下这两种计价基础没有区别。

**Q3-3** 为什么实现原则不仅要强调收入的确认,还要强调收入的计量? 实现原则就是确定何时交易成立或服务完成以确认收入的一种原则,对吗?

**Q3-4** 为什么单步式利润表并没有为会计准则制定机构所认可? 如何理解多步式利润表中不同的利润指标?

**Q3-5** 收益与收入有什么区别?

**Q3-6** 制造费用与期间费用有什么区别?

**Q3-7** 成本、费用有何区别?

**Q3-8** 收益性支出与资本性支出有何区别? 为什么在编制利润表时要区分之?

**Q3-9** 利润表中的利润总额是否可以直接用来计算企业当期缴纳的所得税? 为什么?

## 二、练习题

### E3-1 权责发生制和收付实现制

ABC 公司于 20×9 年 1 月 1 日正式成立。公司成立时,股东投资 400 万元;从银行借入 600 万元,借款利率为年 5%,借款期限 3 年,每半年支付一次利息。该公司租用某写字楼,月租金为 2 万元,已经预付了 3 个月的租金,计 6 万元。当月购入存货 200 000 元,货物已经全部运抵该公司;当月以银行存款支付货款 60 000 元,其余货款约定于 2 月份支付。当月销售了购入货物的 50%,其中收到现金 80 000 元;另外 80 000 元预计于 3 月份收回。该公司当月支付的不包括租金在内的其他费用为 20 000 元。假定该公司不用缴纳任何税收。

(1) 按照权责发生制原则,该公司 1 月份的利润应该是多少?

(2) 按照收付实现制原则,该公司 1 月份的利润应该是多少?

(3) 哪一个原则能够更好地反映公司在 1 月份的利润?

### E3-2 收入确认的实现原则

试确认 A 公司 20×9 年 12 月在下列交易中应确认的收入的金额:

(1) 与 B 公司签订一份合同,预收该公司 2 000 000 万元的货款(不含增值税款),货物于 2010 年 2 月 20 日发出;

(2) 销售 1 000 000 万元的货物(不含增值税款),同时收到现金;

(3) 销售 3 000 000 万元的货物(不含增值税款),货物已交付采购商,对方承诺 2010 年 1 月份付款;

(4) 以托收承付方式向 C 企业销售一批商品,售价 100 000 元,增值税 17 000 元。该批商品已经发出,并已向银行办妥托收手续。此时得知 C 企业在某项交易中发生巨额损失,可能难以偿付该笔货款。

### E3-3 关于费用确认的配比原则

E 公司采用权责发生制来编制会计报表。试确认该公司 20×9 年 12 月份发生的费用、成本。

(1) 支付固定资产购置款项,共计 30 000 元;

（2）支付 11 月份的水电费，共计 5 000 元；

（3）支付当月人工费用及其他管理费用，共计 100 000 元；

（4）月初账面存货的平均成本为 100 元/件，共计 3 000 件。当月无采购，月末存货结余 20 件。

### E3-4　关于收益性支出和资本性支出

试区分 F 公司 20×9 年 3 月份发生的支出中，哪些是资本性支出，哪些是收益性支出。

（1）购置一批存货以便销售，价值 3 000 000 元，以银行存款支付；

（2）对库存的一部分存货进行加工，花费 50 000 元，以银行存款支付；

（3）支付管理人员的工资以及管理部门发生的水电费等，共计 300 000 元，并以银行存款支付；

（4）购置土地使用权，花费 10 000 000 元，款项已支付，土地使用权已经过户；

（5）购置一辆汽车，价值 200 000 元，以银行存款支付。

### E3-5　关于制造费用和期间费用

试区分以下某月份发生的费用中，哪些应该作为期间费用直接反映在利润表中，哪些应该作为制造费用反映在产品成本中？

（1）生产人员的工资、福利费等，共计 200 000 元；

（2）销售人员的工资、福利费等，共计 300 000 元；

（3）公司董事会办公室的日常费用，共计 40 000 元；

（4）生产车间管理人员的工资、福利费等，共计 10 000 元；

（5）总经理发生的招待费用，共计 5 000 元。

### E3-6　基本每股收益和稀释每股收益

宝钢股份 2009、2008 年度归属于母公司所有者的净利润分别为 5 816 227 393.10 元、6 459 207 460.21 元，发行在外普通股股数自 2008 年 1 月 1 日至 2009 年 12 月 31 日未发生变化，均为 17 512 000 000 股。

宝钢股份于 2008 年 6 月 20 日发行人民币 100 亿元认股权和债券分离交易的可转换公司债券，债券期限为 6 年，票面年利率 0.8%，起息日为 2008 年 6 月 20 日；权证数量为 16 亿份，行权比例为 2∶1，存续期为 24 个月，初始行权价格为人民币 12.5 元/股。于 2009 年 6 月 15 日由于分红除息，行权价格调整为 12.16 元/股。

宝钢股份 2009 年年报披露，由于认股权证自发行日起至 2008 年 12 月 31 日止以及 2009 年度，普通股平均市场价格均低于认股权证的行权价格，故未考虑其稀释性。

试计算宝钢股份 2009、2008 年基本每股收益和稀释每股收益。

### E3-7　其他综合收益和综合收益

雅戈尔集团股份有限公司 2009 年年报披露了其他综合收益的内容：

|  | 2009 年度 | 2008 年度 |
|---|---|---|
| 1. 可供出售金融资产产生的利得/（损失） | 3 190 611 653.77 | −9 550 348 463.57 |
| 减：可供出售金融资产产生的所得税影响 | 763 139 513.46 | −2 387 587 115.90 |
| 前期计入其他综合收益当期转入损益的净额 | — | — |
| 小计 | 2 427 472 140.31 | −7 162 761 347.67 |
| 2. 按照权益法核算的在被投资单位其他综合收益中所享有的份额 |  | −375 007.27 |
| 减：按照权益法核算的在被投资单位其他综合收益中所享有的份额产生的所得税影响 |  |  |

| | | |
|---|--:|--:|
| 前期计入其他综合收益当期转入损益的净额 | — | — |
| 小计 | — | −375 007.27 |
| 3. 现金流量套期工具产生的利得(或损失)金额 | | |
| 减:现金流量套期工具产生的所得税影响 | | |
| 前期计入其他综合收益当期转入损益的净额 | | |
| 转为被套期项目初始确认金额的调整 | | |
| 小计 | | |
| 4. 外币报表折算差额 | −3 238 618.52 | −78 665 583.58 |
| 减:处置境外经营当期转入损益的净额 | — | — |
| 小计 | −3 238 618.52 | −78 665 583.58 |
| 5. 其他 | 607 613.17 | 5 499 400.00 |
| 减:由其他计入其他综合收益产生的所得税影响 | | |
| 前期其他计入其他综合收益当期转入损益的净额 | | |
| 小计 | 607 613.17 | 5 499 400.00 |
| 合计 | 2 424 841 134.96 | −7 236 302 538.52 |

雅戈尔集团股份有限公司 2009、2008 年度的净利润分别为 3 494 180 331.84 元、1 791 391 964.66 元，2009、2008 年度归属于母公司股东的净利润分别为 3 263 921 145.98 元、1 583 045 862.80 元。

试计算雅戈尔集团股份有限公司 2009、2008 年年末综合收益总额。

**E3-8　编制利润表**

某公司 20×9 年度的有关数据如下：

(1)营业收入为 488 785 613.26 元；(2)营业成本 312 237 505.50 元；(3)与营业收入相关的流转税及其附加为 3 355 436.33 元；(4)为产品销售而设置的机构以及人员的费用为 72 488 110.06 元；(5)管理费用为 42 255 058.55 元；(6)财务费用为 2 182 317.09 元；(7)处置固定资产，获得 70 450.11 元净收益；(8)支付的罚款为 112 270.30 元,该公司处于免税期,不用缴纳所得税；(9)其他综合收益为 100 000 元。

试编制该公司 20×9 年度的利润表。

**E3-9　利润分配**

某公司 20×9 年度的有关数据如下：

(1)当年净利润为 45 214 635.66 元；(2)年初未分配利润为 208 936.34 元,无盈余公积转入；(3)按照净利润的 10%、20% 分别计提法定盈余公积、任意盈余公积；(4)本年可供分配利润的 20% 用于向股东分红,其余结转下年。

试计算该公司 20×9 年末未分配利润。

## 三、讨论题

**P3-1　收入确认**

T 公司 20×6 年度的主营业务收入中计有 4 106 508.00 元及相应的主营利润计 453 901.04 元,系该公司在 20×6 年 12 月 31 日之前开具销售发票,而于 20×7 年 1 月 15 日之前办理产品出库手续。

要求：

(1) 上述 4 106 508.00 元是否应该作为 20×6 年度的收入？

(2) 上述 4 106 508.00 元营业收入相应的营业成本是多少（不考虑主营业务税金及附加）？

(3) 上述处理的动机是什么？

**P3-2 雅戈尔集团股份有限公司利润构成**

雅戈尔集团股份有限公司经营范围为：服装制造、技术咨询、房地产开发、项目投资、仓储运输、针纺织品、进出口业务、电力电量及热量的销售。公司主要产品为"雅戈尔"系列衬衫、西服以及其他服饰；雅戈尔西湖花园、海景花园、都市森林、比华利、溪林春天、世纪花园、香颂湾、苏州雅戈尔未来城等房地产项目。该公司 2009 年合并利润表如下（略去"其他综合收益"、"综合收益总额"两个项目）：

单位:元

| 项　　目 | 2009 年 | 2008 年 |
|---|---|---|
| 一、营业总收入 | 12 278 622 223.27 | 10 780 542 357.33 |
| 　其中：营业收入 | 12 278 622 223.27 | 10 780 542 357.33 |
| 　　利息收入 | | |
| 　　已赚保费 | | |
| 　　手续费及佣金收入 | | |
| 二、营业总成本 | 10 153 353 663.42 | 10 808 017 587.46 |
| 　其中：营业成本 | 7 562 856 061.37 | 6 915 545 986.72 |
| 　　利息支出 | | |
| 　　手续费及佣金支出 | | |
| 　　退保金 | | |
| 　　赔付支出净额 | | |
| 　　提取保险合同准备金净额 | | |
| 　　保单红利支出 | | |
| 　　分保费用 | | |
| 　　营业税金及附加 | 350 015 942.23 | 254 744 220.33 |
| 　　销售费用 | 1 098 217 781.09 | 978 248 046.39 |
| 　　管理费用 | 813 038 025.79 | 799 992 324.97 |
| 　　财务费用 | 301 151 231.61 | 451 463 806.39 |
| 　　资产减值损失 | 28 074 621.33 | 1 408 023 202.66 |
| 　加：公允价值变动净收益 | 35 434 412.03 | −1 308 532.06 |
| 　　投资净收益 | 1 979 018 706.93 | 2 222 044 343.19 |
| 　　其中：对联营企业和合营企业的投资收益 | 2 683 363.41 | 16 479 421.51 |
| 　　汇兑净收益 | | |
| 三、营业利润 | 4 139 721 678.81 | 2 193 260 581.00 |
| 　加：营业外收入 | 61 035 869.28 | 208 828 219.07 |
| 　减：营业外支出 | 103 156 289.72 | 27 020 915.58 |
| 　　其中：非流动资产处置净损失 | 17 513 685.82 | 2 344 881.16 |

| 项　目 | 2009 年 | 2008 年 |
|---|---|---|
| 四、利润总额 | 4 097 601 258.37 | 2 375 067 884.49 |
| 　　减：所得税费用 | 603 420 926.53 | 583 675 919.83 |
| 　　加：未确认的投资损失 | | |
| 五、净利润 | 3 494 180 331.84 | 1 791 391 964.66 |
| 　　其中：同一控制下企业合并被合并方合并前净利润 | 0.00 | |
| 　　　　少数股东损益 | 230 259 185.86 | 208 346 101.86 |
| 　　　　归属于母公司所有者的净利润 | 3 263 921 145.98 | 1 583 045 862.80 |
| 六、每股收益： | | |
| 　　（一）基本每股收益 | 1.47 | 0.71 |
| 　　（二）稀释每股收益 | | |
| 七、其他综合收益 | 2 424 841 134.96 | −7 236 302 538.52 |
| 八、综合收益总额 | 5 919 021 466.80 | −5 444 910 573.86 |

2009、2008 年度营业收入、营业成本如下：

单位：元

| 项　目 | 2009 年 | 2008 年 |
|---|---|---|
| 营业收入 | 12 278 622 223.27 | 10 780 542 357.33 |
| 　其中：主营业务收入 | 12 115 340 732.74 | 10 574 748 884.63 |
| 　　　　其他业务收入 | 163 281 490.53 | 205 793 472.70 |
| 营业成本 | 7 562 856 061.37 | 6 915 545 986.72 |
| 　其中：主营业务成本 | 7 437 992 566.70 | 6 763 205 491.53 |
| 　　　　其他业务成本 | 124 863 494.67 | 152 340 495.19 |

2009、2008 年主营业务收入、主营业务成本如下：

单位：元

| 行 业 名 称 | 2009 年 | | 2008 年 | |
|---|---|---|---|---|
| | 主营业务收入 | 主营业务成本 | 主营业务收入 | 主营业务成本 |
| （1）服装制造业 | 5 526 607 613.50 | 3 563 204 511.53 | 5 856 703 250.57 | 3 995 688 341.04 |
| （2）纺织业 | 1 973 375 505.97 | 1 584 597 609.73 | 1 906 279 217.20 | 1 586 163 773.22 |
| 服装、纺织板块间抵消 | −737 174 793.42 | −736 182 245.36 | −810 206 688.89 | −804 314 579.08 |
| （3）房地产旅游业 | 5 175 428 777.37 | 2 864 585 820.92 | 3 458 911 244.05 | 1 827 696 863.49 |
| （4）电力 | 177 103 629.32 | 161 786 869.88 | 163 061 861.70 | 157 971 092.86 |
| 合计 | 12 115 340 732.74 | 7 437 992 566.70 | 10 574 748 884.63 | 6 763 205 491.53 |

投资收益的注释如下：

单位：元

| 项　目 | 2009 年 | 2008 年 |
|---|---|---|
| 成本法核算的长期股权投资收益 | 1 814 800.00 | 895 000.00 |
| 权益法核算的长期股权投资收益 | 2 683 363.41 | 16 479 421.51 |
| 处置长期股权投资产生的投资收益 | 452 520.83 | −5 246 543.11 |

续表

| 项　　目 | 2009 年 | 2008 年 |
|---|---|---|
| 持有交易性金融资产期间取得的投资收益 | 1 439 266.93 | 219 814.32 |
| 持有可供出售金融资产等期间取得的投资收益 | 112 803 565.90 | 118 540 966.75 |
| 处置交易性金融资产取得的投资收益 | 256 335.21 | −18 191 997.18 |
| 处置可供出售金融资产等取得的投资收益 | 1 859 568 854.65 | 2 109 347 680.90 |
| 合计 | 1 979 018 706.93 | 2 222 044 343.19 |

营业外收入的注释如下：

单位:元

| 项　　目 | 2009 年 | 2008 年 |
|---|---|---|
| 非流动资产处置利得合计 | 909 851.97 | 4 322 377.50 |
| 其中：固定资产处置利得 | 909 851.97 | 4 322 377.50 |
| 政府补助 | 40 392 805.47 | 42 844 693.93 |
| 盘盈利得 | 1 981.10 | 13 163.30 |
| 捐赠利得 | 998 632.00 | |
| 违约金、罚款收入 | 3 079 652.03 | 2 986 640.53 |
| 其他 | 15 652 946.71 | 158 661 343.81 |
| 合计 | 61 035 869.28 | 208 828 219.07 |

营业外支出的注释如下：

单位:元

| 项　　目 | 2009 年 | 2008 年 |
|---|---|---|
| 非流动资产处置损失合计 | 17 513 685.82 | 2 344 881.16 |
| 其中：固定资产处置损失 | 17 513 685.82 | 2 344 881.16 |
| 对外捐赠支出 | 40 722 605.63 | 22 608 008.17 |
| 其中：公益性捐赠支出 | 40 722 605.63 | 22 608 008.17 |
| 非常损失 * | 36 624 270.80 | |
| 赔偿支出 | 3 357 037.59 | 886 236.55 |
| 盘亏损失 | 42 179.14 | |
| 其他 | 4 896 510.74 | 1 181 789.70 |
| 合计 | 103 156 289.72 | 27 020 915.58 |

　＊　其中主要为子公司新马制衣(深圳)有限公司本年关闭深圳大鹏厂房,发生与职工解除劳动关系的补偿费用 36 616 950.80 元。

要求：

(1) 主营业务收入、其他业务收入对公司有何不同意义？

(2) "营业利润"、"利润总额"反映的项目对公司而言有何不同？

**P3-3　东北制药费用确认**

1996 年,东北制药股份公司年报中净利润大约 2 000 万元,其中,该公司根据当地财政部门的批复,将已经发生的折旧费用、管理费用、退税损失、利息支出等累计 14 000 万元挂列为"递延资产"。

要求：

(1) 收集资料分析案例背景,研究为什么东北制药要将费用资本化?

(2) 根据会计制度,研究资产和费用的差别,例如定义、确认、计量等等。

**P3-4　飞龙实业收入确认**

1999 年 6 月 4 日,证监会对飞龙实业处以警告,并罚款 50 万元,对审计飞龙实业的湖南会计事务所处以警告,并罚款 30 万元。飞龙实业违规行为如下:①出售 4 250 平方米商业用房,在产权没有过户,房款没有收取的情况下,确认收入已实现。提前确认利润 797 万元。②在计算受托经营报酬时,违反《委托代理经营合同书》,只计算 1~10 月的部分利润,而没有承担相应的亏损,虚增利润 699.8 万元。③飞龙实业在 1997 年年报中披露已收取 200 万元房产交易定金和 1 160 万元受托经营耒阳市电力发展有限公司的报酬,事实上飞龙实业并没有收到上述两笔款项。(本讨论题由李晓强提供)

要求：

(1) 收集资料分析案例背景,研究这些会计交易产生的目的、过程以及结果。

(2) 根据案例给出的问题,探讨会计确认的要求,理解应计制和现金制的差异。

(3) 思考资产的会计确认可能带来的问题。

# 第四章

# 现金流量表

学习目的
XUE XI MU DI

1. 理解现金流量表编制的意义及其作用；

2. 理解现金流量表的格式；

3. 理解现金流量的分类；

4. 掌握经营活动现金流量的直接法和间接法，理解两者之间的区别；

5. 熟悉现金流量的基本分析方法。

**2000** 年 3 月 3 日,郑州百文股份有限公司的主要债权人——信达资产管理公司向法院提出申请,要求郑百文破产清算,清偿债务。1999 年年末,郑百文的银行借款和欠供应商的款近 25 亿元。尽管郑百文连续多年亏损,又有会计舞弊对其信誉的打击,但导致破产的直接原因是流动性问题,也就是缺乏偿还债务的能力。

利润当然好,而现金流量却关系到企业的生命。公司破产不一定意味着没有盈利,但一定是缺乏支付能力,或者说是偿债能力。从权责发生制和收付实现制的差别可以看出,利润不代表现金,所以,我们不但要了解企业盈利情况,也需要了解企业的现金情况。

# 第一节　编制现金流量表的意义

在 20 世纪 80 年代以前,企业在对外公布财务信息时,只把注意力集中在资产负债表和利润表上。美国财务会计准则委员会(FASB)于 1987 年发布了现金流量表会计准则,并于 1988 年起开始生效。该表取代了企业以前编制的财务状况变动表。随后,国际会计准则委员会(IASC)也于 1989 年发布了《国际会计准则第 7 号——现金流量表》,要求企业编制现金流量表。此后,英国、澳大利亚等许多国家和地区都相继发布准则,要求企业需编制现金流量表。我国财政部也于 1998 年发布了《企业会计准则——现金流量表》,并定于 1998 年 1 月 1 日起在全国范围内施行。2001 年,财政部对原现金流量表会计准则进行了修订,修订后的现金流量表会计准则于 2001 年 1 月 1 日起在全国范围内施行。为了与国际财务报告准则趋同,财政部对 2001 年实施的现金流量表准则又一次进行了修订,并于 2006 年 2 月 15 日发布了《企业会计准则第 31 号——现金流量表》,自 2007 年 1 月 1 日起在上市公司范围内实施。

从以上情况可以看出,现金流量表并不是与资产负债表、利润表一起产生的。那么,什么是现金流量表呢? 现金流量表有什么作用呢?

## 一、现金流量表的概念

现金流量表是反映企业在某一特定会计期间内现金流入和流出的报表。也就是说,与利润表、利润分配表一样,现金流量表是一个时期报表。

我们已经知道,就某一会计期间而言,资产负债表反映企业在该期间末的财务状况,利润表反映企业在该期间所产生的经营成果,那么经过这一期间的经营,期末的财务状况较期初有什么变化呢? 通过比较式资产负债表(把期末、期初的资产负债情况反映在一张资产负债表上),我们固然可以了解一些变化,但系统地反映期末与期初财务状况变化的,则是现金流量表。现金流量表抓住了企业财务状况变化的最为关键的因素——现金的变化,以现金流入和现金流出的方式来反映企业在某一会计期间现金的变化。该表因而成为连接和沟通期末和期初资产负债表与利润表的桥梁,不仅对解读资产负债表和利润表大有帮助,而且该表提供的现金流量信息也是会计报表使用者非常关心的信息。

## 二、现金流量表的作用

现金流量表的作用表现在：

1. 有助于分析企业净利润与现金净流量的关系

净利润很高的企业有可能净现金流量很少，甚至为负，导致企业并无足够的现金偿还到期债务、支付股利，甚至无法满足正常经营活动的需要；而净利润为负的企业的净现金流量可能出现相反的情形。利润表是按照权责发生制原则编制的，它虽然计算出了净利润指标，但是不能反映净利润与净现金流量的关系。由于净利润可能受到企业在会计估计、会计政策上的操纵，因此，通过分析净现金流量与净利润的关系来评价净利润的质量就成为财务分析的一种很重要的方法。通常认为，有现金流量支持的净利润是高质量的，反之，则是低质量的。

2. 有助于评价企业取得和运用现金的能力

以权责发生制为基础编制的资产负债表和利润表并不能直接帮助会计报表使用者有效地评估企业取得和运用现金的能力。现金流量表则可以反映企业经营活动、投资活动、筹资活动取得和运用现金的能力。在市场竞争日趋激烈的情况下，现金流量表的这个作用尤其重要。

3. 有助于评价企业支付到期债务和股利的能力

债权人非常关心企业能否按期支付利息和本金；而股东则关心企业能否支付股利。资产负债表和利润表难以直接提供这样的信息，而现金流量表则提供了企业上一期间支付债务和股利的信息，有助于债权人和股东分析企业支付到期债务和股利的能力。

4. 预测未来经营活动、投资活动、筹资活动产生或耗费的现金流量

对投资者和债权人而言，会计报表的真正目的是帮助其预测企业的未来，以便做出正确的决策。与以权责发生制为基础编制的资产负债表和利润表相比较，现金流量表提供的经营活动、投资活动、筹资活动产生的现金流量可以为预测企业的未来提供更可靠的基础。通过现金流量表所反映的现金流量以及企业的其他财务指标，可以了解企业各类活动的现金来源和用途是否合理，从而可以预测企业未来现金流量，编制现金流量计划。

# 第二节　现金流量表的格式及基本概念

## 一、现金流量表的格式

按照财政部 2006 年 2 月 15 日发布的《企业会计准则第 31 号——现金流量表》，现金流量表的格式如表 4-1 所示。

表 4-1 合并现金流量表

编制单位:宝山钢铁股份有限公司　　　　2013 年度　　　　单位:百万元

| 项　　目 | 2013 年度 | 2012 年度 |
|---|---|---|
| **一、经营活动产生的现金流量:** | | |
| 　销售商品、提供劳务收到的现金 | 217 407 | 219 992 |
| 　客户贷款及垫款净减少额 | | 622 |
| 　存放中央银行和同业借款净减少额 | | 261 |
| 　收取利息、手续费及佣金的现金 | 358 | 380 |
| 　拆入资金净增加额 | | 300 |
| 　卖出回购金融资产净增加额 | 229 | 438 |
| 　收到的税费返还 | 239 | 236 |
| 　收到的其他与经营活动有关的现金 | 1 195 | 1 739 |
| 　**经营活动现金流入小计** | 219 428 | 223 968 |
| 　购买商品、接受劳务支付的现金 | 188 006 | 184 044 |
| 　客户贷款及垫款净增加额 | 310 | |
| 　客户存款和同业存放款净减少额 | 468 | 362 |
| 　拆入资金净减少额 | 300 | |
| 　存放中央银行和同业款项净增加额 | 154 | |
| 　支付利息、手续费及佣金的现金 | 207 | 234 |
| 　支付给职工以及为职工支付的现金 | 9 059 | 8 810 |
| 　支付的各项税费 | 6 241 | 4 439 |
| 　支付的其他与经营活动有关的现金 | 2 592 | 3 893 |
| 　**经营活动现金流出小计** | 207 337 | 201 782 |
| 　**经营活动产生的现金流量净额** | 12 091 | 22 186 |
| **二、投资活动产生的现金流量:** | | |
| 　收回投资所收到的现金 | 2 473 | 3 449 |
| 　取得投资收益所收到的现金 | 714 | 603 |
| 　处置固定资产、无形资产和其他长期资产而收到的现金净额 | 2 777 | 21 329 |
| 　处置子公司及其他营业单位收到的现金净额 | | 1 973 |
| 　收到其他与投资活动有关的现金 | 5 914 | 4 535 |
| 　**投资活动现金流入小计** | 11 878 | 31 889 |
| 　购建固定资产、无形资产和其他长期资产所支付的现金 | 13 958 | 14 164 |
| 　投资支付的现金 | 5 715 | 12 760 |
| 　取得子公司及其他营业单位收到的现金净额 | −2 | −1 |
| 　支付其他与投资活动有关的现金 | 924 | 1 556 |
| 　**投资活动现金流出小计** | 20 595 | 28 479 |
| 　**投资活动产生的现金流量净额** | −8 717 | 3 410 |
| **三、筹资活动产生的现金流量:** | | |
| 　吸收投资所收到现金 | 165 | 330 |
| 　其中:子公司吸收少数股东投资收到的现金 | 165 | 330 |
| 　取得借款收到的现金 | 80 804 | 65 235 |
| 　发行债券收到的现金 | 4 809 | 1 491 |
| 　收到其他与筹资活动有关的现金 | | 1 500 |

| 项　目 | 2013 年度 | 2012 年度 |
|---|---|---|
| **筹资活动现金流入小计** | 85 778 | 68 556 |
| 偿还债务所支付的现金 | 78 437 | 88 236 |
| 分配股利、利润和偿付利息所支付的现金 | 3 659 | 5 487 |
| 其中:子公司支付给少数股东的股利、利润 | 150 | 151 |
| 支付罗泾项目收购款 | | 2 869 |
| 回购股票所支付的现金 | 3 083 | 1 916 |
| 支付其他与筹资活动有关的现金 | | 1 257 |
| **筹资活动现金流出小计** | 85 179 | 99 765 |
| **筹资活动产生的现金流量净额** | 599 | −31 209 |
| **四、汇率变动对现金及现金等价物的影响额** | −6 | −59 |
| **五、现金及现金等价物净增加(减少)额** | 3 967 | −5 672 |
| 加:年初现金及现金等价物余额 | 7 632 | 13 304 |
| **六、年末现金及现金等价物余额** | 11 599 | 7 632 |

在现金流量表中,有如下关系:

$$\begin{aligned}
&经营活动现金净流量\\
+&投资活动现金净流量\\
+&筹资活动现金净流量\\
+&\underline{汇率变动对现金的影响}\\
=&现金净流量
\end{aligned}$$

其中,

经营活动现金净流量＝经营活动现金流入－经营活动现金流出

投资活动现金净流量＝投资活动现金流入－投资活动现金流出

筹资活动现金净流量＝筹资活动现金流入－筹资活动现金流出

现金及现金等价物净增加额＝现金及现金等价物期末余额－现金及现金等价物期初余额

在会计报表附注中,对收到的其他与经营活动有关的现金、支付的其他与经营活动有关的现金、将净利润调节为经营活动现金净流量、现金及现金等价物等项目提供了进一步的信息。

## 二、现金流量表的基本概念

### (一) 现金及现金等价物

现金流量表的"现金"概念,并不同于企业日常经营中所提到的现金。企业日常经营中所提到的现金,是指库存现金。而现金流量表中的"现金",则不仅包括了库存现金,还包括企业随时用于支付的存款。也就是说,现金流量表中的"现金",更接近于我国资产负债表中的"货币资金"项目。之所以说接近,是因为货币资金中包括了库存现金、银行存款、其他货币资金三个项目,其中可以为企业随时用于支付的存款,构成了现金流量表中的"现金",而银行存款和其他货币资金中有些不能随时用于支付的存款,如不能随时支取的定期存款等,不应作为现金。当然,提前通知金融企业便可支取的定期存款,则应包括在现金范围内。

现金等价物指企业持有的期限短、流动性强、易于转换为已知金额现金、价值变动风险很小的投资。在这里,"期限短"、"流动性强",强调的是现金等价物的变现能力,而"易于转换为已知金额的现金"、"价值变动风险很小",则强调了支付能力的大小。同时符合以上四个条件的,便可以认定是现金等价物。所谓的"期限短",一般是指从购买日起,三个月内到期。例如,可在证券市场上流通的三个月内到期的短期债券投资等。

现金等价物虽然不是现金,但其支付能力与现金的差别不大,可视为现金。

现金流量表的编制基础就是现金和现金等价物,也就是说,现金流量表反映的是某一会计期间现金和现金等价物的期末余额相对期初余额的变化。一般情况下,企业在编制报表时,"现金"就是资产负债表中的"货币资金",即包括了库存现金、银行存款、其他货币资金。

宝钢股份 2013 年年报中货币资金的明细项目(单位:百万元)如下:

|  | 2013 年末 | 2012 年末 |
| --- | --- | --- |
| 现金 | 1 | 1 |
| 银行存款 | 11 436 | 7 538 |
| 其他货币资金 | 71 | 93 |
| 财务公司存放中央银行法定准备金存款 | 1 373 | 1 219 |
| 合　　计 | 12 881 | 8 851 |

上列明细项目中,最后一行即为编制现金流量表时用到的"现金"。在此,现金与货币资金是不同的,两者的差异是宝钢股份财务公司存放中央银行法定准备金存款。

宝钢股份 2013 年现金流量表中现金及现金等价物的明细项目(单位:百万元)如下:

|  | 2013 年末 | 2012 年末 |
| --- | --- | --- |
| 一、现金 | 11 508 | 7 632 |
| 　其中:库存现金 | 1 | 1 |
| 　　可随时用于支付的银行存款 | 11 436 | 7 538 |
| 　　可随时用于支付的其他货币资金 | 71 | 93 |
| 二、现金等价物 | 91 | — |
| 　其中:货币市场基金 |  |  |
| 三、年末现金及现金等价物余额 | 11 599 | 7 632 |

上列明细项目中,现金等价物为宝钢股份购买的货币市场基金。

### (二) 现金流量及净现金流量

现金流量指企业现金和现金等价物的流入和流出的总称。企业从各种经济业务中收到现金,称为现金流入;为各种经济业务付出现金,称为现金流出。从现金流量表上可以看出,现金和现金等价物流入的例子包括销售商品、提供劳务收到的现金,收回投资所收到的现金,取得投资收益所收到的现金,借款所收到的现金,等等;现金和现金等价物流出的例子则包括购买商品、提供劳务支付的现金,购建固定资产、无形资产和其他长期资产支付的现金,投资所支付的现金,偿还债务支付的现金,等等。

净现金流量是指现金流入与流出的差额,也可以称为现金净流量、现金流量净额。净现金流量可能是正数,也可能是负数。如果是正数,则为净流入;如果是负数,则为净流出。

可以看出,宝钢股份 2013 年度的现金流量表中的净现金流量为 3 967 百万元。

### (三) 现金流量的分类

现金流量可以分为三类,即经营活动产生的现金流量、投资活动产生的现金流量、筹资活动产生的现金流量。

1. 经营活动产生的现金流量

经营活动产生的现金流量,是指企业日常生产经营活动提供的现金流量。对一般行业而言,经营活动主要包括销售商品、提供劳务、购买商品、接受劳务、支付税费等。从编制现金流量表的角度来看,经营活动是指企业投资活动和筹资活动以外的所有交易和事项。

对大多数企业而言,经营活动产生的现金流入项目主要有:

(1) 销售商品、提供劳务收到的现金。从内容看,包括销售收入和向购买者收取的增值税销项税额。从涉及的期间看,包括本期销售商品、提供劳务收到的现金,前期销售和前期提供劳务本期收到的现金和本期预收的账款。在计算时,要减去本期销售本期退回的商品和前期销售本期退回的商品支付的现金。该项目也包括企业销售材料和代购代销业务收到的现金。

(2) 收到的税费返还。包括收到返还的增值税、消费税、营业税、所得税、教育费附加等。

(3) 收到的其他与经营活动有关的现金。包括罚款收入、流动资产损失中由个人赔偿的现金收入、经营租赁收取的租金等。

经营活动产生的现金流出项目主要有:

(1) 购买商品、接受劳务支付的现金。从内容上看,包括企业购买材料、商品、接受劳务实际支付的货款,以及与货款一并支付的增值税进项税额。从涉及的期间看,包括本期购买商品、接受劳务支付的现金,本期支付前期购买商品、接受劳务的未付款项和本期预付款项。在计算时,要减去本期发生的购货退回收到的现金。需要特别说明的是,为购置存货而发生的借款利息资本化部分,不在本项目中反映,而在"分配股利、利润或偿付利息支付的现金"项目中反映。

(2) 支付给职工以及为职工支付的现金。包括工资、奖金、各种津贴和补贴等形式的报酬以及其他相关支出,以及为职工支付的其他费用等。支付的在建工程人员的工资,在"购建固定资产、无形资产和其他长期资产所支付的现金"项目中反映,不包括在本项目内。为职工支付的医疗、养老、失业、工伤、生育等社会保险基金、补充养老保险、住房公积金,企业为职工交纳的商业保险金,因解除与职工劳动关系给予的补偿,现金结算的股份支付,以及企业支付给职工或为职工支付的其他福利费用等,也应根据职工的工作性质和服务对象,在本项目中和"购建固定资产、无形资产和其他长期资产所支付的现金"中分别反映。

(3) 支付的各项税费。包括本期发生并支付的,以及本期支付以前各期发生的增值税,营业税,消费税及其附加,所得税,其他税费如支付的教育费附加、矿产资源补偿费、印花税、房产税、土地增值税、车船使用税等。

(4) 支付的其他与经营活动有关的现金。包括经营租赁支付的现金,罚款支出,支付的差旅费、业务招待费、保险费等。

对照宝钢股份2013年度的现金流量表,可以看出,经营活动现金流入为219 428百万元,流出为207 337百万元,净现金流量为12 091百万元。

2. 投资活动产生的现金流量

现金流量表中的投资活动,与我们通常所谈的投资的概念不同,后者在会计上通常反映在资产负债表中的交易性金融资产、可供出售金融资产、持有至到期投资、长期股权投资等。而现金流量表中的投资活动指企业非流动资产的购建和不包括在现金等价物范围内的投资及其处置活动。这里所说的非流动资产,是指资产负债表中非流动资产项目下的各项资产,但通常不包括商誉、递延所得税资产等。

投资活动产生的现金流入项目主要有:

(1) 收回投资所收到的现金。包括出售、转让或到期收回除现金等价物以外的交易性金融资产、持有至到期投资、可供出售金融资产、长期股权投资等而收到的现金。该项目不包括债权性投资收回的利息、收回的非现金资产,以及处置子公司及其他营业单位收到的现金净额。

(2) 取得投资收益所收到的现金。包括企业因股权性投资而分得的现金股利,因债权性投资而取得的现金利息收入。

(3) 处置固定资产、无形资产和其他长期资产所收回的现金净额。之所以说是净额,是因为在处置固定资产、无形资产和其他长期资产中,往往会发生一些其他的现金流出,如固定资产的拆除费用、无形资产处理中支付的律师及相关部门手续费等。

(4) 处置子公司及其他营业单位收到的现金净额。指处置子公司及其他营业单位所取得的现金减去子公司或其他营业单位持有的现金和现金等价物以及相关处置费用后的净额。

(5) 收到的其他与投资活动有关的现金。

投资活动产生的现金流出项目主要有:

(1) 购建固定资产、无形资产和其他长期资产所支付的现金。也就是购建固定资产、无形资产和其他长期资产并且使其达到使用状态所支付的现金。需要注意的是,为购建固定资产、无形资产和其他长期资产而发生的借款利息资本化部分,在"分配股利、利润或偿付利息支付的现金"项目中反映;融资租入固定资产所支付的租赁费,在"支付的其他与筹资活动有关的现金"项目中反映。

(2) 投资所支付的现金。该项目反映企业进行权益性投资和债权性投资所支付的现金,包括企业取得除现金等价物以外的交易性金融资产、持有至到期投资、可供出售金融资产而支付的现金,以及支付的佣金、手续费等交易费用。

(3) 取得子公司及其他营业单位支付的现金净额。指取得子公司及其他营业单位购买出价中以现金支付的部分,减去子公司或其他营业单位持有的现金和现金等价物后的净额。

(4) 支付的其他与投资活动有关的现金。

对照宝钢股份 2013 年度的现金流量表,可以看出,投资活动现金流入为 11 878 百万元,流出为 20 595 百万元,净现金流量为－8 717 百万元。

3. 筹资活动产生的现金流量

资产负债表的右边代表了企业所有资产产生的资金来源。也就是说,从某种意义上讲,资产负债表的右边都可以为企业的筹资活动。但是,应付账款、应付票据、应交税金、其他应付款等负债实际上是任何企业再正常不过的经营活动,因此,这部分负债的增减变化不属于筹资活动。从而,我们所说的筹资活动是指导致企业资本(资产负债表的所有者权益中的实收资本以及资本公积)及债务(短期借款、长期借款、应付债券等)规模和构成发生变化的活动。

筹资活动产生的现金流入项目主要有:

(1) 吸收投资所收到的现金。指企业以发行股票、债券等方式筹集资金实际收到的款项净额。

(2) 取得借款所收到的现金。指企业举借各种短期、长期借款而收到的现金,以及发行债券实际收到的款项净额。

(3) 收到的其他与筹资活动有关的现金。包括接受现金捐赠等。

筹资活动产生的现金流出项目主要有:

(1) 偿还债务所支付的现金。主要指企业以现金偿还短期借款、长期借款、应付债券的本金等。偿还的借款利息、债券利息,在"分配股利、利润或偿付利息所支付的现金"项目中反映。

(2) 分配股利、利润或偿付利息所支付的现金。指实际支付的现金股利,支付给其他投资单位的利润以及支付的借款利息、债券利息。

(3) 支付的其他与筹资活动有关的现金。包括捐赠现金支出、融资租入固定资产支付的租赁费等,以发行股票、债券等方式筹集资金而由企业直接支付的审计、咨询等费用。

对照宝钢股份 2013 年度的现金流量表,可以看出,筹资活动现金流入为 85 778 百万元,流出为 85 179 百万元,净现金流量为 599 百万元。

# 第三节　经营活动现金流量的计算

现金流量表主表提供了经营活动现金流量、投资活动现金流量、筹资活动现金流量的计算过程。相对于投资活动、筹资活动现金流量的计算,经营活动现金流量计算的过程更复杂,对报表使用者而言也更为重要,因此,本节重点介绍经营活动现金流量的计算。

前面已经提到,利润表是按照权责发生制原则编制的。也就是说,收入、成本及费用等的确认,并不是按照是否收付现金为标准的。这样,利润表中的净利润就不一定等于经营活动产生的净现金流量。编制现金流量表的目的之一就是说明利润表中的净利润与经营活动产生的净现金流量之间的关系,以评估净利润的质量。在计算经营活动现金流量的过程中,可以直接用经营活动各项现金流入减去经营活动各项现金流出,得到经营活动现金净流量;也可以从利润表中的净利润出发,通过调整在计算净利润过程中那些不影响经营活动现金流量的项目,得到经营活动现金净流量。前一种方法就是计算经营活动净现金流量的直接法;后一种方法则是间接法。

## 一、用直接法计算经营活动现金流量

在直接法下,按现金收入和现金支出的主要类别直接反映企业经营活动产生的现金流量,如销售商品、提供劳务收到的现金,购买商品、接受劳务支付的现金等就是按现金收入和支出的来源直接反映的。

现金流量表中第一部分"一、经营活动产生的现金流量"就是按照直接法计算的。宝钢股份 2013 年现金流量表的第一部分如表 4-2 所示。

表 4-2　宝钢股份经营活动现金流量——直接法　　　　　　单位:百万元

| 项　　　目 | 2013 年 | 2012 年 |
| --- | --- | --- |
| 一、经营活动产生的现金流量: | | |
| 销售商品、提供劳务收到的现金 | 217 407 | 219 992 |
| 客户贷款及垫款净减少额* | | 622 |
| 存放中央银行和同业借款净减少额* | | 261 |
| 收取利息、手续费及佣金的现金* | 358 | 380 |
| 拆入资金净增加额* | | 300 |
| 卖出回购金融资产净增加额* | 229 | 438 |
| 收到的税费返还 | 239 | 236 |
| 收到的其他与经营活动有关的现金 | 1 195 | 1 739 |
| 经营活动现金流入小计 | 219 428 | 223 968 |
| 购买商品、接受劳务支付的现金 | 188 006 | 184 044 |
| 客户贷款及垫款净增加额* | 310 | |
| 客户存款和同业存放款净减少额* | 468 | 362 |
| 拆入资金净减少额* | 300 | |
| 存放中央银行和同业款项净增加额* | 154 | |
| 支付利息、手续费及佣金的现金* | 207 | 234 |
| 支付给职工以及为职工支付的现金 | 9 059 | 8 810 |
| 支付的各项税费 | 6 241 | 4 439 |
| 支付的其他与经营活动有关的现金 | 2 592 | 3 893 |
| 经营活动现金流出小计 | 207 337 | 201 782 |
| 经营活动产生的现金流量净额 | 12 091 | 22 186 |

注:带"*"的项目为金融企业特有的项目,这些项目为宝钢股份控股的子公司——宝钢集团财务有限责任公司所发生。宝钢集团财务有限责任公司是宝钢股份(持股 62.10%)、宝钢集团(持股 35.18%)等单位共同持股的全国性非银行金融机构,主要是以加强集团资金集中管理和提高集团资金使用效率为目的,为成员单位提供内部结算、存贷款、短期资金理财和投融资等综合金融服务。

在用直接法计算经营活动现金流量时，主要项目是销售商品、提供劳务收到的现金，以及购买商品、接受劳务支付的现金。这两个项目的计算，有两种思路。

第一种思路是，分析当期现金流量与当期或前后期经营活动的关系。当期现金流量无非是由三部分组成：

（1）经营活动当年发生现金收付产生的现金流量。如当期销售商品、提供劳务收到的现金收入，以及当期购买商品、接受劳务支付的现金均构成此类经营活动当年产生的现金流量。

（2）经营活动当年形成的债权债务对经营活动现金流量的影响。如以赊销方式销售商品、提供劳务时对当年的经营活动现金流量不产生影响，但预收款销售则会增加现金流量。

（3）经营活动前期形成的债权债务在本年由于到期发生现金收付而对经营活动现金流量的影响。如前期的应收账款于本期到期收回会增加本期的现金流入，前期的应付账款本期到期支付则会增加本期的现金流出。

用公式表示如下：

销售商品、提供劳务收到的现金＝本期销售商品、提供劳务收到的现金收入

　　　　　　　　　　　　　　　＋本期收到前期的应收账款

　　　　　　　　　　　　　　　＋本期收到前期的应收票据

　　　　　　　　　　　　　　　＋本期预收的账款

　　　　　　　　　　　　　　　－本期因销售退回而支付的现金

　　　　　　　　　　　　　　　＋本期收回前期核销的坏账

购买商品、接受劳务支付的现金＝本期购买商品、接受劳务支付的现金

　　　　　　　　　　　　　　　＋本期支付前期的应付账款

　　　　　　　　　　　　　　　＋本期支付前期的应付票据

　　　　　　　　　　　　　　　＋本期预付的账款

　　　　　　　　　　　　　　　－本期因购货退回收到的现金

第二种思路：以利润表中的营业收入、营业成本等项目为起点，调节与经营活动有关的项目的增减变动，然后计算出经营活动各项目产生的现金流量。用公式表示如下：

销售商品、提供劳务收到的现金＝利润表中的"营业收入"

　　　　　　　　　　　　　　　＋期末应收账款余额、应收票据余额的减少（增加以"－"表示）

　　　　　　　　　　　　　　　－期末预收账款余额的减少（增加以"－"表示）

购买商品、接受劳务支付的现金＝利润表中的"营业成本"

　　　　　　　　　　　　　　　＋期末存货的增加（减少以"－"表示）

　　　　　　　　　　　　　　　＋期末应付账款、应付票据的减少（增加以"－"表示）

　　　　　　　　　　　　　　　＋期末预付账款的增加（减少以"－"表示）

第一种思路比较自然，但在实际编制现金流量表时比较复杂，因为要把现金账户的流入、流出按照不同活动来核算；第二种思路便于直接利用会计报表来分析现金流量。

在计算销售商品、提供劳务收到的现金时,需要注意:(1)利润表中的营业收入不含增值税销项税额、营业成本不含增值税进项税额,资产负债表中的存货也不含增值税进项税额,而应收账款、应收票据、预收账款等账户中含有应收的增值税销项税额,应付账款、应付票据、预付账款中则含有采购存货时缴纳的增值税进项税额,在用第二种思路计算时需要特别注意;(2)资产负债表上列示的应收账款、预付账款是减去坏账准备之后的余额,应收账款也可能有部分因出现坏账而已经转销,因期初期末坏账准备增加或减少,以及转销坏账而导致的期末应收账款、预付账款的变化不影响经营活动现金流量。

在计算购买商品、接受劳务支付的现金时,需要注意:(1)存货成本中包括了一些当期未支付现金的项目,如固定资产折旧、无形资产摊销等;(2)期初存货可能会包括一些当期用于在建工程的项目;(3)应付账款、应付票据中可能包括采购用于在建工程的工程物资的款项。这些项目都不影响经营活动现金流量。

**例 4-1** A 公司某一期间销售商品发生的款项收付如下:

(1) 开出的所有增值税专用发票上注明的销售价款为 4 200 000 元,增值税销项税额为 714 000 元,以银行存款收讫;

(2) 应收票据期初余额为 405 000 元,期末余额为 90 000 元;应收账款期初余额为 1 500 000 元,期末余额为 600 000 元;

(3) 期内核销的坏账损失为 30 000 元。

(4) 本期因商品质量问题发生退货,支付银行存款 45 000 元,货款已通过银行转账支付。

本期销售商品、提供劳务收到的现金计算如下:

| | |
|---|---:|
| 本期销售商品收到的现金(4 200 000+714 000) | 4 914 000 |
| 加:本期收到前期的应收票据(405 000-90 000) | 315 000 |
| 本期收到前期的应收账款(1 500 000-600 000-30 000) | 870 000 |
| 减:本期因销售退回支付的现金 | 45 000 |
| 本期销售商品、提供劳务收到的现金 | 6 054 000 |

**例 4-2** B 公司某一期间购买原材料发生的款项收付如下:

(1) 收到的增值税专用发票上注明的材料价款为 225 000 元,增值税进项税额为 38 250 元,款项已通过银行转账支付;

(2) 应付票据期初余额为 3 000 000 元,期末余额为 2 000 000 元;应付账款期初余额为 8 000 000 元,期末余额为 5 000 000 元;

(3) 购买工程用物资 3 000 000 元,货款已通过银行转账支付。

本期购买商品、接受劳务支付的现金计算如下:

| | |
|---|---:|
| 本期购买原材料支付的价款 | 225 000 |
| 加:本期购买原材料支付的增值税进项税额 | 38 250 |
| 本期支付的应付票据(3 000 000-2 000 000) | 1 000 000 |
| 本期支付的应付账款(8 000 000-5 000 000) | 3 000 000 |
| 本期购买商品、接受劳务支付的现金 | 4 263 250 |

**例 4-3** C公司某一期间与销售商品相关的会计报表项目,及销售商品、提供劳务收到的现金计算如表 4-3 所示。

<table>
<tr><td colspan="3">表 4-3 C公司销售商品、提供劳务取得的现金计算过程　　　　单位:元</td></tr>
<tr><td>营业收入</td><td>(1)</td><td>7 579 810 273.60</td></tr>
<tr><td>与营业收入对应的增值税销项税额</td><td>(2)</td><td>1 288 567 746.51</td></tr>
<tr><td>应收账款期初余额</td><td></td><td>169 711 467.89</td></tr>
<tr><td>应收账款期末余额</td><td></td><td>109 549 290.32</td></tr>
<tr><td>应收账款的减少额(期初－期末)</td><td>(3)</td><td>60 162 177.57</td></tr>
<tr><td>应收票据期初余额</td><td></td><td>66 626 272.60</td></tr>
<tr><td>应收票据期末余额</td><td></td><td>63 893 576.00</td></tr>
<tr><td>应收票据的减少额(期初－期末)</td><td>(4)</td><td>2 732 696.60</td></tr>
<tr><td>预收账款期初余额</td><td></td><td>119 619 393.81</td></tr>
<tr><td>预收账款期末余额</td><td></td><td>297 371 970.15</td></tr>
<tr><td>预收账款的减少额(期初－期末)</td><td>(5)</td><td>－177 752 576.34</td></tr>
<tr><td>销售商品、提供劳务收到的现金</td><td>(6)</td><td>9 109 025 470.62</td></tr>
</table>

其中,(2)＝(1)×17%

(6)＝(1)＋(2)＋(3)＋(4)－(5)

在计算与营业收入相对应的增值税销项税额时,采用 17% 的增值税率。

**例 4-4** C公司某一期间与购买商品、接受劳务支付的现金有关的会计报表项目,及购买商品、接受劳务支付的现金计算如表 4-4 所示。

<table>
<tr><td colspan="3">表 4-4 C公司购买商品、接受劳务支付的现金计算过程　　　　单位:元</td></tr>
<tr><td>营业成本</td><td>(1)</td><td>6 843 722 522.96</td></tr>
<tr><td>与营业成本对应的增值税进项税额</td><td>(2)</td><td>1 163 432 828.90</td></tr>
<tr><td>存货期末余额</td><td></td><td>900 695 286.98</td></tr>
<tr><td>存货期初余额</td><td></td><td>686 701 544.63</td></tr>
<tr><td>期末存货的增加(期末－期初)</td><td>(3)</td><td>213 993 742.35</td></tr>
<tr><td>应付账款期末余额</td><td></td><td>910 107 167.60</td></tr>
<tr><td>应付账款期初余额</td><td></td><td>509 428 429.39</td></tr>
<tr><td>期末应付账款增加额(期末－期初)</td><td>(4)</td><td>400 678 738.21</td></tr>
<tr><td>应付票据期末余额</td><td></td><td>120 500 000.00</td></tr>
<tr><td>应付票据期初余额</td><td></td><td>282 420 292.00</td></tr>
<tr><td>应付票据的增加(期末－期初)</td><td>(5)</td><td>－161 920 292.00</td></tr>
<tr><td>预付账款期末余额</td><td></td><td>301 869 206.17</td></tr>
<tr><td>预付账款期初余额</td><td></td><td>265 925 095.81</td></tr>
<tr><td>期末预付账款的增加(期末－期初)</td><td>(6)</td><td>35 944 110.36</td></tr>
<tr><td>购买商品、接受劳务支付的现金</td><td>(7)</td><td>8 018 334 758.36</td></tr>
</table>

其中,(2)＝(1)×17%

(7)＝(1)＋(2)＋(3)－(4)－(5)＋(6)

在计算与营业成本相对应的增值税进项税额时,采用 17% 的增值税率。

## 二、用间接法计算经营活动现金流量

在间接法下,以净利润为起算点,通过调整不涉及现金的收入、费用、营业外收支等有关项目,据此计算出经营活动产生的现金流量净额。我国现行会计准则规定,企业应当采用间接法在现金流量表附注中披露将净利润调节为经营活动现金流量的信息,其格式如表 4-5 所示。

表 4-5　将净利润调节为经营活动现金流量

| 项　　目 | 本期金额 | 上期金额 |
| --- | --- | --- |
| 1. 将净利润调节为经营活动现金流量: | | |
| 净利润 | | |
| 加:资产减值准备 | | |
| 固定资产折旧、油气资产折耗、生产性生物资产折旧 | | |
| 无形资产摊销 | | |
| 长期待摊费用摊销 | | |
| 处置固定资产、无形资产和其他长期资产的损失(收益以"－"号填列) | | |
| 固定资产报废损失(收益以"－"号填列) | | |
| 公允价值变动损失(收益以"－"号填列) | | |
| 财务费用(收益以"－"号填列) | | |
| 投资损失(收益以"－"号填列) | | |
| 递延所得税资产减少(增加以"－"号填列) | | |
| 递延所得税负债增加(减少以"－"号填列) | | |
| 存货的减少(增加以"－"号填列) | | |
| 经营性应收项目的减少(增加以"－"号填列) | | |
| 经营性应付项目的增加(减少以"－"号填列) | | |
| 其他 | | |
| 经营活动产生的现金流量净额 | | |

注:一些公司的合并现金流量表附注往往以"归属于母公司股东的净利润"为起点,这就要求调节项中首先要加上"少数股东损益"项目。

从表 4-5,可以看到用间接法计算经营活动现金流量净额的公式为

经营活动产生的现金流量净额＝净利润＋计提的资产减值准备

　　　　　　　　　　　　　＋当期计提的固定资产折旧、油气资产折耗、生产性生物资产折旧

　　　　　　　　　　　　　＋无形资产摊销

　　　　　　　　　　　　　＋长期待摊费用摊销

　　　　　　　　　　　　　＋处置固定资产、无形资产和其他长期资产的损失(减:收益)

　　　　　　　　　　　　　＋固定资产报废损失

　　　　　　　　　　　　　＋公允价值变动损失

　　　　　　　　＋财务费用

　　　　　　　　＋投资损失（减：收益）

　　　　　　　　＋递延所得税资产减少（减：增加）

　　　　　　　　＋递延所得税负债增加（减：减少）

　　　　　　　　＋存货的减少（减：增加）

　　　　　　　　＋经营性应收项目的减少（减：增加）

　　　　　　　　＋经营性应付项目的增加（减：减少）

　　　　　　　　＋其他

　　可以看出，以净利润为出发点，需要调整以下几类项目：

　　1. 在利润表中反映的、不涉及现金的收入、费用等项目。这些项目不影响当期的现金流量，但在计算净利润时已经减去了，所以在调节时应该加回来。包括：

　　（1）计提的资产减值准备。凡按照会计准则要求计提的减值准备都属此列，包括应收账款坏账准备、其他应收款坏账准备、存货跌价准备、可供出售金融资产减值准备、长期股权投资减值准备、持有至到期金融资产减值准备、采用成本模式计量的投资性房地产减值准备、固定资产减值准备、无形资产减值准备、在建工程减值准备、委托贷款减值准备等。当期新计提的所有资产减值准备，在利润表中反映为"资产减值损失"，需要加回的就是"资产减值损失"的发生额。如果"资产减值损失"发生额为负，则表明以前年度计提的部分资产减值准备发生了转回或转销，在计算时需要剔除。在调整时，直接加上利润表中"资产减值损失"的发生额即可。

　　（2）当期计提的固定资产折旧。企业计提的固定资产折旧，一部分进入了期间费用，如管理费用和销售费用，在计算当年利润时已经扣除，但没有发生现金流出，所以，在将净利润调节为经营活动现金流量时，需要予以加回；有的则包括在制造费用中，计入了产品的成本。如果产品已经销售，则在计算净利润时作为销售成本的组成部分予以扣除，但没有发生现金流出；如果产品没有出售，我们下面会提到，在调节存货时会进行扣除。也就是说，计入制造费用的折旧，无论产品是否销售，都不会涉及现金收支，所以，在将净利润调节为经营活动现金流量时，需要予以加回。

　　（3）无形资产摊销。无形资产的摊销，与固定资产折旧类似，在将净利润调节为经营活动现金流量时，需要予以加回。

　　（4）长期待摊费用摊销。同固定资产折旧。

　　（5）公允价值变动损失或收益。以公允价值计价且其变动计入损益的项目，公允价值变动损失或收益计入了利润表，但并没有实际发生现金流量，所以，对于公允价值变动损失需要加回，对于公允价值变动收益则需要剔除。在调整时，直接加回利润表中"公允价值变动净损益"的发生额即可。

　　（6）少数股东损益。与上面几个项目不同，少数股东损益并非不涉及现金的收入或费用项目。在编制合并利润表时，是将母公司的利润表与所有应合并的控股子公司的利润表项目逐行合并，这样，为了得到所需的应由母公司股东享有的合并净利润，必须减去少数股东享有的利润部分，即"少数股东损益"。这一部分并不是现金流出，但在性质上与折旧等项目非常相似，所以在以归属于母公司股东的净利润为起点时应该加回。

2. 在利润表中反映的非经营活动项目,即投资活动、筹资活动项目。在净利润调节为经营活动现金净流量时,自然需要把这些项目剔除。这些项目包括:

(1) 处置固定资产、无形资产和其他长期资产的损失(减:收益)。

(2) 固定资产报废损失。

(3) 财务费用。

(4) 投资损失(减:收益)。

上述(1)、(2)、(4)项属于投资活动的现金流出,(3)则属于筹资活动现金流出,但在计算净利润时已经扣除,所以需要加回。

3. 不在利润表中反映的、影响经营活动的现金流量,包括:

(1) 递延所得税资产减少、递延所得税负债增加。

这两个项目比较复杂。企业在运用资产负债表债务法核算企业所得税时,计入利润表中的当期所得税费用的金额不一定等于当期应交的所得税金额,这和资产负债表中的递延所得税资产、递延所得税负债的增减有关系。递延所得税资产减少(或递延所得税负债增加),会导致利润表中"所得税费用"增加,从而净利润减少,但实际上并不导致实际缴纳的企业所得税增加,因此需要加回;递延所得税资产增加(或递延所得税负债减少),会导致利润表中"所得税费用"减少,从而净利润增加,但实际上并不导致实际缴纳的企业所得税减少,因此需要扣除。

(2) 存货的减少(减:增加)。撇开存货的增减变化中所涉及的应付项目(在编制现金流量表时在"经营性应付项目的增加(减:减少)"中考虑),期末存货较期初减少,说明当期耗用的存货有一部分是期初的存货,由于耗用期初存货不发生现金流出,而在计算净利润时已经扣除,所以,在将净利润调节为经营活动现金流量时,应该加回。期末存货较期初存货增加,则恰恰相反。至于利用存货来对外投资或者用于企业的在建工程,则因涉及投资活动现金流量,应予以剔除。

(3) 经营性应收项目的减少(减:增加)。经营性应收项目包括应收账款(扣除预收账款)、应收票据等。从前面所讲的可以看出,如果该部分项目的期末余额小于期初余额,说明当期收回的现金大于利润表中所确认的销售收入,但不影响当期的净利润,所以,在将净利润调节为经营活动现金流量时,需要加回。如果该部分项目的期末余额小于期初余额,则情形刚好相反,在调节时需要扣除。

(4) 经营性应付项目的增加(减:减少)。经营性应付项目包括应付账款(扣除预付账款)、应付票据等。从前面所讲的同样可以看出,如果该部分项目的期末余额大于期初余额,则说明当期购货中有一部分没有支付现金,但是,在计算净利润时减去的销售成本中包括了这部分差额在内,所以,在调节时需要加回;如果该部分项目的期末余额小于期初余额,说明当期支付的现金大于计算净利润时已经扣除的销售成本,所以,在调节时需要扣除。

宝钢股份 2013 年度现金流量表中将净利润调节为经营活动现金流量的过程如表 4-6 所示。

表 4-6  宝钢股份经营活动现金流量——间接法  单位:百万元

| | 2013 年 | 2012 年 |
|---|---|---|
| 1.将净利润调节为经营活动的现金流量: | | |
| 净利润* | 6 040 | 9 955 |
| 加:资产减值准备 | 2 389 | 2 147 |
| 固定资产及投资性房地产折旧 | 10 096 | 11 341 |
| 无形资产摊销 | 189 | 211 |
| 长期待摊费用摊销 | 31 | 18 |
| 处置固定资产、无形资产和其他长期资产的损失(收益以"一"号填列) | 112 | −8 911 |
| 公允价值变动损失(收益以"一"号填列) | −28 | 13 |
| 财务费用(收益以"一"号填列) | −591 | 444 |
| 投资损失(收益以"一"号填列) | −684 | −1 077 |
| 递延所得税资产减少(增加以"一"号填列) | 88 | −847 |
| 递延所得税负债增加(减少以"一"号填列) | 3 | 12 |
| 存货的减少(增加以"一"号填列) | −2 816 | 2 885 |
| 经营性应收项目的减少(增加以"一"号填列) | −2 605 | −868 |
| 经营性应付项目的增加(减少以"一"号填列) | −133 | 6 863 |
| 经营活动产生的现金流量净额 | 12 091 | 22 186 |
| 2.现金及现金等价物净变动情况: | | |
| 现金的年末余额 | 11 508 | 7 632 |
| 减:现金的年初余额 | 7 632 | 13 023 |
| 加:现金等价物的年末余额 | 91 | |
| 减:现金等价物的年初余额 | | 281 |
| 现金及现金等价物的净增加额 | 3 967 | −5 672 |

* 这里的净利润为合并利润表中的"净利润"项目。如果以合并利润表中"归属于母公司股东的净利润"作为调节的起点,则需在调节时加上"少数股东损益"项目。

### 三、对直接法和间接法的评价

实际上,所谓直接法和间接法都是针对经营活动现金流量而言的,投资活动和筹资活动的现金流量不存在用间接法编制的问题。在现金流量表中,经营活动、投资活动和筹资活动的现金流量均采用直接法计算。对于经营活动,按照会计准则的规定,企业应当采用间接法在会计报表附注中披露将净利润调节为经营活动现金流量的信息。

直接法的优点在于直接列明了企业经营活动各个项目的现金流入和流出,便于分析企业经营活动产生的现金流量的来源和用途,对预测企业未来的现金流量具有很大的帮助。缺陷是:编制的过程非常复杂,且难以直接说明净利润与经营活动现金净流量之间的关系。

间接法的优点在于直接说明了净利润与经营活动现金净流量之间的数量关系,方便会计报表使用者评价企业净利润的质量,而这也是现金流量表之所以出现的一个重要原因。当然其缺陷恰恰就是不能通过现金流入、流出来说明现金净流量。

到底采用直接法还是间接法,取决于编报成本(企业核算中是否能准确地弄清每一笔现金收入或支出的业务属性)以及编报效果(是否能帮助实现会计报表使用者的需求)的评价。美国的财务会计准则委员会(FASB)、国际会计准则理事会(IASB)都采用了间接法。我国会计准则规定采用直接法编报现金流量表,同时要求在会计报表附注中提供将净利润调节为经营活动产生的现金流量的信息,即同时采用直接法和间接法两种方法编报经营活动现金流量。

# 第四节　现金流量表分析

投资者分析会计报表的目的在于帮助其有效地决策,分析的内容一般包括盈利能力、资产运营能力、短期偿债能力、长期偿债能力、增长能力等。由于资产负债表、利润表均是按照权责发生制来编制的,容易受到操纵(一般称之为盈余管理,或者会计报表粉饰),而现金流量表实际上是按照现金制来编制的,不容易受到操纵。因此,现金流量表的分析就至关重要。

现金流量表的分析方法有结构分析、比率分析、趋势分析。

## 一、现金流量表的结构分析

即分析企业当期取得的现金来自哪些方面,用于哪些方面,其余额是如何构成的。

1. 现金流入构成与现金流出构成分析

现金流入构成反映企业的各项业务活动现金收入在全部现金流入中的比重、各项业务活动现金流入中具体项目的构成情况,明确企业的现金究竟来自何方,要增加现金流入主要依靠什么。

现金流出构成指企业的各项现金流出占企业当期全部的现金流出的百分比、各项业务活动现金流出中具体项目的构成情况。它具体反映企业的现金用在什么地方,明确企业从哪些方面控制现金流出。对各项业务活动现金流入(流出)在全部现金流入(流出)中的比重的分析,计算的结构为总流入(流出)结构,对各项业务活动现金流入(流出)中具体项目的构成情况的分析,计算的结构为内部流出(流出)结构。

以宝钢股份 2013、2012 年度现金流量表为例,对其现金流量结构计算如表 4-7、表 4-8 所示。

**表 4-7　现金流量表总结构分析**　　　　　　　　　　　　　　单位:%

| | 2013 年度 | 2012 年度 |
|---|---|---|
| 经营活动现金流入 | 69.20 | 69.04 |
| 投资活动现金流入 | 3.75 | 9.83 |
| 筹资活动现金流入 | 27.05 | 21.13 |
| 现金总流入 | 100.00 | 100.00 |
| 经营活动现金流出 | 66.22 | 61.14 |
| 投资活动现金流出 | 6.58 | 8.63 |
| 筹资活动现金流出 | 27.20 | 30.23 |
| 现金总流出 | 100.00 | 100.00 |

表 4-8  现金流量表内部结构分析  单位：%

| 项　　目 | 2013 年度 | 2012 年度 |
|---|---|---|
| 一、经营活动产生的现金流量： | | |
| 销售商品、提供劳务收到的现金 | 99.08 | 98.22 |
| 客户贷款及垫款净减少额 | | 0.28 |
| 存放中央银行和同业借款净减少额 | | 0.12 |
| 收取利息、手续费及佣金的现金 | 0.16 | 0.17 |
| 拆入资金净增加额 | | 0.13 |
| 卖出回购金融资产净增加额 | 0.10 | 0.20 |
| 收到的税费返还 | 0.11 | 0.11 |
| 收到的其他与经营活动有关的现金 | 0.54 | 0.78 |
| 经营活动现金流入小计 | 100.00 | 100.00 |
| 购买商品、接受劳务支付的现金 | 90.68 | 91.21 |
| 客户贷款及垫款净增加额 | 0.15 | |
| 客户存款和同业存放款净减少额 | 0.23 | 0.18 |
| 拆入资金净减少额 | 0.14 | |
| 存放中央银行和同业款项净增加额 | 0.07 | |
| 支付利息、手续费及佣金的现金 | 0.10 | 0.12 |
| 支付给职工以及为职工支付的现金 | 4.37 | 4.37 |
| 支付的各项税费 | 3.01 | 2.20 |
| 支付的其他与经营活动有关的现金 | 1.25 | 1.93 |
| 经营活动现金流出小计 | 100.00 | 100.00 |
| 二、投资活动产生的现金流量： | | |
| 收回投资所收到的现金 | 20.82 | 10.82 |
| 取得投资收益所收到的现金 | 6.01 | 1.89 |
| 处置固定资产、无形资产和其他长期资产而收到的现金净额 | 23.38 | 66.89 |
| 处置子公司及其他营业单位收到的现金净额 | | 6.19 |
| 收到其他与投资活动有关的现金 | 49.79 | 14.22 |
| 投资活动现金流入小计 | 100.00 | 100.00 |
| 购建固定资产、无形资产和其他长期资产所支付的现金 | 67.77 | 49.73 |
| 投资支付的现金 | 27.75 | 44.80 |
| 取得子公司及其他营业单位收到的现金净额 | −0.01 | 0.00 |
| 支付其他与投资活动有关的现金 | 4.49 | 5.46 |
| 投资活动现金流出小计 | 100.00 | 100.00 |
| 三、筹资活动产生的现金流量： | | |
| 吸收投资所收到现金 | 0.19 | 0.48 |
| 其中:子公司吸收少数股东投资收到的现金 | 0.19 | 0.48 |
| 取得借款收到的现金 | 94.20 | 95.16 |
| 发行债券收到的现金 | 5.61 | 2.17 |
| 收到其他与筹资活动有关的现金 | | 2.19 |
| 筹资活动现金流入小计 | 100.00 | 100.00 |
| 偿还债务所支付的现金 | 92.08 | 88.44 |
| 分配股利、利润和偿付利息所支付的现金 | 4.30 | 5.50 |

| 项　　目 | 2013 年度 | 2012 年度 |
|---|---|---|
| 其中:子公司支付给少数股东的股利、利润 | 0.18 | 0.15 |
| 支付罗泾项目收购款 | | 2.88 |
| 回购股票所支付的现金 | 3.62 | 1.92 |
| 支付其他与筹资活动有关的现金 | | 1.26 |
| 筹资活动现金流出小计 | 100.00 | 100.00 |

（1）流入结构

第一，总流入结构。

宝钢股份的现金流入中，经营活动 2013 年、2012 年分别占 69.20％、69.04％，是现金的主要来源；其次是筹资活动，2013 年、2012 年分别占 27.05％、21.13％。投资活动现金流入所占比例极少。可见，经营活动对宝钢股份至关重要。

第二，内部流入结构。

经营活动流入中，销售商品、提供劳务收到的现金 2013 年、2012 年均占到 98％以上；投资活动现金流入中，取得投资收益收到的现金所占比重不高，2013 年、2012 年分别为 6.01％、1.89％，其他项目所占比重不稳定；筹资活动现金流入中，借款所收到的现金在 2013 年、2012 年分别为 94.20％、95.16％，是筹资活动的主要项目。结合现金流量金额分析可知，投资活动的流入结构并不稳定，不是宝钢股份可以依靠的稳定现金来源。

（2）流出结构

第一，总流出结构。

宝钢股份的现金流出中，经营活动 2013 年、2012 年分别占 66.22％、61.14％；其次是筹资活动，2013 年、2012 年分别占 27.20％、30.23％。投资活动现金流出所占比例较少。

第二，内部流出结构。

经营活动现金流出中，购买商品、接受劳务支付的现金 2013 年、2012 年均占到 90％以上，支付给职工以及为职工支付的现金 2013 年、2012 年均为 4.37％，支付的各项税费 2013 年、2012 年分别为 3.01％、2.20％；投资活动现金流出主要是购建固定资产、无形资产和其他长期资产所支付的现金，2013 年、2012 年分别占 67.77％、49.73％；筹资活动现金流出主要是偿还债务所支付的现金，2013 年、2012 年分别占 92.08％、88.44％。

2. 现金净流量构成分析

从现金流量的构成中，我们往往可以得到很多有价值的信息。下面，我们就对不同的现金流量构成情况做一个概括性的分析。表 4-9 给出了基本的八种现金流量构成情况，表中的"＋"号表示该类现金流量为正，并且数额较大，"－"号表示该类现金流量为负，并且数额较大。因此，我们在这里不讨论现金流量接近 0 的情况。

表 4-9　各项现金流量净额构成

| 序号 | 经营活动现金流量 | 投资活动现金流量 | 筹资活动现金流量 | 原 因 分 析 |
|---|---|---|---|---|
| 1 | + | + | + | 如果投资活动的现金主要来自投资收益,则企业经营和投资效益状况良好。这时仍然进行融资,如果没有好的投资机会,可能造成资金的浪费。如果投资活动现金流量主要来自投资项目的处置、收回则又当别论 |
| 2 | + | + | − | 如果投资活动的现金主要来自投资收益,则企业经营和投资活动进入良性循环阶段。融资活动虽然进入偿还期,但财务状况尚比较安全,一般不会发生债务危机。如果投资活动现金流量主要来自投资项目的处置、收回则又当别论 |
| 3 | + | − | + | 企业经营状况良好。在内部经营稳定进行的前提下,通过筹集资金进行投资,往往是处于扩张时期,应注意分析投资项目的盈利能力及可行性 |
| 4 | + | − | − | 企业经营状况良好。一方面在偿还以前债务,另一方面又要继续投资。应关注经营状况的变化,防止经营状况恶化导致财务状况恶化 |
| 5 | − | + | + | 经营活动创造现金的能力较差,主要靠借债维持生产经营的需要。应着重分析投资活动现金净流入是来自投资收益还是收回投资,如果是后者则形势严峻 |
| 6 | − | + | − | 经营活动已经发出危险信号,如果投资活动现金流入主要来自收回投资,则已经处于破产的边缘,需要高度警惕 |
| 7 | − | − | + | 企业靠借债维持日常经营和生产规模的扩大,财务状况很不稳定。假如是处于投入期的企业,一旦渡过难关,还有可能发展;如果是成长期或稳定期的企业,则非常危险 |
| 8 | − | − | − | 企业财务状况非常危险。这种情况往往发生在高速扩张时期,由于市场变化导致经营状况恶化,加上扩张时投入了大量资金,使企业陷入进退两难的境地 |

下面,我们就对不同的现金流量状况进行一个讨论。

(1) 经营活动现金流量为"＋",投资活动现金流量为"＋",融资活动现金流量为"＋"。

这种公司主营业务在现金流量方面不仅能够自给自足,而且有现金净流入,说明企业的产品有比较好的市场反应,有一定的竞争力。同时,该公司还有一定的投资项目,如果投资活动的现金流量主要来自投资收益,特别是实业项目的投资收益,则说明公司有一定的多角化经营,而且已经取得了较好的效果。这样的企业有正的融资活动现金流量,说明它还在继续融入资金。一般来讲,一个企业融资的目的是进行投资,所以这时我们需要着重了解公司的投资计划,并考察其投资的前景。

但是也有这样的企业,就是并不是因为有了明确的投资计划而去融资,而仅仅是因为有融资条件就去融资,在我国这样一个企业长期患有"资金饥渴症"的经济环境下,这样的企业更是不在少数。对于这样的企业,我们就需要特别关注了,因为如果资金进来之后没有确实的用途,就会造成资金的闲置,从而影响公司的资源利用效率,将企业目前的盈利稀释。所以这样做表面看来是企业有良好融资能力的表现,但实际上由于任何资金都是有成本的,所以盲目的融资行为必然对企业未来的盈利能力造成不利影响。

(2)经营活动现金流量为"＋",投资活动现金流量为"＋",融资活动现金流量为"－"。

这样的企业与上面第一种情况的唯一差别是融资活动现金流量为负,这说明该公司的融资规模并不大,主要是在偿还以前的银行借款或为股东支付红利。在企业发展到成熟阶段,对资金的需求下降之后偿还银行借款,有助于帮助企业适当控制经营风险,而且可能有助于提高企业的资产周转率。如果是向股东支付红利,则说明企业当前找不到更好的投资项目,与其把资金投入到效益不好的项目上去,还不如把钱还给股东,让他们自己去寻找更好的投资机会。因此,这样做对于股东来说是有意义的。从这个角度说,这种现金流模式是大多数成熟阶段的企业的理想模式。

(3)经营活动现金流量为"＋",投资活动现金流量为"－",融资活动现金流量为"＋"。

这种公司同样有良好的主营业务活动,但是企业仍然在融入资金,用于企业的投资活动。这说明该公司在集中各方面的资金进行投资活动,因此,投资的方向和前景就成为投资者需要格外关注的问题。古今中外都不乏这样的例子,就是一个原本经营状况良好的企业,由于一个错误的投资决策而走入困境,甚至走向死亡。由此可见,投资决策对于企业的长期盈利乃至生存都是至关重要的。

投资的方向可以是原有的主营业务,也可以是新的投资领域。对于一个主业经营状况不错的企业来说,适当扩大规模,增强在原有产业上的竞争力,不失为一个好的投资方向;另一方面,任何业务总有衰落的时候,企业提前对市场的变化做出反应,寻找其他的盈利方式,也不能说不是一个明智的决策。因此,判断企业的投资前景仅仅从这一点上是很难得出结论的,回答这个问题需要对行业的深入了解和细致的调查研究工作。

(4)经营活动现金流量为"＋",投资活动现金流量为"－",融资活动现金流量为"－"。

这种公司和第3种情况非常相似,唯一的差别就是融资活动现金流量为负。表面上看起来对于这样的企业无非还是要关注其投资的方向和前景,最多同时关注一下公司的后续融资能力就可以了。实际上,这样的企业与上面的企业最大的不同在于这种公司整个的现金周转模式是不同的,它们维系现金正常周转的纽带是经营活动现金流量,也就是说,企业的命运在一定程度上决定于企业的经营活动现金流量。有的读者可能会说,这并没有什么问题呀,因为企业的主营业务状况可能很好,足以应付投资的需要和偿还银行借款的需要,而且该公司已经在为企业未来的发展寻找新的盈利模式,这说明企业面对市场的变化具有比较好的应变能力,前景应该是光明的。但是,任何企业的经营活动都可能面临意外情况的打击,当遇到这种情况时,对企业来说最为关键的就是在财务上是否有足够的灵活性,是否能够在短期内得到必要的资金支持,帮助企业渡过难关,继续顺利发展。我们现在讨论的这种企业,虽然在正常情况下很可能健康发展,甚至可能有非常光明的前景,但一旦遇到经营环境的意外变化,就可能缺乏足够的应付能力。因此,对于这样的企业,我们除了关注它的投资方向和投资前景以外,还需要特别关注的就是企业的经营活动应付意外事件的能力。

(5) 经营活动现金流量为"－",投资活动现金流量为"＋",融资活动现金流量为"＋"。

现在,我们要开始讨论经营活动现金流量为负的情况了。一般来说,在一个企业发展的初期,由于产品还没有被市场广泛接受,而且生产经营活动还没有步入正轨,往往会出现经营活动现金流量为负的局面;另一种可能是企业的主营业务已经走向衰退,整个行业的利润率越来越低,由于替代产品的出现,原有的产品在市场上的竞争力越来越弱。但是,这两种情况下的现金流量并不是完全一样的。一般来说,一个处于创业阶段的企业为了成长,就需要不断地进行投资,所以往往会有负的投资活动现金流量,企业的运行主要靠正的融资活动现金流量维持;而一个主业走向衰退的企业则不一定,如果企业正在寻求新的盈利模式,也可能进行大量的投资,从而造成负的投资活动现金流量和正的融资活动现金流量,但它们也有可能并没有意识到自己面临的问题,而就此退出历史的舞台。

对于第5种情况来说,企业有正的投资活动现金流量,一般可以排除该企业是创业企业的可能,而且从正的投资活动现金流量中也可以看出,该企业并非正在寻找新的业务领域。正的投资活动现金流量或者来自已经成熟的新业务,也可能来自对旧业务的经营资产的处置。在第一种情况下,企业实际上已经成功实现了转型,这样的企业一般都有比较光明的前景。对于第二种情况来说,这样的企业还远远没有为自己的未来找到一条出路,其前景具有相当大的不确定性。

(6) 经营活动现金流量为"－",投资活动现金流量为"＋",融资活动现金流量为"－"。

这种情况的企业与上面的第5种非常相似,只是如果这时该企业的投资活动现金流量是来自变卖固定资产,而企业还需要偿还银行借款,该企业的前景就更加不确定了。

(7) 经营活动现金流量为"－",投资活动现金流量为"－",融资活动现金流量为"＋"。

这种情况就是我们刚才说的初创企业的情况。在目前一板的上市公司当中,不可能有初创企业,因此,只能是一种情况,就是那些在进行大量投资的主业已经走向衰退的企业。实际上,主业走向衰退并不能说明什么问题,企业只要能够不断创新,从旧的业务中走出来,开发出新的产品或业务领域,同样可能焕发出新的生命力,这也是许多"百年老店"得以成功的重要因素。因此,投资对于这样的企业来说至关重要,没有投资,这些企业就不可能从已经衰退的业务中走出来,更不可能开创一个新的业务领域。但这并不等于说只要有投资,这样的企业就能成功。这里,起决定作用的仍然是投资的方向。如果企业继续投资于已经不景气的主业,寄希望于靠扩大规模重新找回昔日的辉煌,则往往是投入了大量的资金,却见不到任何成效。如果企业投资于一些新的业务领域,是不是就一定能成功呢?任何新的事务总是有风险的,特别是企业对于新的业务领域还缺乏经验,成功的机会就更小,因此,对于这样的投资同样需要谨慎分析它的前景和风险。

从这一点我们也可以看出,资产负债表和利润表所表明的只是企业一个方面的情况,现金流量表是从另一个角度向我们展示企业的状况,当这两个角度显示出不同的结果时,我们就需要格外小心地收集更为详细的资料,以帮助我们作出更为符合实际的判断和决策了。

(8) 经营活动现金流量为"－",投资活动现金流量为"－",融资活动现金流量为"－"。

这种情况一定是投资者和企业都不愿意看到的局面,因为任何一个企业如果长期保持这样的现金流量状况,企业都将陷入严重的财务危机,甚至走向死亡。所以对于这样的企业来说,当务之急是如何迅速筹集到足够的资金,帮助企业暂时渡过难关,但是,最终解决问题不是靠融资继续维持经营,而是要从根本上扭转企业的主营业务情况,要让主营业务能够为企业带来丰富的现金流量。

宝钢股份 2013 年度的经营活动净现金流量为正,投资活动净现金流量为负,筹资活动净现金流量为正,总现金流量为正;而 2012 年度的经营活动净现金流量为正,投资活动净现金流量为负,筹资活动净现金流量为负,总现金流量为负。结合投资活动具体项目的分析,可以知道,宝钢股份的经营活动较为正常,2013 年度经营活动现金净流量较 2012 年度减少约 10 亿元;2012 年到 2013 年,宝钢股份投资活动现金净流量由正转负,主要原因是 2013 年投资活动现金流入大幅度减少,收回投资所收到的现金较 2012 年度减少 10 亿元,处置固定资产、无形资产和其他长期资产而收到的现金净额较 2012 年度减少 186 亿元。2013 年度,经营活动、筹资活动为投资活动提供了相当的资金,期初现金余额也为投资活动贡献了部分现金。如果投资活动所投项目能为公司带来可观收益,则可以增强公司未来的盈利能力。

## 二、现金流量表的比率分析

利用现金流量表的一些数据,结合资产负债表、利润表,可以计算出若干比率。限于篇幅,在此仅给出一些常用的比率。

### (一) 流动性比率

1. 现金对流动负债比率

$$现金对流动负债比率 = \frac{现金及现金等价物}{流动负债}$$

该指标是对速动比率的进一步分析,可以有效地反映企业的短期偿债能力。

宝钢股份 2013 年年末该指标计算如下:

$$\frac{11\,599}{94\,634} = 0.12$$

宝钢股份 2012 年年末该指标计算如下:

$$\frac{7\,632}{84\,388} = 0.09$$

在计算该指标时,分子来自现金流量表,分母则来自资产负债表。从该指标看,宝钢股份的短期偿债能力有所提高。

2. 现金流量比率

$$现金流量比率 = \frac{经营活动现金净流量}{流动负债}$$

该指标反映企业本期的经营活动产生的现金流量足以抵付流动负债的倍数。该指标越高,说明企业的债务偿还越有保证。

宝钢股份 2013 年度该指标计算如下:

$$\frac{12\,091}{94\,634} = 0.13$$

宝钢股份 2012 年度该指标计算如下:

$$\frac{22\,186}{84\,388} = 0.26$$

该指标说明,由于 2013 年度流动负债上升而经营活动现金净流量下降,宝钢股份的债务偿还能力较 2012 年度下降了。

3. 到期债务本息偿付比率

$$到期债务本息偿付比率 = \frac{经营活动现金净流量}{偿还债务所支付的本金 + 现金利息支出}$$

其中,偿还债务的本金包括短期借款、一年内到期的非流动负债。

宝钢股份 2013 年度该指标计算如下:

$$\frac{12\,091}{34\,471 + 12\,228 + 1\,751} = 0.25$$

宝钢股份 2012 年度该指标计算如下:

$$\frac{22\,186}{31\,647 + 4\,503 + 2\,202} = 0.58$$

在计算上述指标时,分母中的数字依次为短期借款、一年内到期的非流动负债、利息支出。其中,利息支出来自利润表项目"财务费用"的附注信息。该指标说明,宝钢股份的到期债务偿付能力在 2013 年度有所下降。

### (二) 获利能力比率

每股经营活动现金流量是最常用的一个指标,计算如下:

$$每股经营活动现金流量 = \frac{经营活动现金净流量 - 优先股股利}{流通在外的普通股总数}$$

该指标反映企业发行在外的普通股平均每股所获得的现金流量。

宝钢股份 2013 年度该指标计算如下:

$$\frac{12\,091 - 0}{16\,472} = 0.73$$

宝钢股份 2012 年度该指标计算如下:

$$\frac{22\,186 - 0}{17\,122} = 1.30$$

该指标说明,宝钢股份每股经营活动创造的现金流量在 2013 年度下降了。

### (三) 财务适应能力比率

#### 1. 现金流量充足率

$$现金充足率 = \frac{经营活动现金净流量}{长期负债偿付额 + 固定资产购置额 + 股利支付额}$$

该指标若在一段期间内连续大于1,则表明企业有较大的能力满足这些基本的现金需求。

宝钢股份2013年该指标计算如下:

$$\frac{12\,091}{11\,968 + 13\,958 + 5\,362} = 0.10$$

宝钢股份2012年该指标计算如下:

$$\frac{22\,186}{16\,528 + 14\,164 + 5\,419} = 0.18$$

在计算上述指标时,长期负债偿付额采用的是年末非流动负债合计数,固定资产购置额采用的是现金流量表中"购建固定资产、无形资产和其他长期资产支付的现金"的金额,股利支付额摘自宝钢股份2013年、2012年年报中的相关信息。2013年度,宝钢股份发放2012年度现金股利2 278百万元;截至2013年12月31日,公司当年已实施现金回购金额3 083百万元,注销股数6.50亿股。2012年度,宝钢股份发放2011年度现金股利3 502百万元;截至2012年12月31日,公司已实施现金回购金额1 917百万元,回购股数4.14,注销股数3.90亿股。根据《上海证券交易所上市公司现金分红指引》,上市公司当年实施股票回购所支付的现金视同现金红利。因此,股利支付额中包括了相应年度实施股票回购支付的现金。

上述指标说明,宝钢股份的现金充足率在2013年度下降了。

#### 2. 偿债保障比率

$$偿债保障比率 = \frac{经营活动现金净流量}{债务总额}$$

该指标越高,表明企业承担其债务的能力越强。其倒数为债务偿还期,表明按照现在的经营活动产生现金流量的能力,企业需要多长时间才可以偿还完全部债务。

宝钢股份2013年年末该指标计算如下:

$$\frac{12\,091}{106\,602} = 0.11$$

宝钢股份2012年年末该指标计算如下:

$$\frac{22\,186}{100\,916} = 0.22$$

在计算该指标过程中,分母采用资产负债表负债总额。上述指标说明,宝钢股份的偿债保障能力在2013年度下降了。这主要是由于经营活动现金净流量在2013年有较大幅度的下降而造成的。

### (四) 营运效率比率

常用的指标是资产的现金流量回报率,计算公式为

$$资产的现金流量回报率 = \frac{经营活动现金净流量}{资产总额}$$

该指标反映企业每一元钱的资产在运营过程中所能获得的现金流量,能够说明企业的资产的利用效率。一般来说,该比率越高越好。

宝钢股份 2013 年年末该指标计算如下:

$$\frac{12\ 091}{226\ 668} = 0.05$$

宝钢股份 2012 年年末该指标计算如下:

$$\frac{22\ 186}{220\ 875} = 0.10$$

该指标说明,宝钢股份现金流量回报率在 2013 年度下降了。

### (五) 其他指标

1. 经营活动现金流入/营业收入

$$经营活动现金流入 / 营业收入之比 = \frac{经营活动现金流入}{营业收入}$$

该指标基本可反映出企业的营业收入回笼率。

宝钢股份 2013 年该指标计算如下:

$$\frac{219\ 428}{190\ 026} = 1.15$$

宝钢股份 2012 年该指标计算如下:

$$\frac{223\ 968}{191\ 512} = 1.17$$

该指标说明,宝钢股份 2013 年度的销售收入回笼率有所下降。

2. 经营活动现金流出/营业成本

$$经营活动现金流出 / 营业成本之比 = \frac{经营活动现金流出}{营业成本}$$

该指标可从一个角度反映出企业的成本核算与管理水平,越低越有效。

宝钢股份 2013 年该指标计算如下:

$$\frac{207\ 337}{171\ 718} = 1.21$$

宝钢股份 2012 年该指标计算如下:

$$\frac{201\ 782}{176\ 885} = 1.14$$

该指标说明,宝钢股份 2013 年度营业成本中现金的支出有所提高。

## 三、现金流量表的趋势分析

趋势分析通过观察连续数期的报表,比较各期的有关项目金额,分析某些指标的增

减变动情况,在此基础上判断其发展趋势,从而对未来可能出现的结果作出预测的一种分析方法。

现金流量表的趋势分析法可以直接观察现金流量表具体项目的变化趋势,也可以比较上述各类比率的变化趋势。前面的分析中已经提到了,这里就不再重复了。

## 四、经营净现金与净利润的差异分析

现金流量表的功能之一是发现经营净现金与净利润的差异,进而分析企业净利润的质量。尽管不能得出现金流量与净利润越接近越好的结论,但是,现金流量长期低于净利润,无疑将带来经营上的困难,企业利益相关者的权益也不容易得到保障。

通过对经营净现金与净利润的差异分析,可以发现是哪些因素造成了经营净现金与净利润的差异,对今后的差异有多大的影响,等等。分析经营净现金与净利润的差异主要通过现金流量表的间接法得以体现,主要表现在不影响现金的损益项目和营运资金的占用额。

以宝钢股份为例,利用表 4-6 的资料进行分析,过程如表 4-10 所示。

**表 4-10　经营活动现金净流量与净利润差异分析——以宝钢股份为例**　　　　单位:百万元

| 项　　目 | 2013 年度 | 2012 年度 |
|---|---|---|
| 经营活动产生的现金流量净额 | 12 091 | 22 186 |
| 净利润 | 6 040 | 9 955 |
| 差异 | 6 051 | 12 231 |
| 差异构成 | | |
| 一、在利润表中反映,但不涉及现金的费用、损失等 | | |
| 　资产减值准备 | 2 389 | 2 147 |
| 　固定资产及投资性房地产折旧 | 10 096 | 11 341 |
| 　无形资产摊销 | 189 | 211 |
| 　长期待摊费用摊销 | 31 | 18 |
| 　公允价值变动损失("－"号表示收益) | －28 | 13 |
| 　　小计 | 12 677 | 13 730 |
| 二、在利润表中反映的非经营活动项目 | | |
| 　财务费用("－"号表示收益) | －591 | 444 |
| 　投资损失("－"号表示收益) | －684 | －1 077 |
| 　处置固定资产、无形资产和其他长期资产的损失("－"号表示收益) | 112 | －8 911 |
| 　递延所得税资产减少("－"号表示增加) | 88 | －847 |
| 　递延所得税负债增加("－"号表示减少) | 3 | 12 |
| 　　小计 | －1 072 | －10 379 |
| 三、不在利润表中反映的、影响经营活动的现金流量 | | |
| 　存货的减少("－"号表示增加) | －2 816 | 2 885 |
| 　经营性应收项目的减少("－"号表示增加) | －2 605 | －868 |
| 　经营性应付项目的增加("－"号表示减少) | －133 | 6 863 |
| 　　小计 | －5 554 | 8 880 |
| 差异合计 | 6 051 | 12 231 |

第四章　现金流量表

以 2013 年为例,经营活动现金净流量大于净利润,其差异 6 051 百万元由三大因素组成:非现金性的费用和损失等增加现金 12 677 百万元,利润表中反映的非经营性项目为 −1 072 百万元,与利润表无关的经营性项目变动影响现金 −5 554 百万元。

## 五、现金流量分析中需要注意的问题

从前面的讨论中,读者可能已经发现,现金流量分析是一个复杂的问题,即使我们在上面已经对常见的几种不同的现金流量模式作了比较详细的讨论,但这并不说明读者可以将实际中遇到的企业套入上面的模式中,使现金流量分析成为一个教条化的过程。企业千变万化,要想从中找到一成不变的规律即使不是不可能的,也是很难的。因此,重要的不是记下别人的分析结果,而是从中发现分析问题的思路和关键,这一点在现金流量分析中尤为重要。

举个例子来说,如果我们看到一个企业具有上面说的第 7 种现金流量,我们是否一定会认为该企业前景暗淡呢?这个问题是没有明确答案的,关键要看造成这样的现金流量的原因是什么。一般情况下,经营活动现金流量与净利润之间的差异及其原因是现金流量分析中一个很好的入手点,这一点虽然我们在前面已经提及,但这里我们想再强调一下。还以第 7 种情况的现金流量为例,如果这样的企业具有比较好的利润,那么造成问题的原因会是什么呢?最常见的可能是企业当年的应收账款和存货大量增加。在大多数情况下,应收账款和存货的大量增加往往意味着企业的销售面临问题,但是对于某些行业在某些情况下,这反而可能是一个好的信号。比如在房地产行业,应收账款的大量增加可能表明房屋的预售情况良好,很多客户已经缴纳定金;存货的增加虽然表明公司有大量房产,但是因为房地产行业的建设周期比较长,市场变化比较大,如果这时正好赶上房地产市场由冷变热或者上扬期,则可能是好消息。因此,现金流量分析需要特别细致的剖析,而不能简单地使用一些比例就得出判断,更不能套用现成的模式。

从上面的例子我们也可以看出,现金流量分析最大的作用是帮助我们找到那些需要特别关注的资产和负债项目,并通过判断这些资产和负债项目的产生原因和质量,深入分析企业的发展前景。

## 专 用 名 词

| 现金流量 | 净现金流量 | 经营活动现金流量 | 投资活动现金流量 |
| 筹资活动现金流量 | 直接法 | 间接法 | |

# 习　题

## 一、思考题

**Q4-1**　利润表有什么缺陷？为什么可以通过编制现金流量表来弥补利润表的一些缺陷？

**Q4-2**　理解现金流量表的编制基础。

**Q4-3**　理解现金流量、现金流入、现金流出、净现金流量等概念。

**Q4-4**　理解编制现金流量表时对现金流量的分类。

**Q4-5**　现金流量表中的投资活动与资产负债表中的交易性金融资产、可供出售金融资产、长期股权投资、持有至到期投资的含义是否一致？试解释之。

**Q4-6**　我国现金流量表中经营活动现金流量是用什么方法计算的？投资活动、经营活动现金流量又是用什么方法计算的？

**Q4-7**　在用间接法计算经营活动现金流量时，是以什么为出发点来调节的？需要调节哪几类项目？

**Q4-8**　为什么在用间接法计算经营活动现金流量时，需要调节资产减值准备、固定资产折旧、无形资产摊销等项目？这些项目会影响经营活动现金流量吗？

**Q4-9**　为什么在用间接法计算经营活动现金流量时，需要调节经营性应收项目和应付项目的变化？

**Q4-10**　试评价直接法和间接法的优缺点。

## 二、练习题

### E4-1　现金流量表的编制基础

A 公司连续两年的资产负债表有关数据如下：

| 项　　目 | 20×9 年 12 月 31 日 | 20×8 年 12 月 31 日 |
| --- | --- | --- |
| 现金 | 19 350.00 | 7 825.00 |
| 银行存款 | 19 958 895.35 | 22 322 856.43 |
| 其他货币资金 | 1 250 000.00 | 4 000 000.00 |
| 交易性金融资产 | 7 256 384.00 | 8 236 490.00 |
| 其中：3 个月内将到期的债券 | 1 000 000.00 | — |
| 拟在 1 个月内出售的股票 | 3 560 000.00 | 1 400 000.00 |
| 其他 | 2 696 384.00 | 6 836 490.00 |

（1）试计算该公司 20×9 年度现金流量表中的净现金流量；

（2）假定该公司无短期投资，试计算该公司 20×9 年度现金流量表中的净现金流量。

### E4-2　现金流量的分类、计算

某公司 20×2 年度发生以下经济业务：

（1）采购原材料支付价款 3 800 000 元；

（2）购建固定资产，支付款项 1 500 000 元；

（3）投资可供出售金融资产项目 10 000 000 元；投资持有至到期投资项目 3 000 000 元；

（4）支付到期的银行借款 5 000 000 元，利息 250 000 元；

（5）支付股利 1 200 000 元；

（6）支付生产部门的工资及福利费 1 200 000 元，管理部门工资及福利费 800 000 元；

（7）销售商品，收到款项 10 000 000 元；

（8）处理报废固定资产，获得 123 000 元净收入；

（9）出售可供出售金融资产，收回投资 10 000 000 元，同时获得收益 1 200 000 元；

（10）从银行借款 6 000 000 元；

（11）实施配股，获得配股资金 105 000 000 元；

（12）计提应收账款坏账准备 150 000 元，计提存货跌价准备 115 000 元；

（13）固定资产折旧费用为 1 065 420 元；

（14）支付营业税等 752 000 元，所得税为 320 000 元。

要求：

（1）将上述所有经济业务按照经营活动、投资活动、筹资活动进行分类，计算每类活动的现金流入、现金流出、净现金流量，并计算该企业 20×2 年度的净现金流量。

（2）哪些活动不影响现金流量？

### E4-3  销售商品、提供劳务产生的现金流量

某公司 20×9 年度销售一批商品，金额为 1 400 000 元，以银行存款收讫；应收票据期初余额为 135 000 元，期末余额为 30 000 元；应收账款期初余额为 1 000 000 元，期末余额为 400 000 元；另外，本期因商品质量问题发生退货，支付银行存款 15 000 元，货款已通过银行转账支付。

要求：计算该公司 2009 年度销售商品、提供劳务收到的现金。

### E4-4  关于购买商品、接受劳务支付的现金

某公司 20×9 年度购买原材料，支付的款项为 75 000 元，已通过银行支付；本期支付应付票据 50 000 元；应付账款年初余额为 350 000 元，年末余额为 300 000 元；购买工程用物资 150 000 元，货款已通过银行转账支付。

要求：计算该公司 2009 年度购买商品、接受劳务支付的现金。

### E4-5  间接法下需要扣除项目的认定

某公司 20×9 年度的有关资料如下：

（1）净利润为 67 821 953.49 元；

（2）计提的坏账准备为 344 787.21 元；

（3）计提的存货跌价损失准备为 350 000 元；

（4）计提的长期股权投资减值准备为 560 000 元；

（5）固定资产净值年初为 132 000 000 元，年末为 119 575 220.71 元，本期固定资产原值没有变化；

（6）无形资产年初为 29 604 622.50 元，年末为 29 012 530.05 元，本期无形资产项目没有变化；

（7）长期待摊费用摊销 163 894.46 元；

（8）公允价值变动损失为 13 563 353.73 元；

（9）固定资产报废损失为 750 241.98 元；

（10）处置其他长期资产产生净损失 443 717.57 元；

（11）财务费用为 3 273 475.64 元；

（12）投资收益为 53 280.05 元；

（13）存货期末余额较期初增加 670 818.95 元；

（14）应收账款期末余额较期初减少 81 128 633.15 元，无应收票据、预收款项项目；

（15）应付账款期末比期初增加 17 526 769.76 元，应付票据期末余额比期初增加 10 000 000 元，无预付账款项目。

要求：试根据上述资料，调整计算经营活动提供的现金流量。

## 三、讨论题

**P4-1　经营净现金与净利润的差异**

某公司的主营业务为医药制品的生产和销售。在过去的几年中，医药市场的竞争非常激烈。

（1）为了扩大市场占有率，公司放宽了信用条件，应收账款的平均收款期由原来的 3 个月，逐步放宽到 6 个月。公司的销售收入因此增长很快，20×2 年比 20×1 年增长近 30％。但同时，公司的应收账款的坏账增加也很快，20×2 年年底，坏账占应收账款余额的 15％。但公司并未按照实际坏账比率来计提坏账准备，而是按照应收账款余额的 5％来计提。

（2）为了增加利润来源，公司于 7 年前开始介入房地产的开发和销售。但由于房地产市场泡沫的破裂以及公司管理水平问题，公司开发的房地产的成本较市场的平均售价要高出 25％。房地产开发的投入迟迟不能收回，为了偿还开发房地产时投入的资金，公司被迫不断借入新的贷款以偿还到期的贷款。筹资活动的现金流入、现金流出都很大，但净现金流量很少，不能为经营活动以及医药生产所需的投资提供有效的资金支持。

（3）公司采购的存货多来自关联单位，应付账款的付款期在 1 周以内。

（4）公司有大量的资金借给了关联单位，这些借出的资金的利率较金融机构同档借款利率高出 100％，但是关联单位却从来没有支付过利息。

公司 20×2 年的净利润不错，但经营活动现金净流量为负，现金净流量也为负，资金周转压力很大。

要求：试解释公司净利润与经营活动现金净流量之间差异的原因。

**P4-2　四川长虹现金流量**

下列资料是四川长虹股份有限公司 2001 年的资产负债表、利润表、现金流量表（资料来源：四川长虹电器股份有限公司 2001 年度报告）。试结合该公司的具体情况对现金流量表进行分析。

四川长虹电器股份有限公司的前身是国营长虹机器厂，该厂于 1988 年经绵阳市政府批准进行股份制试点，将生产民品部分的资产划分出来，成立了四川长虹电器股份有限公司。1994 年 3 月 11 日，公司股票在上海证券交易所上市。经营范围是：视屏产品、视听产品、空调产品、电池系列产品、网络产品、激光读写系列产品、数字通信产品、卫星电视广播地面接收设备、摄录一体机、通信传输设备、电子医疗产品的制造、销售，公路运输，电子产品及零配件的维修、销售，电子商务、高科技风险投资及国家允许的其他投资业务，电力设备、安防技术产品的制造、销售。

资产负债表如下：

单位：元

|  | 2001 年 12 月 31 日 | 2000 年 12 月 31 日 |
|---|---|---|
| 资产 |  |  |
| 流动资产： |  |  |
| 　货币资金 | 1 645 515 737.49 | 1 523 796 655.31 |
| 　短期投资 | 1 073 954 988.18 | 1 135 190 137.02 |
| 　应收票据 | 1 104 315 618.39 | 956 078 682.79 |
| 　应收账款 | 2 880 707 599.02 | 1 818 298 313.18 |
| 　预付账款 | 125 407 605.91 | 45 739 343.09 |
| 　应收补贴款 |  |  |

续表

| | 2001 年 12 月 31 日 | 2000 年 12 月 31 日 |
|---|---|---|
| 其他应收款 | 1 470 937 717. 25 | 768 114 819. 25 |
| 存货 | 5 941 300 281. 51 | 6 457 026 140. 57 |
| 待摊费用 | 4 509 420. 12 | 1 991 978. 32 |
| 待处理流动资产净损失 | | 9 179 108. 28 |
| 一年内到期的长期债券投资 | | |
| 其他流动资产 | | |
| 流动资产合计 | 14 246 648 967. 87 | 12 715 415 177. 81 |
| 长期投资： | | |
| 长期股权投资 | 152 021 783. 94 | 145 134 503. 47 |
| 长期债权投资 | | |
| 长期投资合计 | 152 021 783. 94 | 152 953 470. 00 |
| 固定资产： | | |
| 固定资产原价 | 4 129 117 309. 66 | 3 832 173 713. 74 |
| 减：累计折旧 | 1 333 026 194. 67 | 1 081 608 542. 61 |
| 固定资产净值 | 2 796 091 114. 99 | 2 750 565 171. 13 |
| 减：固定资产减值准备 | 416 374 998. 59 | |
| 固定资产净额 | 2 379 716 116. 40 | |
| 工程物资 | | 471 697. 48 |
| 固定资产清理 | 856 247. 42 | 348 657. 52 |
| 在建工程 | 383 646 550. 43 | 416 338 201. 01 |
| 待处理固定资产净损失 | | |
| 固定资产合计 | 2 764 218 914. 25 | 3 167 723 727. 14 |
| 无形资产及其他资产： | | |
| 无形资产 | 450 824 108. 92 | 445 492 904. 02 |
| 长期待摊费用 | 23 797 889. 71 | 131 243 487. 20 |
| 其他长期资产 | | |
| 无形资产及其他资产合计 | 474 621 998. 63 | 576 736 391. 22 |
| 递延税项： | | |
| 递延税项借项 | | |
| 资产总计 | 17 637 511 664. 69 | 16 605 009 799. 64 |
| 负债及股东权益 | | |
| 流动负债： | | |
| 短期借款 | 85 000 000. 00 | 285 000 000. 00 |
| 应付票据 | 2 436 101 461. 36 | 750 175 393. 06 |
| 应付账款 | 2 063 755 023. 86 | 1 806 881 810. 70 |
| 预收账款 | 569 726 811. 41 | 576 542 646. 53 |
| 代销商品款 | | |
| 应付工资 | 986 066. 70 | — |
| 应付福利费 | 34 082 474. 32 | 39 484 679. 66 |
| 应交税金 | −512 849 362. 17 | −246 887 976. 08 |
| 应付股利 | 2 365 019. 62 | 2 819 368. 42 |

| | 2001 年 12 月 31 日 | 2000 年 12 月 31 日 |
|---|---|---|
| 其他应交款 | 62 387 917.11 | 52 073 884.84 |
| 其他应付款 | 127 977 646.80 | 156 242 187.47 |
| 预提费用 | 7 210 252.72 | 72 534 172.40 |
| 一年内到期的长期负债 | | 10 000 000.00 |
| 其他流动负债 | | |
| 流动负债合计 | 4 876 743 311.73 | 3 504 866 167.00 |
| 长期负债: | | |
| 长期借款 | | 6 000 000.00 |
| 应付债券 | | |
| 长期应付款 | | |
| 住房周转金 | | −93 430 655.46 |
| 其他长期负债 | | |
| 长期负债合计 | — | −87 430 655.46 |
| 递延税项: | | |
| 递延税项贷项 | 8 571 474.77 | 9 795 971.09 |
| 负债合计 | 4 885 314 786.50 | 3 427 231 482.63 |
| 少数股东权益 | 10 882 947.68 | 3 148 863.82 |
| 股东权益: | | |
| 股本 | 2 164 211 422.00 | 2 164 211 422.00 |
| 资本公积 | 4 065 160 805.35 | 4 064 490 898.27 |
| 盈余公积 | 4 829 684 182.22 | 4 898 847 551.20 |
| 其中:公益金 | 946 987 603.07 | 981 569 287.56 |
| 未分配利润 | 1 682 257 520.94 | 2 047 077 581.72 |
| 股东权益合计 | 12 741 313 930.51 | 13 174 627 453.19 |
| 负债及股东权益总计 | 17 637 511 664.69 | 16 605 007 799.64 |

利润表如下:

单位:元

| 项 目 | 2001 年 | 2000 年 |
|---|---|---|
| 一、主营业务收入 | 9 514 618 511.62 | 10 707 213 930.95 |
| 减:主营业务成本 | 8 321 104 995.35 | 9 107 927 632.16 |
| 主营业务税金及附加 | 57 918 168.00 | 51 299 134.32 |
| 二、主营业务利润 | 1 135 595 348.27 | 1 547 987 164.47 |
| 加:其他业务利润 | 86 882 510.11 | 88 917 690.06 |
| 减:营业费用 | 1 033 540 638.77 | 1 127 235 896.35 |
| 管理费用 | 245 531 967.42 | 254 602 412.62 |
| 财务费用 | −78 294 478.93 | −52 411 855.39 |
| 三、营业利润 | 21 699 731.12 | 307 478 400.95 |
| 加:投资收益 | 120 262 292.00 | 16 436 724.50 |
| 补贴收入 | 3 512 399.46 | 517 320.66 |

第四章 现金流量表

141

续表

| 项　　目 | 2001 年 | 2000 年 |
| --- | --- | --- |
| 营业外收入 | 8 773 691.89 | 7 813 349.05 |
| 　减：营业外支出 | 42 640 496.25 | 163 922 343.73 |
| 四、利润总额 | 111 607 618.22 | 168 323 451.43 |
| 　减：所得税 | 21 676 140.80 | 68 071 041.96 |
| 少数股东损益 | 1 395 602.65 | −15 697 791.35 |
| 五、净利润 | 88 535 874.77 | 115 950 200.82 |

四川长虹 2001 年度的现金流量表如下：

| 项　　目 | 金额/元 |
| --- | --- |
| 一、经营活动产生的现金流量： | |
| 　销售商品、提供劳务收到的现金 | 9 911 847 061.93 |
| 　收到的税费返还 | — |
| 　收到的其他与经营活动有关的现金 | 252 252 460.41 |
| 　　　现金流入小计 | 10 164 099 522.34 |
| 　购买商品、接受劳务支付的现金 | 6 936 702 669.19 |
| 　支付给职工以及为职工支付的现金 | 379 174 402.95 |
| 　支付的各项税费 | 626 565 070.74 |
| 　支付的其他与经营活动有关的现金 | 848 222 869.94 |
| 　　　现金流出小计 | 8 790 665 012.82 |
| 　经营活动产生的现金流量净额 | 1 373 434 509.52 |
| 二、投资活动产生的现金流量： | — |
| 　收回投资所收到的现金 | 1 678 969 145.98 |
| 　取得投资收益所收到的现金 | 164 346 962.04 |
| 　处置固定资产、无形资产和其他长期资产收回的现金净额 | 3 448 872.97 |
| 　收到的其他与投资活动有关的现金 | — |
| 　　　现金流入小计 | 1 846 764 980.99 |
| 　购建固定资产、无形资产和其他长期资产所支付的现金 | 225 861 813.88 |
| 　投资所支付的现金 | 2 644 042 730.19 |
| 　支付的其他与投资活动有关的现金 | — |
| 　　　现金流出小计 | 2 869 904 544.07 |
| 　投资活动产生的现金流量净额 | −1 023 139 563.08 |
| 三、筹资活动产生的现金流量 | — |
| 　吸收投资所收到的现金 | 8 000 000.00 |
| 　其中：子公司吸收少数股东权益性投资所收到的现金 | 8 000 000.00 |
| 　借款所收到的现金 | 385 000 000.00 |
| 　收到的其他与筹资活动有关的现金 | — |
| 　　　现金流入小计 | 393 000 000.00 |
| 　偿还债务所支付的现金 | 601 000 000.00 |
| 　分配股利、利润或偿付利息所支付的现金 | 13 603 027.13 |

| 项　　目 | 金额/元 |
|---|---|
| 其中：子公司支付少数股东的股利 | — |
| 支付的其他与筹资活动有关的现金 | — |
| 　　　　现金流出小计 | 614 603 027.13 |
| 筹资活动产生的现金流量净额 | −221 603 027.13 |
| 四、汇率变动对现金的影响 | −6 972 837.13 |
| 五、现金及现金等价物净增加额 | 121 719 082.18 |
| 补充资料 | 合并数 |
| 1. 将净利润调节为经营活动的现金流量： | |
| 　净利润 | 88 535 874.77 |
| 　　加：少数股东损益 | 1 395 602.65 |
| 　　加：计提的资产减值准备 | 48 902 970.96 |
| 　　　固定资产折旧 | 265 416 911.72 |
| 　　　无形资产摊销 | 9 569 573.96 |
| 　　　长期待摊费用的摊销 | 102 471 818.56 |
| 　　　待摊费用的减少（减：增加） | −2 517 441.80 |
| 　　　预提费用的增加（减：减少） | −65 178 596.93 |
| 　　　处置固定资产、无形资产和其他长期资产的损失（减：收益） | 149 303.54 |
| 　　　固定资产报废损失 | 605 017.48 |
| 　　　财务费用 | −78 082 343.72 |
| 　　　投资损失（减：收益） | −142 388 088.37 |
| 　　　递延税款贷项（减：借项） | 8 571 474.77 |
| 　　　存货的减少（减：增加） | 312 116 747.07 |
| 　　　经营性应收项目的减少（减：增加） | −639 766 907.41 |
| 　　　经营性应付项目的增加（减：减少） | 1 282 556 393.66 |
| 　　　其他 | 181 076 198.62 |
| 　　　　经营活动产生的现金流量净额 | 1 373 434 509.52 |
| 2. 不涉及现金收支的投资和筹资活动 | — |
| 　债务转为资本 | — |
| 　一年内到期的可转换公司债券 | — |
| 　融资租入固定资产 | — |
| 3. 现金及现金等价物净增加情况 | — |
| 　现金的期末余额 | 1 645 515 737.49 |
| 　减：现金的期初余额 | 1 523 796 655.31 |
| 　加：现金等价物的期末余额 | — |
| 　减：现金等价物的期初余额 | — |
| 　　　现金及现金等价物净增加额 | 121 719 082.18 |

1. 了解会计报表分析的含义和基本方法，理解不同分析方法的运用；

2. 掌握各种财务比率的计算方法和基本含义；

3. 掌握总资产报酬率、净资产报酬率的分解及其作用；

4. 理解财务比率与公司盈利能力、风险状况的关系；

5. 理解杜邦分析体系；

6. 理解模拟会计报表的作用及其编制的基本程序和方法。

**前** 几章介绍了主要的会计报表,但是,仅仅了解三张表及其主要项目的经济含义是远远不够的,还需要了解会计报表各个项目确认、计量和报告的基本原则和方法。在具体介绍报表项目的会计方法之前,这里先介绍会计报表分析的基本方法。

会计报表之间的项目是相互关联的,要全面理解会计报表,尤其是通过会计报表了解企业的经济活动,就需要借助特定的分析方法,将各个会计报表之间以及报表项目之间的联系,通过一定的方法表达出来。

# 第一节　会计报表分析的基本概念和方法

所谓会计报表分析,实际上就是运用一定的手段,使表面上杂乱无章的财务数据变得富有逻辑,揭示经济活动的实质。因此,会计报表分析的具体手段可能是不拘形式的,只要能达到相应的目的就是可行的。但是,我们仍然需要对常用的财务分析手段有一个初步的了解,以下是常见的几种分析方法。

## 一、比较分析

比较分析就是将企业某一时期的财务数据与一个标准相比,从而得出一些结论。比较分析主要是为了说明财务信息之间的数量关系与数量差异,为进一步的分析指明方向。进行比较的标准可以是计划的数字,可以是上一会计期间的数字,也可以是同行业其他企业的数字。在比较分析中,最关键的是找到一个合适的标准,不同的分析目的之下会有不同的标准。

## 二、趋势分析

趋势分析从本质上说也是一种比较,只是我们说比较分析时指的是横截面数据的比较,即不同类型数据的比较,比如不同公司之间,或者同一公司实际数据与历史数据或是计划数据之间的比较;而我们说趋势分析则是指时间序列分析,即将同一家公司不同年度的数据进行比较。趋势分析可以帮助我们揭示财务状况和经营成果的变化及其原因和性质,并且帮助我们预测未来。用于进行趋势分析的数据既可以是绝对值,也可以是比率或百分比数据。

## 三、因素分析

为了分析几个相关因素对某一财务指标的影响程度,一般要借助差异分析的方法。因素分析可以帮助我们了解引起某一财务或非财务数据与预计的标准发生差异的各种原因造成的影响大小,从而让我们能够把重点放在那些引起了较大差异并且可控的因素上。这种方法一般在企业内部的财务分析中应用较多。

## 四、比率分析

比率分析通过计算财务比率的方法建立不同财务数字之间的联系,帮助我们了解企业的财务状况和经营成果。比率分析也需要找到一个标准,才能得出结论。因此它往往要借助比较分析和趋势分析方法。

### 五、现金流量分析

现金流量分析在一定程度上也可以用计算财务比率的方式进行,但比率分析不能解决所有问题。现金流量分析就是通过对企业发生的现金流,特别是现金流量的构成的分析,了解企业一些不太容易被发现的问题。具体的现金流量分析的方法已经在第四章中做了介绍。

### 六、同型分析

所谓的同型分析实际上就是结构分析,即通过计算百分比的方式了解不同的资产、负债、成本、费用项目在会计报表中所占的比重。常用的同型分析方法主要是资产负债表的同型分析和利润表的同型分析。资产负债表的同型分析就是将公司的总资产作为100%,用占总资产的比重表示各个资产和负债项目;利润表的同型分析就是将公司的收入作为100%,用占收入的百分比表示各个成本、费用项目。这样的分析有助于我们在众多的会计报表项目中迅速发现分析的重点,并对这些重要的资产、负债和成本费用项目进行细致的分析。

### 七、模拟会计报表

模拟会计报表,就是对企业未来一定期间的盈利状况和财务状况进行预测形成的会计报表,所以它是一种前瞻性的分析。通过模拟会计报表,可以帮助我们了解企业不同的经营、投资和融资活动可能产生的结果,从而帮助我们做出更好的决策。

从上面的介绍中可以看出,上述各种方法有一定程度的重合。在实际工作当中,往往是以比率分析和现金流分析为主,综合运用各种不同的财务分析手段。

# 第二节　比率分析

财务比率最主要的好处就是可以消除规模的影响,用来比较不同企业的收益与风险,从而帮助投资者和债权人做出理智的决策。它可以评价某项投资在各年之间收益的变化,也可以在某一时点比较某一行业的不同企业的收益变动。由于不同的决策者信息需求不同,所以使用的分析技术也不同。

## 一、财务比率的分类

作为一个潜在的投资者,他们最关心企业哪些方面的情况呢?盈利能力无疑是最受关注的。但是,盈利是怎样得到的呢?在一个市场经济的环境下,资本市场的作用就是将社会资源集中起来,投入到那些需要资金的企业中去。而企业的作用就是有效地使用这些资源,让它们创造出更多的价值。因此,盈利是建立在资源的基础上的,从某种程度上讲,企业运用资源的效率决定了它的盈利能力。所以,为了更深入地了解一个企业的盈利能力,我们还需要了解企业的营运能力。

那么,是不是说一个有着良好的盈利能力和营运能力的企业就一定是一个好企业了呢?不一定。长期看,企业的偿债能力决定于盈利能力,但是从短期来看,盈利能力不一定是偿债能力的有力保证。这是因为会计计量的基本原则是"权责发生制"。在权责发生制下,我们从一个企业的权利和义务的角度衡量收入和费用,因此我们说某个企业具有良好的盈利能力,并不一定意味着该企业已经获得了大量的现金收入,而有可能是一种未来的盈利前景,即使这个未来可能并不遥远。这样就可能出现一个问题,虽然企业会有可观的盈利,但当前极度地缺乏现金,甚至无法偿还到期的债务。这样的企业就可能陷入财务危机,甚至破产。从这个角度来说,即使对那些盈利能力和营运能力都比较有保证的企业来说,偿债能力仍然是一个需要关注的问题。

我们一般用三个方面的比率来衡量一个企业的经营状况和财务状况:

(1)盈利能力:反映企业获取利润的能力;

(2)营运能力:反映企业利用资源的效率;

(3)偿债能力:反映企业偿还到期债务的能力。

正如上面谈到的,上述这三个方面是相互关联的,因此,财务分析需要综合运用上述比率。

## 二、主要财务比率的计算与理解

下面,我们以宝钢公司 2013 年度的会计报表(金额单位百万元)为例,分别说明上述三个方面财务比率的计算和使用。

### (一)反映盈利能力的财务比率

盈利能力是各方面关心的核心,也是企业成败的关键,只有长期盈利,企业才能真正做到持续经营。因此无论是投资者还是债权人,都对反映企业盈利能力的比率非常重视。通常可以从两个角度分析盈利能力:销售剩余和资产报酬。销售剩余是从销售收入的剩余额来看,表现为各种形式的销售利润,如毛利、营业利润、净利润等,从不同角度反映每一元销售收入的贡献,这种分析集中于利润表项目本身;资产报酬是从资产利用效率的角度来看,将资产负债表和利润表的项目联系起来分析,如总资产报酬率、净资产报酬率等。

1. 销售利润和利润构成分析

衡量盈利能力的方法非常多,最常见的是用一个企业的净利润表示它的盈利能力,对于上市公司来说,人们经常使用的就是该公司的每股收益。根据宝钢公司的净利润和普通股股数,我们可以计算得到

$$每股收益 = \frac{归属于母公司股东的净利润}{发行在外的普通股股数} = \frac{5\,818.74}{16\,471.72} = 0.35(元/股)$$

这样的指标虽然能够在一定程度上说明企业的盈利能力,但是它存在一个问题,就是难以在不同的企业之间进行比较。每股利润虽然考虑了规模因素,但还是难以全面地反映企业的盈利状况,因为它不能说明这个盈利是在一个怎样的收入或者资源投入的基础上产生的。为了解决这个问题,就产生了另外两种衡量企业盈利能力的方法:

第一种方法以产生利润的收入为基础衡量盈利水平；第二种方法以产生利润的资产为基础衡量盈利水平。在第一种方法下,常用的财务指标包括

$$毛利率 = \frac{营业收入 - 营业成本 - 营业税金及附加}{营业收入}$$

营业利润率 =

$$\frac{营业收入 - 营业成本 - 营业税金及附加 - 管理费用 - 销售费用 - 财务费用}{营业收入}$$

(此处所指的营业利润和利润表中的营业利润的概念存在一些差别,此处的营业利润为报表中的营业利润项目金额扣除公允价值损益、投资收益等项目的余额。)

$$销售净利率 = \frac{净利润}{营业收入}$$

$$宝钢 2013 年毛利率 = \frac{189\,688 - 171\,718 - 414}{189\,688} = \frac{17\,556}{189\,688} = 9.26\%$$

宝钢 2013 年营业利润率 =

$$\frac{190\,026 - 171\,718 - 234 - 1 - 414 - 1\,963 - 6\,881 - (-544)}{190\,026}$$

$$= \frac{9\,359}{190\,026} = 4.93\%$$

$$宝钢 2013 年销售净利润率 = \frac{6\,040}{190\,026} = 3.18\%$$

注:毛利率是钢铁产品的毛利率,即扣除了金融业务的毛利率。营业利润率是所有业务的综合营业利润率,但扣除了资产减值损失和公允价值变动净收益、投资收益。

上述指标都是以营业收入最终实现利润的百分比来衡量企业的盈利能力,三个指标之间的区别只是所衡量的阶段不同。毛利率是从企业生产产品的过程来衡量其盈利能力。因为在毛利中考虑了营业成本,而所谓营业成本实际上是企业将产品生产出来所花费的成本,因而毛利率体现的是生产环节的盈利水平,这个盈利水平虽然和企业生产过程的效率、技术的先进程度以及成本控制的能力有关系,但它主要取决于企业所选择的是一种什么样的战略。这个战略包括企业选择经营的行业的多角化程度、在一个行业中的纵深程度,以及在每个行业中采取什么样的经营战略。

对于不同的行业,由于行业所处的生命周期不同,竞争的激烈程度不同,该行业内的企业可能获得的毛利率就各不相同。越是竞争激烈的、发展比较成熟的行业,毛利率就可能越低。这一点是由行业的总体特征决定的。对于那些成熟的,甚至已经走向衰退的行业,由于竞争非常激烈,整个行业的毛利率水平都会比较低。该行业中的企业尽管有差别,但很难在毛利率方面与行业的总体水平有太大的突破。但是,这并不是说同一个行业中的企业就都是一样的:首先,一个企业往往会同时涉足多个行业,而不同行业之间的业务可能在一定程度上可以共享一些资源,这有可能降低企业的生产成本;其次,企业在一个行业中的纵深程度可能不同,这也可能使企业得以利用自己在某一方面的优势而降低成本;最后,即使是选择同一行业,而且纵深程度相似的企业,也可能采取不同的竞争战略,这同样可以使企业具有不同的毛利率水平。

著名的战略专家迈克尔·波特教授把企业的竞争战略划分为两种基本的模式："成本领先"战略和"产品差异化"战略。成本领先战略就是以更低的成本提供与竞争对手相似的产品，这样的企业虽然所生产的产品没有什么特色，但是它可以通过低价获得市场份额，从而获得成功；产品差异化战略就是向顾客提供独特的产品，这样的企业可以因为产品的独特性而提高售价，从而获得成功。一般来说，采用成本领先战略的企业虽然有成本低的优势，但是由于产品没有独特性而只能采取低价策略，最终企业的毛利率将比较低，而采用产品差异化战略的企业虽然为了获得产品的独特性而必须提高产品的生产成本，但是它们可以通过较高的售价得到弥补，而且这样的企业一般能够获得更高的毛利率。大多数企业只能在两种战略中选择一种，因为为了获得产品的差异化，企业必须在研究开发、品牌建立、产品形象等方面增加投入，这些都将提高产品的成本；而一个采取成本领先战略的企业为了降低成本，就只能降低其在研发、宣传等方面的开支。所以，虽然一个采取成本领先战略的企业也会努力提高自己的产品质量和品牌形象，一个采取产品差异化战略的企业也会努力降低自己的生产成本，但这些都只能是相对的，它很难在产品独特性和生产成本两个方面同时具有过人之处。

　　从上面的分析我们可以看出，毛利率在很大程度上体现的是企业的战略选择，对于战略选择不同的企业来说，对比它们的毛利率要格外小心，因为对于这样的企业来说，毛利率的差异既可能来自企业成本控制能力的不同，也可能来自企业战略选择的不同，这样，我们就很难从毛利率的差异得到企业盈利能力强或弱的结论。

　　营业利润率反映企业主要经营活动的盈利能力，是企业盈利能力的重要标志。营业利润率与毛利率的差异在于企业经营过程中的各项间接费用（也称为期间费用）。在我国的利润表中，这些费用包括营业费用、管理费用和财务费用，俗称"三大费用"。因此，毛利水平反映一个企业的基本盈利水平，若毛利低不足以抵偿间接费用，将导致企业经营活动的亏损，表现为"营业利润"为负数。

　　企业可能因为战略的选择而具有比较高的毛利率，但却由于管理效率的问题或者资本结构的问题而在营业利润率上失去了已有的优势。因此，从营业利润率本身，我们可以了解企业经营活动的总体盈利水平，而且通过营业利润率与毛利率的对比，我们还可以了解造成企业盈利高低的原因。

　　销售净利润率是对一个企业完整的业务环节盈利能力的衡量。在这个业务环节中，不仅包括经营活动，而且包括投资活动和融资活动带来的盈利。由于经营活动与投资活动在某些情况下并没有本质的区别，而仅仅是组织形式的差别，所以从某种程度上说，销售净利润率才是企业业务环节整体盈利水平的体现。

　　对于多数获得盈利的企业而言，三个利润率的比较可以归纳如下：

毛利率＞营业利润率＞销售净利润率

　　如果营业利润率≤销售净利润率，那么或者是受到投资收益的影响，或者是受到营业外收支净额的影响。

　　2. 资产报酬分析

　　上面的方法以收入中有多大比重最终形成了各个层次的利润为基础衡量了企业的盈利能力，这种方法与直接采用净利润或每股利润的方法相比，更能体现企业创造利润的效率。但是,这种方法仍然存在一个问题,就是没有反映出企业为了创造出这么多的利润使用了多少社会资源,也就是没有考虑投入的问题。而投入的多少,对于我们评价一个企业的盈利能力是至关重要的。投资者面临着众多的投资机会,但资金是有限的,所以他们需要找到那些能够以更少的投入创造出更多盈利的企业,也只有这样,才能实现社会资源的优化配置,资本市场的作用也才能得以发挥。为了解决这个问题,我们可以使用下面的以投入资源的多少为基础衡量盈利能力的财务指标:

$$总资产报酬率 = \frac{税前利润 + 财务费用 \times (1 - 所得税率)}{总资产平均余额}$$

$$总资产平均余额 = \frac{期初总资产余额 + 期末总资产余额}{2}$$

$$净资产收益率 = \frac{净利润}{净资产平均余额}$$

(此时的净资产收益率有两种算法,一种是只考虑母公司股东的净资产的收益情况,净利润采用的是归属于母公司所有者的净利润金额,净资产采用的是归属于母公司所有者权益的合计金额。另外一种算法是考虑母子公司全体股东的净资产收益率,此处采用的是后一种做法。)

$$总资产报酬率 = \frac{税前利润 + 财务费用 \times (1 - 所得税率)}{总资产平均余额}$$

$$宝钢 2013 年的总资产报酬率 = \frac{8\,009}{\dfrac{226\,668 + 220\,875}{2}} = 3.58\%$$

$$宝钢 2013 年的净资产收益率 = \frac{6\,040}{\dfrac{120\,066 + 119\,959}{2}} = 5.03\%$$

净资产收益率也称股东权益报酬率,这是因为从股东的角度看,股东权益就是企业的总资产在扣除归债权人所有的部分以外,剩下的归股东所有的部分。净资产报酬率是股东最为关心的内容,它体现股东每向企业投入一元钱能获得的收益。而总资产报酬率则是反映企业综合运用股东与债权人提供的资金创造利润的能力。

正如我们在前面已经提到过的,衡量上述盈利指标是高还是低,一般要通过与同行业其他企业的水平进行比较,而且在比较时还需要考虑企业的战略选择才能得出比较有实际意义的结论。

上述的衡量企业盈利能力的各种方法都是从历史的角度来看问题,但是实际上,我们更为关心的可能还是企业未来的盈利能力,即成长性。成长性好的企业具有更广阔的发展前景,因而更能吸引投资者。一般来说,可以通过企业在过去几年中销售收入、销售利润、净利润等指标的增长幅度来预测其未来的增长前景。

$$销售收入增长率 = \frac{本期销售收入 - 上期销售收入}{上期销售收入} \times 100\%$$

$$营业利润增长率 = \frac{本期营业利润 - 上期营业利润}{上期营业利润} \times 100\%$$

$$净利润增长率 = \frac{本期净利润 - 上期净利润}{上期净利润} \times 100\%$$

$$宝钢\ 2013\ 年的销售收入增长率 = \frac{190\ 026 - 191\ 512}{191\ 512} = -0.78\%$$

$$宝钢股份\ 2013\ 年营业利润增长率 = \frac{2013\ 年营业利润 - 2012\ 年营业利润}{2012\ 年营业利润}$$

$$= \frac{7\ 683 - 3\ 108}{3\ 108} = 147.20\%$$

$$宝钢\ 2013\ 年的净利润增长率 = \frac{6\ 040 - 9\ 955}{9\ 955} = -39.33\%$$

可以看到宝钢公司 2013 年的经营状况不如 2012 年,营业收入和利润率都有较大幅度的下滑,但得益于其他相关业务,净利润率下降得不明显。在评价企业成长性时,最好掌握该企业连续若干年的数据,以保证对其获利能力、经营效率、财务风险和成长性趋势的综合判断更加精确。

实际上,除了增长率之外,对于上市公司来说,还有一个更为重要的衡量企业成长性的指标,即市盈率:

$$市盈率 = \frac{每股市价}{每股收益}$$

市盈率代表投资者为获得的每一元钱利润所愿意支付的价格。它一方面可以用来证实股票是否被看好;另一方面也是衡量投资代价的尺度,体现了投资该股票的风险程度。宝钢公司 2013 年 12 月 31 日股票收盘价为 4.09 元,每股收益为 0.35 元,则其市盈率 = 4.09÷0.35 = 11.69(倍)。该项比率越高,表明投资者认为企业获利的潜力越大,愿意付出更高的价格购买该企业的股票,但同时投资风险也高。市盈率也有一定的局限性,因为股票市价是一个时点数据,而每股收益则是一个时段数据,这种数据口径上的差异和收益计量的准确程度都为投资分析带来一定的困难。同时,会计政策、行业特征以及人为运作等各种因素也使每股收益的确定口径难以统一,给准确分析带来困难。

### (二) 反映营运能力的财务比率

营运能力是企业盈利能力的重要保证。所谓营运能力,就是企业运作资产的效率。但是,我们用怎样的方式来衡量这种运作效率呢? 让我们首先来看一看企业是如何通过对资产的运作得到利润的。企业的经营过程从购买经营所必需的各项资产开始,通过利用这些资产,生产出产品,再将这些产品销售得到收入。利润是收入扣除为取得收入的各项当期投入的结果。从这个角度说,资产的直接作用就是带来收入,因此一般用收入与资产的比值来表示资产的运营能力,这样的财务指标就是周转率指标。周转速度越快,表明企业的各项资产进入生产、销售等经营环节的速度越快,那么其形成收入和利润的周期就越短,经营效率自然就越高。常用的周转率指标包括以下五个方面:

$$应收账款周转率(次数) = \frac{赊销收入净额}{应收账款平均余额}$$

$$存货周转率(次数) = \frac{营业成本}{存货平均余额}$$

$$流动资产周转率（次数）=\frac{营业收入}{流动资产平均余额}$$

$$固定资产周转率（次数）=\frac{营业收入}{固定资产平均余额}$$

$$总资产周转率（次数）=\frac{营业收入}{总资产平均余额}$$

$$2013 年宝钢的应收账款周转率=\frac{189\ 688}{\dfrac{11\ 275+8\ 551}{2}}=19.13（次）$$

$$2013 年宝钢的存货周转率=\frac{171\ 718}{\dfrac{31\ 087+28\ 872}{2}}=5.72（次）$$

$$2013 年宝钢的流动资产周转率=\frac{190\ 026}{\dfrac{78\ 057+69\ 741}{2}}=2.57（次）$$

$$2013 年宝钢的固定资产周转率=\frac{190\ 026}{\dfrac{86\ 218+79\ 451}{2}}=2.29（次）$$

$$2013 年宝钢的总资产周转率=\frac{190\ 026}{\dfrac{226\ 668+22\ 0875}{2}}=0.85（次）$$

在上述的周转率指标中，存货周转率的计算与其他指标稍有不同。在这个指标的分子上并不是营业收入，而是营业成本。这主要是因为存货在销售出去时虽然带来了销售收入，但存货本身的价值进入营业成本，营业收入虽然也与存货对应，但其中包含了价格因素，也就是与存货本身的价值相比提高了相当于毛利率的水平。如果使用营业成本则可以去除销售价格引起的差异，使数据得到更好的匹配，因此，在计算存货周转率时一般使用营业成本，而非营业收入。

另外需要说明的是，由于上述的这些周转率指标的分子、分母分别来自资产负债表和利润表，而资产负债表数据是某一时点的静态数据，利润表数据则是整个报告期的动态数据，所以为了使分子、分母在时间上具有一致性，一般将取自资产负债表上的数据折算成整个报告期的平均额。

一般来说，某项资产的周转率指标越高，就说明企业对该项资产的运作效率越高，总资产的周转率越高，就说明企业的经营效率越高。但数量只是一个方面的问题，在进行分析时，还应注意各资产项目的组成结构，如各种类型存货的相互搭配、存货的质量和适用性等。

另外，营运能力的指标也与企业的战略选择有密切的关系。前面我们说过，企业的竞争战略从大类上可以划分为成本领先和产品差异化两类。实行成本领先战略的企业一般只能获得比较低的毛利率，而采用产品差异化战略的企业则能够获得比较高的毛利率。我们知道，毛利率是企业获得利润的基础，毛利率越高，企业才越有可能获得比较好的盈利。那么，为什么还会有企业选择成本领先的战略呢？这当然与企业是否具有获得产品独特性的能力有关，如果不具备相应的产品开发能力和品牌形象，实行产品差异化战略只能是一句空话。而更重要的是,采取成本领先战略和产品差异化战略的企业都可能获得成功,而且可能达到同样的综合盈利水平,即利用总资产创造利润的能力。这是为什么呢?就是因为资产的运作效率可能是不同的。对于那些实行产品差异化战略的企业来说,虽然依靠产品的独特性获得了较高的毛利率,但是由于它们提供的是高价产品,在一般情况下毕竟会使其面对的客户数量比较少,从而影响其存货的周转率,并进而影响其他相关资产的周转;相反,那些采取成本领先战略的企业虽然牺牲了一定毛利率,但由于它们提供的产品更能满足大多数消费者的需求,所以在周转率方面往往会有优势,这就是为什么成本领先战略一般又被称为"薄利多销"战略。从这一点来看,对营运能力的分析同样需要了解企业的战略选择,否则得出的结论可能是缺乏实际意义的。

### (三) 反映偿债能力的财务比率

偿债能力是一个企业保持持续经营的基本保证,也是企业未来的盈利能力和营运能力得以发挥的前提条件。在某些情况下,企业的盈利状况不够理想对投资者的损害可能还不是很大,只要企业如实地将这些信息披露出来,而且市场价格比较合理地反映了企业的投资价值;但是如果企业的偿债能力出现问题反而可能给投资者带来严重的损失,因为偿债能力出现问题时可能损害企业持续经营的能力,这对于投资者来说可能是致命的打击。郑百文就是一个例子。该公司由于无法偿还建设银行的借款而面临破产,虽然后来山东的三联集团出面对郑百文进行重组,使该公司免于遭受破产的命运,也使投资者的损失得以减小,但该重组历时两年多,在这么漫长的时间里,自然有很多投资者遭受了巨大的损失。因此,偿债能力对于企业来说也是至关重要的。从另一方面来说,就长期而言偿债能力是由盈利能力来保证的,但短期的偿债能力却不一定和盈利能力成正比,因此,分析偿债能力需要从短期和长期两个方面来进行。

1. 短期偿债能力

短期偿债能力是指企业偿还短期债务的能力。短期偿债能力不足,不仅会影响企业的资信,增加今后筹集资金的成本与难度,还可能使企业陷入财务危机,甚至破产。一般来说,企业偿还短期负债的来源也与盈利能力有关,但短期负债由于在时间上的要求比较高,所以更重要的是资产的变现能力,也就是可变现资产的价值。基于这个原因,一般以变现能力比较强的流动资产与流动负债的对比关系反映短期偿债能力。具体指标包括:

$$流动比率 = \frac{流动资产}{流动负债}$$

$$速动比率 = \frac{速动资产}{流动负债} = \frac{流动资产 - 存货}{流动负债}$$

$$现金比率 = \frac{货币资金 + 有价证券}{流动负债}$$

以宝钢公司为例:

2013 年宝钢的流动比率 $= \frac{78\,057}{94\,634} = 0.82$

$$2013\text{ 年宝钢的速动比率}=\frac{78\,057-31\,087}{94\,634}=0.49$$

$$2013\text{ 年宝钢的现金比率}=\frac{12\,881+29}{94\,634}=0.14$$

企业的流动资产既可以用于偿还流动负债,也可以用于支付日常经营所需要的资金。所以,流动比率高一般表明企业短期偿债能力较强,但如果过高,则会影响企业资金的使用效率和获利能力。究竟多少合适没有定律,因为不同行业的企业具有不同的经营特点,这使得其流动性也各不相同。另外,流动比率的大小还与流动资产中现金、应收账款和存货等项目各自所占的比例有关,因为它们的变现能力不同:应收账款会有收款的问题,往往不能全部变现,在某些企业甚至坏账比例很高;存货的变现能力更需要考察,因为存货要经过销售和收款两个环节才能实现变现。由于这个原因,人们一般采用速动比率(剔除了存货)和现金比率(剔除了存货、应收款、预付账款)辅助进行分析。

关于流动比率和速动比率的标准,也没有一定之规。一般认为流动比率为2,速动比率为1比较安全,过高有效率低之嫌,过低则有管理不善的可能。但是由于企业所处行业和经营特点的不同,这样的标准在实际中往往不具有指导意义,在具体应用时还是需要结合实际情况具体分析。

2. 长期偿债能力

长期偿债能力是指企业偿还长期利息与本金的能力。一般来说,企业借长期负债主要是用于长期投资,因而最好是用投资产生的收益偿还利息与本金。通常以资产负债率和利息保障倍数两项指标衡量企业的长期偿债能力。

$$\text{资产负债率}=\frac{\text{负债总额}}{\text{资产总额}}\times100\%$$

$$\text{利息保障倍数}=\frac{\text{税息前利润}}{\text{利息费用}}=\frac{\text{利润总额}+\text{利息费用}}{\text{利息费用}}$$

以宝钢公司为例:

$$2013\text{ 年宝钢的资产负债率}=\frac{106\,602}{226\,668}\times100\%=47.03\%$$

资产负债率以总资产中通过负债筹集的资金的比例表示偿债能力,这是因为企业借债越多,不能偿还的可能性就越大。对于一个没有负债的企业来说,自然没有偿债危机。资产负债率又称财务杠杆,这是因为债务相当于股东手中的一个杠杆,它可以帮助股东用比较少的资金支配比较多的资产,并获得由这些资产所创造的利润。因此,财务杠杆越高,股东就可以用更少的资金支配更多的资产,因而股东的资金的运作效率就越高。过低的财务杠杆表明企业没有充分发挥自己的融资能力,一些资金可能被浪费了。但是,这并不是说财务杠杆越高越好,由于所有者权益不需偿还,所以财务杠杆越高,债权人所受的保障就越低,作为对自己权利的保护,债权人会提高企业的借款成本,甚至拒绝向企业提供借款,这些都有可能对企业的正常经营造成负面影响。虽然负债比率也很难找到一个客观的标准,但一般认为,比率为50%~60%是比较稳健的。

利息保障倍数则从另一个角度衡量企业偿还长期负债的能力,这就是盈利角度。

它考察企业的盈利是否足以支付当年的利息费用。因为企业在支付利息费用之前并不需要支付所得税，所以我们用企业支付利息和所得税之前的利润衡量企业偿还利息的能力。这个利润有一个专门的名字，就是税息前利润（EBIT）。税息前利润是一个非常重要的概念，在许多方面都有应用。一般来说，利息收入倍数越大，长期偿债能力越强。

## 三、财务比率的应用

上面我们已经对常用的财务比率有了一个基本了解，但是这些财务比率仅仅是冰山一角，还有更多的财务比率是我们在这里没有介绍的。我们并不打算让读者了解并记住所有的财务比率，这也是不可能的，这种不可能不仅仅是因为财务比率数量众多，难以穷尽，更是因为这些比率并没有一定之规，任何人都可以根据自己的需要随时创造新的比率。对于会计报表的使用者来说，重要的不是记住更多的比率，而是让有限的比率真正发挥出作用来。而要让这些财务比率发挥出作用，就必须能够判断比率的差异到底说明什么问题。

正如我们前面提到过的，财务比率的应用过程中，用于比较的标准是得出正确结论的前提。因此，标准的选择对比率分析来说至关重要。但不幸的是，理论上至今不能回答财务比率的标准应该是什么。我们在前面的论述中已经提到过若干确定比率分析的标准的原则，现在我们来做一个小结。

首先，确定什么样的标准决定于分析目的。如果分析目的在于了解企业和竞争对手相比的状况，这个标准自然就是竞争对手的相应指标；如果分析目的是了解企业与过去相比是否有进步，那么标准自然就是该企业的历史数据。因此，标准也就是评价好坏的基准，财务比率以及任何财务指标本身都很难说明好坏。

其次，有了标准的大概方向还是不够的。构造财务比率主要是为了剔除规模的影响，同时也是为了帮助我们建立起不同财务数据之间的内在联系。但是规模并不是影响财务比率的唯一因素，这样的因素还包括企业所处的行业，企业选择了什么样的竞争战略，企业在运用其竞争战略方面是否成功，企业的运作和盈利能力如何，企业披露的会计数字是否基于相同或相似的会计方法，等等。财务比率虽然在很大程度上解决了规模问题，但还需要解决其他问题。首先是行业的不同，这一点一般通过选择同行业的企业数据作为标准来解决，但是，即便如此，我们仍然难以将企业能力方面的差异与战略差异和会计方法差异区分开来，因而，我们也就难以回答一个企业是否在某一方面具有较强的能力之类的问题。

为了解决会计方法的问题，我们需要对会计数字产生的基础做深入细致的分析，对于可能造成重大差异的会计方法进行调整。这部分内容我们会在以后的章节中详细介绍。剩下的就是战略问题了，在这一点上我们有时很难通过选取标准的方式解决，因为一些行业中公司的数量本来就有限，再限制企业的战略选择，就可能根本无法找到相应的标准。这样，就需要我们把对企业战略与财务指标之间关系的了解与对财务指标的判断结合起来，从而最终发现那些真正具有良好能力的企业。

从上面的讨论中我们已经看到，财务比率的分析一般都要与比较分析或者趋势分析结合使用，下面，我们还将看到比率分析与其他分析方法的综合使用。

## 四、财务比率综合分析

### (一) 财务比率之间的关系

（1）财务比率之间具有内在的经济关系。例如，销售额的增长一般会导致应收账款和存货等营运资本项目的增加，所以包括这些因素的比率之间有着内在联系。

（2）有些财务比率的某一组成部分是相同的，这些相同成分的变化会导致多个比率的变化。例如速动比率与流动比率都包含现金。

（3）某一比率可能是其他比率的一个组成部分。例如，总资产报酬率就是由净利润率和总资产周转率相乘得到的，这两个比率中的任何一个发生变化，都会导致总资产报酬率的变化。

财务比率之间的这种相互关联的关系对于财务分析具有重要的意义。深入研究每一比率的组成成分有利于我们更加准确地判断企业的盈利能力和财务状况。而且，不同的比率可以表明不同国家、不同行业、不同时间企业的经营特点和经营战略。这种关联关系也使得我们可以忽略某些单个的比率，而去考察一些综合比率（如总资产报酬率），从而得到比较综合的信息。下面，我们就以杜邦分析为框架，来看一看如何将不同的财务比率和不同的财务分析方法有效地结合起来，从而对一个企业做出综合的分析与判断。

### (二) 杜邦分析

图 5-1 就是杜邦分析的一个例子。这种分析方法实际上是将财务比率逐层分解，揭示比率之间的相互联系。由于该方法最早由杜邦公司开始使用，并一直流传下来，所以被称为"杜邦分析"。下面，我们仍以宝钢公司为例，站在母公司股东的角度来考虑各项财务指标，说明杜邦图的使用方法。图 5-1 中各指标的计算公式见表 5-1。

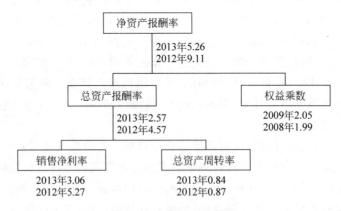

**图 5-1　宝钢公司杜邦图**

杜邦图以权益资本（净资产）报酬率为切入点，以总资产报酬率为核心，将用来考核企业财务状况和经营成果的各种财务指标有机地结合在一起，综合分析企业的经营情况。由于数学上的原因，杜邦图中的所有财务比率均按照年末值计算。

我们可以把杜邦图划分为三个层次：第一个层次将净资产报酬率分解为总资产报酬率与权益倍数的乘积；第二个层次将总资产报酬率分解为销售净利润率和总资产周转率的乘积；第三个层次将净利润率和总资产周转率进一步分解。通过这样的逐层分解，我们可以很清楚地分析各项财务比率之间的关系。作为投资者，可以按照杜邦图的结构找出影响股东权益报酬率的因素，到底是业务环节本身的盈利因素，抑或是资本结构，或者是资产运作效率与资产质量。

让我们首先来看第一个层次。在第一个层次中，我们是站在股东的角度进行分析。对股东来说，最为关心的就是股东投资能够得到多少回报，净资产报酬率就回答了这个问题。但是，仅有这个答案是不够的，股东可能还关心一个问题，就是股东投资回报率的差异是怎样产生的，第一个层次的分解就是问题的答案。这个分解的过程非常简单：

$$净资产收益率 = \frac{归属于母公司所有者的净利润}{归属于母公司所有者权益合计}$$

$$= \frac{归属于母公司所有者的净利润}{总资产} \times \frac{总资产}{归属于母公司所有者权益合计}$$

$$= 总资产报酬率 \times 权益倍数$$

$$= \frac{5\,818}{226\,668} \times \frac{226\,668}{110\,512}$$

$$= 2.57\% \times 2.05$$

$$= 5.26\%$$

在上面的分解过程中，我们引入了一个新的比率，就是权益倍数。我们对它实际上并不陌生。因为总资产＝负债＋净资产，所以当一个企业负债比较多时，如果总资产不变，自然就会有比较少的净资产。负债比较多的企业，其财务杠杆（资产负债率）是比较高的；而从权益倍数的定义我们可以看到，负债率高的企业由于净资产比较少，所以权益倍数也是比较高的。由此可见，权益倍数也是衡量财务杠杆的一种方法，权益倍数越高，说明财务杠杆越大。

这个层次的分解告诉我们股东权益报酬率产生差异的原因是什么，具体来说，是因为企业具有更强的综合盈利能力（总资产报酬率），还是因为企业采用了更加激进的融资手段（权益倍数）。讨论财务杠杆时我们说过，适度的负债可以帮助企业提高对股东投入资金的运作效率，可以有效地将股东的投资放大。但是这样做有一个前提，就是新借来的钱能够至少发挥出与企业原有的资金同样的运作效率；其次，过度的负债不仅不能提高股东的投资回报，还可能因为企业偿债风险的急剧扩大而使企业陷入财务危机。从这个角度来说，股东提高自身回报的最可靠的方法还是提高企业的综合盈利能力。

从这个层次的分解中我们还可以看到，如果企业的管理层想提高对股东的回报率，他们也有两种办法：一是多借债；二是想办法提高企业的综合盈利能力。第一种办法往往只是短期行为，甚至可能让企业背上过度的风险；第二种办法才是从根本上解决问题。

第二个层次就将重点放在了上面提到的这个综合盈利能力——总资产报酬率上。该层次将总资产报酬率进行了如下的分解：

$$总资产报酬率 = \frac{归属于母公司所有者的净利润}{总资产}$$

$$= \frac{归属于母公司所有者的净利润}{营业总收入} \times \frac{营业总收入}{总资产}$$

$$= \frac{5\,818}{190\,026} \times \frac{190\,026}{226\,668}$$

$$= 3.06\% \times 0.84$$

$$= 2.57\%$$

**表 5-1　杜邦图中各指标的计算公式**

| 指　　标 | 计　算　公　式 | 2013 年 | 2012 年 |
|---|---|---|---|
| 净资产收益率/% | 归属于母公司所有者的净利润/归属于母公司所有者权益合计 | 5.26 | 9.11 |
| 总资产报酬率/% | 归属于母公司所有者的净利润/总资产 | 2.57 | 4.57 |
| 销售净利率/% | 归属于母公司所有者的净利润/营业总收入 | 3.06 | 5.27 |
| 总资产周转率 | 营业总收入/总资产 | 0.84 | 0.87 |
| 权益倍数 | 总资产/归属于母公司所有者权益合计 | 2.05 | 1.99 |

注:杜邦图中相关报酬率的计算公式没有采用资产的平均余额,而是资产的期末余额。

　　这个层次的分解告诉我们企业综合盈利能力的差异是由什么引起的,是来自资产的运作效率,还是业务环节本身的盈利能力。细心的读者可能会发现,这两个方面的指标都和企业的战略选择有关系。采取成本领先战略的企业往往具有比较高的周转率,但是在净利润率,特别是毛利率方面却很难具有优势;而采取产品差异化战略的企业往往具有比较高的毛利率,但是在周转率方面又往往落后于那些采取成本领先战略的企业。从这个角度来看,将总资产报酬率进行这样的分解,实际上是表明,企业可以通过不同的途径达到同样的综合盈利能力,一种途径是低盈利而高周转(成本领先战略),另一种途径是高盈利而低周转(产品差异化战略)。两种方法可以达到同样的目的,但是一般的企业需要有一个重点,很难做到两种优势同时具备。

　　通过对这个层次的分析,我们可以了解企业目前的战略定位是怎样的,或者以企业的战略定位来看,企业的财务数据是否表明企业的战略得到了贯彻和实施,在这个基础上,企业的管理者就可以找到改进管理的突破口。

　　第三个层次对产品差异化战略(净利润率)和成本领先战略(总资产报酬率)进行进一步的分析。首先,让我们来看一看成本领先战略。成本领先战略的核心是总资产周转率,问题是当我们看到一个总资产周转率的时候,我们虽然能够通过与同行业采取相似竞争战略的企业的总资产周转率的比较判断企业的战略定位是否得到了贯彻和实施,但是仅仅这样做我们还是不能回答企业在总资产周转率上的优势或劣势是什么原因造成的,以及企业的管理者可以通过什么样的措施改进他们的管理,这样,就需要对总资产周转率进行更加细致的分析。那么,影响总资产周转率的因素是什么呢? 是构成总资产的各项资产和它们的周转率。因此,我们可以使用资产负债表的同型分析了解这个情况,也就是说,我们可以通过把资产负债表上的每个项目都除以总资产得到一张以百分比表示的资产负债表来解决这个问题。通过这样的分析,我们可以马上判断出在该企业中,对总资产周转率有重大影响的资产项目是什么,而把分析和管理的重点都放在这些重点的资产项目上。找到了这些重点的项目,剩下来的就是考察这些资产的周转率情况了。通过这样的分析,我们就可以找到制约总资产周转率进一步提高的原因在哪里,以及是否有可能得到改善。

其次,再让我们来看一看产品差异化战略。产品差异化战略的核心是毛利率,但是企业在毛利率上的差异并不一定会保持到销售净利润率的层次,因为从毛利率到销售净利润率还需要经过三项费用,以及主营业务以外的利润来源。因此,当我们看到一个企业的净利润率时,我们很难得出一个结论,企业在净利润率上的优势或劣势到底是战略实施的原因还是由于管理效率或其他原因。我们可以借助利润表的同型分析找到问题的答案,也就是将利润表变成一张以主营业务收入为 100% 的百分比报表。在这样的报表上,我们可以迅速了解造成净利润率差异的原因在什么地方。这是因为实行产品差异化战略的企业并没有获得毛利率方面的优势,因而战略没有得到有效的实施;还是因为企业的管理效率比较低,为了获得一元钱的收入,花费了更多的管理费用和经营费用;抑或是因为企业在经营活动以外效益不佳,比如由于负债过多造成了沉重的债务负担,或者企业的对外投资目前还没有取得良好的效益,等等。这样的信息对于帮助企业的管理者将管理的重心放在这些薄弱环节,保证战略的有效实施也是很有帮助的。

### (三) 关键的财务指标

从上面的分析中,我们可以发现,不同的财务比率之间有着密切的逻辑关系,不仅如此,企业的财务指标与企业所处的行业、经营规模、战略定位、管理能力等诸多方面都有着千丝万缕的联系,这使得看似简单的财务比率分析在实际应用中可能遇到各种复杂的问题,要把这个简单的工具用好其实并不容易。

那么,在众多的财务指标当中,到底什么才是关键呢?从杜邦图的分析中我们可以看到,实际上最能综合反映一个企业盈利能力的指标就是总资产报酬率,抓住了这个指标,我们就可以把一个企业纷繁复杂的财务数据梳理出一个头绪来。

杜邦图帮助我们将造成总资产报酬率差异的可能原因清楚地展现出来,但是,总资产报酬率的标准又是什么呢?前面我们讨论各种财务指标时,往往使用同行业或者主要竞争对手的财务指标作为比较的标准,但是总资产报酬率在这个问题上有一些特殊性。对于不同的企业来说,可能会有一个独特的标准。

我们做任何事情总要考虑成本—效益的对比关系,这也是寻找总资产报酬率标准的线索。总资产报酬率本身就是一个收益指标,它是企业投入的所有资产创造的收益,那么,它的成本又是什么呢?我们知道,企业的总资产是由两方面的资金共同提供的,一方面是债务,另一方面是股权。债务的成本是比较容易找到的,这就是债务的利息,但是对企业来说,实际承担的债务成本并不等于债务的利率。这是为什么呢?因为债务的利息有"税盾"的作用。什么叫"税盾"呢?就是因为债务利息在税前列支所带来的对所得税的减少作用。举个简单的例子,在表 5-2 中有一个企业,在没有负债时,该企业需要支付 5 万元的所得税,净利润是 15 万元。在借债的情况下,其他条件都没有变化,只是需要支付 10 万元的利息费用,由于这 10 万元的利息费用在税前列支,所以这时企业只需要支付 2.5 万元的所得税。虽然因为支付利息费用而使利润总额减少了 10 万元,但净利润只减少了 7.5 万元,少减少的那 2.5 万元就是"税盾"作用的结果。

表 5-2　关于税盾的说明　　　　　　　　　　　　　　　　　　单位:万元

| 项　　　目 | 无　负　债 | 有　负　债 |
|---|---|---|
| 收入 | 100 | 100 |
| 销售成本 | 60 | 60 |
| 经营费用、管理费用 | 20 | 20 |
| 财务费用 | 0 | 10 |
| 利润总额 | 20 | 10 |
| 所得税(25%) | 5 | 2.5 |
| 净利润 | 15 | 7.5 |

由于有"税盾"的作用,企业实际承担的债务成本就降低了,在所有的利息中,相当于所得税率的那部分实际上由政府承担了,企业只承担剩下的部分。这样,债务的实际成本就变为

债务的实际成本 ＝ 债务利率 × (1－所得税率)

股权的成本则比较复杂。表面上看来,企业不需要偿还股东的投资,而且不是必须给股东们支付红利,股权的投资似乎是没有成本的,而且我们在利润表上也看不到股权的成本。事实上并不是这样的,无论股权投资是否需要支付红利,也无论股权的成本是否在利润表上明确地列示出来,股权投资的成本都是实实在在存在的。那么这个成本是多少呢? 对于股东来说,他的资金是有机会成本的,所谓机会成本就是因为将资金投入这个企业而必须放弃其他的投资机会。股东把资金投入这个企业,就要求该企业至少能够提供其他的投资机会所提供的收益水平。股东对投资回报的要求,就是企业承担的资金成本。因此,股东能够在承担同等风险的情况下,在其他的投资机会中获得的投资收益就是股权投资的资金成本。因此,现在的问题就是如何计算这个在同等风险水平下,在其他投资机会中可以获得的收益了。在这方面有许多理论模型,其中比较常用的是资本资产定价模型(CAPM)。按照该模型,股东投资于一个企业的预期收益率可以这样计算:

$$E(R_i) = R_f + \beta(R_m - R_f)$$

其中,$E(R_i)$表示股东对投资于该企业的预期回报;$R_f$表示无风险收益率,在我国目前的情况下由于缺少无风险收益率,所以一般用国债利率或银行存款利率代替;$R_m$表示市场收益率,一般用股票指数的收益率计算得到;$\beta$是对该企业系统风险的度量,由于对股东来说,可以通过多角化投资或投资于投资组合将个别公司的非系统风险相互抵消,因而市场对每个公司进行评价时就只考虑系统风险。在 CAPM 模型中,市场只对系统风险给以风险补偿,任何企业的预期收益率就是在无风险收益率的基础上进行风险调整,而调整的幅度由系统风险决定。在一些资本市场比较发达的国家,一般由专门的机构定期公布每个企业的 $\beta$ 值,但在我国目前的情况下没有这样的公开信息,所

以在使用该模型时需要自己先用一个时期的数据对上述模型进行回归，估计出 $\beta$ 值，再用另一个时期的数据和估计出的 $\beta$ 值计算该公司的预期收益率。

现在，我们已经计算出了债权和股权各自的资金成本，接下来我们就可以计算企业资金的综合成本——加权平均资本成本了。所谓的加权平均资本成本实际上非常简单，既然企业的资金是由债务和股权共同承担的，而且它们各自有自己所要求的回报率，我们只需要对两类资金按照它们在总资产中所占的比重进行加权平均就可以得到综合的资本成本了。具体的计算过程如下：

$$\text{WACC} = R_D \times \frac{D}{A} \times (1 - T_C) + R_E \times \frac{E}{A}$$

在上面的公式中，WACC 表示企业的加权平均资本成本；$R_D$ 表示债务的资本成本，即利率；$R_E$ 表示股权的资本成本，就是用 CAPM 计算出来的预期收益率；$A$ 表示资产的总额，$D$ 表示负债的金额，$E$ 表示股东权益的数额，因此，$D/A$ 表示资产负债率，而 $E/A$ 表示在总资产中有多少是通过股权融资获得的；$T_C$ 表示所得税率，加上这一项是为了表示税盾对债务成本的降低作用。

如果企业的总资产报酬率超过了加权平均的资本成本，则表明企业运用社会资源创造的收益超过了资源的成本，这样的企业我们称其为创造价值的企业。在实务中有许多这方面的具体应用，比如经济增加值（EVA）、经济利润等，实际上都是这个概念的延伸。它们在本质上都是衡量企业是否能够运用手中的资源创造价值，只是在具体衡量收益和成本时使用的概念略有差别。一般情况下，"收益"不等于企业利润表上的净利润，因为净利润中有一些项目是不具有持续性的，所以往往使用税息前利润，或者是用与经营活动现金流相似的概念，如税息前利润加折旧以及长期资产摊销（EBITDA）；"成本"的概念也可能与加权平均资本成本略有差别，这主要是因为对什么是企业的投资资本定义不同，有的认为企业的总资产就是投资资本，而 EVA 则认为只有营运资本加固定资产才是投资资本。当所使用的投资资本不同时，即使使用相同的资本成本，得到的资本成本比率也是不同的。但不管具体形式有什么样的变化，其最本质的东西是没有变的，都是着眼于企业创造价值的能力。由于总资产报酬率与价值创造关系密切，所以它成为我们分析企业的核心和关键。

# 第三节　模拟会计报表

## 一、模拟会计报表的作用

前面我们介绍了如何分析企业的会计报表，了解企业的盈利状况和经营风险，从而进行决策的方法。但是，上述分析都是基于企业的历史信息，而我们面临的商业决策却都是面向未来的，这就使得上述的分析存在一定的局限性，需要预测企业未来的盈利能力和风险。一般我们使用编制模拟会计报表的形式来进行这种预测。

当然，模拟会计报表既可能是企业编制的以供投资者参考的，也可能是企业外部的分析人员编制的。如果是企业自行编制的，还可能出现一些问题。因为模拟会计报表是对未来的估计，具有不确定性，它不像基于历史成本的会计报表那样具有客观性，然而,如果把它作为一种信息公开披露,又同样会对投资者的判断产生影响。因此,各国对于模拟会计报表的编制都有一些规定。美国会计师公会(AICPA)于1975年颁布了两项有关财务预测的声明:《编制财务预测的制度与指南》和《财务预测的编制与披露》。这两项声明都指出,编制财务预测必须基于若干可信赖的基本假设,这些基本假设是对企业未来在经营、投资和融资活动等重要事项上最可能发生的财务状况和经营成果所做的最适当估计。此外,这两项声明还表明,企业在编制模拟会计报表时必须按照传统会计报表的格式进行编制,而且必须将财务预测的实际结果与当初的预测数字进行比较。

美国证券与交易委员会(SEC)于1977年开始建议上市公司对外提供财务预测,并主张应该按照诚信原则和合理的基础作为编制财务预测的依据。SEC于1978年和1979年又先后出台了一系列关于财务预测披露与编制的规定,以提高财务预测信息的质量。

由此可见,财务预测信息对于投资者具有重要的意义,同时,它又是一个难以判断质量的会计信息。

## 二、编制模拟会计报表的基本思路

编制模拟会计报表与编制实际的会计报表具有相似性,都是要以一定的经济活动为基础,只是实际的会计报表是以已经发生的经济活动为根据,而模拟会计报表则是基于对未来可能发生的经济活动的预测。从这一点可以看出,编制模拟会计报表的核心实际上是对未来经济活动的预测,一旦这个预测确定了,模拟会计报表基本上只是一个程序的问题。

一般来说,企业的经济活动包括经营、投资和融资三个方面,所以关于企业经济活动的预测也涉及这三个方面。具体来说,经营活动的预测以"主营业务收入"体现出来,投资活动的预测以"长期投资"、"固定资产"、"在建工程"等项目体现出来,而融资活动的预测则通过不同类型融资渠道融资额的比例得到体现。

有了上述三个方面的预测,完成模拟会计报表就不是一件困难的事情了。而编制模拟会计报表的过程,实际上就是"模拟"企业经营的过程,从这个意义上说,编制模拟会计报表与编制财务计划不同,但是又有相似之处。具体来说,一旦预测出"主营业务收入",我们就可以根据行业的具体特点和企业的盈利能力预测出相应的成本和费用,并得到经营利润,同时还可以根据企业的经营特点预测支持上述收入与盈利所需要投入的资源——资产,加上关于投资活动的预测,我们就可以完成对于资产的预测和投资收益的预测。接下来,根据对融资活动的预测,我们就可以预测出从哪些融资渠道筹集上述所需的资源,也就是对于负债和所有者权益的预测,这些预测又可以帮助我们进一步得到关于财务费用等方面的预测,并最终完成模拟资产负债表和模拟利润表的编制。有了资产负债表和利润表,编制模拟现金流量表就不是一件困难的事情了,只需要根据前面的介绍用间接法推算出现金流量表即可。

## 三、编制模拟会计报表的步骤和方法

### (一) 第一步：预测主营业务收入

编制模拟会计报表的第一步,也是最困难的关键一步,就是预测"主营业务收入"。"主营业务收入"预测的难点在于,影响它的因素比较复杂,很多都已经超出了会计的范畴。比如,行业未来的发展趋势、价格走势、企业在行业中的竞争地位,等等。当然,对于一些成熟行业,也可以通过历史数据得到大致的预测,比如根据最近 3~5 年的收入状况考虑自然增长进行预测。但是,对于一些高速成长的行业,采用这样的方法进行预测可能就会距离实际情况较远;另外,一些企业涉足多个行业,或者正在进行转型,这些因素都可能为实际的预测带来更多的困难。

### (二) 第二步：预测成本、税金和费用

得到了"主营业务收入"的预测之后,编制模拟会计报表的工作几乎完成了一半。一般来说,只要企业的经营具有一定的连续性,就可以根据历史的毛利率和利润率预测出利润表中的主营业务成本、税金和管理费用、营业费用。到这里,我们就完成了利润表中与经营活动有关的部分。

### (三) 第三步：预测经营性资产

接下来,我们将视线从利润表转向资产负债表。获得收益是企业经营的目的,但是任何收益都是以资源的投入为基础的,资产正是代表了这种资源的投入。一般来说,不同的行业获得相同的收入需要投入不同的资源,而企业自身的战略选择、管理能力也会影响资源与收入之间的关系。只要企业的经营活动具有连续性,这种特点就会保持在一个稳定的水平,我们也就可以根据历史数据得到预测的各项经营性资产的周转率,在得到"主营业务收入"的预测之后,这个周转率实际上就给了我们关于经营性资产项目的预测数据。这些经营性资产包括除了现金和有价证券之外的所有流动资产,也包括固定资产等长期资产。当然,固定资产的数量还受到公司投资决策的影响,这就是我们在第五步中要考虑的主要问题。

### (四) 第四步：预测负债和股本

完成了上面的工作之后,我们就需要考虑一个问题了,即如何获得购买上述资源所需要的资金?这也就是我们前面提到的关于融资活动的预测。一般来说,我们可以根据企业历史的资本结构和长、短期负债的比例,结合企业在未来一个会计期间可能获得的融资渠道,估计上述资金需要在负债与所有者权益,以及在长、短期负债之间的分配。对于短期负债中的经营性流动负债的具体项目,我们还可以参照由主营业务成本与经营性流动负债项目相除得到的衡量短期负债存续期间的指标来进行估计。当然,使用两种不同的方法之间的差异,还需要进行选择和调整。

**（五）第五步：预测投资和利润分配，完成利润表的预测，并调平资产负债表**

现在，我们已经预测出了利润表中关于经营活动的部分，以及资产负债表中的大部分内容，现在，我们就要考虑公司未来的投资决策了。投资决策主要是长期投资，涉及"长期投资"、"固定资产"、"在建工程"等项目。在企业没有大规模的投资计划，也没有转型或扩张的准备时，我们可以忽略对投资决策的预测，而采用预测经营性资产的方法预测这些投资性的资产，即根据资产周转率得到对某一资产数额的预测。但是，如果公司有扩张或转型的计划，就需要根据这些投资计划来估计未来会计期间长期投资和固定资产的情况。对于公司外部的财务信息使用者，预测这方面的情况往往存在相当的难度，但是对于公司内部的管理人员，这部分的预测则比较容易。完成了对未来投资数额的预测之后，就需要估计这些投资的获利情况了，其中投资收益的预测进入利润表中的相应科目。这方面的预测同样存在上面所说的问题。

其次，在这一部分中，还需要对财务费用进行预测。在第四步中我们已经预测了负债的情况，把其中付息债务的数量进行综合，考虑当前的利率情况，就可以得到财务费用的估计了。这样，我们一般就只需要根据历史情况对利润表中的营业外收支和所得税做出估计，模拟的利润表就完成了。

模拟利润表可以让我们知道预测的净利润，根据公司计提各种公积金的情况和对利润分配的计划，就可以完成资产负债表中所有者权益的其他项目的预测了。但是，此时我们得到的资产负债表一定是不能满足"资产＝负债＋权益"等式的，这就需要我们对资产负债表进行调平。一般来说，银行存款、交易性金融资产和短期借款是调平资产负债表的工具，这实际上和企业的实际经营情况是相似的，企业往往在资金有结余时以购买有价证券的方式加以利用，而在资金不足时用短期借款弥补。因此，一般也采取调整银行存款、短期投资和短期借款等科目的数额的方法使资产负债表达到左右平衡。但是，在这个过程中有两个问题值得注意。一个问题是，虽然我们用这三个科目调平资产负债表，但并不意味着这三个科目的数额完全由是否调平资产负债表来决定。银行存款和短期借款除了解决企业短期资金短缺的问题，还是企业经营中必要的内容，所以，在估计这三个项目时，首先要考虑的是一个根据历史水平估计的正常余额，然后才是调平资产负债表的问题。另一个问题是，当我们调整短期借款时，必然会引起财务费用的改变，而财务费用的改变又进而会影响净利润和未分配利润，这样就会使已经平衡的资产负债表又变得不平衡。因此，如果对短期借款的调整金额较大，可能就需要调整财务费用和其他相关的科目，即进行第二次调整，甚至可能需要经过若干次的调整，逐渐达到资产负债表的最终平衡。

**（六）第六步：预测现金流量表**

在得到模拟的资产负债表和利润表之后，模拟现金流量表就可以按照我们前面讲到的用间接法推算现金流量表的办法得到了。这里我们不再赘述具体的推算过程。

# 习 题

## 一、思考题

**Q5-1** 反映营运能力的财务指标有哪些？如何应用？

**Q5-2** 反映偿债能力的财务指标有哪些？如何应用？

**Q5-3** 反映盈利能力的财务指标有哪些？如何应用？

**Q5-4** 张文刚刚进入一家银行的信贷部门工作，在接受完培训之后，张文拿到了一张审批贷款时需要使用的财务比率表，张文向主管询问这些是否就是影响公司偿债风险的全部财务比率。你认为主管应该如何回答张文的问题？

**Q5-5** 流动比率说明什么？管理者希望流动比率较高还是较低？

**Q5-6** 管理者如何应用存货周转率改善公司的经营？

**Q5-7** 总资产报酬率与净资产报酬率有什么区别？净资产报酬率的组成部分有哪些？这些部分分别用什么来衡量？

**Q5-8** 提高财务杠杆是否能够提高对股东的回报率？

**Q5-9** 如果公司的应收账款周转率与存货周转率呈反向变动，这可能说明什么问题？

## 二、练习题

### E5-1 选择最恰当的答案

（1）财务比率

（A）仅提供众多分析工具中的一种而已

（B）本身就是分析目的，能够解决相关问题

（C）具有预测未来的功能

（D）只能指出企业所隐藏的弱点，但是无法指出优点

（2）某公司于 20×8 年 12 月 31 日冲销存货中的损坏品 100 000 元，此项冲销将使下列哪一项比率降低？

（A）流动比率和速动比率均降低

（B）只有流动比率降低

（C）只有速动比率降低

（D）流动比率和速动比率均不降低

（3）某公司 20×8 年 12 月 31 日收到某大客户还来应收账款，这将使以下哪个财务比率提高？

（A）存货周转率

（B）应收账款周转率

（C）流动比率

（D）速动比率

（4）某公司 20×8 年和下一年连续两个会计年度终了日的有关资料如下：

| | |
|---|---|
| 速动比率（20×9 年） | 3.0 |
| 流动比率（20×9 年） | 3.5 |
| 流动负债（20×9 年）/元 | 600 000 |
| 存货（20×8 年）/元 | 500 000 |
| 存货周转率（20×9 年） | 8.0 |

则该公司 20×9 年的营业成本应为多少?

(A) 1 600 000 元

(B) 2 400 000 元

(C) 3 200 000 元

(D) 6 400 000 元

(5) 某公司 20×8 年 12 月 31 日有关会计资料如下:

| | |
|---|---|
| 流动比率 | 2.0 |
| 速动比率 | 1.5 |
| 流动负债/元 | 120 000 |
| 存货周转率 | 8.0 |
| 毛利率/% | 40 |

另外知道该公司在 20×8 年内存货水平始终维持不变,则该公司 20×8 年的营业收入净额为多少?

(A) 240 000 元

(B) 480 000 元

(C) 800 000 元

(D) 1 200 000 元

(6) 如果负债对股东权益的比率提高,则下列哪项指标也会提高?

(A) 利息收入倍数

(B) 负债对总资产比率

(C) 净资产报酬率

(D) 流动比率

(7) 以赊销购入商品,则:

(A) 提高流动比率

(B) 降低流动比率

(C) 对流动比率无影响

(D) 增加营业费用

(E) 降低毛利率

(8) 某公司的流动比率为 2∶1。下列哪种情况发生时,将使此项比率降低?

(A) 收到 5%持有的作为交易性金融资产核算的股票股利

(B) 偿还流动负债中一笔巨额应付账款

(C) 开具 6 个月期应付票据

(D) 超过成本出售存货,并按永续盘存制列账

(9) 应收账款周转率过低表明:

(A) 信用政策过于宽松

(B) 信用政策过于严格

(C) 公司可能丧失一些好客户

(D) 与公司信用政策无关

(10) 某公司目前流动比率为 2∶1,本期净利 500 000 元,仅发行普通股票。该公司拟增进财务杠杆的作用,请问以下哪项措施是有帮助的?

(A) 增加负债,使净资产占总资产的比重降低,提高净利润与净资产的比率

(B) 降低每股账面净资产对每股收益的比率

(C) 提高流动比率,降低营运资本

(D) 降低总资产周转率和销售毛利率

**E5-2　财务指标之间的关系**

以下为某公司 20×9 年未完成的利润表:

单位:元

| | |
|---|---|
| 营业收入 | 248 000 |
| 营业成本 | (A) |
| 毛利 | (B) |
| 销售费用 | 60 000 |
| 管理费用 | 13 000 |
| 利息收入 | 4 000 |
| 利息费用 | (C) |
| 营业利润 | (D) |
| 营业外收入(支出) | (E) |
| 利润总额 | 31 400 |
| 所得税 | (F) |
| 净利润 | (G) |

要求:如果该公司的存货周转率为 5.0(期初和期末存货分别为 26 000 元和 30 000 元),营业利润率为 11%,净利润率为 7.5%,请计算上表括号中的相应数字。

**E5-3　同型比较**

下面的两张表是德州仪器公司(Texas Instruments, Inc.)2005—2009 年的利润表和资产负债表:

利　润　表　　　　　　　　　　　　　单位:百万美元

| | 2005 年 | 2006 年 | 2007 年 | 2008 年 | 2009 年 |
|---|---|---|---|---|---|
| 营业收入 | 12 335 | 14 255 | 13 835 | 12 501 | 10 427 |
| 营业成本 | 6 319 | 6 996 | 6 466 | 6 256 | 5 428 |
| 毛利 | 6 016 | 7 259 | 7 369 | 6 245 | 4 999 |
| 营业费用 | | | | | |
| 销售与管理费用 | 1 727 | 1 639 | 1 571 | 1 501 | 1 508 |
| 研究与开发支出 | 1 471 | 1 697 | 1 680 | 1 614 | 1 320 |
| 营业费用合计 | 3 198 | 3 336 | 3 251 | 3 115 | 2 828 |
| 营业利润 | 2 559 | 3 367 | 3 497 | 2 437 | 1 991 |
| 投资收益 | 196 | 258 | 195 | 44 | 26 |
| 利润总额 | 2 755 | 3 625 | 3 692 | 2 481 | 2 017 |
| 所得税 | 582 | 987 | 1051 | 561 | 547 |
| 停业部门(损)益 | 151 | 1703 | 16 | 0 | 0 |
| 净利润 | 2 324 | 4 341 | 2 657 | 1 920 | 1 470 |

资产负债表　　　　　　　　　　　　　单位:百万美元

| | 2005 年 | 2006 年 | 2007 年 | 2008 年 | 2009 年 |
|---|---|---|---|---|---|
| 流动资产 | | | | | |
| 货币资金 | 1 214 | 1 183 | 1 328 | 1 046 | 1 182 |
| 短期投资 | 4 116 | 2 534 | 1 596 | 1 494 | 1 743 |

续表

| | 2005 年 | 2006 年 | 2007 年 | 2008 年 | 2009 年 |
|---|---|---|---|---|---|
| 应收账款 | 1 648 | 1 774 | 1 742 | 913 | 1 277 |
| 存货 | 1 185 | 1 437 | 1 418 | 1 375 | 1 202 |
| 其他流动资产 | 1 249 | 926 | 834 | 962 | 710 |
| 流动资产合计 | 9 412 | 7 854 | 6 918 | 5 790 | 6 114 |
| 固定资产 | 3 730 | 3 950 | 3 609 | 3 304 | 3 158 |
| 长期投资 | 236 | 287 | 267 | 653 | 637 |
| 商誉和其他外购无形资产 | 737 | 910 | 953 | 931 | 1 050 |
| 其他长期资产 | 948 | 929 | 920 | 1 245 | 1 160 |
| 资产总计 | 15 063 | 13 930 | 12 667 | 11 923 | 12 119 |
| 流动负债 | | | | | |
| 短期借款 | 301 | 43 | | | |
| 应付账款 | 1 650 | 1 589 | 1 774 | 1 358 | 1 344 |
| 其他流动负债 | 426 | 446 | 251 | 174 | 243 |
| 流动负债合计 | 2 377 | 2 078 | 2 025 | 1 532 | 1 587 |
| 长期借款 | 329 | | | | |
| 其他长期负债 | 420 | 492 | 667 | 1 065 | 810 |
| 负债总额 | 3 126 | 2 570 | 2 692 | 2 597 | 2 397 |
| 股东权益总计 | 11 937 | 11 360 | 9 975 | 9 326 | 9 722 |
| 负债和股东权益合计 | 15 063 | 13 930 | 12 667 | 11 923 | 12 119 |

要求:

(1) 请计算德州仪器公司 2005—2009 年的同型利润表,并评价和解释该公司的经营绩效。

(2) 请计算德州仪器公司 2005—2009 年的同型资产负债表,并评价和解释该公司的财务状况。

**E5-4  财务指标之间的关系**

天马公司 20×2 年未完成的利润表和资产负债表如下所示。

利 润 表                                           单位:元

| 项　　目 | 20×2 年度 |
|---|---|
| 营业收入 | (A) |
| 营业成本 | 6 000 000 |
| 毛利 | (B) |
| 营业费用 | (C) |
| 利润总额 | (D) |
| 所得税 | (E) |
| 净利润 | (F) |

资产负债表                                           单位:元

| 项　　目 | 20×2 年 12 月 31 日 | 项　　目 | 20×2 年 12 月 31 日 |
|---|---|---|---|
| 资产 | | 负债 | |
| 流动资产 | | 流动负债 | |
| 现金 | 500 000 | 应付账款 | 350 000 |

| 项　　目 | 20×2 年 12 月 31 日 | 项　　目 | 20×2 年 12 月 31 日 |
|---|---|---|---|
| 应收账款 | (G) | 应付票据 | (K) |
| 存货 | (H) | 流动负债合计 | (L) |
| 流动资产合计 | (I) | 长期借款 | (M) |
| | | 负债总额 | (N) |
| 固定资产 | (J) | 股东权益 | |
| | | 股本 | (P) |
| | | 留存收益 | 800 000 |
| | | 股东权益总额 | (Q) |
| 资产总额 | 8 000 000 | 负债和股东权益合计 | 8 000 000 |

还有如下条件：

(1) 应收账款周转率为 10，赊销收入为 1 200 000 元，为总销售收入的 96%，应收账款期末余额为期初余额的 2 倍；

(2) 存货周转率为 5，期初存货余额为 1 500 000 元；

(3) 流动比率为 2；

(4) 负债占总资产的比率为 55%；

(5) 营业费用占营业收入的比重为 40%。

要求：请根据上述资料，为天马公司完成 20×2 年的利润表和资产负债表。

**E5-5　盈利能力指标分析**

盛弘公司最近 3 年的有关资料如下表所示：

| 项　　目 | 20×7 年 | 20×8 年 | 20×9 年 |
|---|---|---|---|
| 毛利率/% | 30 | 33.33 | 36 |
| 存货周转率/次 | 14 | 25 | 20 |
| 平均存货/元 | 140 000 | 72 000 | 76 800 |
| 平均应收账款/元 | 175 000 | 337 500 | 400 000 |
| 所得税率/% | 20 | 30 | 40 |
| 净利润率/% | 6 | 7 | 12 |

要求：

(1) 编制盛弘公司 3 年的比较利润表。

(2) 试评价该公司 3 年的销售、毛利率和净利润率。

(3) 计算 3 年的应收账款周转率(假设所有销售均为赊销)。

**E5-6　财务比率计算**

思科公司 2009 会计年度利润表和 2009 年 7 月 25 日会计年度终了时的资产负债表如下：

资产负债表　　　　　　　　　　　　　　　　　单位：百万美元

| 资产 | | 负债 | |
|---|---|---|---|
| 流动资产 | | 流动负债 | 13 655 |
| 现金 | 5 718 | 长期负债 | 10 295 |
| 交易性金融资产 | 29 283 | 其他负债 | 5 501 |

续表

| | | | |
|---|---|---|---|
| 应收账款 | 3 177 | 负债总额 | 29 451 |
| 存货 | 1 074 | 股东权益 | |
| 递延所得税资产 | 2 320 | | |
| 其他流动资产 | 2 605 | | |
| 流动资产合计 | 44 177 | 优先股 | 0 |
| | | 少数股东权益 | 30 |
| 固定资产 | 4 043 | 股本 | 34 344 |
| 商誉 | 12 925 | 留存收益 | 3 868 |
| 外购其他无形资产净额 | 1 702 | 其他权益 | 435 |
| 其他资产 | 5 281 | 股东权益总额 | 38 677 |
| 资产总额 | 68 128 | 负债和股东权益合计 | 68 128 |

| 利　润　表 | 单位:百万美元 |
|---|---|
| 营业收入 | 36 117 |
| 营业成本 | 13 023 |
| 毛利 | 23 094 |
| 销售与管理费用 | 9 968 |
| 研究与开发支出 | 5 208 |
| 其他支出 | 596 |
| 营业利润 | 7 322 |
| 利息收入 | 499 |
| 利息费用 | (128) |
| 利润总额 | 7 693 |
| 所得税 | 1 559 |
| 净利润 | 6 134 |

要求:

请计算以下财务比率,并对思科公司截至 2009 年 7 月 25 日的会计年度的经营情况和财务状况做出评价:

(1) 资产负债率;(2) 流动资产占总资产的比重;(3) 利息收入倍数;(4) 流动比率;(5) 应收账款周转率;(6) 存货周转率;(7) 净利润率;(8) 净资产报酬率;(9) 总资产报酬率。

**E5-7　财务比率计算和分析**

三义公司在向银行申请 30 000 元流动资金贷款时提供了如下报表:

| 资产负债表 | | | 单位:元 |
|---|---|---|---|
| **项　　目** | **20×2 年 12 月 31 日** | **项　　目** | **20×2 年 12 月 31 日** |
| 流动资产 | | 流动负债 | |
| 　现金 | 14 200 | 　应付账款 | 24 300 |
| 　应收账款 | 46 400 | 　应付税金 | 12 600 |
| 　存货 | 41 800 | 长期负债 | |
| 　预付账款 | 3 000 | 　长期债券 | 50 000 |
| 固定资产 | 98 000 | 股东权益 | |

| 项　　目 | 20×2年12月31日 | 项　　目 | 20×2年12月31日 |
|---|---|---|---|
| 累计折旧 | 21 400 | 股本 | 75 000 |
| 固定资产净值 | 76 600 | 留存收益 | 20 100 |
| 资产总额 | 182 000 | 负债和股东权益合计 | 182 000 |

利　润　表　　　　　　　　　　　　　　单位:元

| 项　　目 | 20×2年度 |
|---|---|
| 营业收入净额(假定均为赊销) | 123 000 |
| 营业成本 | 77 800 |
| 毛利 | 45 200 |
| 营业费用 | 36 000 |
| 净利润 | 9 200 |

要求:

(1) 计算三义公司的流动比率、速动比率、应收账款周转率、存货周转率、资产负债率、总资产报酬率和净利润率。

(2) 根据上述资料,你认为银行是否应该同意为三义公司贷款?请说明理由。

**E5-8　营运能力分析**

金龙公司20×2年度和20×3年度的相关资料如下表所示:

单位:元

| 项　　目 | 20×2年度 | 20×3年度 |
|---|---|---|
| 利润表相关资料: | | |
| 营业收入 | 644 000 | 830 000 |
| 净利润 | 38 600 | 43 200 |
| 资产负债表相关资料: | | |
| 流动资产 | 160 000 | 164 000 |
| 固定资产 | 156 000 | 168 000 |
| 资产总额 | 316 000 | 332 000 |
| 流动负债 | 92 000 | 80 000 |
| 长期负债 | 60 000 | 76 000 |
| 负债总额 | 152 000 | 156 000 |
| 股东权益 | 164 000 | 176 000 |
| 负债和股东权益合计 | 316 000 | 332 000 |

要求:

(1) 计算金龙公司的净利润率、总资产周转率、总资产报酬率、净资产报酬率和资产负债率。

(2) 假定金龙公司无法提高产品售价和增加销售量,也无法改变资本结构,那么公司有什么办法可以提高自己的净资产报酬率?

**E5-9　营运能力与短期偿债能力分析**

下面是波音公司2006—2009年的相关资料:

单位：百万美元

| | 2009 年 | 2008 年 | 2007 年 | 2006 年 |
|---|---|---|---|---|
| 营业收入（均为赊销） | 68 281 | 60 909 | 66 387 | — |
| 营业成本 | 56 540 | 50 352 | 53 402 | — |
| 毛利 | 11 741 | 10 557 | 12 985 | — |
| 应收账款 | 5 785 | 5 602 | 5 740 | 5 285 |
| 存货 | 16 933 | 15 612 | 9 563 | 8 105 |
| 应付账款 | 7 096 | 5 871 | 5 714 | 5 643 |

要求：

（1）计算波音公司的应收账款周转率和存货周转率，并分析其变化趋势。

（2）简短评价波音公司 2007—2009 年度的短期偿债能力。

**E5-10　净资产报酬率与财务杠杆**

某公司总资产报酬率为 10%，假设该公司没有任何负债，该公司总资产为 100 万元，税率为 20%，该公司准备借一些债来回购一部分股票。银行指出，如果该公司借债的话，将按照下表根据不同的债务比例（负债/股东权益）来确定贷款利率。

**某公司贷款利率与负债比例的关系**

| 负债与股东权益之比 | 0.25 | 0.50 | 1.00 | 1.50 | 2.00 |
|---|---|---|---|---|---|
| 贷款利率/% | 6 | 8 | 10 | 12 | 15 |

要求：

（1）公司目前的净资产报酬率是多少？

（2）净资产报酬率和总资产报酬率之间遵循下面的数量关系：

净资产报酬率＝总资产报酬率＋[（总资产报酬率－债务利率）×负债÷股东权益]

根据上述数量关系，计算在表中所示的不同债务水平下，该公司的净资产报酬率分别是多少？

（3）上面的计算结果对你有什么启发？

**E5-11　杜邦分析法**

下表是迪斯尼公司两年的会计报表，根据该表的数据回答以下问题：

**迪斯尼公司的会计报表**　　　　　　　　　　　　单位：百万美元

| 项　　目 | 2009 年 | 2008 年 |
|---|---|---|
| **利润表** | | |
| 营业收入 | 36 149 | 37 843 |
| 成本和费用 | （30 452） | （30 400） |
| 业务重组费用 | （492） | （39） |
| 其他收益（损失） | 342 | （59） |
| 财务费用 | （466） | （524） |
| 投资收益 | 577 | 581 |
| 所得税 | （2 049） | （2 673） |
| 净利润 | 3 609 | 4 729 |
| **资产负债表** | | |
| 现金及现金等价物 | 3 417 | 3 001 |
| 应收账款 | 4 854 | 5 373 |
| 存货 | 1 271 | 1 124 |

| 项　　目 | 2009 年 | 2008 年 |
|---|---|---|
| 电视制作费(televison cost) | 631 | 541 |
| 递延所得税资产 | 1 140 | 1 024 |
| 其他流动资产 | 576 | 603 |
| 流动资产合计 | 11 889 | 11 666 |
| 电影和电视制作费(film and television cost) | 5 125 | 5 394 |
| 长期投资 | 2 554 | 2 249 |
| 固定资产净值 | 17 597 | 17 532 |
| 无形资产净值 | 2 247 | 2 428 |
| 商誉 | 21 683 | 21 465 |
| 其他资产 | 2 022 | 1 763 |
| 资产合计 | 63 117 | 62 497 |
| 流动负债 | 8 934 | 11 591 |
| 长期借款 | 11 495 | 11 110 |
| 递延所得税负债 | 1 819 | 2 350 |
| 其他长期负债 | 5 444 | 3 779 |
| 股东权益 | 35 425 | 33 667 |
| 负债和所有者权益合计 | 63 117 | 62 497 |
| **经营活动现金流量** | | |
| 净利润 | 3 609 | 4 729 |
| 折旧 | (17 395) | (16 310) |
| 其他调整 | 19 390 | 17 027 |
| 合计 | 5 604 | 5 446 |

要求：

(1) 利用杜邦分析法计算影响净资产报酬率的三个最重要的财务指标,并由此计算迪斯尼的净资产报酬率。

(2) 分析造成迪斯尼公司两年的净资产报酬率发生变化的两个主要因素是什么？你认为是什么原因引起了这两个因素的变化？

### 三、讨论题

**P5-1　财务比率的行业差异**

有 9 家公司分别来自下面 9 个不同的行业,它们分别是：

(1)航天;(2)航空;(3)化学制药;(4)计算机软件;(5)食品;(6)百货商店;(7)金融;(8)报业;(9)电气。

**不同行业的 9 家公司**　　　　　　　　　　　　　　　　单位:%

| 项　　目 | 1 | 2 | 3 | 4 | 5 | 6 | 7 | 8 | 9 |
|---|---|---|---|---|---|---|---|---|---|
| 现金和短期投资 | 2 | 13 | 37 | 1 | 1 | 3 | 1 | 22 | 6 |
| 应收账款 | 17 | 8 | 22 | 28 | 23 | 5 | 11 | 16 | 8 |
| 存货 | 15 | 52 | 15 | 23 | 14 | 2 | 2 | 0 | 5 |

ACCOUNTING 会 计 学

续表

| 项　目 | 1 | 2 | 3 | 4 | 5 | 6 | 7 | 8 | 9 |
|---|---|---|---|---|---|---|---|---|---|
| 其他流动资产 | 6 | 0 | 5 | 1 | 4 | 2 | 2 | 1 | 0 |
| 流动资产 | 40 | 73 | 79 | 53 | 42 | 12 | 16 | 39 | 19 |
| 固定资产原值 | 86 | 40 | 26 | 44 | 63 | 112 | 65 | 1 | 106 |
| 折旧 | 50 | 19 | 8 | 15 | 23 | 45 | 28 | 0 | 34 |
| 固定资产净值 | 36 | 21 | 18 | 29 | 40 | 67 | 37 | 1 | 72 |
| 长期投资 | 3 | 1 | 0 | 0 | 3 | 14 | 16 | 55 | 0 |
| 无形资产 | 21 | 5 | 3 | 18 | 15 | 7 | 31 | 5 | 9 |
| 资产合计 | 100 | 100 | 100 | 100 | 100 | 100 | 100 | 100 | 100 |
| 应付账款 | 11 | 21 | 22 | 13 | 26 | 7 | 11 | NA | 20 |
| 短期借款 | 4 | 0 | 3 | 6 | 4 | 6 | 2 | 46 | 4 |
| 其他流动负债 | 9 | 43 | 0 | 0 | 1 | 4 | 1 | 16 | 8 |
| 流动负债 | 24 | 64 | 25 | 19 | 31 | 17 | 14 | 62 | 32 |
| 长期借款 | 20 | 5 | 12 | 27 | 23 | 34 | 24 | 27 | 21 |
| 其他负债 | 16 | 0 | 1 | 21 | 16 | 12 | 13 | 5 | 12 |
| 负债总额 | 60 | 69 | 38 | 67 | 70 | 63 | 51 | 94 | 65 |
| 股东权益 | 40 | 31 | 62 | 33 | 30 | 37 | 49 | 6 | 35 |
| 负债和股东权益合计 | 100 | 100 | 100 | 100 | 100 | 100 | 100 | 100 | 100 |

**同型利润表**　　　　　　　　　　　　　　单位:%

| 项目/公司 | 1 | 2 | 3 | 4 | 5 | 6 | 7 | 8 | 9 |
|---|---|---|---|---|---|---|---|---|---|
| 营业收入 | 100 | 100 | 100 | 100 | 100 | 100 | 100 | 100 | 100 |
| 营业成本 | 58 | 81 | 58 | 63 | 52 | 0 | 59 | 0 | 0 |
| 营业费用 | 21 | 7 | 24 | 28 | 33 | 84 | 29 | 55 | 91 |
| 研究与开发 | 7 | 5 | 9 | 0 | 1 | NA | 0 | 0 | 0 |
| 广告费用 | 3 | 0 | 3 | 2 | 5 | NA | NA | 0 | 2 |
| 营业利润 | 11 | 7 | 6 | 7 | 9 | 16 | 12 | 45 | 7 |
| 净利息支出(收益) | 1 | (1) | 0 | 2 | 2 | 6 | 3 | 41 | 1 |
| 税前营业利润 | 10 | 8 | 6 | 5 | 7 | 10 | 9 | 4 | 6 |
| 资产周转率 | 0.96 | 1.12 | 0.94 | 1.38 | 1.82 | 0.45 | 0.96 | 0.15 | 0.96 |

要求:

(1) 根据上表所给出的同型会计报表,指出每家公司所属的行业。

(2) 简单说明你是根据资产负债表和利润表的何种特征做出上述判断的。

**P5-2　青岛啤酒和燕京啤酒财务比率计算和分析**

下表是青岛啤酒和燕京啤酒某年的会计报表,根据报表回答以下问题:

(1) 分别计算两家公司当年的流动比率、速动比率、资产负债率、应收账款周转率、存货周转率、总资产周转率、净利润率、毛利率、总资产报酬率和净资产报酬率。

(2) 根据青岛啤酒与燕京啤酒的对比情况,并结合现金流量表,作为债权人,你会选择向哪家银行提供贷款?

| 项　目 | 青岛啤酒 | | 燕京啤酒 | |
|---|---|---|---|---|
| | 当年 | 上年 | 当年 | 上年 |
| 流动资产: | | | | |
| 货币资金 | 1 236 | 1 476 | 1 024 | 406 |
| 应收账款 | 1 022 | 936 | 84 | 86 |
| 减:坏账准备 | −184 | −116 | −40 | 0 |
| 存货 | 700 | 726 | 652 | 602 |
| 预付及其他应收款 | 664 | 496 | 120 | 140 |
| 流动资产合计 | 3 438 | 3 518 | 1 876 | 1 234 |
| 固定资产: | | | | |
| 固定资产净值 | 3 054 | 2 412 | 1 936 | 1 556 |
| 在建工程 | 416 | 754 | 904 | 268 |
| 固定资产合计 | 3 470 | 3 166 | 2 840 | 1 824 |
| 长期投资及无形资产 | 956 | 964 | 84 | 86 |
| 资产总计 | 7 864 | 7 648 | 4 800 | 3 144 |
| 流动负债: | | | | |
| 短期借款 | 1 630 | 1 700 | 10 | 134 |
| 应付账款 | 570 | 610 | 30 | 50 |
| 应付税金 | 98 | 56 | 258 | 392 |
| 预收及其他应付款 | 456 | 544 | 86 | 42 |
| 流动负债合计 | 2 754 | 2 910 | 384 | 618 |
| 长期负债 | 616 | 460 | 14 | 310 |
| 负债合计 | 3 370 | 3 370 | 398 | 928 |
| 股东权益: | | | | |
| 股本 | 1 800 | 1 800 | 1 108 | 620 |
| 资本公积 | 1 814 | 1 796 | 2 540 | 1 224 |
| 盈余公积 | 266 | 222 | 216 | 72 |
| 未分配利润 | 614 | 460 | 528 | 300 |
| 股东权益合计 | 4 494 | 4 278 | 4 402 | 2 216 |
| 负债及股东权益合计 | 7 864 | 7 648 | 4 800 | 3 144 |

利　润　表　　　　　　　　　　　　　　单位:百万元

| 项　目 | 青岛啤酒 | | 燕京啤酒 | |
|---|---|---|---|---|
| | 当年 | 上年 | 当年 | 上年 |
| 营业收入 | 3 446 | 2 968 | 2 656 | 2 344 |
| 减:营业成本 | −2 142 | −2 040 | −1 416 | −1 376 |
| 营业税金及附加 | −250 | −176 | −376 | −334 |
| 毛利 | 1 054 | 752 | 864 | 634 |
| 销售费用 | −480 | −306 | −90 | −80 |
| 管理费用 | −316 | −324 | −128 | −108 |
| 营业利润 | 258 | 122 | 646 | 446 |
| 财务费用 | −22 | 60 | 2 | −22 |

| 项　目 | 青岛啤酒 | | 燕京啤酒 | |
|---|---|---|---|---|
| | 当年 | 上年 | 当年 | 上年 |
| 营业外收支 | 20 | −4 | 16 | 18 |
| 利润总额 | 256 | 178 | 664 | 442 |
| 减：所得税 | −58 | −58 | −100 | −68 |
| 净利润 | 198 | 120 | 564 | 374 |

现金流量表（当年数）　　　　　　　　　单位：百万元

| 项　目 | 青岛啤酒 | 燕京啤酒 |
|---|---|---|
| 一、经营活动现金流量 | | |
| 销售产品得到的现金 | 3 900 | 2 828 |
| 收到及退回的增值税款 | 52 | 450 |
| 购买商品支付的税金 | −1 904 | −1 794 |
| 支付给职工的现金 | −286 | −122 |
| 支付的各种税款 | −530 | −1 014 |
| 支付的其他现金 | −884 | −204 |
| 经营活动现金净流量 | 348 | 144 |
| 二、投资活动现金流量 | | |
| 投资收回 | 474 | 0 |
| 股利及利息收入 | 12 | 0 |
| 购建长期资产 | −418 | −552 |
| 其他投资收益 | −130 | 0 |
| 投资活动现金净流量 | −62 | −552 |
| 三、融资活动现金流量 | | |
| 发行股份所得现金 | 0 | 1 640 |
| 借款得到的现金 | 1 432 | 12 |
| 偿还债务 | −1 322 | −590 |
| 偿付利息 | −162 | −38 |
| 融资活动现金净流量 | −52 | 1 026 |
| 现金净流量 | 234 | 618 |

**P5-3　财务指标影响因素**

以下是兰斯公司的相关财务数据：

单位：%

| 项　目 | 20×1 年度 | 20×2 年度 | 20×3 年度 | 20×4 年度 | 20×5 年度 |
|---|---|---|---|---|---|
| 营业收入 | 100.0 | 100.0 | 100.0 | 100.0 | 100.0 |
| 营业成本 | 55.0 | 53.4 | 54.5 | 57.0 | 57.6 |
| 毛利 | 45.0 | 46.6 | 45.5 | 43.0 | 42.4 |
| 销售与管理费用 | 39.7 | 38.8 | 37.9 | 38.0 | 36.0 |
| 其他费用 | 3.0 | 2.7 | 3.0 | 2.0 | 2.8 |
| 净利润 | 2.3 | 5.1 | 4.6 | 3.0 | 3.6 |

要求：

(1) 举出三个可能影响表中毛利数字的因素。

(2) 邮寄广告费属于销售和管理费用,这部分费用占营业收入的比重在过去几年稳定上涨(1994年时只有32.4%)。讨论有什么因素会影响邮寄广告费的支出,并讨论兰斯公司通过哪些手段可以控制这部分开支,并指出每种办法下营业收入会受到何种影响。

**P5-4　搜集信息、综合分析**

收集贵公司(或你朋友工作的公司)过去3年的会计报表,回答以下问题:

(1) 计算你认为重要的财务比率,并进行趋势分析。

(2) 你认为贵公司的会计报表中有没有什么利润来源属于一次性项目(以后继续发生的可能性很小)? 如果有,请指出是什么,以及你在回答问题(1)时需要做哪些相应的调整?

(3) 尝试通过与同事交谈来了解一些额外的信息,分析导致公司最近一年营业收入、毛利率和净利润变化的原因是什么?

(4) 在上市公司中找一家与贵公司主营业务相近的企业,计算该公司过去2～3年的财务比率。将两家公司的财务比率进行比较,解释双方相近与不同的地方。

(5) 在完成上述分析之后,你认为下一步应该对哪些领域进行更深入的分析?

**P5-5　美国捷运公司受骗案**

著名投资大师沃伦·巴菲特在其近40年的投资生涯中曾经遇到过这样一件事,他大量持有股权的美国捷运公司由于受到诈骗案的影响而利润大幅度下滑。

美国捷运是当时率先推出信用卡业务的企业,而且业务进展非常顺利,被投资者和顾客广泛看好。但是不幸的是,一个臭名昭著的诈骗犯看准了美国捷运,他改头换面,成立了一家食用油公司,并把价值上千万美元的食用油保存在美国捷运的一个仓库里,得到了由美国捷运签发的食用油提货单。但是不久之后,美国捷运在年度审计中发现那些所谓的食用油实际上是海水,骗子利用油比水轻的特点蒙混过关。这样一来,美国捷运就面临着巨额的赔偿。虽然美国捷运可以通过法律程序解决这件事,但需要很长时间,而对于一家以发行信用卡为主要业务的公司来说,信誉比生命还重要,因此美国捷运只好承担了全部的损失,这使得其当年的业绩大幅度下滑,其股票价格也急速下降。

在这样的情况下,假如你是巴菲特的投资顾问,你可以给他继续买进、保持不动和大量卖出三个投资建议中的任何一个,你将向他提出何种建议? 并简单说明你的理由。

**P5-6　对海螺型材2001年年度报告的质疑**

2002年2月4日,和讯网刊登一篇质疑海螺型材财务业绩的文章,全文如下:

## 海螺型材(000619):绩优有疑问 *

孙进山　飞　草　王纪平

海螺型材(000619)2000—2001年报充分显示该股高成长性、高收益性、高派现及较强的现金获取能力特征。2001年业绩:净利润1.88亿元,净资产收益率48.76%,每股收益1.26元,每股经营活动产生的净现金流量1.49元,10股派2元(含税);2000年业绩:净利润0.98亿元,净资产收益率37.96%,每股收益0.65元,每股经营活动产生的净现金流量0.36元,2000年中期10派0.8送4转增6。

笔者一直对净资产收益率超过15%的个股业绩持谨慎态度,对该股也不例外。银广夏、蓝田股份神话相继破灭之后,还有如此绩优股,真是令人刮目相看。我们研读了海螺型材近两年的公开信息,直觉海螺型材业绩很玄,海螺型材业绩是否真实还有待考证,分述如下(本文数据如无特殊说明,均为万元)。

## 一、涉税事项存在重大疑问

据 2001 年年报披露:海螺型材增值税税率是 17%(根据皖高科字[2001]044 号文及安徽省政府省政(1999)48 号文的有关规定,本公司自 2000 年起至 2002 年止享受高新技术产品增值税返还优惠政策);海螺型材城市维护建设税税率 7%,教育费附加税率 3%,两者合计 10%,税基是应交流转税。

海螺型材企业所得税税率为 33%(根据芜湖经济开发区管委会于 2000 年 6 月 20 日关于本公司所得税优惠政策的批复,本公司 2000 年度执行所得税率为 15%,且开始享受"两免三减半"的税收优惠政策。根据安徽省财政厅财预[2001]101 号文件批准,本公司所得税税率为 33%,所得税"两免三减半"的税收优惠政策自 2000 年开始计算,2002—2004 年享受减半征收政策。所得税的减免通过列收列支的方式予以返还。)

从以上税收政策可以看出,海螺型材要是想造假,则其造假成本极低:增值税(部分)、所得税(全部)先征后还。下面我们分析一下该公司涉税情况:

1. 增值税

单位:元

| 项 目 | 2001 年度 | 2000 年度 |
|---|---|---|
| 城市维护建设税 | 1 817 727.89 | 3 011 591.91 |
| 教育费附加 | 816 354.33 | 1 327 913.02 |
| 合 计 | 2 634 082.22 | 4 339 504.93 |

从上表我们可以推算,2001 年海螺型材交了 2 634 万元增值税(2 634 082.22÷10%),2000 年交了 4 340 万元增值税(4 339 504.93÷10%),下面再计算其销售额。

2000 年、2001 年报部分科目余额表如下:

单位:万元

| 项 目 | 2001 年 12 月 31 日 | 2000 年 12 月 31 日 | 2000 年 1 月 1 日 |
|---|---|---|---|
| 存货 | 14 654 | 14 842 | 4 604 |
| 其中:原材料 | 8 324 | 10 763 | 1 898 |
| 预付账款 | 1 686 | 5 001 | 3 633 |
| 应付票据 | 7 068 | 7 136 | 0 |
| 应付账款 | 3 094 | 2 034 | 788 |
| 应交增值税 | −686 | −100 | −954 |

2001 年购买商品、接受劳务的支付现金是 91 031 万元,2000 年是 69 093 万元,由此大概可以推算该公司 2001 年购进货物 95 608 万元(含税),2000 年 76 107 万元(含税),则当期进项税额是 2001 年 13 891 万元、2000 年 11 058 万元。再根据期末应交增值税变化情况,笔者推算该公司 2001 年销项税额是 15 939 万元、2000 年是 16 252 万元,亦即 2001 年销售额是 93 759 万元、2000 年销售额是 95 600 万元,而其报表数 2001 年是 107 775 万元、2000 年是 63 508 万元,分别相差 14 016 万元和 32 092 万元。当然,以上计算要建立在很多假设基础上,如所有购进货物都可以按 17% 进项税额抵扣等。

此外,2001 年年报披露,"根据安徽省科委皖高科字[2001] 044 号文及安徽省政府省政(1999)48

号文,本公司享受高新技术产品增值税返还优惠政策,本年度实际收到财政返还 2000 年度硬聚氯乙烯异型材已交纳增值税额的 25%,共计 6 378 858.95 元"。该公司主要产品就是硬聚氯乙烯异型材,按此测算,该公司 2000 年只交了 2 552 万元左右的增值税,与前面测算的 4 340 万元相差甚远。

2. 所得税

该公司母公司 2001 年所得税竟是－838 万元,笔者实在不明白,既然是先征后返,本期合并利润总额是 18 482 万元,按 33% 计提,应提所得税 6 099 万元,为什么不提呢?

2001 年年报披露:"所得税由原来的免征变更为先征后返,该项变更影响 2001 年度调减年初未分配利润计 25 882 248.09 元,追溯调减 2000 年度净利润计 32 277 810.11 元,转回 2000 年度计提的盈余公积 6 455 562.02 元。"这说明 2000 年已追溯计提了,而 2001 年为什么就不计提? 既是先征后还,不知道 2000 年 3 228 万元所得税交了没有、退了没有?

**二、主营成本存在重大疑问**

| 项　　目 | 2001 年度 | 2000 年度 |
|---|---|---|
| 主营业务收入/元 | 107 775 | 63 508 |
| 减:主营业务成本/元 | 79 838 | 50 799 |
| 主营业务利润/元 | 27 674 | 12 274 |
| 主营业务利润率/% | 25.68 | 19.33 |

| 项　　目 | 2001 年 12 月 31 日 | 2001 年 6 月 30 日 | 2001 年 1 月 1 日 |
|---|---|---|---|
| 存货/元 | 14 654 | 17 806 | 14 842 |
| 其中:原材料/元 | 8 324 | 14 821 | 10 763 |

1. 根据报表公开数据推算

2001 年度主营业务税金及附加为 2 634 082.22 元,由此可以推算出 2001 年已交增值税为 26 340 822.20元。

根据企业销售产品的增值税率 17% 计算全年销项税

$$＝主营业务收入 1 077 752 396.73 × 17\% ＝ 183 217 907.44(元)$$

$$已抵扣进项税 ＝ 183 217 907.44 － 26 340 822.20 ＝ 156 877 085.42(元)$$

$$本期购进存货的进项税 ＝ 156 877 085.42 ＋ 6 856 461.06 － 1 000 460.91$$
$$＝ 162 733 085.57(元)$$

本期购进存货的成本约为(仅考虑能取得专用发票的购进存货)

$$162 733 085.57 ÷ 17\% ＝ 957 253 444.55(元)$$

本期应转为主营业务成本的存货约为

期初 107 626 468.0 ＋ 本期购进 957 253 444.55 － 期末 83 241 176.5 ＝ 981 638 736.05(元)

而 2001 年利润表中主营业务成本为 798 378 665.45 元,即使不考虑主营业务成本还要发生人员工资、折旧及其他费用,也比存货结转主营业务成本少反映 160 260 076.60 元。若根据其公开资料表明原材料约占总成本 73% 的水平推算,公司 2001 年可能是微利甚至亏损,当然这也需要本年的收入是真实的作为前提。

2. 根据年报披露的其他资料推算

2001 年年报披露:本公司 2001 年委托上海海螺建材国际贸易有限公司(以下简称"上海海螺")在国际市场购买材料价值 421 234 680.00 元;国际采购价格采取货比三家的市场商业原则。上述采购金额合计占本公司年度采购总量的 46.62%。

由此可以推算出海螺型材 2001 年全年的原材料采购总额大约为 90 354.91 万元(42 123.46 万元 ÷ 46.62%)。现金流量表中"购买商品、接受劳务支付的现金"项目为 91 030.96 万元,与购买原材料价款大体相符。由此可倒推出本年原材料净减少 79 648.4 万元(原材料期初余额 10 763 万元 ＋ 本期增加额 90 355 万元 ÷ 1.17 － 原材料期末余额 8 324 万元)。该存货减少数本应作为原材料成本计入主营业务成本,但该公司利润表中的"主营业务成本"项目只有 79 838 万元,而原料只占总成本的

73％,如此推算,2001年主营成本应为109 106.8万元,相差29 268.8万元。

3. 从现金流量表测算

前已述及,该公司2001年购进货物95 608万元(含税),由于原材料占总成本的73％(2000年年报和2001年中报均有述及),则考虑了存货余额增减变化,该公司2001年主营成本应是(95 608÷1.17－8 324＋10 763)÷73％＝115 281(万元),这与其79 838万元的报表成本相差甚远。同理,笔者测算2000年主营业务成本是76 964万元,与其报表成本50 799万元也相差甚远。

此外,该公司一些费用明显偏低,如营业费用、管理费用等。而且,根据2001年中报披露的数据,上半年进口原料9 020吨,占报告期原材料总购进的32％,那么上半年原材料总购进为2.82万吨,现金流量表上的购进商品的现金支出为60 719.6万元,在应付账款没有大幅变动的情况下,购进单价为2.15万元/吨。全年购进总金额为90 354万元,总购进量为4.20万吨。而2001年年报说型材销售达11万吨？在存货期末余额变动不大的情况下,4吨的原材料如何制造出11万吨的产品？投资者可以仔细算一下,售价可能出现倒挂现象。为什么？

**三、2001年中报、年报对比见异常**

海螺型材2001年中报及年报显示的经营性活动现金流及收入流:

单位:元

| 项　　目 | 2001年度 | 2001上半年 | 2001下半年 |
|---|---|---|---|
| 经营活动产生的现金流量 | | | |
| 销售商品、提供劳务收到的现金 | 124 846 | 62 089 | 62 757 |
| 收到的税费返还 | 7 424 | | 7 424 |
| 收到的其他与经营活动有关的现金 | 10 | 256 | －246 |
| 购买商品、接受劳务支付的现金 | 91 031 | 60 717 | 30 314 |
| 支付给职工以及为职工支付的现金 | 1 138 | 454 | 684 |
| 支付的各项税费 | 15 230 | 203 | 15 027 |
| 支付的其他与经营活动有关的现金 | 2 457 | 1 271 | 1 186 |
| 经营活动产生的现金流量净额 | 22 424 | －301 | 22 725 |
| 主营业务收入 | 107 775 | 44 062 | 63 713 |
| 减:主营业务成本 | 79 838 | 33 663 | 46 175 |

单位:元

| 项　　目 | 2001年12月31日 | 2001年6月30日 | 2001年1月1日 |
|---|---|---|---|
| 存货 | 14 654 | 17 806 | 14 842 |
| 其中:原材料 | 8 324 | 14 821 | 10 763 |
| 应付票据 | 7 068 | 1 350 | 7 136 |
| 应付账款 | 3 094 | 993 | 2 034 |
| 预付账款 | 1 086 | 1 305 | 5 001 |
| 应收票据 | 2 321 | 1 026 | 799 |
| 应收账款 | 1 079 | 2 302 | 1 185 |
| 预收账款 | 7 068 | 520 | 833 |

笔者通过以上两表推算,2001年上半年购进货物是57 786万元(含税),下半年是37 752万元(含税),则上半年销售成本应为(57 786÷1.17＋10 763－14 821)÷73％＝62 098(万元)(与报表33 663万元相差28 435万元),下半年是(37 752÷1.17＋14 821－8 324)÷73％＝53 101(万元)(与报表46 175万元相差6 926万元),这又该如何解释？

此外,也不知道 2001 年下半年"收到的税费返还 7 424 万元"是什么,更不能理解的是上半年各项税费只交了 203 万元,而下半年达到 15 230 万元;与此一样不可理解的是,2000 年上半年只交了 201 万元增值税。2001 年支付给职工以及为职工支付的现金只有 1 138 万元,10.8 亿元的销售额,所有支付给职工以及为职工支付的现金只占销售额的 1%。

**四、结语**

根据上述推算,结合该公司这两年的股价走势(1999 年起从 8 元开始起步,一直向上冲,2001 年最高价已达 58 元(复权后),最大涨幅 6 倍多,如今仍高居在 48 元(复权后)的天价之上)、股东人数(截至 2001 年 12 月 31 日,股东总数为 4 057 户)及公司的种种利好消息,我们不能排除该公司的业绩是为迎合市场某些看不见的股东的需要而包装出来的,我们将继续关注该股的会计信息质量。

要求:

讨论上述分析中的恰当和不恰当之处。

# 第六章

## 货币资金和应收项目

学习目的
XUE XI MU DI

1. 了解我国关于现金和银行结算的有关规定；

2. 了解备用金的核算方法；

3. 掌握银行余额调节表的编制；

4. 掌握商业汇票的核算方法；

5. 了解货币资金的内部控制制度；

6. 掌握应收账款的核算方法；

7. 掌握坏账的计算和核算方法；

8. 掌握应收票据及其贴现的核算方法。

**阅** 读、理解会计报表,十分重要的方面就是要理解、掌握会计报表项目的会计原则。从本章开始,到第十二章,将介绍会计报表主要项目的核算原则和方法,这些原则和方法也就是通常所说的公认会计原则,在我国主要体现为会计准则和会计制度的要求。尽管我国会计准则的国际化程度已经得到了很大的提高,但与国际会计准则仍有差别,这些差别大多体现在会计报表具体项目的确认和计量上面。

本章将讨论资产负债表中的货币性项目。货币资金的会计核算较为简单,但由于流动性很强,显得十分重要。应收项目,包括应收账款、应收票据和其他应收款,是对会计报表影响很大的项目,尤其是应收项目的质量以及坏账、坏票的估计。

# 第一节　货币资金内部控制

本章的货币资金包括库存现金、银行存款和其他货币资金。由于我国对货币资金管理较为严格,这三个项目在管理和核算上都有较大区别。

## 一、现金

这里的现金是指库存现金,即企业手头保存的现金。现金列为流动资产,在资产负债表中并入货币资金。

在会计核算中设置"库存现金"总账账户,企业发生现金收入和现金支出业务时,根据审核无误的原始凭证编制记账凭证据以记账。收到现金时,借记"库存现金"账户,贷记相应的有关账户;支出现金时,借记有关账户,贷记"库存现金"账户。

为加强对现金的有效管理,随时了解现金收付及余额状况,企业通常设置"现金日记账"[①],采用序时登记的方法将现金收支业务逐笔入账。每日终了,"现金日记账"的结余金额要与库存金额进行核对,做到账实相符;月份终了,"现金日记账"的余额要与总账余额进行核对,做到账账相符。

## 二、银行存款

### (一) 银行存款的结算方式

银行存款是企业存放在银行或其他金融机构的各种存款。按照国家有关法规,企业必须根据银行存款开户办法的有关规定,向银行申请开立存款结算账户,企业货币资金的收入和支出,除了按规定可用现金收付的款项外,其他款项必须通过银行办理结算。根据我国《银行结算办法》规定,企业通过银行办理的货币资金收付业务的主要结算方法有银行汇票、银行本票、商业汇票(商业承兑汇票和银行承兑汇票)、支票、委托收款、托收承付、信用证。

1. 银行汇票

银行汇票是汇款人将款项交存当地银行,由银行签发给汇款人持往异地办理转账

---

① 现金日记账格式参见第二章第六节。

结算或支取现金的票据。银行汇票一律记名,付款期为 1 个月,这种结算方式具有使用广泛、方便灵活、结算迅速、票随人到、兑现性强、剩余款项由银行负责退回等优点,适用于先收款后发货或钱货两清的商品交易。

2. 银行本票

银行本票是申请人将款项交存银行,由银行签发承诺其见票时据以办理转账结算或支付现金的票据。银行本票一律记名,允许背书转让,提示付款期限自出票日起最长不得超过 2 个月,逾期的银行本票,兑付银行不予办理,但签发银行可办理退款手续。银行本票见票即付,不予挂失,对于银行本票应视同现金一样,妥善保管。银行本票分为不定额和定额两种,不定额银行本票的金额起点为 100 元,定额银行本票面额为 1 000 元、5 000 元、10 000 元和 50 000 元。在西方,本票常常作为现金来流通,尤其是那些资本雄厚、信誉卓越的大银行或大公司所签发的本票可以视同现金,即通过背书或贴现将票据转让他人以换取现金。

3. 商业汇票

商业汇票是由收款人或付款人(或承兑申请人)签发,由承兑人承付,并于到期日向收款人或被背书人支付款项的票据。商业票据适用于先发货后收款或双方约定延期付款的商品交易。商业汇票一律记名,可在同城和异地使用。商业汇票按其承兑人的不同,分为商业承兑汇票和银行承兑汇票。

(1) 商业承兑汇票

商业承兑汇票是由收款人签发,经付款人承兑,或由付款人签发并承兑的票据。采用商业承兑汇票方式时,收款人或被背书人将要到期的商业承兑汇票送交银行,办理收款后,在收到银行的收款通知时,据以编制收款凭证;付款人在收到银行的付款通知时,据以编制付款凭证。

(2) 银行承兑汇票

银行承兑汇票是由收款人或承兑申请人签发,并由承兑申请人向银行申请,经银行审查同意承兑的票据。采用银行承兑汇票结算方式的,收款人或被背书人将要到期的银行承兑汇票、解讫通知连同进账单送交银行办理转账,然后根据银行盖章退回的进账单第一联编制收款凭证;付款人在收到银行的付款通知时,据以编制付款凭证。收款人或被背书人将未到期的商业汇票向银行申请贴现时,应按规定填制贴现凭证,连同汇票及解讫通知一并送交银行,然后根据银行的收账通知编制收款凭证。

采用商业汇票结算方式时应注意以下几个问题:

① 只有合法的商品交易才可签发商业汇票,不得签发无商业交易的汇票。

② 商业汇票承兑后,承兑人负有到期无条件支付票款的责任。如承兑人或承兑申请人账户不足支付票款,凡属商业承兑汇票的,银行将汇票退给收款人,由其自行处理,同时,银行对付款人处以罚款;凡属银行承兑汇票的,银行将对承兑申请人执行扣款,并对尚未扣回的金额计收罚息。

③ 商业汇票承兑期限,由交易双方商定,最长不超过 6 个月,如属分期付款,应一次签发若干张不同期限的汇票。

4. 支票

支票是银行的存款人签发给收款人办理结算或委托开户银行将款项支付给收款人的票据。支票是同城范围内应用较广的一种结算方式,具有方便、灵活等特点。支票分为现金支票和转账支票。现金支票可以直接从银行提取现金,也可以转账,但转账支票不能提取现金。支票一律记名,中国人民银行批准的地区可以背书转让。企业不准签发空头支票,否则银行除退票外,还按票面金额处以 5% 但不低于 1 000 元的罚款。转账支票在银行进账时,必须填制银行规定的进账单,收款人可据以编制收款凭证。

5. 委托收款

委托收款是收款人委托银行向付款人收取款项的结算方式。委托收款按款项划回方式不同分为邮划和电划两种。委托收款方式便利收款人主动收款,同城异地均可使用,凡在银行或其他金融机构开设账户的单位和个人的商品交易、劳务款项以及其他应收款项的结算,均可以使用委托收款结算方式。付款人开户银行接到收款人开户银行寄来的委托收款凭证,经审查无误,应及时通知付款人,付款人在接到通知后 3 日内付款或提出拒付。发生拒付时,银行不负责审查拒付理由,将拒付理由书和有关凭证及单证寄给收款人开户银行转交收款单位。委托收款结算方式适用于供货关系稳定、信用较好的企业或单位。

6. 托收承付

托收承付是指根据经济合同由收款人发货后委托银行向异地付款人收取款项,由付款人向银行承兑付款的结算方式。托收承付结算方式曾一度取消,后经国务院批准,中国人民银行决定从 1990 年 4 月 1 日起恢复这种结算方式。托收承付适用于计划性较强的商品交易。其主要特点是购销双方必须签订合法的经济合同,交易金额在 10 000 元以上,销货方根据合同规定先发货后收款。在实际经济业务中,托收承付结算方式多用于购销双方有长期经济业务往来,销货单位对购货单位的信誉比较了解的交易。承付货款有验单付款和验货付款两种形式。验单承付是付款单位以合同为依据,经审查银行转来的托收承付结算凭证、发票、发运证件等票证后,若符合合同规定即可承付,验单付款的付款期限从银行发出承付通知的次日算起为 3 天;验货承付是在检查销货单位发来的商品后承认付款,验货付款期从运输部门向付款单位发出提货通知的次日算起为 10 天。

7. 信用证

信用证结算方式是国际结算的一种主要方式。在我国只有从事进出口业务的外贸企业和对外经济合作企业才可采用这种方式。信用证是进口方银行应进口方要求,向出口方开立,以出口方按规定提供单据和汇票为前提的,支付一定金额的书面承诺。在我国出口企业的开证行是中国银行。采用信用证结算方式时,出口人(收款人)收到信用证后,即备货装运出口,签发汇票,连同信用证送交出口方银行,根据议付单据及退还的信用证等有关凭证编制收款凭证;进口方(付款人)在接到开证行的通知时,根据付款的有关单据编制付款凭证。

1989 年 4 月实行新的银行结算办法,规定单位和个人办理结算必须遵守三条结算纪律:不准出租出借账户;不准签发空头支票和远期支票;不准套用银行信用。规定银行在办理结算时的五条结算纪律:不准延压结算凭证;不准挪用、截留客户和他行的结算资金;未收妥款项不准签发银行汇票、本票;不准向外签发未办理汇款的汇款回单;不准拒绝受理客户和他行的正常结算业务。

### (二)银行存款的会计处理

1. 银行存款的核算

银行存款的核算是通过"银行存款"账户进行的,该账户的借方登记存款的增加额,贷方登记存款的减少额,余额在借方,表示银行存款的结余额。

银行存款核算分为序时核算和总分类核算,银行存款序时核算通过"银行存款日记账"进行。企业应根据开户银行和其他金融机构、存款种类分别设置"银行存款日记账",由出纳人员根据收付款凭证,按照业务发生顺序逐笔登记,每日终了,结出余额。有外币存款业务的企业必须按银行名称、存款种类和不同币别设置"银行存款日记账"。

银行存款核算业务包括存入现金或通过银行收入款项,提取现金或通过银行付出款项等,其总分类核算如下:

(1)将现金存入银行

借:银行存款

　　贷:库存现金

(2)从银行提取现金

借:库存现金

　　贷:银行存款

(3)开出支票,采购材料

借:材料采购

　　应交税费——应交增值税(进项税额)

　　　　贷:银行存款

(4)售出产品,货款存入银行

借:银行存款

　　贷:主营业务收入

　　　　应交税费——应交增值税(销项税额)

(5)收到购货单位前欠货款

借:银行存款

　　贷:应收账款——×××

**例 6-1** 甲公司购入原材料一批价款 20 000 元,支付增值税 3 400 元,开出转账支票一张。公司根据支票存根及发票编制会计分录如下:

借:材料采购　　　　　　　　　　　　　　　　20 000

　　应交税费——应交增值税(进项税额)　　　　3 400

　　　　贷:银行存款　　　　　　　　　　　　　　　　23 400

2. 银行存款的清查

为了确保银行存款的正确性,企业需要定期将银行存款日记账与银行对账单进行核对。在进行核对时,首先要对未达账项进行调整。这里的"未达账项"是指,由于凭证的传递所引起的企业和银行双方记账时间不一致,而导致一方已入账,另一方因尚未收到有关凭证而未入账的会计事项。未达账项有以下四种情况:

(1)企业已收款入账,而银行尚未入账;

(2)企业已付款入账,而银行尚未入账;

(3)银行已收款入账,而企业尚未入账;

(4)银行已付款入账,而企业尚未入账。

此外,还要检查企业和银行双方账目是否有误。在实际工作中,企业在收到银行的对账单后,应编制"银行存款余额调节表",经过调节,银行的账面余额应与企业的银行存款余额相符。

例 6-2  甲公司 20×2 年 9 月 30 日银行存款账面余额 18 560 元,银行对账单余额 20 880 元,经查对需要调节的项目如下:

(1)9 月 29 日邮寄在途存款一笔 1 580 元;

(2)未兑现支票三张:

$$\sharp 6402 \quad 1\,400\ 元$$
$$\sharp 6414 \quad 1\,500\ 元$$
$$\sharp 6420 \quad 2\,600\ 元$$

(3)太华公司所开的一张支票 4 500 元,银行错付了甲公司的账;

(4)银行代收永庆企业票据款 5 500 元已入账,未通知公司;

(5)银行收到益利公司金额为 2 550 元支票一张,因未经公司背书,被银行退回;

(6)银行已代扣手续费 50 元。

经过以上调节后双方余额相等,说明双方记账相符。如果调整后,双方余额不等,则应及时查明原因,各自更正。企业对未达账项要及时清理,对长期悬而未决的未达账项要及时查明原因并加以解决。对于银行已入账而企业尚未入账的未达账项,不能以"银行存款余额调节表"(如表 6-1 所示)作为记账依据,企业一定要等银行结算凭证到达后,方能据以入账。

表 6-1  银行存款余额调节表——××银行

20×2 年 9 月 30 日 单位:元

| 项　　　目 | 金　额 | 项　　　目 | 金　额 |
|---|---|---|---|
| 银行对账单余额 | 20 880 | 公司银行存款账面余额 | 18 560 |
| 加:在途存款 | 1 580 | 加:银行代收永庆企业票据 | 5 500 |
| 　　错入本公司太华公司支票 | 4 500 | | |
| 减:未兑现支票: | | 减:退回益利公司支票 | 2 550 |
| 　　♯6402 | 1 400 | 　　银行代扣手续费 | 50 |
| 　　♯6414 | 1 500 | | |
| 　　♯6420 | 2 600 | | |
| 调节后银行对账单余额 | 21 460 | 调节后公司银行存款余额 | 21 460 |

### 三、其他货币资金

企业在生产经营中,由于交易业务的需要,部分货币资金的存放地点和用途与库存现金和银行存款不同,为了反映这部分货币资金的收支情况,需要设置"其他货币资金"账户进行专门核算。其他货币资金包括外埠存款、银行汇票存款、银行本票存款、信用卡存款、信用证保证金存款、存出投资款等。实际工作中,企业在设置"其他货币资金"账户的同时,还应设置相应的明细账户,如"其他货币资金——外埠存款"、"其他货币资金——银行本票存款"等。

现以银行汇票结算方式举例。

**例 6-3** 甲公司发生银行汇票业务如下:

(1) 甲公司向银行填送"银行汇票委托书",汇款金额为 100 000 元。银行受理后,公司根据银行退回的结算凭证,编制会计分录如下:

```
借:其他货币资金——银行汇票              100 000
    贷:银行存款                                    100 000
```

(2) 公司收到购货发票,购货金额为 80 000 元,并支付增值税 13 600 元,共计 93 600 元,经审核无误后编制会计分录如下:

```
借:材料采购                               80 000
    应交税费——应交增值税(进项税额)      13 600
    贷:其他货币资金——银行汇票                     93 600
```

(3) 公司收到银行转来的银行汇票第四联,退回余额 6 400 元,编制会计分录如下:

```
借:银行存款                                6 400
    贷:其他货币资金——银行汇票                      6 400
```

(4) 公司收到银行汇票和解讫通知,并向银行办理收款手续,根据进账单编制会计分录如下:

```
借:银行存款                               93 600
    贷:主营业务收入                                 93 600
```

### 四、货币资金的内部控制

货币资金是企业的一项重要资产。企业一些主要经济业务始于货币资金、终于货币资金,为保证企业的正常经营,企业应对货币资金实行有效的计划和控制。2001 年 6 月 22 日,我国财政部以财会[2001]41 号文件发布了《内部会计控制规范——基本规范(试行)》和《内部会计控制规范——货币资金(试行)》(以下简称《规范》)。这两个规范作为《会计法》的配套规章,对规范企业货币资金的计划和控制有着重要意义。货币资金计划的主要内容是货币资金预算,企业通过按期编制货币资金预算表来预测下期货币资金的需求量,以保证企业有足够的货币资金进行经营和偿还债务,并将多余的货币资金用于投资。货币资金控制是根据内部控制制度的基本要求设计的,保证现金安全和有效运用的制度。货币资金是流动性较强也是最容易出问题的资产,对货币资金运用不相容职务相分离、授权批准等内部控制方法;对货币资金收入、保管、支付等全过程实施有效控制以保证货币资金的安全完整是货币资金内部控制的关键。

### (一) 现金

现金是流动性最强的资产,是可以立即投入流通的交换媒介,也是最容易被贪污、挪用、侵占的资产,加强现金的管理和控制,建立不相容职务相互分离、相互制约、相互监督的内控机制,才能保护现金资产的完整安全。企业的现金主要是库存现金,《规范》对现金控制做了以下规定:

1. 单位应当加强现金库存限额的管理,超过库存限额的现金应及时存入银行。

这里的库存现金限额是指为保证各单位日常零星支出,按规定允许留存的现金的最高数额。库存现金的限额,由开户银行根据开户单位的实际需要和距离银行远近等情况核定。其限额一般按照单位 3～5 天日常零星开支所需现金确定。远离银行或交通不便的企业,银行最多可以根据企业 15 天的正常开支需要量来核定库存现金的限额。库存限额一经核定,企业必须严格遵守,不能任意超过,超过限额的现金应及时存入银行。

2. 单位必须根据《现金管理暂行条例》的规定,结合本单位的实际情况,确定本单位现金的开支范围。不属于现金开支范围的业务应当通过银行办理转账结算。

国务院颁发的《现金管理暂行条例》中允许企业使用现金结算的范围是:(1)职工工资、津贴;(2)个人劳务报酬;(3)根据国家规定颁发给个人的科学技术、文化艺术、体育等各种奖金;(4)各种劳保、福利费用以及国家规定的对个人的其他支出;(5)向个人收购农副产品和其他物资的价款;(6)出差人员必须随身携带的差旅费;(7)零星支出;(8)中国人民银行确定需要支付现金的其他支出。属于上述现金结算范围的支出,企业可以根据需要向银行提取现金支付,不属于上述现金结算范围的款项支付一律通过银行进行转账结算。

3. 单位现金收入应当及时存入银行,不得用于直接支付单位自身的支出。因特殊情况需坐支现金的,应事先报经开户银行审查批准。

单位借出款项必须执行严格的授权批准程序,严禁擅自挪用、借出货币资金。

4. 单位取得的货币资金收入必须及时入账,不得私设"小金库",不得账外设账,严禁收款不入账。

### (二) 银行存款

《规范》在银行存款管理中规定:

1. 单位应当严格按照《支付结算办法》等国家有关规定,加强银行账户的管理,严格按照规定开立账户,办理存款、取款和结算。

单位应当定期检查、清理银行账户的开立及使用情况,发现问题,及时处理。

单位应当加强对银行结算凭证的填制、传递及保管等环节的管理与控制。

2. 单位应当严格遵守银行结算纪律,不准签发没有资金保证的票据或远期支票,套取银行信用;不准签发、取得和转让没有真实交易和债权债务的票据,套取银行和他人资金;不准无理拒绝付款,任意占用他人资金;不准违反规定开立和使用银行账户。

3. 单位应当指定专人定期核对银行账户,每月至少核对一次,编制银行存款余额调节表,使银行存款账面余额与银行对账单调节相符。如调节不符,应查明原因,及时处理。

4. 单位应当定期和不定期地进行现金和银行存款盘点,确保账面余额与实际相符。发现不符,及时查明原因,做出处理。

### (三) 货币资金

《规范》在货币资金内部控制中规定:

1. 单位应当建立货币资金业务的岗位责任制,明确相关部门和岗位的职责权限,确保办理货币资金业务的不相容岗位相互分离、制约和监督。

出纳人员不得兼任稽核、会计档案保管和收入、支出、费用、债权债务账目的登记工作。

单位不得由一人办理货币资金业务的全过程。

2. 单位办理货币资金业务,应当配备合格的人员,并根据单位具体情况进行岗位轮换。

办理货币资金业务的人员应当具备良好的职业道德,忠于职守,廉洁奉公,遵纪守法,客观公正,不断提高会计业务素质和职业道德水平。

3. 单位应当对货币资金业务建立严格的授权批准制度,明确审批人对货币资金业务的授权批准方式、权限、程序、责任和相关控制措施,规定经办人办理货币资金业务的职责范围和工作要求。

审批人应当根据货币资金授权批准制度的规定,在授权范围内进行审批,不得超越审批权限。

经办人应当在职责范围内,按照审批人的批准意见办理货币资金业务。对于审批人超越授权范围审批的货币资金业务,经办人员有权拒绝办理,并及时向审批人的上级授权部门报告。

4. 单位对于重要货币资金支付业务,应当实行集体决策和审批,并建立责任追究制度,防范贪污、侵占、挪用货币资金等行为。严禁未经授权的机构或人员办理货币资金业务或直接接触货币资金。

5. 单位应当加强与货币资金相关的票据的管理,明确各种票据的购买、保管、领用、背书转让、注销等环节的职责权限和程序,并专设登记簿进行记录,防止空白票据的遗失和被盗用。

6. 单位应当加强银行预留印鉴的管理。财务专用章应由专人保管,个人名章必须由本人或其授权人员保管。严禁一人保管支付款项所需的全部印章。

按规定需要有关负责人签字或盖章的经济业务,必须严格履行签字或盖章手续。

7. 单位应当建立对货币资金业务的监督检查制度,明确监督检查机构或人员的职责权限,定期和不定期地进行检查。货币资金监督检查的内容主要包括:

(1) 货币资金业务相关岗位及人员的设置情况。重点检查是否存在货币资金业务不相容职务混岗的现象。

（2）货币资金授权批准制度的执行情况。重点检查货币资金支出的授权批准手续是否健全，是否存在越权审批行为。

（3）支付款项印章的保管情况。重点检查是否存在办理付款业务所需的全部印章交由一人保管的现象。

（4）票据的保管情况。重点检查票据的购买、领用、保管手续是否健全，票据保管是否存在漏洞。

对监督检查过程中发现的货币资金内部控制中的薄弱环节，应当及时采取措施，加以纠正和完善。货币资金内部控制制度的建立，可使企业的货币资金管理形成完善的内部牵制和监督制约机制，强化风险控制、堵塞漏洞、消除隐患，保证企业财产的安全完整，从源头上治理腐败。

# 第二节  应 收 项 目

应收项目是指在一年或一个经营周期内可以收回的各项债权，在资产负债表上应收项目列示在流动资产中。会计实务中应收项目主要包括：(1)应收账款；(2)应收票据；(3)应收职工欠款；(4)应计未收款等。其中应计未收款指应计入本期但须在下期才能收回的款项，如应收利息、应收租金和股利等。以上项目中，应收职工欠款、应计未收款在其他相关章节进行论述，在应收项目中将重点介绍应收账款和应收票据。

## 一、应收账款

应收账款是指企业因销售商品或提供劳务而形成的债权。应收账款是企业在其经营过程中伴随赊销而发生的，随着赊销的不断增多，应收账款也日益增加，所以正确控制与核算应收账款，是企业会计实务的一项重要内容。

### （一）应收账款的入账金额

应收账款的入账金额通常就是因销售商品将来收回的价款，但是，如果在销售过程中发生了折扣，则存在应收账款是按照总额入账还是按照扣除折扣后的净额入账的问题。企业在销售中通常采用两种折扣方式：商业折扣和现金折扣。

1. 商业折扣

商业折扣又称数量折扣，通常是给予大量购买者或者老客户的价格优惠，发生商业折扣时，商品是以减去折扣后的价格成交。由于商业折扣不影响企业的现金流量，所以，销货方和购货方在会计记录上都无须反映商业折扣。例如，单价为 1 000 元的商品，现按 10% 的商业折扣出售，每件实际售价为 900 元[1 000×(1−10%)]。

2. 现金折扣

现金折扣又称销售折扣，是企业为了尽早回笼资金鼓励顾客早日付清货款而提供的一种折扣优惠。现金折扣通常表示为：2/10、1/20、$n$/30，即 10 天内付款折扣为 2%，30 天内付全额。例如，1 000 元的应收账款，付款条件为 2/10，$n$/30。

10 天内付款金额为：980 元[1 000×(1-2%)]；30 天内付款金额为 1 000 元。

这样一来，就出现了是按发票上的应收销货款入账，还是按实际收到的货款计入应收账款的问题。会计上主要有两种可供选择的方法，即：(1)总价法；(2)净价法。

### (二) 应收账款的会计处理

#### 1. 总价法

总价法是把现金折扣前的价额作为应收账款的入账金额，将来发生的现金折扣理解为给予客户因提早付款而获得的经济利益，作为融资费用，计入"财务费用"账户。

**例 6-4** 甲公司销售给客户商品，售价为 3 000 元，付款条件为 2/10，$n/30$。编制会计分录如下：

(1) 赊销时，按照现金折扣前的全价确认应收账款。

借：应收账款　　　　　　　　　　　　　　3 000
　　贷：主营业务收入　　　　　　　　　　　　　3 000

(2) 如果客户在 10 天之内付款，可以享受 2% 的折扣(60 元)。

借：银行存款　　　　　　　　　　　　　　2 940
　　财务费用　　　　　　　　　　　　　　　60
　　贷：应收账款　　　　　　　　　　　　　　3 000

(3) 如果客户在 30 天内付款，不享受任何折扣。

借：银行存款　　　　　　　　　　　　　　3 000
　　贷：应收账款　　　　　　　　　　　　　　3 000

假设增值税率为 17%。

(1) 赊销时。

借：应收账款　　　　　　　　　　　　　　3 510
　　贷：主营业务收入　　　　　　　　　　　　　3 000
　　　　应交税金——应交增值税(销项税额)　　　　510

(2) 客户于 10 天内付款。

借：银行存款　　　　　　　　　　　　　　3 439.80
　　财务费用　　　　　　　　　　　　　　　70.20
　　贷：应收账款　　　　　　　　　　　　　　3 510

(3) 客户于 30 天内付款。

借：银行存款　　　　　　　　　　　　　　3 510
　　贷：应收账款　　　　　　　　　　　　　　3 510

#### 2. 净价法

净价法是把扣减现金折扣后的金额作为应收账款的入账金额。这种方法认为一般客户都会提前付款，把客户得到折扣看成正常现象，而把由于客户丧失折扣所多收入的金额，理解为提供信贷所获得的收益。

**例 6-5** 依例 6-4，甲公司编制会计分录如下：

(1) 赊销时，按照现金折扣后的净额确认应收账款。

借：应收账款              2 940

  贷：主营业务收入            2 940

（2）如果客户在 10 天之内付款，享受现金折扣。

借：银行存款              2 940

  贷：应收账款             2 940

（3）客户在 30 天内付款。

借：银行存款              3 000

  贷：应收账款             2 940

    财务费用              60

此外，还有企业采用混合法入账，即销货发生时，销售收入按扣除现金折扣后的净额入账，应收账款按未扣除现金折扣前的发票总金额入账，其差额登记在"备抵销货折扣"账户。

在实务中，为记账方便，通常采用总价法按发票金额直接记账，我国的会计实务中也通常采用此方法。

### （三）销货退回和折让

企业售出的商品，可能因质量或其他原因被客户退回部分或全部，或者应客户要求而减让价款，对这些退回的商品或减让的货款应在"主营业务收入"账户进行核算。

**例 6-6** 依例 6-5，假设客户货款未付前退回不合格商品 1 000 元，剩余款项在 10 天之内支付。发生退货时甲公司编制会计分录如下：

借：主营业务收入            1 000

  贷：应收账款             1 000

客户在 10 天内支付合格品价款，公司编制会计分录如下：

借：银行存款              1 960

  财务费用               40

  贷：应收账款             2 000

### （四）应收账款减值（坏账）

按照企业会计准则，应收款项（包括应收账款和其他应收款）是在活跃市场中没有报价、回收金额固定或可确定的非衍生金融资产。对于有客观证据表明金融资产发生减值的，应当计提减值准备。应收款项减值损失是无法收回的应收款项，也就是坏账。

只要企业允许客户赊购，必然会因一些购货企业丧失支付能力或不可抗拒的事件如自然灾害等原因，致使货款不能收回，这些收不回来的账款称之为坏账。坏账的产生会给企业带来损失，但大多数企业宁可容忍坏账的出现，也不愿意失掉赊销客户群，企业最满意的坏账金额不是零。

1. 应收款项减值的确定

计提应收款项减值损失时，应将应收款项分为三类：

（1）对单项金额重大的应收款项应当单独进行减值测试，如有客观证据表明其已发生减值，应当根据其未来现金流量现值低于其账面价值的差额，确认减值损失，计提坏账准备。

（2）对单项金额不重大的应收款项，可以单独进行减值测试，确定减值损失，计提坏账准备，也可以包括在具有类似信用风险特征的应收款项组合中进行减值测试。

（3）企业应当根据以前年度与之相同或相类似的、具有类似信用风险特征的应收款项组合的实际损失率为基础，结合现时情况确定本期各项组合计提坏账准备的比例，计算本期应计提的坏账准备。

经过单独测试但未发生减值的应收款项（包括单项金额重大和不重大的金融资产），应当包括在具有类似信用风险特征的应收款项组合中再进行减值测试。已单项确认减值损失的应收款项，不应包括在具有类似信用风险特征的应收款项组合中进行减值测试。

计提应收款项减值准备时，借记"资产减值损失"科目，贷记"坏账准备"科目。

应当注意的是，按照应收款项期末余额的一定比例计提坏账准备，所计算出来的金额是本期"坏账准备"的期末余额，因此，本期"资产减值损失"应当是"坏账准备"的期末余额减期初余额的差额。

**例 6-7** 甲公司 20×1 年度首次计提坏账准备，年末应收账款的余额为 1 200 000 元。20×2 年度发生坏账损失 5 000 元，其中 A 公司 2 000 元，B 公司 3 000 元，年末应收账款余额为 1 400 000 元，20×3 年度发生坏账 2 500 元，期末应收账款余额为 1 500 000 元。假设该公司通过信用风险特征组合分析，按应收账款余额提取坏账准备的比率为 3‰。根据上述经济业务，编制会计分录：

① 20×1 年年末提取坏账准备时：

1 200 000×3‰ = 3 600 元

借：资产减值损失　　　　　　　　　　　　　　　　　3 600

　　贷：坏账准备　　　　　　　　　　　　　　　　　　　3 600

② 20×2 年发生坏账时：

借：坏账准备　　　　　　　　　　　　　　　　　　　5 000

　　贷：应收账款——A 公司　　　　　　　　　　　　　　2 000

　　　　　　　——B 公司　　　　　　　　　　　　　　3 000

③ 20×2 年年末提取坏账准备时：

按应收账款的余额计提坏账准备，坏账准备余额为：1 400 000×3‰=4 200 元；

应提的坏账准备为：5600 元（4 200＋1 400）。

注："坏账准备"科目余额应为 4 200 元，但在期末提取坏账准备前，"坏账准备"科目已有借方余额 1 400 元，还应补提坏账准备 1 400 元，应提取的坏账准备为 5 600 元。

借：资产减值损失　　　　　　　　　　　　　　　　　5 600

　　贷：坏账准备　　　　　　　　　　　　　　　　　　　5 600

④ 20×3 年发生坏账时：

借：坏账准备 2 500

贷：应收账款——C 公司 2 500

⑤ 20×3 年年末按应收账款的余额计提坏账准备,坏账准备余额应为：

1 500 000×3‰＝4 500 元

注："坏账准备"科目余额应为 4 500 元,但在期末提取坏账准备前,"坏账准备"科目已有贷方余额 1 700 元,应计提的坏账准备为：2 800 元(4 500－1 700)。

借：资产减值损失 2 800

贷：坏账准备 2 800

⑥ 20×2 年已确认的坏账损失——A 公司的 2 000 元,在 20×4 年又收回。那么在 20×4 年收回时应编制会计分录：

借：应收账款——A 公司 2 000

贷：坏账准备 2 000

同时

借：银行存款 2 000

贷：应收账款——A 公司 2 000

2. 类似信用风险特征的组合

将应收款项的账龄作为类似信用风险特征的组合,根据以前年度相同或相类似的、具有类似信用风险特征的应收款项账龄组的实际损失率,结合最近的实际情况,确定当期各账龄组计提坏账准备的比例,据此计算当期各账龄组应收账款应计提的坏账准备。

账龄是指客户所欠账款时间的长短,账龄分析法就是根据应收账款账龄的长短来估计坏账损失的方法。可见,应收账款拖欠的时间越长,发生坏账的可能性就越大。

例 6-8 甲公司 20×2 年 12 月 31 日应收账款余额及估计坏账损失如表 6-2 和表 6-3 所示。

表 6-2 甲公司应收账款账龄分析表

20×2 年 12 月 31 日 单位：元

| 客　户 | 期末余额 | 账龄分析 | | | | | |
| --- | --- | --- | --- | --- | --- | --- | --- |
| | | 未 到 期 | 过期 1～30 天 | 过期 31～60 天 | 过期 61～90 天 | 过 期 90 天以上 | 过 期 一 年以上 |
| A 企业 | 250 000 | | 200 000 | 50 000 | | | |
| B 企业 | 140 000 | 30 000 | 30 000 | 40 000 | 40 000 | | |
| C 企业 | 220 000 | | | 30 000 | 80 000 | 110 000 | |
| D 企业 | 180 000 | | | | | | 180 000 |
| 合　计 | 790 000 | 30 000 | 230 000 | 120 000 | 120 000 | 110 000 | 180 000 |

表 6-3  甲公司坏账损失计算表

20×2 年 12 月 31 日                                    单位:元

| 账　　龄 | 应收账款余额 | 估计坏账百分比 | 估计坏账损失 |
|---|---|---|---|
| 未 到 期 | 30 000 | 1% | 300 |
| 过期 1~30 天 | 230 000 | 2% | 4 600 |
| 过期 31~60 天 | 120 000 | 10% | 12 000 |
| 过期 61~90 天 | 120 000 | 20% | 24 000 |
| 过期 90 天以上 | 110 000 | 50% | 55 000 |
| 过期一年以上 | 180 000 | 60% | 108 000 |
| 总额 | 790 000 | | 203 900 |

根据表 6-3,企业 20×2 年 12 月 31 日"坏账准备"本期金额为 203 900 元,假设调整前"坏账准备"账户有贷方余额 100 000 元,则本期应调整的金额为 103 900 元(203 900-100 000);假设调整前"坏账准备"账户有借方余额 100 000 元,则本期应该调整的坏账准备金额为 303 900 元(203 900+100 000)。

3. 坏账的核销和转回

采用备抵法核算坏账时,只是估计可能发生的坏账。估计坏账时,坏账并没有实际发生,也不知道哪一笔应收账款会发生坏账。如果确认坏账实际发生了,就应当核销坏账准备。习惯上,我国通常用财务制度的标准确认坏账的实际发生:

(1) 债务人死亡,以其遗产清偿后仍然无法收回;

(2) 债务人破产,以其破产财产清偿后仍然无法收回;

(3) 债务人较长时间内未履行其偿债义务,并有足够的证据表明无法收回或收回的可能性极小。

核销坏账时,做成如下会计分录:

借:坏账准备

　　贷:应收账款——××企业

应指出的是,对于已确认坏账的应收账款,债权方仍然保留追索权,坏账一旦重新收回,企业应进行如下会计处理:

先恢复"应收账款"账户:

借:应收账款——××企业

　　贷:坏账准备

同时

借:银行存款

　　贷:应收账款——××企业

**(五) 应收账款贴现**

企业暂时发生现金短缺并且不能通过正常渠道筹资的情况下,在西方国家,可以利用应收账款来筹集资金,通常可以采用应收账款出借或者应收账款出售的方法将应收账款转化为现金。

1. 应收账款出借

企业根据与金融机构签订的协议，以应收账款作为担保向金融机构取得贷款的方式是应收账款出借。应收账款出借后，借款企业仍保持对出借应收账款的控制并承担风险，企业通过应收账款的贴现可以及时获得现金，收回客户的货款应立即偿还金融机构。如果借款企业不能如期偿还贷款，金融机构有权出售应收账款以收回货款。应收账款出借在资产负债表中以附注形式反映。

2. 应收账款出售[①]

企业可以将应收账款出售给金融机构以获取现金。应收账款出售分为"有追索权出售"和"无追索权出售"。前者由应收账款出售方承担收账风险，应收账款购买方可以追溯出售方；后者在应收账款出售后，金融机构就取得了应收账款的控制权并承担风险。由于金融机构将承担收款成本、现金折扣、坏账损失、销货退回及折让等损失，所以金融机构除收取一定的佣金外，一般只付给筹资企业应收账款金额的80%～90%。出售的应收账款不在资产负债表上反映。

### （六）应收账款的列示和披露

为了使会计报表使用者能掌握、理解应收款项信息，企业应该披露与应收款项相关的会计政策、应收款项减值准备计提等方面的信息。以下以宝钢股份披露的应收款项的相关信息为例，显示应收款项信息披露对策内容。

1. 与应收款项相关的会计政策

（1）单项金额重大并单项计提坏账准备的应收款项

单项金额重大的应收款项的判断标准是前五大客户的应收款项。单项金额重大并单项计提坏账准备的计提方法如下：

对单项金额重大的第三方公司和应收宝钢集团合并报表范围内单位的应收款项单独进行减值测试，单独测试未发生减值的第三方公司应收款项，包括在具有类似信用风险特征的金融资产组合中进行减值测试；单独测试未发生减值的应收宝钢集团合并报表范围内单位的款项，不再纳入采用账龄分析法计提坏账准备的组合。单项测试已确认减值损失的应收款项，不再包括在具有类似信用风险特征的应收款项组合中进行减值测试。

（2）按组合计提坏账准备的应收款项

按照组合计提坏账准备的应收款项是单项金额不重大以及金额重大但单项测试未发生减值的应收款项。计提坏账准备的方法如下：

按账龄作为信用风险特征将应收款项划分为若干账龄组，根据以前年度与之相同或相类似的、具有类似信用风险特征的应收账款账龄组的实际损失率为基础，结合现时情况确定本年度各账龄组计提坏账准备的比例，据此计算本年度各账龄组应收账款应

① 银行业称之为保理业务，中国银行于1992年最先推出国际保理业务，2000年3月又率先推出了国内保理业务，分为综合保理和发票贴现。后来，交行、工行、光大、深发展、民生等各家银行以及成立于1994年的东方保理咨询中心也都开展了保理商务。但在国内保理业务中，几乎没有"无追索权的应收账款买断"。

计提的坏账准备。不存在信用风险并且短期内可以收回的单项金额重大或者非重大的应收款项,不计提坏账准备。

采用账龄分析法计提坏账准备的组合:

| 账　龄 | 应收账款计提比例/% | 其他应收款计提比例/% |
|---|---|---|
| 1年以内(含1年) | 5 | 5 |
| 1～2年(含2年) | 30 | 30 |
| 2～3年(含3年) | 60 | 60 |
| 3年以上 | 100 | 100 |

(3) 单项金额虽不重大但单项计提坏账准备的应收款项

单项计提坏账准备的理由是存在发生减值的客观证据,坏账准备的计提方法是将预计可收回金额与账面价值的差额确认为坏账准备。

(4) 会计估计变更

鉴于对应收宝钢集团合并报表范围内单位款项发生坏账损失的可能性极低,根据五届六次董事会批准,自2013年起,对应收宝钢集团合并报表范围内单位的款项全部单独进行减值测试,采用个别认定法计提坏账准备,对测试无风险的应收款项不计提坏账准备,不再纳入采用账龄分析法计提坏账准备的组合。该变更采取未来适用法,对当期的影响金额为采用该会计估计变更和如果不采用该会计估计变更所产生的差异影响金额。

会计估计变更影响的2013年的报表项目和金额如下:

应收账款调增人民币919万元,其他应收款调增人民币344万元,递延所得税资产调减人民币316万元,所得税费用调增人民币316万元,未分配利润调增人民币947万元。

2. 应收账款的构成、账龄

(1) 应收账款按种类披露:

| 种　类 | 年　末　数 | | | | 同一控制合并调整后年初数 | | | |
|---|---|---|---|---|---|---|---|---|
| | 账面余额 | | 坏账准备 | | 账面余额 | | 坏账准备 | |
| | 金额/万元 | 比例/% | 金额/万元 | 比例/% | 金额/万元 | 比例/% | 金额/万元 | 比例/% |
| 单项金额重大并单项计提坏账准备的应收账款 | 3 045 | 26 | 25 | 5 | 2 092 | 23 | 105 | 28 |
| 按组合计提坏账准备的应收账款 | 8 619 | 73 | 363 | 79 | 6 766 | 76 | 202 | 55 |
| 单项金额虽不重大但单项计提坏账准备的应收账款 | 71 | 1 | 72 | 16 | 60 | 1 | 60 | 17 |
| 合计 | 11 735 | 100 | 460 | 100 | 8 918 | 100 | 367 | 100 |

应收账款账龄如下：

| 账　龄 | 年　末　数 | | | | 同一控制合并调整后年初数 | | | |
|---|---|---|---|---|---|---|---|---|
| | 金额/万元 | 比例/% | 坏账准备/万元 | 账面余额/万元 | 金额/万元 | 比例/% | 坏账准备/万元 | 账面余额/万元 |
| 1年以内 | 11 220 | 95 | 302 | 10 918 | 8 444 | 94 | 268 | 8 176 |
| 1～2年 | 314 | 3 | 26 | 288 | 324 | 4 | 21 | 303 |
| 2～3年 | 102 | 1 | 60 | 42 | 72 | 1 | 18 | 54 |
| 3年以上 | 99 | 1 | 72 | 27 | 78 | 1 | 60 | 18 |
| 合计 | 11 735 | 100 | 460 | 11 275 | 8 918 | 100 | 367 | 8 551 |

（2）年末单项金额重大或虽不重大但单项进行减值测试的应收账款坏账准备计提：

| 应收账款内容 | 账面余额/万元 | 坏账金额/万元 | 计提比例/% | 计提理由 |
|---|---|---|---|---|
| 大额应收款项 | 3 044 | 25 | 0.82 | 注1 |
| 账龄较长的应收款项 | 72 | 72 | 100.00 | 注2 |
| 合计 | 3 116 | 97 | | |

上年末单项金额重大或虽不重大但单项进行减值测试的应收账款坏账准备计提：

| 应收账款内容 | 账面余额/万元 | 坏账金额/万元 | 计提比例/% | 计提理由 |
|---|---|---|---|---|
| 大额应收款项 | 2 092 | 105 | 5 | 注1 |
| 账龄较长的应收款项 | 60 | 60 | 100 | 注2 |
| 合计 | 2 152 | 165 | | |

注1：对单项金额重大的应收款项单独进行减值测试，2013年年末未单项计提减值（2012年年末未单项计提减值）。因此，根据附注（二）、10.2按组合计提坏账准备，计提金额人民币25 008 593.45元（2012年：人民币104 602 585.02元）。

注2：账龄较长且收回的可能性极小，故全额计提坏账准备。

# 二、应收票据和应收票据贴现

## （一）应收票据

### 1. 应收票据的概念

在经营活动中，购销双方即使业务往来频繁，彼此了解且都有较好的信誉，一旦应收款项超过一定期限就需要签订书面协议，毕竟正式的书面承诺具有较强的约束力；当企业向银行或其他单位借款时也需要履行书面协议。不难看出，应收票据是指由出票人签发的，无条件承诺以一定金额于指定日期支付给持票人见票即付的书面凭证，如支票、银行本票、银行汇票等。我国的应收票据主要指商业汇票。商业汇票可以贴现，也可以背书转让。

2. 应收票据利息的计算

应收票据按是否带息分为带息应收票据和不带息应收票据。带息应收票据的到期值等于其面值(本金)加上应计利息,应计利息在应收票据的票面上要注明并单独计算;不带息应收票据的到期值是面值,其利息包含在面值之中。应收利息的计算公式为

$$利息=本金\times利率\times时期$$

3. 应收票据的会计处理

为了反映应收票据的增减及结存情况,企业应设置"应收票据"账户进行核算。该账户借方登记应收票据的增加额,贷方登记应收票据的减少额,余额在借方,表示企业持有的应收票据余额。应收票据均按票据上的票面金额记账。以带息票据的会计处理为例。

**例 6-9** 甲公司 20×2 年 3 月 1 日以 90 000 元销售产品一批,增值税率为 17%,同时收到一张为期 6 个月,年利率 10%,票面金额为 105 300 元的商业承兑汇票。6 个月后票据到期,甲公司如期收回本金和利息。其会计处理如下。

(1) 取得商业承兑汇票时:

| | |
|---|---|
| 借:应收票据 | 105 300 |
| 贷:主营业务收入 | 90 000 |
| 应交税费——应交增值税(销项税额) | 15 300 |

(2) 收到本金和利息:

| | |
|---|---|
| 借:银行存款 | 110 565 |
| 贷:应收票据 | 105 300 |
| 财务费用——利息收入 | 5 265 |

其中利息收入的计算为:105 300×10%×6÷12=5 265(元)。

(3) 假设应收票据遭到拒付,有两种会计处理方法。

① 将"应收票据"转入"应收账款":

**例 6-10** 甲公司 20×2 年 4 月 1 日销售给永庆企业商品一批,同时收到为期 1 个月,月利率 10‰,票面金额为 81 900 的商业承兑汇票一张。增值税率为 17%。编制会计分录如下:

| | |
|---|---|
| 借:应收票据 | 81 900 |
| 贷:主营业务收入 | 70 000 |
| 应交税费——应交增值税(销项税额) | 11 900 |

假设 5 月 1 日永庆企业发现商品质量不符,要求退货,并拒付货款。编制会计分录如下:

| | |
|---|---|
| 借:应收账款 | 82 719 |
| 贷:应收票据 | 81 900 |
| 财务费用——利息收入 | 819 |

② 专门设置"应收拒付票据"账户:

| | |
|---|---|
| 借:应收拒付票据 | 82 719 |
| 贷:应收票据 | 81 900 |
| 财务费用——利息收入 | 819 |

### （二）应收票据贴现

**1. 应收票据贴现的概念**

企业在应收票据到期之前如需资金,可持经过背书的票据向银行贴现,银行按一定利率从票据面值中扣除从借款日起到票据到期日止的利息,将其余额付给企业。可见,所谓贴现就是企业用应收票据向银行借入资金的行为,已贴现的应收票据就形成了企业的一项或有负债。背书是指持票人转让票据时在票据背面签字以明确到期付款的法律责任,在背书的票据到期不能如约承付的情况下,票据持有人有连带的付款责任。带追索权的票据贴现时,贴现企业在法律上负有连带责任,贴现取得现金时应通过"短期借款"账户进行核算;不带追索权的票据贴现相当于把应收票据卖给了银行,即企业将应收票据上的风险和未来经济利益全部转让给了银行,在会计处理时一般直接冲减应收票据的账面价值。

**2. 应收票据贴现的计算方法**

应收票据贴现主要计算:①票据到期值;②贴现利息或称贴现折价;③贴现所得金额。计算方法如下:

$$票据到期值 = 票据面值 + 到期利息$$
$$贴现利息 = 票据到期值 \times 贴现率 \times 贴现期^{①}$$
$$贴现所得金额 = 票据到期值 - 贴现利息$$

**3. 应收票据贴现的会计处理**

带息或不带息票据贴现时均按上述公式计算贴现利息和贴现所得金额,产生的或有负债应在资产负债表附注中加以说明,如:"截止到×年12月31日,本企业在应收票据贴现方面承担或有负债×××元。"现以带息票据为例,会计处理如下。

**例6-11** 甲公司10月10日将一面值72 000元,年利率6%,为期2个月,签发票据日期为9月20日的不带追索权的票据向银行贴现,银行的年贴现率为9%。

公司贴现所得的计算如下:

$$票据到期值 = 72\,000 \times (1 + 6\% \times 2 \div 12) = 72\,720(元)$$
$$贴现利息 = 72\,720 \times 9\% \times (40 \div 360) = 727.20(元)$$
$$贴现所得金额 = 72\,720 - 727.20 = 71\,992.80(元)$$
$$应收票据账面价值 = 72\,000 + 72\,000 \times 6\% \times (20 \div 360) = 72\,240(元)$$

据此,编制如下会计分录:

借:银行存款　　　　　　　　　　　　71 992.80
　　财务费用　　　　　　　　　　　　　247.20
　　贷:应收票据　　　　　　　　　　　　　　72 240

不带追索权的应收票据贴现满足金融资产终止确认条件,直接贷记"应收票据"。如果是带追索权的应收票据贴现,则不满足金融资产终止确认条件,不能冲销"应收票据",而只能贷记"短期借款"。

---

① 贴现期为票据贴现日到票据到期日之间的时间长度,通常按日计息,1年按360天计算。

### 三、其他应收款

其他应收款是指除了应收账款和应收票据以外的零星债权,大多为企业对外临时性的小额拆借和内部个人差旅费借款或者周转金。由于企业之间的非商品交易性的款项往来越来越频繁,而且金额越来越大,所以,其他应收款的金额也变得更大。如果是企业内部个人差旅费借款或者周转金形成的其他应收款,大多会转化为费用。

按照我国会计制度要求,其他应收款也需要计提坏账准备,并且披露账龄和交易事项。判断其他应收款的质量,应当从交易的性质、企业主营业务来分析。

例 6-12 宝山钢铁股份有限公司 2009 年年度报告披露的其他应收款如下:

(1) 合并数

① 账龄分析及百分比

| 账龄 | 2009 年 12 月 31 日 | | 2008 年 12 月 31 日 | |
| --- | --- | --- | --- | --- |
| | 金额/元 | 比例/% | 金额/元 | 比例/% |
| 1 年以内 | 698 957 470.89 | 76.89 | 654 489 539.70 | 74.47 |
| 1~2 年 | 29 268 489.29 | 3.22 | 84 348 213.85 | 9.60 |
| 2~3 年 | 47 416 854.04 | 5.22 | 2 894 714.30 | 0.33 |
| 3 年以上 | 133 339 456.81 | 14.67 | 137 146 015.45 | 15.60 |
| 合计 | 908 982 271.03 | 100 | 878 878 483.30 | 100 |
| 坏账准备 | 155 125 162.75 | | 142 663 855.66 | |
| 净额 | 753 857 108.28 | | 736 214 627.64 | |

② 坏账准备

单位:元

| 2009 年 1 月 1 日 | 本期增加 | 本期转回 | 2009 年 12 月 31 日 |
| --- | --- | --- | --- |
| 142 663 855.66 | 12 461 307.09 | — | 155 125 162.75 |

③ 截至 2009 年 12 月 31 日本公司不存在持本公司 5% 以上股份的股东单位欠款。

④ 截至 2009 年 12 月 31 日欠款金额前五名的情况如下:

| 其他应收款 | 2009 年 12 月 31 日 | 2008 年 12 月 31 日 |
| --- | --- | --- |
| 前五名欠款金额合计/元 | 472 401 041.63 | 463 709 239.11 |
| 占其他应收款总额比例/% | 52 | 53 |
| 欠款年限 | 两年以内 | 两年以内 |

(2) 母公司

① 账龄分析及百分比

| 账龄 | 2009 年 12 月 31 日 | | 2008 年 12 月 31 日 | |
|---|---|---|---|---|
| | 金额/元 | 比例/% | 金额/元 | 比例/% |
| 1 年以内 | 188 966 003.71 | 76.16 | 49 491 210.46 | 38.59 |
| 1～2 年 | 13 780 460.07 | 5.55 | 78 770 978.69 | 61.41 |
| 2～3 年 | 45 355 280.42 | 18.28 | — | — |
| 合计 | 248 101 744.20 | 100 | 128 262 189.15 | 100 |
| 坏账准备 | 9 240 915.13 | | 3 470 493.32 | |
| 净额 | 238 860 829.07 | | 124 791 695.83 | |

② 坏账准备

单位:元

| 2009 年 1 月 1 日 | 本期增加 | 本期转回 | 2009 年 12 月 31 日 |
|---|---|---|---|
| 3 470 493.32 | 5 770 421.81 | — | 9 240 915.13 |

# 专 用 名 词

货币资金　　　　现金　　　　　　银行结算　　　　银行存款调节表
银行账户　　　　应收账款　　　　坏账　　　　　　保理
应收票据　　　　应收票据贴现　　其他应收款　　　账款分析法
销货百分比法

# 习　题

## 一、思考题

**Q6-1** 我国的货币资金包含哪些内容？

**Q6-2** 主要的银行结算方式有哪些？为什么要编制《银行存款余额调节表》？

**Q6-3** 货币资金计划和控制的意义是什么？我国财政部发布的"内部会计控制规范——货币资金（试行）"的要点包括哪些内容？

**Q6-4** 应收项目包括哪些内容？

**Q6-5** 哪些因素影响应收账款的如数收回？涉及现金折扣会计处理的方法主要有哪些？

**Q6-6** 应收账款坏账产生的原因是什么？如何判断一项不回来的应收账款为坏账？

**Q6-7** 比较核算坏账的直接转销法、备抵法中的应收账款余额百分比法、账龄分析法、销货百分比法的特点及其对企业当期利润的影响。

**Q6-8** 应收账款贴现的概念是什么？利用应收账款贴现的方法有哪些？

**Q6-9** 应收票据的概念是什么？带息应收票据的利息如何计算？

**Q6-10** 应收票据贴现的概念是什么？如何计算贴现利息、贴现所得金额？考虑企业持票期间利息收入的情况下如何进行会计处理？

## 二、练习题

### E6-1　现金的会计处理

ABC 公司 5 月 31 日现金余额 2 000 元，6 月份该公司发生有关现金业务如下：

（1）开出现金支票，从银行提取现金 30 000 元；

（2）业务员王某借差旅费现金 900 元；

（3）以现金拨付机加工车间备用金 10 000 元；

（4）开出现金支票，从银行提取现金 20 000 元，以备发放临时工工资；

（5）以现金 20 000 元支付临时工工资；

（6）业务员王某报销差旅费 850 元，余款 50 元交回；

（7）企业管理部门以现金购买办公用品 600 元；

（8）装配车间报销以现金购买的零星材料款 780 元；

（9）营业部门销售小额产品收取现金 650 元；

（10）司机李某交来违规罚款 300 元；

（11）经查该公司有 1 000 元白条顶库，违反了现金管理制度，按其额度的 10% 缴纳罚款；

（12）出纳员将超出库存现金限额的 10 000 元现金存入银行。

要求：

根据上述资料编制会计分录，登记"现金日记账"并结算出本月现金余额。

### E6-2　编制银行存款余额调节表

ABC 公司 20×3 年 6 月 30 日的公司银行存款账面余额 142 600 元，银行对账单余额 286 400 元，经查对需要调节的项目有：

（1）公司收到阳光公司现金支票一张，金额 15 000 元，未送交银行；

（2）银行已入账的五笔货款，未通知公司：

$\sharp 2466$ 票据　22 000 元

$\sharp 2469$ 票据　5 000 元

$\sharp 2472$ 票据　10 000 元

$\sharp 2478$ 票据　40 000 元

$\sharp 2480$ 票据　60 000 元

（3）银行代收玉泉公司票据款 25 000 元已入账，未通知公司；

（4）银行将 $\sharp 6483$ 票据款 9 600 元错记为 6 900 元；

（5）银行收取手续费 500 元，公司未入账。

要求：

根据上述资料编制 ABC 公司的"银行存款余额调节表"。

**E6-3　现金折扣的会计处理**

ABC 公司 20×3 年 6 月 10 日向阳光公司赊销商品 80 000 元，付款条件为"2/10，$n$/30"。适用增值税税率为 17%。

要求：

分别采用总价法和净价法编制该项业务的会计分录。

**E6-4　折扣与折让的会计处理**

ABC 公司 20×3 年 6 月 15 日赊售给玉泉公司商品一批，售价 120 000 元，付款条件"2/10，$n$/30"，6 月 22 日玉泉公司因产品质量问题，未付货款前退回商品 20 000 元。

要求：

编制上述业务的会计分录，并将相关数据列示在"利润表"中，计算"主营业务收入净额"。

**E6-5　坏账的会计处理**

ABC 公司采用账龄分析法提取坏账准备：（1）20×3 年 12 月 31 日应收账款期末余额为：甲企业 120 000 元，其中过期 1～30 天为 50 000 元，过期 31～60 天为 70 000 元；乙企业 180 000 元，其中过期 61～90 天为 50 000 元，过期 90 天以上为 100 000 元，过期 1 年以上为 30 000 元；丙企业 210 000 元，其中未到期的为 60 000 元，过期 1～30 天的为 80 000 元，过期 61～90 天的为 70 000 元；丁企业处于破产清算中，300 000 元已过期一年以上。（2）ABC 公司估计坏账百分比：未到期为 2%；过期 1～30 天为 5%；过期 31～60 天为 15%；过期 61～90 天为 30%；过期 90 天以上为 40%；过期 1 年以上为 50%；破产清算中为 70%。

要求：

（1）编制"应收账款账龄分析表"、"坏账损失计算表"。

（2）编制会计分录。

**E6-6　应收票据的会计处理**

ABC 公司 20×2 年 10～11 月份发生应收票据业务如下：

（1）10 月 2 日销售给阳光公司商品一批，售价 20 000 元，阳光公司当即签发为期 1 个月不带息的商业承兑汇票一张，票面价值 23 400 元，适用增值税税率为 17%；

（2）10 月 5 日以 90 000 元销售给玉泉公司商品一批，增值税税率为 17%，并收到为期 1 个月，年利率 10%，票面金额为 105 300 的商业承兑汇票一张；

（3）11 月 2 日收回阳光公司本金；

（4）11 月 5 日收回玉泉公司本金和利息。

要求：

根据上述资料，编制相应业务的会计分录。

**E6-7 应收票据贴现的计算及会计处理**

ABC 公司 11 月发生应收票据贴现业务如下：

（1）11 月 1 日，公司将一面值为 60 000 元，月利率为 6‰的商业承兑汇票向银行贴现，该票据的签发日期为 10 月 16 日，为期 2 个月，银行月贴现率为 9‰；

（2）11 月 15 日，公司将一张签发票据的日期为 11 月 1 日，月利率为 6‰，面值 50 000 元，为期 30 天的商业承兑汇票向银行贴现，银行月贴现率为 7‰；

（3）11 月 16 日，公司将一张 11 月 6 日签发，面值为 30 000 元，为期 1 个月的无息商业承兑汇票向银行贴现，银行月贴现率为 9‰。

要求：

（1）计算贴现折价及实得金额；

（2）比较分析上述业务（1）和（2）的贴现实得金额结果；

（3）编制企业贴现时的会计分录。

**E6-8 应收票据贴现的会计处理**

ABC 公司于 20×2 年 5 月 13 日销售给同方公司一批货物（增值税税率为 17%），收到现金 75 500 元（其中：货款 50 000 元，销项税 25 500 元）和一张面值 100 000 元，期限为 5 个月，利率为 8% 的票据。2002 年 7 月 13 日，企业因急需现金，将该票据向银行贴现，贴现率为 10%。

要求：

编制会计分录，并说明在编制年末财务报表时应注意的问题。

**E6-9 应收账款、应收票据、应收票据贴现的会计处理**

ABC 公司 10～12 月初发生应收账款、应收票据、应收票据贴现的业务如下：

（1）10 月 1 日销售给玉泉公司商品 100 件，每件售价 9 000 元，玉泉公司当即签发为期 2 个月，月息 8‰的商业承兑汇票一张。适用增值税税率为 17%；

（2）10 月 6 日销售给阳光公司商品 200 件，每件售价 1 000 元，并规定该公司 10 天内付款，适用增值税税率为 17%；

（3）10 月 10 日销售给福田公司商品一批，价款 100 000 元。现金折扣为"2/10，n/30"，适用增值税税率 17%；

（4）10 月 16 日公司未收到阳光公司货款，却收到该公司签发的无息商业承兑汇票一张，票面价值 234 000 元，为期 2 个月；

（5）10 月 18 日收到福田公司货款；

（6）10 月 26 日公司急需资金，将阳光公司签发的商业承兑汇票贴现，银行月贴现率为 9‰；

（7）10 月 31 日确认玉泉公司带息商业承兑汇票本月利息收益；

（8）12 月 1 日玉泉公司的商业承兑汇票到期。

要求：

计算相关业务的应交增值税、利息、贴现折价、实得金额，编制各项业务的会计分录。

**E6-10 货币资金及应收项目的会计处理**

ABC 公司为一般纳税企业，应收账款的会计处理采用总价法，12 月份发生货币资金及应收项目的业务如下：

（1）12 月 1 日公司出纳员交来因上月工作错误，由本人赔偿的现金 200 元；

（2）12 月 2 日公司填制"银行本票申请书"申请不定额本票 60 000 元，银行收取手续费 50 元；

（3）12 月 3 日公司赊销给阳光公司商品一批 80 000 元，付款条件"2/10，n/30"；

（4）12 月 4 日公司以不定额本票购进原材料 50 000 元，支付增值税 8 500 元，余额由收款单位以现金退回；

（5）12 月 5 日销售给玉泉公司商品一批价款 100 000 元，玉泉公司当即开出一张无息、期限为 1 个月的商业承兑汇票；

（6）12 月 6 日，一张出票日期为 11 月 6 日、月息为 8‰、票面价值为 150 000 元，为期一个月的商业承兑票据到期，公司收到本金和利息；

（7）12 月 7 日阳光公司因产品质量问题，未支付货款前退回不合格商品 10 000 元；

（8）12 月 8 日公司因急需资金，将一张 11 月 28 日签发的，为期 2 个月，年息为 6％，面值 180 000 元的商品承兑汇票向银行贴现，银行的年贴现率为 9％；

（9）12 月 9 日阳光公司支付合格品货款；

（10）12 月 10 日公司销售给福田公司商品一批，福田公司当即开出一张面值 175 500 元（其中：货款 150 000 元、增值税额 25 500 元），为期 1 个月的无息商业承兑汇票一张；

（11）12 月 11 日公司购进秦川公司原材料一批，价款 150 000 元、增值税额为 25 500 元，公司将持有的福田公司票据背书转让给秦川公司；

（12）12 月 25 日公司确认为坏账并已核销的科林公司的应收账款 50 000 元又收回；

（13）12 月 28 日经公司董事会批准同意采用直接转销法，注销已破产无法收回的利群公司债务 90 000 元；

（14）12 月 30 日公司计算出本年度应上缴的所得税为 120 000 元；

（15）12 月 31 日以银行存款支付所得税；

（16）12 月 31 日公司计算出本期应收账款余额为 250 000 元，采用应收账款余额百分比法计提坏账，坏账准备提取比例为 5‰。

要求：

根据以上资料进行相关会计处理。

**E6-11　坏账损失会计差错**

ABC 公司成立 5 年以来，从未请会计师查过账。最近聘请注册会计师审查 20×5 年度的账目时，发现公司以前所有的坏账都是在账款冲销时才予以确认，资产负债表上并无坏账准备这个科目。已冲销的坏账若再收回时，贷记"营业外收入"。公司的政策是：每年 12 月 31 日，将已经有 4 个月均未收款的账户冲销。分期付款销售合同规定付款期限为 3 年，每个月平均摊还。经过会计师建议，公司准备从 20×6 年起改用坏账备抵法。坏账的估计方法根据过去的经验，采用销货百分比法。

公司前 5 年的资料如下：

单位：元

| 年份 | 赊销额 | 冲销的坏账 | | | | | 再收回的坏账 | | | |
|------|--------|-----------|-----------|-----------|-----------|-----------|-----------|-----------|-----------|-----------|
| | | 20×1 年度 | 20×2 年度 | 20×3 年度 | 20×4 年度 | 20×5 年度 | 20×1 年度 | 20×2 年度 | 20×3 年度 | 20×4 年度 |
| 20×1 | 150 000 | 1 000 | | | | | | | | |
| 20×2 | 302 000 | 2 100 | 2 000 | | | | 1 600 | | | |
| 20×3 | 367 500 | 3 000 | 3 560 | 2 500 | | | 1 000 | 2 250 | | |
| 20×4 | 350 000 | 2 850 | 4 000 | 3 720 | 1 800 | | | | 3 200 | |
| 20×5 | 360 000 | | 4 200 | 5 000 | 2 100 | 5 000 | | | 1 240 | 1 680 |

20×5 年 12 月 31 日应收账款如下：

20×3 年　182 000 元

20×4 年　170 000 元

20×5 年　215 000 元

要求：

根据上述资料，说明如何进行调账。

## 三、讨论题

### P6-1　原始凭证会计控制

蓝天公司是一家从事进出口贸易的企业，该公司财务科陈女士毕业于某经贸大学会计专业，具有扎实的理论基础和实际工作经验，在公司担任会计工作 10 多年来，为公司挽回经济损失累计达 2 000 万元以上，并连续被评为公司先进工作者。半年前却被公安机关立案侦查贪污人民币 1 784 万元，一审被判处死刑。为此，记者在监狱里采访了她，以下是记者采访的相关笔录。

**记者：**按您的收入状况，完全可以满足个人及家庭需要，为何走上了这条道路？

**陈：**我一直期望自己老老实实做人，勤勤恳恳工作，家庭幸福，一生平安。没想到 3 年前我丈夫染上了赌瘾，屡赌屡输欠下巨额债务。我也曾多次规劝他改掉赌博恶习，还将家中所有积蓄及值钱东西替他抵债，由于赌债数额巨大，这点钱也是杯水车薪。丈夫乞求我想办法帮助他，为了维持这个家庭，也为了我丈夫，我走上了这条路。

**记者：**您这样做，就不担心被公司发现吗？

**陈：**在公司工作的十几年中，基本没出过大的差错，还多次为公司挽回经济损失，可以说上上下下都很信任我，两年前公司出纳员离职，公司决定让我做会计的同时也兼任出纳，这为我的贪污提供了便利条件。

**记者：**能谈谈您具体是怎样屡屡得手的吗？

**陈：**我第一次是将贪污的 50 万元全部挤入管理费用，该项费用突然增大，只要对会计报表稍加比较分析即可发现，由于公司无人做这项工作，第一次顺利得手，使我的胆子越来越大。

**记者：**您利用了公司哪些财务漏洞？

**陈：**公司没有建立起一套完整的审核和会计检查制度，会计凭证无人复核，账簿记录不加核对，会计报表不做分析，财务科也没有担任这项工作的人员，使我的贪污行为能够畅行无阻。

**记者：**您能谈得更具体一些吗？

**陈：**我修改原始凭证，模仿相关人员签字，设置空头账号，编制虚假财务报表，没有引起公司管理层的注意，一次将 120 万元的假货款汇出，只要进行财产清查账实核对就可发现，但没人来做这项工作。在整个贪污过程中，我也没过个安宁日子，整天提心吊胆，担心公司规范财务制度，祈祷自己不要生大病，不要出现意外，因为公司一旦严格执行国家相关的法规和制度，或一旦有人接替了我的工作，我的事情必然会暴露出来。

要求：

(1) 记者最后的一个问题是："您能对蓝天公司的管理层和同行说点告诫吗？"请问：陈女士会怎样回答？

(2) 结合我国财政部发布的两个规范，对企业货币资金的内部控制进行设计。

### P6-2　银行存款会计控制

某报刊某年 9 月发表了题为"大贪污犯罗××落网记"的报道，文章写道：罪犯所在的×化肥厂是个县办小厂，年利润仅 500 万元左右，而罗连续四年贪污人民币累计达 1 000 万元以上，而且连续被评为先进工作者和优秀党员。罗既为财务科长，也兼做出纳。罗惯用的方法是用转账支票进行贪污，如罗一次将 150 万元的巨款顺利汇出，用罗自己的话说："如果有严格的汇款审批制度，这笔款是汇不出去的，因为这笔款既无合同，又没有取得对方的实物和供货证明。千元左右的小额贪污，常常是银行对账单上有，而厂银行存款日记账上没有，财务科没有建立银行存款清查制度，如果有定期将银行存款日记账与银行对账单进行核对的制度,我也不敢直接用这种方法进行贪污。"罗犯曾从一个800万元的工程项目中,一次就贪污了200万元,竟没有引起厂领导和有关人员的察觉。

要求:

(1) 结合我国财政部发布的两个规范,对企业银行存款管理制度进行设计。

(2) P6-1 和 P6-2 是根据我国发生的几件真实案件编写的,其共同点是,案犯均属上级信任、工作有建树、委以重任的财会人员,且屡次发生巨额贪污事件不被所在单位领导层察觉。从中我们应该吸取哪些教训?对企业真正履行"不相容岗位相互分离、制约和监督"、"进行岗位轮换"应采取哪些措施?对财会人员的职业道德教育应如何落到实处?

**P6-3 郑百文销售收入和应收账款**

**郑百文 1996—2000 年销售收入和应收账款**

| 项　　　目 | 1996 年 | 1997 年 | 1998 年 | 1999 年 | 2000 年 |
|---|---|---|---|---|---|
| 销售收入/万元 | 348 225 | 704 644 | 335 502 | 130 776 | 53 526 |
| 应收账款/万元 | 25 053 | 94 288 | 91 917 | 43 271 | 35 476 |
| 1 年以内应收账款/万元 | 19 555 | 86 574 | 70 523 | 12 517 | 5 031 |
| 流动资产/万元 | 55 239 | 339 854 | 216 865 | 89 720 | 61 539 |
| 应收账款/流动资产/% | 45.35 | 27.74 | 42.38 | 48.23 | 57.65 |
| 1 年内应收账款/应收账款/% | 78.05 | 91.82 | 76.73 | 28.93 | 14.18 |

资料来源:郑百文各年度报表。

要求:

搜集 1997—1998 年我国零售商业的市场情况,阅读郑百文的年报,分析郑百文销售收入和应收账款中的问题。

**P6-4 大唐电信应收账款**

大唐电信 2002 年度关于应收账款的披露如下:

2002 年 12 月 31 日的应收账款余额为 233 974 万元,坏账准备余额为 5 229 万元。应收账款较上年年末增加 65 631 万元,增长 37.81%,主要原因是上年度转让的债权转回和本期销售产品新增应收账款。

2002 年 12 月 31 日应收账款的账龄和计提的坏账准备如下:

| 账　龄 | 余额/万元 | 所占比例/% | 坏账准备/万元 | 计提比例/% |
|---|---|---|---|---|
| 1 年以内 | 181 241 | 75.77 | 906 | 0.5 |
| 1~2 年 | 25 949 | 10.85 | 519 | 2 |
| 2~3 年 | 23 202 | 9.70 | 1 160 | 5 |
| 3~4 年 | 8 811 | 3.68 | 2 643 | 30 |

其他应付款减少 83.25%,计 33 285 万元,主要是归还公司代收中信实业银行和光大银行应收账款保理款及电信技术科学研究院往来款(7 200 万元)。

2002 年 1 月 16 日,董事会通过决议,向上海浦东发展银行办理不超过 3 亿元的应收账款票据贴现业务。2003 年 1 月 31 日,该项保理融资协议到期,公司归还了 3 亿元。

要求:

(1) 大唐电信应如何编制应收账款保理业务的会计分录?对资产负债表产生了什么影响?

(2) 阅读大唐电信 2001 年和 2002 年的年度报告,分析该公司应收账款存在哪些问题。

**P6-5 金杯汽车坏账损失**

2001 年，金杯汽车股份有限公司亏损 8.25 亿元，每股亏损 0.76 元。

2001 年实现销售收入 6.48 亿元，下降 21.40%。主营业务利润 1.03 亿元，其他业务利润 923 万元。营业利润－9.88 亿元。金杯汽车解释巨额亏损的原因主要有二：

第一，报告期内，公司持股 50%的金杯通用汽车有限公司推出新产品(雪佛兰牌厢式客车)，由于推向市场较晚，远没有完成预定的销售计划，亏损 15 653 万元，影响公司本年度利润－7 826 万元。

第二，为了更谨慎、真实、科学地反映公司的财务状况和经营成果，对广大股东负责，从公司未来长远、健康发展的战略考虑，公司决定变更会计估计，原按应收款项年末余额的百分比计提坏账准备，现变更为按应收款项年末账龄分析法计提，变更理由是："由于历史上的种种原因，公司应收款项金额较大，期限较长，其中 5 年以上的应收账款 8 726 万元，占应收账款总额的 30.48%，尤其是 5 年以上的其他应收款达 70 013 万元，占其他应收款总额的 41.5%，往年按照应收款项余额的 6%计提坏账准备远远不能反映公司的应收款项的实际情况。"公司变更会计估计计提坏账准备的具体结果是：本公司按原应收款项余额法计提的坏账准备为 11 926 万元，本年度应补提的坏账准备为 4 058 万元；按变更后的账龄分析法计算的坏账准备为 94 685 万元，本年度应补提的坏账准备为 86 817 万元。因会计估计变更影响本年度利润－82 759 万元。公司当年因为计提资产减值准备就产生了 8.7 亿元的损失、费用。

要求：

(1) 查阅金杯汽车 2001 年年度报告，分析应收项目产生的背景和原因；

(2) 分析坏账准备比例变化的处理方法；

(3) 分析 2001 年坏账准备计提的动机。

**P6-6 神州股份坏账准备**

山西神州煤电焦化股份有限公司 2001 年年度报告披露：由于关闭小煤窑等因素影响，煤焦供不应求，公司应收款项首次呈下降趋势，公司 2001 年收回以前年度货款 4 614 万元，应收账款期末比期初下降 8.29%，为了更好地反映公司应收款项实际情况，公司第一届董事会第 20 次会议(2002 年 3 月 19 日召开，年报公布时间是 2002 年 3 月 22 日)决定变更坏账准备政策。相关资料如下表所示。

神州股份 2001 年变更前后的坏账准备计提比例　　　　　　单位：%

| 账　龄 | 变更前计提比例 | 变更后计提比例 |
|---|---|---|
| 1 年以内 | 5 | 2 |
| 1～2 年 | 10 | 5 |
| 2～3 年 | 30 | 10 |
| 3～5 年 | 50 | 20 |
| 5 年以上 | 100 | 30 |

神州股份 2001 年 12 月 31 日的账龄结构　　　　　　单位：万元

| 账　龄 | 2001 年 1 月 1 日 | 2001 年 12 月 31 日 |
|---|---|---|
| 1～2 年 | 2 539.56 | 10 378.38 |
| 2～3 年 | 695.60 | 7 901.95 |
| 3～5 年 | 2.66 | 6 097.76 |
| 5 年以上 | 58.31 | 90.17 |

**神州股份与同类公司比较**

| 项　目 | | 神州股份 | 神火股份 | 盘江股份 | 兖州煤业 |
|---|---|---|---|---|---|
| 年度销售额/万元 | | 66 250 | 63 921 | 49 322 | 646 935 |
| 期末应收账款/万元 | | 50 977 | 5 241 | 13 520 | 60 865 |
| 应收账款周转率/次 | | 1.24 | 12.30 | 2.75 | 8.26 |
| 不同账龄下应收账款占比/% | 1 年以内 | 52 | 92.91 | 92.22 | 80 |
| | 1～2 年 | 20.36 | 1.41 | 7.67 | 17 |
| | 2～3 年 | 15.50 | 3.35 | 0.11 | 2 |
| | 3～5 年 | 11.96 | 2.33 | — | 1 |
| | 5 年以上 | 0.18 | | — | |
| 坏账准备计提比例/% | 1 年以内 | 2 | 5 | 5 | 3 |
| | 1～2 年 | 5 | 10 | 10 | 30 |
| | 2～3 年 | 10 | 30 | 20 | 50 |
| | 3～4 年 | 20 | 50 | 30 | 100 |
| | 4～5 年 | 20 | 50 | 40 | 100 |
| | 5 年以上 | 30 | 100 | 100 | 100 |

要求：

（1）计算坏账准备计提比例变化对净利润的影响。

（2）应当如何处理本次会计估计变更？

（3）对比同类公司，分析该公司坏账计提和应收账款管理中的问题。

# 第七章

# 存 货

## 学习目的
### XUE XI MU DI

1. 了解存货的定义、分类和范围；

2. 理解存货与商品销售成本之间的关系；

3. 理解存货的两种记录制度——定期盘存制和永续盘存制；

4. 理解存货采购成本的计算；

5. 了解产品制造成本的核算；

6. 理解存货发出的基本计价方法及其对会计报表的影响；

7. 理解存货期末计价的成本与市价孰低法及其对会计报表的影响；

8. 了解存货核算的计划成本法。

存货是企业利润的源泉,也是企业流动资产的重要组成部分。存货核算方法的变化既影响利润表,也影响资产负债表。南洋实业 1997 年的年报显示,由于发出存货的计价方法由原来的加权平均法改为先进先出法,该公司的销售毛利率由 1996 年的 17.6％上升到 1997 年的 18.9％。由于销售毛利率的变化,使得该公司 1997 年的主业利润增加了 2 474 万元。有的企业采用定额成本法计算产品成本,期末时将产品定额成本差异在在产品和库存产品之间分摊,本期销售产品却不分摊,以降低本期销售成本。本章将介绍存货的范围、盘存制度、计价方法及其对报表的影响,以期理解这些问题。

# 第一节　存货与商品销售成本

## 一、存货的定义、分类与范围

### (一) 存货的定义与分类

存货(inventory)是企业在日常生产和销售活动中,为生产加工或再出售而购入并储存的商品或物资。企业购入物品的目的和物品的耗用时间是区别存货与其他资产的关键。企业购入存货的目的是加工后对外销售或直接对外销售,而不是自用,此外,存货的耗用时间一般短于一年。如果一项物品是用来长期(指超过一年)自用,而不是为再出售或加工后再出售,那么这项物品就不是企业的存货,而是固定资产或其他资产。例如,汽车是汽车制造厂和汽车批发商的存货,但对购买汽车自用的其他企业来说,汽车就是固定资产,而不是存货。对于购入自用的物品,若耗用(使用)期限短于一年,也应归类为存货进行会计核算。下面,本书就以制造业企业为例来说明存货的分类。

存货是制造业企业非常重要的一项资产,不仅金额大,规格、种类繁多,会计核算也颇为复杂。制造业企业的主要功能是将原材料加工成产品对外销售。因此,根据不同的生产经营阶段,可以将制造业企业的存货按经济用途作如下分类:

(1) 原材料。指各种用于产品生产并构成产品的主要实体,或有助于产品形成的原料及主要材料、辅助材料、外购半成品、修理用备件、包装材料及燃料等。

(2) 包装物。指企业为包装产品而储备的以及在销售中间周转使用的各种包装物品,如生产食用植物油企业销售周转用的铁皮油桶。

(3) 低值易耗品。指企业中使用年限在一年以内,单位价值在规定的限额以下,不作为固定资产管理的各种用具、物品等,如办公用品、劳保用品等。

(4) 委托加工材料。指企业由于技术原因、生产能力的限制或出于经济上的考虑,委托给其他单位加工成特定要求的材料。

(5) 在产品。指企业正在生产阶段加工或装配的产品,或已完成加工过程,但尚未验收入库,不能对外销售的中间产品。

(6) 自制半成品。指已完成一定的加工过程,并已验收存入半成品仓库,仍需进一步加工或可直接对外销售的中间产品。

（7）产成品。指已完成全部加工流程，经验收合格存入仓库，并可供对外销售的产品。

### （二）存货的范围

与所有其他资产一样，存货属于企业拥有并可赚取收益的物品。由于生产经营的需要，企业可能会受托管理其他企业的存货，也可能将本企业的存货委托其他人代管，或者因生产销售的需要，企业的存货可能存放在境外或其他地区。这些情况下，判断是否属于企业存货的关键是所有权，只要所有权属于企业的存货，无论是谁在管理或代为销售，也无论存放在何处，均应纳入企业会计作为存货核算。例如许多大型商场与生产厂商之间以代销方式进行商品销售，在商品存货销售之前，存货所有权仍归生产厂商所有，存货销售出去之后，厂商和商场按照约定的方式进行利润分成。因此，若商场是以代销方式销售商品，大商场中琳琅满目的商品就不是该商场的存货。

存货的采购包括发出订单、验收货物、支付货款以及交易记录等一系列程序，那么，从什么时候开始记录存货呢？从法律上来讲，当商品的法律所有权从卖方转入买方，买方就应该正式记录存货的采购。由此，关键问题是确定何时所有权从卖方转入买方。实际会计核算中，管理人员和会计师通常以与资产有关的风险与收益是否转移为标准。举例来讲，如果未投保的商品遭损坏或被偷窃，谁来承担损失？实际操作中，会计人员通常在收到存货验收入库的单据并经审核后就应记录存货账户。需要注意的是，存货所有权的转移不一定与现金的收付同步。企业之间的购销活动经常采用信用交易，采购方有时会提前或滞后付款。有时，买方购买了存货，验收入库后，款项尚未支付。这种情况下，根据购销双方的销售合约来确定所有权。如果按合约规定，销售实现，那么所有权就已经转移，存货属于买方的资产。如果在这期间，存货发生盗窃或毁损，买方仍然有义务偿付全部货款，付款交易只是用现金来偿还负债的过程，不涉及所有权转移。与此类似，买方也可以在货到之前提前付款，这种情况下，买方尚未收到存货，更没有所有权，预付的款项构成了销售方的负债，待到存货所有权转移，销售方的负债也同时得到偿付。

## 二、存货与商品销售成本

存货会计核算的任务就是通过计算存货的采购成本和生产过程中发生的制造成本，然后将其与商品（产品）的销售收入相匹配，以正确计算与各期间收入相配比的费用。会计师必须将可供销售存货成本（cost of goods available for sale）在当期耗用（销售成本——是当期的一项费用）和结转至未来金额（期末存货——当期期末是一项资产，但在未来转化成费用）之间分配。

存货的费用化过程以及对会计报表的影响，可通过存货等式集中体现。存货等式全面反映了存货的价值流转过程，有助于理解存货会计核算的程序及最终影响。存货等式如图7-1所示。

等式最上面的方框指明了存货的实物形态或类别。不同行业的企业，由于其生产性质的差异，存货的形态和类别各不相同。这里仅列举了制造业企业的部分存货形态。

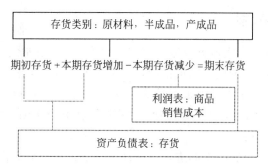

图 7-1　存货等式的图示

但是,不论是什么行业的存货,实际仓储过程中很少按照期初存货、本期新增存货以及期末结余存货这样的类别分开管理,除因专业保管的需要外,通常都是堆放在一起的。从总额上来看,本期减少的存货,主要就是本期转化为商品销售成本的存货。存货销售在增加本期销售收入的同时,存货也从资产转为商品销售成本,这是利润表中的一项非常重要的费用。由销售收入、商品销售成本(cost of goods sold)以及存货的期初和期末余额可以计算几个重要的财务分析指标(比率):

(1) 商品销售毛利(gross profit)＝销售收入－商品销售成本－价内税

(2) 毛利率(gross profit percentage)＝商品销售毛利/销售收入

(3) 存货周转率(inventory turnover)＝商品销售成本/存货的平均余额

商品销售毛利是企业利润的唯一或重要源泉,毛利率越高,说明企业商品的盈利能力越强。存货周转率则反映企业存货在一个会计期间内周转的次数,次数越多,说明企业经营效率越高。对这些财务指标的进一步说明,请参考本书的会计报表分析部分。

期初存货是期初资产负债表中存货账户的余额。根据不同的存货记录制度,对于本期新增和耗用或销售的存货,企业将及时或定期计入存货账户。期末结余存货就是期末资产负债表中存货账户的余额,它汇总反映了本期存货增减变化的最终结果。从存货等式可以看出,存货是连接资产负债表和利润表的纽带,存货核算不仅影响资产负债表上资产项目的余额,还关系到利润表中净利润的情况。在制造业和商品流通企业,商品销售成本一般是企业利润表中最重要、金额最高的一项费用,存货核算方法的改变会对企业的资产和利润核算的质量产生重大影响。因此,掌握存货核算的不同方法,以及不同方法对企业财务状况和经营成果的影响,是非常重要的。

# 第二节　存货的记录制度

存货的金额取决于存货的数量和单价,这里我们先介绍存货数量的确定方式,而不考虑存货单价,存货单价的确定将依赖于本章后面讨论的成本流转假设。企业在存货的数量记录上有两种不同的制度:定期盘存制(periodic inventory system)和永续盘存制(perpetual inventory system)。

## 一、定期盘存制

定期盘存制又被称为实地盘存制。在定期盘存制下,企业仅在进货时记录购入存货的数量与成本,而不记录耗用或销售的存货数量与成本,年终或月末结账时,再通过实地盘点库存货品数量来得到期末存货的数量,再乘以单价可得期末存货成本。因此,用于计算当期销售成本的存货数量是根据存货公式倒轧出来的。定期盘存制下计算当期销售数量的公式如下:

期初存货量＋本期进货量－期末存货量＝当期销售数量

在上式中,期初存货量由上一会计期间的期末存货结转过来,为已知数;本期进货根据企业的进货发票等确定,也为已知数;会计期末的实地盘点可以得出期末存货数量,简单的加减运算可以得出本期销售数量。将上述公式中的实物数量改为成本量,该公式依然成立。由此可见,定期盘存制的特点是,在耗用或销售存货时,企业不作任何记录,会计期末盘点存货的实际数量,倒算出销售数量和成本。因此,在这种存货的记录制度下,平时的会计核算工作量较小,会计核算成本较低。但该制度导致企业会计账簿和记录在平时无法反映企业存货的库存情况,提供相关信息不及时,不利于提高存货管理的效率。此外,在该制度下,任何不在期末存货中的物品均被视为耗用或出售,如果存货发生毁损、偷盗、浪费,由此造成的损失也均被纳入商品销售成本,不利于监督和防止企业存货管理中的舞弊和腐败,也不利于存货成本的控制。如果企业定期提供财务报告的期间越短,在定期盘存制下所需要实地盘点的次数越多,将会影响企业的正常经营,为准备中期报告而附加的盘点成本会较高。下面举一简例说明定期盘存制度下存货的会计核算。

**例 7-1** 风光装修装饰公司经销各种装修用建材。该公司采用定期盘存制核算瓷砖的成本。20×3 年 1 月,风光公司通过销售瓷砖获得销售收入 100 000 元。20×3 年年初公司拥有瓷砖的账面价值是 20 000 元。本月共分两次采购瓷砖,1 月 10 日采购入库价值为 50 000 元的瓷砖;1 月 25 日采购价值为 65 000 元的瓷砖。1 月底,公司盘点库存的瓷砖数目,结合存货成本流转假设估算出每包瓷砖的价值,最后核算出月底结存瓷砖的账面价值为 50 000 元。假定企业购货已编制会计分录入账。1 月底在编制销售成本的会计分录前,我们首先倒算出 1 月份的销售成本。

销售成本＝期初存货＋本期进货－期末存货

$$= 20\,000 + (50\,000 + 65\,000) - 50\,000$$

$$= 85\,000(元)$$

1 月底确认存货销售成本的分录如下:

借:主营业务成本　　　　　　　　　　　　　　85 000

　　贷:库存商品　　　　　　　　　　　　　　　　85 000

## 二、永续盘存制

与定期盘存制相反,企业对于存货的每一次入库(含外购和生产完工)、发出都要编制会计分录、登记账簿。这样,会计账簿上随时可提供关于存货的库存信息,持续跟踪存货的入库与发出,企业在任何时间均可得出存货的结存量,无须实地盘点就可编制出会计报表。这便是永续盘存制。在永续盘存制下,可以根据下面的存货等式得出预计的期末存货数量:

期初存货＋本期进货－本期销售＝期末存货

需要指出的是,尽管理论上纯粹的永续盘存制似乎只需要在账簿上对存货的进与出作永续记录就可以了,而不需要定期实地盘点,但在实践中并非如此。采用永续盘存制来记录存货的企业也需要定期进行存货的实地盘点,并将存货的账面数与实地盘点数进行核对,以确定账实是否相符。若不相符,则需要进一步追查不相符的原因,并依据原因做出相应处理。对于因自然灾害原因造成的存货损失,应向保险公司寻求赔偿;若是仓库管理人员渎职造成存货被偷盗,应要求仓库管理人员个人赔偿;等等。简而言之,不能将这些存货损失计入商品销售成本。这显然与定期盘存制是不同的,后者直接将这些存货损失也计入了商品销售成本(更准确地说,后者不会发现这些存货损失)。至于实地盘点的具体次数,一般会少于定期盘存制企业。如一些采纳永续盘存制的企业在会计年末进行存货实地盘点,也有些企业为不同类别的存货制定不同的盘点时间,依次盘点各类存货。一般而言,企业无论是采取何种存货记录方式,对每一类存货一年至少实地盘点一次,这样会有助于存货管理和成本控制。

**例 7-2** 假设会计账簿显示存货的账面价值是 10 000 元,而企业通过实地盘点发现手头存货的价值是 9 000 元,经查明,该项存货损失是由日常收发计量误差造成的,因此不应由保险公司或个人负责赔偿,而作为公司的管理费用处理(如果是自然灾害等不可抗因素造成的,则计入营业外支出):

借:管理费用            1 000
    贷:库存商品                   1 000

由以上讨论可以看出,与定期盘存制相比,在永续盘存制下,平时的存货核算工作量较大,核算成本较高,但提供信息较及时,有利于提高存货管理效率,并且由于结合了定期的实地盘点,有利于发现存货管理中的漏洞和舞弊。

至于是采用定期盘存制还是永续盘存制,企业需要衡量相应的成本和收益来决定。若企业缺货成本不是非常高,且存货的数量多,单位价值低,或者存货难以被浪费或盗窃,定期盘存制也许是合适的选择;而当存货数量少,单价高,或者缺货成本高时,选择永续盘存制可能更有助于符合成本效益原则。但随着会计电算化的推广和计算机的日益普遍运用,永续盘存制下的日常核算成本也在日益下降,因而也得到了更广泛的采用(加定期的实地盘点)。

## 第三节　存货成本的确定

### 一、存货的采购成本

外购存货的采购成本通常包括企业为购买存货所支付的货款,应计入采购成本的相关税金、运输费用、途中保险费用以及途中合理损耗之和。所以,存货购货发票上的金额一般不是采购成本的全部。此外，企业就存货采购所得到的现金折扣、购货折让等则会减少存货成本。① 存货的退回自然也会减少采购成本。

## 二、存货的制造成本

存货的制造成本是指企业为使存货达到可供销售状态所发生的生产成本，包括将原材料转化为产成品过程中所发生的直接材料、直接人工和制造费用。直接材料和直接人工是指能够直接追溯到单位产品的材料成本和人工成本。制造费用则包括各种不能直接归属于具体产品，而需要经一定的分配程序以归属于具体产品的间接费用（如生产设备的折旧、保险，车间管理人员成本，生产所需的水电以及辅助材料等）。至于企业发生的管理费用、销售费用以及财务费用等与产品生产无直接关系的费用，则在发生时直接计入当期的利润表中。不同企业存货制造成本的具体核算方法，是根据其生产特点和经营管理的需要确定的。

产品的加工过程，就是资产成本的转化过程，随着产品不断加工，直接材料、直接人工和制造费用相应转入各存货账户。制造业企业运用不同的存货账户来核算各个完工阶段的产品成本。"原材料"账户核算已采购进来但尚未投入生产加工的原材料的成本。"原材料"账户的期末余额就是在资产负债表日企业尚存放在库房内的原材料的成本合计。当生产部门开始取用原材料时，企业将材料成本从"原材料"账户（贷记）结转至"生产成本"账户（借记）。"生产成本"账户归集本期内生产产品的成本，包括从库房内转来的原材料的成本，投入的人工服务成本，以及发生的制造费用。当企业完成生产加工后，完工产品验收合格存放在产成品库房。这样，"生产成本"账户余额减少（贷记），同时"产成品"账户余额增加（借记）。"生产成本"账户的余额是在资产负债表日，企业生产线上尚未完工的在产品成本。"产成品"账户归集已经完工但尚未售出的产品的全部制造成本。完工产品出售后，产品成本从"产成品"账户（贷记）转移至"产品（商品）销售成本"账户（借记）。产品销售成本是利润表中的费用账户。图 7-2 汇总列示了制造业企业的特性和成本流程。

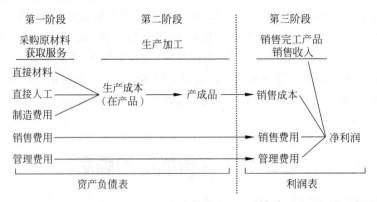

图 7-2　成本流程图

---

① 在我国现行会计制度中，将得到的现金折扣确认为一项财务收益，贷记"财务费用"，而不是冲减存货成本。

图 7-3 列示了制造成本在各存货账户及其他账户之间的转移。我们可以对照图 7-2 来理解存货的成本转化过程。

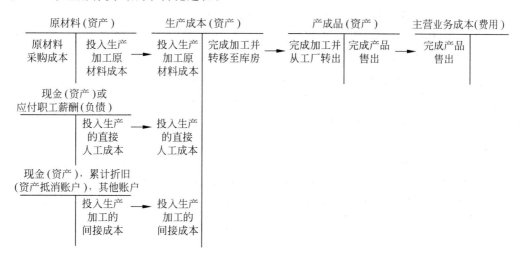

**图 7-3  制造成本在各账户之间的结转图**

**例 7-3**  富捷螺丝厂创办于 20×9 年 1 月 1 日,期初以现金形式投资人民币 100 万元。20×9 年 1 月份发生的相关经济业务如下:

(1) 购买螺丝加工机器,价值 50 万元;购买管理人员用计算机等办公设备,价值 10 万元。全部用支票付款。

| | | |
|---|---|---|
| 借:固定资产 | 600 000 | |
| 贷:银行存款 | | 600 000 |

(2) 租用高科技开发区的厂房,租金每月 1 万元,同时租用办公用房,租金每月 3 000元。1 月份租金用支票支付。

| | | |
|---|---|---|
| 借:制造费用——租金 | 10 000 | |
| 管理费用——租金 | 3 000 | |
| 贷:银行存款 | | 13 000 |

这里,我们采用了制造费用这个临时账户,在月末或季度末,制造费用应按照特定分配方法全额结转至生产成本账户中。结转时,借记“生产成本”账户,贷记“制造费用”账户。因此,上面的分录也可以简化如下:

| | | |
|---|---|---|
| 借:生产成本 | 10 000 | |
| 管理费用——租金 | 3 000 | |
| 贷:银行存款 | | 13 000 |

在大型制造企业,由于其生产成本项目种类多,金额高,企业往往需要建立各种各样的制造费用账户,以便成本分析和业绩考核。这里举例的富捷螺丝厂是一家小规模企业,产品单一,因此,在下面的分析中,我们将不再采纳制造费用账户,有关成本直接计入生产成本账户。

此外,还需注意的是,同样是租金费用,由于其用途不同,计入不同类别的账户。生产用房的租用直接增加生产成本,而管理用房的租金,则直接计入管理费用,是一项期间费用,冲减当期的利润。

（3）企业采购原材料,金额 25 000 元,款项尚未拨付。

借：原材料 25 000

　　贷：应付账款 25 000

实际采购原材料时发生的运输费、保险费、拆装费等全部计入 2.5 万元的原材料成本中。

（4）为加工螺丝,领用原材料 20 000 元。

借：生产成本 20 000

　　贷：原材料 20 000

原材料从库房领用投入生产,记录原材料的减少,同时记录生产成本的增加。

（5）1 月份员工的工资总额为 60 000 元,其中 40 000 元付给工厂工人和车间管理人员,10 000 元付给营销人员,10 000 元付给厂部管理人员。

借：生产成本 40 000

　　销售费用 10 000

　　管理费用 10 000

　　贷：应付职工薪酬 60 000

借：应付职工薪酬 60 000

　　贷：银行存款 60 000

严格来说,车间管理人员的工资应先归集到制造费用中,再按照一定方式转至各个产品的生产成本账户。如前所述,为简化核算,我们直接将车间监管人员的工资计入生产成本。

厂部管理人员的工资与生产加工没有直接关系,计入期间费用。

（6）1 月份水电费是 3 000 元。其中,2 000 元用于生产,其余 1 000 元用于厂部管理。水电费已支付。

借：制造费用 2 000

　　管理费用 1 000

　　贷：银行存款 3 000

生产中耗用的水电费直接计入生产成本账户中。由于金额不大,其他部门耗用的水电费汇总为一个账户核算,而不是分摊至营销部门的水电费和管理部门的水电费。实际会计核算是有一些灵活性的,会计人员可以根据职业判断,估计详细会计信息的提供成本和潜在效益,如果收效不大,而提供成本较高,往往就采取一些简便核算的方法。

（7）1 月份所有设备的折旧额为 2 500 元。其中,工厂机器折旧 2 000 元,厂部管理设备折旧 500 元。

借：制造费用 2 000

　　管理费用 500

　　贷：累计折旧 2 500

直接用于产品生产的固定资产的折旧通过“制造费用”计入产品成本,而管理部门使用的固定资产的折旧费用则计入本期费用。累计折旧账户是固定资产(设备)的抵消账户。之所以建立一个抵消账户,而不是直接冲减设备的账面原值,是为了保留账面原值的历史记录,因为固定资产使用寿命比较长,其账面原值有一定的管理意义。

(8) 于 1 月份完成加工并转移至产成品库房的产品的制造成本是 50 000 元。

　　借:产成品　　　　　　　　　　　　　　　　　50 000
　　　　贷:生产成本　　　　　　　　　　　　　　　　　50 000

(9) 1 月份销售收入是 78 000 元,其中 30 000 元是赊销。

　　借:银行存款　　　　　　　　　　　　　　　　　48 000
　　　　应收账款　　　　　　　　　　　　　　　　　30 000
　　　　贷:主营业务收入　　　　　　　　　　　　　　　78 000

(10) 1 月份发生的销售成本是 40 000 元。

　　借:主营业务成本　　　　　　　　　　　　　　　40 000
　　　　贷:产成品　　　　　　　　　　　　　　　　　40 000

表 7-1 提供了该企业 1 月份的利润表。图 7-4 列示了各种制造成本在账户之间的转移情况。

表 7-1　富捷螺丝厂 20×9 年 1 月份利润表　　　　　　　　单位:元

| | |
|---|---|
| 主营业务收入 | 78 000 |
| 减: | |
| 　主营业务成本 | 40 000 |
| 　销售费用 | 10 000 |
| 　管理费用 | 14 500 |
| 净利润 | 13 500 |

## 三、存货发出的计价方法

在以上关于产品制造成本以及销售成本的计算中,有一个重要问题一直未曾涉及,那就是,制造产品的原材料若是不同批次购进的,其单位采购成本可能不同,如何计算当期转入在产品和完工产品的原材料成本呢? 销售的产品或商品若是不同批次完工或购进的,其单位制造成本或采购成本可能不同,如何计算当期产品或商品销售成本呢?[①] 当然,如果存货的单位成本保持不变,则问题可迎刃而解,但在企业实际经营活动中,存货的采购成本或生产成本往往是变动的,不同时期不同批次可能不一样。在这种情况下,如何选用合理的单位成本来计算发出存货的成本呢? 我们是采用最近一批购入或完工入库存货的单位成本,还是采用现有存货中最早购入或完工入库的存货的单位成本,抑或采用它们的平均单位成本? 而存货发出的计价一旦确定,根据前述的有关公式,存货的期末余额自然也就确定了。因此,存货发出的计价方法也就是对期末存

_____

① 如前所述,在定期盘存制下,虽然实地盘点可以确定期末存货的数量,但也有如何确定期末存货的单位成本和总成本的问题,这也需要用到下述的成本流转假设和相应的存货发出计价方法。本章以下举例均假定企业采用永续盘存法(加定期的实地盘点)。

**现金**

| 借方 | 贷方 |
|---|---|
| 期初余额 1 000 000 | (1) 600 000 |
| (9) 48 000 | (2) 13 000 |
| | (5) 60 000 |
| | (6) 3 000 |
| 期末余额 372 000 | |

**应收账款**

| 借方 | 贷方 |
|---|---|
| (9) 30 000 | |
| 期末余额 30 000 | |

**原材料**

| 借方 | 贷方 |
|---|---|
| (3) 25 000 | (4) 20 000 |
| 期末余额 5 000 | |

**生产成本**

| 借方 | 贷方 |
|---|---|
| (2) 10 000 | (8) 50 000 |
| (4) 20 000 | |
| (5) 40 000 | |
| (6) 2 000 | |
| (7) 2 000 | |
| 期末余额 24 000 | |

**产成品**

| 借方 | 贷方 |
|---|---|
| (8) 50 000 | (10) 40 000 |
| 期末余额 10 000 | |

**设备**

| 借方 | 贷方 |
|---|---|
| (1) 600 000 | |
| 期末余额 600 000 | |

**累计折旧**

| 借方 | 贷方 |
|---|---|
| | (7) 2 500 |
| | 期末余额 2 500 |

**应付账款**

| 借方 | 贷方 |
|---|---|
| | (3) 25 000 |
| | 期末余额 25 000 |

**主营业务收入**

| 借方 | 贷方 |
|---|---|
| | (9) 6 800 |
| | 本期发生额 6 800 |

**主营业务成本**

| 借方 | 贷方 |
|---|---|
| (10) 40 000 | |
| 本期发生额 40 000 | |

**销售费用**

| 借方 | 贷方 |
|---|---|
| (5) 10 000 | |
| 本期发生额 10 000 | |

**管理费用**

| 借方 | 贷方 |
|---|---|
| (2) 3 000 | |
| (5) 10 000 | |
| (7) 500 | |
| 本期发生额 13 500 | |

**水电费**

| 借方 | 贷方 |
|---|---|
| (6) 1 000 | |
| 本期发生额 1 000 | |

图 7-4 用 T 型账户列示的富捷螺丝厂 20×9 年 1 月份的交易

货账面价值(成本)的计价方法,或简称为存货计价方法。不同方法计算出来的发出存货的成本不同,进而会导致各期的销售成本、销售利润和存货期末余额的不同。可以设想,实际规模和经营业绩相近的两家企业,可能仅仅因为存货发出计价方法的不同,而有着截然不同的资产和利润。

### （一）成本流转假设

存货发出的各种计价方法的根本区别在于其成本流转假设（cost flow assumption）的不同。成本流转是相对于存货的实物流转而言的。实物流转，就是实际经营中存货进出企业的顺序。有些企业的存货管理采用先进先出法——先进入企业库房或货架的存货先出售或先领用，这种流转顺序比较适合存货容易变质的情形；有些企业采用后进先出法——后进入企业库房或货架的企业先售出或领用，采用这种流转顺序的企业大多是出于搬运和堆放的角度考虑；更多的企业可能没有固定的进出顺序。具体实物流转模式由企业管理人员根据货品的特点与管理控制的需求来决定。实物流转与成本流转可能不一致，为此，需要对成本流转予以假设。

### （二）存货发出的计价方法：基于不同的成本流转假设

会计上为核算方便，人为假定存货的成本流入和成本流出具有一定的顺序——成本流转。具体来讲，成本流转是指外购或自制存货的成本流入及出售商品或领用存货时的成本流出顺序。如果假定成本流转与实物流转完全一致，也就是说，当一件存货被取用时，其成本也相应转移，这就是个别认定法（specific identification method）；如果假定企业先领用和出售最早购入的存货，会计人员将最早的成本分摊到最先取用的存货上，这就是先进先出法（first-in, first-out method，FIFO）；如果假定企业先取用最新购入企业的存货，会计人员将最近期的存货成本分摊至取用的存货上，这就是后进先出法（last-in, first-out method，LIFO）。除以上三种核算方法外，有些企业直接将现有存货的成本进行加权平均，作为耗用或出售存货的成本，这就是加权平均法（weighted-average method）。由此可见，除个别认定法外，存货的成本流转与实物流转可以不一致。下面对上述四种存货发出的计价方法依次加以介绍。

1. 个别认定法

按个别认定法，企业需要为每一件存货建立一个单独的卡片或明细账户，记录存货的所有成本，当这件存货出售或投入生产加工时，将其成本相应转入销售成本或其他资产账户。比如，与该件存货相关的记录可能就在包装盒上，而且企业保存所有关于该件存货的原始凭证，如购入发票、加工单据、保险费单据等。汽车销售商、珠宝商、皮衣批发商等运用个别认定法来计算期末存货成本和销售成本。这些企业的共同特点是，存货数量少，单位价值高，而且存货的性能和款式等往往各不相同。

但是对于存货差异性不大，或者单价低、数量多的企业，运用个别认定法不可行，也没必要。这些企业倾向于采用一定的流转假设来估计存货成本。

2. 先进先出法

假定先收到的商品或先入库的产成品先出售，或者先购入的原材料先耗用。先进先出法将最早的存货成本分配给最先出售或最先领用的存货，而用最近的存货成本来估计期末存货的价值。按照先进先出法，期末存货价值比较接近资产负债表日的商品成本。

### 3. 后进先出法[①]

假定后收到的商品或后入库的产成品先出售,或者后购入的原材料先耗用。后进先出法将最近购入存货的成本分摊给最先售出或最先领用的存货,而用最早的存货成本来估计期末存货的价值。最早购入的存货是"先进来,待在这"(first in, still here)。按照后进先出法,销售成本比较接近当期的商品成本,而其期末存货则按照最早购入存货的成本核算。

### 4. 加权平均法

加权平均法没有特定的成本流转假设,换句话讲,该方法假设存货的成本流转是无固定规律的,可能先进先出,也可能后进先出。按加权平均法,存货无论何时发出,均分配统一的加权平均成本。

以下我们举例来对这几种存货发出的计价方法进行具体说明。

**例 7-4** 某儿童玩具批发厂商从玩具加工厂购进玩具,然后批发给商场、儿童用品店或其他零售商,下表给出了 20×2 年 3 月该企业进销儿童电动摩托车的情况。

| 日　期 | 摘　要 | 数量/辆 | 单价/(元/辆) |
|---|---|---|---|
| 3 月 1 日 | 期初存货余额 | 200 | 300 |
| 3 月 5 日 | 购入 | 100 | 350 |
| 3 月 15 日 | 购入 | 150 | 370 |
| 3 月 20 日 | 出售 | 200 | |
| 3 月 28 日 | 购入 | 100 | 400 |

此外,假定 3 月 20 日出售的 200 辆儿童电动摩托车中有 100 辆是期初的存货,100 辆是 3 月 5 日购入。

(1)个别认定法。按照个别认定法,我们需追踪每件货品的进货成本。100 辆期初存货,每件成本为 300 元;100 辆是 3 月 5 日购入企业,每件成本为 350 元。总销售成本为:

$$销售成本 = 300 \times 100 + 350 \times 100 = 65\ 000(元)$$

剩余的存货将构成期末存货,成本计算如下:

$$期末存货 = 300 \times 100 + 370 \times 150 + 400 \times 100 = 125\ 500(元)$$

如果先计算出 3 月份可供销售存货成本总额 $= 300 \times 200 + 350 \times 100 + 370 \times 150 + 400 \times 100 = 190\ 500(元)$,则期末存货 = 可供销售存货总额 - 销售成本 = 190\ 500 - 65\ 000 = 125\ 500(元)。

(2)先进先出法。先购入的车先售出,于是销售成本计算如下:

$$销售成本 = 300 \times 200 = 60\ 000(元)$$

$$期末存货 = 350 \times 100 + 370 \times 150 + 400 \times 100 = 130\ 500(元)$$

(3)后进先出法。后购入的车先售出。这里我们需注意的是,不同盘存制下,后进

---

① 新的《企业会计准则》规定,"企业应当以实际发生的交易或者事项为依据进行会计确认、计量和报告,如实反映符合确认和计量要求的各项会计要素及其他相关信息,保证会计信息真实可靠、内容完整"。正是由于后进先出法与准则的这一会计信息质量要求严重背离,才被排除到允许被使用的存货计价方法之外。

先出法算出的销售成本和期末存货结果会有所不同。若企业采用永续盘存制,亦即适时记录存货的结余数量并适时核算销售成本,则在 3 月 20 日销售完成时:

$$销售成本＝370×150＋350×50＝73\,000(元)$$

在 3 月 31 日,结余的期末存货为

$$期末存货＝300×200＋350×50＋400×100＝117\,500(元)$$

若企业采用定期盘存制,亦即只在期末(3 月 31 日)集中盘点并计算存货的成本,则在 3 月 31 日,销售成本和期末存货分别为

$$销售成本＝400×100＋370×100＝77\,000(元)$$

$$期末存货＝300×200＋350×100＋370×50＝113\,500(元)$$

(4)加权平均法。如后进先出法一样,加权平均法的计算结果也取决于企业的盘点制度,这里假设企业采用永续盘存制,在 3 月 20 日的单位成本、销售成本分别为

$$单位成本＝(300×200＋350×100＋370×150)÷(200＋100＋150)$$

$$＝150\,500÷450＝334.4(元/辆)$$

$$销售成本＝334.4×200＝66\,880(元)$$

3 月 31 日我们倒算出期末存货,结果如下:

$$期末存货＝190\,500－66\,880＝123\,620(元)$$

若企业采用定期盘存制,月底进行盘点并计算销售成本和期末存货,则单位成本、销售成本和倒算的期末存货如下:

$$单位成本＝190\,500÷(200＋100＋150＋100)＝190\,500÷550＝346.4(元/辆)$$

$$销售成本＝346.4×200＝69\,280(元)$$

$$期末存货＝190\,500－69\,280＝121\,220(元)$$

为更直观地比较存货发出计价的四种方法,表 7-2 列示了例 7-4 中利用四种存货发出计价方法所计算出来的销售成本和期末存货,以及对企业资产、利润、纳税和现金流量的影响。

表 7-2　四种存货计价方法计算结果比较

| 方　　法 | 销售成本/元 | 期末存货/元 | 资产排序 | 净利润排序 | 所得税排序 | 净现金排序 |
|---|---|---|---|---|---|---|
| 个别认定法 | 65 000 | 125 500 | 2① | 2 | 2 | 5 |
| 先进先出法 | 60 000 | 130 500 | 1 | 1 | 1 | 6 |
| 后进先出法(永续盘存制) | 73 000 | 117 500 | 5 | 5 | 5 | 2 |
| 后进先出法(定期盘存制) | 77 000 | 113 500 | 6 | 6 | 6 | 1 |
| 加权平均法(永续盘存制) | 66 880 | 123 620 | 3 | 3 | 3 | 4 |
| 加权平均法(定期盘存制) | 69 280 | 121 220 | 4 | 4 | 4 | 3 |

① 1是最高,6是最低,按余额高低排序。

从表 7-2 可见,在上例所假设的物价一直上涨(通货膨胀)情况下,先进先出法因期末存货按照最新成本计算,其计算出的资产价值最高,存货发出成本(销售成本)最低,利润也最高,但应交所得税额最高,企业结余的现金流反而最少;与此相应,定期盘存

制下的后进先出法,因销售成本按照现行价值估算,其估出的销售成本最高,资产价值最低,存货发出成本(销售成本)最高,利润最低,应交所得税最低,企业结余的现金流反而最多;加权平均法的结果介于先进先出法和后进先出法之间。如果以资产或销售成本偏离现行市值远近为标准来衡量流转假设的合理性,先进先出假设能够合理估算资产,从而其资产负债表上的资产余额更具相关性;后进先出法能够合理估算销售成本,从而其利润表上的销售成本和净利润更具相关性。

### (三) 存货发出计价方法的变更与一致性原则

企业出于经营管理方面的需要,可能会改变会计核算方法。如果企业从先进先出法改变为后进先出法,在存货价格不断上升的情况下,企业销售成本可能会高估,利润低估,进而减少应纳所得税额。上例中的玩具批发商,如果3月份其存货核算方法由先进先出法改变为后进先出法,则销售成本由原本的 60 000 元增至 77 000 元,3 月份的税前利润减少 17 000 元,如果应交所得税税率为 25%,则减少所得税金额 4 250 元(17 000×25%)。单就 3 月份一个月,企业就可节省现金 4 250 元。当然,我们这里只是假设其 3 月份改变存货发出的计价方法。在实际工作中,这是不可行的,因为存货发出的计价方法属于企业重要的会计政策,而会计准则一般规定,企业在会计政策选择中应遵循一致性原则,即以前年度采用何种会计政策,当期及未来会计年度仍应采用,除非经营环境发生较大变化或国家会计准则要求企业变更。在年度内,企业不允许改变会计政策。所以,在本例中,若商品的购进成本一直在上涨,而企业已采用先进先出法,则企业可在下年度改用加权平均法,并在企业会计报表的附注中按照会计准则的要求就该项会计政策变更进行充分说明和披露(参见第十二章)。

### (四) 后进先出存货层

在后进先出法下,任何一个会计期间,当存货的采购量或完工量高于销售量时,期末存货数量就增加,并且以较早批次的采购成本或完工成本留在会计账表中。我们把年度内新增加的存货数量称作后进先出存货层(LIFO layer)。举例来讲,假定一商店每年能够售出 198 台 VCD 播放机,但商店每年购进 200 台这种 VCD 播放机,连续 3 年下来,第 3 年年末商店拥有 6 台该类型 VCD 播放机。假定我们按照购入的顺序对每台 VCD 机编号。这 6 台 VCD 播放机的成本就是编号为 101 和 102(第一年购入),201 和 202(第二年购入)以及编号为 301 和 302(第 3 年购入)的播放机的成本。这种情况下,会计术语上称为该商场拥有三个存货层,每层对应着存货购入的年限。但仓库中剩余的存货实物绝大多数是最近购进的存货,而资产负债表上核算的存货成本则分别按照这 3 年的购入成本来计算。

采用后进先出法的企业,通货膨胀期间,如果存货数量一直上升,确认的商品销售成本会高于其他存货发出的计价方法,可给企业带来节税的好处。但是,如果相反,存货数量在下降(在年度内售出的存货多于购入的存货量),在存货数量下降期间则会出现相反的现象:确认的费用减少,应纳所得税额增加。这是因为,后进先出存货层中早期的低成本存货离开资产负债表,转化为费用。如果一家企业出于某种原因削减期末存货数量,使得期末存货量低于期初存货量,销售成本将等于当期采购成本或完工成本加上期初存货中早期购入或完工的一些低成本存货。与那些期末存货量等于期初存货量的公司相比,这类公司的销售成本较低,同时净利润和应纳税额就较高。以下我们举例来具体说明后进先出存货层。

例 7-5　某企业采用后进先出法核算存货。其过去 4 年的后进先出存货层如表 7-3 所示。假定其第 5 年年初拥有存货 460 件,总成本为 34 200 元。假设在第 5 年年末的存货成本是每件 120 元,所得税税率是 40%。如果由于某种原因,第 5 年的期末存货降至 100 件,那么,从第 2 年至第 4 年购入的 360 件存货将转入销售成本。这 360 件存货的成本合计是 29 200 元(6 600＋9 600＋13 000),但是当期同样数量的存货成本则是 43 200元(360×120)。销售成本比期末存货量不减少的情形要低 14 000 元(43 200－29 200)。此时,应纳税所得额比期末存货为 460 件的情形高 14 000 元,由此,多缴纳所得税额 5 600 元(14 000×40%)。由此可见,在通货膨胀环境下,只要期末存货不低于期初存货,采用后进先出法可使企业无限期地递延所得税。

表 7-3　某企业的后进先出存货层

| 后进先出存货层 | | 成本/元 | |
| --- | --- | --- | --- |
| 采购年度 | 数量/件 | 单位成本 | 成本合计 |
| 1 | 100 | 50 | 5 000 |
| 2 | 110 | 60 | 6 600 |
| 3 | 120 | 80 | 9 600 |
| 4 | 130 | 100 | 13 000 |
| 合　计 | 460 | — | 34 200 |

## 四、存货的期末计价：成本与市价孰低法

企业在期末编制资产负债表之前,需要对存货的价值进行评估,若存货的市价高于存货的成本(账面价值),则存货有着未实现的持有利得;若相反,存货的市价低于其成本,则存货有着未实现的持有损失。依据稳健性原则,对于任何可能的潜在损失均应确认入账,而不确认可能的利得。因此,对于存货的持有损失应予以确认,降低存货的价值,同时增加当期的费用(损失),而对于存货的持有利得,则不予以确认。这就是遵循了稳健原则的所谓存货期末计价的成本与市价孰低法(lower-of-cost-or-market method, LCM)。顾名思义,成本与市价孰低法就是选择存货现有的账面价值及其市场价值中的低者作为存货的新的账面价值。这样,当市价低于成本时,就需确认存货的跌价损失,并调减存货资产的账面价值,用新的市价作为存货的账面价值。但到下一期末,若确认了跌价损失的存货尚未出售,其市价回升,高于调整后的账面价值时,企业应将原跌价损失转回,但不得超过原确认的跌价损失数。其实,从存货自身给企业创造的价值来看,若不考虑存货从采购到销售的期间,其给企业带来的利润或损失为:售价和取得成本之间的差异。成本与市价孰低法对此并无影响,但若考虑到会计分期,该方法

就会影响到不同会计期间的利润。因为当企业运用成本与市价孰低法,在确认存货跌价损失的期间,其净利润会比不采用该方法低,但是到计提了跌价准备的存货出售期间,由于存货的账面价值(成本)已降下来,销售成本自然就低。

至于与成本相比较的市价,在不同国家有不同的规定,一般为重置成本(replacement cost)或可变现净值(net realizable value)。对存货期末计价实施成本与市价孰低法,可按照存货总额比较、存货大类比较或单项存货比较三种具体方法进行。其中,总额比较法所需确认的存货跌价损失最少,大类比较居中,单项比较所需确认的存货跌价损失最大。我国会计制度规定一般以可变现净值为市价来实行成本与市价孰低法,并且按照单项存货来实施,若某些存货有着类似用途并与在同一地区生产和销售的产品系列相关,并且实际上难以将其与该产品系列的其他项目区分开来进行估价,则可以合并计量成本与可变现净值以实施成本与市价孰低法。在我国,存货跌价所带来的持有损失确认计入"资产减值损失"账户,同时,与应收账款的坏账损失处理相类似,不直接冲减存货账户的账面余额,而是设存货的备抵账户"存货跌价准备"来记录存货账面余额的减少数。与"应收账款"一样,在企业会计期末的资产负债表上,"存货跌价准备"在资产减值明细表中反映。存货按净值列示,以下举例来说明。

**例 7-6**　假设某房地产开发企业按成本与市价孰低法核算存货。在 20×1 年年底,其存货(就是尚未售出和正在施工的楼盘)账面价值是 1 亿元,可变现净值只有 8 000万元,低于账面价值 2 000 万元。于是,在 20×1 年 12 月 31 日,该企业需作分录如下:

　　借:资产减值损失　　　　　　　　　　　20 000 000
　　　　贷:存货跌价准备　　　　　　　　　　　　20 000 000

假如 20×2 年存货可变现净值未出现变动。至 20×3 年 12 月 31 日,楼盘尚未出售,由于该地段交通改善,购房者看好楼盘,使得存货的市场价值上升至 1.1 亿元。则在 20×3 年 12 月 31 日,该企业应将存货的账面价值予以恢复,但不得超过原来确认的跌价损失金额。故在 20×3 年 12 月 31 日,该企业需作如下调整分录:

　　借:存货跌价准备　　　　　　　　　　　20 000 000
　　　　贷:资产减值损失　　　　　　　　　　　　20 000 000

由于存货跌价准备账户原来有贷方余额 2 000 万元,现在在其借方登记 2 000 万元,其余额为零,故在 20×3 年 12 月 31 日的资产负债表上,存货的账面价值又恢复至 1 亿元。

## 五、存货核算的计划成本法

我国的大中型制造业企业,其存货特点是品种、规格和数量繁多,一些产品加工的工序就有十几道甚至几十道,这么多的物品如果全都按照精确的先进先出法或后进先出法,会计核算的工作量难以想象,也不符合成本效益原则。那么,这些企业采用什么方法核算期末存货和销售成本呢?那就是计划成本法。

为简化会计核算,企业平时用计划成本记录收入、发出和结余的存货,到会计期末,通过计算实际成本与计划成本的差异及其分摊额,将库存(结余存货)和发出的存货由计划成本调整为原始成本(实际成本)。存货的计划成本一般由企业的供应部门、财务部门、生产部门和计划部门共同制定。采用计划成本的企业,会计人员平时只记录收入、发出和结余的存货数量,期末将数量乘以计划单价,就可以算出发出和结存存货的计划成本。故"存货"账户是按计划成本来核算的,存货的实际成本和计划成本之间的差异应单独归集和分配,通过"存货成本差异"①账户来核算。该账户借方反映实际成本大于计划成本数,贷方反映实际成本小于计划成本数,差异的分配则被登记在原差异的相反方向。企业每个月在计算存货余额和销售成本时,应将计划成本加减分摊的存货成本差异,调整为实际成本。在资产负债表上,存货账户的账面余额(实际成本)等于存货账户余额加上(减去)结余的存货成本差异借方(贷方)余额,然后再减去存货跌价准备账户的余额以反映存货项目的账面价值。所以,实行计划成本法核算存货的关键是如何将期末存货和销售成本由计划成本调整为实际成本,这要通过计算差异分配率来实现。差异分配率计算如下:

各存货的差异分配率=(期初存货成本差异+本期入库存货成本差异)÷
(期初存货计划成本+本期入库存货计划成本)×100%

计算存货应负担的成本差异:

存货应负担的成本差异=存货的计划成本×差异分配率

实际成本=计划成本±(成本差异)

下面举例来简单说明计划成本法的运用。

**例 7-7** 假定 A 企业 20×2 年 5 月的入库记录如表 7-4 所示。

表 7-4　A 企业 20×2 年 5 月的入库记录

| 数量/件 | 计划成本/元 | 发票价格/元 | 运费/元 | 付款日 | 验收日 |
|---|---|---|---|---|---|
| 100 | 5 | 420 | 30 | 5 月 4 日 | 5 月 5 日 |
| 100 | 5 | 480 | 40 | 5 月 16 日 | 5 月 18 日 |

另有发货凭证两张:5 月 8 日销售 60 件,5 月 20 日销售 80 件。

存货账户期初余额为 250 元计划成本,"存货成本差异"账户期初贷方余额为 20 元。

(1)5 月 4 日付款。用存货采购账户核算存货的实际成本。

借:存货采购　　　　　　　　　　　　　　　　450

　　贷:库存现金　　　　　　　　　　　　　　　　450

(2)5 月 5 日验收入库。以计划成本登记存货账户,其与实际成本之间的差额登记在"存货成本差异"账户中。本例中,由于存货计划成本高于实际成本,差异应登记在"存货成本差异"的贷方,反映采购成本的节约。

借:库存商品　　　　　　　　　　　　　　　　500

　　贷:存货采购　　　　　　　　　　　　　　　　450

　　　　存货成本差异　　　　　　　　　　　　　　50

(3)5 月 8 日结转已销售货品的计划成本。

---

① 工业企业通常用"材料成本差异"。

借：主营业务成本           300

  贷：库存商品             300

（4）5月16日支付购货款。

借：存货采购            520

  贷：库存现金             520

（5）5月18日第2批采购的货物验收入库。由于该批采购的实际成本大于计划成本，存货成本差异有借方余额，相当于采购成本的浪费。

借：库存商品            500

  存货成本差异            20

  贷：存货采购             520

（6）5月20日结转第2批已销售货品的计划成本。

借：主营业务成本           400

  贷：库存商品             400

（7）5月31日计算全月的存货成本差异在已售存货和结余存货之间的分摊额：

存货成本差异分配率＝[－20＋（－50）＋20]÷（250＋500＋500）＝－4%

本月销售应分配的成本差异＝（300＋400）×（－4%）＝－28（元），成本差异为负值，意味着节约28元。

5月31日分摊存货成本差异至商品销售成本，将其由计划成本调整为实际成本的分录如下：

借：存货成本差异           28

  贷：商品销售成本           28

期末结余存货应分配的成本差异＝（250＋500＋500－300－400）×（－4%）＝－22（元），或者应分配的成本差异＝－50－（－28）＝－22（元），这－22元的成本差异应由期末存货承担，不用再编制调整分录，可以与存货账户一起结转至下月，作为下月的期初余额。

采用计划成本法便于将存货的实际成本与计划成本相比较，有利于考核各部门的经营责任，加强成本控制，促进内部管理，也有利于简化日常核算。但如果实际成本与计划成本差异过大，这种方法会影响成本计算的正确性。因此，当差异过大时，要及时调整计划成本。计划成本法在运用时难以监控，一些企业为了虚增利润，可能不分配或少分配商品销售成本的不利差异。

# 第四节　存货的披露

从宝钢股份的资产负债表得知，宝钢股份2013年年底存货余额为310.87亿元，比2012年年底的288.72亿元增加了22.15亿元。然而，会计报表使用者需要了解的更多的会计信息却无法从这两个数字得到，比如，宝钢股份采用什么样的存货会计政策？存货是怎样构成的？存货的增减变化情况怎样？是否计提了存货跌价准备？为此，就需要披露存货会计政策、存货的构成及其增减变化以及跌价准备等详细信息。下面是宝钢股份披露的存货信息。

## 一、宝钢股份披露的存货会计政策

11. 存货

11.1 存货的分类

本集团的存货主要包括原材料、在产品、产成品和备品备件及其他。按成本进行初始计量,存货成本包括采购成本、加工成本和其他使存货达到目前场所和状态所发生的支出。

11.2 发出存货的计价方法

存货发出时,采用加权平均法确定发出存货的实际成本。

11.3 存货可变现净值的确定依据及存货跌价准备的计提方法

资产负债表日,存货按照成本与可变现净值孰低计量。当其可变现净值低于成本时,计提存货跌价准备。可变现净值是指在日常活动中,存货的估计售价减去至完工时估计将要发生的成本、估计的销售费用以及相关税费后的金额。在确定存货的可变现净值时,以取得的确凿证据为基础,同时考虑持有存货的目的以及资产负债表日后事项的影响。

存货按单个存货项目的成本高于其可变现净值的差额计提存货跌价准备。

计提存货跌价准备后,如果以前减记存货价值的影响因素已经消失,导致存货的可变现净值高于其账面价值的,在原已计提的存货跌价准备金额内予以转回,转回的金额计入当期损益。

11.4 存货的盘存制度　存货盘存制度为永续盘存制。

11.5 低值易耗品和包装物的摊销方法　低值易耗品和包装物采用一次转销法进行摊销。

……

27. 运用会计政策过程中所作的重要判断和会计估计所采用的关键假设和不确定因素

27.1 存货跌价准备

如附注(二)11 所述,存货以成本与可变现净值孰低计量。可变现净值是指存货的估计售价减去至完工时估计将要发生的成本、估计的销售费用以及相关税费后的金额。

由于本集团的营运资本中有相当的比例用于存货,本集团有专门的操作程序来控制这项风险。本集团会定期对存货进行全面复核来确定是否存在过时、呆滞的存货并复核其减值情况。复核程序包括将过时、呆滞的存货的账面价值与其相应的可变现净值进行比较,来确定对于任何过时、呆滞的存货是否需要在财务报表中计提准备。可变现净值所采用的存货售价、至完工时将要发生的成本、销售费用以及相关税费的金额需要作出适当的会计估计。管理层已根据最佳的估计并考虑了历史经验和现时的生产成本和销售费用以确保其会计估计的合理性。基于上述程序,本集团管理层认为已对过时、呆滞的存货计提了足额的跌价准备。

## 二、宝钢股份披露的存货构成

9. 存货

(1) 存货分类

单位:人民币百万元

| 项 目 | 年末数 | | | 同一控制合并调整后年初数 | | |
|---|---|---|---|---|---|---|
| | 账面余额 | 跌价准备 | 账面价值 | 账面余额 | 跌价准备 | 账面价值 |
| 原材料 | 7 653 | 167 | 7 486 | 7 310 | 22 | 7 288 |
| 在产品 | 9 207 | 393 | 8 814 | 7 772 | 181 | 7 591 |
| 产成品 | 11 798 | 591 | 11 207 | 10 534 | 348 | 10 186 |
| 备品备件及其他 | 3 641 | 61 | 3 580 | 3 870 | 63 | 3 807 |
| 合 计 | 32 299 | 1 212 | 31 087 | 29 486 | 614 | 28 872 |

(2) 存货跌价准备

单位:人民币百万元

| 存货种类 | 同一控制合并调整后年初账面余额 | 本年计提额 | 本年减少 | | 年末账面余额 |
|---|---|---|---|---|---|
| | | | 转回 | 转销 | |
| 原材料 | 22 | 265 | 120 | | 167 |
| 在产品 | 181 | 287 | 74 | | 393 |
| 产成品 | 348 | 457 | 214 | 1 | 591 |
| 备品备件及其他 | 62 | 2 | 1 | 2 | 61 |
| 合 计 | 614 | 1 010 | 409 | 3 | 1 212 |

注:外币报表折算差额因四舍五入而消失。

(3) 存货跌价准备情况

| 项 目 | 计提存货跌价准备的依据 | 本期转回存货跌价准备的原因 | 本期转回金额占该项存货期末余额的比例 |
|---|---|---|---|
| 原材料 | 存货账面价值低于可变现净值 | 市场价格回升,产品盈利 | 2% |
| 在产品 | 存货账面价值低于可变现净值 | 市场价格回升,产品盈利 | 1% |
| 产成品 | 存货账面价值低于可变现净值 | 市场价格回升,产品盈利 | 2% |
| 备品备件及其他 | 存货账面价值低于可变现净值 | 市场价格回升,产品盈利 | — |

年末存货余额中无用于担保的金额。存货年末余额中无利息资本化的金额。

# 专 用 名 词

存货　　　　　　　　定期盘存制　　　　　永续盘存法　　　　实地(物)盘点

个别认定法　　　　　先进先出法　　　　　后进先出法　　　　加权平均法

成本与市价孰低法　　存货跌价准备　　　　计划成本法　　　　存货成本差异

后进先出存货层　　　原材料　　　　　　　在产品　　　　　　产成品

毛利率　　　　　　　存货周转率

# 习 题

## 一、思考题

**Q7-1** 什么是存货？如何界定企业存货的范围？试以你了解的企业为例，说明哪些是该企业的存货。

**Q7-2** 存货核算的重要性体现在哪些方面？

**Q7-3** 什么是存货记录的定期盘存制和永续盘存制？试比较这两种方法的优缺点。

**Q7-4** 存货的入账成本包括哪些内容？

**Q7-5** 如何核算存货的制造成本？存货的成本流转与账户之间结转的顺序是怎样的？结合实际制造业企业加以具体解释。

**Q7-6** 试用商品销售毛利率和存货周转率来理解商业用语"薄利多销"。

**Q7-7** 比较以历史成本、重置成本、可变现净值以及成本与市价孰低法进行存货的期末计价之利弊，以及对资产负债表和利润表相关性和可靠性的影响。

**Q7-8** 如何计算存货的成本与市价孰低值？为什么要实行存货期末计价的成本与市价孰低法？

**Q7-9** 存货发出的计价方法有哪些？具体内容是什么？

**Q7-10** 假定通货膨胀的情况下，分析个别计价法、先进先出法、后进先出法以及加权平均法估算出的销售成本和期末存货的高低，以及对现金流的影响。

**Q7-11** 什么是计划成本法？采用该方法有哪些优缺点？

## 二、练习题

**E7-1** 选择最恰当的答案

1. 在价格上升期间，下述哪种存货计价方法得到的利润最低？

(A) 加权平均法

(B) 先进先出法

(C) 后进先出法

(D) 个别认定法

2. 在通货膨胀情况下，下列哪种会计方法的组合可以获得最高的报告利润？

| | 折旧方法 | 存货方法 |
|---|---|---|
| (A) | 直线折旧法 | 先进先出法 |
| (B) | 加速折旧法 | 后进先出法 |
| (C) | 加速折旧法 | 先进先出法 |
| (D) | 直线折旧法 | 后进先出法 |

3. 在通货膨胀且存货数量稳定或者上升的情况下，下述哪一个关于先进先出法和后进先出法对会计报表影响的陈述是正确的？

| | 后进先出法 | 先进先出法 |
|---|---|---|
| Ⅰ. 销售成本 | 高估 | 低估 |
| Ⅱ. 净利润 | 低估 | 高估 |
| Ⅲ. 现金流 | 低估 | 高估 |
| Ⅳ. 营运资本 | 高估 | 低估 |

（A）只有Ⅰ和Ⅱ

（B）只有Ⅰ和Ⅳ

（C）只有Ⅱ和Ⅲ

（D）只有Ⅲ和Ⅳ

4. 在通货膨胀且存货数量稳定或者上升的情况下，下述哪一个关于先进先出法和后进先出法对会计报表影响的陈述是正确的？

| | 后进先出法 | 先进先出法 |
|---|---|---|
| Ⅰ. 税前利润 | 高估 | 低估 |
| Ⅱ. 所得税 | 高估 | 低估 |
| Ⅲ. 现金流量 | 高估 | 低估 |
| Ⅳ. 存货余额 | 低估 | 高估 |

（A）只有Ⅰ和Ⅱ

（B）只有Ⅲ和Ⅳ

（C）只有Ⅰ、Ⅱ和Ⅳ

（D）Ⅰ、Ⅱ、Ⅲ和Ⅳ

5. ABC公司原来采用后进先出法，现在采用先进先出法，在存货价格上升期间，这种会计方法的改变对下列各比率的影响（请说明是上升、下降，还是没有影响）。并说明这些影响的原因。

（A）毛利率

（B）存货周转率

（C）债务权益比例

（D）总资产周转率

**E7-2　计算销售成本**

甲企业本年度购买存货25万元，期末存货是2万元，低于期初存货10万元，试计算甲企业本年度的销售成本。

**E7-3　计算销售成本**

大地公司20×2年度的相关会计信息如下：

购买用于再销售的存货成本　300 000元

退回给供应商的存货　　　　3 000元

购买存货相关的运费　　　　7 500元

对供应商应付票据的利息　　6 000元

那么，大地公司20×2年外购存货的成本是多少？

**E7-4　存货差错的影响**

1. 某公司的流动比率大于1。如果该公司的期末存货被低估3 000元，且期初存货被高估5 000元，该公司的经营利润和流动比率是高估还是低估？经营利润高估或低估的具体金额是多少？

2. 如果存货的购货成本被高估1 000元，且期末存货被高估4 000元，那么，净利润高估或低估的金额是多少？

**E7-5　先进先出法和后进先出法**

某礼品店3月份购销情况如下表所示：

| 购 货 | | 销 售 | |
|---|---|---|---|
| 数量/件 | 单价/元 | 数量/件 | 单价/元 |
| 40 | 30 | 13 | 35 |
| 20 | 40 | 35 | 45 |
| 90 | 50 | 60 | 60 |

假设 3 月 1 日的期初存货为零。

要求：

(1) 运用先进先出法,3 月末的期末存货成本是多少?

(2) 运用后进先出法,3 月末的期末存货成本是多少?

(3) 运用先进先出法,3 月份的毛利是多少?

(4) 运用后进先出法,3 月份的毛利是多少?

(5) 运用加权平均法,3 月末的存货成本是多少?

(6) 运用加权平均法,3 月份的毛利是多少?

**E7-6 存货计价方法**

某企业 20×2 年 5 月有关存货的收发资料如下：

| | 数量/件 | 单价/元 |
|---|---|---|
| 5 月 1 日 结存 | 180 | 10 |
| 5 月 2 日 购买 | 100 | 10 |
| 5 月 8 日 发出 | 154 | |
| 5 月 10 日 购买 | 100 | 11 |
| 5 月 15 日 发出 | 210 | |
| 5 月 18 日 购买 | 400 | 12 |
| 5 月 22 日 发出 | 300 | |
| 5 月 25 日 购买 | 200 | 13 |
| 5 月 28 日 发出 | 230 | |
| 5 月 31 日 购买 | 100 | 14 |

要求：

根据上述资料分别采用先进先出法、后进先出法、移动平均法、加权平均法计算企业 5 月发出材料成本和期末材料的成本。

**E7-7 成本流转假设**

一家企业在 20×2 年会计年度内关于存货采购的信息如下表所示：

| 季 度 | 采购数量/件 | 每件成本/元 | 采购金额/元 |
|---|---|---|---|
| 1 | 200 | 22 | 4 400 |
| 2 | 300 | 24 | 7 200 |
| 3 | 300 | 26 | 7 800 |
| 4 | 200 | 28 | 5 600 |
| 合 计 | 1 000 | | 25 000 |

其他资料：20×2 年度销售量是 800 件；在第 4 季度末仍在库存的存货是 600 件；在第 1 季度初的存货是 400 件,单位成本为 20 元。

要求：

在第 4 季度末根据先进先出法、后进先出法、加权平均成本法编报的期末存货分别是多少？第 4 季度末的后进先出存货层是多少？

**E7-8 存货跌价准备**

1. 某企业 20×1 年 12 月 31 日存货的账面余额为 10 000 元，预计可变现净值为 9 000 元。20×2 年 12 月 31 日存货的账面余额仍为 10 000 元，预计可变现净值为 11 000 元。20×2 年年末应计提的存货跌价损失准备为多少？

2. 某企业采用成本与可变现净值孰低法进行期末存货的计价核算，并运用备抵法进行相应的账务处理。假设 20×1 年年末存货的账面成本为 200 000 元，预计可变现净值为 160 000 元，20×2 年年末存货的账面成本仍为 200 000 元，预计可变现净值为 170 000 元，则 20×2 年年末资产负债表中"存货跌价准备"和利润表中"存货跌价损失"分别反映的余额应为多少？

3. 某股份有限公司对存货的期末计价采用成本与可变现净值孰低法。某项存货有关资料如下：

(1) 20×1 年 12 月 31 日成本为 200 000 元，可变现净值为 190 000 元；

(2) 20×2 年 6 月 30 日成本为 180 000 元，可变现净值为 168 000 元；

(3) 20×2 年 12 月 31 日成本为 190 000 元，可变现净值为 186 000 元；

(4) 20×3 年 6 月 30 日成本为 300 000 元，可变现净值为 310 000 元。

要求：

根据上述资料，编制存货期末计提跌价准备业务的会计分录。

**E7-9 材料成本差异**

1. 四方公司属于工业企业，其原材料采用计划成本核算。甲材料计划成本为 200 元/吨。本期购入甲材料 600 吨，收到的采购发票上注明的价款总额为 102 000 元。另发生运杂费用 1 400 元，途中保险费用 359 元。购进甲材料发生的成本差异是浪费还是节约？成本差异账户的余额是多少？

2. 一家机械加工企业库存原材料的计划成本是 18 500 元，材料成本差异贷方余额（计划成本高于实际成本，材料成本节约）为 1 000 元，本月 10 日购入原材料的实际成本为 42 000 元，计划成本为 41 500 元。本月领用材料的计划成本为 30 000 元。本月月末库存材料的实际成本为多少？

3. 某公司存货按计划成本法核算。本月月初存货的计划成本为 40 000 000 元，存货成本差异借方余额为 3 000 000 元，本月 10 日发出存货计划成本为 4 000 000 元，本月 20 日发出存货计划成本为 6 000 000 元，本月 15 日购入存货的实际成本为 11 000 000 元，其计划成本为 12 000 000 元。根据上述信息，本月末存货的计划成本、实际成本以及存货成本差异余额各为多少？

**E7-10 材料成本差异**

某国有工业企业材料按照计划成本计价核算。甲材料计划成本为 10 元/公斤。该企业 20×2 年 3 月份有关资料如下：

(1) "原材料"账户月初借方余额 20 000 元（按计划成本核算）；"材料成本差异"账户月初贷方余额 700 元；"材料采购"账户月初借方余额 40 000 元，系 20×2 年 2 月份已付款的甲材料 4 040 公斤（上述账户核算的均为甲材料）。

(2) 3 月 5 日，企业上月已付款的甲材料 4 040 公斤如数收到，已验收入库。

(3) 3 月 20 日，从外地 A 企业购入甲材料 8 000 公斤，购货发票上注明的价款为 80 000 元，运费 1 000 元。企业已用银行存款支付各种款项，材料尚未到达。

(4) 3 月 25 日，从 A 企业购入的甲材料安全到达，经验收后，无短缺和毁损现象。

(5) 3 月 31 日，汇总本月领用材料凭证，本月共发出甲材料 7 000 公斤，全部用于产品生产。

要求：

根据上述信息编制相关会计分录，并计算月末甲材料账户的期末余额、材料成本差异，以及甲材料月末的实际成本。

**E7-11 材料成本差异**

新化公司原材料按计划成本核算,甲材料计划成本为 305 元/公斤。期末存货按成本与可变现净值孰低法计价。该公司 20×1 年甲材料有关的资料如下:

(1) 3 月 31 日,从外地购入甲材料 1 000 公斤,购货发票上注明的价款为 350 000 元。另外发生运杂费 1 500 元,装卸费 340 元。各种款项已用银行存款支付,材料尚未到达。

(2) 4 月 10 日,所购甲材料如数到达企业,并全部验收入库。

(3) 由于新化公司调整产品品种结构,进入新的产品市场,导致上述甲材料一直在仓库中积压。甲材料 6 月 30 和 12 月 31 日的可变现净值分别为 295 000 元和 299 000 元。

要求:

(1) 计算甲材料实际采购成本和材料成本差异;

(2) 编制甲材料采购入库、中期期末和年末计提存货跌价准备的会计分录。

**E7-12 计划成本和存货跌价准备**

甲股份有限公司为增值税一般纳税企业,原材料按计划成本计价核算,A 材料计划单位成本为 305 元/公斤。期末存货按成本与可变现净值孰低法计价,中期期末和年度终了按单个存货项目计提存货跌价准备。该公司 20×2 年 A 材料的有关资料如下:

(1) 4 月 30 日,从外地购入 A 材料 1 000 公斤,增值税专用发票上注明的价款为 300 000 元,增值税额为 51 000 元。另发生运杂费 1 500 元,装卸费 340 元(为简化核算,不考虑与运费有关增值税的扣除)。各种款项已用银行存款支付,材料尚未到达。

(2) 5 月 10 日,所购 A 材料到达企业,验收入库的实际数量为 980 公斤,短缺的 20 公斤系定额内合理损耗。

(3) 由于该公司调整产品品种结构,导致上述 A 材料一直积压在库。A 材料 6 月 30 日和 12 月 31 日的可变现净值分别为 295 000 元和 299 000 元。

要求:

计算 A 材料实际采购成本,并编制年末计提存货跌价准备的会计分录。

## 三、讨论题

**P7-1 原材料入账价值**

某企业购入乙材料 5 000 吨,收到的发票上注明价款合计为 600 万元,另发生运费 6 万元,装修费用 2 万元,途中保险费 1.8 万元。乙材料运抵企业后,验收入库原材料为 4 996 吨,运输途中发生合理损耗 4 吨。该原材料入账价值为多少?

**P7-2 盘存制度及其影响**

某日用品批发商购入存货,然后批给零售商,下面是 20×1 年 5 月该企业进销某类存货的情况。5 月初该企业拥有该类存货 2 000 件,进价每件 30 元,5 月 22 日售出 2 000 件,该批发商 5 月份进货情况如下:

| 日 期 | 数量/件 | 价格/(元/件) |
| --- | --- | --- |
| 5 月 6 日 | 1 000 | 35 |
| 5 月 15 日 | 1 500 | 37 |
| 5 月 28 日 | 1 000 | 40 |

此外,假定 5 月 22 日出售的 2 000 件存货中有 500 件是期初的存货,500 件是 5 月 6 日购入,1 000 件是 5 月 15 日购入的。

假定企业采用永续盘存制计算存货数量,适时结转销售成本,试计算在这种盘存制下个别认定法、先进先出法、后进先出法和加权平均法计算出的销售成本和期末存货。又假设企业采取定期盘存制计算存货数量,只在月末一次清点存货数量,并结转销售成本,要求计算在定期盘存制下按照个别认定法、先进先出法、后进先出法和加权平均法得出的销售成本和期末存货。汇总比较两种盘存制下各种计价方法的结果,并分析各种方法对企业应纳所得税额和现金流量的影响。

**P7-3 先进先出法和后进先出法**

某建材批发公司预计其销售的材料甲只是暂时降价,因此,当材料甲价格下降时,该公司加紧采购。该公司 20×1 年采购该材料的情况如下:

| 期 间 | 数量/吨 | 价格/(元/吨) | 期 间 | 数量/吨 | 价格/(元/吨) |
|---|---|---|---|---|---|
| 第一季度 | | | 第三季度 | | |
| 1 月 | 100 | 25 | 7 月 | 150 | 18 |
| 2 月 | 100 | 25 | 8 月 | 150 | 18 |
| 3 月 | 100 | 25 | 9 月 | 150 | 18 |
| 第二季度 | | | 第四季度 | | |
| 4 月 | 125 | 20 | 10 月 | 200 | 15 |
| 5 月 | 125 | 20 | 11 月 | 200 | 15 |
| 6 月 | 125 | 20 | 12 月 | 200 | 15 |

假定:

(1) 公司没有期初存货。

(2) 从 1 月份到 6 月份,每月销售材料甲 100 吨,从 7 月份到 12 月份,每月销售 150 吨。

(3) 该公司运用后进先出法核算存货成本。

(4) 公司的所得税税率是 40%。

要求:

(1) 计算下列各项在后进先出法(当前采用的方法)下,与先进先出法下的差异。

(A) 本期购入存货

(B) 期末存货

(C) 销售成本

(D) 税前利润

(E) 所得税费用

(F) 净利润

(G) 经营活动现金流量

(H) 营运资本(年末)

(2) 试计算各季度的后进先出存货层。

(3) 假设该公司在年末彻底清算其存货。试分析上面(1)、(2)部分的答案是否变化。

**P7-4 存货计价方法的影响**

ZB 公司和 FH 公司均属于汽车零部件行业的批发商。ZB 公司 20×1 年年底和 20×2 年年底的资产负债表如下。

**ACCOUNTING 会 计 学**

| ZB 公司资产负债表 | | 单位:千元 |
|---|---|---|
| 项　目 | 20×1 年 12 月 31 日 | 20×2 年 12 月 31 日 |
| 现金 | 500 | 100 |
| 应收账款(净额) | 8 100 | 8 300 |
| 存货 | 24 900 | 25 200 |
| 　　流动资产 | 33 500 | 33 600 |
| 　　流动负债 | 11 600 | 12 700 |

ZB 公司有 70% 的存货按后进先出法计价;其余存货用先进先出法计价。如果所有存货均按先进先出法计价,20×1 年和 20×2 年的存货价值将分别增加 3 600 000 元和 5 100 000 元。

| FH 公司资产负债表 | | 单位:千元 |
|---|---|---|
| 12 月 31 日 | | |
| 项　目 | 20×1 年 | 20×2 年 |
| 现金 | 1 000 | 600 |
| 应收账款(净额) | 11 400 | 13 900 |
| 存货 | 22 300 | 30 300 |
| 　　流动资产 | 34 700 | 44 800 |
| 　　流动负债 | 10 700 | 12 200 |

FH 公司全部存货按先进先出法计价。

**利 润 表**

截至 20×2 年年底的会计年度　　　　单位:千元

| 项　目 | ZB | FH |
|---|---|---|
| 营业收入 | 92 700 | 77 000 |
| 营业成本 | 61 300 | 52 000 |
| 　毛利 | 31 400 | 25 000 |
| 销售费用及管理费用 | 26 400 | 21 500 |
| 　税前利润 | 5 000 | 3 500 |
| 所得税 | 2 000 | 1 400 |
| 　净利润 | 3 000 | 2 100 |

要求:

(1) 假定在先进先出法下,计算 ZB 公司的营业成本和税前利润。

(2) 假定按照后进先出法,计算 FH 公司的营业成本和税前利润。

(3) 运用上述信息,计算 ZB 和 FH 公司的下列财务比率:

(A) 流动比率(20×1 年和 20×2 年)

(B) 存货周转率(20×2 年)

(C) 毛利率(20×2 年)

(D) 税前毛利率(息税前利润比销售收入)(20×2 年)

(4) 根据上面第(3)小题的结果,简要比较两家企业的业绩。

(5) 重新计算两家公司 20×2 年第(3)小题的各比率:

(A) 按照先进先出法

(B) 按照后进先出法

（C）运用现行成本法

（6）哪种计价基础更适于在两企业之间的业绩比较。请选择并做出解释。

**P7-5　ST 科龙 2002 年年报修订中的存货项目**

2003 年 4 月 1 日，科龙公司（000921）发布了 2002 年年报，该公司股票为被特别处理的股票（ST）。该份年报显示，该公司 2002 年度扭亏为盈，有关财务数据具体为：净利润 2.008 68 亿元（扣除非常损益后的净利润为 1.208 76 亿元），每股收益 0.202 5 元，每股净资产 2.707 9 元，净资产收益率 7.48%。但该份年报被会计师事务所出具了四点保留意见的审计报告。2003 年 4 月 4 日，科龙公司发布了经重新表述的 2002 年新年报，净利润为 1.012 76 亿元，扣除非常损益后的净利润为 0.928 19 亿元，每股收益为 0.102 1 元，每股净资产 2.595 7 元，净资产收益率 3.93%（扣除非常损益后为 3.60%）。会计师事务所对这一新年报出具的新审计报告仍为保留意见审计报告，但保留意见只有两项。对比前后两份审计报告，减少的保留意见之一就是关于科龙公司的存货项目的，兹将旧审计报告的相关保留意见和科龙公司董事会对此保留事项的说明摘录如下。

（1）旧审计报告

科龙本年度将以前年度对货龄长的存货计提的准备约为人民币 2 500 万元予以转回。然而，存货变动记录显示这些存货本年度并未存在重大的耗用。因此，我们认为，由于这些存货使用缓慢，上述转回应予以调整以减少科龙公司 2002 年 12 月 31 日之净资产及 2002 年度净利润。

（2）旧年报中科龙公司董事会对注册会计师保留意见的相关说明

本集团年底清点原材料库存时发现有部分原材料虽然其账龄超过一年，但仍然可再做生产用途。而重新纳入生产计划之原材料不再计提呆滞存货拨备，因而年初结余之呆滞存货拨备需作回拨调整约人民币 2 500 万。审计师于审核该原材料之变动记录时发现在 2002 年度内并无明显使用，所以审计师对回拨之调整作保留意见。

经查阅该公司 2002 年新年报的比较利润表，发现该公司 2002 年的扭亏很大程度上来自管理费用的下降。2002 年的管理费用约为 1.62 亿元（公司数）、0.599 亿元（合并数），而 2001 年的管理费用为 5.97 亿元（公司数）、9.116 亿元（合并数），2002 年管理费用比 2001 年下降了约 7.59 亿元（公司数）或 8.517 亿元（合并数）。从财务报表附注提供的资料看，这一下降部分是因为该公司 2002 年转回的存货跌价准备引起的，存货跌价准备账户 2002 年共转销约 2.210 亿元（合并数），未提供公司数。可以肯定，在 2002 年该公司旧年报中的存货跌价准备被转销数应更多，即应还含有被会计师事务所提出异议而被调整的 0.25 亿元。

要求：

（1）科龙公司应如何编制 2002 年新旧年报修订中的 0.25 亿元存货跌价准备的调整分录？

（2）分析造成科龙公司 2002 年与 2001 年报告的管理费用巨额差异的可能原因，列示会计分录（无须具体数字）予以说明，并进一步分析科龙公司管理层的可能动机。

（3）如果科龙公司 2002 年度转回巨额存货跌价准备是合理的，那么，该公司 2001 年度关于存货跌价损失及其准备计提额的会计估计是否合理？性质上是否属于滥用会计估计？该项转回是否应调整年初未分配利润而不是在 2002 年度转回计入管理费用？

（4）若（3）中最后一问答案为是，对科龙公司 2002 年的会计报表有何影响？按照中国公司上市和股票交易的相关规则，这一影响对该公司上市资格和股票交易有无影响？具体影响是什么？

（5）你是否同意审计师对科龙公司 2002 年旧年报存货事项的保留意见？为什么？

（6）审计师是否应在审计报告对 0.25 亿元之外的存货跌价准备的转销做出说明？若这些转销不合理，审计师应出具什么类型的审计报告？

（7）结合中国证监会关于上市公司再融资的相关规定分析，科龙公司新旧年报的调整对其理财能力的可能影响是怎样的？

# 投资和合并会计报表

1. 初步理解公司为什么要对其他会计主体进行投资；

2. 理解和掌握投资的分类；

3. 理解和掌握交易性金融资产的会计处理方法及其对会计报表的影响；

4. 理解和掌握可供出售金融资产投资的会计处理方法及其对会计报表的影响；

5. 理解和掌握持有至到期投资的账务处理方法及其对会计报表的影响；

6. 理解和掌握长期股权投资账务处理的成本法、权益法及其对会计报表的影响；

7. 了解合并会计报表的意义和基本编制方法；

8. 了解公司合并业务处理的购买法和权益联合法。

出 于各种目的,公司都会发生投资活动,我们几乎每天都可以得到关于上市公司投资或并购其他公司的消息,如:

2010 年 8 月 2 日,吉利控股集团终于完成对福特汽车公司旗下沃尔沃轿车公司的全部股权收购。2 亿美元票据加上 13 亿美元现金,吉利为完成收购沃尔沃轿车公司最终支付了 15 亿美元,这比 2010 年 3 月 28 日签署股权收购协议时宣布的 18 亿美元要少 3 亿美元。吉利汽车透露,此最终交易价格是根据收购协议针对养老金义务和运营资本等因素做出调整的结果。据消息人士解释,之所以最终交易价格比协议书上少,一是因为当初预算的职工养老金偏高,二则是欧元贬值所致。

2014 年 2 月 19 日,Facebook 宣布,该公司已经同快速成长的跨平台移动通讯应用 WhatsApp 达成最终协议,将以约 190 亿美元的现金和股票收购 WhatsApp,包括价值 120 亿美元的 Facebook 股票(1.839 亿股)、40 亿美元现金以及向 WhatsApp 创始人和员工提供另外 30 亿美元的限制性股票(可在交易完成 4 年后执行)。彭博社称此交易是继 2001 年时代华纳与 AOL 的合并之后互联网产业最大规模的并购交易。Facebook 之所以要以 190 亿美元的高价收购 WhatsApp,看中的是智能手机的未来。目前,全球已拥有约 10 亿智能手机用户。扎克伯格和 WhatsApp 联合创始人、首席执行官简·库姆认为,未来的五至十年中,全球智能手机用户将升至 50 亿,而和现在一样,未来即时通讯仍将是智能手机的第一大活动。

这种投资活动已经成为公司经常发生的业务活动之一,有些公司投资业务占总体业务的比重还很高,在会计报表中恰当地反映这些投资活动已经成为会计中越来越重要的问题。在我国证券市场上,投资活动以及与投资相关重组业务受到人们的广泛关注,原因之一就是以粉饰会计报表为目的的重组或者投资成为一些公司暂时摆脱财务困境的手段。为此,我们就需要了解投资业务的会计处理基本原则和方法,恰当地理解公司投资活动所产生的影响。

# 第一节 投资业务概述

## 一、投资的定义、投资的目的与期限分析

上面两个例子都是一家公司通过收购其他公司的股份进行投资,这就是所谓的股权投资[①],当然,购买债券也是一种投资行为。投资类资产就是为了直接或间接地谋求资本增值,而将自身资产让渡给其他公司或组织(如政府)所获得的股权性或债权性资

---

[①] 这里所称的投资实际上都是不同会计主体之间的投资,不是公司自身内部厂房、设备等固定资产或研究与开发活动、专利权等无形资产的购建活动(尽管这些长期资本性支出在管理会计和公司理财等课程中也被归类为投资活动)。如果没有特别明确,本章涉及的投资概念均指不同会计主体间的投资。还需明确的是,本章所要介绍的投资业务不包含对衍生金融工具(如股票期权、股票指数期货)的投资,而仅讨论企业对其他主体的股票(股权)和债券(债权)等基础金融工具的投资,对于贷款等因间接融资所产生的金融资产的购买也不在本章讨论之列。此外,公司让渡非货币性资产给其他会计主体而换取到的是固定资产或专利权等无形资产,而非股票与债券等股权性或债权性资产(金融资产),那么,就不是本章所界定的会计主体间投资业务,而是属于非货币性资产交换业务。

产,如上例中的吉利公司放弃现金而获得了沃尔沃公司的股权。

公司对其他企业(或会计主体)进行投资,其目的和期限是多种多样的。有的公司投资于其他企业或政府发行的证券(如政府债券、企业债券、短期票据、股票等),是为暂时甚至较长时间闲置的现金谋求更高的回报,提高资金的利用效率,等公司业务需要资金时(如设备更新),再将这些投资予以出售变现。这类目的的投资首先应当注重的是投资品种的流动性与安全性,其次才是投资的收益率,是在满足前两者的基础上尽量提高投资的收益率。否则,最终投资的结果未必会如公司经理人所愿。有的金融公司会投资和持有高信用等级债券直至债券到期,其目的就是为了稳定获得债券合约所约定的本金和利息的现金流入,而不考虑债券到期之前的价格波动。有的公司投资于其他企业,是为了减少自己的竞争对手,扩大市场份额。有的公司投资于其他企业,是为了控制本公司的上、下游企业以进行战略结盟,提高产品供应链管理效率,增进各方的关系型长期资本支出的收益。有的公司投资于其他企业,是为了多元化自身的业务,降低企业经营风险,甚至是为了进行较全面的业务转型。[①] 当然,公司投资和并购其他企业,也可能主要是为了满足公司经理人自身的需要(如管理庞大企业帝国的成就感、增加自身的薪酬),而不是为了增加股东的财富。[②] 此外,在中国,还有一些具有中国特定发展阶段特色的投资目的,研究相关个案时需要谨慎对待,不能直接照搬发达市场经济国家的理论与分析框架,而要将分析奠基于该案例发生时的中国制度背景之上。[③]

一般来说,公司投资的目的也就大致决定了投资的期限,如上述为提高暂时闲置的现金的收益率的投资,其投资期限一般就较短(短于一年或一个营业周期),而其他一些目的的投资则期限较长(一般为一年以上)。之所以要区分投资的目的和期限,是因为会计师对投资的会计处理方法的选择将依赖于其对这些投资业务的目的、期限和持有能力以及投资合约特征的判断,不同的目的、期限、持有能力与合约特征的投资业务,会计处理方法(包括对投资的确认、计量、记录与在会计报表上的列报)有很大差异。

## 二、投资的分类

投资目的、期限、持有能力和合约特征决定着投资业务的会计处理方法选择,而这在会计准则中,主要通过对投资业务的分类来完成。因此,为了便于说明各种投资业务的会计处理,我们下面按照《企业会计准则第 2 号——长期股权投资》和《企业会计准则第 22 号——金融工具确认和计量》等会计准则的相关规定介绍会计上对投资业务的分

---

① 如由于我国近年来高端餐饮行业整体低迷,作为该行业上市公司之一的北京湘鄂情集团股份有限公司2013 年巨额亏损达 5.69 亿元,不得不尝试进行较全面的业务转型。该公司 2013 年收购了一家环保公司,2014 年3 月收购了两家影视公司,2014 年 7 月又发布公告称,要投资中科院计算所下属研发网络新媒体及大数据的公司以及投资建设安徽省内家庭智能有线电视云终端。湘鄂情董事会秘书李漪对时代周报记者坦言,"餐饮会逐步的剥离出去,未来的湘鄂情会是纯粹的互联网公司"。

② 如《福布斯(Forbes)》(October 30,2000,pp. 184-191)曾引用毕马威会计公司(KPMG)的一份研究报告表明,一半以上的公司并购其实有损于股东价值,另外 1/3 的公司并购没有为股东新增价值。由此可以推断,大致只有 1/6 的公司并购是值得的。此外,《商业周刊》(Businessweek)(October 14,2002,pp. 60-70)也分析发现,61%的并购损害了其股东的财富。

③ 如我国有些上市公司进行并购可能关涉向控股股东或其他利益相关方的利益输送。

类,以为后面讨论投资的分类会计处理方法提供一个基础。从投资形成的权利性质上看,本章将讨论的投资业务可分为股权投资和债权投资。前者使得投资方成为被投资方的股东,而后者使得投资方成为被投资方的债权人。

### (一) 股权投资

股权投资(equity investments)是指公司在各类股权交易市场(含上海证券交易所和深圳证券交易所)上购买其他企业的股权,或自己单独投资或与其他企业合资成立新的独立法人企业。进行股权投资后,投资方就成为被投资企业的股东。

股权投资可根据股权的形式划分为股票投资(指对股权被划分成等额股份的股份有限公司的股权投资)和其他股权投资(股票投资之外的股权投资,被投资企业一般为有限责任公司)。本章所讨论的股权投资属于金融资产。[①] 但需分别按照《长期股权投资》和《金融工具确认和计量》的规定进行会计处理。股权投资按照投资方管理层的投资目的和打算持有的期限以及其他条件,可进一步做如下分类。

1. 以公允价值计量且其变动计入当期损益的金融资产。这主要是指交易性金融资产(trading financial assets)。[②] 所谓交易性金融资产,是指公司取得该金融资产的目的是为了近期内出售,以赚取资本利得(买卖价差),或有客观证据表明企业近期采用短期获利方式对其或其所在金融资产组合进行管理。对于衍生金融工具形成的金融资产,除被指定为有效套期关系中的套期工具或无法可靠计量公允价值等之外,一般也作为交易性金融资产核算。

2. 长期股权投资(long-term equity investments)。按照我国的《长期股权投资》准则,长期股权投资是指投资方对被投资单位实施控制、重大影响的权益性投资,以及对其合营企业的权益性投资。这些情形下持有的股权投资一般都是长期持有的。

3. 可供出售金融资产(available-for-sale financial assets)。若公司取得股权投资不是为了近期出售获益,而又无须将之分类为"长期股权投资",且未在初始确认日将之直接指定为"以公允价值计量且其变动计入当期损益的金融资产",那么就可以在初始确认日将之指定为"可供出售金融资产"。可见,可供出售金融除了包含一部分债权投资之外,也包含一部分股权投资。如果投资方对被投资企业无控制、共同控制或重大影

---

① 金融资产是指企业的下列资产:(1)现金;(2)持有的其他单位的权益工具;(3)从其他单位收取现金或其他金融资产的合同权利;(4)在潜在有利条件下,与其他单位交换金融资产或金融负债的合同权利;(5)将来须用或可用企业自身权益工具进行结算的非衍生工具的合同权利,企业根据该合同将收到非固定数量的自身权益工具;(6)将来须用或可用企业自身权益工具进行结算的衍生工具的合同权利,但企业以固定金额的现金或其他金融资产换取固定数量的自身权益工具的衍生工具合同权利除外。其中,企业自身权益工具不包括本身就是在将来收取或支付企业自身权益工具的合同。而权益工具就是指能证明拥有某个企业在扣除所有负债后的资产中的剩余权益的合同,亦即企业的股份。

② 公司还可以直接依据会计准则规定的条件,在初始确认日直接指定某些金融资产为"以公允价值计量且其变动计入当期损益的金融资产"(这些金融资产不属于交易性金融资产),但在活跃市场中没有报价、公允价值不能可靠计量的股权投资,不得指定为以公允价值计量且其变动计入当期损益的金融资产。而所谓活跃市场,是指同时具有下列特征的市场:(1)市场内交易的对象具有同质性;(2)可随时找到自愿交易的买方和卖方;(3)市场价格信息是公开的。

响,且未被直接指定为"以公允价值计量且变动计入当期损益的金融资产"的长期股权投资,①应按照《金融工具确认和计量》准则将其分类为可供出售金融资产。因此,总体上看,公司长期持有的股权投资之会计处理并不完全是由《长期股权投资》准则来规范的。

### (二) 债权投资

债权投资(debt investments)是指公司在货币市场(短期资金市场)或资本市场(长期资金市场)上购买其他会计主体(包括政府)发行的短期票据或债券,或进行其他债权性投资。进行债权投资后,投资方就成为被投资主体的债权人。债权投资可按照债权的形式划分为债券投资(指对其他公司或政府发行债券的投资)和其他债权投资(债券投资之外的债权投资)。

按照我国的《金融工具确认和计量》准则,公司取得的债权投资需细分类为:

1. 以公允价值计量且其变动计入当期损益的金融资产。主要是交易性金融资产(界定与前面一致),也可以是公司在初始确认日直接指定为"以公允价值计量且其变动计入当期损益的金融资产"。

2. 持有至到期投资(held-to-maturity investments)。这主要是指到期日固定、回收金额固定或可确定,且企业有明确意图和能力持有至到期的债权投资。按照该定义,如果企业所取得的债权投资没有固定到期日(如英国政府发行的一种永续付息的债券),回收金额不固定或不确定(如投资购入的商业银行出售的不良贷款,其回收金额是不确定的),或企业没有明确意图和能力持有至到期(如企业现金流量维持很困难,很可能在债权投资到期之前需出售该项投资,从而没有能力持有至到期),就不能划分为持有至到期投资。②

3. 可供出售金融资产。当公司的债权投资回收金额不固定或不确定,或到期日不固定,或不打算或没有能力持有至到期,而又未被分类为"交易性金融资产"或指定为"以公允价值计量且其变动计入当期损益的金融资产"时,就需被分类为"可供出售金融资产",这在该金融资产初始确认时可由公司予以指定。

### (三) 投资的重分类

按照我国的《金融工具确认和计量》准则,③企业在初始确认时将某项股权投资或

---

① 关于共同控制和重大影响的含义请参见后面对长期股权投资进一步分类的内容。

② 存在下列情况之一的,表明企业没有明确意图将金融资产投资持有至到期:(1)持有该金融资产的期限不确定。(2)发生市场利率变化、流动性需要变化、替代投资机会及其投资收益率变化、融资来源和条件变化、外汇风险变化等情况时,将出售该金融资产。但是,无法控制、预期不会重复发生且难以合理预计的独立事项引起的金融资产出售除外。(3)该金融资产的发行方可以按照明显低于其摊余成本的金额清偿。(4)其他表明企业没有明确意图将该金融资产持有至到期的情况。

　存在下列情况之一的,表明企业没有能力将具有固定期限的金融资产投资持有至到期:(1)没有可利用的财务资源持续地为该金融资产投资提供资金支持,以使该金融资产投资持有至到期。(2)受法律、行政法规的限制,使企业难以将该金融资产投资持有至到期。(3)其他表明企业没有能力将具有固定期限的金融资产投资持有至到期的情况。

③ 国际财务报告准则对投资重分类的最新规定请参见 IFRS 9《金融工具》和本章附录 8-1。

债权投资划分为以公允价值计量且其变动计入当期损益的金融资产之后,就不能再将之重分类为其他类别的金融资产;而同样,若初始确认时被划分为其他类金融资产,也不能再将之重分类为以公允价值计量且其变动计入当期损益的金融资产。但是,按照该准则,被分类为可供出售金融资产和长期股权投资的股权投资之间,以及被分类为可供出售金融资产和持有至到期投资的债权投资之间可以在满足一定条件的情形下进行重分类。如,企业因持有意图或能力发生改变,使某项债权投资不再适合划分为持有至到期投资的,应当将其重分类为可供出售金融资产。再如,当将持有至到期投资部分出售或重分类的金额较大时,满足一定条件的,[①]企业也应将该投资的剩余部分重分类为可供出售金融资产。

### (四) 按照投资目的与比例对长期股权投资的细分类

对于上述的长期股权投资,按照投资目的和持股比例还可进一步划分为以下几类:

#### 1. 消极投资

消极投资(passive investments)是指,投资方仅为了获得股利和资本利得而投资持有被投资企业的股权,因此,投资方仅持有被投资方的少量股份,并不谋求对被投资企业财务与经营决策进行控制或施加重大影响。由于投资方对被投资企业的影响主要依赖于其持有的被投资企业有表决权股份的比例或股东大会投票权比例(本章以下简称为持股比例),为此,会计上一般依据持股比例来划分长期股权投资。目前,会计惯例上一般假定当持股比例小于 20% 时,该项投资为消极投资。此类投资在我国常被称为"投资企业对被投资企业不具有控制、共同控制或重大影响的长期股权投资",如前述,该类消极股权投资应按照《金融工具确认和计量》准则来进行会计处理,可放在"可供出售金融资产"账户中核算。[②]

#### 2. 少数积极投资

少数积极投资(minority, active investments)是指,投资方的投资目的在于能对被投资企业的财务与经营决策施加重大影响,投资方一般可以通过选举自己的代表进入被投资企业的董事会来实现,亦即获得了参与被投资企业的财务与经营决策的权利,但并不能够控制或者与其他方一起共同控制这些政策的制定。目前,会计惯例上一般假定当持股比例等于或大于 20%,但小于 50% 时,长期股权投资为少数积极投资。此时,被投资企业也常被称作是投资企业的"联营公司"(affiliated company)。此类投资在我国也常被称为"投资企业对被投资企业具有重大影响的长期股权投资"。[③]

注意,少数积极投资不同于共同控制。按照我国《企业会计准则第 40 号——合营

---

① 详见《金融工具确认和计量》准则的第十六条和第三十五条。

② 对于被指定为以公允价值计量且其变动计入当期损益的长期股权投资,会计准则未明确放在哪个账户中核算,理论上看,要么继续放在"长期股权投资"之中核算或单设其他长期金融资产账户。

③ 《长期股权投资》准则规定:重大影响,是指投资方对被投资单位的财务和经营政策有参与决策的权力,但并不能够控制或者与其他方一起共同控制这些政策的制定。在确定能否对被投资单位施加重大影响时,应当考虑投资方和其他方持有的被投资单位当期可转换公司债券、当期可执行认股权证等潜在表决权因素。投资方能够对被投资单位施加重大影响的,被投资单位为其联营企业。

安排》的规定,共同控制是指按照相关约定对某项安排所共有的控制,并且该安排的相关活动①必须经过分享控制权的参与方一致同意后才能决策。而一项由两个或两个以上的参与方共同控制的安排就是所谓的合营安排。合营安排可以采取共同经营形式(指合营方享有该安排相关资产且承担该安排相关负债的合营安排),也可以采取合营企业形式(指合营方仅对该安排的净资产享有权利的合营安排)。当采取合营企业形式,合营方才会形成长期股权投资类的资产,被投资企业也就是投资方的合营公司。此类投资在我国常被称为"投资企业对被投资单位具有共同控制的长期股权投资",或与少数积极投资合称为"投资企业对被投资单位具有共同控制或重大影响的长期股权投资"。当然,就具体合营企业而言,也不排除有的股东对合营企业不具有共同控制,而仅仅是参与方,那么其持有的长期股权投资应该按照《金融工具确认和计量》准则来进行会计处理。

如,中国石油天然气股份有限公司在 2013 年年报中披露的对合营企业和联营企业的长期股权投资会计政策:

> 合营企业是指本集团与其他方对其实施共同控制的被投资单位;联营企业是指本集团对其财务和经营决策具有重大影响的被投资单位。
>
> 共同控制是指按照合同约定对某项经济活动所享有的控制,仅在与该项经济活动相关的重要财务和经营决策需要分享控制权的投资方一致同意时存在。
>
> 重大影响是指对被投资单位的财务和经营政策有参与决策的权力,但并不能够控制或者与其他方一起共同控制这些政策的制定。
>
> 对合营企业和联营企业投资采用权益法核算。

### 3. 多数积极投资

多数积极投资(majority,active investments)是指,投资方的投资目的在于能够控制被投资企业的财务与经营决策,这一般要通过选举自己的代表在被投资企业董事会中占有多数席位来完成。目前,会计惯例一般假定当持股比例等于或大于 50% 以上时,长期股权投资为多数积极投资。此时,投资企业常被称作是被投资企业的"母公司"(parent or parent company),而被投资企业则被称作是投资企业的"子公司"(subsidiary)。此类投资在我国常被称为"投资企业能够对被投资企业实施控制的长期股权投资"。

上述对长期股权投资的分类及其分类的标准(投资目的与持股比例)可综合如图 8-1。

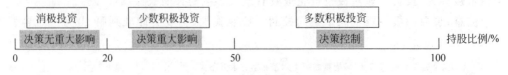

**图 8-1　长期股权投资的分类**

---

① 相关活动是指,对某项安排的回报产生重大影响的活动。某项安排的相关活动应当根据具体情况进行判断,通常包括商品或劳务的销售和购买、金融资产的管理、资产的购买和处置、研究与开发活动以及融资活动等。

当然,依据"实质重于形式"的原则,以上持股比例的规定并不是绝对标准。如果被投资企业股权高度分散,持股比例低于20%,其实也可能对被投资企业的财务与经营决策产生重大影响。对于持股比例低于50%的长期股权投资,如果投资企业拥有实质控制权,也可视同多数积极投资进行会计处理。同样,即便达到了图8-1所示20%或者50%的股权比例,但因被投资企业所在的社会、政治、经济和法律环境限制或有关合约限制,投资企业对被投资企业的财务与经营决策不能施加重大影响或者控制或者共同控制时,长期股权投资也只能作为消极投资进行会计处理。因此,严格意义上讲,除共同控制之外,划分的标准只有两个:对被投资企业施加重大影响和控制。如果投资企业能够对被投资企业施加重大影响但又未能控制被投资企业,不论持有多少股份,都视为少数积极投资;如果投资企业能够控制被投资企业,则不论持有多少股份,都视为多数积极投资;如果投资企业对被投资企业既无重大影响又无控制,则不论持有多少股份,都视为消极投资,按照《金融工具确认和计量》准则来进行会计处理。

本章以下将按照交易性金融资产、可供出售金融资产、持有至到期投资和长期股权投资这四类来分别介绍股权投资和债权投资的会计处理。其中,前两类中既包含股权投资,又包含债权投资,第三类仅含债权投资。[①]

# 第二节　交易性金融资产的会计处理

## 一、交易性金融资产购入的会计处理

企业购入股权投资或债权投资,当确定只是短期持有,且按照会计准则应分类为交易性金融资产时,企业应当按照公允价值对其进行计量。初始确认时的交易性金融资产的公允价值通常指金融资产的交易价格(也就是企业支付的对价的公允价值),而相关交易费用应当直接计入当期损益。所谓相关交易费用,是指可直接归属于该项交易金融资产购买而新增的外部费用,亦即若企业不购买该项金融资产就不会发生的费用,主要包括支付给代理机构、咨询公司、券商等的手续费和佣金及其他必要支出,不包括债券折溢价、融资费用等与交易不相关的费用。企业取得金融资产所支付的价款中包含的已宣告但尚未发放的现金股利和未发放的债券利息,应当单独确认为应收项目进行处理。

**例8-1**　紫薇公司20×7年3月18日购买A公司股票5 000股,准备短期持有以获取资本利得,按照会计准则分类为交易性金融资产,共支付价款102 150元,其中包含已宣告但尚未发放的现金股利2 000元和支付给证券公司的手续费150元。紫薇公司的会计处理为

---

①　国际财务报告准则理事会(IASB)于2014年发布了完整版的第9号国际财务报告准则《金融工具》(IFRS 9)。按照IFRS 9,取消了"可供出售金融资产"的提法。至本教材第四版修订日,我国金融工具相关准则尚未作出修订,故本章的内容仍按照我国现行有效会计准则的规定进行编写,IFRS 9关于金融资产的相关内容可参见本章附录8-1。

借:交易性金融资产       100 000

  投资收益         150

  应收股利        2 000

  贷:银行存款        102 150

## 二、交易性金融资产的期末计价及其会计处理

在资产负债表日(会计期末),交易性金融资产按照公允价值计量,并且将公允价值与其账面价值之间的差额计入当期损益。

**例 8-2** 紫薇公司需要编报 20×7 年第 1 季度的季度报告,假定该公司只有例 8-1 中的交易性金融资产,在 20×7 年 3 月末出售任何交易性金融资产,在 3 月最后交易日 A 公司股票每股市场价格为 18 元。该项交易性金融资产的账面价值为 100 000 元,其公允价值(市价)为 90 000 元(=5 000×18),因此,应确认公允价值变动损失 10 000 元,会计处理如下:

借:公允价值变动损益     10 000

  贷:交易性金融资产      10 000

**例 8-3** 紫薇公司在编报 20×7 年度的半年报告时,假定其交易性金融资产仍为 A 公司股票 5 000 股,6 月底股价已涨到 22 元。该项交易性金融资产的账面价值为 90 000 元(亦即第 1 季度季报的资产负债表上的金额,假定紫薇公司每季度编报一次财务报表),其市价为 110 000 元(=5 000×22),因此,应在第 2 季度末确认公允价值变动收益 20 000 元,具体会计处理如下:

借:交易性金融资产      20 000

  贷:公允价值变动损益     20 000

## 三、交易性金融资产持有期间获得收益的会计处理

在交易性金融资产持有期间所获得的收益,如现金股利、债券利息,应当作为投资收益加以确认。

**例 8-4** 沿用前例,20×7 年 9 月 10 日,A 公司宣布发放中期现金股利,每股 0.3 元,紫薇公司持有 5 000 股 A 公司股票,于 20×7 年 10 月 10 日收到全部股利 1 500 元。

(1) 20×7 年 9 月 10 日宣告日确认应收股利:

借:应收股利        1 500

  贷:投资收益        1 500

(2) 20×7 年 10 月 10 日收到股利:

借:银行存款        1 500

  贷:应收股利        1 500

## 四、交易性金融资产出售的会计处理

交易性金融资产出售时,企业应将其账面价值与出售收入(扣除手续费等交易成本)之间的差额全部计入"投资收益"。

**例 8-5** 20×7 年 10 月 20 日,紫薇公司出售 A 公司股票 3 000 股,每股价格 24 元,出售收入为 72 000 元。沿用例 8-3 的数据,该项交易性金融资产的账面价值为每股 22 元,故 3 000 股股票的账面价值为 66 000 元(＝3 000×22)。假定支付的手续费为 100 元(证券公司自动从出售收入中扣除),故投资收益为 5 900 元(＝72 000－66 000－100)。

借:银行存款　　　　　　　　　　　　　　　71 900
　　贷:交易性金融资产　　　　　　　　　　　66 000
　　　　投资收益　　　　　　　　　　　　　　5 900

### 五、交易性金融资产在资产负债表上的列报

在资产负债表上,交易性金融资产应以其账面价值(亦即它们在资产负债表日的公允价值)列报于流动资产之中。

**例 8-6** 交易性金融资产在资产负债表上的列报示例。以例 8-2 中紫薇公司的季度报告为例,假定紫薇公司无其他交易性金融资产项目(见表 8-1)。

表 8-1　紫薇公司资产负债表

20×7 年 3 月 31 日　　　　　　　　　　　　　　　　　　单位:元

| 资产 | 负债与所有者权益 |
|---|---|
| 流动资产: | …… |
| 　货币资金 | |
| 　××× | |
| 　交易性金融资产 | |
| 　90 000 | |
| 　…… | |

此外,紫薇公司还应当在会计报表附注中披露交易性金融资产的具体内容、公允价值及其确定,以及这些金融资产所面临的可能风险(包括外汇风险、利率风险及其他市场风险)。对于指定为以公允价值计量且其变动计入当期损益的金融资产,虽不是列示在交易性金融资产部分,但企业也应当披露下列信息:(1)指定的依据;(2)指定的金融资产的性质;(3)指定后如何消除或明显减少原来由于该金融资产的计量基础不同所导致的相关利得或损失在确认或计量方面不一致的情况,以及是否符合企业正式书面文件载明的风险管理或投资策略的说明。具体可参考《企业会计准则第 37 号——金融工具列报》。

# 第三节　可供出售金融资产的会计处理

### 一、可供出售金融资产购入的会计处理

企业购入的股权投资和债权投资,在购入时可以直接指定为可供出售金融资产。当然,若已把购入的股权投资和债权投资划分为其他类别的金融资产(如以公允价值计量且其变动计入当期损益的金融资产、持有至到期投资),则不能指定为可供出售金融资产。此外,若购入的股权投资属于投资方对被投资企业经营和财务决策具有控制、共同控制或重大影响的投资,则应按照《长期股权投资》准则进行会计处理,不能划分为可供出售金融资产。

按照《金融工具确认和计量》准则的规定,购入的股权投资和债权投资若被指定为可供出售金融资产,不但应按照公允价值计量,且为此支付的相关交易费用也应计入可供出售金融资产的初始确认金额之中。自然,企业支付的价款中所含的已宣告尚未发放的现金股利和利息应该单独确认为应收项目。但是对于指定为"可供出售金融资产"、在活跃市场中没有报价且其公允价值不能可靠计量的股权投资,一般情况下就按照成本来计量。下面基本沿用第二节中的例子,但把购入的 A 公司股票分类为可供出售金融资产,并介绍其具体会计处理。

**例 8-7**　紫薇公司 20×7 年 3 月 18 日购买 A 公司股票 5 000 股,公司将之指定为可供出售金融资产。公司共支付价款 102 150 元,其中包含已宣告但尚未发放的现金股利 2 000 元和支付给证券公司的手续费 150 元。紫薇公司的会计处理为

借:可供出售金融资产　　　　　　　　　　　　　　　 100 150

　　应收股利　　　　　　　　　　　　　　　　　　　　 2 000

　　贷:银行存款　　　　　　　　　　　　　　　　　　 102 150

## 二、可供出售金融资产的期末计价及其会计处理

在持有期间的资产负债表日(会计期末),可供出售金融资产应按照公允价值计量,并且其公允价值与其账面价值之间的差额应直接计入所有者权益之中,而非计入当期损益。但可供出售金融资产若是外币货币性金融资产,其所形成的汇兑差额,应当计入当期损益。

**例 8-8**　紫薇公司需要编报 20×7 年第 1 季度的季度报告,假定该公司只有例 8-7 中的可供出售金融资产,在 20×7 年 3 月未出售任何该项金融资产,在 3 月底 A 公司股票每股市场价格为 18 元。该项可供出售金融资产的账面价值为 100 150 元,其公允价值(市价)为 90 000 元(=5 000×18),故具体会计处理如下:

借:资本公积——其他资本公积①　　　　　　　　　　 10 150

　　贷:可供出售金融资产　　　　　　　　　　　　　　 10 150

**例 8-9**　紫薇公司在编报 20×7 年度的半年报告时,假定其可供出售金融资产仍为 A 公司股票 5 000 股,6 月底股价已涨到 22 元。该项可供出售金融资产的账面价值为 90 000 元(亦即第 1 季度季报中资产负债表上的金额),其市价为 110 000 元(=5 000×22),因此,应在第 2 季度末在资本公积中确认公允价值变动利得 20 000 元(入账后就会冲减掉原来确认计入资本公积的公允价值变动损失 10 150),具体会计处理如下:

借:可供出售金融资产　　　　　　　　　　　　　　　 20 000

　　贷:资本公积——其他资本公积　　　　　　　　　　 20 000

期末还应该考虑可供出售金融资产减值的处理问题。《金融工具确认和计量》准则规定,在可供出售金融资产发生减值时,原直接计入其他资本公积的因其公允价值下降而形成的累计损失,应该予以转出,计入当期损益。该转出的累计损失,等于可供出售

---

①　在"资本公积——其他资本公积"这个二级账户下还应该设立"公允价值变动损益(A 公司股票投资)"三级(四级)账户。按照有关方面的讨论,我国将来也许会把"资本公积——其他资本公积"独立为所有者权益类总分类账户"其他综合收益"(other comprehensive income),则此处直接借记"其他综合收益"。

金融资产的初始取得成本扣除已收回本金和已摊销金额、当前公允价值和原已计入损益的减值损失后的金额。在活跃市场中没有报价且其公允价值不能可靠计量的股权投资发生减值时,应当将该股权投资的账面价值,与按照类似金融资产当时市场收益率对未来现金流量折现确定的现值之间的差额,确认为减值损失,计入当期损益。对于已确认减值损失的可供出售债权投资,在随后的会计期间公允价值已上升且客观上与确认原减值损失确认后发生的事项有关的,原确认的减值损失应当予以转回,计入当期损益。但是,可供出售股权投资所发生的减值损失,不得通过损益转回,而对于在活跃市场中没有报价且其公允价值不能可靠计量的可供出售股权投资所发生的减值损失,则不得转回。需指出的是,由于可供出售金融资产已按照资产负债表日的公允价值计量,其自身不存在资产减值处理问题,准则中规定的减值问题其实是面向利润表的,即在该类资产存续期间是否需要把原先计入其他资本公积的累计损失转出到利润表之中。

## 三、可供出售金融资产持有期间获得收益的会计处理

在可供出售金融资产持有期间所获得的收益,如现金股利、债券利息(按照实际利率法计算),应当作为投资收益计入股利宣告期间或利息归属期间的损益。

**例 8-10**　沿用本节前例,20×7 年 9 月 10 日,A 公司宣布发放中期现金股利,每股 0.3 元,紫薇公司持有 5 000 股 A 公司股票,于 20×7 年 10 月 10 日收到全部股利 1 500 元。

(1) 20×7 年 9 月 10 日宣告日确认应收股利:

借:应收股利　　　　　　　　　　　　　　　1 500

　　贷:投资收益　　　　　　　　　　　　　　1 500

(2) 20×7 年 10 月 10 日收到股利:

借:银行存款　　　　　　　　　　　　　　　1 500

　　贷:应收股利　　　　　　　　　　　　　　1 500

## 四、可供出售金融资产出售的会计处理

可供出售金融资产出售时,企业应将其账面价值与出售收入(扣除手续费等交易成本)之间的差额全部计入"投资收益"。注意,企业还应将可供出售金融资产持有期间确认计入所有者权益之中的公允价值变动损益从所有者权益中转出,也计入出售当期的损益。[①]

**例 8-11**　20×7 年 12 月 20 日,紫薇公司出售了全部的 A 公司股票 5 000 股,每股价格 25 元,出售收入为 125 000 元。假定 20×7 年 9 月 30 日紫薇已按当时的公允价值 23 元计量了这批可供出售金融资产,这使得资本公积中累计的该批可供出售金融资产

---

　　① 　按照 IFRS 9,分类为"以公允价值计量且其变动计入其他综合收益"(类似于可供出售金融资产之分类)的股权投资,其出售时,原先累计在其他综合收益之中的累计公允价值变动损益不得转出到出售当期的损益之中,且出售时出售价格扣除交易成本和该股权投资账面价值的差额也不得计入当期损益。因此,如果遵循 IFRS 9,例 8-11 中的第(2)个分录不用编制,且第(1)个分录中的 9 900 元应该计入其他综合收益。对于这些计入其他综合收益的股权投资相关损益,IFRS 9 允许其在所有者权益内部进行结转。但是,IFRS 9 规定,分类为"以公允价值计量且其变动计入其他综合收益"的债权投资在出售时应将其他综合收益中累计公允价值变动损益转出到出售当期的损益之中,且其出售损益也计入当期损益。

的公允价值变动利得为 14 850 元(为 6 月末的 9 850 元利得加上第 3 季度新增的 5 000 元利得),应予以转出,计入当期损益。该项可供出售金融资产的账面价值为 115 000 元(5 000×23 元)。

假定支付的手续费为 100 元(证券公司自动从出售收入中扣除),故总的投资收益为 24 750 元(=125 000−115 000−100+14 850)。

(1) 将出售收入减去相关交易费用和出售的可供出售金融资产账面价值的差额计入投资损益。

|  |  |  |
|---|---|---|
| 借:银行存款 | 124 900 | |
| 贷:可供出售金融资产 | | 115 000 |
| 投资收益 | | 9 900 |

(2) 将原来计入资本公积中的相应部分公允价值变动利得转出,计入当期投资损益。

|  |  |  |
|---|---|---|
| 借:资本公积——其他资本公积 | 14 850 | |
| 贷:投资收益 | | 14 850 |

## 五、可供出售金融资产在资产负债表上的列报

在资产负债表上,可供出售金融资产应以其账面价值(亦即它们在资产负债表日的公允价值)列报于非流动资产之中。

**例 8-12** 可供出售金融资产在资产负债表上的列报示例。以例 8-8 中紫薇公司的季度报告为例,假定紫薇公司无其他可供出售金融资产项目(见表 8-2)。

**表 8-2 紫薇公司资产负债表**

20×7 年 3 月 31 日 单位:元

| 资产 | | 负债与所有者权益 |
|---|---|---|
| 流动资产: | | …… |
| 货币资金 | ×××× | |
| 交易性金融资产 | ×××× | |
| …… | | |
| 非流动资产: | | |
| 可供出售金融资产 | 90 000 | |
| …… | | |

此外,紫薇公司还应当在会计报表附注中披露可供出售金融资产的具体内容、公允价值及其确定,以及这些金融资产所面临的可能风险(包括外汇风险、利率风险及其他市场风险)等信息。具体可参考《金融工具列报》准则。

# 第四节 持有至到期投资的会计处理

## 一、持有至到期投资购入的会计处理

当企业购入其他会计主体发行的债券或相关的长期债权,并有明确意图和能力持有至到期时,应将之作为"持有至到期投资"来进行会计处理。持有至到期投资应按照购入日的交易价格(支付对价的公允价值)来计量,对于支付的相关手续费,也需计入其

初始确认金额之中。为方便起见,本章以下仅以购入其他企业发行的长期债券为例来说明持有至到期投资的核算。

债券发行有可能是折价、平价或溢价发行。① 债券的折溢价基本上等于企业购买债券支付的价款(投资成本)与债券面值之间的差额:

$$持有至到期投资折(溢)价 = 投资成本 - 债券面值$$

对于计算出来的债券折价或溢价应在"持有至到期投资"账户下与债券面值分开设立明细账户具体核算。这样,在初始确认日,持有至到期投资的账面价值其实等于债券面值与债券折价之差或与债券溢价之和。

**例 8-13**  假定 20×6 年 7 月 1 日,紫薇公司购入先明公司发行的面值为 1 000 元的债券 500 份,票面利率 8%,一年付息一次,到期日为 20×9 年 6 月 30 日。该类债券当时的市场利率(实际利率)为 10%。该批债券发行价为每份 950 元,②假定无须支付其他相关交易成本。紫薇公司明确持有此批债券至到期,且紫薇公司的现金流充沛,也有能力持有此批债券至到期。因此,紫薇公司应将此批债券划分为持有至到期投资。紫薇公司的会计处理如下:

借:持有至到期投资——先明公司债券——面值　500 000

　　贷:持有至到期投资——先明公司债券——折价　　25 000

　　　　银行存款　　　　　　　　　　　　　　　　475 000

## 二、持有至到期投资持有期间的会计处理

按照《金融工具确认和计量》准则,持有至到期投资在持有期间,应采用实际利率法,按照摊余成本计量。

具体而言,在持有至到期投资的持有期间,企业应将按照债券合同应收到的利息确认为该期间的投资收益。对于到期一次还本付息的债券投资,应在持有至到期投资账户下设立"持有至到期投资——××公司债券——应计利息"这一明细账来记录应收而暂未收到的利息,同时贷记"投资收益"账户;对于分期付息的债券投资,则直接设立"应收利息"这一总分类账户来记录应收而未收到的利息,同时贷记"投资收益"账户。由于投资企业得到的债权投资回报等于投资时所投资债券的市场利率(实际利率)水平的回报,为反映此真实回报,企业在确认按照债权投资的票面或合同利率计算的投资收益后,还需要摊销债券折价或溢价,并计入投资收益之中以确定真正的投资收益。进一步来看,由于当市场利率大于票面利率时,债券是折价发行,所以,折价的摊销会增加投资方的投资收益,例 8-14 就是如此;而由于当市场利率小于票面利率时,债券是溢价发行,所以,溢价的摊销会冲减投资方的投资收益。在摊销了债券的折价或溢价之后,持

---

① 　详参本教材第 10 章"负债"的相关内容。

② 　每份(张)债券发行价的计算如下,进一步理解请参阅本教材第 10 章的相关讨论。下面的(P3,10%)表示 10%折现率、3 期的复利现值系数,(P/A3,10%)表示 10%折现率、3 期的年金现值系数。

面值的现值:1 000×(P3,10%)=1 000× 0.751=751

利息的现值:80×( P/A3,10%)=80× 2.487=198.96

债券发行价:949.96(约 950 元)

有至到期投资的账面价值就是摊余成本,亦即债券面值减去期末尚未摊销的折价或加上期末尚未摊销的溢价。但若持有至到期投资还发生了减值损失,则摊余成本应等于债券面值减去期末尚未摊销的折价或加上期末尚未摊销的溢价,并扣除减值损失。有些企业发行的债券可能提前还本或采用年金方式还本付息,则摊余成本中还需扣除已偿还的本金。

至于债券折价或溢价的摊销,有两种方法,其一为直线法,其二为实际利率法。直线法是将债券折价或溢价按照债券存续期间分期平均摊销,但由于长期债券投资的账面价值并不是稳定不变的,而是随着折价(或溢价)的摊销而逐渐上升(或下降),在采用直线法摊销债券折价或溢价的情况下,由各期相同的票面利息加上(或减去)各期相同的折价(或溢价)摊销而得到的各期投资收益也是相同的,以其投资收益去除以各期不同的债券投资账面价值就必然会得出各期不同的投资回报率。① 但实际上,持有至到期投资各期的投资回报率是一样的,为购入债权投资时的市场利率,如例 8-13 中的10%。实际利率法则能遵循这一点,它以实际利率(即市场利率)去乘以持有至到期投资的期初账面价值(即相当于所持债券在各期期初的本金)以计算各期的投资收益,然后以该金额减去票面利息(名义利息)而得出各期应予摊销的折价或溢价。这样,各期确认的投资收益除以长期债券投资的期初账面价值就等于投资时的实际利率,各期投资回报率相同。在此意义上,直线法是不科学的,应采用实际利率法,但是直线法比较简便,易于操作。我国的《金融工具确认和计量》准则仅允许企业采用实际利率法摊销债券折溢价。本章下面的举例采用实际利率法。

**例 8-14** 沿用例 8-13 的数据,紫薇公司 20×6 年 12 月 31 日为编制 20×6 年年报做准备,需按权责发生制原则确认对先明公司债券投资的投资收益。表 8-3 列示了该项持有至到期投资的折价摊销(金额单位均为元)。

表 8-3 紫薇公司持有至到期投资折价的摊销(实际利率法)

| 期 次 | (1)<br>期初<br>账面价值 | (2)<br>投资收益<br>(1)×10% | (3)<br>票面利息<br>(@8%) | (4)<br>折价摊销<br>(2)−(3) | 期末账面价值 | | |
| --- | --- | --- | --- | --- | --- | --- | --- |
| | | | | | 债券面值 | 未摊销折价 | 期末账面价值 |
| 20×6-07-01 | 475 000 | — | — | — | 500 000 | 25 000 | |
| 20×6-12-31 | 475 000 | 23 750 | 20 000 | 3 750 | 500 000 | 21 250 | 478 750 |
| 20×7-12-31 | 478 750 | 47 875 | 40 000 | 7 875 | 500 000 | 13 375 | 486 625 |
| 20×8-12-31 | 486 625 | 48 662.50 | 40 000 | 8 662.50 | 500 000 | 4 712.50 | 495 287.50 |
| 20×9-06-30 | 495 287.50 | 24 712.50 | 20 000 | 4 712.50 | 500 000 | 0 | 500 000 |

请注意:(1)20×6 年和 20×9 年确认的投资收益、票面利息均为半年的,折价摊销也均为半年,如 20×6 年,投资收益=(475 000×10%)/2=23 750。(2)20×9 年的投资收益因以前年度计算中的跨年度付息和小数忽略因素(包括 950 元折价发行价确定的小数忽略因素)而直接以未摊销折价加票面利息求得,略低于该期期初账面价值与 10%利率的乘积除以 2 所得到的投资收益。

① 在债券折价发行的情况下,计算出的投资回报率是逐期下降的;而在债券溢价发行的情况下,计算出的投资回报率是逐期上升的。

依据表 8-3,紫薇公司 20×6 年 12 月 31 日的会计处理如下:

借:持有至到期投资——先明公司债券——折价　　　 3 750

　　应收利息　　　　　　　　　　　　　　　　 20 000

　　贷:投资收益　　　　　　　　　　　　　　　　　 23 750

(因为该批债券是一年付息一次,20×6 年的半年利息 20 000 元需等到 20×7 年 6 月 30 日才会支付,所以形成"应收利息"这项资产。)

在持有至到期投资存续期间,如果有证据表明发生了减值损失(如债券发行方或债务人发生严重财务困难、债务人违反合同条款、债务人很困难倒闭或进行债务重组、债券因债务人发生严重财务困难而无法继续在活跃市场进行交易等),则应当将该金融资产的账面价值减记至预计未来现金流量(不包括尚未发生的未来信用损失)现值,减记的金额确认为"资产减值损失",计入当期损益。预计未来现金流量现值,应当按照持有至到期投资的原实际利率折现确定。① 原实际利率是初始确认该持有至到期投资时计算确定的实际利率(如例 8-13 的 10％)。在确定未来现金流量时,应考虑有关担保物的价值(并扣除取得和出售担保物所可能发生的费用)。因此,在期末,若持有至到期投资的预计未来现金流量现值低于账面价值,应确认投资损失,即借记"资产减值损失",同时贷记"持有至到期投资减值准备"。若以后期间有客观证据表明该金融资产价值已恢复,且客观上与确认该损失后发生的事项有关(如债务人的信用评级已提高等),则原确认的减值损失应当予以转回,计入转回期间的当期损益。但是,转回后的账面价值不应当超过假定不计提减值准备情况下该持有至到期投资在转回日的摊余成本。在持有至到期投资发生减值后,其利息收入应当按照确定减值损失时对未来现金流量进行折现采用的折现率作为利率计算确认。

## 三、持有至到期投资到期或在到期前出售的会计处理

企业持有债券至到期,收回本金和最后一期利息。

例 8-15　如表 8-3 所示,紫薇公司持有先明公司债券至 20×9 年 6 月 30 日,在该日,其会计处理为

(1)确认 20×9 年上半年的利息收入为投资收益:

借:银行存款　　　　　　　　　　　　　　　　 20 000

　　贷:投资收益　　　　　　　　　　　　　　　　　 20 000

(2)摊销剩余的债券折价:

借:持有至到期投资——先明公司债券——折价　 4 712.50

---

① 按照《金融工具确认和计量》准则,在计算未来现金流量现值时也可采用合同规定的现行实际利率作为折现率。而原实际利率,是将持有至到期投资在预期存续期间内的未来现金流量,折现为该金融资产在初始确认日账面价值所使用的利率。在确定实际利率时,应当在考虑持有至到期投资所有合同条款(包括提前还款权、看涨期权、类似期权等)的基础上预计未来现金流量,但不应当考虑未来信用损失。该金融资产合同各方之间支付或收取的、属于实际利率组成部分的各项收费、交易费用及溢价或折价等,应当在确定实际利率时予以考虑。该金融资产的未来现金流量或存续期间无法可靠预计时,应当采用该金融资产在整个合同期内的合同现金流量。

但是,按照 IFRS 9,应该采用预期信用损失模型来处理持有至到期投资的减值损失,计提损失准备金。

|  | |
|---|---|
| 贷:投资收益 | 4 712.50 |

（3）收回等于债券面值的本金和 20×8 年下半年的利息：

|  | | |
|---|---|---|
| 借:银行存款 | 520 000 | |
| 贷:应收利息 | | 20 000 |
| 持有至到期投资——先明公司债券——面值 | | 500 000 |

（该批债券是一年付息一次，20×8 年下半年的利息需待 20×9 年 6 月 30 日才支付，故紫薇公司在 20×8 年 12 月 31 日确认 20×8 年下半年的投资收益时，只能先将 20×8 年下半年的 20 000 元利息收入记作"应收利息"。）

企业也可能在持有至到期投资到期前将之出售或发行方公司在债券到期之前将之提前收兑。这时，企业需要将自债券折溢价上一摊销日至出售（提前收兑）日的折溢价摊销额先行摊销，以确定持有至到期投资的账面价值，并计算此间应计的利息，然后与出售净价或收兑净价（扣除相关费用）相比较以确定债券出售或收兑损益，具体计算公式如下：

出售（收兑）损益＝出售价（收兑价）－相关费用－持有至到期投资的账面价值－应计利息

**例 8-16** 沿用例 8-13 和例 8-14 的数据，假定紫薇公司在 20×9 年 4 月 1 日在证券市场上出售了这批持有至到期投资，出售所得全部价款为 526 000 元。该项投资未计提任何减值准备。紫薇公司先计算该项持有至到期投资出售损益如表 8-4 所示（金额单位为元）：

表 8-4　紫薇公司出售持有至到期投资损益计算表

|  | | |
|---|---|---|
| 出售净价 | | 526 000 |
| 减:持有至到期投资账面价值 | | |
| 债券面值 | 500 000 | |
| 减:未摊销债券折价 | 2 356.25 | 497 643.75 |
| 应收利息 | | 30 000 |
| 出售损益 | | －1 643.75 |

注:依据表 8-3,在 20×9 年 1 月 1 日,未摊销的债券折价还有 4 712.50 元,至出售日 20×9 年 4 月 1 日应予以摊销一半,为 2 356.25 元;由于该批债券是 1 年付息一次,所以,债券中包含上一付息日 20×8 年 6 月 30 日至出售日的应收利息为 30 000 元(20×8 年下半年的 20 000 元＋20×9 年第 1 季度的 10 000 元)。

依据表 8-4,紫薇公司的会计处理如下：

（1）确认自上一付息日至债券出售日的投资收益（包括确认应收利息和摊销折价）。

|  | | |
|---|---|---|
| 借:持有至到期投资——先明公司债券——折价 | 2 356.25 | |
| 应收利息 | 10 000 | |
| 贷:投资收益 | | 12 356.25 |

（2）确认 20×8 年 6 月 30 日至出售日的利息的收回。

|  | | |
|---|---|---|
| 借:银行存款 | 30 000 | |
| 贷:应收利息 | | 30 000 |

（3）确认债券出售及出售损失。

借:银行存款 496 000
    投资收益 1 643.75
    持有至到期投资——先明公司债券——折价 2 356.25
    贷:持有至到期投资——先明公司债券——面值 500 000

## 四、持有至到期投资与可供出售金融资产之间重分类的会计处理

企业将尚未到期的某项持有至到期投资在本会计年度内出售或重分类为可供出售金融资产的金额,相对于该类投资在出售或重分类前的总额较大时,应当将该类投资的剩余部分重分类为可供出售金融资产,且在本会计年度及以后两个完整的会计年度内不得再将该金融资产划分为持有至到期投资。[①] 企业还可能因持有意图或能力发生改变,使某项投资不再适合划分为持有至到期投资的,应当将其重分类为可供出售金融资产。

当企业将持有至到期投资重分类为可供出售金融资产后,就应以公允价值进行后续计量。重分类日,该投资的账面价值与公允价值之间的差额计入所有者权益,在该可供出售金融资产发生终止确认时转出,计入当期损益。

当然,若因企业持有意图或能力发生改变,或公允价值不再能够可靠计量,或持有期限已超过前述的“两个完整的会计年度”,使可供出售金融资产不再适合按照公允价值计量时,企业可以将该金融资产重分类为持有至到期投资,改按摊余成本计量,该摊余成本为重分类日该金融资产的公允价值或账面价值。与该金融资产相关、原直接计入所有者权益的利得或损失,应当按照下列规定处理:(1)该金融资产有固定到期日的,应当在该该金融资产的剩余期限内,采用实际利率法摊销,计入当期损益。该金融资产的摊余成本与到期日金额之间的差额,也应当在该金融资产的剩余期限内,采用实际利率法摊销,计入当期损益。该金融资产在随后的会计期间发生减值的,原直接计入所有者权益的相关利得或损失,应当转出计入当期损益。(2)该金融资产没有固定到期日的,仍应保留在所有者权益中,在该金融资产被处置时转出,计入当期损益。该金融资产在随后的会计期间发生减值的,原直接计入所有者权益的相关利得或损失,应当转出计入当期损益。

---

① 但是,下列情况除外:(1)出售日或重分类日距离该项投资到期日或赎回日较近(如到期前三个月内),市场利率变化对该项投资的公允价值没有显著影响。(2)根据合同约定的定期偿付或提前还款方式收回该投资几乎所有初始本金后,将剩余部分予以出售或重分类。(3)出售或重分类是由于企业无法控制、预期不会重复发生且难以合理预计的独立事项所引起。此种情况主要包括:(1)因被投资单位信用状况严重恶化,将持有至到期投资予以出售;(2)因相关税收法规取消了持有至到期投资的利息税前可抵扣政策,或显著减少了税前可抵扣金额,将持有至到期投资予以出售;(3)因发生重大企业合并或重大处置,为保持现行利率风险头寸或维持现行信用风险政策,将持有至到期投资予以出售;(4)因法律、行政法规对允许投资的范围或特定投资品种的投资限额作出重大调整,将持有至到期投资予以出售;(5)因监管部门要求大幅度提高资产流动性,或大幅度提高持有至到期投资在计算资本充足率时的风险权重,将持有至到期投资予以出售。

## 五、持有至到期投资在资产负债表上的列报

在资产负债表上,持有至到期投资应单独列报在非流动资产部分,列报的金额应为其在资产负债表日的账面价值(即为"持有至到期投资"的账面余额减去其相应的减值准备后的金额)。企业还应在资产负债表的附注之中就其持有至到期权投资的具体内容、会计处理方法以及其减值准备的计提等情况作出披露。此外,需注意的是,当持有至到期投资在资产负债日成为 1 年内将要到期的债权投资时,应将之在资产负债表的流动资产中作为"一年内将到期的非流动资产"加以列报(如上述例子中先明公司债券在紫薇公司 20×8 年年报中的列报),而不应继续列报于非流动资产的"持有至到期投资"之中。具体可参考《金融工具列报》准则。

**例 8-17**  持有至到期投资在资产负债表上的列报示例,以例 8-13 中紫薇公司 20×6 年年报(表 8-5)为例,假定紫薇公司无其他持有至到期投资,且未发生持有至到期投资减值损失。

表 8-5  紫薇公司资产负债表

20×6 年 12 月 31 日                                   单位:元

| 资产 | | 负债与所有者权益 | |
|---|---|---|---|
| …… | | …… | |
| 非流动资产: | | | |
| 可供出售金融资产 | ×××× | | |
| 持有至到期投资 | 478 750 | | |
| …… | | | |

# 第五节  长期股权投资的会计处理

企业应当按照《长期股权投资》会计准则进行长期股权投资的会计处理。但如前述,对于投资方对被投资企业无控制、共同控制或重大影响的长期股权投资,应按照《金融工具确认和计量》准则进行会计处理,只能分类为可供出售金融资产,或在初始确认日直接指定为以公允价值计量且变动计入当期损益的金融资产。此外,风险投资机构、共同基金以及类似主体持有的、在初始确认时按照《金融工具确认和计量》准则的规定以公允价值计量且其变动计入当期损益的金融资产,投资性主体对不纳入合并会计报表的子公司的权益性投资,适用《金融工具确认和计量》准则。下面,本节要讨论的长期股权投资都是指由《长期股权投资》准则来规范的长期股权投资。[①]

---

①  对于企业以非现金支付的其他方式购入长期股权投资的会计处理,本章不予以介绍,感兴趣的读者请参阅中级财务会计方面的教材或具体会计准则《长期股权投资》。此外,对于企业合并所形成的长期股权投资和以股票交换股票方式所获得的长期股权投资的会计处理方法,在本章附录 8-3 中做简单介绍。本章涉及的股份或股权均指有表决权的普通股。

## 一、长期股权投资购入的会计处理

按照《长期股权投资》准则,企业对联营企业(投资方有重大影响)和合营企业(投资方与其他参与方共同控制)的长期股权投资,其初始投资成本为购入长期股权投资所支付的全部价款,包括股权价格、税金、手续费等相关费用。但对于各类企业合并所形成的长期股权投资,合并方或购买方为企业合并发生的审计、法律服务、评估咨询等中介费用以及其他相关管理费用,应当于发生时计入当期损益。此外,关于对联营企业和合营企业的长期股权投资,如果长期股权投资的初始投资成本大于投资时应享有被投资单位可辨认净资产公允价值份额的,[①]不调整长期股权投资的初始投资成本;长期股权投资的初始投资成本小于投资时应享有被投资单位可辨认净资产公允价值份额的,其差额应当计入当期损益,同时调整长期股权投资的成本。

**例 8-18** 紫薇公司 20×7 年 6 月 1 日支付现金购入阳坊科技公司 10% 的股份,购买价格 2 600 000 元,并由紫薇公司选派一名代表进入阳坊科技公司董事会担任外部董事。阳坊科技公司此时的股东权益为 7 000 000 元,可辨认净资产公允价值为 20 000 000 元。假定无其他相关费用。

**分析**:紫薇公司选派一名代表进入阳坊科技公司董事会担任外部董事,参与被投资方的重大财务和经营决策。为此,虽然紫薇公司持股比例只有 10%,但对被投资方相关决策可以实施重大影响,此项股权投资属于对联营企业的投资,应该纳入长期股权投资核算。初始投资成本大于投资时的被投资方可辨认净资产公允价值份额。故紫薇公司的会计处理如下:

借:长期股权投资——阳坊科技公司　　　　　　　　2 600 000
　　贷:银行存款　　　　　　　　　　　　　　　　　　　　2 600 000

## 二、长期股权投资持有期间的会计处理

### (一) 长期股权投资的分类与其持有期间的会计处理方法

在本章第一节中,我们曾经将长期股权投资按照投资目的和持股比例主要划分为三类,即消极投资、少数积极投资和多数积极投资,另还有一特殊类别为共同控制。之所以要进行这一划分,是因为它们基本上决定于和反映了长期股权投资业务的经济实质,而其会计处理则需要基于相关投资的经济实质,进而也就基于对长期股权投资的分类。具体来看,对于归类为消极投资的股权投资由《金融工具确认和计量》准则来规范,可以通过指定为"以公允价值计量且其变动计入当期损益的金融资产"或"可供出售金融资产"来进行核算,一般采用公允价值法(fair value method),即按照公允价值来进行后续计量,公允价值变动计入当期损益或资本公积(其他资本公积),但若该项长期股权

---

① 可辨认净资产是指企业的可辨认资产和负债之差额。至于可辨认资产的界定可参见《企业会计准则第 2 号——无形资产》的规定和本教材第 9 章的讨论。

投资在活跃市场没有报价且其公允价值不能可靠计量时,可以采用成本来进行后续计量。对于归类为少数积极投资和共同控制的长期股权投资,采用权益法(equity method)进行会计处理;而对于归类为多数积极投资的长期股权投资,在日常采用成本法(cost method)核算的基础上,[①] 还应在母公司资产负债表日编制合并会计报表(consolidated financial statements)。下面先介绍成本法与权益法的会计处理。对于合并会计报表的编制则在下一节中加以介绍。可将长期股权投资的会计处理方法综合如图 8-2。

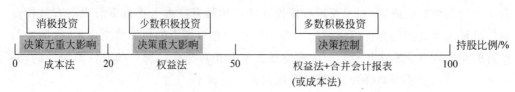

图 8-2　长期股权投资的分类与其持有期间的会计处理方法

### (二)长期股权投资持有期间的核算:成本法

长期股权投资持有期间核算所采用的成本法是指,除非出现长期股权投资减值损失或清算性股利[②],否则,长期股权投资的账面价值一直锁定在其最初购入时所确认的初始投资成本上,不再变动直至出售,而对于持有期间被投资企业宣布发放的现金股利则确认为宣告当期的投资收益。

**例 8-19**　先明公司 20×7 年 7 月 1 日采用增资方式入股牯牛降旅游股份有限公司(简称牯牛降公司),占其增资后总股份的 60%,投资额为 2 500 万元。牯牛降公司 20×7 年的净利润为 5 000 000 元,其中属于 20×7.6.1—20×7.12.31 间所赚取的净利润为 4 000 000 元,20×7 年该公司没有任何利润分配。假定对牯牛降公司的投资在 20×7 年度未发生减值损失。

分析:由于先明公司对牯牛降公司的持股比例达 60%,为多数积极投资,拥有牯牛降公司的控制权,所以适用成本法核算。由于牯牛降公司 20×7 年没有利润分配,因

---

①　这样一来,会导致母公司的个别会计报表不能反映对子公司的长期股权投资的实际情况,我们认为,若需要对外提供母公司个别会计报表,母公司平时就应按照权益法核算对子公司的长期股权投资。当然,若母公司不需对外提供自身个别会计报表(只需要对外提供合并会计报表),为简化核算,对于纳入合并会计报表编制范围的多数积极投资的长期股权投资,在日常会计工作可以仅按权益法进行会计处理。否则,合并会计报表相对于母公司个别会计报表的经济意义和逻辑联系就会丧失。

②　当被投资企业自投资方投资之日起的累计股利发放超过了自投资方投资之日起被投资企业所赚取到的累计净利润时,超过部分对于投资企业而言就是清算性股利(或清算性利润分配)。因为对于投资企业来说,被投资企业在投资日前所累积的未分配利润是属于原股东的,构成投资企业所支付的对价(投资成本)的一部分,故清算性股利的实质是投资成本的回收,而非投资收益,应予以冲减长期股权投资的成本。

但是财政部 2009 年 6 月发布的《企业会计准则解释第 3 号》规定,"采用成本法核算的长期股权投资,应当按照被投资单位宣告发放的现金股利或利润确认当期的投资收益,不再划分是否属于投资前和投资后被投资单位实现的净利润"。这意味着投资企业在采用成本法核算长期股权投资时,无需再识别清算性股利并进行投资成本回收的会计处理。2014 年修订的《长期股权投资》准则也不要求考虑清算性股利。

此,在 20×7 年 12 月 31 日,先明公司不需要编制任何会计分录,没有任何投资收益(尽管自先明公司投资于牯牛降公司之日起,后者已赚取到 4 000 000 元的净利润),在其 20×7 年 12 月 31 日的资产负债表上,"长期股权投资(牯牛降公司)"这项资产的列报价值仍为其账面价值(初始投资成本)25 000 000 元。

**例 8-20** 20×8 年 2 月 10 日,牯牛降公司宣布并马上分配了利润 4 500 000 元,先明公司按照持股比例分得 2 700 000 元(= 4 500 000×60%)。

分析:20×8 年 2 月 10 日,先明公司从牯牛降公司分得 2 700 000 元的利润,按照成本法,应该确认为先明公司 2008 年的投资收益。先明公司编制会计分录如下:

借:银行存款　　　　　　　　　　　　　　2 700 000
　贷:投资收益　　　　　　　　　　　　　　　　　　2 700 000

### (三)长期股权投资持有期间的核算:权益法

长期股权投资持有期间核算所采用的权益法具体是指:

1. 投资最初以初始投资成本计量,但长期股权投资的初始投资成本小于投资时按照持股比例应享有被投资企业可辨认净资产公允价值份额的,其差额应当计入当期损益(确认为营业外收入),同时调增长期股权投资的初始投资成本。此外,投资企业需在备查账簿中记录被投资企业可辨认资产和负债的公允价值与其账面价值的差异。若长期股权投资的初始投资成本大于投资时按照持股比例应享有被投资企业可辨认净资产公允价值份额,则此差额在备查账簿中记录为商誉。

2. 在持有长期股权投资期间,要根据投资企业享有被投资企业所有者权益份额的变动对投资的账面价值进行调整。

具体而言,投资方取得长期股权投资后,应当按照应享有或应分担的被投资单位实现的净损益和其他综合收益的份额,分别确认投资收益和其他综合收益,同时调整长期股权投资的账面价值;[1]投资方按照被投资单位宣告分派的利润或现金股利计算应享有的部分,相应减少长期股权投资的账面价值;投资方对于被投资单位除净损益、其他综合收益和利润分配以外所有者权益的其他变动,应当调整长期股权投资的账面价值并计入所有者权益。

投资企业在确认投资收益时,应当以取得投资时被投资企业各项可辨认资产和负债等的公允价值为基础,对被投资企业的净利润进行适当调整后确认。[2] 被投资单位采用的会计政策及会计期间与投资企业不一致的,应当按照投资企业的会计政策及会

---

[1]　注意,投资企业确认被投资企业发生的净亏损,应当以长期股权投资的账面价值以及其他实质上构成对被投资企业净投资的长期权益减记至零为限,投资企业负有承担额外损失的情况除外。被投资单位以后实现净利润的,投资企业在其收益分享额弥补未确认的亏损分担额后,恢复确认收益分享额和长期股权投资的账面价值。

[2]　如在取得投资时,被投资企业存货的公允价值大于其账面价值 100 万元,而这些存货在投资企业取得投资后当期已出售 50%,则站在投资企业角度看,被投资企业的营业成本本应增加 50 万元,净利润应减少 50 万元(假定不考虑所得税因素)。假如被投资企业可辨认资产和负债的公允价值和账面价值仅此差异,于是,投资企业应按照持股比例乘以调减了 50 万元后的被投资企业净利润来确认投资收益。

计期间对被投资单位的会计报表进行调整，并据以确认投资损益。

3. 投资方计算确认应享有或应分担被投资单位的净损益时，与联营企业、合营企业之间发生的未实现内部交易损益按照应享有的比例计算归属于投资方的部分，应当予以抵销，在此基础上确认投资收益。投资方与被投资单位发生的未实现内部交易损失，按照《企业会计准则第 8 号——资产减值》等的有关规定属于资产减值损失的，应当全额确认。

采用权益法核算企业对联营企业和合营企业的长期股权投资符合会计处理的"经济实质重于法律形式"这一基本原则。因为，尽管在法律形式上，投资方和被投资企业都属于独立的法人主体，投资企业并不能直接拥有被投资企业净利润的相应比例部分，但由于投资企业能对被投资企业包括利润分配在内的财务、经营等决策发挥重大影响或施加共同控制，这样，投资企业实质上是可以影响或决策要求被投资企业分配利润。因此，依据此类积极投资的经济实质，投资企业应将被投资企业包括净利润在内的所有者权益变动的相应比例部分予以确认为自己的投资收益或直接增加自身的所有者权益，而不是像成本法一样待被投资企业分配利润时才确认投资收益，这样可以及时持续地反映积极投资的真正经济价值。[①] 自然，由于被投资企业净利润的相应比例部分已被确认为投资收益，增加了长期股权投资的价值，被投资企业的利润分配自然也就是长期股权投资的回收，应冲减长期股权投资的账面价值。

权益法的科学性还在于，它要求以取得投资时被投资企业各项可辨认资产和负债的公允价值为基础，对被投资企业的净利润进行适当调整后才按照持股比例确认投资收益。之所以要对被投资企业的净利润进行适当调整才能确认投资收益，是因为，投资方购入长期股权投资时所支付的投资成本是投资日（或投资计价日）被投资企业所有者权益的公允价值，也就是被投资企业在投资日资产和负债的公允价值之差，但被投资方作为独立法人主体，一般不得改变其资产和负债的计量基础，[②]故被投资企业的净利润是在其资产与负债等的原计价基础上计算得出的。因此，当投资企业将被投资企业的净利润按持股比例确认为自己的投资收益时，这并不反映投资企业真正的投资收益，因为投资企业为这部分投资收益所支付的成本除被投资企业原计量基础上的成本外，还

---

① 也许有人会提出，为什么不采用公允价值计量？这是因为，若按照公允价值计量积极投资，投资企业可以对自身的投资收益进行操纵（通过影响或控制被投资企业的股利决策），进而操纵自身的净利润（Stickney and Weil, 2003, Chapter 11）；其次，在积极投资情形下，投资企业持有如此大比例的被投资企业股票，投资比例的变动和投资企业与被投资企业之间的各类合作关系的变动都足以引起被投资企业股票市场价值的大变动，从而使市场价值难以反映积极投资的真实价值（Horngren et al. , 2002, Chapter 12）。我们认为，对于股票未公开发行上市的公司和有限责任公司，公允价值计量难以操作也是应采用权益法核算积极投资的原因之一。

② 除非按会计准则规定，被投资企业需要实行下推会计（pushing-down accounting），此时，被投资企业的资产、负债和所有者权益被改变计量基础，重新按投资日的公允价值计量，即将被投资企业新老股东间股权交易的公允价值下推至被投资企业。实行下推会计后，投资成本与持有的被投资企业净资产的相应比例部分之间的差额就不复存在。依据财政部 1998 年的有关文件规定，在我国，企业购买其他企业全部股权时，被收购企业保留法人资格的，应实行下推会计，即按照评估确认的价值调账。被收购企业丧失法人资格的，收购企业应按被收购企业评估确认后的价值入账。购买了其他企业部分股权的，被收购企业不实行下推会计，即其账面价值应保持不变。

包括被投资企业未入账的投资企业为购买持股比例部分的股权所多支付的金额,这就是投资企业的投资成本与投资企业应享有的被投资企业所有者权益账面价值份额之差额(其中商誉部分不用摊销调整投资收益,而是每年度至少进行一次减值测试,若发生减值,则调减投资收益)。此外,投资企业与联营企业及合营企业之间发生的内部交易损益按照持股比例计算归属于投资企业的部分,还应当予以抵销,在此基础上确认投资损益,避免了投资收益可能因未实现的内部交易损益所致使的虚增。

**例 8-21** 紫薇公司 20×7 年 7 月 1 日购入梅城科技公司 25% 的股份,支付购买价格为 2 600 000 元,梅城科技公司此时的股东权益账面价值为 8 400 000 元。假定无其他相关费用等事项。

分析:由于紫薇公司的持股比例达 25%,对梅城科技公司的财务和经营决策具有重大影响,所以,紫薇公司对梅城科技公司的长期股权投资为少数积极投资,应采用权益法进行核算。在本例中,紫薇公司所购买的 25% 比例的梅城科技公司的股权的账面价值为 2 100 000 元(8 400 000×25%),紫薇公司按照其公允价值多付了 500 000 元。紫薇公司在备查账簿中的记录显示,梅城科技公司的土地使用权公允价值比账面价值增加 1 000 000 元(土地使用权剩余年限为 50 年),专利权增值 1 000 000 元(剩余有效使用年限为 5 年),其他资产和负债在投资日的公允价值与账面价值相同。此两项资产增值使得梅城科技公司的所有者权益公允价值比其账面价值增加了 2 000 000 万元,紫薇公司购买梅城科技公司 25% 的股份,为此需多支付 500 000 元(2 000 000×25%)。

紫薇公司 20×7 年 7 月 1 日的会计处理如下:

借:长期股权投资——梅城科技公司　　　　　　　2 600 000
　　贷:银行存款　　　　　　　　　　　　　　　　　　　2 600 000

**例 8-22** 沿用例 8-21 的数据,并假定 20×7 年梅城科技公司净利润为 1 000 000 元,其中属于 20×7.7.1—20×7.12.31 间所赚取的净利润为 600 000 元,但 20×7 年该公司没有任何利润分配。假定对梅城科技公司的投资在 20×7 年度未发生任何减值损失,梅城科技公司的所有者权益也无利润外的其他变动,两公司之间无任何直接或间接内部交易。紫薇公司的会计政策与梅城科技公司的会计政策与会计期间一致。

分析:如上例所析,紫薇公司应采用权益法来处理对梅城科技公司的长期股权投资,故其应将自投资之日起至 20×7 年末梅城科技公司所赚取的净利润的相应比例部分确认为自己 20×7 年度该项投资的投资收益。紫薇公司 20×7 年度投资日后梅城科技公司所赚取到的净利润为 600 000 元。但是,紫薇公司为正确计算自己的投资收益,还需要依据投资日梅城科技公司可辨认资产与负债的公允价值来调整梅城科技公司的净利润。也就是说,站在紫薇公司角度看,在其投资后,梅城科技公司为赚取 600 000 元的净利润(20×7.7.1—20×7.12.31 期间赚得),发生的费用比梅城科技公司账面记录的费用要多 110 000 元(其中,梅城科技公司土地使用权增值 1 000 000 元,可使用 50 年,每年需新增加费用 20 000 元,半年为 10 000 元;梅城科技公司专利权增值 1 000 000 元,可使用 5 年,每年需新增加费用 200 000 元,半年为 100 000 元)。因此,调整后的梅城科技公司 20×7 年下半年(紫薇公司投资日后)净利润为 490 000 元(=600 000−110 000)。

综上,紫薇公司 20×7 年应确认的投资收益=490 000×25%=122 500 元。①

紫薇公司的具体会计处理如下:

借:长期股权投资——梅城科技公司　　　　　　122 500

　　贷:投资收益　　　　　　　　　　　　　　　　　122 500

当然,也可以按照本页脚注①的做法来进行会计处理:

(1) 将梅城科技公司当期账面利润中属于紫薇公司应享有的部分确认为投资收益。

借:长期股权投资——梅城科技公司　　　　　　150 000

　　贷:投资收益　　　　　　　　　　　　　　　　　150 000

(2) 摊销紫薇公司所支付的超过按照持股比例应享有的梅城科技公司所有者权益账面价值份额的差额(商誉除外)。

借:投资收益　　　　　　　　　　　　　　　　　27 500

　　贷:长期股权投资——梅城科技公司　　　　　　27 500

需注意的是,若梅城科技公司净利润为负的(即发生亏损),紫薇公司也需要将亏损的相应比例部分予以确认,借记"投资收益"账户,贷记"长期股权投资——梅城科技公司",这样,若梅城科技公司连续亏损或一次亏损金额巨大,使得确认的"长期股权投资——梅城科技公司"的账面价值不断减少,当减少至零将转为负值时,就应停止确认投资损失,即冲减"长期股权投资——梅城科技公司"这一资产只能减值至零为止。因为一般情况下,该项资产至多价值为零,不会为负值(因为被投资企业一般是有限责任的,投资者以自身投资额全部损失为限)。若此后梅城科技公司又转亏为盈,此时紫薇公司应在计算的利润分享额与未确认入账的亏损分担额相等后,才能将剩下的应分享的利润用来恢复投资的账面价值,按实际恢复的金额确认投资收益。

**例 8-23**　沿用例 8-22 的数据,假定 20×8 年 2 月 10 日,梅城科技公司宣布分配利润 400 000 元,紫薇公司按照持股比例应分得 100 000 元(=400 000×25%),但尚未收到入账。

分析:按照权益法,紫薇公司应将分得的利润确认为长期股权投资的账面价值回收。紫薇公司的具体会计处理如下:

借:应收股利　　　　　　　　　　　　　　　　　100 000

　　贷:长期股权投资——梅城科技公司　　　　　　100 000

如前所述,按照权益法,只要被投资企业的所有者权益发生了变动,投资企业就应

---

① 该金额也可用以下步骤计算得出:(1)先按照梅城科技公司的 600 000 元计算投资收益为 150 000 元(=600 000×25%)。(2)但紫薇公司为这 150 000 元的投资收益而额外付出了成本,即紫薇公司为获得梅城科技公司25%股份所多支付超过这 25%股份账面价值的 500 000 元,因此,紫薇公司需要摊销这多支付的 500 000 元以计算真正的投资收益。按照备查账簿中的记录,这 500 000 元包括土地使用权增值 250 000 元和专利权增值 250 000 元,在20×7 年 7 月 1 日至 12 月 31 日半年间各需摊销 2 500 元和 25 000 元,共计 27 500 元。(3)因此,紫薇公司的投资收益为 122 500 元(=150 000−27 500)。

注意,若梅城科技公司可辨认资产和负债增值的 25%的金额小于紫薇公司多支付的 500 000 元,则此间差额为商誉。例如,梅城科技公司可辨认资产和负债增值的 25%部分为 400 000 元,则商誉等于 100 000 元。按照会计准则,商誉无需摊销,而是每年进行减值测试,确认已发生的减值损失。

去追踪这一变化,并确认调整长期股权投资的账面价值。以上举例只关涉被投资企业所有者权益的最基本的变动,即被投资企业的净利润和利润分配对其所有者权益变动的影响。对于被投资企业所有者权益除此之外的其他变动,本书不予以讨论,感兴趣的读者可以参考中级财务会计方面的教材或企业会计准则及其指南。

### (四)成本法与权益法的优缺点比较

以上介绍了长期股权投资持有期间核算的成本法与权益法的基本内容,尤其是采用成本法的例 8-19~例 8-20 与采用权益法的例 8-21~例 8-23 直接呈现了两种方法的基本差异,从中我们可以总结出它们各自的优缺点如下:

1. 成本法:符合法律形式重于经济实质原则,操作简便,但不能如实反映企业长期股权投资的价值。然而当被投资企业有盈利的情况下,该方法较稳健。此外,若投资企业能对被投资企业的利润分配政策施加重要影响或控制,则成本法易被投资企业用来通过操纵被投资企业的利润分配来操纵自身的投资收益和利润。

2. 权益法:符合经济实质重于法律形式原则,能更好反映企业长期股权投资的价值,但操作较复杂。当被投资企业有盈利情况下,显得不够稳健,但当被投资企业经营亏损时,则更稳健。自然与成本法相反,权益法不易被投资企业用来通过操纵被投资企业的利润分配而进行自身投资收益和利润的操纵。

此外,采用成本法核算长期股权投资,投资企业的净利润与其现金流量比较接近些,而在采用权益法核算时,若被投资企业没有进行相应的利润分配(分配现金股利),投资企业的净利润与其现金流量差异可能很大。

### (五)长期股权投资因持股比例变动所致的处理方法之转换

1. 持股比例提高时长期股权投资处理方法的转换

如前述,当投资方对被投资企业不能施加重大影响、共同控制或控制时,所持有的长期股权投资是按照《金融工具确认和计量》准则核算,被分类为"以公允价值计量且其变动计入当期损益的金融资产"或"以公允价值计量且变动计入其他综合收益的金融资产"。但是当投资方因追加投资等原因能够对被投资单位施加重大影响或实施共同控制但不构成控制的,应该转为"长期股权投资"来进行核算。此时,首先应当按照《金融工具确认和计量》确定的原持有的股权投资的公允价值加上新增投资成本之和,作为改按权益法核算的初始投资成本。原持有的股权投资分类为可供出售金融资产的,其公允价值与账面价值之间的差额,以及原计入其他综合收益的累计公允价值变动应当转入改按权益法核算的当期损益。[①]

进一步来看,如果投资方因追加投资等原因能够对非同一控制下的被投资单位实施控制的,在编制个别会计报表时,应当按照原持有的股权投资账面价值加上新增投资

---

成本之和,作为改按成本法核算的初始投资成本。购买日之前持有的股权投资因采用权益法核算而确认的其他综合收益,应当在处置该项投资时采用与被投资单位直接处置相关资产或负债相同的基础进行会计处理。购买日之前持有的股权投资按照《金融工具确认和计量》的有关规定进行会计处理的,原计入其他综合收益的累计公允价值变动应当在改按成本法核算时转入当期损益。但在编制合并会计报表时,应当按照《企业会计准则第 33 号——合并财务报表①》的有关规定进行会计处理。《合并财务报表》准则要求,企业因追加投资等原因能够对非同一控制下的被投资方实施控制的,在合并会计报表中,对于购买日之前持有的被购买方的股权,应当按照该股权在购买日的公允价值进行重新计量,公允价值与其账面价值的差额计入当期投资收益;购买日之前持有的被购买方的股权涉及权益法核算下的其他综合收益等的,与其相关的其他综合收益等应当转为购买日所属当期收益。购买方应当在附注中披露其在购买日之前持有的被购买方的股权在购买日的公允价值、按照公允价值重新计量产生的相关利得或损失的金额。

此外,按照《合并财务报表》准则,母公司购买子公司少数股东拥有的子公司股权,在合并会计报表中,因购买少数股权新取得的长期股权投资与按照新增持股比例计算应享有子公司自购买日或合并日开始持续计算的净资产份额之间的差额,应当调整资本公积(资本溢价或股本溢价),资本公积不足冲减的,调整留存收益。换言之,新增购的这部分少数股权在合并会计报表中被视同是在购买日或合并日购买或已经持有的。

2. 持股比例下降时长期股权投资处理方法的转换

(1) 持股比例下降前为长期股权投资对被投资单位具有共同控制或重大影响的情形

投资方因处置部分股权投资等原因丧失了对被投资单位的共同控制或重大影响的,处置后的剩余股权应当改按《金融工具确认和计量》准则核算,其在丧失共同控制或重大影响之日的公允价值与账面价值之间的差额计入当期损益。原股权投资因采用权益法核算而确认的其他综合收益,应当在终止采用权益法核算时采用与被投资单位直接处置相关资产或负债相同的基础进行会计处理。

此外,对联营企业或合营企业的权益性投资全部或部分分类为持有待售资产的,投资方应当按照《企业会计准则第 4 号——固定资产》的有关规定处理,对于未划分为持有待售资产的剩余权益性投资,应当采用权益法进行会计处理。已划分为持有待售的对联营企业或合营企业的权益性投资,不再符合持有待售资产分类条件的,应当从被分类为持有待售资产之日起采用权益法进行追溯调整。分类为持有待售资产期间的会计报表应当作相应调整。

(2) 持股比例下降前长期股权投资为对被投资单位具有控制的情形

投资方因处置部分权益性投资等原因丧失了对被投资单位的控制的,在编制个别

---

① 根据基本会计准则,本书使用"会计报表"一词,第 33 号会计准则用"财务报表"一词。本书中这两个名词没有实质性区别。

会计报表时,处置后的剩余股权能够对被投资单位实施共同控制或施加重大影响的,应当改按权益法核算,并对该剩余股权视同自取得时即采用权益法核算进行追溯调整;处置后的剩余股权不能对被投资单位实施共同控制或施加重大影响的,则应当改按《金融工具确认和计量》准则的有关规定进行会计处理,其在丧失控制之日的公允价值与账面价值间的差额计入当期损益。但在编制合并会计报表时,应当按照《合并财务报表》准则的有关规定进行会计处理:企业因处置部分股权投资等原因丧失了对被投资方的控制权的,在编制合并会计报表时,对于剩余股权,应当按照其在丧失控制权日的公允价值进行重新计量。处置股权取得的对价与剩余股权公允价值之和,减去按原持股比例计算应享有原有子公司自购买日或合并日开始持续计算的净资产的份额之间的差额,计入丧失控制权当期的投资收益,同时冲减商誉。与原有子公司股权投资相关的其他综合收益等,应当在丧失控制权时转为当期投资收益。

但是,母公司在不丧失控制权的情况下部分处置对子公司的长期股权投资,在合并会计报表中,处置价款与处置长期股权投资相对应享有子公司自购买日或合并日开始持续计算的净资产份额之间的差额,应当调整资本公积(资本溢价或股本溢价),资本公积不足冲减的,调整留存收益。这意味着,母公司在保持控制权情况下部分处置对子公司的长期股权投资这一交易行为被视作是权益性交易(equity transaction),所以相关交易价差直接调整资本公积(股本溢价),而非计入当期损益。

《合并财务报表》准则又规定,如果企业通过多次交易分步处置对子公司股权投资直至丧失控制权的,如果处置对子公司股权投资直至丧失控制权的各项交易属于一揽子交易的,[①]应当将各项交易作为一项处置子公司并丧失控制权的交易进行会计处理;但是,在丧失控制权之前每一次处置价款与处置投资对应的享有该子公司净资产份额的差额,在合并会计报表中应当确认为其他综合收益,在丧失控制权时一并转入丧失控制权当期的损益。

### (六) 长期股权投资减值准备的计提

投资方应当关注长期股权投资的账面价值是否大于享有被投资单位所有者权益账面价值的份额等类似情况。出现类似情况时,投资方应当按照《企业会计准则第8号——资产减值》对长期股权投资进行减值测试,可收回金额低于长期股权投资账面价值的,应当计提减值准备。基本程序是,先评估长期股权投资的可收回金额(即等于继续持有该长期股权投资所带来的未来现金流量的现值与立即出售该长期股权投资所带来的净现金流入之间较高者);然后,将此可收回金额与长期股权投资的账面价值进行比较,若可收回金额低于该项长期股权投资的账面价值,就应当将其间差额确认为减值损失。此项资产减值不得转回。企业确认长期股权投资减值损失时,可编制如下会计

---

① 依据《合并财务报表》准则,处置对子公司股权投资的各项交易的条款、条件以及经济影响符合下列一种或多种情况,通常表明应将多次交易事项作为一揽子交易进行会计处理:(1)这些交易是同时或者在考虑了彼此影响的情况下订立的。(2)这些交易整体才能达成一项完整的商业结果。(3)一项交易的发生取决于其他至少一项交易的发生。(4)一项交易单独考虑时是不经济的,但是和其他交易一并考虑时是经济的。

分录：

借：资产减值损失

  贷：长期股权投资减值准备——×××公司

## 三、长期股权投资出售的会计处理

企业出售对某家被投资企业的长期股权投资时，若是完全出售，应将长期股权投资的账面价值（为"长期股权投资——×××公司"账户的账面余额减去已为之计提的长期股权投资减值准备）与实际取得价款的差额确认为当期的投资损益。对于采用权益法核算的长期股权投资，在处置该项投资时，采用与被投资单位直接处置相关资产或负债相同的基础，按相应比例对原计入其他综合收益的部分进行会计处理。但是，如果不是完全出售，则应该按照前面持股比例下降时长期股权投资处理方法转换的相关讨论来进行。

**例 8-24** 沿用例 8-18 的数据，假定 20×8 年 9 月 30 日，紫薇公司出售了对阳坊科技公司的全部投资，实际获得出售价款 3 500 000 元。20×7 年 12 月 31 日该项长期股权投资的账面价值为 2 800 000 元，20×8 年 9 月 30 日的账面价值为 2 960 000 元（为调整 20×8 年 1 月 1 日—9 月 30 日间的利润分配和投资收益所致）。此外，该项长期股权投资一直无减值损失发生，在 20×7 年 6 月 1 日—20×8 年 9 月 30 日期间，阳坊科技公司的"资本公积——其他资本公积"账户无变动。

**分析**：紫薇公司原采用权益法核算该项长期股权投资，又未计提减值准备，且无相关其他综合收益之确认，故该长期股权投资的账面价值就是 2 960 000 元，紫薇公司为此应确认的投资收益 = 3 500 000 − 2 960 000 = 540 000 元，可具体编制会计分录如下：

借：银行存款                              3 500 000

  贷：长期股权投资——阳坊科技公司          2 960 000

  投资收益                              540 000

## 四、长期股权投资在资产负债表上的列报

在资产负债表上，长期股权投资应单独列报在非流动资产部分，列报的金额应为其账面价值（即为"长期股权投资"的账面余额减去其相应的减值准备后的金额）。企业还应在资产负债表的附注之中就其长期股权投资的会计处理方法以及长期股权投资具体项目及其相关信息（如子公司、合营企业和联营企业清单，包括企业名称、注册地、业务性质、投资企业的持股比例和表决权比例，合营企业和联营企业当期的主要财务信息，包括资产、负债、收入、费用等的合计金额），被投资单位向投资企业转移资金的能力受到严格限制的情况，当期及累计未确认的投资损失金额，以及与对子公司、合营企业及联营企业投资相关的或有负债等进行披露和说明。

**例 8-25** 长期股权投资在资产负债表上的列报示例，以例 8-18 中紫薇公司 20×7 年年报（表 8-6）为例（结合例 8-17 和例 8-24 中的信息），假定紫薇公司无其他长期股权投资，且未计提减值准备。

| 表 8-6　紫薇公司资产负债表 | | |
|---|---|---|
| 20×7 年 12 月 31 日 | | 单位:元 |

| 资产 | | 负债与所有者权益 |
|---|---|---|
| …… | | …… |
| 非流动资产: | | |
| 可供出售金融资产 | ×××× | |
| 持有至到期投资 | 478 750 | |
| 长期股权投资 | 2 800 000 | |
| …… | | |

# 第六节　合并会计报表

在前面的介绍中,我们把涉及多数积极投资的投资方和被投资公司分别称作母公司和子公司,并指出,对于多数积极投资,母公司实行成本法核算的基础上,在资产负债表日还应编制合并会计报表(consolidated financial statements)。合并会计报表就是将母公司和子公司视为同一会计主体,从而需把它们的同类报表合并在一起,成为新的一份报表,称为合并会计报表。那么,合并会计报表编制目的和局限性何在? 编制的种类与范围如何? 编制的基本程序又是什么,应当注意的基本问题有哪些呢? 在本节,我们将基于《企业会计准则第 33 号——合并财务报表》,对这些围绕合并会计报表的疑问加以解答。

## 一、合并会计报表的编制目的和局限性

我国《合并财务报表》准则规定,母公司应当编制合并会计报表,应当将其全部子公司(包括母公司所控制的单独主体)纳入合并会计报表的合并范围。[①] 母公司,是指控制一个或一个以上主体(含企业、被投资单位中可分割的部分,以及企业所控制的结构化主体等,下同)的主体;子公司,则是指被母公司控制的主体。之所以需要把母公司和子公司的个别会计报表合并成一份报表,是因为尽管从法律形式上来看,母公司和子公

---

① 当母公司是投资性主体(如风险投资基金或私募股权投资基金等),母公司应当仅将为其投资活动提供相关服务的子公司(如有)纳入合并范围并编制合并会计报表;若不存在为其投资活动提供相关服务的子公司,则不应当编制合并会计报表,该公司应当以公允价值计量其对所有子公司的投资,且公允价值变动计入当期损益。当母公司同时满足下列条件时,该母公司属于投资性主体:(1)该公司是以向投资者提供投资管理服务为目的,从一个或多个投资者处获取资金;(2)该公司的唯一经营目的,是通过资本增值、投资收益或两者兼有而让投资者获得回报;(3)该公司按照公允价值对几乎所有投资的业绩进行考量和评价。母公司属于投资性主体的,通常情况下应当符合下列所有特征:(1)拥有一项以上投资;(2)拥有一个以上投资者;(3)投资者不是该主体的关联方;(4)其所有者权益以股权或类似权益方式存在。投资性主体的母公司本身不是投资性主体,则应当将其控制的全部主体,包括那些通过投资性主体所间接控制的主体,纳入其母公司合并会计报表范围。

当母公司由非投资性主体转变为投资性主体时,除仅将为其投资活动提供相关服务的子公司纳入合并会计报表范围编制合并会计报表外,企业自转变日起对其他子公司不再予以合并,并视同在转变日处置子公司但保留剩余股权的原则进行会计处理。当母公司由投资性主体转变为非投资性主体时,应将原未纳入合并会计报表范围的子公司于转变日纳入合并会计报表范围,原未纳入合并财务报表范围的子公司在转变日的公允价值视同为购买的交易对价。

司属于独立的法人,但由于母公司可以控制子公司的财务与经营决策,可以有效控制子公司资产的使用,对子公司的负债及其财务状况非常关注,也实质影响着子公司的经营成果和现金流量。因此,按照经济实质重于法律形式原则,就应为母公司及其控制的子公司所形成的企业集团这一经济实质上的经济主体(亦即会计主体)编制一份会计报表,以反映这一经济主体(企业集团)的整体财务状况、经营成果和现金流量,这份报表就是合并会计报表。当然,在法律意义上,合并会计报表仅仅是补充,而并不能取代母公司和子公司各自的个别会计报表,尽管在一些国家的公司财务报告中只提供合并会计报表。

　　通过编制合并会计报表,还可以抵消母子公司之间及子公司与子公司之间的内部交易(公司间交易)。虽然它们之间的交易从法律形式上看是外部交易,但就实质而言,公司间交易(intercompany transactions)的数量、定价、结算方式等均受母公司的控制,不是独立的,而是公司间的关联交易。这种公司间交易完全可被用于进行转移利润或操纵某一成员公司的利润等会计操纵,从母子公司作为一个整体来看,只要内部购买方没有实现对企业集团外部独立第三方的销售,这些交易就没有实现相关的损益,是虚的,故应予以抵销,而这只能通过编制合并会计报表才能"真正"实现。[①] 也就是说,编制合并会计报表,能更准确、真实地反映母子公司作为一整体的财务状况与经营成果以及现金流动情况。因此,合并会计报表在评估母公司的财务状况和盈利能力等方面能为母公司的股东及债权人提供比母公司和子公司个别报表更为有用的会计信息。如对母公司股东来说,尽管母公司个别利润表反映的利润很高,但若这是母公司通过将商品强制销售给子公司且估高了价格所形成的(如例 8-26),子公司并没能把这些商品销售到集团外,商品可能只是从母公司仓库转移到了子公司的仓库(甚至未转移仓库,只是开了购销发票而已),那么,这部分利润其实未能实现,母公司个别会计报表即使采用完全权益法核算对子公司的长期股权投资,也无法准确反映出这部分信息(因为这是通过"投资收益"账户来抵销这部分公司间交易的未实现利润),而合并会计报表则通过直接抵消"营业收入"和"营业成本"等账户来准确消除这部分虚高出来的实质未实现的利润。若母公司个别会计报表采用成本法或不完全权益法核算对子公司的长期股权投资,则在母公司个别会计报表之中更是无法消除这部分未实现利润,更谈不上准确反映这部分信息。

　　**例 8-26**　某上市公司将其生产的尿素售给关联企业的平均价为 1 785 元/吨,而市场零售价才 1 500 元/吨,这种内部交易所产生的利润占其 1998 年全年利润的近 40%。

　　合并会计报表也有着其自身的局限性。如对于子公司的债权人(尤其是后者)而言,要合理评估自身债权资产的质量,还是需要利用各自债务人公司的个别会计报表,因为毕竟各公司都是有限责任的独立法人,对于子公司的经营失败,母公司未必一定会去增加股权投资或调用其他资源加以救援,这样,合并会计报表很难给子公司债权人提供正确评估自己的债务人公司的财务状况的信息,债权人可能会对此有模糊甚至错误

---

① 尽管完全权益法也在母公司个别会计报表中消除了公司间交易的影响,但它把所有公司间交易都通过长期股权投资和投资收益账户来抵消,不能真正反映到具体公司间交易实际影响的账户上。况且,我国《长期股权投资》准则要求采用成本法来核算对子公司的长期股权投资,并没有采用权益法。

的理解。而对于子公司的少数股东来说,对于公司未来可分配股利等的评估也只能依赖子公司个别会计报表的信息,因为这只能来自各公司自身的未分配利润和实现的自由现金流量。此外,若纳入合并会计报表范围的各公司的业务非相关多元化程度高,那么,依据合并会计报表计算的诸多财务指标可能没有太大经济意义,难以理解和分析利用。

## 二、合并会计报表的编制种类和合并范围

### (一) 合并会计报表的编制种类

母公司和子公司的个别会计报表主要包括资产负债表、利润表、现金流量表三大基本报表以及所有者权益变动表。那么,合并会计报表是否也应包括这三大基本报表呢?答案是肯定的,母公司在资产负债表日应编制合并资产负债表、合并利润表和合并现金流量表及相关合并附表(如合并所有者权益变动表、合并利润分配表等),并提供报表附注。

### (二) 合并会计报表的合并范围

由于并非所有持股比例超过 50% 的被投资企业都需要纳入合并会计报表范围,此外,某些持股比例不足 50% 的被投资企业也可以纳入合并会计报表范围,所以,母公司在编制合并会计报表之前首先需要确定本公司的合并会计报表之合并范围。《合并财务报表》准则规定,合并会计报表的合并范围应当以"控制"为基础予以确定。

所谓"控制",是指投资方拥有对被投资企业的权力,[①]通过参与被投资方的相关活动而享有可变回报,并且有能力运用对被投资企业的权力影响其回报金额。为此,在判断投资方能否控制被投资企业时,需要判断投资方客观上是否拥有影响被投资企业相关活动之权力,主观上是否是为了享有可变回报以及客观上是否有能力来运用其权力去影响其回报金额三个方面的因素。此处的相关活动,是指对被投资企业的回报产生重大影响的活动,通常包括商品或劳务的销售和购买、金融资产的管理、资产的购买和处置、研究与开发活动以及融资活动等。投资方自被投资企业取得的回报可能会随着被投资企业业绩而变动的,视为享有可变回报。投资方应当基于合同安排的实质而非回报的法律形式对回报的可变性进行评价。

就拥有对被投资企业的权力而言,只要投资方享有现时权利使其目前有能力主导被投企业的相关活动,而不论其是否实际行使该权利,都视为投资方拥有对被投资企业的权力。当两个或两个以上投资方分别享有能够单方面主导被投资企业不同相关活动

---

① 虽然投资方通常应当对是否控制被投资企业整体进行判断,但在极个别情况下,有确凿证据表明同时满足下列条件并且符合相关法律法规规定的,投资方应当将被投资企业的一部分(以下简称"该部分")视为被投资企业可分割的部分(单独主体),进而判断是否控制该部分(单独主体),仅仅将被投资企业的该部分纳入合并范围:(1)该部分的资产是偿付该部分负债或该部分其他权益的唯一来源,不能用于偿还该部分以外的被投资企业的其他负债;(2)除与该部分相关的各方外,其他方不享有与该部分资产相关的权利,也不享有与该部分资产剩余现金流量相关的权利。

的现时权利的,能够主导对被投资企业回报产生最重大影响的活动的一方拥有对被投资企业的权力。[①] 但是,如上述,投资方还需具备能力来运用其权力去影响被投资企业的相关活动。因此,投资方在判断是否拥有对被投资企业的权力时,应当仅考虑与被投资企业相关的实质性权利,包括自身所享有的实质性权利以及其他方所享有的实质性权利。所谓实质性权利,是指持有人在对相关活动进行决策时有实际能力行使的可执行权利。判断一项权利是否为实质性权利,应当综合考虑所有相关因素,包括权利持有人行使该项权利是否存在财务、价格、条款、机制、信息、运营、法律法规等方面的障碍;当权利由多方持有或者行权需要多方同意时,是否存在实际可行的机制使得这些权利持有人在其愿意的情况下能够一致行权;权利持有人能否从行权中获利等。某些情况下,其他方享有的实质性权利有可能会阻止投资方对被投资方的控制。这种实质性权利既包括提出议案以供决策的主动性权利,也包括对已提出议案作出决策的被动性权利。但一般而言,除非有确凿证据表明投资方不能主导被投资企业相关活动,否则下列情况可以表明投资方对被投资企业拥有权力:(1)投资方持有被投资企业半数以上的表决权的;(2)投资方持有被投资企业半数或以下的表决权,但通过与其他表决权持有人之间的协议能够控制半数以上表决权的。如果投资方持有被投资企业半数或以下的表决权,但综合考虑下列事实和情况后,判断投资方持有的表决权足以使其目前有能力主导被投资企业相关活动的,可以视为投资方对被投资企业拥有权力:(1)投资方持有的表决权相对于其他投资方持有的表决权份额的大小,以及其他投资方持有表决权的分散程度;(2)投资方和其他投资方持有的被投资方的潜在表决权,如可转换公司债券、可执行认股权证等;(3)其他合同安排产生的权利;(4)被投资企业以往的表决权行使情况等其他相关事实和情况。

当表决权不能对被投资企业的回报产生重大影响时,如仅与被投资企业的日常行政管理活动有关,并且被投资企业的相关活动由合同安排所决定,投资方需要评估这些合同安排,以评价其享有的权利是否足够使其拥有对被投资企业的权力。某些情况下,投资方可能难以判断其享有的权利是否足以使其拥有对被投资企业的权力。在这种情况下,投资方应当考虑其具有实际能力以单方面主导被投资企业相关活动的证据,从而判断其是否拥有对被投资企业的权力。[②] 投资方与被投资企业之间存在某种特殊关系

---

[①] 需注意的是,仅享有保护性权利的投资方不拥有对被投资方的权力。所谓保护性权利,是指仅为了保护权利持有人利益却没有赋予持有人对相关活动决策权的一项权利(如拥有特定情形下才可行权的、以被投资企业或其创始股东为交易对手、针对所持有的被投资企业股份的看跌期权)。保护性权利通常只能在被投资方发生根本性改变或某些例外情况发生时才能够行使,它既没有赋予其持有人对被投资方拥有权力,也不能阻止其他方对被投资方拥有权力。

[②] 投资方应考虑的因素包括但不限于下列事项:(1)投资方能否任命或批准被投资企业的关键管理人员;(2)投资方能否出于其自身利益决定或否决被投资企业的重大交易;(3)投资方能否掌控被投资企业董事会等类似权力机构成员的任命程序,或者从其他表决权持有人手中获得代理权;(4)投资方与被投资企业的关键管理人员或董事会等类似权力机构中的多数成员是否存在关联方关系。

的,在评价投资方是否拥有对被投资企业的权力时,应当适当考虑这种特殊关系的影响。[①] 投资方在判断是否控制被投资企业时,还应当确定其自身是以主要责任人还是代理人的身份行使决策权,在其他方拥有决策权的情况下,还需要确定其他方是否以其代理人的身份代为行使决策权。代理人仅代表主要责任人行使决策权,不控制被投资企业。投资方将被投资企业相关活动的决策权委托给代理人的,应当将该决策权视为自身直接持有。在确定决策者是否为代理人时,应当综合考虑该决策者与被投资企业以及其他投资方之间的关系。[②]

综上,投资方应当在综合考虑所有相关事实和情况的基础上对是否控制被投资企业进行判断。一旦相关事实和情况的变化导致对控制定义所涉及的相关要素发生变化的,投资方应当进行重新评估。相关事实和情况主要包括:(1)被投资企业的设立目的;(2)被投资企业的相关活动以及如何对相关活动作出决策;(3)投资方享有的权利是否使其目前有能力主导被投资企业的相关活动;(4)投资方是否通过参与被投资企业的相关活动而享有可变回报;(5)投资方是否有能力运用对被投资企业的权力影响其回报金额;(6)投资方与其他方的关系。

### 三、合并会计报表编制的概念依据

在纳入合并会计报表合并范围的子公司中,很可能母公司只持有其不到100%的有表决权股份,这样,子公司还存在其他股东,被称之为少数股东,这些少数股东在子公司所享有的权益则被称为"少数股东权益"(minority interest)或"非控制性权益"(noncontrolling interest)。由于母公司能够控制子公司的经营和财务决策,有权配置子公司的全部资产,对子公司的全部负债也很关心,所以,在编制合并会计报表时,通常都是进行100%地合并,即将子公司的资产与负债、收入与费用以及现金流量(扣除与合并范围内公司间对应而重复计算的部分)100%地合并到合并会计报表之中。既然子公司的资产与负债被100%地合并了,而母公司持股比例又不到100%,那么,其中必然包含了属于子公司少数股东的股东权益。合并利润表等的编制同样会如此。这样就产生了一个问题,对少数股东权益、少数股东应享损益以及相应资产与负债、费用与收入如何计量?[③] 如何将少数股东权益和少数股东应享损益列示于合并资产负债表和合并

---

① 特殊关系通常包括:被投资企业的关键管理人员是投资方的现任或前任职工、被投资企业的经营依赖于投资方、被投资企业活动的重大部分有投资方参与其中或者是以投资方的名义进行、投资方自被投资企业承担可变回报的风险或享有可变回报的收益远超过其持有的表决权或其他类似权利的比例等。

② 当存在单独一方拥有实质性权利可以无条件罢免决策者的,该决策者为代理人。除此之外,还可以综合考虑决策者对被投资企业的决策权范围、其他方享有的实质性权利、决策者的薪酬水平、决策者因持有被投资企业中的其他权益所承担可变回报的风险等相关因素来进行判断。

③ 之所以有此计量问题,是因为母公司投资时是按照收购日的公允价值购买子公司股权的,所支付的购买款很可能超过子公司所有者权益的账面价值的相应比例金额,而这中间的差额其实是子公司可辨认资产、负债在收购日的公允价值和账面价值之间的差额以及商誉因素(参见本章第五节和附录8-3的讨论),这样,在合并资产负债表上,通过这些差额的分配,子公司相关资产、负债中属于母公司持股比例部分是按市场价值计量,而属于少数股东持股比例部分到底是也按收购日公允价值计量呢,还是继续按子公司原来的账面价值计量? 在合并利润表上,通过对子公司可辨认资产与负债收购日公允价值和账面价值差额的摊销,相关费用或收入项目同样有此问题。

利润表之中？基于对少数股东及其权益的不同理解，主要有两种合并会计报表编制的概念依据。

### （一）母公司业主权观

母公司业主权观认为，合并会计报表的编制主要为母公司股东服务。只有母公司股东的权益才是合并后的所有者权益。所以，子公司少数股东的权益在合并资产负债表中不能列入所有者权益中，但其在性质上又不属于负债，只能单列在非流动负债之后，所有者权益之前。① 同样，在合并利润表上，子公司少数股东应享有的损益需从总的收益中分立出来，从利润总额中扣除（类似于费用），合并利润表上的最终净利润是母公司股东应享有的净收益。

在合并会计报表中，属于母公司享有的子公司净资产部分已按母公司取得子公司控制权日（收购日）的公允价值进行了重估价，体现为子公司相应比例的可辨认资产与负债按公允价值进行增减值调整以及可能确认商誉。② 而属于子公司少数股东权益所对应的那部分资产而后负债仍按子公司原来的账面价值（历史成本）计价，甚至不予以确认（如在收购日才予以确认的表外可辨认资产、负债以及商誉部分）。这样，在合并资产负债表上，属于子公司的资产和负债，同样一项资产和负债就可能被分为两部分，分别按收购日的公允价值与历史成本计量。③ 在母公司业主权观下，公司间交易的未实现损益本应按母公司拥有的权益比例进行抵销（或区分顺销与逆销进行不同的抵销处理）。但现在流行的都是 100％抵销，而这却体现了下述的主体观。当然，也可以理解为，无论顺销（downstream sales）或逆销（upstream sales），只有母公司才能决定公司间的内部销售价格（转移定价），故母公司应承担内部销售的全部会计影响，应 100％抵销。尽管对于子公司少数股东而言，按照母公司业主权观，在逆销情形下，其享有比例部分的内部销售损益已实现。

### （二）主体观

主体观是将母子公司视作一个整体，同一个主体。所以，子公司少数股东和母公司股东一样，都是母子公司共同构成的企业集团这一主体的股东。为此，与母公司业主权观相区别的是：（1）在合并资产负债表上，子公司少数股东的权益作为单项列入所有者权益之中，而不是列于非流动负债与所有者权益之间；（2）在合并利润表上，子公司少数股东应享有的损益包括于合并净利润中；（3）应将收购日确定的子公司净资产公允价值"下推"至子公司少数股东享有的部分，也就是说，子公司所有的可辨认资产、负债和商誉均应按收购日的公允价值重新计量，这样，就不会出现子公司同

---

① 在美国，2009 年以前，长期存在着把少数股东权益放在合并资产负债表的负债中予以列报的惯例。

② 关于同一控制下的企业合并所形成的子公司资产和负债的计量参见本章附录 8-3。

③ 当然，也有学者认为，因为投资并购是一项真实发生的交易行为，被母公司收买的那部分净资产按收购日公允价值计量，正是符合历史成本原则，因这恰是收购日的原始取得成本。而少数股东享有的那部分按其账面价值计量，也恰是原来的历史成本。这样，就全面体现了历史成本原则。母公司并入合并会计报表中的也是母公司自身报表中的历史成本。

一项资产或负债在合并资产负债表中按两种不同的计量基础计量的情况。自然,对于公司间的未实现利润应予以100％抵消。按照2007年12月发布的已基本协调一致的修订后第3号国际财务报告准则《企业合并》和美国修订后第141号财务会计准则《企业合并》以及第160号财务会计准则《合并报表中的非控制权权益》等准则,要求对于子公司少数股东权益也需按照收购日公允价值来进行重新计量,子公司少数股东权益列入合并净资产之中,少数股东应享损益列入合并净利润之中,这体现了完全主体观的理念。[①]

除了上述两种观念外,还有一种所谓"母公司延伸"观念。即在母公司业主权观的基础上,对子公司少数股东享有的净资产也按收购日的公允价值重新计量。此外,也有著作将仅合并持股比例部分的子公司资产和负债的"比例合并法"下的观念称为"所有权理论",即母公司按照自己的所有权——真正持股比例来合并子公司的相关会计报表。[②] 本章以下对合并会计报表编制的说明及举例将采用主体观。然而,按照我国的《合并财务报表》准则,虽采用主体观编制合并会计报表,但并非如前述的完整意义上的主体观,而仅仅是在合并资产负债表上,把子公司少数股东权益列入所有者权益之中;在合并利润表上,子公司少数股东应享损益包括于合并净利润中。却并未将收购日确定的子公司净资产公允价值"下推"至子公司少数股东享有的部分,也就是说,并非子公司所有的资产与负债均按收购日的公允价值重新计量,前述母公司业主权观下的子公司同一项资产或负债按两种不同的计量基础计量的情况继续存在。

## 四、合并会计报表的编制

在合并会计报表的编制中,除上述如何处理少数股东权益和少数股东应享损益及相关资产、负债、收入与费用的计量这一基本问题之外,还需要解决的基本问题就是如何消除纳入合并会计报表编制范围的公司之间的重复计算项目,包括母公司的长期股权投资与子公司的所有者权益的相应比例部分、公司间交易形成的应收应付款项以及公司间的销售等。也就是说,在编制合并会计报表的工作底稿上,在把各公司相同的报表项目相加以得出合并会计报表的同一项目金额之前,需要把其中导致重复计算的项目金额扣除掉,扣除的方式是通过编制抵消分录并填入合并会计报表的工作底稿之中。此外,在编制合并会计报表之前还需要将子公司的会计政策和会计期间调整为和母公司一致。以下本章以合并资产负债表和合并利润表及合并利润分配表为例,按照我国

---

① 趋同后的美国财务会计准则和国际财务报告准则关于企业合并的会计处理差异已基本消除,现存的差异是关于归属于少数股东的那部分商誉是否需在合并报表中确认,美国财务会计准则要求确认,国际财务报告准则允许公司在确认或不确认之间选择。

② 对合并会计报表编制的详细讨论请参见常勋(1999,Chapter 2)和Beams et al.(2008)等。

会计准则规定的主体观来说明合并会计报表的编制。①

**例 8-27** P公司于 20×7 年 1 月 1 日收购了 S 公司 60％的股份。P 公司支付的收购价为 6 000 000 元,S 公司该日的所有者权益为 8 000 000 元。在合并前,P 公司和 S 公司没有任何关联关系。P 公司关于此次收购的备查账簿显示,S 公司管理部门的办公楼(属于固定资产)公允价值比其账面价值增加 1 000 000 元(剩余折旧年限为 10 年,假定无净残值,采取直线折旧法),无其他可辨认资产和负债增减值。假定 P 公司和 S 公司会计政策和会计期间相同,S 公司的商誉未发生减值,并假定 P 公司采取权益法处理对 S 公司的长期股权投资(如果按照准则采用成本法核算,也需在编制合并会计报表之前调整为权益法以便于编制)。

表 8-7~表 8-10 分别为 P、S 公司 20×7 年 12 月 31 日的简化资产负债表和利润表(含利润分配表)。P 公司和 S 公司 20×7 年均未进行利润分配。

分析:S 公司可辨认净资产公允价值为 9 000 000 元(8 000 000＋1 000 000 元固定资产增值)。P 公司对 S 公司的收购价超过 S 公司可辨认净资产 60％部分的金额为 600 000 元(＝6 000 000－9 000 000×60％),为 S 公司商誉在收购日的公允价值的 60％。

持有 S 公司 40％股份的少数股东享有的股东权益的账面价值为 3 200 000 元(＝8 000 000×40％),在收购日的公允价值为 4 000 000 元[＝(9 000 000＋600 000÷60％)×40％]。具体而言,S 公司少数股东权益所对应的可辨认净资产公允价值为 3 600 000 元,商誉为 400 000 元。在合并会计报表之中,少数股东权益也按照 S 公司收购日净资产公允价值进行计量,其所对应的可辨认资产和负债也按照收购日公允价值重新计量和在嗣后期间进行销售、偿还或摊销等处理。

现假定 20×7 年,P 公司销售给 S 公司产品 200 000 元,成本为 160 000 元。S 公司对外销售了该批产品的 60％,售价 150 000 元。故在 S 公司 20×7 年 12 月 31 日的资产负债表的存货中尚有 80 000 元该批产品。S 公司的该批货款尚未支付给 P 公司。除此外,P 公司与 S 公司之间无其他交易,P 公司只有 S 公司这一项长期股权投资,并假定它们无公司所得税和其他税金因素。

依据上述资料,编制 P 公司与 S 公司的合并资产负债表与合并利润表(利润分配表)。

---

① 至于合并现金流量表,同样要抵销纳入合并会计报表范围的公司间的现金流量,主要包括:(1)母公司与子公司、子公司相互之间当期以现金投资或收购股权增加的投资所产生的现金流量应当抵销。(2)母公司与子公司、子公司相互之间当期取得投资收益收到的现金,应当与分配股利、利润或偿付利息支付的现金相互抵销。(3)母公司与子公司、子公司相互之间以现金结算债权与债务所产生的现金流量应当抵销。(4)母公司与子公司、子公司相互之间当期销售商品所产生的现金流量应当抵销。(5)母公司与子公司、子公司相互之间处置固定资产、无形资产和其他长期资产收回的现金净额,应当与购建固定资产、无形资产和其他长期资产支付的现金相互抵销。(6)母公司与子公司、子公司相互之间当期发生的其他内部交易所产生的现金流量应当抵销。合并现金流量表的编制可以合并资产负债表与合并利润表为基础,采用与通常母子公司的个别现金流量表同样的方法编制;也可以母子公司个别现金流量表为基础,通过编制抵销分录,将母子公司、子公司之间的内部现金流量抵销,从而编制合并现金流量表。其编制原理、方法与程序与另外三表的编制一样,注意将子公司与其少数股东之间的现金流量在现金流量表上单独反映。

#### 表 8-7　P公司资产负债表

20×7 年 12 月 31 日　　　　　　　　　　　　　　　单位:元

| | | | | |
|---|---:|---|---:|---:|
| 货币资金 | 1 210 000 | 银行借款 | 150 000 | |
| 应收账款 | 1 260 000 | 应付账款 | 300 000 | |
| 存货 | 1 500 000 | 其他应付款 | 200 000 | |
| 　流动资产合计 | 3 970 000 | 　流动负债小计 | | 650 000 |
| | | 长期借款 | | 5 700 000 |
| 长期股权投资 | 6 180 000 | 　负债合计 | | 6 350 000 |
| 固定资产原值 | 12 000 000 | | | |
| 　减:累计折旧 | 2 000 000 | 实收资本 | 13 000 000 | |
| 固定资产净值 | 10 000 000 | 未分配利润 | 2 800 000 | |
| 无形资产 | 2 000 000 | 　所有者权益合计 | | 15 800 000 |
| 　资产总计 | 22 150 000 | 负债和所有者权益总计 | | 22 150 000 |

#### 表 8-8　S公司资产负债表

20×7 年 12 月 31 日　　　　　　　　　　　　　　　单位:元

| | | | | |
|---|---:|---|---:|---:|
| 货币资金 | 500 000 | 银行借款 | 400 000 | |
| 应收账款 | 1 000 000 | 应付账款 | 700 000 | |
| 存货 | 2 000 000 | 其他应付款 | 200 000 | |
| 　流动资产合计 | 3 500 000 | 　流动负债小计 | | 1 300 000 |
| | | 长期应付款 | | 800 000 |
| 固定资产原值 | 8 000 000 | 　负债合计 | | 2 100 000 |
| 　减:累计折旧 | 1 000 000 | | | |
| 固定资产净值 | 7 000 000 | 实收资本 | 6 000 000 | |
| 　资产总计 | 10 500 000 | 未分配利润 | 2 400 000 | |
| | | 　所有者权益合计 | | 8 400 000 |
| | | 负债和所有者权益总计 | | 10 500 000 |

#### 表 8-9　P公司利润表(含利润分配表)

20×7 年度　　　　　　　　　　　　　　　　　单位:元

| | |
|---|---:|
| 营业收入 | 33 880 000 |
| 减:营业成本 | 22 160 000 |
| 　管理费用 | 3 450 000 |
| 　营业费用 | 7 690 000 |
| 　财务费用 | 292 000 |
| 营业利润 | 288 000 |
| 加:投资收益 | 180 000 |
| 净利润 | 468 000 |
| 年初未分配利润 | 2 332 000 |
| 可供分配利润 | 2 800 000 |
| 减:应付利润 | 0 |
| 未分配利润 | 2 800 000 |

**表 8-10　S 公司利润表**

| 20×7 年度 | 单位:元 |
| --- | --- |
| 营业收入 | 13 870 000 |
| 减:营业成本 | 10 150 000 |
| 　管理费用 | 950 000 |
| 　营业费用 | 2 340 000 |
| 　财务费用 | 30 000 |
| 营业利润 | 400 000 |
| 加:投资收益 | 0 |
| 净利润 | 400 000 |
| 年初未分配利润 | 2 000 000 |
| 可供分配利润 | 2 400 000 |
| 减:应付利润 | 0 |
| 未分配利润 | 2 400 000 |

分析:对于编制合并会计报表,我们不妨从将 P 公司和 S 公司的相同会计报表的相同项目直接相加开始,在直接相加的基础上,再把重复计算的部分消除,剩下的金额就是合并会计报表的相关项目的金额,这样就完成了合并会计报表的编制。

而欲寻找出重复计算的会计报表项目,首先需查清楚 P 公司与 S 公司对公司间交易的各自会计处理及其对会计报表的影响;然后查清楚从合并会计报表角度看,P 公司和 S 公司的这些会计处理对合并会计报表的影响。

P 公司对公司间交易和长期股权投资的会计处理是:

(1) 借:应收账款——S 公司　　200 000　　(2) 借:营业成本　　160 000

　　　贷:营业收入　　　　　200 000　　　　　贷:产成品　　160 000

(3) 借:长期股权投资——S 公司　180 000

　　　贷:投资收益　　　　　　　180 000

[在收购日,S 公司固定资产增值 1 000 000 元,分 10 年折旧,每年新增折旧费100 000 元。而 P 公司收购价中所含的 S 公司商誉不用进行摊销。故,站在 P 公司角度看,S 公司 20×7 的净利润为 300 000 元(＝400 000－100 000),P 公司应确认的投资收益为 180 000(＝300 000×60％)]。

S 公司对交易的会计处理是:

(1) 借:库存商品　　　　　　200 000　　(2) 借:银行存款　　150 000

　　　贷:应付账款——P 公司　200 000　　　　　贷:营业收入　　150 000

(3) 借:营业成本　　　　　　120 000

　　　贷:库存商品　　　　　120 000

1. 抵消反映合并公司间的债权债务关系的项目

依据以上会计处理,从合并会计报表角度(即 P 公司和 S 公司作为同一个经济主体角度),P 公司资产负债表上的"应收账款——S 公司"部分与 S 公司资产负债表上的"应付账款——P 公司"部分为公司间交易形成的对应而相反的项目,若直接把 P 公司与 S 公司的资产负债表相加,则会导致应收账款和应付账款"虚高",因为从合并资产负债表角度看,应收与应付款项均应为 P 与 S 公司(集团)这一经济主体对 P 与 S 公司集团外部的款项,而 P 公司与 S 公司之间的应收应付款项并没有增加 P 与 S 公司集团整体的总的资产与负债。所以,应该通过抵消分录来消除这一应收与应付款项的"虚高"。具体抵消分录 a 如下:

借:应付账款——P 公司　　　　　　　　　　200 000
　　贷:应收账款——S 公司　　　　　　　　　　200 000

2. 抵消合并公司间的销售交易及其带来的会重复计算的相应项目

从合并资产负债表角度看,在把 P 公司与 S 公司的资产负债表相关项目相加时,存货项目也会存在问题。P 公司销售给 S 公司的产品中还有 80 000 元未销售出去,若直接将此金额计入合并资产负债表的存货中,会导致存货价值被"高估"。因为从合并资产负债表角度看,这些未售出的产品的实际成本只能是 P 公司的该批产品成本,不能说产品在一个经济主体内部转移了一下"仓库"或"账簿"就增加了价值,该批产品 P 公司的销售成本率为 80%(=160 000/200 000),所以期末 S 公司资产负债表上的这 80 000 元库存商品的实际成本只有 64 000 元(=80 000×80%),被"虚高"了 16 000 元,应该消除掉。[①]

再从合并利润表角度看,只有 P 公司与 S 公司对两者之外的其他经济主体的销售才是营业收入,其成本才构成营业成本,而它们之间的销售并不能算作营业收入,也不能计算营业成本。这样,若将 P 公司与 S 公司的利润表直接相加的话,营业收入与营业成本就会被"虚高"(重复计算),应将此消除掉。在本例中,营业收入被虚高了 200 000 元,同样,营业成本也因此被虚高了 184 000 元,[②]它们之间的差额其实就是 S 公司库存商品被虚高的 16 000 元。

具体抵消合并公司间销售业务的抵消分录 b 为:

借:营业收入　　　　　　　　　　　　　　　200 000
　　贷:营业成本　　　　　　　　　　　　　　　184 000
　　　　库存商品　　　　　　　　　　　　　　　16 000

3. 抵消反映合并公司间控股权关系的相反而相应的项目

自然,在编制合并资产负债表时,P 公司资产负债表上的"长期股权投资——S 公司"项目对应的其实就是 S 公司资产负债表上"所有者权益"项目的 60% 加上收购对价中的溢价部分,这进一步对应的就是 S 公司的各可辨认资产与负债及其增减值以及商

---

① 按照严格意义上的母公司业主权观,对于母子公司间的销售等公司间交易的抵消,本应区分该交易是"顺销"(即母公司销售给子公司),还是"逆销"(即子公司销售给母公司)。对于顺销,应全部抵消;而对于逆销,因为在子公司少数股东看来,销售已经实现,所以按持股比例抵消。而按照主体观,无论顺销,还是逆销,均应 100% 抵消。现在,在母公司业主权观下,也流行有 100% 抵消的做法,因为逆销其实也是受到母公司控制的。详参 Beams et al. (2008)的讨论。

② 就营业收入而言,从合并利润表角度看,只有 S 公司对 P-S 集团(经济主体)外部的销售 150 000 元才是真正的营业收入,而 P 公司和 S 公司利润表营业收入相加为 350 000 元(=200 000+150 000),所以被虚高了 200 000 元。而就营业成本来说,从合并利润表角度看,对应真正的营业收入的销售成本是 P 公司该批产品的成本乘以 S 公司外售比率,即 160 000×60%=96 000 元,而 P 公司和 S 公司利润表营业成本相加为 280 000 元(=160 000+120 000),因此营业成本会被虚高 184 000 元。

誉,若将 P 公司和 S 公司资产负债表相同项目直接相加,也会导致长期股权投资和所有者权益的重复计算("虚高")。所以,也需要编制抵消分录将它们予以抵消。当然,由于是 100%的合并,所以 S 公司所有者权益中有 40%属于 S 公司少数股东的部分应予保留下来,因这不是重复计算部分。注意,P 公司收购价格超过其应享有的 S 公司所有者权益账面价值份额的差额及其当期摊销额在合并资产负债表和合并利润表中应当分配到各具体资产(包括商誉)与负债、收入与费用上去(在本例中,为固定资产增值和商誉,同时增加 20×7 年度的折旧费)。此外,因假定 P 公司日常就采用权益法核算长期股权投资,故在其单独的利润表中按照权益法确认了投资收益(包括对固定资产增值部分的折旧),这其实代表了 S 公司净利润的 60%和固定资产资产增值部分的折旧,在编制合并利润表时,若直接将 P 公司与 S 公司利润表相同项目相加,则会导致 S 公司净利润的 60%的重复计算,所以也需要编制抵消分录予以消除。与资产负债表的合并一样,由于是 100%地合并了子公司的收入与费用,其中 40%为 S 公司少数股东应享有的收益,不是重复计算,应予以保留下来。但需注意的是,S 公司少数股东应享有的收益也要考虑其所对应的可辨认资产、负债的摊销和商誉减值。具体抵消分录 c 如下:

| | | |
|---|---|---|
| 借:实收资本(S 公司) | 6 000 000 | |
| 年初未分配利润(S 公司) | 2 000 000 | |
| 投资收益(P 公司) | 180 000 | |
| 管理费用——折旧费 | 100 000 | |
| 少数股东应享收益 | 120 000 | |
| 固定资产 | 1 000 000 | |
| 商誉 | 1 000 000 | |
| 贷:长期股权投资(P 公司) | | 6 180 000 |
| 少数股东权益(S 公司) | | 4 120 000 |
| 累计折旧 | | 100 000 |

在完成以上分析和抵消分录的编制之后,就可以将以上抵消分录登入合并会计报表的工作底稿中,然后在工作底稿计算出合并会计报表的相关金额(合并数),表 8-11 就是 P 公司和 S 公司合并会计报表的工作底稿,其中分列了 P 公司和 S 公司的单独会计报表、抵消分录,其中最后一列"合并数"就是最终的合并会计报表相关项目金额。将这些合并数抽取出来填入合并资产负债表和合并利润表及合并利润分配表之中,就完成了合并会计报表的编制工作(本例省略合并现金流量表的编制)。表 8-12、表 8-13 分别为 P-S 公司集团合并资产负债表和合并利润表(含合并利润分配表)。

表 8-11　P 公司与 S 公司合并会计报表(工作底稿)

20×7 年度(12 月 31 日)　　　　　　　　　　　　　　单位:千元

| 利润表及利润分配表 | P 公司 | S 公司 | 合计数 | 抵消分录(借方) | 抵消分录(贷方) | 少数股东权益 | 合并数 |
|---|---|---|---|---|---|---|---|
| 营业收入 | 33 880 | 13 870 | 47 750 | 200 | | | 47 550 |
| 减:营业成本 | 22 160 | 10 150 | 32 310 | | 184 | | 32 126 |

| 利润表及利润分配表 | P公司 | S公司 | 合计数 | 抵消分录（借方） | 抵消分录（贷方） | 少数股东权益 | 合并数 |
|---|---|---|---|---|---|---|---|
| 管理费用 | 3 450 | 950 | 4 400 | 100 | | | 4 500 |
| 营业费用 | 7 690 | 2 340 | 10 030 | | | | 10 030 |
| 财务费用 | 292 | 30 | 322 | | | | 322 |
| 营业利润 | 288 | 400 | 688 | | | | 572 |
| 投资收益 | 180 | 0 | 180 | 180 | | | 0 |
| 利润总额 | 468 | 400 | 868 | | | | 572 |
| 净利润 | 468 | 400 | 868 | 480 | 184 | | 572 |
| 其中:少数股东应享收益 | — | — | — | 120 | | 120 | 120 |
| 年初未分配利润 | 2 332 | 2 000 | 4 332 | 2 000 | | | 2 332 |
| 可供分配利润 | 2 800 | 2 400 | 5 200 | 2 600 | 184 | 120 | 2 784 |
| 应付利润 | 0 | 0 | 0 | | | | 0 |
| 未分配利润 | 2 800 | 2 400 | 5 200 | 2 600 | 184 | 120 | 2 784 |
| 资产负债表 | | | | | | | |
| 货币资金 | 1 210 | 500 | 1 710 | | | | 1 710 |
| 应收账款 | 1 260 | 1 000 | 2 260 | | 200 | | 2 060 |
| 存货 | 1 500 | 2 000 | 3 500 | | 16 | | 3 484 |
| 流动资产合计 | 3 970 | 3 500 | 7 470 | | 216 | | 7 254 |
| 长期股权投资 | 6 180 | 0 | 6 180 | | 6 180 | | 0 |
| 商誉 | — | — | — | 1 000 | | | 1 000 |
| 固定资产原值 | 12 000 | 8 000 | 20 000 | 1 000 | | | 21 000 |
| 减:累计折旧 | 2 000 | 1 000 | 3 000 | 100 | | | 3 100 |
| 固定资产净值 | 10 000 | 7 000 | 17 000 | 900 | | | 17 900 |
| 无形资产 | 2 000 | 0 | 2 000 | | | | 2 000 |
| 资产总计 | 22 150 | 10 500 | 32 650 | 1 900 | 6 396 | | 28 154 |
| 银行借款 | 150 | 400 | 550 | | | | 550 |
| 应付账款 | 300 | 700 | 1 000 | 200 | | | 800 |
| 其他应付款 | 200 | 200 | 400 | | | | 400 |
| 流动负债小计 | 650 | 1 300 | 1 950 | | | | 1 750 |
| 长期借款 | 5 700 | 0 | 5 700 | | | | 5 700 |
| 长期应付款 | 0 | 800 | 800 | | | | 800 |

续表

| 利润表及利润分配表 | P公司 | S公司 | 合计数 | 抵消分录（借方） | 抵消分录（贷方） | 少数股东权益 | 合并数 |
|---|---|---|---|---|---|---|---|
| 负债合计 | 6 350 | 2 100 | 8 450 | 200 | | | 8 250 |
| 所有者权益： | — | — | | | | | |
| 实收资本 | 13 000 | 6 000 | 19 000 | 6 000 | | | 13 000 |
| 未分配利润 | 2 800 | 2 400 | 5 200 | | | | 2 784 |
| 少数股东权益 | | | | | 4 120 | | 4 120 |
| 所有者权益合计 | 15 800 | 8 400 | 24 200 | 6 000 | 4 120 | | 19 904 |
| 负债和所有者权益总计 | 22 150 | 10 500 | 32 650 | 6 200 | 4 120 | | 28 154 |

注：1. 合并工作底稿中有下划线者，均为加总数。

2. 合并资产负债表中的"未分配利润"项目的数额来自合并利润分配表中的"未分配利润"项目。所有应从"未分配利润"项目中抵消的数额均在合并利润分配表中抵消。

### 表 8-12　P-S 公司集团合并资产负债表

20×7 年 12 月 31 日　　　　　　　　　　　　　　单位：元

| | | | |
|---|---|---|---|
| 货币资金 | 1 710 000 | 银行借款 | 550 000 |
| 应收账款 | 2 060 000 | 应付账款 | 800 000 |
| 存货 | 3 484 000 | 其他应付款 | 400 000 |
| 　流动资产合计 | 7 254 000 | 流动负债小计 | 1 750 000 |
| | | 长期应付款 | 800 000 |
| 长期股权投资 | 0 | 长期借款 | 5 700 000 |
| 固定资产原值 | 21 000 000 | 负债合计 | 8 250 000 |
| 　减：累计折旧 | 3 100 000 | 实收资本 | 13 000 000 |
| 固定资产净值 | 17 900 000 | 未分配利润 | 2 784 000 |
| 无形资产 | 2 000 000 | 少数股东权益 | 4 120 000 |
| 商誉 | 1 000 000 | 所有者权益合计 | 19 904 000 |
| 资产总计 | 28 154 000 | 负债和所有者权益总计 | 28 154 000 |

### 表 8-13　P-S 公司集团利润表（含利润分配表）

20×7 年度　　　　　　　　　　　　　　　　　单位：元

| | |
|---|---|
| 营业收入 | 47 550 000 |
| 减：营业成本 | 32 126 000 |
| 　管理费用 | 4 500 000 |
| 　营业费用 | 10 030 000 |
| 　财务费用 | 322 000 |
| 营业利润 | 572 000 |
| 利润总额 | 572 000 |
| 减：所得税 | 0 |
| 净利润 | 572 000 |
| （其中：归属于少数股东的损益 | 120 000 ） |

| | |
|---|---|
| 年初未分配利润 | 2 332 000* |
| 可供分配利润 | 2 784 000* |
| 减:应付利润 | 0 |
| 未分配利润 | 2 784 000 |

　　*由于少数股东应享的S公司当期损益与少数股东应享有的S公司所有者权益的其他部分一样在合并资产负债表中全部被计入"少数股东权益"之中,少数股东应享有的S公司当期收益和S公司未分配利润未包含在合并资产负债表的未分配利润中,合并资产负债表的未分配利润仍为母公司股东享有的未分配利润。因此,合并利润分配表中其实仍是母公司自身的利润分配表,其中的年初未分配利润仍为母公司调整后的年初未分配利润,净利润需减去少数股东损益后,再加上年初未分配利润才得出可供分配利润。

# 专 用 名 词

| | | |
|---|---|---|
| 交易性金融资产 | 可供出售金融资产 | 持有至到期投资 |
| 长期股权投资 | 消极投资 | 少数积极投资 |
| 多数积极投资 | 折价 | 溢价 |
| 直线法 | 实际利率法 | 控制 |
| 共同控制 | 重大影响 | 权益法 |
| 成本法 | 母公司 | 子公司 |
| 联营公司 | 合营公司 | 企业合并 |
| 合并会计报表 | 母公司业主权观 | 主体观 |
| 少数股东权益 | 少数股东应享损益 | 公司间交易 |
| 购买法 | 权益联合法 | 同一控制下的企业合并 |
| 非同一控制下的企业合并 | 吸收合并 | 新设合并 |
| 控股合并 | | |

# 附录 8-1　IFRS 9《金融工具》关于金融资产的相关规定

国际财务报告准则理事会(IASB)于 2014 年 7 月发布的第 9 号国际财务报告准则(IFRS 9)《金融工具》。[①] IFRS 9 规范了除被租赁、保险合同、股份支付、企业合并等准则所规范了的金融工具之外所有的金融工具的会计处理,包括金融资产和金融负债的分类、初始确认和计量、后续计量、终止确认和套期会计处理等方面。按照 IFRS 9,对于与债权投资相关的金融资产,公司应基于其管理各项金融资产的业务模式和各项金融资产的合约现金流量特征之评估来进行分类。其中,业务模式评估主要是确定公司持有债权投资的业务模式之目标是在投资存续期间获取合约现金流量,还是在合适时候出售获利,或者兼而有之;而合约现金流量特征评估是要确定金融资产投资合约的条款是否明确约定了基于具体日期的关于本金和尚未偿还的本金之利息的现金支付安排。基于业务模式评估和合约现金流量特征评估,IFRS 9 将债权投资相关的金融资产分为下面三类:

1. 如果公司持有金融资产的业务模式之目标在于获取合约现金流量且合约条款明确约定了基于具体日期的本金和尚未偿还的本金之利息的现金支付安排,公司应将之分类为"以摊余成本计量的金融资产"。

2. 如果公司持有金融资产的业务模式之目标既在于获取合约现金流量又打算在合适时机出售获利,且合约条款明确约定了基于具体日期的本金和尚未偿还的本金之利息的现金支付安排,那么,公司应将之分类为"以公允价值计量且其变动计入其他综合收益的金融资产"。

3. 当债权投资的业务模式评估仅仅是在合适时机出售获利或者不能通过合约现金流量特征评估,那么,金融资产就既不能分类为"以摊余成本计量的金融资产",又不能分类为"以公允价值计量且其变动计入其他综合收益的金融资产",而应该分类为"以公允价值计量且其变动计入当期损益的金融资产"。当然,为了消除或减少因资产或负债计量及其损益确认不一致而导致的会计错配(accounting mismatch),公司也可以在初始确认时直接指定金融资产为"以公允价值计量且其变动计入当期损益的金融资产"(即使业务模式评估和合约现金流量评估符合前述第 1 或第 2 类金融资产),但这一分类指定在该金融资产存续期间是不可撤销的,亦即不能进行下面将论及的金融资产重分类的。

IFRS 9 的上述三个金融资产分类在账户上大致可以分别对应到我国《金融工具确认和计量》准则所规定的"持有至到期投资"、"可供出售金融资产"、"交易性金融资产"。

显然,按照 IFRS 9 的规定,股权投资一般不存在清晰的合约现金流量安排,故不适合于上述第 1 和第 2 个金融资产分类。为此,对于除《长期股权投资》准则等所规范的股权投资之外的股权投资,似乎只能分类为"以公允价值计量且其变动计入当期损益的

---

① 该准则替代了第 39 号 IAS《金融工具:确认和计量》,将于 2018 年 1 月 1 日起施行,允许提前施行。

金融资产"。正因如此,IFRS 9要求受该准则规范的所有股权投资都按照公允价值计量。但对于那些公司并非为交易目的而持有且又需由《金融工具》准则来规范的股权投资,作为"以公允价值计量且其变动计入当期损益的金融资产"来核算又显得不太合适。为此,IFRS 9做出规定,公司可以在初始确认时做出股权投资存续期间不可撤销之指定:指定某项股权投资分类为"以公允价值计量且其变动计入其他综合收益的金融资产"。这意味着该项股权投资不能再重分类为其他类别金融资产。

至于金融资产的重分类,IFRS 9规定,只有当管理金融资产的业务模式发生变更时(但金融工具因套期关系失效或新被纳入有效套期关系,不被视作是业务模式变更),公司才可以对受到影响的金融资产进行重分类。[①] 在公司进行金融资产重分类时,重分类采用未来适用法处理,无需对过去已确认的相关损益和利息等进行追溯调整。具体而言,有以下六种金融资产重分类情形和处理方法:

1. 由"以摊余成本计量的金融资产"重分类为"以公允价值计量且其变动计入当期损益的金融资产"。在重分类日,应当按照公允价值计量该金融资产,公允价值和其摊余成本之间的差额(利得或损失)计入当期损益。

2. 由"以公允价值计量且其变动计入当期损益的金融资产"重分类为"以摊余成本计量的金融资产"。应当把该金融资产在重分类日的公允价值作为其新的摊余成本(账面价值)。

3. 由"以摊余成本计量的金融资产"重分类为"以公允价值计量且其变动计入其他综合损益的金融资产"。在重分类日,应当按照公允价值计量该金融资产,公允价值和其摊余成本之间的差额(利得或损失)计入其他综合损益。该金融资产原来的实际利率和计提的预期信用损失(expected credit losses)不因此重分类而调整。

4. 由"以公允价值计量且其变动计入其他综合损益的金融资产"重分类为"以摊余成本计量的金融资产"。在重分类日,首先应当按照公允价值计量该金融资产,然后将该金融资产原先因公允价值变动而计入其他综合收益的累计利得或损失从所有者权益之中转移出来,调整该金融资产在重分类日的公允价值,以使得该金融资产在重分类日的计量结果显得其一直是在按照摊余成本计量。由于此项调整只影响其他综合收益而不影响重分类日的损益,所以不用遵循 IAS1 作为"重分类调整项(reclassification adjustment)"来处理。公允价值和其摊余成本之间的差额(利得或损失)计入其他综合损益。

5. 由"以公允价值计量且其变动计入当期损益的金融资产"重分类为"以公允价值计量且其变动计入其他综合损益的金融资产"。该金融资产后续期间继续按照公允价值来计量。

6. "以公允价值计量且其变动计入其他综合损益的金融资产"重分类为"以公允价值计量且其变动计入当期损益的金融资产"。该金融资产后续期间继续按照公允价值来计量。将该金融资产原先因公允价值变动而计入其他综合收益的累计利得或损失从所有者权益之中转移出来,作为"重分类调整项"计入当期损益。

---

① IFRS 9规定,所有金融负债都不允许进行重分类。

IFRS 9 还规定,对于分类为"以公允价值计量且其变动计入其他综合收益的金融资产"的债权投资,在其存续期间,除了其减值损益(impairment gains or losses)和汇兑损益计入当期损益外,其他的利得与损失应计入其他综合收益直至其被终止确认或重分类。当此类金融资产终止确认时,其已累计在其他综合收益之中的利得或损失应该转移出所有者权益,作为"重分类调整项"计入当期损益。在该类金融资产存续期间,按照实际利率法计算的利息收入应该计入当期损益。但是,对于被指定为"以公允价值计量且其变动计入其他综合收益的金融资产"的股权投资,在其存续期间和终止确认时,其所有公允价值变动损益和出售损益都需计入其他综合收益,而计入其他综合收益的累计利得或损失(含可能存在的汇兑损益)在终止确认时都不得作为损益转入利润表,但可以在所有者权益内部结转(IFRS 9 未明确规定具体的结转方法),其存续期间的股利收入应计入当期损益。为此,与分类为"以公允价值计量且其变动计入其他综合收益的金融资产"的债权投资所不同的是,分类为此类金融资产的股权投资,在存续期间不需要进行减值测试和计提减值准备。

按照 IFRS 9,采用预期信用损失模型来进行以摊余成本计量的金融资产、以公允价值计量且其变动计入其他综合收益的金融资产、应收租赁款、合约资产等的减值处理。具体而言,应该为这些资产计提预期信用损失的损失准备金。除了购买的或源生的已发生信用减值损失的金融资产外,应该考虑金融资产自初始确认以来信用风险是否显著增加,如果没有,则应按照该金融资产 12 个月的预期信用损失(即报告日后 12 个月内可能发生的金融工具违约事件所导致的预期信用损失)来计提损失准备;但若信用风险显著增加,则应该按照金融资产整个存续期内所有可能发生的违约事件所导致的预期信用损失来计提损失准备。对于以公允价值计量且其变动计入其他综合收益的金融资产(债权投资),损失准备计入其他综合收益,而不影响资产负债表中该项金融资产的账面价值。

# 附录 8-2　以换股方式购入长期股权投资的会计处理方法

企业可用发行自己的股票来交换其他企业的股票（即换股）的方式购入长期股权投资,具体过程如附图 8-1 所示。

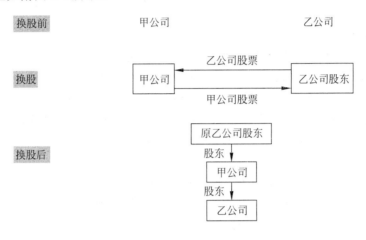

附图 8-1　换股的过程

可有两种会计处理方法,其一是购买法,其二是权益联合法(或称权益入股法)。本附录对此加以简单介绍。

1. 购买法(acquisition method)

按照 2007 年 12 月发布的修订后第 3 号国际财务报告准则《企业合并》和美国修订后第 141 号财务会计准则《企业合并》,采用新的购买法,不再称作"purchase method",而是改称"acquisition method"以示区别。按照新的购买法,企业合并会计处理的核心不再是计量和分摊收购成本,而是如何计量确定被收购方净资产在收购日的公允价值。在合并资产负债表中,子公司少数股东权益及其对应的可辨认资产、负债及商誉部分都需按照收购日公允价值计量,并基于此进行后续会计处理。此外,收购时支付的有关投资调查、咨询与法律等相关交易费用不再计入投资成本,而是计入当期损益,因为这些成本理论上和被收购方净资产的公允价值无关。具体而言,在该方法下:(1)将企业合并视同是母公司收购了一项资产(子公司的权益),但与母公司其他的资产收购(如机器设备、存货等)不同的是,即以公允价值反映所购的长期股权投资,至于法律、咨询与佣金等相关交易费用计入当期损益;(2)在编制收购日合并资产负债表时,需要对子公司在收购日表内和表外全部资产与负债(即净资产)按收购日的公允价值进行计量,将收购价超过被投资企业可辨认净资产公允价值的部分确认为商誉,在收购日后嗣期间编制合并会计报表时,需基于被收购方收购日可辨认的资产与负债公允价值进行相关摊销和变动处理,商誉则是每年进行至少一次减值测试;(3)收购时由于发行股票而发生的发行成本直接冲减股票的公允价值(即借记资本公积);(4)只将被投资企业购买日后的利润确认为投资收益,在合并会计报表上被投资企业并购日前的利润自然不被包含在合并的利润与未分配利润之中。

借:长期股权投资

 贷:普通股

  资本公积——资本溢价

(按投资公司股票公允价值计量,减去发行成本)

借:投资收益

 贷:银行存款

(支付有关投资调查、咨询与法律等相关交易费用)

2. 权益联合法(pooling of interests method)

权益联合法是将企业并购视作是两个企业对等的联合,从而无所谓母公司与子公司。合并方合并时,一般是以其普通股去交换被合并方的普通股,其确认"长期股权投资"的价值,是按子公司账面净资产的相应比例入账。

借:长期股权投资

 贷:普通股——按合并方发行股份的面值转

  资本公积——将被合并方的合并日净资产账面价值乘以合并方拥有的比例

      减去"普通股"的差额计入

所以,在权益联合法下,是不确认被合并方资产与负债的公允价值的。自然,也就不会存在商誉的确认。编制合并会计报表时,将合并方与被合并方的报表按各自账面价值直接合并。合并当年的合并利润表包含被并企业合并日前的利润。在一般情况(通货膨胀)下,子公司净资产的公允价值总是高于其账面价值,这样一来,在权益联合法下,合并方按子公司净资产的账面价值确认长期股权投资,不用像购买法下那样对子公司可辨认资产增值进行折旧或摊销,从而使母公司及合并后的报告净收益较高,每股盈余(EPS)也就较高。

该方法由于可以被企业用来进行利润操纵(如企业在期末合并有盈利的企业、企业在合并后按公允价值出售股权投资、要求被合并企业按公允价值出售其资产等马上就可以获得很好的盈利),大多数国家都不采用它。美国原来可以用,但依据 APB Opinion No. 16《企业合并》,对权益联合法的应用也规定了严格的条件,共有 12 条(如必须用收购方发行的有表决权股份交换被收购方 90% 以上的普通股等),只有全部符合,才能采用权益联合法来进行企业合并的会计处理。美国财务会计准则委员会(FASB,2001a)发布的关于企业合并的新会计准则取消了权益联合法,只允许采用购买法。

综上,在合并方的换出股份公允价值大于被合并企业净资产账面价值的情形下:购买法下的合并净利润低、所有者权益高,EPS 与净资产收益率(ROE)低;而权益联合法则使得合并利润高、所有者权益低,EPS 与 ROE 高。

# 附录 8-3　收购价差的成因、具体构成与摊销

长期以来,所谓收购价差,是指收购方所收购比例的被收购企业净资产所支付的对价(收购成本,含相关交易费用)和其账面价值之间的差额,这一收购价差需要在被收购方可辨认资产、负债和商誉之间进行分摊。但按照 2007 年发布的 IFRS 3《企业合并》准则的思想,采用新的购买法(acquisition method)处理企业合并时,收购方的收购价格等于被收购企业的净资产收购日公允价值乘以收购比例,在合并会计报表编制中,被收购企业的少数股东权益(非控制性权益)也是按照相应比例的收购日净资产公允价值来计量。因此,企业合并会计处理的核心在于确定被收购企业净资产在收购日的公允价值,然后计量确定其具体可辨认资产和负债(含收购日表外可辨认资产和负债)及商誉的公允价值。这些公允价值被自然地作为收购日合并资产负债表和嗣后期间合并会计报表的编制基础(即被收购企业纳入合并会计报表的资产、负债和少数股东权益按照收购日公允价值计量和嗣后期间的摊销等处理)。就此而言,已不存在所谓的收购价差之分解和摊销问题。本附录只是沿用收购价差这一习惯性用语来表达被收购企业净资产在收购日的公允价值和账面价值之间的差额。

假定 P 公司 20×8 年 6 月 30 日取得 S 公司 60% 的股权,支付给原股东购买价7 000 000元,S 公司 20×8 年 6 月 30 日所有者权益的账面价值为 10 000 000 元。那么P 公司为什么愿意以超过 S 公司所有者权益账面价值 1 000 000 元的价格购买 S 公司60% 的股权呢? 也即,股权收购价差 1 000 000 元的成因是什么呢? 进一步,收购价差的具体构成如何?

原来,这是因为在该项股权交易之前,P 公司经与 S 公司要出售股权的原股东协商,请一资产评估事务所对将交易的 S 公司的资产、负债和所有者权益按照市场价值进行了评估,评估结果如附表 8-1:

附表 8-1　S公司 20×8 年 6 月 30 日资产负债表评估结果　　　　　　单位:元

| | | |
|---|---:|---:|
| 所有者权益评估增值 | | 1 666 667 |
| 有形及可辨认无形资产评估变动: | | |
| 　存货增值 | 500 000 | |
| 　固定资产增值 | 500 000 | |
| 　土地使用权增值 | 300 000 | |
| 　　小　　计 | | 1 300 000 |
| 负债评估变动 | | 0 |
| 有形及可辨认无形资产评估和负债评估变动之差额 | | 1 300 000 |
| 商誉:所有者权益评估变动与上一差额的差额 | | 366 667 |

该评估结果经过了 P 公司与 S 公司要出售股权的原股东的确认。其中,所有者权益增值超过 S 公司有形及可辨认无形资产评估增值与负债评估变动之差额的部分系 S公司不可单独辨认的无形资产增值带来的,这项资产通常被称作是商誉,在本例中,商誉的价值经评估计算为 366 667 元。因此,经评估并由双方确认,S 公司的所有者权益

增值至 11 666 667 元,其 60％为 7 000 000 元;增值部分的价值为 1 666 667 元,其 60％为 1 000 000 元,这就是 P 公司愿意多付的收购价差。这 1 000 000 元的收购价差的构成如附表 8-2 所示:

**附表 8-2　P 公司对 S 公司股权投资差额之具体构成**　　　　单位:元

| 收购价差 | | 1 000 000 |
|---|---|---|
| 其中,有形及可辨认无形资产变动的 60％: | | |
| 存货增值 | 300 000(＝500 000×60％) | |
| 固定资产增值 | 300 000(＝500 000×60％) | |
| 土地使用权增值 | 180 000(＝300 000×60％) | |
| 负债变动的 60％: | 0 | |
| 商誉增值的 60％: | 220 000(＝366 667×60％) | 1 000 000 |

假定 S 公司的存货在 20×8 年全部销售,其固定资产可使用年限为 5 年,其土地使用权尚余 20 年。

既然收购价差并不是一项资产或负债,而只是 S 公司可辨认资产和负债的增减值及商誉价值的综合,那么,在进行收购价差摊销、计算 P 公司的投资收益和编制合并会计报表时,就应当将收购价差分配到这些资产和负债上去,按照它们的实际寿命或期限来摊销。

下面对 20×8 年 P 公司对 S 公司的收购价差的摊销作进一步说明:

20×8 年 12 月 31 日,P 公司为正确计算其对 S 公司的投资收益和编制合并会计报表,应分配和摊销其对 S 公司的收购价差。应当按照这些资产和负债的实际寿命或期限来摊销,在本例中,由于存货是在 20×8 年全部销售,存货增值 300 000 元应全部摊销;而其他资产在 20×8 年只摊销半年。其中,固定资产还有 5 年可使用年限(假定采用直线折旧法),所以其增值应摊销 30 000 元(＝300000/(5×2));土地使用权尚有 20 年可使用年限,所以,其增值应摊销 4 500(180000/(20×2))。这几项资产增值的摊销总额为 334 500 元,这就是 P 公司如果采用权益法核算对子公司的长期股权投资,在计算 20×8 年的投资收益时应摊销以调整其按照被收购企业净利润的相应比例所确定的投资收益的部分收购价差。

当然,按照 IFRS 3,应该同时在合并会计报表之中,按照收购日的公允价值来重新计量少数股东权益(非控制性权益),同时按照收购日的公允价值确认少数股东权益所对应的那部分被收购子公司的可辨认资产、负债和商誉,并在嗣后期间的合并会计报表之中对此进行和母公司享有的子公司权益所对应的可辨认资产、负债和商誉同样的会计处理,本章第六节的例 8-27 就是这样处理的。

在上面的讨论中,我们没有涉及商誉的摊销问题。对于这一问题,现在世界各国的会计准则差异很大。但按照国际财务报告准则、美国财务会计准则以及我国 2006 年新发布的《企业合并》会计准则等,对商誉都不再进行摊销,而是每年至少对商誉的价值进行一次减值测试,当发生减值损失时,才将此损失予以确认入账,否则不影响各期损益,这是因为理论上商誉没有固定的受益期限,而其他资产则使用寿命有限。对商誉的进一步了解请参阅中级财务会计或高级财务会计教材。

# 附录 8-4　企业合并的会计处理

## 一、企业合并的定义和分类

按照《企业合并》准则,企业合并,是指将两个或者两个以上单独的企业合并形成一个报告主体的交易或事项。这是从财务会计角度给的定义,但按照 2007 年 12 月发布的修订后第 3 号国际财务报告准则《企业合并》,已从经济角度定义企业合并,即收购方获得另一项或几项业务(business)控制权的交易或事项。[①]

通常,企业合并可分为吸收合并、新设合并和控股合并等形式。其中,吸收合并是指合并后,被合并方注销法人资格,而成为合并方的一个分公司或资产与负债整合到合并方中去;新设合并是指合并后,合并方和被合并方都注销法人资格部分,同时以合并方和被合并方的全部权益注册成立一家新的法人企业;控股合并则是指,合并后,被合并方继续作为独立法人存在,成为合并方的一个子公司。因此,企业合并未必都会形成合并方的长期股权投资这项资产,而只有在控股合并的方式下才会形成长期股权投资,需要编制合并会计报表。

按照我国《企业合并》准则,企业合并需区分为同一控制下的企业合并和非同一控制下的企业合并。其中,参与合并的企业在合并前后均受同一方或相同的多方最终控制且该控制并非暂时性的,为同一控制下的企业合并。同一控制下的企业合并,在合并日取得对其他参与合并企业控制权的一方为合并方,参与合并的其他企业为被合并方。而参与合并的各方在合并前后不受同一方或相同的多方最终控制的,为非同一控制下的企业合并。非同一控制下的企业合并,在购买日取得对其他参与合并企业控制权的一方为购买方,参与合并的其他企业为被购买方。[②] 下面本章依据我国《企业合并》准则,对同一控制下的企业合并和非同一控制下的企业合并分别介绍其会计处理。

## 二、同一控制下的企业合并的会计处理

按照《长期股权投资》准则,同一控制下的企业合并,合并方以支付现金、转让非现金资产或承担债务方式作为合并对价的,应当在合并日按照被合并方所有者权益在最终控制方合并会计报表中的账面价值的份额作为长期股权投资的初始投资成本。长期

---

① 我国的《企业合并》准则中并未定义什么是企业或业务。2009 年 3 月财政部会计司《关于非上市公司购买上市公司股权实现间接上市会计处理的复函》(财会便〔2009〕17 号)中才明确规定,业务是指企业内部某些生产经营活动或资产负债的组合,该组合具有投入、加工处理过程和产出能力,能够独立计算其成本费用或所产生的收入等,可以为投资者等提供股利、更低的成本或其他经济利益等形式的回报。有关资产或资产、负债的组合具备了投入和加工处理过程两个要素即可认为构成一项业务。对于取得的资产、负债组合是否构成业务,应当由企业结合实际情况进行判断。这与国际财务报告准则的规定基本一致。

② 合并日,是指合并方实际取得对被合并方控制权的日期。购买日,是指购买方实际取得对被购买方控制权的日期。

股权投资初始投资成本与支付的现金、转让的非现金资产以及所承担债务账面价值之间的差额,应当调整资本公积;资本公积不足冲减的,调整留存收益。需注意的是,长期股权投资的初始投资成本不是指被合并方自身个别资产负债表中的净资产在合并日的账面价值,而是该项股权所对应的被合并方净资产在合并日基于其最终控制方合并会计报表视角的账面价值,这与被合并方个别资产负债表中净资产的账面价值很可能是不同的,尤其是当被合并方也是最终控制方以前年度溢价(或者折价)收购来的,以及存在最终控制方及其子公司与被合并方存在公司内部交易时,被合并方净资产在合并日的这两个账面价值是不同的。

合并方以发行权益性证券作为合并对价的,应当在合并日按照被合并方所有者权益在最终控制方合并会计报表中的账面价值的份额作为长期股权投资的初始投资成本。按照发行股份的面值总额作为股本,长期股权投资初始投资成本与所发行股份面值总额之间的差额,应当调整资本公积;资本公积不足冲减的,调整留存收益。此外,被合并方采用的会计政策与合并方不一致的,合并方在合并日应当按照本企业会计政策对被合并方的会计报表相关项目进行调整,在此基础上按照《企业合并》准则规定确认。合并方为进行企业合并发生的各项直接相关费用,包括为进行企业合并而支付的审计费用、评估费用、法律服务费用等,应当于发生时计入当期损益。

当企业合并形成母子公司关系的(如下面例子中的 A 公司与 S 公司),母公司应当编制合并日的合并资产负债表、合并利润表和合并现金流量表。合并资产负债表中被合并方的各项资产、负债,应当按其在最终控制方合并会计报表视角的合并日账面价值来计量。合并利润表应当包括参与合并各方自合并当期期初至合并日所发生的收入、费用和利润。被合并方在合并前实现的净利润,应当在合并利润表中单列项目反映。合并现金流量表应当包括参与合并各方自合并当期期初至合并日的现金流量。注意,编制合并会计报表时,参与合并各方的内部交易等应予以抵消。

由以上论述可以看出,我国会计准则对同一控制下的企业合并的会计处理采用的方法基本上符合附录 8-3 中所讨论的权益联合法。

**附例 8-1** A 公司于 20×7 年 8 月 1 日从其母公司手中购买了母公司的全资子公司——S 公司的 60%股权,用银行存款支付的购买价款(合并对价)为 5 000 000 元,另支付相关交易费用 15 000 元。S 公司 20×7 年 8 月 1 日所有者权益的账面价值为 6 800 000 元。A 公司 20×7 年 8 月 1 日的资本公积为 700 000 万元,盈余公积为 500 000 元,未分配利润为 1 900 000 元。假定 S 公司是 A 公司的母公司全资设立的,S 公司净资产在其个别资产负债表中的合并日账面价值等于其在母公司合并会计报表视角的账面价值。

分析:由于 A 公司和 S 公司同属于一个母公司,收购股权达到 60%,将需要编制合并会计报表,故 A 公司对 S 公司的收购为同一控制下的企业合并。A 公司支付的 S 公司股权购买价款 5 000 000 元,与 A 公司应分享的 60%比例的母公司合并会计报表视角的 S 公司净资产(恰等于 S 公司个别资产负债表中所有者权益账面价值)之间的差额为 920 000 元(=5 000 000−6 800 000×60%),应当用于冲减 A 公司的资本公积,但 A

公司 20×7 年 8 月 1 日的资本公积不足以冲减,故还需冲减盈余公积。①

A 公司 20×7 年 8 月 1 日对合并 S 公司的会计处理如下:

借:长期股权投资——S 公司　　　　　　4 080 000
　　投资收益　　　　　　　　　　　　　　15 000
　　资本公积　　　　　　　　　　　　　 700 000
　　盈余公积　　　　　　　　　　　　　 220 000
　　贷:银行存款　　　　　　　　　　　　　　　5 015 000

## 三、非同一控制下的企业合并的会计处理

《长期股权投资》准则规定,对于非同一控制下的企业合并,购买方在购买日应当按照《企业会计准则第 20 号——企业合并》的有关规定确定的合并成本作为长期股权投资的初始投资成本。合并方或购买方为企业合并发生的审计、法律服务、评估咨询等中介费用以及其他相关管理费用,应当于发生时计入当期损益。

对于非同一控制下的企业合并,购买方首先应当区别下列情况确定合并成本:

1. 一次交易实现的企业合并,合并成本为购买方在购买日为取得对被购买方的控制权而付出的资产、发生或承担的负债以及发行的权益性证券的公允价值。②

2. 企业通过多次交易分步实现非同一控制下企业合并的,应当区分个别会计报表和合并会计报表进行相关会计处理:(1)在个别会计报表中,应当以购买日之前所持被购买方的股权投资的账面价值与购买日新增投资成本之和,作为该项投资的初始投资成本;购买日之前持有的股权投资因采用权益法核算而确认的其他综合收益,应当在处置该项投资时采用与被投资单位直接处置相关资产或负债相同的基础进行会计处理。购买日之前持有的股权投资按照《金融工具确认和计量》的有关规定进行会计处理的,原计入其他综合收益的累计公允价值变动应当在改按成本法核算时转入当期损益。(2)在合并会计报表中,对于购买日之前持有的被购买方的股权,应当按照该股权在购买日的公允价值进行重新计量,公允价值与其账面价值的差额计入当期投资收益;购买日之前持有的被购买方的股权涉及其他综合收益的,与其相关的其他综合收益应当转为购买日所属当期投资收益。购买方应当在附注中披露其在购买日之前持有的被购买方的股权在购买日的公允价值、按照公允价值重新计量产生的相关利得或损失的金额。(3)在合并合同或协议中对可能影响合并成本的未来事项作出约定的,购买日如果估计未来事项很可能发生并且对合并成本的影响金额能够可靠计量的,购买方应当将其计入合并成本。

其次,购买方在购买日应当对合并成本进行分配,确认所取得的被购买方各项可辨认资产、负债及或有负债。被购买方各项可辨认资产、负债及或有负债,符合下列条件

---

① 盈余公积和未分配利润都属于留存收益,《企业合并》准则本身未明确先冲减盈余公积还是先冲减未分配利润,本章假定先冲减盈余公积。从《公司法》角度看,盈余公积不得随意冲减,故先冲减未分配利润也许更合适些。

② 购买方在购买日对作为企业合并对价付出的资产、发生或承担的负债应当按照公允价值计量,公允价值与其账面价值的差额,计入当期损益。

的,应当单独予以确认:(1)合并中取得的被购买方除无形资产以外的其他各项资产(不仅限于被购买方原已确认的资产),其所带来的经济利益很可能流入企业且公允价值能够可靠地计量的,应当单独予以确认并按照公允价值计量。合并中取得的无形资产,其公允价值能够可靠地计量的,应当单独确认为无形资产并按照公允价值计量。(2)合并中取得的被购买方除或有负债以外的其他各项负债,履行有关的义务很可能导致经济利益流出企业且公允价值能够可靠地计量的,应当单独予以确认并按照公允价值计量。(3)合并中取得的被购买方或有负债,其公允价值能够可靠地计量的,应当单独确认为负债并按照公允价值计量。当然,若企业合并的形式是控股合并,收购方形成的是"长期股权投资"这项资产的,则不能在收购方自身的账簿和会计报表上作如上分配。此时,收购方作为母公司,应当设置备查簿,记录企业合并中取得的子公司各项可辨认资产、负债及或有负债等在购买日的公允价值。编制合并会计报表时,应当以购买日确定的各项可辨认资产、负债及或有负债的公允价值为基础对子公司的会计报表进行调整。

第三,当收购方确认完被购买方可辨认的资产和负债的公允价值,被购买方的可辨认净资产公允价值也就随之确定了,即被购买方可辨认资产的公允价值减去负债及或有负债公允价值后的余额。此时,若购买方支付的合并成本大于合并中取得的被购买方可辨认净资产公允价值份额,此间的差额应当确认为商誉。初始确认后的商誉,应当以其成本扣除累计减值准备后的金额计量。[①] 但是,如果购买方支付的合并成本小于合并中取得的被购买方可辨认净资产公允价值份额,此间的差额,应当按照下列规定处理:(1)对取得的被购买方各项可辨认资产、负债及或有负债的公允价值以及合并成本的计量进行复核;(2)经复核后合并成本仍小于合并中取得的被购买方可辨认净资产公允价值份额的,其差额应当计入当期损益。

控股合并方式下,母公司还应当编制购买日的合并资产负债表,因企业合并取得的被购买方各项可辨认资产、负债、商誉及或有负债应当以公允价值列示。

由以上论述可以看出,我国会计准则对非同一控制下的企业合并的会计处理采用的是附录 8-1 中所讨论的购买法。

**附例 8-2** P 公司于 20×7 年 8 月 1 日 S 公司的 60%股权,用银行存款支付的购买价款(合并对价)为 5 100 000 元,另支付相关交易费用 15 000 元。收购前,P 公司和 S 公司之间不存在任何关联关系。S 公司 20×7 年 8 月 1 日所有者权益的账面价值为 6 800 000 元,S 公司 20×7 年 8 月 1 日的可辨认所有者权益公允价值为 7 500 000 元。

分析:由于 P 公司收购了 S 公司 60%的股权,且 P 公司和 S 公司在收购前无任何关联关系,所以,P 公司对 S 公司的收购为非同一控制下的企业合并,P 公司应按照支付的合并对价的公允价值来计量所取得的长期股权投资。至于支付的相关交易费用,应计入当期损益。此外,P 公司支付的合并成本大于其取得的 S 公司购买日可辨认净资产公允价值份额 4 500 000 元(=7 500 000×60%)。

---

① 商誉的减值应当按照《资产减值》准则处理。

P 公司对此次收购的会计处理如下：

借：长期股权投资——S 公司              5 100 000

    投资收益                                  15 000

    贷：银行存款                            5 115 000

（同时，P 公司需在备查账簿中记录对合并成本的分配。在 20×7 年 8 月 1 日，P 公司还需编制合并资产负债表，其中将列示"商誉" 1 000 000 元＝（5 100 000 － 4 500 000）/60%）。

# 习　题

## 一、思考题

**Q8-1** 复习并解释上述专用名词的含义。

**Q8-2** 企业对其他企业或组织进行投资的目的是什么？

**Q8-3** 企业会计师对投资的核算会受企业投资目的的影响吗(并请解释原因)？

**Q8-4** 交易性金融资产应如何进行后续计量,如何影响相关会计报表？

**Q8-5** 可供出售金融资产应如何进行后续计量,如何影响相关会计报表？

**Q8-6** 持有至到期投资的折(溢)价如何计算,有何摊销方法？哪种更合理(并请解释原因)？

**Q8-7** "采用成本法核算长期股权投资比采用权益法更符合稳健原则。"你同意这一说法吗(并请解释原因)？

**Q8-8** 成本法与权益法何者更符合会计处理的经济实质重于法律形式原则？请解释原因。

**Q8-9** 如何正确理解投资时形成的投资成本与取得的被投资企业所有者权益账面价值份额之间的差额？请解释其成因,及基于此应采用的会计处理方法。

**Q8-10** 如何理解一家公司对另一公司的控制与重大影响,这对于前者对后者的长期股权投资的会计处理有何影响？

**Q8-11** "公司应将收到的被投资企业的现金股利作为投资收益确认入账。"你同意这一说法吗(并请解释原因)？

**Q8-12** 为什么需要编制合并会计报表？

**Q8-13** 编制合并会计报表有哪些主要概念依据？其具体含义及对合并会计报表有何影响？

**Q8-14** 如何确定合并会计报表的编制范围？

**Q8-15** 编制合并会计报表时为什么需要抵消公司间的应收应付款项和交易？

**Q8-16** 如何界定企业合并？如何区分同一控制下的企业合并和非同一控制下的企业合并？两者的会计处理方法有何差异？作此区分的可能原因是什么？

**Q8-17** 企业合并中产生的商誉是否应该分期摊销？请解释原因。

**Q8-18** 作为一家高新技术公司的经理人,在与其他公司换股合并的情形下,你更愿意采用权益联合法,还是购买法进行会计处理？请解释原因。

**Q8-19** 对于长期股权投资,期末是否应该计提减值准备金？如何计提？这构成长期股权投资的账面价值吗？

**Q8-20** 国际财务报告准则中关于企业合并会计处理的新购买方与原来的购买方有何基本差异？

## 二、练习题

**E8-1　练习投资的分类**

海天公司 20×7 年进行了以下几项与投资相关的交易：

(1) LF 公司的 20×6 年年报于 20×7 年 4 月 5 日公布,海天公司经认真研究该年报,认为 LF 普通股价格被市场低估了,20×7 年 LF 普通股存在相当的上涨空间,于是在 20×7 年 4 月 10 日购进 LF 普通股 20 万股。

(2) 公司于 20×7 年 2 月从其他投资者手中购买了已发行的 5 年期国债(20×9 年 3 月 31 日到期)100 万元,这批投资将为偿还公司发行在外的 20×9 年 3 月 31 日将到期的债券本金而转换为现金。

（3）公司认为，数字认证行业在中国将有较大的潜在发展空间，于 20×7 年 6 月购买了 DC 数字证书认证管理有限公司 30% 的有表决权股份。

（4）公司为吸引战略投资者加入下属全资子公司——HZH 纳米公司，于 20×7 年 7 月将持有的 HZH 纳米公司的 25% 的股权转让给南博公司，海天公司还持有 HZH 纳米公司 75% 的股份。

（5）公司经研究，为稳定原料供应，于 20×7 年 10 月增持供应商 XM 公司 5% 的有表决权股份，增加后，其对 XM 公司的持股比例达 16%，XM 公司为上市公司。

要求：对海天公司的上述 5 项投资进行详细分类，并解释分类理由。

**E8-2　练习交易性金融资产的会计处理**

东盛公司 20×7 年 1 月 2 日购买了 ABC 公司发行的债券（面值为 160 万元），共支出 162 万元（假定无任何交易费用），该批债券为 5 年期，票面利率 8%，每年 7 月 1 日和 1 月 1 日各付息一次。该批债券在 20×7 年 6 月 30 日的市价为 154 万元，东胜公司在 20×7 年 11 月 28 日出售了该批债券，净售价（扣除了交易费用）为 157 万元。

要求：

（1）东盛公司就该批债券投资在 20×7 年 6 月 30 日、7 月 1 日、11 月 28 日是否需要进行会计处理？若需要，请为之编制会计分录。

（2）编表说明该项债券投资在东盛公司 20×7 年 6 月 30 日资产负债表中的列报。

**E8-3　练习交易性金融资产的会计处理**

壶晶公司 20×7 年 6 月 10 日购买了 1 万股 GXM 公司的股票，每股市价为 24 元，支付相关税费 680 元。20×7 年 10 月 8 日 GXM 公司宣布发放现金股利，每股 0.15 元，于 20×7 年 10 月 26 日收到。20×7 年 11 月 23 日出售该批 GXM 公司股票，价格为 26 元，支付相关税费 840 元。

要求：根据上述资料，请为壶晶公司编制 20×7 年 6 月 10 日、10 月 8 日、10 月 26 日以及 11 月 23 日的会计分录。

**E8-4　练习交易性金融资产和可供出售金融资产期末计价的会计处理**

华箐公司拥有下列交易性金融资产（AB 公司股票和 HF 公司债券）和可供出售金融资产（SD 公司股票和 WB 公司债券），其 20×7 年 3 月 31 日的交易性金融资产和可供出售金融资产的账面价值和市价如下表。

单位：元

| 项　目 | 账面价值 | 市价 |
| --- | --- | --- |
| （1）AB 公司股票 | 380 000 | 335 000 |
| （2）HF 公司债券 | 790 000 | 791 000 |
| （3）SD 公司股票 | 167 000 | 177 000 |
| （4）WB 公司债券 | 688 000 | 684 000 |

要求：

（1）为华箐公司编制 20×7 年 3 月 31 日对交易性金融资产和可供出售金融资产进行后续计量的会计分录。

（2）分析华箐公司对交易性金融资产和可供出售金融资产后续计量的会计处理对资产负债表和利润表的不同影响。

**E8-5　练习可供出售金融资产的会计处理**

昱城公司于 20×6 年 4 月 10 日购入 GFB 公司股票 100 000 股，GFB 公司为上市公司，该日股票价格为每股 14 元。昱城公司指定该批股票投资为可供出售金融资产。20×6 年 12 月 31 日，GFB 公司股票市价为每股 18 元。20×7 年 12 月 31 日,GFB 公司股票市价为 16 元。20×8 年 3 月 16 日,昱城公司出售了全部的 100 000 股 GFB 公司股票,售价为每股 19 元。假定无任何交易费用和税金。

要求:依据上述资料,请为昱城公司编制 20×6 年 4 月 10 日、20×6 年 12 月 31 日、20×7 年 12 月 31 日和 20×8 年 3 月 16 日的会计分录。

### E8-6　练习持有至到期投资的会计处理

丰诚公司 20×8 年 7 月 1 日购买了 HD 公司于该日发行的面值为 100 万元的 10 年期、票面利率 10%、每年 6 月 30 日和 12 月 31 日各付息一次的债券以作持有至到期投资,支付购买价款为 885 500 元,假定无须支付相关交易费用。该日同等风险的债券市场利率为 12%。

要求:依据上述资料,请为丰诚公司编制 20×8 年 7 月 1 日购入长期债券投资、20×8 年 12 月 31 日收到利息和进行折价摊销的会计分录。该公司对债券折价摊销采用实际利率法。

### E8-7　练习持有至到期投资的会计处理

丰诚公司 20×7 年 7 月 1 日购入 JL 公司于该日发行的 5 年期、票面利率 10%、半年付息一次(6 月 30 日和 12 月 31 日)、可提前收兑的债券,拟持有该债券到期,面值合计为 300 万元,支付购买价款为 3 244 650 元,无其他相关费用。该日的市场利率为 8%。JL 公司在 20×9 年 5 月 31 日将该批债券提前收兑,收兑价为 3 410 000 元。

要求:依据上述资料,请为丰诚公司编制 20×7 年 7 月 1 日购入长期债券投资、20×7 年 12 月 31 日收到利息和进行溢价摊销、20×9 年 5 月 31 日债券被提前收兑的会计分录。该公司对债券溢价摊销采用实际利率法。

### E8-8　练习持有至到期投资重分类为可供出售金融资产的会计处理

祁山公司 20×7 年购入的 NFD 公司 5 年期债券 50 000 份(面值 100 元每份),原打算持有至到期。但在 20×8 年 4 月 1 日,该公司董事会决定对该批债券不再持有至到期,而将该批债券重分类为可供出售金融资产。在 20×8 年 4 月 1 日,该批债券的账面价值为 5 300 000 元,市场价格为每份 104 元。20×8 年 8 月 10 日,祁山公司出售了该批债券,出售净收入为 5 250 000 元。

要求:依据上述资料,请为祁山公司编制 20×8 年 4 月 1 日、8 月 10 日的会计分录。

### E8-9　练习长期股权投资的会计处理——成本法

假定世纪星公司 20×6 年 4 月 1 日收购了 PU 公司 10% 有表决权的股份,投资成本为 7 950 000 元。20×9 年 3 月 5 日,世纪星公司出售了所持有的全部 PU 公司股份,出售净价为 7 840 000 元。PU 公司的年度利润和年度利润分配资料如下表。

单位:元

| 年度 | PU 公司年度净利润 | PU 公司利润分配 |
|---|---|---|
| 20×6 | 2 500 000(其中第 1 季度为 800 000) | 2 400 000 |
| 20×7 | 2 700 000 | 2 500 000 |
| 20×8 | 3 000 000 | 2 700 000 |

要求(无须考虑清算性股利因素):依据上述资料,为世纪星公司编制对 PU 公司的长期股权投资(在 20×6 年 4 月 1 日购入长期股权投资,20×6 年、20×7 年和 20×8 年收到来自 PU 公司相应比例的利润,20×9 年 3 月 5 日出售该项投资)的会计分录。

### E8-10　练习长期股权投资的会计处理——成本法

Graw 公司持有 TRACE 公司 15% 的普通股,公司在 20×8 年的净利润为 110 000 元,并于 20×8 年 10 月 1 日向普通股股东支付了 60 000 元的现金股利。Graw 公司 20×8 年应该确认的投资收益是多少?

**E8-11　练习长期股权投资的会计处理——权益法**

世纪星公司 20×5 年 6 月 30 日收购了 HG 公司 30% 的股份,投资成本为 4 900 000 元。HG 公司在 20×5 年 6 月 30 日的所有者权益为 15 000 000 元。世纪星公司的备查账簿显示,HG 公司 20×5 年 6 月 30 日的可辨认净资产公允价值为 16 000 000 元,其中存货增值 100 000 元(假定收购当年已出售 50%,剩余 50% 于 2009 年出售),管理部门用的固定资产增值 100 000 元(剩余折旧年限为 5 年)。20×7 年 2 月 10 日,世纪星公司出售了所持有的全部 HG 公司股份,出售净价为 3 650 000 元。HG 公司年度利润和年度利润分配资料如下表。

单位:元

| 年度 | PU 公司年度净利润 | PU 公司利润分配 |
|------|------|------|
| 20×5 | 2 000 000(其中前半年为 900 000) | 1 600 000 |
| 20×6 | 1 500 000 | 1 400 000 |
| 20×7 | −960 000 | 0 |
| 20×8 | −1 200 000 | 0 |

要求:依据上述资料,为世纪星公司编制对 HG 公司长期股权投资(在 20×5 年 6 月 30 日购入长期股权投资,20×5—20×8 年确认投资收益、收到来自 HG 公司相应比例的利润以及 20×9 年出售 HG 公司股份)的会计分录。

**E8-12　练习长期股权投资的会计处理——权益法**

Yaro 公司持有 Dew 公司 30% 的普通股,Dew 公司 20×8 年的净利润为 250 000 元,并向普通股股东支付了 80 000 元的现金股利。假设除上述事项外,无其他影响该投资的事项。Yaro 公司 20×8 年应确认的投资收益为多少?

**E8-13　练习收购价差的具体构成及其摊销**(参照附录 8-2)

华天公司在 20×7 年 1 月 2 日收购了 WSK 公司 25% 的股份,支付购买价款计 1 000 万元,WSK 公司该日的所有者权益为 3 000 万元。此前,对 WSK 公司的资产评估结果表明,WSK 公司的库存商品的公允价值比其账面价值低 200 万元,管理部门用的房屋建筑物公允价值比其账面价值高 500 万元。这批库存商品在 20×7 年全部对外销售,房屋建筑物尚可使用年限为 20 年。WSK 公司的其他相关资料如下表。

单位:元

| 年度 | WSK 公司年度净利润 | WSK 公司利润分配 |
|------|------|------|
| 20×7 | 3 600 000 | 2 000 000 |
| 20×8 | 4 200 000 | 2 800 000 |

要求:

(1) 依据上述资料,请为华天公司编表计算其收购价差的具体构成,并为其编制 20×7 年 1 月 2 日对 WSK 公司投资的会计分录。

(2) 计算华天公司 20×7 年和 20×8 年的对 WSK 公司的投资收益,并编制相应的会计分录。

**E8-14　练习企业合并的会计处理**

旸坑公司于 20×8 年 8 月 1 日从其母公司手中购买了母公司的全资子公司——乔山公司的 60% 股权,用银行存款支付的购买价款(合并对价)为 6 000 000 元,另支付相关交易费用 45 000 元。乔山公司 20×8 年 8 月 1 日所有者权益的账面价值为 7 500 000 元。旸坑公司 20×8 年 8 月 1 日的资本公积为 900 000 元,盈余公积为 500 000 元,未分配利润为 1 900 000 元。

要求：

（1）依据上述资料，为旸坑公司编制合并乔山公司的会计分录。

（2）假定旸坑公司与乔山公司之间在合并前并无任何关联关系，其他信息不变，请为旸坑公司编制合并乔山的会计分录。

（3）简要分析上述（1）、（2）会计处理的异同及其对旸坑公司会计报表的影响。

**E8-15 练习合并资产负债表的编制**

长安公司 20×7 年 6 月 30 日收购了清零公司 70% 的股份，收购价为 8 600 000 元。合并前，两公司之间无任何关联关系，且两公司之间无债权债务关系。假定长安公司的收购价差全部为管理部门用的固定资产增值，该日两公司的简易资产负债表如下表。

单位：元

| 项　目 | 长安公司 | 清零公司 |
| --- | --- | --- |
| 货币资金 | 2 700 000 | 980 000 |
| 其他流动资产 | 19 760 000 | 6 680 000 |
| 长期股权投资 | 8 600 000 | 0 |
| 其他长期资产 | 25 700 000 | 14 000 000 |
| 流动负债 | 9 500 000 | 4 000 000 |
| 长期负债 | 17 200 000 | 7 360 000 |
| 所有者权益 | 30 060 000 | 10 300 000 |

要求：依据上述资料，为长安公司编制其与清零公司 20×7 年 6 月 30 日的合并资产负债表（请先编制相关的抵消分录，然后编制合并资产负债表的工作底稿）。

**E8-16 练习合并利润表的编制**

沿用 E8-13 的相关数据。长安公司与清零公司 20×8 年无公司间销售业务，假定管理部门用的固定资产剩余折旧年限为 10 年，两公司 20×8 年的简易利润表如下表。

单位：元

| 项　目 | 长安公司 | 清零公司 |
| --- | --- | --- |
| 主营业务收入 | 370 700 000 | 54 800 000 |
| 主营业务成本 | 269 500 000 | 42 600 000 |
| 经营与管理费用 | 95 400 000 | 10 490 000 |
| 投资收益 | 662 990 | 0 |
| 所得税 | 1 914 000 | 564 300 |
| 净利润 | 4 548 990 | 1 145 700 |

要求：依据上述资料，为长安公司编制 20×8 年的合并利润表（请先编制相关的抵消分录，然后编制合并资产负债表的工作底稿）。

**E8-17 编制抵消分录**（公司间销售与债权债务）

安迪公司持有开洛唐公司 60% 的有表决权股份，安迪公司将洛唐公司列入了其 20×8 年合并会计报表范围。20×8 年两公司之间发生的交易是，安迪公司销售产品给洛唐公司，应收价款为 2 500 000 元，尚未收到，安迪公司的产品毛利率为 40%。洛唐公司对该批产品加价 20% 对集团外部销售，已出售了 80%。不考虑任何税收问题。

要求：依据上述资料，为安迪公司在编制合并会计报表时就该项交易编制抵消分录。

**E8-18   编制抵消分录**(公司间应收应付和销售)

假设甲公司是乙公司的母公司,20×7 年年末甲公司有应收乙公司账款 30 000 元(乙公司则有应付甲公司账款 30 000 元),乙公司按 2% 计提坏账准备。甲公司于 20×7 年和 20×8 年从其子公司乙公司以成本加成 25% 的价格分别购入商品 80 000 元和 75 000 元。20×7 年和 20×8 年 12 月 31 日甲公司分别存有从乙公司购入的商品 4 000 元和 5 000 元。

要求:

(1) 编制 20×8 年公司间应收应付及相应坏账准备的抵消分录;

(2) 编制 20×7 年公司间购货销货及相应期末存货上未实现利润的抵消分录;

(3) 编制 20×8 年公司间购货销货及相应期末存货上未实现利润的抵消分录。

**E8-19   编制抵消分录**(公司间固定资产销售)

假设乙公司向其母公司甲公司以 400 000 元的价格出售不需用设备一台。该设备的账面净值为300 000 元。销售发生在 20×7 年 3 月 1 日。财务报告日为 12 月 31 日。甲公司采用直线法分 5 年计提该设备的折旧。假设不考虑相关税费。

要求:编制 20×8 年和 20×9 年应作的抵消分录。

**E8-20   母公司和子公司财务数据估算**

以下所选数据分别来自一上市公司母公司及其子公司的会计报表(数据金额已做缩小处理),母公司拥有子公司 100% 的股份:

单位:元

| 项　　目 | 母公司 | 子公司 |
|---|---|---|
| 货币资金 | 540 000 | 240 000 |
| 应收账款 | 1 140 000 | 600 000 |
| 应付账款 | 735 000 | 330 000 |
| 留存收益 | 237 000 | 240 000 |
| 营业收入 | 1 494 000 | 1 056 000 |
| 租金收入 | 0 | 600 000 |
| 股利收入 | 750 000 | 0 |
| 成本费用合计 | 1 248 000 | 888 000 |

其他信息:

(1) 母公司欠子公司货款 210 000 元;

(2) 当年子公司付给母公司 750 000 元的股利;

(3) 母公司租用子公司拥有的房屋,租金为 600 000 元;

(4) 当年母公司将部分产品卖给子公司,获得营业收入 660 000 元,该批产品的成本为450 000 元。子公司已将这批产品销售给外部购买者,获得收入 960 000 元。

要求:

(1) 计算确定母公司(未合并)、子公司的税前利润;

(2) 计算确定母公司和子公司的合并税前利润;

(3) 以下各项的合并金额应为多少?

(A) 货币资金

(B) 应收账款

(C) 应付账款

(D) 营业收入

(E) 成本费用合计

(F) 股利收入

(G) 租金收入

## 三、讨论题

**P8-1　借壳上市第一宗——康恩贝与浙江凤凰案例①**

**(一) 基本情况**

浙江凤凰化工股份有限公司是上海证交所老八股中唯一的异地上市公司,康恩贝集团股份有限公司是定向募集公司,两者均在浙江省兰溪市。浙江凤凰上市时不良资产未剥离,设备陈旧,技术老化,产品无竞争力,未按现代企业制度运作。

**(二) 股权转让**

1994年6月,兰溪市财政局将其持有的浙江凤凰51.1%的股份协议转让给康恩贝,自己仍持有5.01%的股份。该项转让款为5373.2万元,其中,由财政局贷给浙江凤凰4500万元(原定一年,后延为3年的低息贷款),体现为康恩贝应付浙江凤凰4500万元;另873.2万元康恩贝暂欠财政局。康恩贝成为控股股东后,在15席董事会中只占4席,未能真正掌握和行使控股权,也未能对浙江凤凰做重组工作。

上述转让价为每股2.02元,而此时浙江凤凰的每股净资产为1.84元,溢价率9.78%,而1993年浙江凤凰的每股盈余为0.04元,故该转让价格的市盈率达50.5倍,且待处理潜亏很大。

1995年12月26日康恩贝集团将其主营业务与核心资产的全资子公司"康恩贝集团制药有限公司"的95%股权协议转让给浙江凤凰以使浙江凤凰利润上升。转让价为5420.9万元,其中,4500万元冲抵康恩贝1994年所欠浙江凤凰的款项,另920.9万元作为浙江凤凰对康恩贝的负债。

1996年9月30日浙江凤凰临时股东大会决定与康恩贝合并,但因违反法规而被中国证监会制止。

1997年11月29日康恩贝将其持有的浙江凤凰股权全部协议转让,并回购了制药公司95%的股权,两家完全脱离关系。

1995年浙江凤凰将制药公司1995年全年净利润的95%(计2147.94万元)确认为其投资收益入账,使其1995年报告的净资产收益率由未并入该项投资收益时的2.21%增至18.07%。而1993年该比率为2.01%,1994年为6.24%,1994年主营业务亏损49.8万元,1996年降至-60.46%,每股净资产为1.01元,每股盈余-0.61元,总亏损达5687.31万元。

**(三) 政策背景**

1993年12月17日以前上市公司增资配股不受限制。1993年12月17日证监会发布的《关于上市公司送配股的暂行规定》要求上市公司配股需"连续两年盈利";1994年9月28日(12月20日《上市公司配股的通知》)中国证监会发布文件对配股资格作了规定,公司在最近3年连续盈利,且净资产税后利润率3年平均在10%以上方可配股,属于能源、原材料、基础设施类的公司可以略低于10%。1996年1月24日中国证监会在《关于一九九六年上市公司配股工作的通知》中对此作出了新的规定,要求最近三年内净资产税后利润率每年都在10%以上,属于能源、原材料、基础设施类的上市公司可以略低,但不低于9%。1999年3月26日《关于上市公司配股工作的通知》:"最近三年连续盈利,公司净资产税后利润率3年平均在10%以上,属于能源、原材料、基础设施类和高科技的公司可

---

① 本案例所采用的原始资料均来自上海证券报与巨灵证券信息系统。本案例为清华大学经济管理学院谢德仁博士所编写,版权为其所有,仅供购买本教材学习之用,禁止他人或组织未经授权用于商业及其他用途。此申明也适用于P8-2。P8-3和P8-4为作者根据中国上市公司发生的相关案例改编而成。

以略低于 10%,但不得低于 9%;且最近三年净资产税后利润率每年都在 6% 以上。"

（四）问题讨论

1. 请列示浙江凤凰编制的 1994、1995 年两次资产重组和 1995 年确认投资收益的会计分录。

2. 请分析问题 1 中投资收益确认的合理性和浙江凤凰 1996 年大额亏损的可能原因。

3. 请分析上述资产重组中的现金流量。

4. 请分析该项借壳上市失败的原因及教训。

**P8-2　母公司的投资收益与子公司的虚计利润：国嘉实业案例**

（一）基本情况

上海国嘉实业（以下简称国嘉实业）是一家在上海证交所上市的公司。1998 年 11 月 14 日,该公司被中国证监会处以 50 万元罚款,其董事长王英玲受到警告。这一处罚源自 1998 年 4 月 16 日,在该公司的股东大会上,其 1997 年年度报告的部分内容因受股东质疑而未获通过,该年报由上海市中华社科会计师事务所审计。经查实,该公司 1997 年年报中有虚计收入。具体情况如下：

国嘉实业所控股的北京国软科技有限公司（以下简称北京国软）1997 年 12 月 5 日与某公司签订一份协议,将为其开发软件,某公司在 1997 年 12 月 31 日向其预付了开发软件的款项计 9 600 万元。北京国软将该款项全部计入 1997 年的销售收入,并向该公司开具软件销售发票,但此时,北京国软所销售的软件产品才开始开发。与此同时,北京国软于 1997 年 12 月 24 日向美国 IMS-NETCORP 公司购买了供开发使用的软件、硬件计 3 189 万元,与北京康茂国际网络系统有限公司签订人工费用包干协议,向其支付包干人工费用计 311 万元,此两项费用共计 3 500 万元,北京国软将之全部确认计入 1997 年的销售成本。为此,北京国软 1997 年经营利润增加了 6 100 万元。北京国软是 1997 年成立的,当年仅此一项收入。北京国软 80% 的股权是在 1997 年 12 月 5 日置换入"国嘉实业"而成为后者的子公司的,后者自 1997 年 12 月 4 日起享有前者的权益。国软科技 1997 年度净利润为 6 130.27 万元,国嘉实业由此确认 4 904.22 万元投资收益,国嘉实业 1997 年度的利润总额仅为 4 479.815 2 万元。

（二）问题讨论

1. 请分析北京国软 1997 年该项交易的会计处理是否正确（先列出其原来的会计分录,再分析）。若不正确,那么正确的会计处理应是什么？（请编制会计分录）

2. 请分析国嘉实业 1997 年的投资收益确认是否正确？（先列出其原来的会计分录,再进行分析）

3. 请分析本案例发生的可能动因。

4. 请分析北京国软、国嘉实业的经理人、会计师与上海市中华社科会计师事务所的注册会计师在本案例中是否有违背其各自职业道德的地方。如何改进相关制度安排来避免再发生此类事件？

**P8-3　投资的再分类和审计意见**

（一）基本情况

SL 公司是一家在深圳证交所上市的公司。该公司 20×2 年年报中长期股权投资金额比 20×1 年 12 月 31 日的数字有了异常增长,达 1.6 亿元之巨。经研究其年报脚注和其他资料发现,此系 SL 公司在 20×2 年年末进行了投资的再分类所导致的,具体情况如下：

在该公司第 3 季度的季度报告上,该公司长期股权投资余额仅为 0.35 万元,交易性金融资产有 1.50 亿元,其中 1.25 亿元为 SL 公司所购买的 BY 公司股票,第 3 季度的季度报告说明,该项委托投资的目的在于提高暂时闲置资金的利用效率。但在 20×2 年 12 月 31 日的资产负债表中,对 BY 公司股票的 1.25 亿元投资被再分类为长期股权投资,是按其账面价值从交易性金融资产账户结转至长期股权投资账户的,对该项投资采用成本法核算。但在 20×2 年度的年度报告中仍说明,该项对 BY 公司股票的投资目的在于提高暂时闲置资金的利用效率。这些 BY 公司的股票在 20×2 年 9 月 30 日的市价为 0.78 亿元,此后一直下跌,在 20×2 年 12 月 31 日市价为 0.65 亿元。SL 公司 20×2 年的净利润为 0.425 亿元。审计 SL 公司 20×2 年度会计报表的 BF 会计师事务所和注册会计师出具的审计意见是"无保留意见"。

**（二）问题讨论**

1. 请分析 SL 公司对该项投资再分类的会计处理是否正确。若不正确，那么，该如何正确处理，这对其资产负债表和利润表有何具体影响？

2. 请分析若 SL 公司对该项投资再分类的会计处理不正确，其可能动机何在。

3. 请分析 BF 会计师事务所出具的审计意见是否正确。若不正确，正确的审计意见应是什么（请解释具体原因）？

4. 请分析在本年报案例中，SL 公司经理人、会计师以及 BF 会计师事务所及负责该业务的注册会计师是否有违背其职业道德的地方。

**P8-4　投资收益应于何时确认**

**（一）基本情况**

LM 公司是在上海证交所上市的一家公司。LM 公司 20×2 年的年度财务报告被 XHK 会计师事务所出具了有解释性说明段的无保留意见审计报告。该说明段的主要内容及其他资料具体如下：

LM 公司 20×2 年确认了一笔长期股权投资转让的投资收益 0.54 亿元（转让收入为 1.89 亿元，投资成本为 1.35 亿元），LM 公司与购买方已签订股权出售协议，并依据协议收到了购买该项股权的公司所开具的商业承兑汇票，但股权变更手续在 20×2 年 12 月 31 日尚未来得及办理。LM 公司 20×1 年亏损，20×2 年扭亏并实现净利润 0.39 亿元。

**（二）问题讨论**

1. 请分析 LM 公司确认该笔投资收益是否正确。若不正确，正确的做法是什么？对 LM 公司的会计报表有何具体影响？

2. 请分析 LM 公司的会计处理若不正确，其可能动机何在。

3. 请分析 XHK 会计师事务所出具的审计意见是否正确。若不正确，正确的审计意见应该是什么？

**P8-5　在不丧失控制权情况下处置部分对子公司投资**

**（一）案例基本情况**

上海城投控股股份有限公司（以下简称"城投控股"）是一家在上海证交所上市的公司（股票代码：600649）。2008 年 7 月，城投控股向控股股东上海市城市建设投资开发总公司发行股份购买其所持有的环境集团和置地集团各 100% 股权。其中，环境集团 100% 股权的账面价值为 13.64 亿元，评估价值为 15.57 亿元，实际收购价格依据评估价确定为 15.57 亿元。

2008 年 12 月 12 日，公司发布了《关于子公司上海环境集团有限公司引进战略投资者的公告》。声称"若招商结果股权转让产生溢价，则会增加城投控股 2009 年度权益和利润"。2009 年 3 月 23 日子公司上海环境集团有限公司 40% 的股权在上海联合产权交易所公开挂牌转让，底价为 9.2 亿元。

2009 年 8 月 4 日城投控股和美国 WASTE MANAGEMENT，INC. 全资子公司香港 WHEELABRATOR CHINA HOLDINGS，LIMITED（以下简称：WCH 公司）签订《产权交易合同》等相关合同、协议，将所持有的环境集团 40% 股权（评估价值为人民币 7.4 亿元）转让给 WCH 公司，交易价格为人民币 9.7 亿元。在标的股权交割后，交易双方共同将目标公司转化为一家沪港合资经营公司。城投控股、WCH 公司分别持有合资公司 60%、40% 的股权。2010 年 1 月 25 日，上述协议得到有关部门批准，2010 年 3 月 24 日，此股权转让款全部收到。

（二）相关会计规则

1. 财政部在 2009 年 12 月 31 日发布的《关于执行会计准则的上市公司和非上市企业做好 2009 年年报工作的通知》(财会[2009]16 号)中明确，企业处置对子公司的投资，处置价款与处置投资对应的账面价值的差额，在母公司个别会计报表中应当确认为当期投资收益；处置价款与处置投资对应的享有该子公司净资产份额的差额，在合并会计报表中应当确认为当期投资收益，如果处置对子公司的投资未丧失控制权的，应当按照《关于不丧失控制权情况下处置部分对子公司投资会计处理的复函》(财会便[2009]14 号)规定，将此项差额计入资本公积(资本溢价)，资本溢价不足冲减的，应当调整留存收益。

2. 依据财政部会计司 2009 年 2 月 27 日发出的《关于不丧失控制权情况下处置部分对子公司投资会计处理的复函》(财会便[2009]14 号)，母公司在不丧失控制权的情况下部分处置对子公司的长期股权投资，在合并会计报表中处置价款与处置长期股权投资相对应享有子公司净资产的差额应当计入所有者权益。同时发行 A 股及 H 股的企业，在境内外财务报告中对该交易事项原则上应当采用相同的会计政策。

（三）问题讨论

1. 若城投控股在 2009 年 3 月份首次发布引入战略投资者的公告，是否需要对原公告内容做调整？若需调整，具体该做哪些调整？

2. 城投控股对该项股权转让应该如何进行会计处理？（请编制具体会计分录）

3. 对于母公司在不丧失控制权情况下处置部分对子公司投资，在母公司个别会计报表和合并会计报表中可以有几种会计处理方法？请依据财务会计相关基本概念与原则评价各处理方法的合理性。

# 第九章

## 固定资产、无形资产及其他资产

学习目的
XUE XI MU DI

1. 了解固定资产基本的会计核算；

2. 理解发生折旧的原因及折旧的实质；

3. 熟悉各种折旧计算方法及其适用情况；

4. 理解折旧与损益衡量、资产重置、现金流量及所得税之间的关系；

5. 理解资产的减值问题；

6. 了解无形资产的意义与性质；

7. 理解无形资产成本计量、价值摊销、处置问题，以及与收益相关的问题；

8. 了解递耗资产与长期待摊费用的含义；

9. 固定资产与无形资产等的报表披露。

**资**产是未来的效益,有长短期之分。企业在某一期间获得一项短期资产,例如缴纳1年的保险费,并在1年内将它的效应消耗殆尽。而一项长期资产,是企业经营能力的源泉,企业可以在几年内通过对其使用从中获取效益。长期资产由于使用时间长,其计价问题比流动资产更为复杂;而且,长期资产成本如何以恰当的方式分期摊销也是长期资产的重要问题。本章集中讨论固定资产、自然资源和无形资产,长期股权投资具有特殊性,在下一章专门介绍。

# 第一节　固定资产及其分类

固定资产是企业经营过程中使用的长期资产,包括土地、建筑物、机器和设备。我国会计准则对固定资产有如下定义。固定资产指同时具有以下特征的有形资产:①为生产商品、提供劳务、出租或经营管理而持有;②使用寿命超过一个会计年度。固定资产的使用寿命一般是指固定资产的预期使用期限,经常以年限表示,但有时也可以用该资产所能生产的产品或提供的服务的数量来表示。

按照固定资产的具体内容及不同形式,可以将其划分以下几类。

1. 土地。土地是稀缺资源,不具有再生性,不会耗竭,不会因为人们的长期使用而导致其所带来的经济利益逐年降低直至枯竭。土地一旦为企业拥有,其服务年限是无限的,所以土地的支出不需要与它每年带来的经济利益相配比,即土地不需要折旧。这是它的非常之处。我国土地归国家所有,任何单位和个人都不拥有土地。我国企业所能取得的只是土地的使用权,按照相关准则的规定,取得土地使用权的支出可以资本化,根据取得土地的用途归入具体资产项目成本或列为无形资产,并在其法定使用年限内摊销。

2. 房屋建筑物。指为人们进行生产经营活动、设备运转提供的场所,以及用以贮藏物资的建筑物。

3. 设备。它包括生产和办公用的各种机械和工具、运输设备、器具装置等。我国的《会计准则》把设备细分为机器设备、运输设备和工具器具。房屋、建筑物和设备的使用年限有极大不同,企业对它们都需要单独进行核算。

此外,固定资产还可按照其他标准分类。如:(1)按所有权可以分为自有固定资产和租入固定资产。(2)按使用情况可分为使用中固定资产、未使用固定资产和不需用固定资产。这些分类标准便于对固定资产的管理与有效利用。

# 第二节　固定资产的日常业务核算

固定资产会计处理所根据的基本原则主要有历史成本原则和配比原则。

一般情况下,企业选择历史成本作为固定资产惯用的计价基础。这里的历史成本是指取得固定资产并使其处于可使用状态所耗费的现金及现金等价物,包括购买价格、建造成本、运输费、安装费和相关税费等。这些成本通过折旧分配到未来期间。在资产取得日之后发生的相关支出,如果能够提高资产未来的服务潜力,这些支出应通过适当的方法增加到固定资产的成本中去,否则作为当期费用。我们选用历史成本对固定资产进行计价,因为它符合固定资产确认的两项标准:(1)在资产的取得日,与该资产相关的风险和报酬已经转移到企业;(2)该成本反映了已发生的交易,其结果可靠。

在确定固定资产成本时还必须正确划分资本性支出与收益性支出,所谓资本性支出是指支出涉及的资产和劳务产生的效用影响本期和以后会计期间。如果支出所取得的资产或劳务的效益仅给予本期,则为收益性支出。取得固定资产的相关支出先要资本化,再在以后的使用中通过成本的摊销过程逐期转为费用。

尽管取得固定资产时原则上按照历史成本计价,但取得方式不同,固定资产的计价也不相同。需要注意的是,针对某些特定行业,固定资产将来废弃时会发生比较高的弃置费用,如核电、煤矿等,因而确定固定资产成本时,应当考虑预计弃置费用因素,计入资产成本,同时确认相关负债。

## 一、固定资产的取得

固定资产的确认必须符合以下两个条件:即与该固定资产有关的经济利益很可能流入企业,并且其成本能够可靠计量。在此前提下,固定资产的增加,根据其不同的取得方式,按照不同的方式计价。

### (一) 直接外购的固定资产

直接向外购买的固定资产,其成本的确定最为简单。使该固定资产达到预定可使用状态前所发生的可归属于该项资产的支出都构成了其成本,包括购买价格、相关税费、运输费、装卸费、安装费、相关人员服务费等。

如果企业以一笔款项同时购买几项可独立使用,但没有单独标价的资产,这种购货方式叫作"一揽子购货"(a lump-sum purchase or a basket purchase)。这种情况下的总成本要在各项独立资产之间进行分配,分配的基础一般是按照各项固定资产的公允价值的比例。

例 9-1 某公司支付现金 1 000 000 元购入一台机器和一栋建筑物。机器和建筑物各自的相对公允价值分别为 50 000 元和 750 000 元,则购进成本的分摊如下:

| | 市价 | 公允价值 | × | 总成本 | = | 分摊成本 |
|---|---|---|---|---|---|---|
| 机器 | 50 000 | 50 000/800 000 | × | 1 000 000 | = | 62 500 |
| 建筑物 | 750 000 | 750 000/800 000 | × | 1 000 000 | = | 937 500 |
| 合计 | 800 000 | | | | | |

分录如下:

借:固定资产—— 机器　　　　　　　　　625 000

　　　　　　—— 建筑物　　　　　　　937 500

　　贷:库存现金　　　　　　　　　　　　　　1 000 000

## （二）推迟付款购置固定资产

在很多情况下企业购买资产并不是立即支付现款，而采取赊购的方式，通过出具应付票据、发行债券等方式取得。为了准确地反映它的成本，延迟支付的资产的入账成本取决于交易日该项资产的公允价值或应付负债的公允价值哪一个更可靠、更容易取得。如果两者都无法确定，可以以应付负债按设定利率或比较适用的市场利率计算的贴现值作为成本入账。

## （三）接受捐赠资产

企业接受捐赠固定资产是一种单方面的行为，这时往往无须花费成本。对这部分资产，常用的方法是以公允价值作为入账依据，也可以用捐赠方所提供的原始单据作为入账依据。我国会计准则规定，接受捐赠的固定资产，如捐赠方提供了有关凭据，按凭证上表明的金额加上应当支付的相关税费作为其入账价值，如果捐赠方没有提供有关凭据，可以相同资产市场价格评估计价，或按其预计未来现金流量现值入账。

## （四）自行建造的固定资产

企业有时有闲置生产能力，或因为其他原因自行建造它们所需的固定资产，该固定资产的成本是在其建造过程中发生的全部支出，因而需要进行成本的核算。建造过程中采用"在建工程"科目进行成本的归集，建造完成以后转入固定资产项目。这里需要特别注意的问题是建造期间发生的借款费用的适当处理，借款费用是指企业因借款而发生的利息及其他相关成本，包括借款利息、折价或者溢价的摊销，辅助费用以及因外币借款而发生的汇兑差额等。

我国《会计准则》规定，如果符合建造固定资产的相应资本支出已经发生，借款费用已经发生，为使资产达到预定可使用状态所必要的购建活动已经开始，那么，为购建固定资产而专门借入的款项发生的利息及其他辅助费用开始资本化，直到所购建的固定资产达到预定使用状态。"达到预定使用状态"指资产已经达到建造方预先设想的可以使用状态，判断标准可以根据固定资产实体构造工作是否全部完成或实质上完成，继续发生在固定资产上的支出金额是否很少或几乎不再发生等。

专门借款发生的利息费用，在资本化期间内全部计入符合资本化条件的资产成本（扣除相应的利息收入或投资收益）；在资本化期间内，如果符合资本化条件的资产占用了一般借款，则应当根据累计资产支出超过专门借款部分的资产支出加权平均数乘以所占用一般借款的资本化率，计算确定一般借款应予资本化的利息金额：

$$一般借款加权平均利率 = \frac{所占用一般借款当期实际发生的利息之和}{所占用一般借款本金加权平均数}$$

**例 9-2** 某公司 20×5 年 1 月 1 日开始进行一项厂房改扩建项目，为此与银行签订一借款合同，限额 2 000 万元，利率 13%。项目第二年 1 月 1 日完工，估计总成本 950 万元。建设期间现金支出如下表所示。

| 时　　间 | 金额/元 |
|---|---|
| 20×5 年 3 月 1 日 | 1 200 000 |
| 20×5 年 7 月 1 日 | 6 400 000 |
| 20×5 年 10 月 1 日 | 600 000 |
| | 8 200 000 |

该项目总成本的核算如下：

发生三笔现金支出时

借：在建工程　　　　　　　　　　　　　　　　8 200 000

　　贷：银行存款　　　　　　　　　　　　　　　　　8 200 000

应该资本化的利息费用为

$$\text{每一会计期间利息资本化的金额} = \text{截至期末购建固定资产累计支出加权平均数} \times \text{资本化率}$$

$$= 3\,450\,000 \times 13\%$$

$$= 448\,500$$

因为该项目只有单独的一笔专用借款，因而资本化利率就为借款利率 13%，累计支出加权平均数的确定如下表所示。

| 支 出 时 间 | 金额/元 | 资本化期间 | 平均支出/元 |
|---|---|---|---|
| 20×5 年 3 月 1 日 | 1 200 000 | 10/12 | 100 000 |
| 20×5 年 7 月 1 日 | 6 400 000 | 6/12 | 3 200 000 |
| 20×5 年 10 月 1 日 | 600 000 | 3/12 | 150 000 |
| | 8 200 000 | | 3 450 000 |

将利息费用资本化的部分记账

借：在建工程　　　　　　　　　　　　　　　　448 500

　　贷：银行存款（或应付利息）　　　　　　　　　　448 500

### （五）交换增加的固定资产

按照会计准则，如果资产的交换具有商业实质，并且换入或者换出资产的公允价值能够可靠计量，则可以公允价值计量换入资产价值，同时可以确认交换损益。否则以换出资产的账面价值计量换入资产的入账价值，不可以确认损益。详细内容参见第十二章。[①]

### （六）融资租入的固定资产

租赁是指在约定租期内承租方通过交付租金取得资产使用权的一种商业行为，有经营性租赁和融资性租赁之分。如果在租赁协议中，与租赁资产所有权相关的全部风险与报酬实质性转移给了承租方，则为融资性租赁，否则为经营性租赁。

---

① 不涉及或只涉及少量货币性资产，详见关于非货币性交易的会计准则，请参见第十二章 特殊会计问题。

对于经营性租赁,承租方的权利是取得租赁资产在租赁期内的使用权,其义务要按租赁协议交纳租赁费,租金在租赁期内直接计入相关资产成本或当期损益,租入的资产只需进行备查记录,不会出现在承租方的资产负债表中。经营性租赁是一种常见的表外融资行为,企业可以取得资产的使用,但不影响企业的资本结构。对于融资性租赁,承租方将租入使用的固定资产要视为自有固定资产,并计提折旧,对于租赁期间需支付的租赁款项,确认为一项长期负债。

我国会计准则规定,只要满足下列条件之一即可:①

(1) 在租赁期满时,租赁资产所有权转移给承租人。

(2) 承租人有购买租赁资产的选择权,而且所订立的购买价款预计远低于行使选择权时租赁资产的公允价值,因而在租赁开始日可以合理确定承租人会行使这种选择权。

(3) 即使资产的所有权不转移,但租赁期占租赁资产使用寿命的大部分。

(4) 承租人在租赁开始日的最低租赁付款额现值,几乎相当于租赁开始日租赁资产的公允价值;出租人在租赁开始日最低租赁收款额的现值,几乎相当于租赁开始日租赁资产公允价值。

(5) 租赁资产性质特殊,如果不作较大改造,只有承租人才能使用。

根据以上认定标准,融资租赁可以理解为是企业一种分期付款取得固定资产的方式,因为一般会预期承租企业会行使租赁资产的购买选择权。从法律形式看,承租方取得租赁资产使用权,所有权还归出租方。但从经济实质看,租赁资产所有权相关的风险与报酬实际上已经转移给承租方,在租赁期内要比照自有固定资产进行核算。租赁资产会出现在承租方的资产负债表中。

在融资租赁的情况下,承租方租入的固定资产应当按照租赁开始日租入资产的公允价值与最低租赁付款额现值两者中的较低者入账,融资租赁产生的负债即长期应付款按照最低租赁付款额入账,两者的差额作为未确认的融资费用,在以后的租赁期内摊销。最低租赁付款额,是指在租赁期内,承租人应支付或可能被要求支付的款项(不包括或有租金和履约成本),加上由承租人或与其有关的第三方担保的资产余值。这里也包括承租方预计最后行使购买权时支付的买价。计算其现值时,贴现率可以选择租赁内含利率,合同规定的利率,或者同期银行贷款利率。

**例 9-3** 甲企业租入新设备一台,符合融资租赁相关标准,租期 6 年,租赁合同规定租金总额 120 000 元,每年年底支付 20 000 元。合同规定利率为 6%。租期满后,甲企业支付 500 元可以取得所有权,该设备发票价格为 120 000 元。预计使用年限 7 年,采用直线法计算折旧。

最低租赁付款额的现值:

每年支付 20 000 元的现值:20 000 元×4.917 3＝98 346 元 (4.917 3 为相应年金系数)

期满购买款 500 元的现值:  500 元×0.705 0＝ 353 元 (0.705 0 为 1 元现值系数)

---

① 在美国公认会计准则中,认定为融资租赁应满足以下一项或数项标准:在租赁期满时,租赁资产所有权转移给承租人;承租人有以较低协商价购买租赁资产的选择权;租赁期限至少占租赁资产使用年限的 75%;租金总额为租赁资产价值的 90% 以上。

合计　　　　　　　　　　　　98 699 元　（小于发票价格）

最低租赁付款额：　　　　　20 000 元×6＋500 元＝120 500 元

租入时，按照最低租赁付款额的现值作为固定资产的入账价值：

借：固定资产——融资租入　　　　　　　　98 699

　　未确认融资费用　　　　　　　　　　　21 801

　　贷：长期应付款　　　　　　　　　　　　　　120 500

每年支付租金时，采用实际利率法摊销未确认的融资费用，则第 1 年年末：

借：长期应付款　　　　　　　　　　　　　20 000

　　贷：银行存款　　　　　　　　　　　　　　　20 000

借：财务费用　　　　　　　　　　　　　　5 921.9

　　贷：未确认融资费用（计算见表 9-1）　　　　5 921.9

每年对租赁资产计提相应折旧费：

借：制造费用　　　　　　　　　　　　　　14 100

　　贷：累计折旧　　　　　　　　　　　　　　　14 100

租赁期满，取得所有权：

借：固定资产　　　　　　　　　　　　　　98 699

　　贷：固定资产——融资租入　　　　　　　　　98 699

借：长期应付款　　　　　　　　　　　　　500

　　贷：库存现金　　　　　　　　　　　　　　　500

表 9-1 为采用实际利率法分摊未确认融资费用。

**表 9-1　采用实际利率法分摊未确认融资费用**　　　　　　　单位：元

| | 各期偿还本息现值<br>(1) | 利息<br>(2)＝(1)×6% | 各期支付本金<br>(3)＝(4)－(2) | 本金＋利息(4) |
|---|---|---|---|---|
| 第 1 年末 | 98 699.0 | 5 921.9 | 14 078.1 | 20 000.0 |
| 第 2 年末 | 84 620.9 | 5 077.3 | 14 922.7 | 20 000.0 |
| 第 3 年末 | 69 698.2 | 4 181.9 | 15 818.1 | 20 000.0 |
| 第 4 年末 | 53 880.1 | 3 232.8 | 16 767.2 | 20 000.0 |
| 第 5 年末 | 37 112.9 | 2 226.8 | 17 773.2 | 20 000.0 |
| 第 6 年末 | 19 339.7 | 1 160.4 | 18 839.6 | 20 000.0 |
| 合　计 | | 21 801.0 | 98 199.0 | 120 000.0 |

## 二、固定资产的处置

处置固定资产有多种方式，如正常的报废、出售、投资转出、捐赠、毁损、交换转出等。不论以上何种原因，处置固定资产时，都要首先确认固定资产处置时的账面价值，账面价值是固定资产成本扣减累计折旧和累计减值准备后的金额。处置固定资产的收入或者相应的资产成本与账面价值和处置费用的差异作为当期损益，反映在营业外收入或支出中。因投资转出和交换转出而处置固定资产请参见相关章节。

例 9-4　一个企业因为经营方向改变，处置一项原值为 5 000 元的设备，该项设备的预期寿命是 4 年，预期的残值为 200 元，没有计提减值准备。该企业使用直线折旧法

来折旧该设备,即每年折旧费为(5 000－200)÷4＝1 200 元/年。企业已使用了 2.5
年,现出售该设备。出售中发生费用 200 元。

首先企业确认出售日设备的账面净值,从当期开始到出售日的折旧为 600 元
[＝(5 000－200)÷4×0.5]。即出售时该设备的净账面价值是它的原值减掉 2.5 年的
折旧,得到的净账面价值为 2 000 元(＝5 000－2 400－600)。处置时的损益依据出售
时的价格。

如果企业以净账面价值 2 000 元价格销售了该设备。处置会计处理如下:
(1)注销资产账面价值

借:累计折旧            3 000
  固定资产清理         2 000
  贷:固定资产           5 000

(2)发生清理费用

借:固定资产清理         200
  贷:银行存款           200

(3)收到出售收入

借:银行存款           2 000
  贷:固定资产清理        2 000

(4)确定损益

借:营业外支出         200
  贷:固定资产清理       200

如果企业以高于净账面价值的价格 2 300 元出售了该设备,会产生 100 元收益;如
果企业以低于净账面价值的价格 1 500 元出售了该设备,那么会产生 700 元损失。

企业固定资产由于自然灾害等原因造成的毁损,要注销其账面价值,清理费用及清
理残值收入等也通过“固定资产清理”账户归集,最后损益转入营业外收支。

在财产清查的过程中发生的固定资产短缺(盘亏),需要及时进行账面调整,以使会
计记录准确。此时资产的账面净值转入“待处理财产损益”,有关部门批准处理后转入
“营业外支出”。

# 第三节  固定资产的折旧

## 一、折旧的概念

固定资产的特点之一就是使用寿命长,具有长期的服务潜力,长期使用,产生长期
经济利益。但这种能力也是有限的,它的服务潜力随着它的不断使用而逐渐衰竭或者
消逝,所以企业必须在固定资产的有效使用年限内将固定资产的成本系统合理地分摊
到各个会计期间,实现期间收入与费用的正确配比。我国会计准则对折旧的定义为:
在固定资产使用寿命内,按照确定的方法对应计折旧额进行系统分摊。

### (一) 折旧是成本的分摊过程

折旧性资产的成本是支付一系列未来服务的价格。资产是一项预付款,类似于预付租金或保险费,是为公司未来得到的服务提前支付的款项。当公司在会计期间使用该项资产时,将资产的部分成本作为获得服务的成本,并确认为该期间的一项费用,或是产品的生产成本。会计师必须决定如何将资产的成本分配给使用该资产的不同期间,或是分配给用该资产生产出来的产品。

会计上并不存在唯一正确的计提折旧方法来确认应分配费用。固定资产是几个获利期间的联合成本,尽管分摊过程需要体现资产的使用特征,但很难精确计算每一期应分摊的成本,所以,会计上强调系统、合理的分摊方法。

### (二) 资本回收

一个公司期望是既实现资本回收,又获得资本收益。在公司获得资本收益(用会计利润衡量)前,必须回收所有的成本。固定资产成本的折旧与收益相对应。在历史成本会计下,折旧的过程正好考虑到资产成本的回收。但是折旧发生在资产的整个寿命期内,而不仅仅是资产寿命的头几年。在物价变动的市场环境下,越来越多的会计师开始意识到基于取得时的历史成本的折旧费,在大多数情况下,不足以维护企业的生产力。资本回收额能够达到与当初现金投资相等的金额,但可能与当前重新购置当初实物生产力所需的金额有差异。

### (三) 折旧不是价值的下跌

折旧是成本分配的过程,而不是估价过程。因此,折旧只是将已经支付的成本通过系统合理的方法分配到取得收益的会计期间,折旧尽管会减少固定资产的账面价值,但是,这种减少并不意味着固定资产价值的下跌。比如房产,一方面,房产的账面价值会随着折旧的逐年增加而减少;另一方面,房产的市场价格则可能在上涨(也可能在下跌)。按照《会计准则》要求,如果固定资产账面价值低于可变现净值,就要确定减值。

尽管折旧是独立于资产价值变动的,但折旧又是与固定资产减值相关的。折旧率越高,发生减值时,其金额就可能越小。

## 二、折旧会计中的问题

固定资产成本的摊销即折旧存在以下三个主要会计问题:

(1) 资产应计折旧基数的计量。

(2) 资产使用年限的估计。

(3) 在使用年限内资产成本到期方式的选择。

折旧是资产成本减去残值后分配给获利期间的过程。由于涉及估计的内容,我们可以认为它是一个建立在合理判断基础上的系统的过程,给予公司选择的自由。下面的讨论说明了会计在设计过程中如何进行合理的判断。

### （一）应计折旧的会计基数

折旧基数即应计折旧额，是指应当计提折旧的固定资产的原价扣除其预计净残值后的金额。已计提减值准备的固定资产，还应当扣除已计提的固定资产减值准备累计金额。这里预计净残值是指假定固定资产预计使用寿命已满并处于使用寿命终了时的预期状态，企业目前从该项资产处置中获得的扣除预计处置费用后的金额。由于净残值属于回收额，所以该值不需要折旧。在企业报废资产之前，只能估计它的残值。因此，在报废前，残值与估计残值是同义词。

### （二）使用年限的估计

计算折旧要求根据固定资产的性质与使用情况估计其经济使用年限或应计折旧年限。前面我们对折旧进行定义时提到，折旧的原因在于固定资产在创造收益的过程中价值不断损耗，根据配比原则，价值的损耗与其创造的收益对应。但在具体考虑资产损耗时，除了资产实体的磨损外，还要考虑无形的损耗。无形损耗主要指固定资产由于技术的进步、市场的逆转、竞争的激烈，或经济形势的变化等原因造成的贬值。有形损耗是物质实体的损耗，而无形损耗是非物质的损耗，两者共同决定固定资产的经济使用年限，即折旧年限。当然折旧年限除了可以使用时间计量外，还可以以其他的计量方式，比如固定资产预计生产的总产品数，固定资产预计运行的总时数等。会计师须同时考虑到折旧的实物原因和职能性原因。在类似资产使用年限的基础上，根据预计的使用强度或选择的维护方法进行修正，通常能得到最佳的估计。

尽管过去的经验提供了大量的数据，会计报表中估计使用年限仍是计算折旧时最困难的任务。由于陈旧部分是由外部因素所致，因此会计师很难非常准确地预测陈旧的发生。为此，会计师可能需要不时地修订资产的使用年限。在资产使用期间修订折旧年限在会计实务物中是可行的，属于会计估计的变更。

所得税法允许企业在报税时使用比估计使用年限更短的年限计算折旧，但在财务报告中，企业须用估计的使用年限。国务院常务会议 2014 年 9 月 24 日决定，完善固定资产加速折旧政策、促进企业技术改造、支持中小企业创业创新。一是对所有行业企业2014 年 1 月 1 日后新购进用于研发的仪器、设备，单位价值不超过 100 万元的，允许一次性计入当期成本费用在税前扣除；超过 100 万元的，可按 60％ 比例缩短折旧年限，或采取双倍余额递减等方法加速折旧。二是对所有行业企业持有的单位价值不超过5 000 元的固定资产，允许一次性计入当期成本费用在税前扣除。三是对生物药品制造业，专用设备制造业，铁路、船舶、航空航天和其他运输设备制造业，计算机、通信和其他电子设备制造业，仪器仪表制造业，信息传输、软件和信息技术服务业等行业企业 2014年 1 月 1 日后新购进的固定资产，允许按规定年限的 60％ 缩短折旧年限，或采取双倍余额递减等加速折旧方法，促进高技术产品进口。

企业通常会定期重估资产的使用年限和残值。随着机器的逐渐损耗，估计的准确性将有所提高。如果新的估计会带来重大影响，企业就必须改动折旧计划表。普遍接受的方法是对过去的估计和已经完成的会计处理不做调整。将未摊销余额减去估计残值后的差额分摊到尚存的使用年限。这种方法称之为未来适用法。

### （三）折旧方法

一旦确定了固定资产成本，并估计了残值和使用年限，总折旧费和分摊成本的期间就固定了，这时，企业需要选择一种系统合理的方式将费用分摊到指定的年限。折旧方式有五种，图 9-1 和图 9-2 中的线段 E、A、S、D、N 分别代表了这五种方式。图 9-1 表示资产在摊销期的不同阶段对应的资产负债表上的净账面价值。图 9-2 表示在摊销期的不同阶段资产的定期应计折旧费。

以下的内容对五种模式进行了详细的讨论。每种模式表示的折旧时间安排如下：

模式 A　　加速折旧法
模式 S　　直线折旧法
模式 D　　减速折旧法
模式 E　　立即费用化
模式 N　　不进行折旧

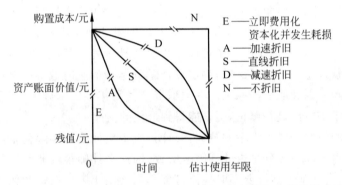

图 9-1　摊销成本的方式：账面价值在资产经济使用年限期间的分配

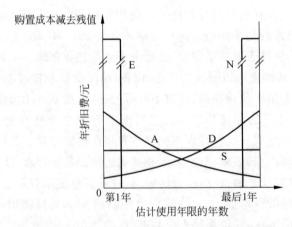

图 9-2　在资产经济使用年限期间，年折旧额的发生模式

你如果把前几年的折旧额与直线折旧法下的数额相比较，就能更好地理解加速折旧的含义了。参照图 9-2，一般国家公认会计准则不允许在财务报告中使用模式 D；在

管理会计课本里有时会提及这种方式,它在管理会计的有一定的应用性。方式 E 表示将项目立即费用化。某些无形资产会采取这种模式。模式 N 代表了像土地这类的资产,不需要计提折旧,账面上资产从始至终保持着购置时的金额,直到资产被出售或是报废掉。

除了模式 N、E、D 比较特殊,一般不使用。其他的折旧方法都是将资产的原值减去估计残值(如果有累计减值也减去)后系统地分摊到资产的预计使用年限里。我国相关会计准则规定企业可选用的折旧方法包括年限平均法、工作量法、双倍余额递减法和年数总和法等,后两种是加速折旧法的具体使用,下面就对这几种常用方法进行讨论。

1. 直线法(年限平均法)(模式 S)

又叫平均年限法,就是指在预计固定资产使用年限内,按年或按月平均计提折旧额,并计入产品的成本或当期损益。因为计算的折旧额,在固定资产使用年限内一律平均,所以累计折旧额就成为一条在平面直角坐标系上的直线,因而这种方法也称为直线法。因它计算起来比较简便,易于理解,所以是企业普遍使用的方法,并且被一般地认为是一种适用于多数固定资产折旧的良好方法。其基本计算公式如下:

$$年折旧额 = (资产原值 - 预计残值) \div 预计使用年限$$

或者

$$年折旧额 = (资产原值 - 预计残值) \times 年折旧率$$
$$年折旧率 = 1 \div 固定资产预计使用年限$$

**例 9-5** 假设一台机器的成本是 50 000 元,估计残值为 5 000 元,预计有 5 年的使用年限,则折旧额就等于 9 000 元[$= (50\,000 - 5\,000) \div 5$]。如果要计算每月的折旧额,就用年折旧额去除以 12 即可。

直线法计算和操作都比较简单,因为按使用时间计算折旧,在一定程度上反映了固定资产效益的降低是时间消逝的函数,但意味着资产在相同时间内提供等量的服务,从而忽略了资产在相同的时间段内可能提供不同的服务强度而产生损耗程度的不同这一可能的事实。不过我国大多数企业都采用这一折旧方式。

2. 产量折旧(直线耗损)法

前面提到过折旧年限有时可以采用其他度量方式。如果充分考虑资产的使用强度,就可以采用产量折旧(直线耗损)法。就是按照固定资产所完成的工作量计算应计提折旧费的方法,这种方法是依据企业的经营活动情况或设备的使用状况来计算折旧,其特点就是视折旧为变动费用,且伴随其会计期间提供服务量的不同而不同。具体有以下两种计算方法。

- 工作时数法:以固定资产的预计工作总时数为基础计算折旧的方法。

$$固定资产每小时折旧额 = \frac{固定资产原值 - (预计残值 - 预计清理费用)}{固定资产预计工作总时数}$$

$$固定资产月折旧额 = 固定资产本月实际工作时数 \times 固定资产每小时折旧额$$

- 产量法:就是以固定资产在使用年限内的预计总产量为基础计算折旧的方法。

$$固定资产单位产量折旧额 = \frac{固定资产原值 - (预计残值 - 清理费用)}{固定资产预计总产量}$$

固定资产月折旧额 ＝ 固定资产本月实际生产量 × 固定资产单位产量折旧额

**例 9-6** 企业可以根据当期卡车的里程数与预计卡车在使用年限内的里程总数的比,计算当期卡车的折旧额。假设卡车的成本为 54 000 元,残值为 4 000 元,预计报废前可驾驶 200 000 公里路程。单位里程的折旧额就等于 0.25 元[＝(54 000－4 000)÷200 000]。倘若卡车在某个月行程为 2 000 公里,该月的折旧额就等于 500 元(＝2 000×0.25)。

这种产量折旧(直线耗损)法,能反映固定资产价值的降低是使用状况的函数,各个期间固定资产的使用强度不均衡,所承担的费用也有所不同。同时也简单,实用。但忽视了技术陈旧的因素,对无形损耗的考虑会欠缺一些。假定固定资产的有形损耗相当均衡,每单位分配等量折旧费用并无根据。一般这种方法适合于运输工具、采矿设备等资产。

3. 加速折旧法(模式 A)

随着厂房设备资产越来越陈旧,它的盈利能力也随之下降。比如说切割工具的精确度降低,印刷机需要越来越频繁的停机修理,旧办公楼的租金也低于新楼,等等。一些资产在投入使用的头几年能为企业提供较多较好的服务,但随着逐日的损耗陈旧,要求进行维修的次数越来越多。这些例子说明了在资产有效使用年限的前期多提折旧,后期少提折旧费的方法具有合理性。在此基础上产生的计算折旧的方法,我们称为加速折旧法,即在资产的有效使用年限里,前期计提的折旧多于后期。加速折旧导致了图 9-1 和图 9-2中的模式 A。不过需要注意,一般即使企业计提年折旧额时用了加速折旧的方法,但是分摊当期(月)折旧额仍是以直线的方法为基础。所以,每月的折旧额就等于年折旧额的 1/12。加速折旧模式下具体的计算可以用以下两种方法:

(1) 双倍余额递减法。在双倍余额递减法下,折旧额等于每期期初资产的账面价值乘以固定的折旧率,因为固定资产的账面价值是逐期递减的,所以整个使用年限的各期折旧额是呈下降趋势的,所以也称为定率递减法。固定的折旧率通常为直线法下折旧率的两倍,对于一个预计有 10 年有效寿命的资产,按每年期初账面价值的 20%(＝2×1/10)进行折旧。其中账面价值等于资产的原值减去累计折旧和减值准备,一般先不扣除残值。这里对残值的考虑有两种方法,一是先不考虑残值,而当资产账面价值降低到预计残值以下时,就不再计提折旧了,即在资产使用的后期根据预计残值计算折旧,此为期末调整法。还有一种方法是在资产使用的过程中进行测算,当某年该资产使用双倍余额递减法计算的折旧额小于资产的净值在该年采用直线法计算的折旧额时,则从该年开始改用直线法计算折旧,此为中期调整法。

**例 9-7** 假设某企业在第一年 1 月购置了一台 5 000 元的机器,预计有 5 年寿命,预计残值为 200 元,没有减值准备,用双倍余额递减法折旧。前 3 年使用 $40\%\left(=2\times\dfrac{1}{5}\right)$ 的折旧率,然后转为直线法继续折旧(即中期调整法)。表 9-3 列示了各期的折旧费。

表 9-3 采用双倍余额递减法,并在适当的时候转为直线法

| 年 初 | 购置成本/元 (1) | 年初累计折旧/元 (2) = $\sum$ (8) | 年初净账面价值/元 (3) = (1) − (2) | 折旧率/% (4) |
|---|---|---|---|---|
| 1 | 5 000 | 0 | 5 000 | 40 |
| 2 | 5 000 | 2 000 | 3 000 | 40 |
| 3 | 5 000 | 3 200 | 1 800 | 40 |
| 4 | 5 000 | 3 920 | 1 080 | 40 |
| 5 | 5 000 | 4 360 | 640 | 40 |
| 6 | 5 000 | 4 800 | 200 | |

| 年 初 | 该年折旧费/元 (5) = (3) × (4) | 净账面价值减残值/元 (6) = (3) − 200 | 当年直线折旧额/元 (7) = (6) ÷ 尚可使用年限 | 当年折旧费/元 (8) |
|---|---|---|---|---|
| 1 | 2 000 | 4 800 | 960 | 2 000 |
| 2 | 1 200 | 2 800 | 700 | 1 200 |
| 3 | 720 | 1 600 | 533 | 720 |
| 4 | 432 | 880 | 440 | 440 |
| 5 | 256 | 440 | 440 | 440 |

注:第(8)列=第(5)列与第(7)列数额较大者。当直线法下的折旧费高于双倍余额递减法时,企业在第4年改用直线法。

(2) 年数总和法[①]。年数总和法是将资产的折旧基数乘以一个逐年递减的分数计算每年的折旧额。该分数的分子为年初资产尚可使用的年数,分母为可使用年数的逐年数字总和。计算公式如下:

$$年折旧额 = 应提折旧基数 \times \frac{年初尚可使用年限}{\frac{(预计使用年限 + 1) \times 预计可使用年限}{2}}$$

我们仍以上例说明直线法的使用,如果固定资产使用年数是5年,年数总和法下的分母等于15(=1+2+3+4+5)。折旧费如表9-4所示。

表 9-4 年数总和法

| 年份 | 购置成本减残值/元 (1) | 尚可使用年限/年 (2) | 折旧率 (3) = (2) ÷ 15 | 当年折旧费/元 (4) = (3) × (1) |
|---|---|---|---|---|
| 1 | 4 800 | 5 | 5/15 | 1 600 |
| 2 | 4 800 | 4 | 4/15 | 1 280 |
| 3 | 4 800 | 3 | 3/15 | 960 |
| 4 | 4 800 | 2 | 2/15 | 640 |
| 5 | 4 800 | 1 | 1/15 | 320 |

加速折旧法的使用可以使企业在尽可能短的时间内收回在固定资产的绝大部分

---

① 按照我国《会计准则》规定,如果固定资产计提了减值准备,在考虑折旧基数时,是需要扣除减值准备的累计金额的。因为减值准备可能各期会有变动,所以在直线法、产量法及年数总和法下,折旧基数每年会有变化。

投资,充分考虑无形磨损对资产价值造成的影响,均衡固定资产在其使用年限内的各期使用成本,利于固定资产的及时更新。如果企业采用同样的方法进行纳税申报,会因为资产使用的前期多计提折旧费,从而降低利润,少缴纳所得税,节约现金的使用,虽然后期因为折旧费的减少会补足前期少交的税金,但这中间企业无疑会获得利率上的好处,因而产生税收上的利益。①  各国会计准则允许企业采用加速折旧法,我国也是一样。对折旧方法论的选择,企业具有灵活性,只是要求企业一旦选择了折旧方法论,需保持前后期的一贯性,如果改用新的折旧方法,必须在报表中以适当的方式披露相关信息。不过即使企业认为资产的耗用是加速进行的,大部分企业还是选择直线折旧法。

折旧的会计处理方法比较简单,每期计算出折旧费数额后,根据固定资产的服务对象、费用归属,将折旧费记入合适的费用项目,即

借: 生产成本(生产用资产)

或　　　销售费用(销售部门用资产)

　　　　管理费用(管理部门用资产)

　　　　贷: 累计折旧

理论上,企业记录折旧时可以直接冲减资产账户,例如建筑和设备账户。为了让报表使用者了解固定资产的原值,习惯上都设置一个固定资产的备抵账户——累计折旧,作为固定资产的递减账户,这样固定资产的原始购置成本可以在账面上得到保持,与其实物状态对应。减去累计折旧额,得到资产的未摊销成本。

累计折旧账户的金额会随着资产不断的进行折旧计提而增加,作为报表上固定资产项目的减数,固定资产的账面价值会因此不断减少。

## 三、折旧中其他需要考虑的问题

### (一) 可折旧基数为零的固定资产

对于可折旧基数为零(指已经提足了折旧的固定资产)但还在继续使用的固定资产,会计处理惯例是,在没对其进行清理之前,不再计提折旧,资产负债表上仍会列示该资产的存在,只是其账面净值可能为零。如果未提足折旧的固定资产因为种种原因提前报废,尚未提足部分不再补提,直接按资产的处置考虑相关损益。

### (二) 固定资产的增加

在日常经营过程中,固定资产的增减变化是经常发生的,我国的会计处理惯例是,当月新增的固定资产不提折旧,当月减少的固定资产继续提折旧,这句话的意思就是,每月按照月初固定资产的余额计算折旧。也有的按照半年时间确定,即所谓半年惯例(half-year convention),不论实际增加或处置日是哪一天,都记录其半年的折旧费用。

---

①  在美国企业的所得税申报一般遵循《修订快速成本回收制度》。修订一词源于税收改革法案对快速成本回收制度所作的修订。企业可以选择以直线法计算会计报表收益,而采用《修订快速成本回收制度》计算税务报告应税收益,《修订快速成本回收制度》下折旧费的加速计提,从而企业可获得纳税好处。

### （三）估计的变更

在固定资产的折旧过程中,我们注意到折旧考虑的因素中只有固定资产的历史成本是一个较客观的数据,其他关于折旧年限、预计残值及折旧方法的选择,在一定程度上都是主观估计与判断的结果。既然是估计就有不准确的因素存在,因而按照会计处理原则,企业至少应当于每年年度终了时,对固定资产的使用寿命、预计净残值和折旧方法进行复核。折旧年限预计数、预计净残值与原先估计数有差异的,都应当进行适当调整。固定资产有关的经济利益预期实现方式有重大改变的,还应当改变固定资产折旧方法。这些属于会计估计的变更,原则上这些调整只会影响以后会计年度,以前已经进行的核算不受影响,即采用未来适用法处理。但在变更当期的财务报告上需要适当的会计披露。

# 第四节　固定资产的修理与改良

在资产的生命周期中,企业还需要花钱对它进行修理、维护和改进。如何区分这些活动将影响到报告的期间收益,因为资本化的支出和收益化的支出对利润的影响是完全不同的。一般而言,企业直接把与修理和维护相关的支出费用化了,但对用于改进的支出,企业则会在资产账户借记一个相应的数字,然后在未来的期间进行摊销。

## 一、修理支出和维护支出

企业需要对资产进行修理并维持一个资产所预想的运作环境。修理支出指的是在资产发生故障或者其他损伤之后为恢复它的功能而发生的成本。维护支出包括因清洁和调整而发生的日常成本。这些项目的支出既不会延长资产的预期寿命,也不会增加资产的预期生产能力[①]。正是因为这些支出只是用于把资产的未来收益恢复到预期的水平,所以会计上就把这些支出当作当期的费用。在实际中,要区分修理成本和维护成本是困难的,因为这两项支出都会被立即当做费用处理,会计师没有必要在这个上面花费精力。但实际操作中会考虑修理范围、修理成本、修理频数上的差异。

对于企业发生的规模小、范围窄、成本低、经常性的修理,其会计处理方法是比较简单的。当发生修理费时直接记入相关费用账户即可。

有时企业有可能一两年进行一次涉及范围比较大,修理时间比较长,修理支出也比较高的大修理活动,对于这种属于维护行为,但影响一个以上会计期间的支出,我们需要将修理支出作为一种长期待摊费用,在其发生效用的两次修理时间之内进行摊销。

---

① 我国很多制造企业习惯上将固定资产修理分为大、中、小修理,通常将大修作为资本性支出,小修作为日常维护,中修则取决于金额大小和修理频率。固定资产的改良支出通常就是固定资产大修。我国还有一个常用概念就是技改,技改需要立项,可以得到政府支持,因此,多数情况下,技改支出作为在建工程。

此外,我国煤炭企业有一项特殊维修费用,称为"维持简单再生产费用",通常采用预提的方法,有兴趣的读者可以参阅本章讨论题。

**例 9-8** 某企业根据生产线的磨损规律,两年对其进行一次全面的维护修理工作,时间选择在业务量的淡季 7 月份,20×1 年 7 月企业进行大修,总成本为 36 000 元,预计下次大修在 20×3 年 7 月进行。对该经济业务的会计处理为

20×1 年 7 月发生大修支出时:

| 借:长期待摊费用 | 36 000 | |
| 贷:银行存款 | | 36 000 |

20×1 年 12 月摊销当年应分摊的修理费用:

| 借:制造费用(36 000 ÷ 4) | 9 000 | |
| 贷:长期待摊费用 | | 9 000 |

20×2 年 12 月摊销当年应分摊的修理费用:

| 借:制造费用 | 18 000 | |
| 贷:长期待摊费用 | | 18 000 |

剩余的未分摊部分计入 20×3 年。

上面的会计处理方法称为"待摊法"或者"递延法",在一个资产账户中记录支出金额,然后在支出的有效期内平均分摊。我国还有一种十分常见的方法,称为"预提法",按照确定固定资产原值的一定比例,预先提取修理费用,计入一个负债账户——"预提费用",需要大修理时,将实际发生的修理冲减"预提费用",作为债务的偿还。

企业所采用的修理策略可能会影响它的资产的折旧问题。比方说,如果一个企业经常检查修理它的资产,那么那些资产的寿命可能会长一些,折旧率会低一些;否则,资产的使用寿命就会减少。

## 二、固定资产的改良

改进支出,有时候也叫改良性支出,这类支出的发生会让一项资产比以前运作得更加好。也即可能延长资产的寿命,减少它的运行成本,增加它的产出率,或者使产品质量实质性提高,产品成本实质性降低。正是因为这些支出提高了资产的服务能力,所以会计上把这些支出当作资产购置来处理,相当于企业购置了新的未来收益,因而改良支出需要首先资本化。在企业进行这些支出的当期,如果改进支出可以单独形成一项独立的资产,则可以借记一个新的资产账户,独立考虑其折旧问题。如果只是在原有资产上进行的行为,可以根据改进后对资产使用能力产生的具体影响采用替换法进行会计处理,未来的折旧也会跟着相应发生改变。我们举例解释对改进或改良支出的会计处理方法。

**例 9-9** 假设一个企业原有一台机器设备的价值为 200 000 元,累计折旧为 120 000 元,现企业对该设备进行更新改造,提高了其生产能力,改造支出为 30 000 元,采用替换法可以进行如下会计处理:

| 借:固定资产(新) | 110 000 | |
| 累计折旧(旧) | 120 000 | |
| 贷:库存现金 | | 30 000 |
| 固定资产(旧) | | 200 000 |

因为修理支出和改进支出会对期间收益产生不同的影响，所以会计师们必须谨慎区分资本性支出和收益性支出。2002年美国世通公司成为世界瞩目的焦点，原因在于其被发现创下有史以来虚增利润的会计舞弊记录。当年6月25日，该公司宣布一项震惊华尔街的丑闻：在2001年及2002年一季度，在没有相关原始凭证支持情况下，公司将属于日常经营性的电信设备维护修理费以及租用其他公司的线路网络使用费作为资本性支出处理，从而降低当期的费用，使税前利润虚增38.52亿美元。[①] 这个例子给我们的启示是很大的。当然有时一些支出可能既包含修理的成分也包含改进的成分。现在假设有一笔用于替换飓风中损坏的屋顶的支出，企业有目的地设计了比原来更加坚固的屋顶以使它可以承载企业即将安装的空调设备，显然支出中的一部分是属于修理的，而另外一部分则是用于改进的，会计人员必须作出相应的判断，把总的支出在修理和改进中分摊。如果会计人员不能确定，那么根据谨慎性原则，倾向于把所有的支出当作修理支出。另外也可以依据重要性原则，看数据对报表产生影响的程度，不重要的话可以采用简约的方法。

# 第五节　固定资产减值

会计核算中对企业资产要求使用历史成本原则，即对资产的计价采用交易时发生的价格确认。但为了保持会计信息的相关性，同时在一定程度上客观反映资产价值，我国企业会计制度规定，企业应当定期或每年年末，对企业资产进行全面检查和评价，根据谨慎性原则，合理预计资产可能发生的损失，同时计提减值准备。比如对于期末存货可采用成本与市价孰低的方法。但对于固定资产，因为其供企业长期使用，并不出售，与存货的使用目的不同，一般只是按期计提折旧，在报表上反映其账面价值即可，不需要每期考虑市价变化的影响。但是当资产的使用状况或者经济环境发生重大变化，从而使资产发生无法恢复的贬值时，需要考虑固定资产价值的减损。

我国会计制度要求："企业期末对固定资产进行逐项检查，如果由于市价持续下跌，被投资单位经营状况恶化，或技术陈旧、损坏、长期闲置等原因，导致其可收回金额低于其账面价值的，应当计提减值准备。"在我国关于资产减值的会计准则中，将资产的减值定义为"资产可收回金额低于其账面价值"，这里的可收回金额指"资产的公允价值减去处置费用后的净额与资产预计未来现金流量的现值两者之中的较高者"。实际操作时只要有一项超过了资产的账面价值，就表明资产没有发生减值，不需再估计另一项金额。公允价值的确定可以依次依据公平交易中的销售协议价，活跃市场中的买方出价，或者以可获得的最佳信息为基础估计出来的资产的公允价值减去处置费用后的净额确定。处置费用包括与资产处置有关的法律费用、相关税费、搬运费以及为使资产达到可销售状态所发生的直接费用等。预计未来现金流量是指净现金流量，应该包括资产持续使用中预计产生的现金流入扣除为使资产达到可使用状态和资产持续使用过程中所必需的预计现金流出，以及资产使用寿命结束时，处置资产所发生的净现金流量。

① 黄世忠.巨额冲销与信号发送——中美典型案例比较研究[J].会计研究,2002.

如果有迹象表明企业现存某项资产已经无法继续给企业带来收益,也可以全额计提减值。所以企业各期要根据是否发生可能引起减值的情形,计算固定资产的可收回金额,以确定减值的发生,如果可收回金额低于资产的账面价值,差额计提固定资产减值准备,而不直接减少固定资产原值,道理与累计折旧类似。减值准备作为固定资产账面价值的抵减项,在报表中披露,每个会计期末根据评价值进行相应调整。已考虑了减值的资产,对其以后折旧也相应调整。发生减值时会计处理如下:

借:资产减值损失

贷:固定资产减值准备

固定资产可收回金额的计算可以由以下步骤完成,先要计算固定资产的公允价值减去处置费用后的净额。然后计算预期从该资产的持续使用和使用寿命结束时的处置中形成的现金流量的现值,此时需要选择固定资产的预计使用寿命,未来所产生的现金流量和折现率。固定资产的预计使用寿命可以资产尚可使用寿命为依据,资产未来所产生的现金流量可以参照其过去使用期间所创造的经济利益,而折现率可以综合当前市场评价和相关资产的特有风险因素加以确定。以上因素的确定也可以企业经营管理层批准的最近财务预算或者预测的未来现金流量为基础。当然这一过程中需要相当的职业判断。最后以资产的公允价值减去处置费用后的净额与资产预计未来现金流量的现值两者之中的较高者作为可收回金额。

**例 9-10** 某机械制造企业 2002 年发现其某种产品的市场发生极大逆转,对其生产设备产生很大负面影响,有可能带来减值。于 12 月对相关生产机床进行检查。根据市场调研,预计相关生产机床销售净价为 140 000 元,处置费用为 20 000 元。按原计划还可以使用 4 年,以其历史生产能力为依据,并结合市场变化因素,预计未来 3 年产生的现金流量为 42 000 元、38 000 元、34 000 元,第 4 年考虑处置情况时的预计现金流量为 30 000 元,综合当前市场评价和相关资产的特有风险因素确定折现率为 5%,当年末设备账面价值为 135 000 元,以前没有计提过减值准备。

第一步,设备的公允价值(销售净价)减去处置费用后的净额为 120 000 元。

第二步,计算预期从该资产的持续使用和使用寿命结束时的处置中形成的现金流量的现值(表 9-5)。

表 9-5　现金流量的现值

| 年度 | 预计未来现金流/元 | 折现率/% | 现值系数 | 现值/元 |
|---|---|---|---|---|
| 2003 | 42 000 | 5 | 0.9524 | 40 000 |
| 2004 | 38 000 | 5 | 0.9070 | 34 466 |
| 2005 | 34 000 | 5 | 0.8638 | 29 369 |
| 2006 | 30 000 | 5 | 0.8227 | 24 681 |
| 合　计 | | | | 128 516 |

由以上计算可知,从该资产的持续使用和使用寿命结束时的处置中形成的现金流量的现值为 128 516 元,大于资产的公允价值减去处置费用后的净额 120 000 元,因而可收回金额确定为 128 516 元。

第三步,比较可收回金额与设备账面价值。

该设备账面价值为 135 000 元,可收回金额为 128 516 元,可收回金额低于账面价值 6 484 元(=135 000−128 516)。

第四步,计提固定资产减值准备的账务处理:

借:资产减值损失                             6 484

    贷:固定资产减值准备                         6 484

如果以后会计期间,固定资产的价值因为某些原因又恢复,则已计提的减值准备不可以转回。这是我国新准则与国际会计准则的实质性差异之一,主要为避免企业通过对已经计提减值准备的转回来调整利润。

在美国,其财务会计准则委员会于 1995 年发布的《121 号准则公告》,是关于长期性资产价值折损的会计处理问题的。如果资产的价值发生了重大的下降,那么会计上就不能允许在资产负债表上继续使用折旧后的剩余值作为资产的价值。当企业发生诸如资产市价发生大幅度降低,资产使用方法、使用程度、物质表现发生重大变化,经济环境、立法行为造成重大不利影响等事项,有可能对企业的影响是它的某项资产的市场价值下降,或者资产所能提供的未来收益变小了,最终使得资产的账面价值可能无法回收。此时企业可进行回收可能性测试,检查一下这种贬值是不是足够大,以至于该项资产的未来现金流已经低于账面价值。如果当时的账面价值超过了未经折现的现金流的总和,那么就认为资产的减损发生了,也就是说资产现实的账面价值已经无法通过将来的使用或出售得到回收。在这种情况下,通过估计资产的公允价值与账面价值的差额计算提列资产减损额。公允价值是指资产此时的市场价值,如果没有市场价值,可以选择未来现金流量的折现值。对这一比较复杂的过程我们可以举例说明如下。

**例 9-11**   Miller 公司拥有原来价值 2 000 万元的一幢公寓,到当期为止,累计的折旧额为 500 万元,现在的净账面价值为 1 500 万元。Miller 公司对这幢公寓原来有这样的预期:在未来的 30 年中收取 5 000 万元的租金,然后以 800 万元的价格出售这幢公寓。然而一个新的商业中心出乎意料的布局迫使 Miller 公司重新估计未来的租金收入。Miller 公司认为在这幢公寓被卖掉之前,它只能提供 15 年的租金收入了。Miller 公司用每年 12% 的折现率来把未来的租金收入折成现值。

**情形 A**   Miller 公司期望在未来 15 年中每年收到 135 万元的租金收入,15 年以后,这幢公寓将以 500 万元的价格被出售。按照 12% 的折现率进行折现,得到的现值为 1 010 万元。这幢公寓目前的市场价值为 1 000 万元。Miller 公司认为没有发生资产的减损,因为期望的未经折现的现金流为 2 525 万元(=135×15+500),而账面的价值仅为 1 500 万元。这时,公司已经遭受了经济上的损失,但是在会计上并不进行确认。

**情形 B**   Miller 公司预计在未来的 15 年中每年将收到 60 万元的租金收入,15 年以后,这幢公寓将以 300 万元的价格被出售。按照 12% 的折现率进行折现,得到的现值为 460 万元。这幢公寓目前的市场价值为 400 万元。Miller 公司将认为发生了资产的减损,因为 1 500 万元的账面价值超过了期望的未经折现的现金流 1 200 万元(60×15+300)。Miller 公司通过注销该公寓账户中的原本价值和累计折旧并重新建立一个价值为当时公允价值的资产账户,这里的公允价值就是市场价值,因为该企业能够估计这个数字。日记账分录如下所示：

借：累计折旧　　　　　　　　　　　　　5 000 000
　　固定资产——公寓（现在）　　　　　4 000 000
　　资产减值损失　　　　　　　　　　 11 000 000
　　贷：固定资产——公寓（原来）　　　　　　20 000 000

这里确认的损失将出现在损益表上。1 100 万元的损失刚好等于 1 500 万元的账面价值和 400 万元的市场价值之间的差额。企业使用未经折现的数字来判断是不是发生了资产的减损，但是使用折现以后的值来计量损失。

**情形 C**　和前面的情况一样，Miller 公司预计在未来的 15 年中每年将收到 60 万元的租金收入，15 年以后，这幢公寓将以 300 万元的价格被出售。按照 12％ 的折现率进行折现，得到的现值为 460 万元。但是由于关于房地产的法律规章，Miller 公司并不能随时找到一个买家或者得到别人的报价，也就是无法取得该公寓现在的市场价值。美国的财务会计标准第 121 号指出，在这样的情况下，可以用未来现金流的折现值也就是 460 万元作为资产的现时价值。之所以认为发生了资产的减损是因为账面价值 1 500 万元超过了未经折现的未来现金流 1 200 万元（60×15＋300），Miller 公司注销了该公寓账户中的原始价值和累计折旧并重新建立一个价值为当时公允价值（现时价值）的资产账户，这里的公允价值就是未来现金流的折现值，因为该企业不能得到资产的市场价值。日记账分录如下所示：

借：累计折旧　　　　　　　　　　　　　5 000 000
　　固定资产——公寓　　　　　　　　　4 600 000
　　资产减值损失　　　　　　　　　　 10 400 000
　　贷：固定资产——公寓（原来）　　　　　　20 000 000

这里确认的损失将出现在损益表上，1 040 万元的损失刚好等于 1 500 万元的账面价值和 460 万元的公允价值之间的差额。

对比我国与美国对资产减值问题的会计处理，在确认是否发生减值的测算上，我们考虑现值，而美国不考虑折现值，在计算减损额时可能会采用现值概念。

# 第六节　无 形 资 产[①]

## 一、无形资产的特征和分类

### （一）无形资产的特征

无形资产一般是指企业拥有的知识产权，即为进行生产经营活动而取得或自创的、没有实物形态的长期资产，如商标权、专利权、版权、特许经营权等。我国财政部的《无形资产》会计准则定义为"是指企业拥有或者控制的没有实物形态的可辨认非货币性资

---

　　① 资产负债表中的无形资产项目不包括开发支出和商誉。本书将开发支出和商誉两个内容在本节中一并介绍。

产"。这里可辨认性的标准是指能够从企业中分离或者划分出来，并能单独或者与相关合同、资产或负债一起，用于各种交易。或者源自合同性权利或其他法定权利，无论这些权利是否可以从企业或其他权利和义务中转移或者分离。其实广义上的无形资产还包括商誉，因为其特殊性，其会计处理在《企业合并》会计准则中规范。美国财务会计准则委员会(FASB)在 1976 年一份题为《企业合并和外购无形资产的会计处理》的讨论备忘录中，将无形资产定义为："无形资产是没有实物形态的经济资源，其价值是由所拥有的权利和未来利益所决定的；不过，货币资源(如现金、应收账款和投资)不是无形资产。"无形资产是非流动资产的一种形式，具有长期资产的一般特征，即是由过去的交易拥有或控制的、可以在较长时期为企业带来未来经济利益。

但与固定资产相比，还具有以下主要特征：

(1) 没有实物形态。无形资产往往代表着某种法定的权力，它们不具有实物形态，所以称之为"无形"。但其具有给企业带来未来经济利益的能力。

(2) 属于非货币性资产。即无形资产将来可以变成现金的数量是不确定的，因为无形资产没有发达的交易市场，一般不容易转化成现金；即使可以转化成现金，能够取得的现金数额也比较难估计。

(3) 具有优越性和独占性，能够给企业带来超额盈利。优越性表现在无形资产对其拥有者而言意味着先进的生产技术、生产能力、先进的成果、独特的权利，即一种能产生超额利润的优势。而独占性，有时也叫排他性，指企业一旦拥有某种无形资产其他任何企业都不可以不受限制地取得和使用。这一特点使得无形资产大都是独一无二的，没有可替代的同类资产，很难形成发达的交易市场，从而会影响其计量和计价方式。

(4) 无形资产为企业创造未来经济利益的能力具有很大的不确定性。原因在于科学技术迅猛发展，市场竞争日益加剧，可能导致某项无形资产所具有的优越性更容易被其他更先进的无形资产所取代，它原先所能带来的超额盈利，可能在顷刻间便荡然无存。另外无形资产的使用寿命与固定资产相比是较难确定的，一些特殊的无形资产只对特定企业有价值，一旦离开这一特定范围，就不复存在了。由于无形资产具有的这样一些特征，其会计处理方式与固定资产相比还是有差异的，尽管两者都属于非流动资产的范畴。

### (二) 无形资产的分类

根据不同需要，无形资产可按下列标准进行分类。

(1) 按可辨认性分为可辨认无形资产和不可辨认无形资产。可辨认无形资产是指可以具体认定的无形资产，绝大多数无形资产都属于该类。不可辨认无形资产是指与企业整体相联系、不能单独认定的无形资产，一般指商誉。商誉由于是与企业整体相联系的，不能脱离企业而单独存在，因而不能单独转让。其他无形资产大都可以单独转让。

(2) 按取得方式分为外购无形资产和自创无形资产。外购无形资产是指从企业外部购入的无形资产，可以单独购入、与其他资产同时购入或与企业整体一起购入。自创无形资产是指企业自行研究、创造、发展的无形资产。按照现行会计惯例，应确认的无形资产主要是外购无形资产,自创无形资产除自行申请并获准的专利权和商标权外,一般都不能确认。

(3) 按预计受益期分为受益期确定的无形资产和受益期不确定的无形资产。有些无形资产如专利权、商标权、限期特许经营权等的寿命(预计受益期)受法律、规章或合同的限制,是可以确定的,企业为取得这类无形资产而发生的支出应进行资本化,并在预计受益期内摊销。有些无形资产如商誉、永久性特许经营权、商号、秘密配方等的寿命则可能是无限的,或很难确定,对于这类无形资产,只能在考虑各影响因素后人为地确定一个摊销期,各国的确定有所差异。即使是对于前一类无形资产,实际的摊销期也往往与法律或合同规定的寿命不一致。因为受技术进步、竞争等因素的影响,无形资产的经济寿命往往短于法定的寿命。

## 二、无形资产的一般会计处理方法

### (一) 无形资产的取得

无形资产的一般会计处理包括确认和基本的计量,这两个基本点与其取得、价值摊销和处置是密切联系的。考虑到无形资产的固有特征,通常只有在同时满足以下两个标准时才能确认为无形资产:与该资产相关的未来经济利益将会流向企业;该资产的成本可以可靠地加以计量。这样一来才能满足资产确认的一般标准,即应具有可定义性、可计量性、相关性和可靠性。

当企业确信某项无形资产可以为企业带来未来经济利益,并且已具备应用该项无形资产创造收益所需的各项条件后,我们可以在会计上加以确认。与其他资产一样,无形资产通常也是按历史成本计量的;但与其他资产相比,其历史成本在某些情况下难以可靠计量。这是因为,如果无法取得历史成本的信息,无形资产不具有再生性,没有发达的交易市场,因而很难确定其重置成本。如果无形资产通过研制,自行开发,在发生的当时很难确定成本是否会归属于特定的无形资产,因为是否研制成功无法确定,因而难以确认为无形资产成本。

由于无形资产成本计量上的困难,现行国际通行会计惯例对无形资产的确认通常持比较稳健的态度。一般通过交易方式取得的无形资产,价值容易取得且客观,按取得成本计量。而其他自创无形资产(如自创商标和专利权),创造过程中发生的大量费用,则要采取区别对待的态度。这里主要是指企业的研究与开发成本。

研究与开发成本(research and development,R&D)是为了开发新产品或改进已有产品而发生的支出,本身并不是无形资产,但由于研究与开发活动的结果往往会导致某些无形资产的产生,因而在无形资产中都需要考虑。

作为自创无形资产必需的支出,对研究与开发成本如何进行合理的反映一直是有争议的。对于自行研制的知识产权而言,最大的费用就是研究与开发成本,而研制成功以后的支出是极其有限的,如果根据确认资产成本的基本原则,研究与开发成本应作为自创无形资产价值中非常重要的一部分。但目前很多国家对研究与开发成本的会计处理方式均采用稳健的方法,即研究与开发成本记作期间费用,不可以资本化,但要求公司披露或者公司自愿披露与研究与开发成本有关的信息,如当年费用化的研究与开发成本,相应资金来源,重要的研究与开发项目成本等。这种处理方法的依据是当前的研究与开发工作能否获得未来收益具有很大的不确定性,很难事先确知最终的结果,而且也没有客观的方法区别将获得成功的项目和不会获得成功的项目。即使成功,其成果带来未来经济利益的程度和期限也很难确定。

我国《会计准则》中对于研发支出的会计处理,要求首先区分研究阶段支出与开发阶段支出。研究是指为获取并理解新的技术或科学知识而进行的具有独创性的计划调查,该阶段所发生的支出应当计入发生当期的损益,即直接费用化。而开发阶段是指将无形资产进行商业性生产或使用前,将研究成果或其他知识应用于某项计划或设计,以生产出新的或具有实质性改进的材料、装置、产品等的阶段。按会计准则的规定,该阶段的支出必须同时满足以下条件才可以资本化:

(1) 完成该无形资产以使其能够使用或出售在技术上可行;

(2) 具有完成该无形资产并使用或出售的意图;

(3) 无形资产产生经济利益的方式,包括能够证明运用该无形资产生产的产品存在市场或无形资产自身存在市场,无形资产将在内部使用的,应当证明其有用性;

(4) 有足够的技术、财务资源和其他资源支持,以完成该无形资产的开发,并有能力使用或出售该无形资产;

(5) 归属于该无形资产开发阶段的支出能够可靠地计量。

以上条件满足后,企业才可确认正在进行中的开发项目,此后发生的支出可以资本化。至于开发阶段完成以后发生的成本和印刷费、制作费、申请费、注册费、律师费等,可以计为开发支出成本。

通过一定交易方式取得的无形资产通常是按实际成本计量的,即以取得无形资产并使之达到预定用途而发生的全部支出,作为无形资产的成本,包括购买价款、相关税费以及直接归属于使该项资产达到预定用途所发生的其他支出。但取得方式有差异,其成本构成可能就有所不同。比如通过购买方式取得无形资产,其成本包括确认或约定的金额;如果企业通过债务重组或易货方式取得无形资产,按照《债务重组》和《非货币性交易》会计准则确定入账价值(见第十二章)。对于商誉这种比较特殊的无形资产,按照现行会计惯例,对于自创商誉都不予确认,账面所确认的商誉都是企业合并过程中产生的。

对于投资者投入无形资产的成本,应当按照投资合同或协议约定的价值确定,但合同或协议约定价值不公允的除外。

### (二) 无形资产的摊销

无形资产与固定资产一样是长期资产,在其有用年限持续为企业带来未来经济利益,因而其成本也要进行系统、合理的分配,计入各期损益或有关资产的成本。这一过程我们就称之为摊销。摊销方法的选择,应当反映与该项无形资产有关的经济利益的预期实现方式。因为无形资产的特点,其成本与所带来的经济利益之间一般没有明显的、必然的联系,如果无法可靠确定预期实现方式,为简便起见,通常都采用直线摊销法。对于无法预见为企业带来经济利益期限的无形资产,视为使用寿命不确定,则不用进行价值摊销。无形资产的应摊销金额同样为其成本扣除预计残值后的金额。已计提减值准备的无形资产,还应扣除已计提的无形资产减值准备累计金额。而使用寿命有限的无形资产,除非有第三方承诺在无形资产使用寿命结束时购买该无形资产,或者可以根据活跃市场得到预计残值信息,并且该市场在无形资产使用寿命结束时很可能存在,否则视为没有残值。

无形资产的价值摊销期间,应为能够为企业带来经济利益的期限,也即应当自无形资产可供使用时起,至不再作为无形资产确认时止。具体而言取决于其有用寿命,包括对其法定寿命和经济寿命的权衡。例如,我国法律规定发明专利权的有效期为 20 年,商标权的有效期为 10 年。但有些无形资产如特殊工艺、秘密配方等的寿命则可能不受法律或合同的限制。经济寿命是指无形资产预计可以为企业带来经济利益的年限。由于受技术进步、市场竞争等多种因素的影响,无形资产的经济寿命往往会短于其法定寿命,因此,需综合考虑各方面因素的影响,确定比较合理的摊销期。可以参考以下原则。

(1) 合同规定了受益年限但法律没有规定有效年限的,摊销期不应超过受益年限。

(2) 合同没有规定受益年限但法律规定有效年限的,摊销期不应超过有效年限。

(3) 合同规定了受益年限,法律也规定了有效年限的,摊销期不应超过受益年限与有效年限两者之中较短者。

如果合同没有规定受益年限,法律也没有规定有效年限的,可以在估计的期限内摊销。为了防止企业任意延长或缩短摊销期,各国的会计惯例通常都规定了摊销期的上限或下限。美国和加拿大规定的摊销期最长不得超过 40 年,我国现行财务制度则规定,无形资产"按照规定期限分期摊销。没有规定期限的,按照预计使用期限或者不少于 10 年的期限摊销"。

在会计处理上,因为无形资产没有实物形态,无须在账面上保持其原始的成本,进行摊销时,摊销价值直接冲减其账面成本,即贷记"无形资产"账户,借方则视无形资产的性质和用途记入相关费用。在会计报表上披露出的价值即为无形资产建立在历史成本基础之上的账面值。企业至少应当于每年年度终了时,对使用寿命有限的无形资产的使用寿命及摊销方法进行复核。如果与以前估计不同的,应当改变摊销期限和摊销方法。同时对使用寿命不确定的无形资产的使用寿命进行复核。如果有证据表明无形资产的使用寿命是有限的,应当估计其使用寿命,开始进行价值摊销,但这些变更划分为会计估计的变更,采用未来适用法,不需要追溯调整,只是发生改变的事实,改变的影响需要在当期会计报表中进行适当的披露。

## 三、无形资产的处置

当企业的无形资产已经不具有给企业创造未来经济利益的能力时,可以按照正常情况报废,即直接将其账面价值转销。如果通过出售、投资转出、易货、债务重组等方式处置无形资产,那么首先要计算出处置日无形资产正确的账面价值,然后按照相应准则要求处理。出售无形资产时,取得的价款与该无形资产账面价值的差额可以直接计入当期损益。

## 四、无形资产的减值

与固定资产的考虑相同,对无形资产也要求定期进行检查,如果发现由于一些原因的存在,比如技术进步、市场逆转、新产品发明等,使得无形资产创造未来收益的能力受到重大不利影响,或估计的市场价值急剧下跌,其账面价值与现实价值差异极大时,需要考虑无形资产的减值问题。可以估算无形资产的预计可收回金额,将其小于账面价值的部分确认为无形资产的减值损失,计提相应减值准备,而且减值准备一经确认不允许转回。具体会计处理与固定资产类似,不再赘述。

## 五、几种特殊的无形资产

### (一) 土地使用权

土地是比较特殊的一种长期资产,在使用中其使用价值不会降低,所以不需要计提折旧,同时是一种不可再生的稀缺资源。在西方国家土地可以私有,企业一旦取得土地的所有权,将其按一类特殊的固定资产进行会计处理,只是不进行价值摊销。在我国,土地属于国家或集体所有,任何组织或个人不得侵占、买卖、出租或者以其他形式非法出让土地。但是,企业可以依法取得土地使用权,即在一定期限内对国有土地享有开发、利用、经营的权利。在会计上则将其作为一项无形资产加以核算,遵循无形资产的会计处理原则。但是需要注意,一旦土地加以使用,如进行土地开发,则土地使用权的尚未摊销价值要转入开发项目之成本。土地使用权可以转让。

### (二) 采矿权

采矿权是我国资源型企业特殊的无形资产,类似于土地使用权。按照规定,矿山资源型企业必须从政府获得采矿权才能开采矿山,国有企业改组为股份有限公司时,大多需要购买采矿权,或者股东以投资方式投入股份有限公司。采矿权的计价依据通常是有资格的中介评估机构评估价值。摊销方法可以用产量法或者直线法。

例如,中国中煤能源股份有限公司在 2013 年度报告中披露的采矿权信息如下:

采矿权以成本减累计摊销列示,并采用工作量法摊销。探矿权以取得时的成本计量,并自转为采矿权且煤矿投产日开始,采用工作量法摊销。

中煤能源采矿权和探矿权      单位:万元

| | 2012 年 12 月 31 日 | 本年增加 | 本年减少 | 2013 年 12 月 31 日 |
|---|---|---|---|---|
| 原价合计 | 3 476 663.50 | 410 408.90 | −359 215.80 | 3 527 856.60 |
| 采矿权 | 1 152 169.20 | 410 396.90 | — | 1 562 566.10 |
| 探矿权 | 2 324 494.30 | 12.00 | −359 215.80 | 1 965 290.50 |
| 累计摊销合计 | −228 800.60 | −42 371.60 | — | −271 172.20 |
| 采矿权 | −228 800.60 | −42 371.60 | — | −271 172.20 |

续表

| | 2012 年 12 月 31 日 | 本年增加 | 本年减少 | 2013 年 12 月 31 日 |
|---|---|---|---|---|
| 账面价值合计 | 3 247 862.90 | — | — | 3 256 684.40 |
| 采矿权 | 923 368.60 | — | — | 1 291 393.90 |
| 探矿权 | 2 324 494.30 | — | — | 1 965 290.50 |

#### （三）商誉

1. 商誉的一般意义

"商誉"（goodwill）是一种不可辨认的无形资产。一般定义为企业所拥有的一种超额获利能力。这种超额获利能力的产生可能是由于企业优越的地理位置，悠久的经营历史，特殊的生产工艺或技术等原因产生的。有时企业支出巨额费用，也会有利于企业产生超额获利能力。

商誉的特殊性表现在三个方面：

第一，无法单独辨认，即不能脱离企业单独存在，也就无法单独交易。

第二，商誉具有的超额获利能力的不确定性更大。

第三，商誉的形成可能无法以有效的方式计量，有些促成商誉形成的因素是不需要付出代价的，比如企业的地理位置优越，可能是历史原因产生的，企业并没为此付出，或者无法说明巨额广告支出中哪一部分专门为了商誉的形成。

正是由于商誉的这些特殊问题，尤其是计量的可靠性，商誉一直是会计界的热门话题。当然，商誉是一项无形资产，已经得到广泛认同。

从来源看，商誉可以通过两种渠道产生：自创或外购。自创商誉是在企业内部形成的，即在企业持续经营过程中由于各种不可辨认的因素的共同影响，使本企业可以获得超额利润。对于自创商誉，因为计量问题无法有效解决，一般各国会计原则都要求对此不加以确认，因而即使企业认为自己拥有商誉，也不可以在会计上加以确认。

但对于外购原因产生的商誉，由于是在企业兼并和收购的时候形成的，其成本也可以通过实际交易价格比较可靠地加以确定，具有客观性和可验证性，符合资产的确认标准。因此，会计惯例一般都要求确认外购商誉。当购买公司支付的金额与被购买企业的可确认净资产价值有差异时，一部分差额可以确认为商誉。如果支付金额大于可确认净资产价值，即为正商誉；如果支付金额小于可确认净资产价值，即为负商誉。负商誉的产生可能是由于被兼并的企业为了达到被并的目的而作出的一些牺牲或付出的代价，也可能因为被并企业包含有对以后经营不利的因素等。

2. 对商誉的确认

按照我国会计准则，确认商誉只是出现在非同一控制下的企业合并过程中，即参与合并的各方在合并前后不受同一方或相同的多方最终控制的。购买方对合并成本大于合并中取得的被购买方可辨认净资产公允价值份额的差额，应当确认为商誉。被购买方可辨认净资产公允价值，是指合并中取得的被购买方可辨认资产的公允价值减去负债及或有负债公允价值后的余额。购买方对合并成本小于合并中取得的被购买方可辨认净资产公允价值份额的差额,即负的商誉,则按照下列规定处理:首先要对取得的被购买方各项可辨认资产、负债及或有负债的公允价值以及合并成本的计量进行复核;如果经复核后合并成本仍小于合并中取得的被购买方可辨认净资产公允价值份额的,其差额则计入当期损益。初始确认后的商誉,不进行价值摊销,因为无法确定效用年限,但要求企业每年年度终了进行减值测试。

# 第七节　递耗资产和长期待摊费用及其他

## 一、递耗资产

递耗资产是指企业拥有的矿产、油田、森林等自然资源,与固定资产一样会给企业带来未来的较长期经济利益。但与固定资产有所不同,主要区别在于:带给企业的经济利益是比较直接的,一般属于不可再生资源,至少在较短期不可再生,这些资源会随着开采、挖掘而逐渐消耗,因此称递耗资产。

递耗资产取得成本的核算与固定资产的核算原则基本相同。对于森林资源的成本包括取得、培育养殖、灌溉排水设施等有关支出。矿产资源首先取决于勘探的成果,由于勘探结果具有不确定性,因此,对于勘探成本的确认,一般有两种不同的方法,一是将所有勘探成本予以资本化,不管成功与否,即所谓全部成本法,主张此方法的人主要坚持以企业为整体考虑支出的核算,不单独考虑每一个油井;二是只将勘探成功的支出予以资本化,未成功的勘探支出当期费用化,即所谓成效成本法,坚持这一方法的人认为,不出油的井不会产生未来收益,也即不符资产的要求,因而其支出不可以资本化,只把成功部分的成本资本化也可以更好地反映勘探失败的风险与代价。

假设某公司于20×2年一共勘探四口油井,每口油井平均支出900 000元,年末确定只有其中两口油井有石油且具有进一步开采价值,采用全部成本法当年总额3 600 000元的勘探成本均计入油井成本,以后摊销。如果采用成效成本法,则只有1 800 000元支出可以计入油井的资本化成本,剩余1 800 000元需要直接计入当年的损益。

可见,成效成本法是一种更加稳健的方法。但两种方法都具有一定的合理性。另外需要注意,对于石油企业,因为生产过程结束放弃生产时,可能会对环境造成一定的影响,同时为油气生产建造的各类设施的规模比较大,一旦结束生产,拆除设施和清理恢复场地的费用也会比较大,因而在考虑成本时需要提前提取弃置支出准备。当然有一个前提是企业需要承担该废弃处置义务,并且可以可靠计量。

我国对于煤炭和石油企业的矿产石油资源的成本核算,要求使用成效成本法。企业在勘探生产过程中发生的各项费用都先计入"在建工程"账户,属于发现探明经济可采储量的钻井勘探支出,转入"油气资产"账户,而未发现的支出,转入"勘探费用",计入当期损益。

例如,中石化披露的油气资产会计政策:

本集团采用成效法计算本集团的油气生产活动。根据成效法，开发井、相关辅助设备及已探明矿区权益的成本会被资本化。探井成本会在决定该井是否已发现探明储量前先行资本化为在建工程。探井成本的减值会在决定该井未能发现探明储量时发生。探井成本通常在完成钻探后并不会按资产列账多于一年，除非：(i)已发现有足够储量以支持投入并使其成为生产井所需的资本支出；(ii)正在进行或已切实计划在近期钻探更多的勘探性油井；(iii)正在进行其他活动以充分评估储量及项目经济性及运行可行性。其他所有勘探成本，包括地质及地球物理成本、其他干井成本及年度租赁费，均于发生时作费用处理。有关探明资产的资本化成本是以油田为单位按产量法摊销。摊销率是按现有设施可收回的油气储量除以原油及天然气储区的可开采年期及有关生产许可证规定的期限的较短者确定。

管理层对油气资产未来的拆除费用的估计是按照目前的行业惯例，考虑了预期的拆除方法，并参考了工程师的估计后进行的。相关拆除费用按无风险报酬率折为现值并资本化为油气资产价值的一部分，其后进行摊销。

与固定资产一样，企业在递耗资产的受益期要进行成本的摊销，这一过程我们称之为折耗。根据递耗资产的特点，折耗方法可以选择平均年限法和产量法，在产量法下计算折耗基数时要先估计净残值，然后估计递耗资产可能蕴藏（或生产）的总量，两者相除计算出单位蕴藏量（或生产量）需要分担的成本，然后乘以各期实际产量得出应分摊的成本数，平均年限法下的不同就是以预计开采年限作为分配基础。在此需要注意的是，递耗资产会随开采而首先转化为企业初级产品，所以折耗价值会首先转化为存货价值，随产品进一步加工或出售再进入各期费用。一般会计处理为：

借：生产成本——原油

　　贷：油气资产

在会计报表中，递耗资产的披露方式与固定资产稍有差异，主要在于递耗资产的实体会随不断的采伐与挖掘而减少，因而对其已折耗的价值不需要累计，在报表上直接反映资产的账面净价值，这与资产的实体是相吻合的。

对于资源型企业，许多资源是不可再生的，因此，资源储量就成为判断企业未来盈利能力十分重要的信息。美国会计准则就要求公司披露石油和天然气的生产情况（请参见附录）。

## 二、长期待摊费用

长期待摊费用是指企业已经发生的支出，但这些已经发生的支出给企业带来的预期经济利益在未来1年以上，因而与固定资产类似，需要在1年以上的会计期间摊销。企业发生的经营租入固定资产的改良支出，股份有限公司发行费用无法从溢价抵消的部分，都可作为长期待摊费用处理。另外我们在第四节讲固定资产修理与改良的内容时提到如果企业发生大修理支出涉及的会计期间超过1年以上，该支出也需要首先资本化，作长期待摊费用处理，以后进行摊销。

经营性租入固定资产的改良支出，会提高租入资产的效用与功能，因而该支出要资本化，但资产的所有权不归承租人，资本化的支出没有实物载体，需要确认为长期待摊费用,根据租赁期与改良后资产尚可使用年限孰短选择摊销年限。

**例 9-12** 某公司租入一办公用房,租期 3 年,每年支付租金 24 000 元。根据租赁协议,公司可按实际需要进行房屋装修和内部结构调整,相关费用自己承担。公司一次性发生装修和调整支出 60 000 元。有关会计处理如下。

(1) 发生装修与调整支出:

借:长期待摊费用——固定资产的改良支出　　　60 000

　　贷:银行存款　　　　　　　　　　　　　　　　　60 000

(2) 年末支付租赁费用:

借:管理费用　　　　　　　　　　　　　　　　24 000

　　贷:银行存款　　　　　　　　　　　　　　　　　24 000

(3) 长期待摊费用摊销:

借:管理费用　　　　　　　　　　　　　　　　30 000

　　贷:长期待摊费用——固定资产的改良支出　　　　30 000

其他长期待摊费用都应当单独核算,在费用项目受益期内进行价值摊销。摊销时,一般使用直线法,摊销时间的确定,视费用的具体内容而定。比如:固定资产大修理支出在两次修理期之内摊销;股票发行费用未从溢价补足部分在不超过 2 年的期限内均摊;债券发行时发生的一次性支付,较大的发行费用,在债券的存续期间摊销;企业在开办期间发生的费用,也可以先在长期待摊费用中归集,一旦企业开始生产经营活动,再将开办费全部转入当期费用。

如果在会计报表中看到企业有长期待摊费用项目,则应意识到该项目的变现能力很弱,大多只是一种尚待摊销的费用。

## 三、生物性资产

对于从事农业生产的企业会拥有生物资产。生物资产是指有生命的动物与植物,划分为消耗性生物资产、生产性生物资产及公益性生物资产,其中生产性生物资产属于长期资产的范畴,是指为产出农产品、提供劳务或出租等目的而持有的生物资产,包括经济林、薪炭林、产畜和役畜等。

生产性生物资产的初始确认,成本的核算,价值的分配(即折旧),以及处置和减值的会计处理原则与固定资产类似,只是可选用的折旧方法目前只推荐年限平均法、工作量法、产量法。另外在考虑减值准备时针对该类资产的特点,只在有确凿证据表明由于遭受自然灾害、病虫害、动物疫病侵袭或市场需求变化等原因,生产性生物资产的可收回金额低于其账面价值的,应当按照可变现净值或可收回金额低于账面价值的差额,计提跌价准备或减值准备,并计入当期损益。同样生产性生物资产减值准备一经计提,不得转回。

如果有确凿证据表明,生产性生物资产的公允价值能够可靠获得,也可以采用公允价值的方法计量生产性生物资产的期末价值,并确认因此而产生的损益。

# 第八节　长期资产的披露与分析

## 一、长期资产的报表披露

对于长期资产在会计报表中进行披露包括两个方面的内容，一是在相关会计报表中披露其详细的数据信息，使报表的使用者充分了解企业资产的状况；二是关于长期资产核算的相关会计政策、会计方法、会计估计变动等方面的信息，使用者从中理解数据的真实含义，作出正确的决策。

在会计报表中，各项长期资产反映出的都是净值数据，但需要通过附注披露关于其原始成本、累计折旧及其减值的具体信息。如果会计期末企业存在尚未完工，处于建造过程的资产，为对企业的资产状况全面了解，对该类项目是通过"在建工程"进行核算，可以作为固定资产的一类在报表中反映。生产性生物资产只是农业企业特有长期资产之一。具体见表 9-6。

表 9-6　部分资产负债表

| |
| --- |
| 固定资产 |
| 在建工程 |
| 工程物资 |
| 固定资产清理 |
| 生产性生物资产 |
| 无形资产 |
| 开发支出 |
| 商誉 |
| 长期待摊费用 |

除了表 9-6 中信息外，对于长期资产核算的会计政策和会计方法的选择，以及相关的重要经济业务，会计方法及会计估计的变更及影响等事项根据会计披露的原则需要在报表附注中加以详细说明。比如企业采用的折旧、摊销方法，折旧（摊销）年限的确定，如果更改折旧方法，更改的事实、对前后期会计信息的影响；改变资产折旧年限，改变的事实、原因、会计核算方式等，这些对于信息使用者而言是很重要的。

## 二、有关分析

我们已经理解，长期资产是企业经营能力的源泉，对长期资产的分析主要关注其运用现状及营运能力是否得到充分的运用，在此我们可以通过以下会计指标分析。

### （一）固定资产的更新率

企业在生产经营过程中，需要不断地对固定资产进行更新换代，淘汰旧资产，添置新资产，以不断适应现代化生产的要求，提高企业的竞争能力。企业资产的新旧程度可以反映企业实际的生产能力和潜在的生产能力。

$$固定资产更新率 = \frac{当年新增固定资产原价}{年初固定资产原价} \times 100\%$$

该指标可以反映固定资产在 1 年中的增长率,全面考察企业固定资产的新旧程度。

### (二)固定资产利润率

固定资产的利润率衡量固定资产与利润率之间的关系,在一定程度上反映企业固定资产创造收益的能力。

$$固定资产利润率 = \frac{利润总额}{固定资产净值} \times 100\%$$

一般而言,该比率越高说明企业固定资产的获利能力越强,但需要注意,利润额受很多其他因素的影响,而且固定资产净值与企业固定资产的新旧程度有密切的关系,所以分析时需要注意。

### (三)固定资产的周转率

固定资产的周转率是指企业年营业收入与固定资产平均净值之间关系的比率,是反映固定资产营运能力,衡量其利用效率的重要财务指标之一。

$$固定资产周转率 = \frac{营业收入}{固定资产平均净值}$$

一般固定资产平均净值采用企业年初与年末固定资产净值的平均数。固定资产的周转率越高,说明企业固定资产利用充分,投资结构合理,能够发挥固定资产的使用效率,反之则不。但是使用该指标时也要考虑,固定资产的折旧方法,固定资产的新旧程度都会影响其意义。固定资产陈旧的企业,采用激进的折旧政策的企业,该比率会比较高,并不一定与资产的运用相关。

固定资产的周转率有时也称为企业资本密集程度比率,该比率比较高的企业对固定资产的依赖性比较低,对市场波动的反应较灵敏,而过多依赖固定资产创造收益的企业,固定资产的成本相对稳定,对市场的应变能力比较差。

## 专 用 名 词

| | | | |
|---|---|---|---|
| 固定资产 | 原始价值 | 净残值 | 经营性租赁 |
| 融资性租赁 | 借款费用资本化 | 货币性资产 | 折旧年限 |
| 折旧 | 直线法 | 工作量法 | 加速折旧法 |
| 年数总和法 | 双倍余额递减法 | 维护与修理 | 改良 |
| 减值 | 固定资产减值 | 无形资产 | 摊销 |
| 商誉 | 研究与开发成本 | 递耗资产 | 全部成本法 |
| 成效成本法 | 长期待摊费用 | 生物性资产 | 固定资产的改良支出 |
| 固定资产的更新率 | 固定资产的周转率 | 固定资产利润率 | |

**本章所涉及主要企业会计准则：**

财政部：企业会计准则第 4 号——固定资产。

财政部：企业会计准则第 5 号——生物资产。

财政部：企业会计准则第 6 号——无形资产。

财政部：企业会计准则第 7 号——非货币性交易。

财政部：企业会计准则第 8 号——资产减值。

财政部：企业会计准则第 17 号——借款费用。

财政部：企业会计准则第 20 号——企业合并。

财政部：企业会计准则第 21 号——租赁。

财政部：企业会计准则第 27 号——石油天然气开采。

# 附录 9-1　中国石油天然气股份有限公司原油及天然气勘探及生产活动补充资料(未经审计)

（除特殊注明外,均以百万为单位）

根据美国财务会计准则委员会发布的会计准则修正第 2010－03 号开采活动—石油和天然气(第 932 号主题):油气储量估计和披露(会计准则汇编修订第 932 号主题开采活动 — 石油和天然气或"ASC932")以及美国证券交易委员会对应的披露要求,此部分提供了本公司及其附属公司("本集团")及本集团按权益法投资主体的油气勘探及开发成本,及与油气生产活动相关的经营业绩的补充信息。

下文列示的补充信息包括:本集团的探明油气储量估计,有关资本化成本的历史成本信息,取得成本、勘探和开发活动的成本支出,油气生产活动经营业绩,经贴现的未来预计净现金流量标准化度量,经贴现未来净现金流量的标准化度量的变化。

"其他"地区包括的油气生产活动主要位于哈萨克斯坦、委内瑞拉和印度尼西亚等国家。本集团应占权益法投资主体所拥有的储量相对较小,故与此相关的信息以境内外合计数进行列示。

## 探明油气储量估计

油气探明储量不能予以准确度量。储量估计受许多因素影响,包括与油气藏性能相关的因素,而这些因素需要由工程师解释所获得的数据以及油价和其他经济因素来进行评估。任何时候这些估计的可靠性都取决于技术和经济资料的质量和数量、油气藏的产能以及工程判断。因此,在一个油气藏的生产期,储量估计会因获得更多数据而予以修正。当发现一个商业油气藏时,探明储量最初是根据第一口井或第一批井的有限数据估计的。随后获得的数据可以更有效地决定油气藏的规模,而更多的产能、井的测试和工程研究均可能提高储量估计的可靠性。科技日新月异,通过一些更先进的开发技术,例如采用注水或增产生产技术(或一并采用),可能潜在地提高储量。

探明油气储量是指自给定日期至合同约定权利到期日(除非有证据合理保证该权利能够得到延期),通过地球科学和工程数据的分析,采用确定性评估或概率性评估,以现有经济、作业和政府管制条件,可以合理确定已知油气藏经济可采的原油、天然气的估计量。

现有的经济条件包含确定一个油气藏经济生产能力的价格和成本。除非由合同约定,该价格是指在本报告期截止日以前的十二个月的算术平均价格,每个月价格确定为该月第一天的价格,但不包括基于未来条件做出的价格调整。成本即期末采用的成本。

探明已开发油气储量是指:

a. 利用现有设备和作业方法,或者开采储量所需的开发设备成本明显低于钻探一口新井所需成本,可从现有油气井中进行开采的储量。

b. 当通过除油气井开采外的其他方式进行开采,利用储量估计时点已安装的开采设备和基础设施可开采的储量。

探明未开发储量指在尚未钻井的矿区或利用现有油井仍需较大资本支出的地区已探明的储量。

在中国境内,有关税收、收费和矿区使用费是一种税收机制,均以现金支付。我们披露的探明储量包括为最终生产和销售这些储量而支付的税收、收费和矿区使用费。

于 2013 年 12 月 31 日及 2012 年 12 月 31 日的探明储量估计乃按照独立工程顾问 DeGolyer and MacNaughton, Gaffney, Cline & Associates, McDaniel & Associates 和 GLJ 编制的报告厘定。

以下为各期间探明原油及凝析油及天然气净储量的估计数字,以及已开发及未开发的探明净储量的变化。

| | 原油及凝析油<br>(百万桶) | 天然气<br>(十亿立方英尺) | 合　计<br>(百万桶油当量) |
|---|---|---|---|
| 探明已开发及未开发储量 | | | |
| 本集团: | | | |
| 于 2011 年 12 月 31 日的储量 | 11 128 | 66 653 | 22 237 |
| 变化调整: | | | |
| 对以前估计的修正 | (16) | (2 731) | (471) |
| 采收提升 | 86 | — | 86 |
| 扩边和新发现 | 737 | 6 218 | 1 773 |
| 产量 | (917) | (2 559) | (1 343) |
| 于 2012 年 12 月 31 日的储量 | 11 018 | 67 581 | 22 282 |
| 变化调整: | | | |
| 对以前估计的修正 | (124) | (6 415) | (1 193) |
| 采收提升 | 84 | — | 84 |
| 扩边和新发现 | 775 | 10 959 | 2 601 |
| 产量 | (933) | (2 802) | (1 400) |
| 于 2013 年 12 月 31 日的储量 | 10 820 | 69 323 | 22 374 |
| 探明已开发储量: | | | |
| 2012 年 12 月 31 日 | 7 396 | 31 607 | 12 663 |
| 2013 年 12 月 31 日 | 7 219 | 32 813 | 12 688 |
| 探明未开发储量: | | | |
| 2012 年 12 月 31 日 | 3 622 | 35 974 | 9 619 |
| 2013 年 12 月 31 日 | 3 601 | 36 510 | 9 686 |
| 按权益法核算的投资: | | | |
| 应占联营公司及合营公司探明<br>已开发及未开发储量 | | | |
| 2012 年 12 月 31 日 | 517 | 181 | 547 |
| 2013 年 12 月 31 日 | 494 | 416 | 563 |

于 2013 年 12 月 31 日,本集团和应占权益法核算的联营公司及合营公司探明已开发及未开发储量合计为 229.37 亿桶油当量(2012 年:228.29 亿桶油当量),其中原油及凝析油为 113.14 亿桶(2012 年:115.35 亿桶),天然气 697 390 亿立方英尺(2012 年:

677 624 亿立方英尺)。

于 2013 年 12 月 31 日,本集团的探明已开发与未开发储量中,99.77 亿桶的原油及凝析油储量(2012 年 12 月 31 日:102.19 亿桶)与 680 850 亿立方英尺的天然气储量(2012 年 12 月 31 日:664 461 亿立方英尺)位于中国大陆;8.43 亿桶的原油及凝析油储量(2012 年 12 月 31 日:7.99 亿桶)与 12 380 亿立方英尺天然气储量(2012 年 12 月 31 日:11 351 亿立方英尺)位于中国大陆以外。

**资本化成本**

| | 2013 年 12 月 31 日 | 2012 年 12 月 31 日 |
|---|---|---|
| 本集团: | | |
| 取得成本及生产性资产 | 1 166 870 | 1 031 356 |
| 辅助设施 | 328 504 | 298 601 |
| 在建工程 | 120 745 | 102 496 |
| 资本化成本合计 | 1 616 119 | 1 432 453 |
| 累计折旧、折耗及摊销 | (694 318) | (596 428) |
| 资本化成本净值 | 921 801 | 836 025 |
| 按权益法核算的投资: | | |
| 应占联营公司及合营公司资本化成本净值 | 35 060 | 39 442 |

**取得成本、勘探和开发活动的成本支出**

| | 2013 年 | | |
|---|---|---|---|
| | 大陆中国 | 其他 | 合计 |
| 本集团: | | | |
| 取得成本 | −17 701 | 17 701 | |
| 勘探成本 | 38 051 | 5 238 | 43 289 |
| 开发成本 | 137 783 | 25 563 | 163 346 |
| 合计 | 175 834 | 48 502 | 224 336 |
| 按权益法核算的投资: | | | |
| 应占联营公司及合营公司取得成本、勘探和开发成本 | — | 3 036 | 3 036 |

| | 2012 年 | | |
|---|---|---|---|
| | 大陆中国 | 其他 | 合计 |
| 本集团: | | | |
| 取得成本 | −24 586 | 24 586 | |
| 勘探成本 | 39 049 | 1 879 | 40 928 |
| 开发成本 | 152 534 | 21 355 | 173 889 |
| 合计 | 191 583 | 47 820 | 239 403 |
| 按权益法核算的投资: | | | |
| 应占联营公司及合营公司取得成本、勘探和开发成本 | — | 4 477 | 4 477 |

## 油气生产活动经营业绩

2013 年度及 2012 年度的油气生产活动经营业绩列示如下。营业额包含销售给第三方和板块间的销售(基于公平交易价格),为扣除增值税后的净额。资源税、石油特别收益金和其他生产税费包含在除所得税外的其他税负中。所得税费用以适用法定税率计算,反映了各自年度的税收扣除和抵减。

| | 2013 年 | | |
| --- | --- | --- | --- |
| | 中国大陆 | 其他 | 合计 |
| 本集团: | | | |
| 营业额 | | | |
| 第三方销售 | 82 422 | 59 120 | 141 542 |
| 板块间销售 | 471 514 | 2 069 | 473 583 |
| | 553 936 | 61 189 | 615 125 |
| 除税外生产成本 | (108 302) | (9 039) | (117 341) |
| 勘探费用 | (21 548) | (3 753) | (25 301) |
| 折旧、折耗及摊销 | (88 569) | (15 739) | (104 308) |
| 除所得税外的其他税赋 | (110 350) | (17 648) | (127 998) |
| 资产弃置义务增加费用 | (4 505) | (185) | (4 690) |
| 所得税费用 | (42 352) | (5 325) | (47 677) |
| 生产活动经营业绩 | 178 310 | 9 500 | 187 810 |
| 按权益法核算的投资: | | | |
| 应占联营公司及合营公司生产活动经营业绩的利润 | — | 8 392 | 8 392 |
| 本集团和按权益法核算的投资生产活动经营业绩的利润合计 | 178 310 | 17 892 | 196 202 |
| | 2012 年 | | |
| | 中国大陆 | 其他 | 合计 |
| 本集团: | | | |
| 营业额 | | | |
| 第三方销售 | 82 064 | 62 233 | 144 297 |
| 板块间销售 | 472 366 | 675 | 473 041 |
| | 554 430 | 62 908 | 617 338 |
| 除税外生产成本 | (95 085) | (7 581) | (102 666) |
| 勘探费用 | (22 811) | (1 161) | (23 972) |
| 折旧、折耗及摊销 | (80 293) | (14 196) | (94 489) |
| 除所得税外的其他税赋 | (116 030) | (17 307) | (133 337) |
| 资产弃置义务增加费用 | (4 098) | (139) | (4 237) |
| 所得税费用 | (44 568) | (7 045) | (51 613) |
| 生产活动经营业绩 | 191 545 | 15 479 | 207 024 |
| 按权益法核算的投资 | | | |
| 应占联营公司及合营公司生产活动经营业绩的利润 | — | 9 650 | 9 650 |
| 本集团和按权益法核算的投资生产活动经营业绩的利润合计 | 191 545 | 25 129 | 216 674 |

## 经贴现的未来净现金流量标准化度量

于 2013 年 12 月 31 日和 2012 年 12 月 31 日,有关探明油气储量的经贴现的未来净现金流量标准化度量按估计本集团探明油气储量时使用的价格、期末成本、与现有探明油气储量有关的现行法定税率以及 10% 的年折现率计算得出。增值税从"油气销售之未来现金流"中扣减。企业所得税包含在"未来的所得税费用"中。其他税费作为生产税费,包含在"未来生产费用"中。

于 2013 年 12 月 31 日和 2012 年 12 月 31 日,有关探明油气储量的经贴现的未来净现金流量标准化度量列示如下:

| 本集团: 于 2013 年 12 月 31 日 | |
| --- | ---: |
| 未来现金流量 | 8 369 464 |
| 未来生产费用 | (3 980 886) |
| 未来开发费用 | (492 655) |
| 未来的所得税费用 | (812 290) |
| 未来的净现金流量 | 3 083 633 |
| 以 10% 贴现率估计现金流量的时间价值 | (1 532 368) |
| 经贴现的未来净现金流量标准化度量 | 1 551 265 |

| 本集团: 于 2012 年 12 月 31 日 | |
| --- | ---: |
| 未来现金流量 | 8 716 686 |
| 未来生产费用 | (4 046 065) |
| 未来开发费用 | (507 905) |
| 未来的所得税费用 | (883 544) |
| 未来的净现金流量 | 3 279 172 |
| 以 10% 贴现率估计现金流量的时间价值 | (1 599 993) |
| 经贴现的未来净现金流量标准化度量 | 1 679 179 |

于 2013 年 12 月 31 日有关探明油气储量的经贴现的未来净现金流量标准化度量中, 14 738.52 亿元(2012 年 12 月 31 日:15 997.84 亿元)位于中国大陆;774.13 亿元(2012 年 12 月 31 日:793.95 亿元)位于中国大陆以外。

应占联营公司及合营公司经贴现的未来净现金流量标准化度量:

| | |
| --- | ---: |
| 2013 年 12 月 31 日 | 39 187 |
| 2012 年 12 月 31 日 | 50 789 |

## 经贴现未来现金净流量的标准化度量的变化

本集团 2013 年度和 2012 年度经贴现净现金流量标准化度量的变化列示如下：

|  | 2013 年 | 2012 年 |
|---|---|---|
| 本集团： |  |  |
| 年初金额 | 1 679 179 | 1 677 627 |
| 减去生产成本后的油气产品销售及转移 | (350 512) | (380 439) |
| 价格及生产成本及其他的净变化 | (216 677) | (7 750) |
| 扩边、新发展及采收提升 | 265 039 | 212 372 |
| 开发成本支出 | 70 183 | 13 420 |
| 前期数量估计修正 | (117 817) | (58 354) |
| 贴现增值 | 178 064 | 214 045 |
| 所得税的净变化 | 43 806 | 8 258 |
| 年末金额 | 1 551 265 | 1 679 179 |

# 习 题

## 一、思考题

**Q9-1** 什么是固定资产？它们的主要特征是什么？

**Q9-2** 考虑不同途径取得的固定资产，其入账价值是如何确定的？

**Q9-3** 固定资产有哪几种主要的计价基础？

**Q9-4** 融资租入固定资产和经营性租入固定资产有什么区别？

**Q9-5** 如何正确理解固定资产折旧的含义？

**Q9-6** 什么是固定资产的账面净值？

**Q9-7** 你是否同意以下观点："固定资产的账面净值是其当期的重置价值？"请解释。

**Q9-8** 影响固定资产折旧的因素有哪些？

**Q9-9** 计提固定资产折旧时，如何确定其折旧范围？

**Q9-10** 折旧方法有哪些？它们对固定资产账面价值及损益计量是如何影响的？

**Q9-11** 试说明加速折旧法的合理性。

**Q9-12** "累积折旧为固定资产的重置提供资金。"这种说法是否正确？请解释。

**Q9-13** 如何正确处理建造固定资产过程中发生的借款费用？

**Q9-14** 固定资产的维护修理与改良在会计处理上有什么不同？

**Q9-15** 对固定资本的维护修理进行核算时，待摊法与预提法有什么区别？

**Q9-16** 无形资产与其他资产有何区别？

**Q9-17** 无形资产价值摊销的会计处理方法有什么特点？

**Q9-18** "内部形成的专利与从外部购进的专利在会计处理上存在不同。"你是否同意此观点？请加以解释。

**Q9-19** 如何在会计报表上适当地披露关于固定资产、无形资产的信息？

**Q9-20** 哪些类型的资产分别有下列的费用：折旧、折耗和摊销？

**Q9-21** 你的公司刚刚花 400 000 元收购了另一家公司。这家公司可辨认净资产市价为 325 000 元，则多付出的 75 000 元是什么？它是哪种类型的资产？

**Q9-22** 什么是递耗资产？它们有什么特点？

**Q9-23** 对固定资产减值的会计处理，我国会计准则与美国会计准则有什么主要差异？

**Q9-24** 什么是长期待摊费用？主要包括哪些内容？

## 二、练习题

### E9-1　固定资产折旧

某公司花 300 000 元购买了一台机器，预计使用 6 年，预计净残值为 18 000 元。该机器在其使用寿命内预计可生产 3 525 000 件产品，各年预计产量如下：

| 年份 | 预计产量/件 |
|---|---|
| 1 | 930 000 |
| 2 | 800 000 |
| 3 | 580 000 |
| 4 | 500 000 |
| 5 | 415 000 |
| 6 | 300 000 |
| 合计 | 3 525 000 |

要求：

（1）该公司使用直线法，每年的折旧费是多少？

（2）该公司使用产量法，根据预计产量每年的折旧费是多少？

（3）如果使用年限总和法计提折旧费，与产量法相比，每年折旧费有很大差异吗？

**E9-2　固定资产折旧**

如果一项资产以 100 000 元购得，预计其净残值为 4 000 元，没有减值准备。预计使用年限为 3 年。

要求：

（1）直线折旧法的折旧率是多少？

（2）如果采用年数总和法，每年将计提多少折旧费？

（3）折旧方法的选择如何影响公司的净资产和盈利状况？

**E9-3　固定资产处置**

北新公司于 20×× 年购置一台总成本为 150 000 元的机器设备，该公司采用直线折旧法对该设备计提折旧，预计使用年限为 5 年。3 年后，北新公司的一家主要竞争对手购买了一台生产同样产品，但制造成本仅为北新公司 40% 的新型机器，为保持竞争力，北新公司决定放弃原有机器并购置新设备。

要求：

（1）在处置旧机器时，其账面价值是多少？旧机器的处置损失是多少？

（2）购得新机器后，决定其折旧时，应该考虑哪些因素？

**E9-4　固定资产折旧**

一家公司准备支出 100 000 元更换一台旧的机器设备，公司经理认为此决策不会有任何资金上的问题，因为该项资产已经计提了 150 000 元的折旧，作为公司的会计师，你对此观点有何评价？

**E9-5　固定资产入账价值和可折旧金额**

下面所给资料是与企业一台机器设备相关的，请根据成本确定原则计算其总成本与可折旧的成本。

单位：元

| 一台从日本购置的机器： | |
| --- | --- |
| 1. 购买价格 | 150 000 |
| 2. 运输费 | 12 000 |
| 3. 关税 | 18 000 |
| 4. 安装费 | 30 000 |
| 5. 调试人工与材料费 | 23 000 |
| 6. 专家调试费 | 11 000 |
| 7. 估计的净残值 | 20 000 |
| 8. 出售旧机器价格 | 8 000 |

**E9-6　固定资产处置**

20×1 年 1 月 2 日，新华公司以 87 000 元的价格购买商场设备，预计这些设备使用 10 年。该公司使用年数总和法计提设备折旧，预计无残值。20×8 年 10 月 30 日，因经营原因，公司以 9 500 元的价格出售该设备，请对此经济业务进行相关会计处理。

**E9-7　固定资产折旧**

某电力公司耗用 2 亿元自建了一座核能发电厂，估计在工厂报废前可投入使用 50 年。公司认为在工厂报废时,将发生 0.2 亿元的拆撤成本(拆撤核反应设备和处理放射性废料的成本)。公司在每年年底计算直线折旧额。在工厂运作的第 11 年,政府颁布了处理核废料的管理法规。估计的拆撤成本从 0.2 亿元增加到 0.24 亿元。在经营的第 31 年,企业重估了工厂的使用年限,从 50 年延长到 60 年。

要求:

(1) 第 1 年的折旧费是多少?

(2) 第 11 年的折旧费是多少? 如何正确处理估计净残值变化的影响?

(3) 第 31 年的折旧费是多少?

(4) 如何正确处理和披露估计折旧年限变化对公司财务状况和损益所造成的影响?

**E9-8　修理支出和改良支出**

A 公司从 B 公司那里购买了两辆二手卡车,这两辆卡车不完全相同,但是它们的价格都是 15 000 元。A 公司在讨价还价的过程中得知,第一辆卡车需要修理发动机,以保持其正常运转,预计的费用为 4 000 元。相应的修理工作是在买过来一星期之后进行的,实际花费了 4 200 元。第二辆卡车买过来之后,发现它需要更换轴承。A 公司也是在购买一星期之后进行修理的,费用同样为 4 200 元。

要求:

(1) A 公司应该如何来计量这两辆卡车的价值?

(2) 如果(1)中两辆卡车的价值被确认为不同,那么如何区分这两次修理?

(3) 修理支出与改良支出的主要区别在什么地方? 会计处理有何不同?

**E9-9　研究与开发费用**

20×1 年,金新公司研究部支出研究与开发费用,总计 15 000 000 元,其研究成果获得了有价值的专利,但总支出中有 65% 属于研究阶段支出。同年,新新公司以 15 000 000 元的价格从外面买进一项专利。

要求:金新公司与新新公司当年收益表所受到的影响是否一样? 其年末资产负债表的变化如何?

**E9-10　无形资产——专利权**

20×1 年,某公司从外部购入一项广播传媒技术的专利,共为此支付 8 000 000 元。该项专利的法定使用年限还有 8 年。由于传媒技术的进步日新月异,公司估计该专利 4 年后将毫无价值。

要求:该公司如何决定该专利的摊销年限,20×1 年的摊销额为多少?

**E9-11　研究与开发费用分析**

某公司 20×1 年年报中披露,当年的研究开发费用总计为 670 万元,请问这一数字如何影响公司当年的盈利状况? 请站在信息使用者的角度分析企业研发费用的披露方式。如果该公司当年支出同样的数额从外面购入一项专利技术,此时应如何反映 670 万元的支出?

**E9-12　在建工程**

哈森公司 20×1 年 1 月 1 日开始建造一栋自用的办公大楼,预计总成本为 5 000 000 元,预期工程年底完成。工程建造期间,公司有以下债务:

为建造工程发行的长期债券,总额 2 000 000 元,年利率 12%,半年付一次利息,3 年期。

长期借款 1 000 000 元,11% 年利率,每年 1 月 1 日付利息,20×5 年 1 月到期。

短期借款 1 400 000 元,10% 利率,按月支付利息,20×2 年 5 月 30 日到期。

要求:

(1) 该工程按计划完成,总成本为 5 200 000 元,工程加权平均的累计支出为 3 600 000 元,其成本中可资本化的利息额为多少?

（2）如果该办公大楼采用直线法计提折旧，预计使用年限30年，预计残值300 000元，公司20×2年的折旧费为多少？

（3）对企业财务状况和盈利能力的分析中，应如何关注利息成本资本化的问题？请简要分析。

## 三、讨论题

**P9-1 年报分析**

请选择一家上市公司最近的年报，根据年报回答下列有关该公司的问题。注意，主要依据当年的数据资料。

（1）公司在向股东和债权人报告的会计报表中主要采用哪种折旧方法？公司提示用于计算固定资产折旧的预计使用年限了吗？如果提示了，请指出其使用年限。

（2）由于折旧和摊销费用类似，所以常被合并。许多损益表将折旧和摊销费用包括在其他费用额中。为得知这些费用的金额，查看现金流量表变得很必要。你所选的公司在哪里列报了折旧和摊销费用？当年折旧和摊销费用是多少？

（3）当年公司是否进行了固定资产的投资？如果有，请编制一笔分录记录其购置。

（4）当年公司是否有处置固定资产的行为？处置的结果是什么？其如何进行相关披露的？请编制该固定资产处置的会计分录。

（5）该公司是否列报了无形资产？种类有哪些？金额是多少？

（6）如果公司当年除长期投资以外的其他长期资产项目发生了变化，请描述静态结果，并根据报表信息分析变化原因，对企业的相关理财活动进行评价。

（7）对该公司报表中披露的关于固定资产和无形资产的有关重要信息进行汇总，并对这些资产状况进行评价。

**P9-2 固定资产折旧的影响**

假定你正在考虑投资于甲公司和乙公司中的一家。这两个公司实际上很类似，都是当年期初开业的，会计年度为日历年度。在当年，每个公司都购买了下列存货：

| 日　　期 | 单 位 成 本 | 数量/件 | 金额/元 |
|---|---|---|---|
| 1月3日 | 4×10 000 | | 40 000 |
| 3月9日 | 5×5 000 | | 25 000 |
| 9月4日 | 9×7 000 | | 42 000 |
| 10月12日 | 7×10 000 | | 70 000 |
| 合　　计 | | 32 000 | 177 000 |

同年，两个公司都销售出了25 000件存货。

在1月初，两个公司都购买了价值为150 000元，使用期限为10年，残值为20 000元的设备，甲公司采用先进先出法记录存货，采用直线法计提折旧。乙公司采用后进先出法记录存货，采用双倍余额递减法计提折旧。两公司关于当年收入和期间费用的信息如下（两者相同）：

销售收入　　　　330 000元

经营费用　　　　88 000元

要求：

（1）编制两个公司的损益表。（所得税率为30%，税法要求计算应税收益的原则与会计原则一致）

（2）编制一表格，说明两个公司当年损益发生差异的主要原因。用你自己的语言解释表格及其金额。

(3) 是不是一个公司比另一公司获利能力更强？说明理由。

(4) 如果两个公司当年的销售和采购行为均为现金操作，请对两个公司的现金流进行分析。

(5) 请决策并解释你的投资方案。

**P9-3　资本性支出与收益性支出**

下列问题都是针对固定资产和无形资产的，它们互不相关。

(1) A公司的经理瑞克主张将购买固定资产的成本借记修理与维护费用账户。公司会计师知道这是违背公认会计原则的，但瑞克坚持这样做，请说明可能的原因。如果你是公司的会计师，对此会采取什么态度？

(2) 某公司的经理南希希望将固定资产的修理和维护费借记厂房与设备账户。请问该行为违反了什么主要的公认会计原则，请列出她这么做的可能原因？

(3) 某人建议说，由于许多无形资产仅对拥有它的公司有价值，因此其应在资产负债中按1元或零列报。许多会计不同意这种观点，你支持哪种观点？为什么？

(4) AOL公司1992年上市，其经营业务一部分是网络中介服务，每年有大量客户开发与服务支出。对此支出部分，公司采用资本化方法处理，在15个月内摊销。1995年开始有大量其他公司介入网络服务领域。同年AOL对客户开发与服务支出延长摊销年限至24个月。请对此进行评价。

**P9-4　固定资产折旧的影响**

甲、乙两家企业为规模相同的机械加工企业，且均于3年前开业。两家企业的实收资本均为1 500 000元，每家企业的固定资产都由使用年限为30年的厂房与使用年限为20年的机器设备所组成。其中厂房的原始成本为400 000元，机器设备的原始成本为200 000元。在资产折旧政策方面，甲企业固定资产采用双倍余额递减法计提折旧，乙企业采用直线法计提折旧。除折旧方法不同外，两家企业其他会计政策相同，此外，除正常应付账款外，无任何负债。两家企业均有意出售，卖价基本相同。

经审计，两家企业连续3年的净利为：

单位：元

| 年度 | 甲企业 | 乙企业 |
|------|--------|--------|
| 1 | 50 000 | 65 000 |
| 2 | 60 000 | 70 000 |
| 3 | 70 000 | 78 000 |

另外甲企业的现金多于乙企业。

要求：如果某公司想购买其中一家企业，向你咨询，请分析甲乙两家企业哪一家值得购买，说明理由（请用具体数据）。

**P9-5　固定资产增减**

可口公司20×1年年末报表报告公司拥有总资产169 000 000元，总负债96 000 000元。资产中包括厂房和机器设备，总成本58 000 000元，累计折旧20 000 000元.

20×2年公司进行了以下关于固定资产的交易行为：支付11 000 000元购买新的机器设备，同时以2 000 000元的价格处置了一批旧设备，旧设备总成本为6 000 000元，累计折旧4 000 000元。公司当年总收入191 000 000元，总费用152 000 000元（包括5 000 000元的折旧费用）。

要求：

(1) 20×2年的资产负债表上如何披露关于固定资产的信息，固定资产的账面价值应为多少？

（2）固定资产的处置给公司带来的影响如何？

（3）请根据以上所给信息分析公司当年与固定资产相关的现金流情况。对经营现金流和投资现金流的影响分别是多少？

**P9-6　资产评估虚假陈述**

1996 年渤海公司的中期报告中所述"法定财产重估增值"严重失实,虚增巨额资本公积金 1.8 亿余元,属虚假陈述和严重误导行为。之后,渤海公司 1996 年 7 月 12 日的董事会公告披露了未经土地管理部门正式盖章确认的尚未具法律效力的土地估价资料,属虚假陈述和信息误导。

要求：

（1）收集资料分析案例背景,研究这些会计交易产生的目的、过程以及结果。

（2）根据案例给出的问题,围绕资产确认和计量的有关规定,思考资产确认和计量可能带来的问题以及对会计制度的影响。

**P9-7　固定资产使用年限变更**

根据对固定资产实际状况的检查结果,从 2004 年 1 月 1 日起宝钢股份有限公司调整了部分房屋及建筑物和部分机器设备的使用年限,并相应改变了下述固定资产的折旧年限及折旧率：

| 类　　别 | 变　更　前 | | 变　更　后 | |
|---|---|---|---|---|
| | 折旧年限/年 | 年折旧率/% | 折旧年限/年 | 年折旧率/% |
| 部分房屋及建筑物(除办公楼外) | 15～35 | 2.7～6.4 | 15～20 | 4.8～6.4 |
| 部分机器设备 | 7～18 | 5.3～13.7 | 9～15 | 6.4～10.67 |

公司对会计估计变更的核算采用未来适用法,上述固定资产按变更前的折旧率计算的本年折旧费用为人民币 231 005 万元,根据变更后的折旧率计算的折旧费用为人民币 512 761 万元,使全年利润总额减少人民币 281 756 万元。

要求：

（1）收集资料分析案例背景,研究这些会计交易产生的目的、过程以及结果。

（2）根据案例收集宝钢股份在 2004 年会计估计变更的披露情况资料。

（3）根据案例给出的信息,探讨为什么财政部 2007 年《企业会计准则》要求上市公司在资产负债表的附注和补充信息中要披露"会计政策的变更和会计估计的变更情况"？

**P9-8　矿山安全费、维简费等费用**

1. 山西国阳新能股份有限公司关于安全费、维简费等费用的说明

公司 2008 年 1 月 1 日以前,根据财建[2004]119 号文件"财政部、国家发展改革委、国家煤矿安全监察局关于印发《煤炭生产安全费用提取和使用管理办法》和《关于规范煤矿维简费管理问题的若干规定》的通知"以及晋财建[2004]320 号文件"山西省财政厅、山西省煤炭工业局《关于印发〈煤炭生产安全费用提取和使用管理办法〉和〈关于规范煤矿维简费管理问题的若干规定〉的通知》"的有关规定,按原煤实际产量 8.50 元/吨计提煤矿维简费和井巷费,其中：维简费 6.00 元,另井巷费 2.50 元计入累计折旧。

按照财政部财会函[2008]60 号及《企业会计准则讲解(2008)》的规定："高危行业企业按照规定提取的安全生产费用,应当按照《企业会计准则讲解(2008)》中的具体要求处理,在所有者权益'盈余公积'项下以'专项储备'项目单独列报,不再作为负债列示。煤炭企业在固定资产折旧外计提的维简费,应当比照安全生产费用的原则处理",并追溯调整。公司对安全生产费用和维简费进行了追溯调整,将相关储备用于购建相关设备或相关的费用性支出时,按照实际使用金额自"盈余公积——专项储备"结转到"利润分配——未分配利润",但结转金额以"盈余公积——专项储备"科目余额冲减至零为限。

因上述事项而引起对以前年度有关科目期初数调整明细及对 2008 年度利润及该年度股东权益具体影响如下：

单位：元

| 项　　目 | 2008 年度 | 2007 年度 |
|---|---|---|
| 资产负债表 | | |
| 未分配利润 | 485 132 951.99 | 369 051 497.28 |
| 盈余公积 | 1 318 823 419.81 | 905 208 717.65 |
| 资本公积 | −5 453 366.72 | — |
| 其他 | — | — |
| 少数股东权益 | 15 369 718.53 | — |
| 合计 | 1 813 872 723.61 | 1 274 260 214.93 |

2. 兖州煤业股份有限公司关于安全费、维简费等费用的说明

本集团 2008 年按照《企业会计准则讲解(2008)》及《财政部关于做好执行会计准则企业 2008 年年报工作的通知》("财会函[2008]60 号")规定，对计提之维持简单再生产费用、安全生产费用及改革专项发展基金，由在成本费用中列支、已计提未使用金额在负债中反映，改为在未分配利润中提取并在所有者权益的"盈余公积"项下以"专项储备"项目单独反映；对于使用安全生产费用购置的固定资产，由在记入相关资产的同时全额结转累计折旧改为按一般折旧方法计提折旧计入成本费用。

此项会计政策变更采用追溯调整法，2008 年比较会计报表已重新表述。运用变更后会计政策追溯计算，对 2007 年年初属于母公司股东权益的会计政策变更累计影响数为 894 568 608 元，其中：调减未分配利润 336 469 295 元，调增盈余公积 558 099 313 元。此项会计政策变更对 2007 年当年会计报表金额的影响为调增未分配利润 284 367 307 元，调增盈余公积 1 135 701 538 元，调增归属于母公司股东净利润 525 500 237 元。

(1) 分析讨论矿山维简费的经济实质。

(2) 讨论两家公司关于安全费、维简费等费用的处理的前后差异及其对报表的影响。

**P9-9　无形资产——现代投资股份有限公司**

2004 年该公司通过长期借款，获得 11 亿元，收购衡枣高速公路收费经营权，期限 20 年。该公司 2009 年度实现销售收入 17.65 亿元，其主要财务业绩如下：

| 项　　目 | 金额/元 |
|---|---|
| 营业总收入 | 1 764 781 075.52 |
| 营业总成本 | 822 904 764.50 |
| 投资收益 | −11 872 010.45 |
| 营业利润 | 947 250 893.81 |
| 营业外收入 | 904 859.06 |
| 营业外支出 | 3 365 408.87 |
| 利润总额 | 944 790 344.00 |
| 净利润 | 631 410 981.46 |
| 经营活动产生的现金流量净额 | 1 022 548 135.49 |

该公司 2009 年年末，无形资产余额 30.31 亿元，占资产总额的 53.82%；固定资产净额 7.20 亿元，占资产总额的 12.78%。截至 2009 年年底，无形资产的构成如下：

单位:元

| 类 别 | 原 始 金 额 | 期初数 | 本 期 摊 销 | 累计减值 | 期末数 |
|---|---|---|---|---|---|
| 107国道岳阳专用线收费经营权 | 164 495 757.24 | 68 315 177.75 | | 68 315 177.75 | |
| 长潭高速公路收费经营权 | 1 130 105 000.00 | 828 527 001.08 | 41 950 734.23 | | 786 576 266.85 |
| 潭衡高速公路收费经营权 | 2 609 000 000.00 | 1 565 400 000.00 | 130 450 000.00 | | 1 434 950 000.00 |
| 衡耒高速公路收费经营权 | 1 096 000 000.00 | 822 000 000.00 | 54 800 000.00 | | 767 200 000.00 |
| 财务软件 | 70 376.00 | 28 150.28 | 7 037.62 | | 21 112.66 |
| 土地使用权 | 45 296 754.00 | 42 459 490.76 | 646 591.23 | | 41 812 899.53 |
| 计算机软件 | 63 400.00 | 57 276.63 | 13 080.04 | | 68 196.59 |
| 合计 | 5 045 031 287.24 | 3 326 787 096.50 | 227 867 443.12 | 68 315 177.75 | 3 030 628 475.63 |

注:(1)由于成品油税费改革的实施,国家对二级公路收费逐步取消,对于公司的107国道岳阳专用线收费经营权账面价值,因公司无法判断能否得到相关处置收入,基于谨慎性原则,对其全额计提了减值准备。其中:本期计提34 155 177.75元,上期计提34 160 000.00元,合计计提68 315 177.75元。

(2)有关无形资产的抵押担保情况详见"附注十:抵押、担保、质押情况"。

### 现代投资各高速公路的毛利状况

| 公 路 | 2009 年 | | | 2008 年 | | |
|---|---|---|---|---|---|---|
| | 主营业务收入/元 | 主营业务成本/元 | 毛利率/% | 主营业务收入/元 | 主营业务成本/元 | 毛利率/% |
| 长永高速公路 | 55 343 320.44 | 56 501 265.74 | −2.09 | 50 060 566.82 | 54 687 624.70 | −9.24 |
| 长潭高速公路 | 419 057 360.01 | 104 997 340.53 | 74.94 | 354 688 231.49 | 112 429 036.17 | 68.30 |
| 潭耒高速公路 | 1 139 032 904.81 | 351 405 655.87 | 69.15 | 1 038 387 626.69 | 359 764 611.41 | 65.35 |
| 岳阳专用线 | | | | 17 016 214.83 | 15 339 625.27 | 9.85 |
| 合计 | 1 616 551 019.26 | 513 625 941.98 | 68.23 | 1 463 545 287.83 | 542 946 829.89 | 62.90 |

要求:

1. 讨论收费经营权的性质。

2. 如何恰当地处理收费经营权?

**学习目的**
XUE XI MU DI

1. 掌握流动负债,尤其是应交税费的核算原则;

2. 理解或有负债的含义和处理方法;

3. 熟悉借款费用资本化的方法和原则;

4. 掌握债券发行价格的计算以及折价溢价的摊销方法;

5. 掌握可转换公司债券的核算方法。

# 第一节　流动负债

## 一、短期借款

短期借款是指企业从金融机构借入的期限在 1 年以下的各种借款。企业通常设置"短期借款"账户来核算借入的短期借款,并按债权人和借款种类设置明细账户。

企业借入的短期借款,如果其利息是按期(季、半年)支付的,或者利息是在借款到期时连同本金一起归还,并且数额较大的,为了正确计算各期的盈亏,可以采用预提的办法,按月预提计入财务费用,即借记"财务费用"账户,贷记"应付利息"账户;如果企业的短期借款利息是按月支付的,或者利息是在借款到期时连同本金一起归还,但是数额不大的,可以不采用预提的方法,而在实际支付或收到银行的计息通知时,直接计入当期损益。

## 二、应付账款

应付账款是指企业因购买材料、商品和接受劳务而应支付,但尚未支付给供应单位的款项。"应付账款"账户按照供应单位的户名设置明细账户。其他的各类应付及暂收款项不通过该账户核算。

企业发生应付而未付的购买材料、商品或接受劳务供应时,应根据验收单、购货发票等凭证,①借记"原材料"、"库存商品"、"应交税费——应交增值税(进项税额)"等账户,贷记"应付账款"账户。在支付所欠款项时,借记"应付账款",贷记"银行存款"。以商业汇票抵付应付账款时,则借记"应付账款",贷记"应付票据"。

## 三、应付票据

应付票据是由出票人出票,承兑人承兑,付款人在指定日期无条件支付确定的金额给收款人或者持票人的商业汇票,我国商业汇票的付款期限最长不超过 6 个月。商业汇票按承兑人不同可分为商业承兑汇票与银行承兑汇票。商业承兑汇票,可由付款人或收款人签发,其承兑人应为付款人,为收款人或被背书人所持有,承兑人对这项债务在一定时期内支付的承诺,作为付款人的一项负债,付款人应于商业承兑汇票到期前将票款足额交其开户银行。商业承兑汇票到期日付款人账户不足支付时,其开户银行没有代为垫款支付的责任,而是将商业承兑汇票退还给收款人或被背书人,由其自行处理。而银行承兑汇票,是由收款人或承兑申请人签发,由承兑申请人向其开户银行申请

---

① 在实际工作中,如果购货发票等单证未到,而货物已到,验收入库,可以在月份终了将所购物资和应付债务估计入账,待下月初再用红字予以冲回,等购货发票等在该月到时再做正确的分录。

承兑,经银行审查同意承兑的商业汇票。[①] 付款人应在银行承兑汇票到期前将款项足额存入承兑银行。但银行承兑汇票到期时,若付款人(承兑申请人)的账户不足支付,银行承担无条件代为垫款支付收款人、被背书人或贴现银行的责任。银行承兑汇票为收款人按期收回债权提供了可靠的信用保证,对付款人来说,不会由于银行承兑而使这项负债消失。因此,即使是由银行承兑的汇票,付款人的现存义务依然存在,应将其作为一项负债。

应付票据还可按是否带息分为带息应付票据和不带息应付票据两种。

1. 带息应付票据处理。应付票据如为带息票据,对于票据中应付利息的核算有两种方法:

(1)按期预提利息。采用这种方法时,企业按期按照票据的票面价值和票据上规定的利率计算预提应付利息,借记"财务费用"账户,贷记"应付票据"账户。票据到期支付本息时,再借记"应付票据"账户。在"资产负债表"上,按票据面值和利息列入流动负债项目。

(2)发生时处理。采用这种方法时,应付票据不按期计提利息,而是于票据到期支付票据面值和利息时,一次将利息记入支付当期的"财务费用"账户。

我国会计实务采用第一种方法,但考虑到我国商业汇票期限较短,最长付款期限不超过6个月,因此,通常在提供中期报告和年度报告时,对尚未支付的应付票据计提利息,计入当期财务费用,而平时则不预提利息。

2. 不带息应付票据的处理。不带息应付票据,其面值就是票据到期时的应付金额。不带息应付票据有两种情况:一种是票据面值所记载的金额不含利息;另一种是面值中已包含了部分的应计利息,但在票据上未注明利率。在第一种情况下,可以按票据的面值记账。在第二种情况下,可以有两种处理方法,一是对面值中所包含利息部分不单独核算,将其视为不含息应付票据,按面值记账;二是按一定的利率计算票据面值中所含的利息,将其从购入资产的成本中扣除后记账。由于我国应付票据期限较短,在我国会计实务中一般采用第一种方法进行核算,在"资产负债表"上按其票面价值列示于流动负债项目内。

到期不能支付的应付票据,如果是银行承兑汇票,转入"短期借款";如果是商业承兑汇票,转入"应付账款"。

## 四、应付职工薪酬

该项目包括应支付给职工的工资、福利费、社会保险费、住房公积金、工会经费、职工教育经费、解除职工劳动关系补偿。职工薪酬是职工在职期间和离职后提供给职工

---

① 购货单位作为承兑申请人,在开出银行承兑汇票时,首先要持银行承兑汇票与购货合同向其开户银行申请承兑,银行按照规定审查,符合承兑条件的,与申请人签订承兑协议,并在银行承兑汇票上盖章,用压数机压印汇票金额,然后将之与解讫通知交申请人转交收款人。承兑银行按票面金额向申请人收取1%的承兑手续费(手续费每笔不足10元的按10元收取),计入财务费用。对申请人未及时存入足额款项以支付到期银行承兑汇票的,银行可根据承兑协议规定,对申请人实行扣款,并对尚未扣回的承兑金额每天按万分之五计收罚息,申请人应将之计入营业外支出中,在纳税时进行调整。

的全部货币性和非货币性薪酬,既包括提供给职工本人的薪酬,也包括提供给职工配偶、子女或其他赡养人的福利等。工资是企业按照有关合同与法规应支付给企业职工的劳动报酬;从费用中提取的职工福利费,按职工工资总额的 14% 提取,其工资总额的构成与统计上的口径一致,不作任何扣除。职工福利费主要用于职工的医药费(包括企业参加职工医疗保险交纳的医疗保险费),医护人员的工资,医务经费,职工因公负伤赴外地就医路费,职工生活困难补助,职工浴室、理发室、幼儿园、托儿所人员的工资等。

## (一) 工资总额的确定

工资总额是指企业在一定时间内直接支付给本单位全部职工的劳动报酬。工资总额的计算应以直接支付给职工的全部劳动报酬为依据。工资总额组成的具体内容,按照国家统计局发布的《关于职工工资总额组成的规定》,由下列六个部分组成:

(1) 计时工资。指按计时工资标准(包括地区生活费补贴)和工作时间支付给个人的劳动报酬。

(2) 计件工资。指对已做工作按计件单价支付的劳动报酬。

(3) 奖金。指支付给职工的超额劳动报酬和增收节支的劳动报酬。如生产奖,包括超产奖、质量奖、安全(无事故)奖、考核各项经济指标的综合奖、提前竣工奖、外轮速遣奖、年终奖(劳动分红)等;劳动竞赛奖,包括发给劳动模范、先进个人的各种奖金和实物奖励等。

(4) 津贴和补贴。指为了补偿职工特殊或额外的劳动消耗和因其他特殊原因支付给职工的津贴,以及为了保证职工工资水平不受物价影响支付给职工的物价补贴。津贴,包括补偿职工特殊或额外劳动消耗的津贴(如高空津贴、井下津贴等),保健津贴,技术性津贴(如工人技师津贴等),年功性津贴(如工龄津贴等)及其他津贴(如直接支付给个人的伙食津贴、合同制职工的工资性补贴以及书报费等)。物价补贴,包括为保证职工工资水平不受物价上涨或变动的影响而支付的各种补贴(如副食品价格补贴、肉类等价格补贴、粮价补贴等)。

(5) 加班加点工资。指按规定支付的加班工资和加点工资。

(6) 特殊情况下支付的工资。包括因病、工伤、产假、计划生育、婚丧假、事假、探亲假、定期休假、停工学习、执行国家或社会义务等原因按计时工资标准或计时工资标准的一定比例支付的工资,附加工资、保留工资。

以下项目不包含在工资总额中:

(1) 根据国务院发布的有关规定颁发的创造发明奖。自然科学奖、科学技术进步奖和支付的合理化建议和技术改进奖以及支付运动员、教练员的奖金。

(2) 有关劳动保险和职工福利方面的各项费用(如职工生活困难补助、探亲路费等)。

(3) 有关离休、退休、退职人员待遇的各项支出。

(4) 劳动保护的各项支出(如工作服、手套等劳保用品,清凉饮料等)。

(5) 出差伙食补助费、误餐补助、调动工作的旅费和安家费。

（6）劳动合同制职工解除劳动合同时由企业支付的医疗补助费、生产补助费等。

（7）因录用临时工而在工资以外向提供劳动力单位支付的手续费或管理费。

（8）计划生育独生子女补贴等。

### （二）工资和职工福利费的核算

对于企业向职工支付的工资和福利，在会计上通过设置"应付职工薪酬"这一流动负债类账户来进行核算。"应付职工薪酬"账户集中反映企业应付职工的所有报酬和福利。

企业对各月应发放的工资，要在月份终了时进行分配，计入相关的费用账户。工资的分配应按照职工所在的岗位进行，如从事生产经营的职工，其工资应构成企业的生产经营成本；专设销售机构职工的工资，计入营业费用；行政管理人员的工资，计入管理费用。离休、退休、退职人员的工资等计入管理费用等。工资的分配数，计入"应付职工薪酬"账户的贷方。对于计提的职工福利费也同样依据上述标准，即职工所在的岗位，予以分配，如从事生产活动人员的福利费，计入生产成本，行政管理人员的福利费，计入管理费用等。

## 五、应交税费

应交税费包括应向政府交纳的税金和具有税金性质的费用，应交纳的费用主要有教育费附加、矿产资源补偿费以及各种政府性收费等。以下主要介绍税金的核算。

### （一）税收种类

国家对企业征收的税收按征税对象可分为：

（1）流转税，对企业流转额征收的一种税，主要包括增值税、营业税、消费税、关税等。

（2）所得税，对企业应纳税所得额征收的一种税。

（3）财产税，对企业所有或支配的动产与不动产征收的税，如房产税。

（4）行为税，以企业的特定行为为征税对象所征收的一种税，如车船税、印花税等。

（5）资源税，是对我国境内开发自然资源的单位与个人，就其资源和开发条件的差别而形成的级差收入而征收的税，如资源税、城镇土地使用税等。

此外，还有土地增值税以及城市建设维护税等特定目的税。

企业要按照税收法规的规定向国家交纳各种税金，这些应交的税金，要按照权责发生制的原则预提计入有关会计账户。这些应交的税金一经形成，在尚未交纳之前就构成企业的一项流动负债。

### （二）应交增值税

1. 增值税的计纳规定与计算方法

增值税是就企业应税货物或劳务的增值额所征收的一种税种，属于价外税。按照规定,企业购入货物或接受应税劳务支付的增值税(即进项税额),可以从销售货物或提供劳务按规定收取的增值税(即销项税额)中抵扣。也就是说,增值税采用的是扣税法,即:应交增值税=当期销项税额-当期进项税额。其中,销项税额=销售应税货物或提供应税劳务的收入×适用增值税税率,是企业向购买方收取的增值税额;而进项税额则是企业购买货物或接受劳务时向销售方支付的增值税额。如果当期销项税额小于进项税额,则其差额可转下期抵扣。

2. 应交增值税的核算

增值税的核算全部通过"应交税费——应交增值税"账户和极为复杂的明细账户,与利润表无关。如果"应交增值税"为贷方余额,为企业尚未缴纳的增值税。增值税使用面广、核算复杂,这里仅简单介绍应交增值税核算的基本方法。

**例 10-1** 甲公司购入一批原材料,增值税专用发票上注明的原材料价款 450 万元,增值税额为 76.5 万元。货款已经支付,材料已经到达并验收入库。该公司当期销售产品收入为 900 万元(不含应向客户收取的增值税),货款尚未收到。假设该公司产品的增值税率为 17%,不需纳消费税。甲公司的账务处理如下:

借:原材料          4 500 000

    应交税费——应交增值税(进项税额)    765 000

      贷:银行存款        5 265 000

销项税额=900 万元×17%=153 万元

借:应收账款       10 530 000

      贷:主营业务收入      9 000 000

      应交税费——应交增值税(销项税额)    1 530 000

**例 10-2** 甲公司 20×2 年 1 月购入某种商品 200 万元(不含增值税),该种商品的增值税率为 17%,全部款项已支付,商品已验收入库。当月,甲公司将其中 50% 的商品出口给美国 A 公司,销售价格为 25 万美元,1 月初人民币汇率为￥6.27/1USD,款项两个月后支付;另外 50% 的商品全部内销,销售价格为 200 万元,销售款项尚未收到。国家规定该类商品出口退税率为 8%。甲公司的账务处理如下:

(1) 购进货物时

借:库存商品       2 000 000

    应交税费——应交增值税(进项税额)    340 000

      贷:银行存款       2 340 000

(2) 销售商品时(内销 50%)

借:应收账款       2 340 000

      贷:主营业务收入      2 000 000

      应交税费——应交增值税(销项税额)    340 000

(3) 出口销售实行 0% 税率(外销 50%)

借:应收账款——A 公司(USD250 000)    1 567 500

      贷:主营业务收入      1 567 500

(4) 出口退税率为 8%,另外 9% 进销售成本。同时结转商品销售成本。

借：主营业务成本                                                    2 090 000

    贷：库存商品                                                  2 000 000

         应交税费——应交增值税（进项税额转出）      90 000

借：其他应收款                                               80 000

    贷：应交税费——应交增值税（出口退税）      80 000

由于增值税的计算、征管较为复杂，会计核算也十分复杂，上面仅仅介绍了常见的增值税核算方法。

### （三）应交所得税

1. 应纳税所得额和税前会计利润

应纳税所得额是根据所得税法规定计算的应纳税所得额，计算方法是企业每一个纳税年度的收入总额，减除不征税收入、免税收入、各项扣除以及允许弥补的以前年度亏损后的余款，税前会计利润（利润总额）是根据会计准则或者会计制度的规定确定的利润额。会计准则的制定和所得税法的立法具有不同的目的，会计准则主要是为了公允地反映企业的财务状况、经营成果和现金变动情况；应纳税所得额的确定，则是按照国家税收法规的要求，通过税法来处理国家和纳税人的分配关系。因此，应纳税所得额与税前会计利润之间并不一致。

2. 递延所得税

由于所得税法规定的应纳税所得额与会计准则确认的收入和费用存在差异，使得公司当年的会计利润总额与应纳税所得额不等，在资产负债表上就会出现递延所得税资产或者递延所得税负债。

例如，A 公司 20×4 年和 20×5 年的会计利润总额均为 1 000 万元。该公司 20×4 年预计保修费用 200 万元，作为当年的费用处理。按照所得税法规定，保修费用应当在发生的当年在税前扣除。这样，该公司 20×4 年和 20×5 年的应纳税所得额与会计利润总额就产生了差异（见表 10-1）。

表　10-1

| | | 20×4 年 | 20×5 年 |
|---|---|---|---|
| | 利润总额 | 1 000 | 1 000 |
| 税收： | 预计保修费用 | 200 | (200) |
| | 应纳税所得额 | 1 200 | 800 |
| | | ×25% | ×25% |
| 会计： | 所得税费用 | (300) | (200) |
| | 净利润 | 700 | 800 |

显然，A 公司 20×5 年的净利润大于 20×4 年的净利润，并不意味着该公司盈利能力增强，而是由于预计保修费用在所得税法和会计准则上的处理方法不同。该公司 20×4 年将 200 万元作为费用处理，而所得税法则不能在 20×4 年作为税前扣除项目，

使得应纳税所得额(1 200万元)大于会计利润总额(1 000万元)。20×4年不允许税前扣除的200万元保修费用,在2005年实际支付后作为税前扣除项目了,因此,相对于20×5年支付并可以在税前扣除的200万元,A公司20×4年多交纳了50万元所得税(200×25%),而在多交纳的50万元会在2005年转回(相当于少交)。这样,A公司2004年因为多交而产生了50万元的递延所得税资产,即50万元将作为20×5年所得税的减项(见表10-2)。

表 10-2

|  |  | 20×4 年 | 20×5 年 |
|---|---|---|---|
| 税收: | 利润总额 | 1 000 | 1 000 |
|  | 预计保修费用 | 200 | (200) |
|  | 应纳税所得额 | 1 200 | 800 |
|  |  | ×25% | ×25% |
| 会计: | 所得税费用 | (300) | (200) |
|  | 递延所得税 | 50 | (50) |
|  | 净利润 | 750 | 750 |

可见,一旦确认递延所得税后,A公司20×4年和20×5年的净利润均为750万元,恰当地反映了该公司的盈利能力。

企业确认的很多资产和负债是与计算应纳税所得额相关的,如A公司20×4年确认预计的保修费用200万元时,账面出现200万元的负债,而该项保修费用则在20×5年实际支付时在税前扣除。企业不仅会出现这种由于税法和会计准则在确认负债的时间不同而产生的差异,还会出现金额上的差异。假定税法限制保修费用的最高金额,而会计准则不会限制,这样,同样的业务,可能出现账面负债金额与将来在税前扣除的金额不等。由本例可以看出:

**负债的计税基础＝账面负债－未来可税前列支的金额**

本例中,账面负债为200万元,未来可税前扣除的金额也为200万元,则负债的计税基础为0。当账面负债大于负债的计税基础时,意味着企业会出现递延所得税资产,即将来可以在税前扣除的税项;如果相反,账面负债小于负债的计税基础式,则意味着企业会出现递延所得税负债。以A公司为例:

负债的计税基础＝200万元－200万元＝0

当账面负债＞负债的计税基础,则产生递延所得税资产50万元[(账面负债－负债的计税基础)×25%＝200万元×25%＝50万元]。

同样,企业确认的资产与企业收回资产过程中可以在税前扣除的金额也出现差异,由此也会产生递延税项。

**资产的计税基础＝ 未来可税前列支的金额**

**某一资产负债表日的计税基础＝ 成本 － 以前期间已税前列支的金额**

当账面资产大于资产的计税基础,意味着企业会出现递延所得税负债;反之,则会出现递延所得税资产。

例如,B公司20×4年和20×5年的税前利润总额为1 000万,20×4年资本化的开发支出 200 万元,5 年摊销,适用的所得税税率为 25％。按照税法规定,开发支出在实际支出当年允许税前扣除。如果不考虑所得税的影响,B 公司的净利润如表 10-3 所示:

表 10-3

|  |  | 20×4 年 | 20×5 年 |
|---|---|---|---|
| 税收: | 利润总额 | 1 000 | 1 000 |
|  | 资本化开发支出 | (200) | 40 |
|  | 应纳税所得额 | 800 | 1 040 |
|  |  | ×25％ | ×25％ |
| 会计: | 所得税费用 | (200) | (260) |
|  | 净利润 | 800 | 740 |

如果考虑所得税的影响,则 B 公司的净利润为(表 10-4):

表 10-4

|  |  | 20×4 年 | 20×5 年 |
|---|---|---|---|
| 税收: | 利润总额 | 1 000 | 1 000 |
|  | 资本化开发支出 | (200) | 40 |
|  | 应纳税所得额 | 800 | 1 040 |
|  |  | ×25％ | ×25％ |
| 会计: | 所得税费用 | (200) | (260) |
|  | 递延所得税 | (50) | 10 |
|  | 净利润 | 750 | 750 |

将上述分析作如下归纳(表 10-5):

表 10-5

|  | 资　产 | 负　债 |
|---|---|---|
| 账面价值＞计税基础 | 应纳税暂时性差异(递延所得税负债) | 可抵扣时间性差异(递延所得税资产) |
| 账面价值＜计税基础 | 可抵扣暂时性差异(递延所得税资产) | 应纳税暂时性差异(递延所得税负债) |

3. 所得税费用

通过上述例子,可以看出,公司确认的所得税费用并不等于公司当年应交纳的所得税,而是要考虑递延所得税的影响,即所得税包括当期所得税和递延所得税两个部分,其中:

当期所得税 ＝ 应纳税所得额 × 当期适用税率

递延所得税 ＝ 当期递延所得税负债的增加(一 减少)

— 当期递延所得税资产的增加(＋ 减少)

例 10-3　假定 ABC 公司的每年的税前会计利润为 90 000 元(未扣除折旧费用)。固定资产原值 80 000 元,无残值,可使用年限为 10 年,会计上使用直线法,纳税申报时采用双倍余额递减法。所得税率为 25％。计算结果和会计分录如表 10-6 所示。

表 10-6　所得税会计释例

单位：元

| 行次 | 项　目 | 第1年 | 第2年 | 第3年 | 第4年 | 第5年 | 第6年 | 第7年 | 第8年 | 第9年 | 第10年 |
|---|---|---|---|---|---|---|---|---|---|---|---|
| 1 | 会计税前折旧前利润 | 90 000.00 | 90 000.00 | 90 000.00 | 90 000.00 | 90 000.00 | 90 000.00 | 90 000.00 | 90 000.00 | 90 000.00 | 90 000.00 |
| 2 | 会计折旧 | 8 000.00 | 8 000.00 | 8 000.00 | 8 000.00 | 8 000.00 | 8 000.00 | 8 000.00 | 8 000.00 | 8 000.00 | 8 000.00 |
| 3 | 税收折旧 | 16 000.00 | 12 800.00 | 10 240.00 | 8 192.00 | 6 553.60 | 5 242.88 | 4 194.30 | 3 355.44 | 2 684.35 | 10 737.42 |
| 4 | 固定资产账面价值 | 72 000.00 | 64 000.00 | 56 000.00 | 48 000.00 | 40 000.00 | 32 000.00 | 24 000.00 | 16 000.00 | 8 000.00 | — |
| 5 | 固定资产计税基础 | 64 000.00 | 51 200.00 | 40 960.00 | 32 768.00 | 26 214.40 | 20 971.52 | 16 777.22 | 13 421.78 | 10 737.43 | 0.01 |
| 6=4−5 | 暂时性差异 | 8 000.00 | 12 800.00 | 15 040.00 | 15 232.00 | 13 785.60 | 11 028.48 | 7 222.78 | 2 578.22 | −2 737.43 | −0.01 |
| 7=6×25% | 递延所得税负债（资产） | 2 000.00 | 3 200.00 | 3 760.00 | 3 808.00 | 3 446.40 | 2 757.12 | 1 805.70 | 644.56 | −684.36 | 0.00 |
| 8=余额差异 | 当年增加的递延所得税负债 | 2 000.00 | 1 200.00 | 560.00 | 48.00 | −361.60 | −689.28 | −951.43 | −1 161.14 | −1 328.91 | 684.36 |
| 9 | 所得税率 | 25% | 25% | 25% | 25% | 25% | 25% | 25% | 25% | 25% | 25% |
| 10=9×(1−3) | 应交所得税 | 18 500.00 | 19 300.00 | 19 940.00 | 20 452.00 | 20 861.60 | 21 189.28 | 21 451.43 | 21 661.14 | 21 828.91 | 19 815.65 |
| 11=10+8 | 所得税 | 20 500.00 | 20 500.00 | 20 500.00 | 20 500.00 | 20 500.00 | 20 500.00 | 20 500.00 | 20 500.00 | 20 500.00 | 20 500.00 |
| 12=1−2−11 | 净利润 | 61 500.00 | 61 500.00 | 61 500.00 | 61 500.00 | 61 500.00 | 61 500.00 | 61 500.00 | 61 500.00 | 61 500.00 | 61 500.00 |
| | **会计分录** | | | | | | | | | | |
| | 借：所得税费用 | 20 500.00 | 20 500.00 | 20 500.00 | 20 500.00 | 20 500.00 | 20 500.00 | 20 500.00 | 20 500.00 | 20 500.00 | 20 500.00 |
| | 　　递延所得税资产 | | | | | 361.60 | 689.28 | 951.43 | 1 161.14 | 1 328.91 | |
| | 貸：应交税费——应交所得税 | 18 500.00 | 19 300.00 | 19 940.00 | 20 452.00 | 20 861.60 | 21 189.28 | 21 451.43 | 21 661.14 | 21 828.91 | 19 815.65 |
| | 　　递延所得税负债 | 2 000.00 | 1 200.00 | 560.00 | 48.00 | | | | | | 684.36 |

### (四) 应交消费税

**1. 应交消费税的计算**

消费税是国家为了调节消费结构,正确引导消费方向,在普遍征收增值税的基础上,针对部分消费品而征收的一种流转税。消费税由购买应税产品的企业交纳。

消费税的征收方法采取从价定率和从量定额两种方法。实行从价定率办法计算的应纳税额的税基为销售额,这里的销售额包括向购买方收取的全部价款和价外费用。价外费用包括:价外收取的基金、集资费、返还利润、补贴、违约金(延期付款利息)和手续费、包装费、储备费、优质费、运输装卸费、代收款项、代垫款项以及其他各种性质的价外收费。应予以注意的是,销售额是指不含增值税的销售额,即不包括应向购货方收取的增值税税款。如果企业应税消费品的销售额中未扣除增值税税款,或因不能开具增值税专用发票而是将价款和增值税税款合并收取的,在计算消费税时,按公式"应税消费品的销售额=含增值税的销售额÷(1+增值税税率或征收率)"将之换算为不含增值税税款的销售额。

实行从量定额办法计算的应纳税额的销售数量是指应税消费品的数量。属于销售应税消费品的,为应税消费品的销售数量;属于自产自用应税消费品的,为应税消费品的移送使用数量;属于委托加工应税消费品的,为纳税人收回的应税消费品数量;进口的应税消费品,为海关核定的应税消费品进口征税数量。

**2. 应交消费税的核算**

消费税实行价内征收,企业交纳的消费税计入销售税金抵减商品销售收入。企业按规定应交纳的消费税,在"应交税费"账户下设置"应交消费税"明细账户核算。因此,应交消费税的核算既涉及资产负债表,又涉及利润表。

**例 10-4** 甲公司 20×2 年 8 月份销售 10 辆汽车,每辆销售价格 15 万元(不含应向购买方收取的增值税额),收到对方的银行承兑汇票一张,金额为 175.5 万元。汽车的增值税率为 17%,消费税率为 10%。根据这项经济业务,账务处理如下:

应向购买方收取的增值税额=15 万元×10×17%=25.5 万元

| | | |
|---|---|---|
| 借:应收票据 | 1 755 000 | |
| 贷:主营业务收入 | | 1 500 000 |
| 应交税费——应交增值税(销项税额) | | 255 000 |

购货方账务处理:

购买方应交纳的消费税额=15 万元×10×10%=15 万元

| | | |
|---|---|---|
| 借:固定资产 | 1 755 000 | |
| 贷:应付票据 | | 1 755 000 |
| 借:营业税金及附加 | 150 000 | |
| 贷:应交税费——应交消费税 | | 150 000 |
| 借:应交税费——应交消费税 | 150 000 | |
| 贷:银行存款 | | 150 000 |

### （五）应交营业税

营业税是对提供劳务、转让无形资产或者销售不动产的单位和个人征收的税种。营业税按照营业额和规定的税率计算应纳税额,其公式为:应纳税额＝营业额×税率。这里的营业额是指企业提供应税劳务、转让无形资产或者销售不动产向对方收取的全部价款和价外费用。价外费用包括向对方收取的手续费、基金、集资费、代收款项、代垫款项及其他各种性质的价外收费。

企业按规定应交的营业税,在"应交税费"账户下设置"应交营业税"明细账户。对于营业收入交纳营业税的服务业等企业,借方账户通过"营业税金及附加",在利润表中作为营业收入的减项;其他业务收入交纳营业税,如销售不动产、转让无形资产等而应交的营业税,根据不同业务,借方账户计入"固定资产清理"、"营业税金及附加"。

### （六）应交资源税

资源税是国家对在我国境内开采矿产品(如原油、天然气、煤炭、金属矿原矿等)或者生产盐的单位和个人征收的税种。资源税按照应税产品的课税数量和规定的单位税额计算,公式为:应纳税额＝课税数量×单位税额。这里的课税数量为:开采或者生产应税产品销售的,以销售数量为课税数量;开采或者生产应税产品自用的,以自用数量为课税数量。单位税额按不同产区的产品分别规定差别税额,如煤炭以吨为计税单位,山西省的单位税额为每吨 3.2 元,广东省为每吨 3.6 元。

企业按规定应交的资源税,在"应交税费"账户下设置"应交资源税"明细账户核算。销售应税产品缴纳的资源税通过"营业税金及附加"账户核算;自产自用的应税产品缴纳的资源税通过"生产成本"、"制造费用"等账户核算。

### （七）应交土地增值税

企业转让国有土地使用权、地上建筑物及其附着物并取得收入的单位和个人,均应交纳土地增值税。土地增值税按照转让房地产所取得的增值额和规定的税率计算征收。增值额是转让房地产所取得的收入减除规定扣除项目金额后的余额。主要扣除项目包括:取得土地使用权所支付的金额、开发土地的成本和费用、新建房屋及配套设施的成本和费用或者旧房及建筑物的评估价格、与转让房地产有关的税金以及财政部规定的其他扣除项目。

房地产业务产生的土地增值税通过"营业税金及附加"核算。转让的国有土地使用权连同地上建筑物及其附着物一并在"固定资产"或"在建工程"账户核算。

### （八）城市维护建设税

企业按规定计算出的城市维护建设税,通过"营业税金及附加"账户核算。

### （九）房产税、土地使用税、车船税和印花税

房产税是国家对在城市、县城、建制镇和工矿区征收的由产权所有人缴纳的税。土

地使用税以纳税人实际占用的土地面积为计税依据,依照规定税额计算征收。车船税由拥有并且使用车船的单位和个人交纳,车船使用税按照适用税额计算交纳。印花税是对书立、领受购销合同等凭证行为征收的税款。

企业按规定计算应交的房产税、土地使用税、车船税,通过"管理费用"账户核算。

一般情况下,企业需要预先购买印花税票,待发生应税行为时,将印花税票贴在相关凭证上。因此,企业交纳的印花税,通常不会发生应付未付税款的情况,不需要通过"应交税费"账户核算,在购买印花税票时,直接计入"管理费用"账户。

## 六、流动负债在资产负债表中的列示和附注

在资产负债表中,负债是按照其距资产负债表编制日的偿还期限的长短来列示的。期限最短的列示在最前面,其他依次而列;对于1年内将要到期的非流动负债在资产负债表上应列示于流动负债中(如表10-7所示)。对于各项流动负债的明细账户根据重要性等原则在资产负债表附注中予以披露。

表 10-7　流动负债在资产负债表中的列示

......

流动负债:

短期借款

应付票据

应付账款

预收款项

应付职工薪酬

应付股利

应交税费

其他应付款

1年内到期的非流动负债

其他流动负债

流动负债合计

......

资产负债表附注:......

流动负债的附注信息主要是各项目的构成和变化情况,如短期借款项目,需要披露贷款银行、贷款金额、贷款日期、偿还日期、利率等信息;应付账款需要披露账龄,以及主要债务人、欠款金额等,如果是关联方,则需要按照关联方关系及关联交易准则进行披露。

如宝钢股份 2013 年年度报告披露的应付票据信息：

**30. 应付票据**
单位：百万元

| | 年末数 | 年初数 |
|---|---|---|
| 商业承兑汇票 | 1 953 | 2 457 |
| 银行承兑汇票（参见附注48） | 477 | 1 037 |
| | 2 430 | 3 494 |

上述应付票据将于 2014 年度到期。

# 第二节 非流动负债

## 一、长期借款

### （一）长期借款的种类

长期借款是指企业向银行或其他金融机构借入期限在 1 年以上的各种借款。按照偿还方式可以将长期借款分为定期偿还的长期借款和分期偿还的长期借款；按借款条件可分为抵押借款、担保借款和信用借款；按借入的币种，可分为人民币借款和外汇借款。

企业的长期借款，在会计核算中设置"长期借款"账户核算。长期借款的核算有几个特点：

（1）资产负债表日，应按摊余成本和实际利率计算确定长期借款的利息费用，计入在建项目的成本或当期财务费用。同时，按合同利率计算确定的应付未付利息，计入"应付利息"账户。按其差额，贷记"长期借款——利息调整"。

（2）长期外币借款所发生的外币折合差额，应按照外币业务核算的有关办法，按期计算汇兑损益，计入在建工程成本或当期损益。

### （二）定期偿还的长期借款

按付息的时间不同，定期偿还长期借款可分为分期付息到期还本和到期一次性还本付息两种形式。

1. 分期付息到期还本

例 10-5 甲公司 20×1 年 1 月 1 日向银行借入资金 2 500 万元，借款利率为 6%，借款期限为 3 年，每年年底归还借款利息，借款期满后一次偿还本金。该公司用此项借款购建一条生产线，20×1 年 12 月 31 日前共发生建设费用 1 500 万元，20×2 年 6 月 30 日前又发生建设费用 800 万元（假定这些建设费用于期初发生[①]）。厂房于 20×2 年 6 月 30 日完工，交付使用，并办理了竣工决算手续。根据上述资料，甲公司的会计处理如下：

（1）20×1 年的会计处理

20×1 年 1 月 1 日借入长期借款时

---

① 如果建设费用不是期初一次性发生，则需计算该生产线的购建支出的累计平均数，然后计算应予资本化的利息。

借：银行存款         25 000 000

  贷：长期借款——本金    25 000 000

20×1年发生的生产线购建支出

借：在建工程         15 000 000

  贷：有关科目       15 000 000

20×1年借款利息为：2 500万元×6%＝150万元。其中,应予资本化的利息为：1 500万元×6%＝90万元。

借：在建工程         900 000

  财务费用         600 000

  贷：应付利息       1 500 000

20×1年支付借款利息

借：应付利息         1 500 000

  贷：银行存款       1 500 000

(2) 20×2年的会计处理

20×2年发生生产线的购建支出

借：在建工程         8 000 000

  贷：有关科目       8 000 000

20×2年6月30日应予资本化的利息:(1 500万元＋800万元)×6%÷2＝69万元。

借：在建工程         690 000

  贷：应付利息       690 000

20×2年应计入当期损益的利息费用:2 500万元×6%－69万元＝81万元。

借：财务费用         810 000

  贷：应付利息       810 000

20×2年支付借款利息

借：应付利息         1 500 000

  贷：银行存款       1 500 000

20×2年6月30日生产线竣工,交付使用

借：固定资产         24 590 000

  贷：在建工程       24 590 000

(3) 20×3年的会计处理

20×3年各月预提利息:2 500万元×6%÷12＝12.5万元。

借：财务费用         125 000

  贷：应付利息       125 000

20×3年12月31日支付该年度的利息,并偿还借款本金。

借：长期借款——本金      25 000 000

  应付利息         125 000

  贷：银行存款       25 125 000

2．到期一次还本付息

**例 10-6** 例 10-5 中，假定甲公司在第 3 年年末一次还本付息，其账务处理则为：

（1）20×1 年应计利息：2 500 万元×6％＝150 万元。其中，应予资本化的利息为：1 500万元×6％＝90 万元。

（2）20×2 年应计利息：2 650 万元×6％＝159 万元。其中，应予资本化的利息为：（1 590 万元＋800 万元）×6％÷2＝71.7 万元。

（3）20×3 年应计利息：2 809 万元×6％＝168.54 万元，各月应预提利息为 14.045万元（168.54÷12）。

### （三）分期偿还长期借款

**例 10-7** 例 10-5 中，假定甲公司分两次还本付息，第一次支付本息的 60％，支付时间为 20×2 年 12 月 31 日；借款到期时支付剩余所有本息。按复利计算利息。（请读者自己计算资本化的利息并编制会计分录）

## 二、应付债券

### （一）企业债券①的种类及发行条件

企业债券是企业依照法定程序发行、约定在一定期限（至少 1 年以上）内还本付息的有价证券，企业债券可在证券市场上转让。

企业债券按不同的依据可作若干分类，主要分类如下：

1．按有无担保分类

信用债券，是指不以特定的抵押财产作为担保物，单凭举债企业的信誉而发行的债券。

抵押债券，是指举债企业用动产或不动产作抵押，以此作为执行债券协议的保证的债券。举债企业若到期不能还本付息，债券持有人有权通过有关金融或信托机构要求拍卖企业的抵押品或留置物以取得本息。

2．按发行方式分类

记名企业债券，是指企业债券上记载了债权人的姓名或名称。债券到期时，其持有人可凭债券和自己的身份证件领取本息。记名企业债券若遗失或被盗，可办理挂失止付，因此对债权人来说比较安全，但它的流通转让手续较烦琐。

无记名企业债券，又称为息票债券，是指企业债券上不记载债权人姓名或名称，债券持有人只需凭债券所附息票就可按期领取利息，到期则凭债券领回本金。这种债券转让方便，一般向社会公众发行的都是无记名债券。

3．按偿还方式分类

一次还本企业债券，是指到期一次归还本金的企业债券；分期还本企业债券，指在

---

① 由于只有公司才可以发行债券，因此，一般称为公司债券。我国通常称为企业债券，并区别于金融债券和国债。

债券有效期内分期偿还本金的企业债券。

此外,企业债券还可按是否能转换为股票分为普通债券和可转换债券。企业还可以发行可赎回债券(可赎回债券是指发行债券的公司有权在债券到期之前,按特定价格将债券从其持有人手中提前赎回的债券)、商品偿付的债券(以商品偿付的债券是指到期时以一定数量的某种商品来偿付的债券)以及收益债券和收入债券(收益债券是指只有在发行债券的公司有盈利时才支付利息的债券。而收入债券则是指从公司的某种特定的收入中支付利息的债券)等一些特殊品种的债券。

### (二)我国企业债券发行的有关规定

1. 企业债券的发行规定

企业发行债券必须按照本条例的规定进行审批;未经批准的,不得擅自发行和变相发行企业债券。中央企业发行企业债券,由中国人民银行会同国家计划委员会审批;地方企业发行企业债券,由中国人民银行省、自治区、直辖市、计划单列市分行会同同级计划主管部门审批。按照我国《企业债券管理条例》的规定,企业发行企业债券必须符合下列条件:

(1)企业规模达到国家规定的要求;

(2)企业财务会计制度符合国家规定;

(3)具有偿债能力;

(4)企业经济效益良好,发行企业债券前连续 3 年盈利;

(5)所筹资金用途符合国家产业政策。

企业申请发行企业债券,应当向审批机关报送下列文件:

(1)发行企业债券的申请书;

(2)营业执照;

(3)发行章程;

(4)经会计师事务所审计的企业近 3 年的财务报告;

(5)审批机关要求提供的其他材料。

企业发行企业债券筹措的资金用于固定资产投资,按照国家有关规定需要经有关部门审批的,还应当报送有关部门的审批文件。

企业发行企业债券的总面额不得大于该企业的自有资产净值,企业债券的利率不得高于银行相同期限居民储蓄定期存款利率的 40%。

任何单位不得以财政预算拨款、银行贷款和国家规定不得用于购买企业债券的其他资金购买企业债券。办理储蓄业务的机构不得将所吸收的储蓄存款用于购买企业债券。企业发行企业债券所筹措的资金应按照审批机关批准的用途,用于企业的生产经营。企业发行企业债券所筹资金不得用于房地产买卖、股票买卖和期货交易等与本企业生产经营无关的风险性投资。

2. 可转换公司债券的发行规定

企业还可发行可转换公司债券。上市公司发行可转换公司债券,应当经省级人民政府或者国务院有关企业主管部门推荐,报中国证券监督管理委员会(以下简称中国证监会)审批；重点国有企业发行可转换公司债券，应当由发行人提出申请，经省级人民政府或者国务院有关企业主管部门推荐，报中国证监会审批并抄报国家发展和改革委员会、中国人民银行、财政部。

按照《上市公司证券发行管理办法》，上市公司发行可转换公司债券，应当符合下列条件：

(1) 最近 3 年连续盈利，且最近 3 年净资产利润率平均在 6％以上；

(2) 累计债券余额不超过公司净资产额的 40％；

(3) 最近三个会计年度实现的年均可分配利润不少于公司债券一年的利息。

可转换公司债券的最短期限为 1 年，最长期限为 6 年。

上市公司发行可转换公司债券的，转股价格应不低于募集说明书公告日前 20 个交易日股票交易均价和前一交易日的均价。

上市公司发行的可转换公司债券，在发行结束 6 个月后，持有人可以依据约定的条件随时转换为股份。可转换公司债券转换为股份后，发行人股票上市的证券交易所应当安排股票上市流通。

可转换公司债券到期未转换的，发行人应当按照可转换公司债券募集说明书的约定，于期满后 5 个工作日内偿还本息。

3. 企业债券的发行方式

企业债券可由发行公司直接发行，这虽然可降低发行成本，但这要求发行公司有大批的投资专家，资信程度高，且有着许多限制条件，使得大多数公司难以直接操作。所以，大多数公司的债券是由银行、投资信托公司或其他金融机构代为发行，即采用间接发行方式。这通常又分包销和代销两种方式。包销是指由银行或其他经纪商按照一定的价格承包全部债券，然后再转售给其他投资者，售不出去的部分由包销商自己购买，盈亏及发行风险由包销商承担。代销则是由银行或其他经纪商代为销售债券，他们从中抽取佣金，未售出部分退还给发行公司。所以，对于银行或其他经纪商来说，包销方式风险较大，发行公司为此也必须支付较高的发行费用，但毕竟将发行风险全部转嫁给了包销商，所以，大多数公司常常采用这一发行方式。

### (三) 企业债券发行价格的确定

企业债券的发行价格等于企业债券在发行时的现行价值（即现值），包括到期时应支付的本金（一般为债券面值）的现值和每期应支付的利息的现值之和。因此，计算企业债券的发行价格时涉及的要素包括债券本金、债券利息、债券持续的时间长度以及折现率，以数学公式表示为

$$BP = B \times (1+i)^{-n} + I \times \frac{1-(1+i)^{-n}}{i}$$

其中：BP——企业债券的发行价格；

$B$——票面价值（到期值）；

$I$——每一付息期所支付的利息，它等于票面价值乘以票面利率；

$n$——付息次数；

$i$——市场利率。

如果债券是到期一次还本付息,则只需将各期利息加总按与本金折现相同的贴现率(复利现值系数)折为现值。

**例 10-8** 甲企业发行 1 000 万元的债券,票面利率 8%,期限 5 年,每年年底支付利息。发行时的实际利率为 10%。

发行价格=10 000 000×$(1+10\%)^{-5}$+(10 000 000×8%)×3.790 79

　　　　　=10 000 000×0.620 92+3 032 629.42

　　　　　=9 241 842.65(元)

如果发行时的实际利率为 6%,发行价格计算如下:

发行价格=1 000×$(1+6\%)^{-5}$+(1 000×8%)×4.212 36

　　　　　=1 000×0.747 26+3 369 891.03

　　　　　=10 842 472.76(元)

企业债券的票面利率和发行时的市场利率可能不一致,因此,企业债券的发行价格与其到期价值(票面价值)不相同:

(1)当市场利率与票面利率相等时,企业债券发行价格等于其票面价值,即按平价发行;

(2)当市场利率高于票面利率时,企业债券的发行价格会低于其票面价值,即按折价发行;

(3)当市场利率低于票面利率时,企业债券的发行价格会高于其票面价值,即按溢价发行。

### (四) 企业债券的核算方法

#### 1. 企业债券的计价

由于债券发行决策以及债券印制、出售需要一定的时间,加上市场变化因素,债券发行时的票面利率与市场利率很可能不一致,因此,折价发行或者溢价发行十分普遍。

所谓折价,对于发行企业债券的企业来说,其实就是为以后债券持续期间少付给投资者的投资回报(由于票面利率小于市场利率)而预先给予投资者的补偿,使投资者得到的实际回报回到市场利率的水平上来。

所谓溢价,对于发行企业债券的企业来说,则是将以后债券持续期间多付给投资者的投资回报(由于票面利率大于市场利率)提前收回,从而也使投资者得到的实际回报回到市场利率的水平上来。

发行企业债券的企业摊销折价会增加企业的利息费用,这样,企业的实际筹资成本就为市场利率了;摊销溢价则冲减企业的利息费用,同样也使企业的实际筹资成本为市场利率。换言之,企业债券的筹资成本等于企业债券票面价值乘以票面利率计算的利息加上摊销的折价或减去摊销的溢价。

#### 2. 应付债券的核算

发行企业债券的企业通常设置"应付债券"账户,并设置"债券面值"、"利息调整"、"应计利息"三个明细账户,以核算企业债券的发行、溢价或折价的摊销、利息的支付、本金的偿还等经济业务。

沿用例 10-8,做成下列会计核算。

1. 企业债券发行的核算

(1) 如果市场利率与债券的票面利率相等,企业债券按平价发行,投资者以债券票面价值购买。上述甲企业,如果实际利率为 8%,发行价格为 1 000 万元:

借:银行存款　　　　　　　　　　　　　10 000 000
　　贷:应付债券——债券面值　　　　　　　　　　10 000 000

(2) 企业债券折价发行:

借:银行存款　　　　　　　　　　　　　9 241 842.65
　　应付债券——利息调整　　　　　　　　758 157.35
　　贷:应付债券——债券面值　　　　　　　　　　10 000 000

(3) 企业债券溢价发行:

借:银行存款　　　　　　　　　　　　　10 842 472.76
　　贷:应付债券——债券面值　　　　　　　　　　10 000 000
　　　　　　　——利息调整　　　　　　　　　　　842 472.76

(4) 债券发行时会发生债券代理发行手续费、印刷费等发行费用。

债券发行通常按照实际取得的现金入账,和债券票面金额存在差额的,计入"利息调整"。假设例 10-8 中的发行费用合计为 35 万元,做成以下分录(见表 10-10):

借:银行存款　　　　　　　　　　　　　8 891 842.65
　　应付债券——利息调整　　　　　　　　1 108 157.35
　　贷:应付债券——面值　　　　　　　　　　　　10 000 000

2. 企业债券折、溢价的摊销

如上所述,企业债券折价的实质是发行债券的企业对投资者的补偿,而溢价的实质则是对投资者的投资回报的提前收回。为了如实反映企业债券的实际融资成本(等于市场利率),就需对企业债券的折、溢价进行摊销,以调整公司列支的债券利息。

企业债券折、溢价的摊销方法有两种,即直线法和实际利率法。[①]

(1) 直线法。直线法是指将企业债券的折、溢价在企业债券的整个存续期内的每个付息期平均摊销的方法。

例 10-9　上例(例 10-8)中,债券折价为 758 157.35 元,分 5 年摊销,每年 151 631.47 元。如果发行债券的甲企业在支付利息时摊销债券折价:

借:财务费用　　　　　　　　　　　　　951 631.47
　　贷:应付债券——利息调整　　　　　　　151 631.47
　　　　银行存款　　　　　　　　　　　　800 000

购买债券的投资者也应当调整其长期债权投资的金额:

借:银行存款　　　　　　　　　　　　　800 000
　　持有至到期投资　　　　　　　　　　151 631.47

---

① 我国《会计准则》只允许采用实际利率法。

　　贷：投资收益——债权投资　　　　　　　　　　951 631.47

溢价金额为 842 472.76 元,分 5 年摊销,每年摊销 168 494.55 元。

　　借：财务费用　　　　　　　　　　　　　　　631 505.45

　　　　应付债券——利息调整　　　　　　　　　168 494.55

　　　　　贷：银行存款　　　　　　　　　　　　　　800 000

债券投资方的分录为

　　借：银行存款　　　　　　　　　　　　　　　800 000

　　　　贷：持有至到期投资　　　　　　　　　　　　168 494.55

　　　　　　投资收益——债权投资　　　　　　　　　631 505.45

（2）实际利率法。实际利率法是指在企业债券的存续期间的每个付息期,按照发行债券时的实际利率摊销折价和溢价。计算摊销金额时,首先需要按照实际利率计算发行债券企业实际承担的利息费用,利息费用与每期用现金支付的利息之间的差额就是折价或者溢价的摊销金额。计算利息费用时,应当按照发行债券的企业尚未偿还的借款金额和发行时的实际利率计算。

　　**例 10-10**　上例（例 10-8）中,甲企业按照实际利率法摊销,计算过程如表 10-8、表 10-9 所示。

表 10-8　甲企业债券折价摊销表　　　　　　单位:元

| 期次 | 支付利息 | 利息费用 | 债券折价摊销 | 未摊销的债券折价 | 未偿还金额 |
|---|---|---|---|---|---|
| | (1) | (2) | (3)=(1)-(2) | (4) | (5)=(5)*+(3) |
| 0 | | | | 758 157.35 | 9 241 842.65 |
| 1 | 800 000.00 | 924 184.27 | 124 184.27 | 633 973.08 | 9 366 026.92 |
| 2 | 800 000.00 | 936 602.69 | 136 602.69 | 497 370.39 | 9 502 629.61 |
| 3 | 800 000.00 | 950 262.96 | 150 262.96 | 347 107.43 | 9 652 892.57 |
| 4 | 800 000.00 | 965 289.26 | 165 289.26 | 181 818.18 | 9 818 181.82 |
| 5 | 800 000.00 | 981 818.18 | 181 818.18 | −0.01 | 10 000 000.01 |
| 合　计 | 4 000 000.00 | 4 758 157.36 | 758 157.36 | | |

注:(5)* 指上一期的未偿还金额。

表 10-9　甲企业债券溢价摊销表　　　　　　单位:元

| 期次 | 支付利息 | 利息费用 | 债券溢价摊销 | 未摊销的债券溢价 | 未偿还金额 |
|---|---|---|---|---|---|
| | (1) | (2) | (3)=(1)-(2) | (4) | (5)=(5)*-(3) |
| 0 | | | | 842 472.76 | 10 842 472.76 |
| 1 | 800 000.00 | 650 548.37 | 149 451.63 | 693 021.13 | 10 693 021.13 |
| 2 | 800 000.00 | 641 581.27 | 158 418.73 | 534 602.39 | 10 534 602.39 |
| 3 | 800 000.00 | 632 076.14 | 167 923.86 | 366 678.54 | 10 366 678.54 |
| 4 | 800 000.00 | 622 000.71 | 177 999.29 | 188 679.25 | 10 188 679.25 |
| 5 | 800 000.00 | 611 320.75 | 188 679.25 | 0.00 | 10 000 000.00 |
| 合　计 | 4 000 000.00 | 3 157 527.24 | 842 472.76 | | |

注:(5)* 指上一期的未偿还金额。

会计学

表 10-10　甲企业债券折价摊销表(考虑发行费用)　　　单位:元

| 年份 | 应付利息 | 利息费用 | 折价摊销 | 未摊销的债券折价 | 未偿还金额 |
|---|---|---|---|---|---|
| | $(1)=1000\times8\%$ | $(2)=(5)\times10.998\%$ | $(3)=(2)-(1)$ | $(4)=(4)-(3)$ | $(5)=(5)+(3)$ |
| | | | | 1 108 157.35 | 8 891 842.65 |
| 1 | 800 000.00 | 977 943.50 | 177 943.50 | 930 213.85 | 9 069 786.15 |
| 2 | 800 000.00 | 997 514.10 | 197 514.10 | 732 699.74 | 9 267 300.26 |
| 3 | 800 000.00 | 1 019 237.12 | 219 237.12 | 513 462.62 | 9 486 537.38 |
| 4 | 800 000.00 | 1 043 349.28 | 243 349.28 | 270 113.34 | 9 729 886.66 |
| 5 | 800 000.00 | 1 070 113.34 | 270 113.34 | 0.00 | 10 000 000.00 |
| 合计 | 4 000 000.00 | 5 108 157.35 | 1 108 157.35 | — | — |

注:由于债券发行费用计入应付债券的初始成本,需要重新计算用于摊销折价的实际利率。通过计算得知,实际利率为 0.109 982 097 399 9。

#### 3. 企业债券的清偿

企业发行的企业债券依据债券合约的规定,可能到期一次清偿,也可能提前清偿,有些企业还设立偿债基金。[①]

债券发行方在发行债券时,有时会附加提前赎回的条款。提前赎回债券通常会承担较高的成本。为此,在提前赎回时,需要计算赎回的损失。

**例 10-11**　上例(例 10-8)甲企业于债券折价发行后一年半按 106% 的比率提前赎回了该批债券,假定债券折价的摊销采用实际利率法。损失计算如下:

该批债券的赎回价格为:10 000 000×106%　　　　　　　= 　10 600 000

减:该批债券的账面价值为:10 000 000-(758 157.35-192 485.62) = 　9 434 328.27

半年的应计利息:　　　　　　　　　　　　　　　　　　　　 　400 000

该批债券的提前清偿损失为:　　　　　　　　　　　　　　　 　765 671.73

借:应付债券——债券面值　　　　　10 000 000

　财务费用　　　　　　　　　　　　400 000

　营业外支出　　　　　　　　　　　765 671.73

　贷:应付债券——利息调整　　　　　　　565 671.73

　　银行存款　　　　　　　　　　　　　10 600 000

偿债基金是发行债券的企业依据债券合约将一定金额的款项交存信托管理机构,由信托管理机构利用这些资金进行投资活动,取得的投资收益则增加偿债基金,然后在债券到期时,以累积起来的偿债基金清偿债券。偿债基金是企业的一项长期资产,在资产负债表中可单列在长期投资类下。

**例 10-12**　甲企业于债券发行时一次性建立偿债基金,信托管理机构估计的偿债基金报酬率为 6%,则甲企业需要交存信托管理机构的款项为

　　　　　10 000 000(P2,6%)=8 900 000(元)

建立偿债基金时

---

① 同样的债券,在分期偿还与一次偿还的条件下,发行价格不同。

借：债券偿债基金　　　　　　　　　　　　　　　8 900 000

　　　贷：银行存款　　　　　　　　　　　　　　　　8 900 000

信托管理机构为甲企业所获得的投资收益分别为 578 500 元和 590 000 元。第 1 年的会计分录为

借：债券偿债基金　　　　　　　　　　　　　　　578 500

　　　贷：债券偿债基金收益　　　　　　　　　　　　578 500

第 2 年编制相同的会计分录，金额为 59 000 元。

借：债券偿债基金　　　　　　　　　　　　　　　59 000

　　　贷：债券偿债基金收益　　　　　　　　　　　　59 000

偿债基金委托期结束，信托管理机构代为清偿到期的甲企业债券，并将偿债基金余款 68 500 元汇还甲企业。

借：应付债券——债券面值　　　　　　　　　　10 000 000

　　银行存款　　　　　　　　　　　　　　　　68 500

　　　贷：债券偿债基金　　　　　　　　　　　　　10 068 500

如果债券偿债基金不足，则甲企业应补交款项给信托管理机构，以清偿到期债券。

## 三、可转换公司债券

可转换公司债券是指发行人依照法定程序发行、在一定期间内依据约定的条件可以转换成股份的债券。可转换公司债券给予投资者一项期权，使投资者能够在特定期限内将债券转换为一定数量的普通股。公司发行可转换公司债券，或者作为筹集权益资本的手段（假定发生转换），或者以较低实际利率筹集债务资本。可转换公司债券对投资者的吸引力在于可转换特征，如果公司的股票价格上涨，可转换公司债券的持有者能够将其转换为普通股；如果普通股价格没有上涨，投资者可以继续持有并获得利息。

可转换公司债券是一种债券附加转换期权的混合金融工具，其中包含的转换期权是一种嵌入衍生金融工具。即，可转换债券的主合同是债务合同，属于金融工具，转换期权是嵌入衍生金融工具，由于嵌入了转换期权，使得债务合同受到公司股票价格的影响，其相应的现金流量也受到了影响。按照会计准则的定义，嵌在债务工具中的权益转换特征与主债务工具没有密切联系，因此，需要将可转换公司债券中的债券和转换期权分开核算。

### （一）发行日的估价

如果投资者认为可转换特征具有价值，可转换公司债券可以以高于没有转换特征的同类债券发行，市场赋予转换期权一定的价值。比如，A 公司以面值发行年利率为 12% 的可转换债券 1 000 万元，此时，风险相同但没有转换权的债券仅以面值 82% 的价格发行，这样，转换期权的市场价值为 180 万元（1 000 万元－820 万元）。

借：银行存款　　　　　　　　　　　　　　　　10 000 000

　　　贷：应付债券——可转换公司债券（面值）　　8 200 000

　　　　　资本公积——其他资本公积　　　　　　　1 800 000

确定可转换公司债券的负债价值,还可以对负债成分的未来现金流量进行贴现,与企业债券发行价格的确定方法相同。

### (二)转换为普通股

投资者通常会在付息日将可转换公司债券转为普通股。当可转换公司债券转为普通股时,必须注销负债,记录转换的股份。

可转换公司债券转换为普通股时,应当按照普通股的市价计价。假设本例中,1 000万元的可转换公司债券可以转换为300万股,发行可转换公司债券时的普通股市价为每股3元,转换时的市价为4元。

借:应付债券——可转换公司债券(面值)　　8 200 000
　　资本公积——其他资本公积　　　　　　　1 800 000
　　营业外支出——可转换公司债券损失① 　　2 000 000
　　　贷:股本　　　　　　　　　　　　　　　　　　　3 000 000
　　　　资本公积——股本溢价　　　　　　　　　　　9 000 000

## 四、或有负债与预计负债

在现实生活中,往往会发生这样的经济业务,企业为了促销,进行有奖销售或在产品包装盒内附有可兑换的奖券;企业对出售的商品,特别是一些耐用消费品,一般都有维修期,3个月、6个月或3年不等,甚至终生维护保养,或承诺在维修期内实行三包服务,包退、包换和包修;还有航空公司奖励在一定时间内,飞行里程达到一定公里数的乘客,给予免费机票或升舱优惠等;企业为他人作的担保、票据贴现、未决诉讼等。这些业务都有一个显著的特点,就是其发生与否带有很大的不确定性。

浙江核新同花顺网络信息股份有限公司2013年度报告披露"未决诉讼或仲裁形成的或有负债及其财务影响"。

公司及子公司同花顺网络科技公司于2012年12月被上海万得信息技术股份有限公司和南京万得咨询科技有限公司(以下合称万得)在上海市第一中级人民法院(以下简称上海一中院)起诉,其诉称:公司及同花顺网络科技公司"同花顺iFind金融数据终端"涉嫌侵权。根据其民事起诉状,万得要求公司停止前述侵权行为,要求公司赔偿其经济损失9 920万元,并向其支付因本案而支付的其他费用80万元。2013年1月,经万得申请,其诉讼请求变更为:要求公司赔偿其经济损失9 700万元,向其支付因本案而支付的其他费用240万元。2013年10月,万得申请撤销对同花顺网络科技公司的起诉。截至2014年4月10日,万得对公司起诉事宜尚未开庭审理,目前尚处于证据交换阶段,法院尚未确定具体开庭日期。由于判决结果难以预测,对公司财务影响也无法预计。

---

① 如果冲减发行可转债时确认的权益部分的价值,则实际上否认了可转债的嵌入式衍生金融工具的性质。

### （一）或有负债的性质

或有负债是由或有事项引起的。所谓或有事项（contingency）是指"过去的交易或者事项形成的，其结果须由某些未来事项的发生或不发生才能决定的不确定事项。"[①] 如果或有事项可能给企业带来利得（有利影响），则称为或有利得（contingent gain），相应地形成一项或有资产。我国准则将其定义为：或有资产是指过去的交易或事项形成的潜在资产，其存在须通过未来不确定事项的发生或不发生予以证实。反之，如果或有事项带来损失（不利影响），则称为"或有损失"，相应形成一项或有负债。我国准则将其定义为：或有负债是指过去的交易或事项形成的潜在义务，其存在须通过未来不确定事项的发生或不发生予以证实；或过去的交易或事项形成的现时义务，履行该义务不是很可能导致经济利益流出企业或该义务的金额不能可靠地计量。

### （二）不确定性程度

由于或有负债的产生带有很大的不确定性，在会计实务中，如何加以判断就成了一个难题。美国财务会计准则委员会第 5 号公告的解释为：

（1）很有可能（probable）。未来的事项或几件事项很有可能发生。

（2）尚有可能（reasonably possible）。未来的事项或几件事项发生的可能性介于很有可能和极小可能之间。

（3）极小可能（remote）。未来的事项或几件事项发生的可能性极小。

虽然美国财务会计准则委员会第 5 号公告对可能性作出了定性界定，如果没有一个量的界定，依然不便于操作，因此，就应该将各种可能性对应一个发生的概率。

参照 2006 年修订前的我国财政部《企业会计准则——或有事项》指南，各种可能性及对应的概率如下：

| 结果的可能性 | 对应的概率区间 |
| --- | --- |
| 基本确定 | 大于 95％但小于 100％ |
| 很可能 | 大于 50％但小于或等于 95％ |
| 可能 | 大于 5％但小于或等于 50％ |
| 极小可能 | 大于 0 但小于或等于 5％ |

### （三）或有负债的确认

我国《企业会计准则——或有事项》第 4 条规定了将或有事项相关义务确认为预计负债的条件：

（1）该义务是企业承担的现时义务；

（2）该义务的履行很可能导致经济利益流出企业；

（3）该义务的金额能够可靠地计量。

---

① 财政部.企业会计准则第 13 号——或有事项[M].北京：经济科学出版社，2006.

**（四）或有事项的会计处理**

在会计实务中，会计人员需要根据未来事件发生的可能性的大小，分别作出在表内反映、表外披露（附注或发公告）和不予揭示与披露的处理。对于在表内确认的或有负债，可专设"预计负债"予以反映。

（1）对外提供债务担保。企业出于利益或其他目的，通常为他人债务提供担保。作为提供担保的企业，在被担保方无法履行合同的情况下，往往要承担连带责任。对外提供担保所产生的或有负债发生的可能性通常认为低于 50%（尚有可能），习惯上在表外披露。当然，如果发生的可能性高于 50%，则应当作为表内项目。

（2）未决诉讼或未决仲裁。当企业涉及一项经济纠纷或仲裁事项时，只要不是终审或最后裁定，都是未决诉讼或未决仲裁。企业可根据律师对案件的判断，对很有可能胜诉的案件进行分析，并估计可能获赔的金额，在会计报表附注中加以披露。如果很可能是败诉，则应估计赔偿金额，在"预计负债"加以反映。按照我国会计准则指南的要求，如果一审已经作出判决，败诉方无论是否上诉，都被认为已经形成败诉方的实际义务，应当在账面上确认负债和损失。

（3）产品质量保证。产品质量保证费用的发生要取决于未来事件的发生与否，对企业来讲就是一项或有负债。企业在处理该业务时，一般有两种方法，一是在维修或更换实际发生时，作为发生当期的费用；二是在产品出售时，就根据过去的经验和产品的质量预先估计可能要发生的支出。显然，后一种方法更符合权责发生制的要求。

## 五、非流动负债在资产负债表中的列示

在资产负债表上，非流动负债列示于流动负债之后。如第八章中所述，1 年内将到期的非流动负债列示于流动负债中。但若它们的清偿无须动用流动资产，或不会产生流动负债（如已建立偿债基金的非流动负债），或将通过发行新的非流动负债来清偿，或将转化为股本，则仍列示于非流动负债中，并在报表附注中予以说明。非流动负债在资产负债表中的具体列示见表 10-11。

**表 10-11　非流动负债在资产负债表中的列示**

20×7 年 12 月 31 日 　　　　　　　　　　　　　　　　　单位：元

……

流动负债：

……

流动负债合计

非流动负债：

　　长期借款

　　应付债券

　　长期应付款

　　专项应付款

|  |
| --- |
| 预计负债 |
| 递延所得税负债 |
| 其他非流动负债 |
| 非流动负债合计 |
| …… |

资产负债表附注：……

对于各项非流动负债的明细账户构成应在资产负债表附注中予以披露，并披露其期限、利率及担保或抵押等情况。在资产负债表附注中，企业还应披露企业核算非流动负债及其利息费用的会计政策，披露企业的或有非流动负债。对于融资租赁，应在资产负债表附注中披露融资租赁固定资产的明细情况，披露融资租入固定资产应付款计算的贴现率，租赁协议中的续租选择权与廉价购买选择权，以及租赁协议中的限制性条款（如承租人股利支付的限制）等。按照财政部《债务重组》准则的要求，企业应当披露债务重组方式、确认的债务重组损失总额、债权转为股份所导致的投资增加额及该投资占债务人股份总额的比例、或有应收金额、债务重组中受让的非现金资产的公允价值、由债权转成的股份的公允价值和修改其他债务条件后债权的公允价值的确定方法及依据。

天水华天科技股份有限公司 2013 年年度报告披露的可转换公司债券的信息：

**应付债券**
单位：万元

| 债券名称 | 面值 | 发行日期 | 债券期限 | 发行金额 | 期初应付利息 | 本期应计利息 | 本期已付利息 | 期末应付利息 | 期末余额 |
| --- | --- | --- | --- | --- | --- | --- | --- | --- | --- |
| 可转换公司债券—面值 | 100 | 2013 年 8 月 12 日 | 6 年 | 46 100 | — | −11 182 | 709 | — | 35 627 |

经证监会证监许可[2013]1009 号文核准，天水华天科技股份有限公司于 2013 年 8 月 12 日发行票面金额为 100 元的可转换公司债券（以下简称"可转债"）461 万张，发行总额为人民币 461 000 000.00 元。本次发行可转债的期限为 6 年，票面年利率为第一年 0.5%、第二年 0.7%、第三年 0.9%、第四年 1.1%、第五年 1.3%、第六年 1.5%。本次可转债采用每年付息一次的付息方式，计息起始日为可转债发行首日，即 2013 年 8 月 12 日。每年的付息日为本次可转债发行首日起每满一年的当日。转股期限：自可转债发行结束之日（2013 年 8 月 16 日，即募集资金划至发行人账户之日）起满 6 个月后的第一个交易日起至到期日止。（即 2014 年 2 月 17 日至 2019 年 8 月 11 日止），本年内该债券的数量未发生变动。该债券的持有人有权在转股期内将可转债转换为公司股份，初始转股价格为人民币 9.79 元/股，截至 2013 年 12 月 31 日转股价格未发生调整和修正的情况。

在发行日采用类似公司债券的票面利率来估计该债券负债成分的公允价值，剩余部分作为权益成分的公允价值，并计入股东权益。

第十章 负债

2013 年 8 月 12 日公开发行可转换公司债券 4.61 亿元,取得发行收入 451 333 500.00 元,按照负债成分的公允价值和权益成分的公允价值进行分拆,分摊发行费后确认的权益部分的公允价值为 85 379 012.70 元。

如中国远洋控股股份有限公司 2009 年年度报告披露的预计负债信息:

预计负债                                                                单位:元

| 项　目 | 期初数 | 本期增加 | 本期减少 | 期末数 |
| --- | --- | --- | --- | --- |
| 亏损合同 | 5 235 690 516.69 | 1 419 124 764.86 | 5 235 784 950.14 | 1 419 030 331.41 |
| 未决诉讼或仲裁 | 189 231 780.77 | 274 632 059.64 | 129 789 045.66 | 334 074 794.75 |
| 合计 | 5 424 922 297.46 | 1 693 756 824.50 | 5 365 573 995.80 | 1 753 105 126.16 |

(1) 亏损合同形成原因

由于航运市场变化,本集团在 2009 年 12 月 31 日之前签订的租入船合同有可能成为亏损合同,按照企业会计准则的规定,本集团采用如下方法确认亏损合同相关的预计负债。

(2) 亏损合同确认预计负债的原则

A. 本集团自有船舶涉及的租出合同的预计亏损,结合固定资产减值测试统一进行,不单独考虑;

B. 对于已经租入的船舶,本集团根据散货船公司的经营特点,在确认亏损合同时,同时分析该租入船合同和对应租出船合同是否存在亏损。

在 2009 年 12 月 31 日有租出船锁定的租入船合同(简称"锁定合同"):按照租出船合同中列明的出租价格计算预计经济利益流入与不可避免费用进行比较,如果产生亏损,按照预计亏损额确认预计负债,计入 2009 年年度损益("营业外支出"项目)。

在 2009 年 12 月 31 日没有租出船锁定的租入船合同(简称"敞口合同"):对于 2010 年 12 月 31 日之前到期的租入船敞口合同,按照本集团预计的 2010 年 1 月 1 日至 2010 年 12 月 31 日的 BDI 指数平均 3000 点的市场水平,对测算经济利益的流入与不可避免费用进行比较,如果产生亏损,按照预计亏损额确认预计负债,计入 2009 年年度损益("营业外支出"项目)。

对于 2010 年 12 月 31 日以后到期的敞口合同,因为间隔时间较长,无法对未来较长期间的经济环境、航运市场状况作出准确判断,不满足预计负债的确认条件,不确认预计负债。需要说明的是,由于航运市场的变动是由诸多内外部因素所造成,经济利益的流出存在不确定性。

(3) 亏损合同预计负债增减变化说明

根据以上方法,本集团本期因亏损合同增加预计负债 1 419 030 331.41 元,其中敞口合同预计负债 519 569 387.33 元,锁定合同预计负债 899 460 944.08 元。预计负债本期减少主要为,根据本期合同完成及实际结算情况,将以前年度因亏损合同计提的预计负债 5 235 784 950.14 元于本期转回。

（4）因未决讼诉形成的预计负债

截至 2009 年 12 月 31 日,本集团因船舶租赁及货物运输等业务发生纠纷或诉讼,本集团依据相关法院判决、与对方达成之和解协议及相关律师意见,对于可能发生之赔偿及损失,共预计或有负债 334 074 794.75 元。

# 专 用 名 词

| | | | |
|---|---|---|---|
| 负债 | 流动负债 | 增值税 | 所得税会计 |
| 非流动负债 | 应付债券 | 债券发行价格 | 债券折价与溢价 |
| 实际利率法 | 可转换债券 | 嵌入衍生金融工具 | |

# 习 题

## 一、思考题

**Q10-1** 流动负债有哪几种？在资产负债表上依据什么方式进行列示？

**Q10-2** 什么是应付票据？应付票据分哪几类？应付票据和应付账款具体有何不同？试作出下列情况甲企业的会计处理。

甲企业于 20×1 年 4 月 1 日从乙企业购进一批原材料,价款 50 000 元,增值税额 8 500 元。材料已入库,甲企业开出一张面值 58 500 元,期限为 6 个月的带息银行承兑汇票,票面利率为 12%,支付给银行 200 元的手续费。20×1 年 10 月 1 日银行承兑汇票到期,甲企业按期付款。

**Q10-3** 企业什么时候采用“预收账款”账户进行核算,什么时候可以不采用此账户？这两种情况下具体应该怎样处理？

**Q10-4** 非流动负债有哪几种？在资产负债表上依据什么方式进行列示？

**Q10-5** 请说明短期负债和非流动负债之间区别的基础是什么？

**Q10-6** 借款费用是如何定义的？借款费用资本化的原则是什么？停止借款费用资本化的条件是什么？

**Q10-7** 应付债券应怎样设置明细账？什么情况下会产生溢价、折价？溢价、折价的摊销对每期的利息费用有何影响？

**Q10-8** 什么是嵌入衍生金融工具？可转换公司债券在发行时应该怎样进行会计处理？当可转换公司债券持有人行使其转换权利时应怎样进行会计处理？

## 二、练习题

**E10-1 负债的确认和计量**

下列是与某保险公司相关的交易,请指出这些交易是否产生负债,如果确认负债,说出它们的账户名及其数额。

(1) 公司收到下月才开始生效的保险合同的付款 650 万元。

(2) 公司与新聘任的经理签订了为期 3 年的合同,合同下月开始执行。合同规定每年支付 15 万元。

(3) 公司刚赢得一场诉讼,从律师处收到金额为 12 万的账单。

(4) 公司增发普通股,股票面值总额为 300 万元,实际发行收入为 460 万元。

(5) 公司收到来自法院的诉讼通知,原因是顾客认为公司不合理地取消了保险合同,要求赔偿 60 万元。

**E10-2 负债的确认和计量**

下列是某公司与购货相关的事项,指出这些交易是否产生负债,如果确认负债,说出它们的账户名及数额。

(1) 公司与一供应商签订合同,约定将在下一年购买至少 10 万元的货物;

(2) 公司向该供应商发出价值 2 万元的货物订单;

(3) 公司收到(2)中订购的货物。

**E10-3 应付票据**

某企业采用商业汇票的方式购入一批原材料,根据有关发票账单,购入材料的实际成本为 10 万元,增值税专用发票上注明的增值税金额为 1.7 万元。材料已经验收入库。企业开出 3 个月承兑的商业汇票进行支付。

要求写出：

（1）该票据不带息，持票人到期进行承兑时，该企业应进行的会计处理。

（2）该票据年利率为10%，持票人到期进行承兑时，该企业应进行的会计处理。

**E10-4　短期借款**

12月1日，甲公司从银行取得金额为50万元、为期60天的贷款，年利率为6%。到期日时，银行允许甲公司续约30天，同时，甲公司通过银行账户归还了前60天计提的利息。

要求：

（1）如果到期直接偿付本息，列示甲公司在到期日的会计分录。

（2）列示下列时点的会计分录：取得贷款、12月31日、贷款续约、续约到期日。

（3）原定贷款条约到期时，如果续约条款如下，列示续约到期日的会计分录：甲公司与银行续约30天，年利率为9%。

**E10-5　应交税费**

A公司为增值税一般纳税企业，使用的增值税税率为17%，消费税税率为10%，营业税税率为5%，所得税税率为33%，存货收发采用实际成本核算。该企业20×2年发生下列经济业务：

（1）从一般纳税企业购入一批原材料，增值税专用发票上注明的原材料价款为100万元，增值税17万元，货款已经支付，另购入材料过程中支付运费1万元（进项税额按7%的扣除率计算），材料已经到达并验收入库。

（2）收购农产品，实际支付的价款20万元，收购的农产品已验收入库。

（3）将一批材料用于工程项目，材料成本为1万元。

（4）收购未税矿产品，实际支付的收购款为19万元，代扣代缴的资源税1万元（假设不考虑增值税因素）。

（5）对外提供运输劳务，收入10万元存入银行，确认收入并计算应交营业税。

（6）出售一项专利权，收入10万元存入银行，该专利权出售时的摊余价值为6万元，已提减值准备2万元。

（7）企业当年收到减免增值税2万元。该企业采取先征后退的方法。

要求：根据上述业务编制相关业务的会计分录。

**E10-6　递延所得税**

某企业某项设备，按照税法规定按3年提取折旧，按照会计规定按6年提取折旧。该项设备的原价300 000元，按直线法计提折旧（不考虑净残值的因素）。假如该企业每年税前会计利润为2 500 000元，所得税率为25%，从第3年起所得税率改为20%。

要求：编制所得税会计核算分录。

**E10-7　计算债券的发行价格**

某公司发行5年期、面值为1 000万元、票面年利率为8%的公司债券，每年年末支付票面利息。假设发行日市场利率如下，分别计算债券的发行价格：

（1）年利率为6%。

（2）年利率为8%。

（3）年利率为10%。

**E10-8　计算债券的发行价格**

某公司发行5年期、面值为1 000万元、票面年利率为8%的公司债券，每半年末支付票面利息。假设发行日市场利率如下，分别计算债券的发行价格：

（1）年利率为6%，半年计算一次复利。

（2）年利率为 8%，半年计算一次复利。

（3）年利率为 10%，半年计算一次复利。

**E10-9　债券的实际利率**

某股份有限公司于 20×2 年 1 月 1 日按面值发行 4 年期、分期付息到期还本的公司债券，债券面值为 100 万元，票面年利率为 10%，发行费用为 10 万元。

要求：考虑发行费用，计算公司发行该债券承担的实际利率。

**E10-10　计算债券发行价格和利息费用**

某公司发行 4 年期、面值为 500 万元、票面年利率为 8% 的公司债券，每年年末支付票面利息。假设发行日市场利率为 10%。

（1）计算公司从债券发行中获得的现金金额。

（2）如果公司采用实际利率法对溢价或折价进行摊销，分别计算每年年末的财务费用。

（3）如果公司采用直线法对溢价或折价进行摊销，分别计算每年年末的财务费用。

（4）对比两种方法下，财务费用的趋势特点。

**E10-11　计算债券发行价格和利息费用**

某公司发行 4 年期、面值为 500 万元、票面年利率为 8% 的公司债券，每年年末支付票面利息。假设发行日市场利率为 6%。

要求：

（1）计算公司从债券发行中获得的现金金额。

（2）如果公司采用实际利率法对溢价或折价进行摊销，分别计算每年年末的财务费用。

（3）如果公司采用直线法对溢价或折价进行摊销，分别计算每年年末的财务费用。

（4）对比两种方法下，财务费用的趋势特点。

**E10-12　零息债券**

某企业于 20×1 年 7 月 1 日对外发行 4 年期、面值为 1 000 万元的公司债券，债券一次还本付息，收到债券发行全部价款 1 000 万元（发行费用略）。发行当时市场利率为 8%。

要求：

（1）分别计算各年年末与该债券相关的财务费用。

（2）计算债券到期时还本付息的总额。

**E10-13　利息资本化**

某企业 20×2 年 1 月 1 日开始建造一项固定资产，专门借款有两项：

（1）20×2 年 1 月 1 日借入的 3 年期借款 200 万元，采取分年付息到期还本的方法，年利率为 6%；

（2）20×2 年 4 月 1 日发行的 3 年期债券 300 万元，票面年利率为 5%，债券发行价格为 285 万元，也采取分年付息到期还本的方法（不考虑发行债券发生的辅助费用）。债券溢价或折价采用直线法摊销。

有关资本支出如下：

1 月 1 日支出 100 万元；2 月 1 日支出 50 万元；3 月 1 日支出 50 万元；4 月 1 日支出 200 万元；5 月 1 日支出 60 万元。

假设资产建造从 1 月 1 日开始，工程项目于 2002 年 6 月 30 日达到预定可使用状态。

要求：

（1）分别计算 20×2 年第一季度和第二季度应予资本化的利息金额。

（2）对 20×2 年各季度的财务费用进行账务处理。

**E10-14　可转换债券**

某上市公司有关可转换债券业务如下：

（1）20×3 年 7 月 1 日发行 4 年期可转换债券,面值为 20 000 万元。《可转换债券上市公告书》中规定,可转换债券持有人在债券发行日 1 年以后可以申请转换为股份,转换条件为面值 20 元的可转换债券,转换为 1 股(股票每股面值 1 元),可转换债券票面年利率为 8%,每半年支付利息一次。如果债券持有人未行使转换权,按原定条件偿还利息和本金。该公司发行可转换债券收入价款共 20 000 万元(为简化核算,手续费等略)。

（2）20×4 年 7 月 1 日,某企业将其持有的该公司可转换债券 4 000 万元(面值)申请转换股票 200 万股。

要求:对该上市公司 20×3 年 7 月 1 日至 20×4 年 7 月 1 日可转换债券业务进行账务处理。

**E10-15　或有负债—保修费用**

甲公司与乙企业 20×2 年有关交易资料如下:

（1）甲公司销售 A 产品给乙企业,售价为 10 000 万元,产品成本 8 000 万元。按购销合同规定,甲公司对售出的 A 产品保修 2 年。根据以往经验估计,销售 A 产品所发生的保修费用为该产品销售额的 1%。甲公司 20×2 年实际发生的 A 产品保修人工费用为 30 万元,耗用原材料实际成本为 20 万元。20×1 年 12 月 31 日,甲公司已提的 A 产品保修费用的余额为 60 万元。

（2）甲公司销售 500 件 B 产品给丁企业,单位售价为 50 万元,单位产品成本为 35 万元。按购销合同规定,甲公司对售出的 B 产品保修 1 年。根据以往经验估计,销售 B 产品所发生的保修费用为该产品销售额的 1.8%。甲公司 20×2 年实际发生的 B 产品保修人工费用为 100 万元,耗用原材料为 150 万元。20×1 年 12 月 31 日,甲公司已提的 B 产品保修费用的余额为 150 万元。

（3）甲公司销售一批本年度新研制的 C 产品给乙企业,售价为 800 万元,产品成本 600 万元。按购销合同规定,甲公司对售出的 A 产品保修 1 年,1 年内产品若存在质量问题,公司负责免费修理。甲公司预计发生的保险费用为 C 产品销售额的 2%～3%,20×2 年未发生修理费用。

要求:编制甲公司 20×2 年与保修相关交易的会计分录。

**E10-16　或有负债—未决诉讼**

某股份有限公司于 11 月 3 日收到法院通知,被告知工商银行已提起诉讼,要求公司清偿到期借款本息 5 000 万元,另支付逾期借款罚息 200 万元。至 12 月 31 日,法院尚未作出判决。对于此项诉讼,公司预计除需偿还到期借款本息外,有 60% 的可能性还需支付逾期借款罚息 100 万元至 200 万元和诉讼费用 15 万元。

要求:指出该公司应该怎样对未决诉讼进行会计处理,如果涉及会计分录,请写出具体的分录。

**E10-17　或有负债—债务担保**

甲公司为乙公司提供担保的某项银行借款计 3 000 万元于 20×5 年 5 月到期。该借款系乙公司于 20×2 年 5 月从银行借入,甲公司为乙公司此项银行借款的本息提供 60% 的担保。乙公司借入的款项至到期日应偿付的本息为 3 100 万元。由于乙公司无力偿还到期债务,银行于 7 月向法院提起诉讼,要求乙公司及为其提供担保的甲公司偿还借款本息,并支付罚息 40 万元。至 12 月 31 日,法院尚未作出判决,甲公司预计承担此项债务的可能性为 50%。

要求:判断甲公司应该如何处理关于债务担保的未决诉讼。

## 三、讨论题

**P10-1　可转换公司债券的核算**

某上市公司于 20×2 年 1 月 1 日溢价发行 20 万张可转换公司债券,用于某项工程建设。该债券每张面值 10 元,发行价格 11 元,期限为 5 年,债券溢价按直线法进行摊销,票面利率为 10%,一次还本付息。债券发行 1 年后即可转换为普通股股份,转换条件为每 100 元债券可转普通股 4 股,每股面值为 1 元。如果债券持有人未行使转换权,则在债券到期时一次还本付息。假定所发行的可转换公司债券全部由甲、乙两投资者购买。甲投资者于 20×3 年 4 月 1 日将其所持有的 10 万张可转换公司债券全部转换为普通股股份。乙投资者在转换期内没有转换,持有至债券到期日。要求作出该上市公司从发行债券到转换日、到期日的会计处理。

### P10-2　Paul Murray

Paul Murray 很快就要读完 MBA 从商学院毕业了,他已经找到了一份合适的工作。Paul 的妻子 Nancy 是一家公司的律师,负责处理公司的法律事务。他们希望在 Paul 毕业后能够拥有自己的第一个孩子。因为在读书期间,Paul 和 Nancy 都是通过勤工俭学来支付各种费用的,他们决定早一些为孩子积攒下大学 4 年所需的费用。

Paul 大致计算了一下孩子在大学 4 年所需的学费、房租和车费等各种费用。Paul 和 Nancy 认为这些费用每年都会有所增加,所以他们必须进行合理的投资,使未来的收益能够支付 4 年的各种费用。

Paul 和 Nancy 希望他们的孩子能够上一所学术悠久的公立或私立大学。报纸上说上这类大学每年所需的学费、房租和车费等费用总计约为 15 000 美元。他们认为如果孩子在学年秋季入学的话,每年需要花费 18 000 美元的费用。

问题:

(1) 最近大学的费用每年以 8% 的比例上升。由于这一比例超过了通货膨胀率,Paul 和 Nancy 认为有必要选择一种近似测算通货膨胀率的指标,如消费价格指数。他们假设这些费用每年以 6% 的比例增加,那么 18 年后,每年所需的费用应该是多少?

(2) 如果 Paul 和 Nancy 已经估算出了 18 年后所需的全部学费,并且在这 18 年里每年都为此进行投资。假设每年投资收益率为 6%,那么他们每年应该投资多少?

(3) 计算年投资收益率为 8%、10% 或 4% 时,每年应投资的金额。

要求:

(1) 编制上述交易的分录,并分析哪些会计账目受这两个交易的影响。

(2) 收集资料分析案例背景,研究这些会计交易产生的目的、过程以及结果。

(3) 根据案例给出的问题,回答这两个交易是否符合会计准则,如果不符合,问题在哪里?

(4) 思考资产以及债务计价为何这么容易被操纵,操纵后有哪些可能的结果?

### P10-3　中国石油化工股份有限公司可转换债券

中国石油化工股份有限公司于 2007 年 4 月 24 日发行港币 117 亿元,于 2014 年到期的零息可转换债券。该可转换债券可以在 2007 年 6 月 4 日或其后以每股港币 10.76 元转换为本公司的 H 股股份,但转换价可因(其中包括)以下各项予以调整:股份的分拆或合并、红股发行、供股、资本分派、出现控制权变动及其他对股本具摊薄影响力事件。除非之前已经赎回、转换或购买及注销,可转换债券将于到期日按本金的 121.069% 赎回。在 2011 年 4 月 24 日后任何时间,在符合特定条件下,本公司拥有提前偿还选择权,同时本公司还拥有当持有人行使转换权时的现金结算选择权。债券持有人亦拥有于 2011 年 4 月 24 日要求本公司按本金的 111.544% 提早赎回全数或部分可转换债券的提早赎回选择权。

在 2008 年 12 月 31 日,可转换债券的负债和衍生工具的账面价值分别为人民币 98.70 亿元 (2007 年:人民币 101.59 亿元)及人民币 0 元(2007 年:人民币 39.47 亿元)。在 2008 年 12 月 31 日,尚未有可转换债券进行转股。

关于可转换债券的会计处理:

(1) 包含权益部分的可转换债券

当可转换债券的持有人可以选择将该债券转换成股本,而转换的股票数量和转换对价随后不会变动,则可转换债券按照包含负债部分和权益部分的混合金融工具进行会计处理。

可转换债券的负债部分于初始确认时以未来支付的利息和本金的现值计量,折现的利率参考于初始确认时没有转换选择权的类似债务的市场利率。所得款项超过初始确认为负债部分的金额会被确认为权益部分。发行可转换债券的相关交易费用按照负债部分和权益部分占所得款项的比例分配。

负债部分按摊余成本进行后续计量,其利息支出按实际利率法计算计入当期损益。可转换债券的权益部分计入资本公积直到债券被转换或赎回时。

可转换债券转换为股本时,其资本公积及负债部分的账面金额作为发行股票的对价转入股本及股本溢价。如果可转换债券被赎回,相关资本公积则会转入未分配利润。

(2)其他可转换债券

可转换债券附有现金赎回的选择权和其他嵌入式衍生工具特性,需以负债和衍生工具部分分别列示。

可转换债券的衍生工具部分于初始确认时以公允价值计量。所得款项超过初始确认为衍生工具部分的金额会被确认为负债部分。发行可转换债券的相关交易费用按照负债部分和衍生工具部分所占所得款项的比例分配。分配至负债部分的交易费用会先确认为负债的一部分,而分配至衍生工具部分的交易费用计入当期损益。

在 2008 年及 2007 年 12 月 31 日,可转换债券的衍生工具部分的公允价值使用 Black-Scholes 模型进行计算,该模型使用的主要参数如下:

|  | **2008 年** | **2007 年** |
| --- | --- | --- |
| 股价/港元 | 4.69 | 11.78 |
| 转股价格/港元 | 10.76 | 10.76 |
| 期权调整利差/基点 | 450 | 50 |
| 平均无风险报酬率/% | 1.64 | 3.60 |
| 平均预计年限/年 | 3.8 | 4.8 |

Black-Scholes 模型中这些参数的任何变动将引起衍生工具部分公允价值的变动。在 2008 年,转股期权的公允价值变动造成的公允价值收益为人民币 39.47 亿元(2007 年:公允价值变动损失人民币 32.11 亿元),并已记入 2008 年度的利润表"公允价值变动损益"项目内。

负债部分的初始账面价值为发行债券收到的款项扣减分配至负债部分的发行费用及衍生工具部分于 2007 年 4 月 24 日的公允价值后的剩余金额。利息费用是按照实际利率法以 4.19％在调整后的负债部分的基础上计算。假若上述衍生工具部分未被拆分,即全部可转换债券视为负债部分,实际利率则为 3.03％。

要求:讨论可转换债券的性质,评价会计准则的合理性。

**P10-4 深中浩的或有负债**

深圳中浩(集团)股份有限公司于 1984 年设立(中外合资企业),1991 年公开发行股票,1993 年以后开始走下坡路,1995 年出现亏损,1998 年资不抵债。2001 年 10 月 22 日终止上市交易。公司在主板市场的最后收盘价,A 股为 6.85 元,B 股为 1.95 港元。

发行股票后公司实收股本 8 635.1 万元,四家法人股东占 69.42％,社会公众股东占 30.52％(其中境内公众 13.9％,内部职工 2.78％,境外投资者 13.9％),最大股东只占 20.83％。

**深中浩历年披露的担保负债情况**

| 披露日期 | 对关联公司的担保/万元 | 为其他单位融资提供担保/万元 | 新增涉诉担保案件金额/万元 | 新增诉讼案件/件 | 累计诉讼金额/万元 | 累计诉讼案件/件 | 累计诉讼案件执行金额/万元 | 累计诉讼案件执行数量/件 |
|---|---|---|---|---|---|---|---|---|
| 1996.12.31 | 8 724 | 3 750 | 3 066 | 5 | 3 066 | 5 | | |
| 1997.6.30 | 27 610 | | | | | | | |
| 1997.11.29 | | | 19 439 | 53 | 22 505 | 58 | | |
| 1998.8.29 | | | 1 757 | 6 | | | | |
| 1998.11.28 | | | 25 600 | 57 | | | | |
| 1998.12.15 | | | | | 51 260 | 130 | | |
| 1998.12.31 | | | | | | 92 | 8 733 | 17 |
| 1998.12.31 | | | | | 51 260 | 130 | | |
| 1999.2.10 | | | 265 | 2 | | | | |
| 1999.2.10 | | | | | 51 524 | 132 | | |
| 1999.6.26 | | | | | 42 855 | 92 | | |
| 1999.7.9 | | | 2 230 | 9 | | | | |
| 1999.7.9 | | | | | 45 086 | 101 | | |
| 1999.8.5 | | | | | 45 086 | 101 | | |
| 1999.8.13 | | | 1 106 | 1 | 46 191 | 102 | | |

要求：查阅深中浩的年度报告，分析或有负债披露、确认中存在的问题。

**P10-5　深万科可转换公司债券**

根据万科企业股份有限公司 2002 年披露的可转换公司债券的会计政策和可转换公司债券契约条款，编制必要的会计分录。

# 第十一章

# 股东权益

1. 了解公司的特点；

2. 熟悉股本的一般核算方法；

3. 掌握资本公积的主要项目；

4. 熟悉利润分配的程序和方法，掌握股利的核算方法；

5. 掌握库存股、股票期权的其他业务及其核算方法；

6. 了解合伙企业会计的基本方法。

# 第一节　公司的组建

## 一、企业组织形式

企业的组织形式包括独资、合伙和公司三种。独资企业通常个人出资、个人经营，不具备法人资格；合伙企业通常由若干个自然人共同出资、合伙经营、共享利益、共担风险，不具备法人资格。公司的组织形式包括股份有限公司、有限责任公司、两合公司等，是具备法人资格的一种企业组织形式。

与独资企业和合伙企业相比，公司具有以下特征：

1. 股份有限公司是公司法人

公司是以营利为目的的经济组织，为此，公司必须有独立的场所、资本及其他经营条件，任何不以营利为目的的机构组织均不是公司。公司是法人，具有独立的民事权利能力和民事行为能力，依法独立享有民事权利和承担民事义务的组织，这意味着公司可以像自然人一样，有自己独立的名称和"经济户口"，对自己的名称拥有专用权，可以享有专利权、发明权、商标权和获得荣誉权，可以以自己的名义参与经济法律关系（如以自己的名义从事生产经营、与他人签订合同），可以以自己的名义在法院起诉、应诉，具有权利能力和行为能力。

独资企业是由一人出资经营，归个人所有和控制，单独负无限责任的经济组织；合伙企业则是由两人或两人以上订立合伙契约、共同出资、合伙经营，并归合伙人共有的企业。这两类企业都无法与其作为自然人的所有者从法律上分开，比如，这两类企业的所有者要以自己个人的名义签订合同、协议，以自己的名义交税。

2. 公司只负有限责任

第一，股东以其所认缴的股份对公司承担有限责任。这意味着，任何债权人在任何时候、任何条件下不得追溯股东个人的私人财产，而仅以其认购的股份为限。

第二，公司以其全部资产对公司债务承担责任。公司作为法人，有其独立的财产，并以其所拥有的财产承担责任。也就是说，在任何条件下，公司债权人不得向公司以外的财产（包括股东个人财产）索取债权。

与此相比，合伙企业和独资企业均为无限责任。《中华人民共和国民法通则》规定："个体工商户、农村承包经营户的债务，个人经营的，以个人财产承担；家庭经营的，以家庭财产承担。""合伙负责人和其他人员的经营活动，由全体合伙人承担民事责任。""合伙的债务，由合伙人按照出资比例或者协议的约定，以各自的财产承担清偿责任，合伙人对合伙人的债务承担连带责任，法律另有规定的除外。偿还合伙债务超过自己应承担数额的合伙人，有权向其他合伙人追偿。"

3. 公司的所有权多元化

按照法律规定，有限责任公司的发起人不超过 50 人，可以设立一人有限责任公司。采用发起设立方式设立的股份公司，发起人 2～200 人，上市时，持有股票面值超过 1 000 元的人不得少于 1 000 人，公众持有的股份不得低于总股本的 25%。通过所有权的分散、流通,投资共享乐而不共患难,有利于公司治理结构的完善,有利于促进公司提高经营业绩。

独资企业由个人出资,生产资料及生产经营成果归个人所有,所有者只有一人;合伙企业由合伙人出资,共同所有,一般而言,合伙人的数量有限。

4. 股份有限公司的所有权与经营权分离

公司的所有权归股东,股东分散、庞杂,不可能直接插手公司的日常经营活动,特别是在当今竞争复杂、管理专业化的时代,更加不可能直接经营,而是由董事会聘请职业管理者经营公司。当然,许多公司的经营者也同时就是公司的股东,这里主要是与非公司企业(合伙企业、独资企业)相比较而言。

## 二、股份有限公司的设立要求

严格意义上讲,股份有限公司有两种:一种是公开发行股份但不上市交易其股票的公司;另一种是公开发行股份并上市交易其股票的公司。我国的股份有限公司均为上市公司。《中华人民共和国公司法》规定了股份有限公司的设立方式和程序。

设立股份有限公司的方式有两种,一是发起设立,即发起人认购所有要发行的股份;二是募集设立,即由发起人认购一部分股份,剩余股份向社会公开募集。目前,我国股份有限公司均采用募集设立的方式。

设立股份有限公司时,发起人认购的股份可以用货币资金出资,也可以用实物资产、无形资产作价入股。采用募集方式设立时,发起人认购的股份不得低于股份总数的35%,公开发行的股份不得低于股份总数的25%。

中国证券监督管理委员会规定,现有公司改组为股份有限公司并首次公开发行股票,发行人自股份有限公司成立后存续期限至少3年。

设立股份有限公司后,可向中国证监会和交易所申请公开募集股份。

## 三、上市公司的信息披露

由于上市公司股票流通,对公众的利益产生重大影响。为此,对上市公司的要求,尤其是信息公开披露的要求较为严格。

按照《中华人民共和国证券法》的要求,上市公司的信息披露的方式分为定期报告和临时报告。定期报告包括年度报告、中期报告和季度报告。临时报告通常是当公司发生重大事项时发布的信息公告,如重大合同、重大投资、重大重组、重大人事变动等。

中国证券监督管理委员会对上市公司的信息披露作出了十分明确的规定,其框架可用图 11-1 表示。

# 第二节　实　收　资　本

实收资本是一个会计名词,法律意义上的实收资本为企业所有者按照章程约定对企业的实际投资额。

投资总额、注册资本和实收资本是三个不同的概念。投资总额是指公司章程规定

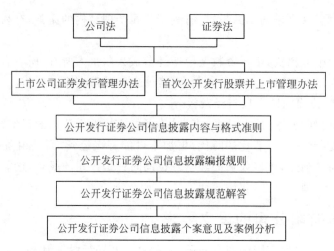

**图 11-1　中国证监会对上市公司信息披露的规定框架**

的生产规模需投入的基本建设资金和生产流动资金的总和,除了公司向股东筹集的股本之外,通常还包括为筹资目的而向债权人举借的公司借款。公司注册资本是在工商行政管理机关登记的全体股东认缴的出资额。可以看出,注册资本是公司的法定资本,与股本总额相等。实收资本是指公司已收缴入账的股本,足额缴入后,实收资本才等于注册资本。因此,公司的注册资本与实收股本不相等。股东承担的责任是其认缴的出资额,而不是其实际出资额。

## 一、股票的种类

股票是公司签发的证明股东按其所持股份享有权利和承担义务的书面凭证。股票根据不同的标准可划分为不同的类别。

### (一)按票面上是否记载股东的姓名,可分为记名股票和无记名股票

(1)记名股票。凡在股票及股东名册上记载股东姓名的股票,都称为记名股票。记名股票的转让,需由原持股人背书。我国《公司法》第 129 条规定:"公司向发起人、法人发行的股票,应当为记名股票,并应当记载该发起人、法人的名称或者姓名,不得另立户名或者以代表人姓名记名。"

(2)无记名股票,是在股票票面及股东名册上均未记载股东姓名的股票。无记名股票的持有人凭票即可行使股东权,这种股票的转让无须背书。所以,无记名股票便于转让和流通。公司法规定,"公司发行的股票,可以为记名股票,也可以为无记名股票"。

### (二)按有无面值可分为有面值股票和无面值股票

(1)有面值股票。是指在票面上载有一定的金额,即标明有票面价值的股票。我国上市公司发行的股票都是有面值股票,每股为人民币 1 元。

(2)无面值股票。是指在票面上不记载金额,即无票面价值的股票。这种股票的价值依据公司财产总额的一定比例而确定,不是固定不变的数字,而是随着公司实际资

产的增减而变化。目前，我国禁止发行无面值股票。

### （三）按认购货币和购买者的不同可分为 A 种股票和 B 种股票

（1）A 种股票。是指向国内投资者发行，用人民币买卖的股票，它是人民币股票。

（2）B 种股票。是指以人民币标明股票面值，以外币认购和进行交易，专供外国和我国香港、澳门、台湾地区的投资者买卖的股票，它是一种人民币特种股票。

此外，我国还有在香港联交所和纽约证券交易所上市的公司，其发行并上市交易的股票简称为 H 股和 N 股。

### （四）按股东享有权利的不同可分为普通股和优先股

（1）普通股。普通股是公司的基本股份。普通股股东的基本权益，主要有以下几项：

① 表决权。股东大会是普通股股东组织。董事会由股东大会选举产生。普通股股东有出席或委托代理人出席股东大会并行使表决权的权利。他们有权选举董事会并对公司重大的经营方针等事项进行表决。每一股都拥有同等的表决权。[①]

② 收益分配权。当董事会宣布并发放股利时，普通股股东有权按其股份取得股利。

③ 优先认股权。当公司决定增发普通股股票时，原普通股股东为保持其对公司的相对股权，有权按照股权比例优先认购新股。但优先认股权取决于公司章程或者有关法律的规定。

④ 剩余财产分配权。当股份有限公司结束清算时，公司在将资产变现偿付完全部负债后，所剩余的资产再按公司章程优先分给优先股股东后，如果资产还有剩余，普通股股东有权按其股份参与分配。

我国现行制度规定，国家股（有权代表国家投资的政府部门或机构以国家资产投入公司形成的股份）一般应为普通股。

（2）优先股。优先股是在某些权利方面比普通股优先或还可能享受某种特殊权利的股份，如能比普通股优先分配股益和剩余财产，有些优先股还附有可赎回和可转换的条件等。优先股有两个基本特征：①优先支付约定的股息，在完全支付约定的股息之前，不得向普通股股东分配利润；②无投票权。优先股在基本权利方面则次于普通股，如优先股一般无表决权、优先股不享受公司公积金的权利。

优先股通常视为一种股本。但是，优先股发行的特殊约定条件有可能使得优先股变成一种负债，即永续债。判断一项金融工具是金融负债还是权益工具，应当依据金融工具条款的经济实质，而不是法律形式。如果企业不能无条件地避免以交付现金或其

---

① 美国有些公司发行两种普通股，也称为 A、B 股份，其区别在于表决权，如 B 股股东每一票有四票的表决权。其目的在于使公司的管理者、发起人或者其他集团保持对公司的控制权。在一般情况下，公司发起人、管理者持有 B 股，A 股向公众发行。但是，B 股股东必须放弃一些利益以使 A 股具有吸引力，如分配股利或者清算时优先满足 A 股股东。

第十一章 股东权益

他金融资产来履行一项合同义务,则该合同义务符合金融负债的定义。假如,一家公司发行优先股,设定在盈利的前提下必须支付股息,且设有强制赎回、回售条款,该优先股形式上仍然是股本,但实质上已经变成了金融负债。

根据优先股利润分配的权利不同,可分为以下几种:

① 累计优先股与不累计优先股。区别在于未分派的股息是否累计到将来。累计优先股可以将未分配的股息累计到将来发放,每期分派股利时,累计优先股的累计股利未全部分派之前不得向普通股股东分配股利,累计未分派的股利并不构成公司的负债,但应当作为重要信息在会计报表附注中说明。

② 参加优先股与不参加优先股。区别在于在优先分得股利后是否参加与普通股一道分配剩余股利,剩余股利是按照既定的数额或比例向优先股股东分配股利并按照与其相等的数额或比例向普通股股东分配股利后的剩余数额,比如,A 公司发行在外的参加优先股为 10 000 股、面值为 100 元、股息率为 9%,普通股为 90 000 股、面值为 10 元,分配股利为 250 000 元,这样,优先股可分得股利 90 000 元,普通股按照同样的比例分得 81 000 元,剩余股利为 79 000 元。

参加优先股有全部参加和部分参加之分,全部参加优先股将与普通股分得相等的剩余股利,部分参加优先股只是按照固定的比例或金额分配剩余股利。比如,B 公司发行在外的优先股面值总额为 20 000 元,股息率为 10%,普通股面值总额为 30 000 元,股本比例为 40% 和 60%,公司宣派的股利总额为 9 000 元。表 11-1 列示了优先股和普通股股利的分配。

表 11-1  股 利 分 配 　　　　　　　　　　　　　　　　　单位:元

| | 优先股 | 普通股 |
|---|---|---|
| 1. 全部参加优先股 | | |
| 　按照面值的 10% 分配优先股股利 | 2 000 | |
| 　按照面值的 10% 分配普通股股利 | | 3 000 |
| 　按照股本总额比例(40% 和 60%)分配剩余股利 | 1 600 | 2 400 |
| 　　　合　计 | 3 600 | 5 400 |
| 2. 部分参加优先股,参加 12% | | |
| 　按照面值的 10% 分配优先股股利 | 2 000 | |
| 　按照面值的 10% 分配普通股股利 | | 3 000 |
| 　按照面值的 2% 分配优先股股利 | 400 | |
| 　按照面值的 2% 分配普通股股利 | | 600 |
| 　属于普通股的剩余股利 | | 3 000 |
| 　　　合　计 | 2 400 | 6 600 |

根据优先股的累计和参加的不同组合,优先股还有累计参加优先股、不累计参加优先股、累计不参加优先股之分。

## 二、股本的核算

### (一) 股本核算的一般要求

股票通常有 4 种价格,票面价值,即公司发行的股票上所标明的金额;账面价值,又叫实际价值,即公司股票所含实际资产的价值,表现为每股净资产;市场价格,股票在证券交易市场交易时所形成的价格;清算价值,即公司清算时,股东每股可能收到的金额。

在股份有限公司通过发行股票募集资本时,股本通常按股票的票面价值计价。公司发行股票时,按其面值贷记"股本"账户,超面值发行取得的溢价收入,扣除发行手续费、承销费用后,作为公司资本公积的来源,记入资本公积金账户。国家公司改组为股份公司,应按资产评估确认的价值调整原公司的账面价值和国家资金,并按调整后的净资产换取的股份总数和每股票面价值的乘积作为股本入账。

外商以外币投资的,应于收到外币时按当天市场汇率折算为人民币登记入账,同时登记外币金额。外商以有形或无形资产投资的,应以评估确认后的价值折算为人民币登记入账,同时登记其外币金额。

按照我国《公司法》的规定,公司不得收购本公司股份。但是,减少公司注册资本,与持有本公司股份的其他公司合并,将股份奖励给本公司职工,股东因对股东大会作出的公司合并、分立决议持异议,要求公司收购其股份的除外。对于第二种原因收购公司股份的,公司可以持有回购股份 6 个月。公司需要增加股本时,应按有关规定办理增资手续。

采用收购本公司股票方式减资的,在实际购入本公司股票时,登记入账。

### (二) 独资企业改组为股份有限公司

现有公司改组为股份公司,通常有三种形式:整体改制、分立改制和合并改制。整体改制后,原有企业即宣告解散。

在会计上,改制的基本程序为:

(1) 全面清查登记企业的固定资产、流动资产、无形资产、长期投资以及其他资产,全面核对各项资产损失以及债权债务。经审计后的资产负债表、利润表、现金流量表和股东权益变动表,连同财产清册报主管财政机关审批(国有企业)。

(2) 进行资产评估,并报财政部门立项确认。

(3) 按照评估确认后的账面净资产折价入股。净资产换取的股份按面值折算的金额与净资产相等时,应将其折算的金额计入"股本"账户;二是净资产换取的股份按面值折算小于净资产时,其差额应作为股票溢价发行的收入,计入"资本公积——股本溢价"账户。

(4) 如果资产评估增值部分未折成股份,并按税法规定在评估资产计提折旧、使用或摊销时需要征税的,在按评估确认的资产价值调整资产账面价值时,将按规定评估增值未来应交的所得税贷记"递延所得税负债",按资产评估净增值扣除未来应交所得税后的差额,计入"资本公积——资产评估增值准备"。①

（5）原有公司改组为股份公司时,股份公司可沿用原公司的账册,也可以建立新账。

下面设一简例说明现有公司改组为股份公司将净资产折股的账务处理。

例 11-1　国营华北钢铁厂改组为中国北方钢铁股份有限公司。公司核定股本总额为 20 亿元,股份总数为 20 亿股,每股面值 1 元。华北钢铁厂将价值 8 亿元的资产投入中国北方钢铁股份有限公司,其中,银行存款 5 000 万元,应收账款 5 000 万元,产成品 1 亿元,原材料 1 亿元,固定资产 5 亿元,折成股票 8 亿股。对外发行的股份为 3 亿股,每股发行价格 2.5 元。

（1）将净资产折股入账时（单位:万元）

| | |
|---|---|
| 借:银行存款 | 5 000 |
| 　应收账款 | 5 000 |
| 　库存商品 | 10 000 |
| 　库存材料 | 10 000 |
| 　固定资产 | 50 000 |
| 　贷:股本——普通股（国家股） | 80 000 |

（2）对外发行股份收到发行收入时:

| | |
|---|---|
| 借:银行存款 | 75 000 |
| 　贷:股本——普通股 | 30 000 |
| 　资本公积—股票溢价 | 45 000 |

按照中国证监会《首次公开发行股票并上市管理办法》的要求,首次公开发行股票的公司应当符合下列条件:

（1）最近 3 个会计年度净利润均为正数且累计超过人民币 3 000 万元,净利润以扣除非经常性损益前后较低者为计算依据;

（2）最近 3 个会计年度经营活动产生的现金流量净额累计超过人民币 5 000 万元,或者最近 3 个会计年度营业收入累计超过人民币 3 亿元;

（3）发行前股本总额不少于人民币 3 000 万元;

（4）最近一期期末无形资产（扣除土地使用权、水面养殖权和采矿权等后）占净资产的比例不高于 20%;

（5）最近一期期末不存在未弥补亏损。

### （三）增发股份

股份有限公司可以通过配股或者增发新股的方式扩充股本,配股是向原股东配售

---

① 按照财政部、国家税务总局 1997 年 6 月 23 日财税字[1997]77 号文《关于企业资产评估增值有关所得税处理问题的通知》的规定,企业进行股份制改造发生的资产评估增值,应相应调整账户,所发生的固定资产评估增值可以计提折旧,但在计算应纳税所得额时不得扣除。公司在进行会计核算时,也可以将评估增值的折旧额视为永久性差异。

股份,增发是向不特定对象公开募集股份。上市公司配股和增发新股都是公司通过资本市场再融资的行为,中国证监会对此都有明确、详细的规定,如净资产收益率、股利分配等。

公司发行股票有三种形式,即溢价发行、平价发行(按面值发行)和折价发行(我国《公司法》不允许折价发行股票),发行的方式不同,其账务处理也有所不同,但不论公司采用何种形式发行股票,股本均应按股票面值入账,而不是按实收的股款登账。公司溢价发行股票时,超面值的收入,应记入资本公积账户。委托其他单位发行股票支付的手续费或佣金、股票印刷成本等,从溢价中抵消。无溢价时,则作为长期待摊费用,在公司经营期内分期摊销。

公司发行股票,收到股东以非现金的财产抵缴股款时,应以其评估确认的价值作为股本入账。实际出资额与股本的差额作为溢价收入处理。

**例 11-2**　永华公司委托昌北证券公司代理向社会发行普通股 100 000 股,每股面值 10 元。累积不参加优先股 10 000 股,每股面值 5 元。发行单位按发行收入的 1% 收取手续费。股票按面值发行,收到受托发行单位交来的股款,存入银行。

| | |
|---|---:|
| 借:银行存款 | 1 039 500 |
| 　盈余公积 | 10 500 |
| 　贷:股本——普通股 | 1 000 000 |
| 　　　——累积不参加优先股 | 50 000 |

若上例股票为溢价发行,普通股每股实收股款为 12 元,优先股每股为 8 元,应作分录如下:

| | |
|---|---:|
| 借:银行存款 | 1 267 200 |
| 　贷:股本——普通股 | 1 000 000 |
| 　　　——累积不参加优先股 | 50 000 |
| 　　资本公积—股本溢价 | 217 200 |

**例 11-3**　南方服装有限公司以机器设备折股向本公司投资,经注册会计师评估,有关部门确认折价入股的资产价值为 2 000 万元,所换取的股份为普通股 1 800 万股,每股面值 1 元。(会计分录为万元单位)

| | |
|---|---:|
| 借:固定资产 | 2 000 |
| 　贷:股本——普通股(法人股) | 1 800 |
| 　　资本公积 | 200 |

**例 11-4**　永华股份有限公司经股东会决议同意和证券管理部门批准,在办理增资手续后,将资本公积中的股本溢价 100 万元,转作每股面值 1 元的普通股 100 万股。所编制的分录为(万元单位):

| | |
|---|---:|
| 借:资本公积——股本溢价 | 100 |
| 　贷:股本——普通股 | 100 |

# 第三节  资本公积

资本公积包括企业收到投资者出资超出其在注册资本或股本中所占的份额以及直接计入所有者权益的利得和损失等,通常通过"股本溢价"和"其他资本公积"两个明细账户核算。主要内容包括:

(1) 企业投资者实际投入金额超出注册资本的部分,上市公司表现为股票发行溢价。

(2) 与发行权益性证券直接相关的手续费、佣金等交易费用。

(3) 公司发行的可转换公司债券按规定转为股本时,属于可转换公司债券的权益成分的金额,以及转换时产生的差额。

(4) 企业将重组债务转为资本时股份的公允价值总额与相应的实收资本或股本之间的差额。

(5) 采用权益法核算长期股权投资,在持股比例不变的情况下,被投资单位除净损益以外所有者权益的其他变动,企业按持股比例计算应享有的份额。

(6) 以权益结算的股份支付换取职工或其他方提供服务的,按权益工具授予日的公允价值;行权时,该部分金额应当予以冲销。

(7) 自用房地产或存货转换为采用公允价值模式计量的投资性房地产时,转换当日的公允价值大于原账面价值的差额;处置该项投资性房地产时,转销相关的资本公积。

(8) 将持有至到期投资重分类为可供出售金融资产,重分类日持有至到期投资的公允价值与其账面余额的差额。

(9) 资产负债表日,可供出售金融资产的公允价值高于其账面余额的差额;

(10) 资产负债表日,满足运用套期会计方法条件的现金流量套期和境外经营净投资套期产生的利得或损失,属于有效套期的利得或损益(属于无效套期的计入"公允价值变动损益")。

# 第四节  留存收益

留存收益是公司留存在公司的利润,在我国,留存收益包括盈余公积和未分配利润。

## 一、利润分配

企业当期实现的净利润,加上年初未分配利润(或减去年初未弥补亏损)和其他转入后的余额,为可供分配的利润。利润分配顺序通常为:

第一,提取法定盈余公积金。

第二,提取法定公益金。

第三,应付优先股股利,是指企业按照利润分配方案分配给优先股股东的现金股利。

第四,提取任意盈余公积金,是指企业按规定提取的任意盈余公积。

第五,应付普通股股利,是指企业按照利润分配方案分配给普通股股东的现金股利,或是企业分配给投资者的利润。

第六,转作资本(或股本)的普通股股利,是指企业按照利润分配方案以分派股票股利的形式转作的资本(或股本)。或企业以利润转增资本。

企业可供分配的利润减去提取的法定盈余公积金和法定公益金之后,就是可供投资者分配的利润。可供投资者分配的利润扣除第三项至第六项后,就是企业留待下年可供分配的未分配利润。企业未分配的利润(或未弥补的亏损)应当在资产负债表的所有者权益项目中单独反映。

我国《公司法》所规定的利润分配程序为:弥补上一年公司亏损、计提 10% 的法定公积金、计提经股东会决议的任意公积金、向股东分派股利。

公司应设"利润分配"账户来核算企业利润的分配(或亏损的弥补)和历年分配(或弥补)后的积存余额。并设若干明细分类账户进行明细分类核算。

## 二、盈余公积

盈余公积金是公司从当年所得税后利润中提取的留在企业具有专门用途的部分。

盈余公积金有法定盈余公积金和任意盈余公积金之分,法定盈余公积金是根据国家有关法律法规的要求和规定的比例从年所得税后利润中提取的,我国《公司法》和财务制度规定的比例均为 10%,如果盈余公积金的累计金额达到注册资本的 50%,可以不再提取。任意盈余公积金由公司章程或股东会决议提取和使用。

我国财务制度规定,盈余公积金可用于弥补亏损、转增资本,股份有限公司还可按股东大会决议发放股利,法定盈余公积金用于弥补亏损、转增资本和发放股利后不得低于注册资本的 25%。

盈余公积金为企业留存利润的一部分,但不限定资产的专门用途,也无须划拨一部分资产。

按企业会计准则指南,企业需要根据盈余公积的性质,在盈余公积账户下设明细账。

**例 11-5**  永华股份有限公司 12 月 30 日按规定从税后利润中计提法定盈余公积金 2 000 000 元,经股东会决议再提取任意盈余公积金 1 000 000 元。所作分录如下:

借:利润分配——提取法定盈余公积                2 000 000
　　　　　　——提取任意盈余公积                1 000 000
　　贷:盈余公积——法定盈余公积                    2 000 000
　　　　　　　　——任意盈余公积                    1 000 000

**例 11-6**  永华股份有限公司经股东会决议,用盈余公积金弥补上年度亏损 100 000 元,用盈余公积金分配优先股股利 100 000 元。应作如下分录:

(1) 借:盈余公积                                100 000
　　　　贷:利润分配——其他转入                    100 000

（2）借：利润分配——应付优先股股利　　　　　　　100 000
　　　贷：应付股利——应付优先股股利　　　　　　　　100 000

## 三、股利

### （一）股利限制

按照股利的支付手段可以分为现金股利、股票股利和财产股利。分派现金股利和财产股利意味着资产和留存利润的减少，而分派股票股利只减少留存利润，不减少现金。分派现金股利不仅仅要符合法定要求，还应具备足够的可分配资产。法定要求的一项基本内容就是不能伤害法定资本，如，我国财务制度规定，公司当年无利润时，不得分配股利（以盈余公积分配股利的情况除外）。在美国，各州对股利的法定限制有所不同，大多数州的法律规定，可用于股利分配的留存利润受库藏股的成本限制，也受公司偿债能力的限制；有些州规定，即便公司以前年度亏损，也允许公司宣派的股利可以等于当年的利润，"亏损"定义为留存利润余额为负数、以前年度累计净亏损或股利超过收益；在某些情况下，如果法定资本没有受到伤害，有些州允许公司发放减少实收资本的股利；还有的州允许公司以捐赠资本发放股利。此外，某些合同、协议也会限制公司分配股利的能力，如长期债券协议。

### （二）股利日期

与发放股利有关的日期通常有宣派日、登记日、除息日和支付日。

（1）宣派日。公司董事会正式宣布向某一特定日期在册的股东支付股利的日期。股利宣派日后，公司便承担了向股东支付的法定义务，在此之前，股东无权要求支付股利。由于公司因宣派股利而承担了债务，应当在会计上减少留存利润并确认负债。宣派日后，公司在市场上流通的股票可以带利销售，即包含股利的较高的价格。

（2）登记日。登记可参与当年股利分配的股东的日期。只有于登记日在册的股东可以参与当年股利分配。登记日可在备查簿中编制会计分录，反映支付日将要分配的股利。

（3）除息日。于登记日前更新股东名册的日期。除息日后，股票将停止带利销售，股票的购买者将无法获得当年的股利。除息日无须编制会计分录。

（4）支付日。实际向股东发放股利的日期，支付时，应当编制会计分录冲销负债，减少资产。

各日期的程序如图 11-2。

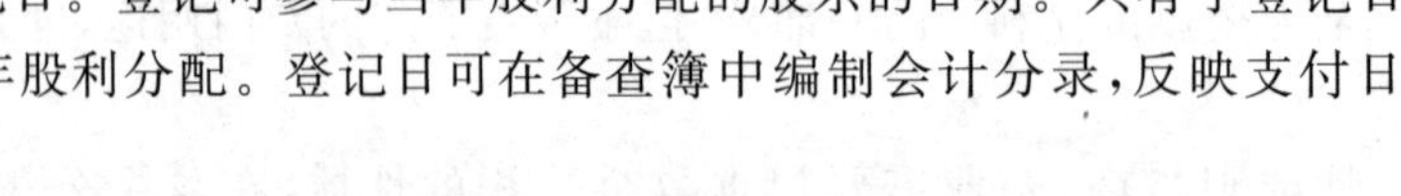

| 宣派日，确认负债<br>（股票股利除外） | 登记日，确认<br>参与当年股利<br>分配的股东 | 除息日，股票<br>停止带利销售 | 支付日，向在册<br>股东发放股利 |
| --- | --- | --- | --- |

图 11-2　与股利相关的日期

### （三）股利的种类与核算

公司所发放的股利不同，会计核算方法也有所不同。

（1）现金股利。以现金形式向公司股东分派的股利。

由于公司董事会确定分配预案与股东大会最后通过分配方案通常是在两个会计年度，因此，当公司董事会宣布现金股利的分配预案时，会计上应当确认负债，并据以编制当年的会计报表。

借：利润分配

　　贷：应付股利

如果股东大会决议与董事会的分配预案不一致，在实际分配股利时，应当作为以前年度损益调整项目，不得作为股东大会通过决议当年的利润分配项目。

（2）财产股利。以非现金资产向公司股东分派的股利，主要是公司持有的其他公司的有价证券等。财产股利应当按照所支付的财产的公允市价计价，并确认所发生的损益。

（3）股票股利。以公司的股票向股东分派的股利，即按比例向股东派发公司的股票。我国上市公司通常称为送股。

对于股东而言，股票股利有下列不足：①无法获得公司的资产；②股权比例不增加；③从理论上讲，投资的市场价值不会增加，增加的股份数量会被每股市价所抵消；④因股票股利减少留存利润而使得将来的现金股利受到限制。尽管如此，股票股利仍是受欢迎的，其原因是：①股东把股票股利视为公司成长的标志；②股东把股票股利视为健康财务政策的标志；③其他投资者对此有同感，通过股票交易使得市场价格不至于按比例下降；④如果公司有支付固定现金股利的历史，股票股利使得每个股东觉得他们将在未来获得更高的现金股利；⑤股东认为市价下降使得公司股票能够吸引更多的投资者。

由于股票股利无须支付资产，因此，当公司宣布股票股利时，会计上不确认负债，只需要在表外附注中说明。如果股东大会决议与董事会的分配预案不一致，作为股东大会决议当年（第 2 年）的利润分配，无须作为以前年度损益调整。[①]

从经济含义上分析，股票股利实际上不是股利，而与股票分割相似，两者均增加股份数量，不向股东分配资产，股东的股权比例不变，因而，公司的资产总额、实收资本、股东权益均不变。从理论上讲，为反映相同的经济内容，股票股利和股票分割的核算方法

---

① 严格地说，将股票股利的分配作为第二年的利润分配，当年的股东权益变动表完全不反映股票股利的分配情况是不合理的。以下做法可以改变这种不合理的反映方式：

董事会宣布股票股利时

借：利润分配

　　贷：可分配股本——普通股

股东大会通过决议并实施分配时

借：可分配股本——普通股

　　贷：股本——普通股

应当相同,但就会计而言,股票股利的核算方法与其他股利相同,而与股票分割不同,即减少留存利润,增加股本。股利价值的确定方法为公允市价,其假定公司以现行市价出售股票取得现金,并将现金作为股利发放,因此,股利按照市价确定。在确定市价时,应当考虑作为股利发放的股票对市价的影响。股利发放的股票较少时,市价影响不大,股利发放的股票较大时,市价就会发生较大幅度的下跌。为此,应当确定股票股利引起市价下跌的幅度,通常以股票股利的数量来划分。①

① 小量股票股利。小量股票股利确定为小于发行在外股份的20%或25%,并假定对股票的市场价格不产生影响,收到小量股票股利的人认为这是公司的利润分配,分配的数额与股票的公允市价相等。因此,当公司发放小量股票股利时,应当按照股票的公允市价减少留存利润,按照股票面值增加股本,差额作为超面值缴入股本。

② 大量股票股利。如果发放的股票股利大于或等于发行在外股份的20%或25%,则为大量股票股利,并假定这将会引起市价的下跌。当公司发放大量股票股利时,应当按照面值核算(图11-3)。

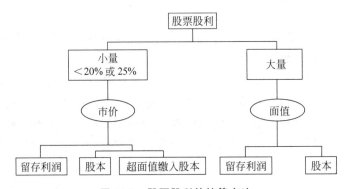

**图 11-3 股票股利的核算方法**

20%或25%也是区分股票股利和股票分割的重要标志,美国第43号《会计研究公报》认为,如果增加发行的股票不超过原来发行在外股票的20%或25%,一般可以取得发行股票股利的效果,而较大比例的分派则通常构成股票分割。纽约证券交易所的规则更加明确,凡股份分派少于25%的作为股票股利,等于或大于25%作为股票分割。

(4)负债股利。也称票据股利(scrip dividends),当公司由于某种原因无法于当期发放股利时,可发行一种票据(scrip),要求公司于未来某个时刻支付股利。发放负债股利时,公司应于宣派日和支付日编制正式的会计分录,确认负债,减少留存利润。由此而产生的利息费用不作为股利,而作为当期费用。

(5)清算股利。清算股利是减少实收资本的一种特殊的分派,其本质上并不是分配利润,而是返还资本,多见于准备停止经营或缩小经营规模的企业,采矿企业、油田所发放的股利也常包括清算股利的成分。分配清算股利时,应当冲减资本,而不是留存利润。

---

① 我国上市公司在送股时,通常按照股票面值确定利润分配的金额,很少按照现行市场价格计算。这里所介绍的大量股票股利和小量股票股利的计价方法为美国公认会计原则。

# 第五节 库存股

## 一、库存股

库存股(treasury stock)是公司收回的发行在外的并准备在将来再发行的股份。按照《公司法》第一百四十三条规定,公司不得收购本公司股份,但是,有下列情形之一的例外:

(1) 减少公司注册资本;

(2) 与持有本公司股份的其他公司合并;

(3) 将股份奖励给本公司职工;

(4) 股东因对股东大会作出的公司合并、分立决议持异议,要求公司收购其股份。

因奖励本公司职工而收购本公司的股份不得超过本公司已发行股份总额的5%,用于收购的资金应当从公司的税后利润中支出(意味着控制在当期可供投资者分配的利润数额之内,并且属于利润分配性质),所收购的股份应当在一年内转让给职工。

## 二、库存股的常见核算方法

对于库存股的性质,有不同的认识,有人认为,库存股不是公司的资产,其买卖差价不作为损益,从而限制公司利用库存股操纵公司的净收益。也有人认为,库存股也是公司已经发行的股票,是有价证券,应当作为资产。按照我国会计准则,库存股不作为公司的资产。

库存股的核算方法既可以采用成本法也可以采用面值法,两种方法对股东权益的影响是不同的。

(1) 成本法。成本法将库存股业务视为两个相互联系的要素,一是以购买业务作为库存股业务的开始,二是以再发行业务作为库存股业务的结束。因此,成本法假定公司不注销库存股,取得库存股时,按照取得库存股的成本借记"库存股"账户,该账户在资产负债表中作为股东权益项目的减项。库存股再发行时,发行收入与库存股账面成本的差额作为股东权益的调整项目,如果发行收入高于库存股账面成本,差额作为库存股的超面值缴入股本,如果发行收入低于库存股账面成本,差额冲减以前年度的库存股的超面值缴入股本,不够冲减的部分直接冲减留存收益。库存股再出售时成本的确认方法可以采用个别认定法、先进先出法、平均成本法,其原理与存货成本的计价方法相同。我国会计准则采用成本法核算库存股。

(2) 面值法。面值法认定库存股的收购与再发行是两个独立的事项,当从股东手中取得股票(库存股)时,假定公司与股东的财务关系终止,股本应以取得时的方式予以减少,即面值。因此,当公司取得库存股时,按照股票的面值借记"库存股"账户,如果取得库存股的价格高于其面值,差额冲减资本公积中的库存股溢价,不足时再冲减留存收益。再发行时,发行收入视为新股东的投资,与股票发行的核算方法相同,但如果发行价格低于面值,则应冲减资本公积中的库存股溢价,如果没有该类股票的溢价,则冲减留存收益。

（3）无面值库存股。如果公司发行的是无面值、无设定价值股票，对成本法不产生影响，采用面值法时，库存股按该股票初次发行时的平均价格计价，库存股购买价格与其平均价格的差额计入资本公积（库存股）。

（4）库存股的性质。无论采用何种方法，库存股的以下性质不变：

第一，库存股不是资产，仅仅是股东权益的减项。

第二，库存股没有选举权和优先认股权，一般也不参与股利分配和剩余财产的分配。

第三，库存股业务不产生损益，因此公司买卖自己的股份不影响净收益。

第四，库存股可能减少留存收益，但绝不会增加留存收益。

第五，当公司持有库存股，分配股利会受到限制。

第六，股东权益总额不受核算方法的影响，但各个项目可能会受影响，如留存收益、库存股、资本公积。

### 三、库存股的报告

库存股的报告方法如下（表 11-2、表 11-3）。

表 11-2 成 本 法

| 股东权益 | |
| --- | --- |
| 股本 | 60 000 |
| 资本公积 | 12 000 |
| 未分配利润 | 39 900 |
| 减：库存股 | 1 300 |
| 股东权益合计 | 110 600 |

表 11-3 面 值 法

| 股东权益 | |
| --- | --- |
| 股本 | 60 000 |
| 　减：库存股 | 1 000 |
| 资本公积 | 12 600 |
| 未分配利润 | 39 000 |
| 股东权益合计 | 110 600 |

### 四、因奖励职工而收购的本公司股份

我国会计准则要求采用成本法核算库存股份。由于《公司法》要求奖励职工的股份实际上属于利润分配的性质，不能确认为当期费用。按照财政部《企业会计准则应用指

南——会计科目和主要账务处理》的规定：

公司为奖励本公司职工而收购本公司股份，应按实际支付的金额，做成：

借：库存股

　　贷：银行存款

将收购的股份奖励给本公司职工时：

借：资本公积——其他资本公积

　　贷：库存股

可见，会计处理的结果并没有影响公司的未分配利润金额。

## 五、注销库存股

注销库存股是一种减少发行在外的股本的行为，因此，同时冲销"股本"和"库存股"，两者的差额，冲减"资本公积——股本溢价"，如果股本溢价不够冲减，依次冲减盈余公积、未分配利润。

# 第六节　股 票 期 权

## 一、股票期权

股票期权(stock option)[①]是为了激励公司员工、缓解信息不对称问题而向公司员工授予的以特定价格购买公司股份的权利，股票期权是一项买权，享有股票股权的人只有购买的权利而无必须购买的义务。

公司授予个人股票期权通常基于以下考虑：授予现有股东优先认购新股的权利，增加长期债券、优先股等其他证券的吸引力，补偿公司的主要管理人员并鼓励他们和其他职工在公司投资。

股票期权通常是通过职员股票期权计划(ESOP，employees stock option plan，也称为股票报酬计划，stock compensation plan)，是公司制订的授予职员以某一特定价格(通常低于或等于现行市场价格)购买公司股份的计划。各公司不同级别的职工参与股票期权计划的程度是不同的，一种极端形式是只允许主要的管理人员参与，另一种极端形式是所有职员都可以参与。目前引起广泛关注的是管理人员的股票期权计划。为了激励管理人员注重公司的长远利益，并为股东谋取最大利益，股票期权计划已经成为一种主要的形式。

---

① 股票期权不同于认股权，认股权只授予现有股东。当公司发行新股时，优先认股权使得现有股东有机会维持其股权结构。取得认股权的方式是发放认股权证，通常是一张股票附一张认股权证，但在实际认购股票时，一般要用几张认股权证才能取得一张股票。由于认股权可以略低于市场价格的价格取得股票，而且，认股权证是可流通的，因此，认股权本身是有价值的。认股权的有效期通常只有几周时间。发行认股权证时不必编制正式的会计分录，但应作备忘录。

## 二、股票期权的会计问题

### (一) 股票期权的会计问题

股票期权主要涉及三个会计问题：

第一，如何确定报酬费用(compensation expense)？

第二，报酬费用摊销的期间有多长？

第三，哪一类计划是用于补偿主要管理人员？

根据美国 APB 第 25 号意见书，报酬费用是计量日股票的市场价格高于认购价格的部分，计量日是得知股票数量和认购价格的第一天。很多股票期权计划将授予职员股票期权的日期(称为授权日)作为计量日。如果存在可变因素(股票数量未知或认购价格未知或两者都未知)，计量日一般都迟于授权日。在可变因素存在的情况下，计量日一般为认购日。报酬费用的摊销期间为职员提供劳务的期间。如果劳务期间无法清楚确定，则可以采用任何一种系统而合理的方法。计量日为授权日时，很多公司都在一个随意确定的期间确认费用；也有公司在授权日和第一次认购股票的时间之间摊销报酬费用；当然，也有公司作为当期费用。

由于授予股票期权时，股票的市场价格大多不会高于行权价格，比如，某一天的市场价格为 25 元，行权价格一般都高于 25 元，因此，按照 APB25，实施股票期权计划的公司多数不会发生费用。于是，股票期权的会计问题变得十分简单而又非常棘手：股票期权是否有价值？如果有价值，向员工授予的股票期权是否是向员工支付的报酬？如果是报酬，那么，报酬费用是多少？是否需要在利润表中确认。针对这些问题，FASB 花了整整 13 年的时间讨论、修订股票期权的会计准则。

由于将股票期权认定为向员工支付的报酬并在利润表中确认，将大大影响公司业绩，为此，确认股票期权报酬费用的处理方式遭到了许多人的强烈反对，尤其是高科技公司(见表 11-4)。1995 年，FASB 通过第 123 号公告，推荐采用公允价值法，如果采用内在价值法，需要在表外披露公允价值法并模拟计算在该方法下的每股收益；2001 年美国相继爆发大公司的会计舞弊案，投资者和公众纷纷质疑股票期权的会计处理方法，2002 年底 FASB 又发布了 148 号公告，要求采用公允价值法。

表 11-4  SFAS 123 的反对者和支持者

| 赞 成 者 | 反 对 者 |
|---|---|
| 阿兰·格林斯潘 | 布什总统 |
| SEC 前主席 A. 列维特 | SEC 主席 H. 皮特 |
| 参议员 J. 麦克坎 | 参议员 J. 列伯曼 |
| 沃伦·巴菲特 | 众多上市公司，尤其是高科技上市公司 |
| FASB | |
| IASB | |
| 大多机构投资者，包括机构投资者协会 | |

从表 11-5 可以看出，如果采用公允价值法，将对公司的利润产生十分重大的影响。

表 11-5　利润表影响

| 公司(年份) | 基本 EPS | 模拟 EPS | 变动/% |
|---|---|---|---|
| Agrium(2001) | −0.49 | −0.51 | −4.08 |
| Alberta Energy(2001) | 5.24 | 5.06 | −3.40 |
| ATI Techn(2000) | −0.47 | −0.53 | −12.77 |
| CN Rail(2001) | 5.41 | 5.37 | −0.74 |
| Celestica(2001) | −0.4 | −0.45 | −12.50 |
| Four Seasons(2001) | 1.65 | 0.77 | −53.33 |
| Noranda(2000) | 3.77 | 3.52 | −6.63 |
| Nortel(2001) | −8.56 | −9.08 | −6.07 |
| Rogers(2001) | −2.16 | −2.31 | −6.94 |
| Shaw(2000) | 0.35 | 0.33 | −5.71 |
| Computer Ass(2002) | −1.91 | −2.05 | −7.33 |
| GE(2001) | 1.38 | 1.35 | −2.17 |
| Microsoft(2001) | 1.38 | 0.95 | −31.16 |

### (二) 内在价值法和公允价值法

公司确认报酬费用。按照内在价值法（APB Opinion No. 25），报酬费用计量日股票的市场价格（授予日）[①]和股票期权的行权价格（授予日）。按照公允价值法（SFAS No. 123），报酬费用是向员工支付的（股票期权）股票报酬的公允价值，股票期权的公允价值取决于价格变动、预期股利等因素。

分配报酬费用。不论是内在价值法还是公允价值法，报酬费用都需要在员工服务期内分配，服务期是员工提供服务而受益的期限，通常是授予日与首次行权日（vesting date）之间的时间，即等待期。

**例 11-7**　假定 20×1 年 1 月 1 日（授予日）授予 10 000 份股票期权；1 股票期权＝1 股；面值＝1 元。行权价格为 60 元，市场价格（授予日）为 70 元，在未来 10 年的任何时候行权，服务期 2 年（假定）。股票期权的公允价值 220 000 元（假定）。

（1）内在价值法

报酬费用总额（于授予日确定）：10 000 股票期权×（70 元−60 元）＝100 000 元

每年费用（在服务期内平均确认）：100 000 元/2 年＝50 000 元/年

20×1 年 1 月 1 日（授予日）：无分录

20×1 年 12 月 31 日：

借：管理费用　　　　　　　　　　　　　　　　50 000

　　贷：资本公积——其他资本公积　　　　　　　　　50 000

20×2 年 12 月 31 日：

借：管理费用　　　　　　　　　　　　　　　　50 000

---

① 股票期权会计核算需要明确几个重要的日期：认股权的授予日（grant date）、首次行权日（vesting date）、行权日（exercise date）。

贷：资本公积——其他资本公积　　　　　　　　　　50 000

行权

假定 20×4 年 6 月 1 日已经行权的股票期权为 2 000 份。

20×4 年 6 月 1 日：

借：银行存款（2 000×60 元）　　　　　　　　　120 000

　　资本公积——其他资本公积　　　　　　　　　 20 000

　　贷：股本　　　　　　　　　　　　　　　　　　　2 000

　　　　资本公积——股本溢价　　　　　　　　　138 000

假定剩余的股票期权没有行权。

10 年后的 1 月 1 日（股票期权废止日）：

借：资本公积——其他资本公积　　　　　　　　　 80 000

　　贷：资本公积（废止股票期权）[①]　　　　　　 80 000

（2）公允价值法

报酬费用总额（于授予日确定）：220 000 元（假定）

每年费用（在服务期内平均确认）：220 000 元/2 年＝110 000/年

20×1 年 1 月 1 日（授予日）：无分录

20×1 年 12 月 31 日：

借：管理费用　　　　　　　　　　　　　　　　　110 000

　　贷：资本公积——其他资本公积　　　　　　　 110 000

20×2 年 12 月 31 日：

借：管理费用　　　　　　　　　　　　　　　　　110 000

　　贷：资本公积——其他资本公积　　　　　　　 110 000

行权

假定 20×4 年 6 月 1 日已经行权的股票期权为 2 000 份

20×4 年 6 月 1 日：

借：银行存款（2 000×60 元）　　　　　　　　　120 000

　　资本公积——其他资本公积　　　　　　　　　 44 000

　　贷：股本　　　　　　　　　　　　　　　　　　　2 000

　　　　资本公积——股本溢价　　　　　　　　　162 000

假定剩余的股票期权没有行权。

10 年后的 1 月 1 日（股票期权废止日）：

借：资本公积——其他资本公积　　　　　　　　　176 000

　　贷：资本公积（废止股票期权）　　　　　　　　176 000

---

　　① 由于我国会计准则在确认股票期权费用时，增加资本公积科目，所以，当取票期权废止时，也只能是资本公积科目的一增一减，没有实质影响。如果确认股票期权费用时增加股本科目，则股票期权废止时会出现股本减少而资本公积增加的情况。由于确认股票期权费用时，增加管理费用的同时增加资本公积，股票期权费用只会影响公司的当期利润，而对净资产没有影响。

例 11-8 20×1 年 1 月 1 日,FOX 公司实施报酬型股票期权计划,授予 30 名员工最长时间为 10 年的 9 000 份股票期权。行权价格为授予日的市场价格 50 元。20×3 年 12 月 31 日前,向 25 名员工授予了 7 500 份股票期权,剩余 1 500 份废止。FOX 公司决定,授予日每一份股票期权的公允价值为 17.15 元。FOX 公司将每一份股票期权的公允价值乘以估计将授予的股票期权[17.15×(9 000×0.97×0.97×0.97)＝140 871 元]。

备忘分录:20×1 年 1 月 1 日,公司向 30 名员工推行报酬型股票期权计划。该计划允许每一名员工以每股 50 元的价格行使 300 份股票期权以获得等量的普通股。第 3 年末授予股票期权,到期日为第 10 年末。预期将行权的股票期权的估计价值为 140 871 元。

20×1 年 12 月 31 日,FOX 公司按照服务期限的比例确认报酬费用。

借:管理费用(140 871 元×1/3)　　　　　　46 957
　　贷:资本公积——其他资本公积　　　　　　46 957

根据新的估计,20×2 年末,FOX 公司将报酬总成本修改为 128 201 元[17.15 元×(9 000×0.94×0.94×0.94)]。128 201 元中的 2/3 即 85 467 元,已经到期。FOX 公司 20×1 年确认了 46 957 元,为此,需要编制补充分录("catch-up" entry)(85 467 元－46 957 元＝38 510 元)

借:管理费用　　　　　　　　　　　　　　38 510
　　贷:资本公积——其他资本公积　　　　　　38 510

20×4 年 1 月 5 日,一名员工行使股票期权,购得 FOX 公司面值为 10 的普通股 300 股。当天股票的销售价格为 90 元/股。股票期权证的公允价值为 17.15 元。

借:银行存款　　　　　　　　　　　　　　15 000
　　资本公积——其他资本公积　　　　　　　5 145
　　贷:股本　　　　　　　　　　　　　　　　3 000
　　　　资本公积——股本溢价　　　　　　　17 145

### (三)股票期权计划的披露

按照《企业会计准则第 11 号——股份支付》,公司应当在附注中披露与股份支付有关的下列信息:

(1)当期授予、行权和失效的各项权益工具总额。
(2)期末发行在外的股份期权或其他权益工具行权价格的范围和合同剩余期限。
(3)当期行权的股份期权或其他权益工具以其行权日价格计算的加权平均价格。
(4)权益工具公允价值的确定方法。

## 三、基于业绩的股票期权计划

基于业绩的股票期权计划是以员工的业绩为依据确定股票期权的制度。换言之,员工将公司管理得越好,条件越优厚。

例 11-9 上例(例 11-8)中,假定股票期权计划取决于 FOX 公司的产品在 3 年服务期内的市场份额增长。如果市场份额增长 5％，至少授予 100 份股票期权；如果市场份额至少增长 10％，再授予 100 份股票期权。如果市场份额增长超过 20％，授予所有 300 份股票期权。

| | 20×1 | 20×2 | 20×3 |
|---|---|---|---|
| 估计（实际）报酬总成本 | 93 914 | 85 467 | 128 625 |
| 到期的服务期比例 | × 1/3 | × 2/3 | × 3/3 |
| 估计报酬费用 | 31 305 | 56 978 | 128 625 |
| 以前确认的报酬费用 | （0） | （31 305） | （56 978） |
| 当期报酬费用 | 31 305 | 25 673 | 71 647 |

31 305＝200×（30 名员工×0.97×0.97×0.97）×17.15（每一份股票期权的公允价值）

25 673＝200×（30 名员工×0.94×0.94×0.94）×17.15（每一份股票期权的公允价值）

71 647＝300×25×17.15

## 四、激励性股票期权和非法定股票期权

在美国，从税收角度看，股票期权计划可分为两类：激励性股票期权计划（incentive stock option plan）和非法定股票期权计划（nonqualified stock option plan）。对于管理人员而言，前者具有更大的税收优势，管理人员认购股票时，无须为市场价格与认购价格的差额支付税金，出售股票时，根据持股时间的长短，管理人员应当按照资本利得税（28％）或普通所得税税率（一般高于 28％）支付税金。而对于参加非法定认股计划的管理人员，在认购股票时，则必须按照普通所得税税率和股票市场价格与认购价格之间的差额缴纳所得税。对于公司而言，后者具有更大的税收优势，即公司可以得到与市场价格和认购价格等额的税前扣除，而在激励性股票期权计划下，公司则无法得到税前扣除。例如，A 公司的股票期权计划为 10 000 股、认购价格为每股 10 美元，当时的市场价格也为 10 美元；当认购股票时，市场价格为 20 美元。两种股票期权计划对管理人员和公司的影响参见表 11-6。

表 11-6　两种股票期权的影响

| | 激励性股票期权计划 | 非法定认股计划 |
|---|---|---|
| **对管理人员的影响**（税率为 36％） | | |
| 认购时的利润[10 000×（20－10）] | 100 000 | 100 000 |
| 认购时的税金（100 000×36％） | 0 | 36 000 |
| 出售时的税金（100 000×36％） | 36 000 | 0 |
| 税后利润 | 64 000 | 64 000 |
| **对公司的影响**（公司所得税为 34％） | 无税前扣除，因而无税收利益 | 可享受 100 000 元的税前扣除，因而有 34 000 元的税收利益 |

本例中，管理人员的利益相同，均为 64 000 元，但是，在激励性股票期权计划下，税金推迟到出售股票时才交纳。公司只能从非法定股票期权计划中获得税收上的利益。

在公司无税收利益的情况下,公司仍然提供激励性股票期权计划,其目的是为了吸引高素质的员工,并相信激励性股票期权计划比非法定股票期权计划更有吸引力。

根据美国税法要求,激励性股票期权计划中,授权日的市场价格与认购价格应当相等,但对非法定股票期权计划则无此要求。因此,如果计量日为授权日时,激励性股票期权计划不存在报酬费用。在非法定股票期权计划下,报酬费用记入"递延报酬费用"账户,并在职员提供劳务的期间内平均摊销。"递延报酬费用"不是资产账户,而是股东权益的对销账户,因为它仅仅是未实现的报酬。另一种的处理方法是在授权日不编制正式分录,但应当在每一会计期末确认应计报酬费用。

非法定股票期权计划的一个主要优点是管理人员有可能以大大低于市场价格的认购价格取得股票,主要缺点是管理人员必须在认购股票时按照市场价格和认购价格的差额支付所得税。对于那些准备持股的管理人员而言,将会面临巨大的财务困难,因为他们不仅要支付所得税,还要支付认购价款。对于那些参加激励性股票期权计划的管理人员,也会面临同样的问题。解决这一问题的办法是创造股票溢价权(stock appreciation rights,SARs)。

## 五、股票溢价权

股票溢价权授予管理人员取得股票溢价的权利。股票溢价指认购股票时市场价格高于认购价格的差额,溢价的支付方式可以是现金,也可以是股票或现金与股票。因此,在认购股票之前,股票溢价是未知的,报酬费用也是无法得知的。估计报酬费用最恰当的方法是当期价格与认购价格的差额。报酬费用的方法一般为比例法,即已摊销的部分应当与提供劳务的期间比例相匹配,如果已经提供劳务的时间占总劳务期间的40%,则累计摊销的报酬费用也应当占全部报酬费用的40%。在授权日与认购日期间,股票价格的上涨或下降会影响报酬费用,因此,就有可能出现贷记"管理费用"。

**例 11-10**  甲公司于 20×1 年 1 月 1 日建立股票溢价权计划,有关管理人员可以在未来 5 年中的任何时候获得与股票溢价等值的现金,股份数额为 10 000 股,认购价格为 10 元;12 月 31 日的市场价格为 13 元;提供劳务的期间为 2 年(20×1—20×2 年),假定管理人员持有股票溢价权的时间为 3 年(表 11-7)。

表 11-7  股票溢价权的费用

| 日　　期 | 市场价格/(元/股) | 认购价格/(元/股) | 累计可确认报酬a/元 | 应计比例b/% | 累计应确认报酬/元 | 费用/元 20×1 年 | 费用/元 20×2 年 | 费用/元 20×3 年 |
|---|---|---|---|---|---|---|---|---|
| 20×1 年 12 月 31 日 | 13 | 10 | 30 000 | 50 | 15 000 | 15 000 | | |
| | | | | | 55 000 | | 55 000 | |
| 20×2 年 12 月 31 日 | 17 | 10 | 70 000 | 100 | 70 000 | | | |
| | | | | | −20 000 | | | −20 000 |
| 20×3 年 12 月 31 日 | 15 | 10 | 50 000 | 100 | 50 000 | | | |

注:a. 累计未履行的报酬费用在服务期间摊销。
　　b. 应计比例按照 2 年计算(20×1--20×2)。

由于股票溢价权的激励计划需要用公司的现金支付,属于资产减少,因此,当公司宣布股票溢价权激励计划时,应当确认费用。

会计处理:

① 20×1 年 1 月 1 日,由于无法确定股票溢价权计划的费用,授予日不做处理。

② 20×1 年 12 月 31 日:

借:管理费用           15 000

  贷:应付职工薪酬——股份支付     15 000

③ 20×2 年 12 月 31 日:

借:管理费用           55 000

  贷:应付职工薪酬——股份支付     55 000

④ 20×3 年 12 月 31 日:

借:应付职工薪酬——股份支付     20 000

  贷:管理费用           20 000

# 第七节  合伙人权益

由于合伙企业属于自然人性质,因此,合伙人权益的核算也都按照合伙人个人的名义设立账户,直接反映合伙人权益的增减变化。合伙企业获得利润时,按照合伙人之间的协议分配利润并直接计入合伙人个人的账户;合伙人从合伙企业提取现金时,也直接减少合伙人的权益。所以,合伙人权益只需要设置两个账户:资本账户和提款账户。资本账户按照合伙人个人设置明细账户,反映合伙人的投资和享受的收益;提款账户也按合伙人个人设置明细账户,反映合伙人因提款等而减少的权益。

**例 11-11** 孙宏 20×3 年 1 月 1 日投入 100 000 元设立个人企业。5 月 1 日,孙宏提出 2 000 元供个人使用。

1 月 1 日

借:现金            100 000

  贷:资本——孙宏        100 000

投资 100 000 元经营企业。

5 月 1 日

借:提款——孙宏         2 000

  贷:现金            2 000

提取现金供个人使用

12 月 31 日

借:资本——孙宏         2 000

  贷:提款——孙宏        2 000

年末结清提款账户

**例 11-12** 张三和李四 1 月 1 日合伙经营水果企业,张三投入土地,价值 55 000 元,卡车价值 15 000 元和现金 20 000 元;李四投入设备价值 25 000 元,现金 35 000 元。年底前,张三和李四提款 45 000 元和 30 000 元作为工资。

1 月 1 日

| | | |
|---|---|---|
| 借：现金 | 55 000 | |
| 设备 | 25 000 | |
| 土地 | 55 000 | |
| 卡车 | 15 000 | |
| 贷：资本——张三 | | 90 000 |
| 资本——李四 | | 60 000 |

记录张三和李四在合伙企业的投资。

12 月 31 日

| | | |
|---|---|---|
| 借：提款——张三 | 45 000 | |
| 提款——李四 | 30 000 | |
| 贷：现金 | | 75 000 |

记录从合伙企业提取的工资。

12 月 31 日

| | | |
|---|---|---|
| 借：资本——张三 | 45 000 | |
| 资本——李四 | 30 000 | |
| 贷：提款——张三 | | 45 000 |
| 提款——李四 | | 30 000 |

结清提款账户。

合伙企业年末需编制合伙人权益表(表 11.8),反映合伙人资本余额的变化情况,该表类似于公司制企业的留存收益表。

**表 11.8　张三、李四水果企业合伙人权益表**

20×3 年 12 月 31 日　　　　　　　　　　　　　　　　单位:元

| 合　伙　人 | 张三 | 李四 | 合　计 |
|---|---|---|---|
| 20×3 年 1 月 1 日投资 | 90 000 | 60 000 | 150 000 |
| 加：20×3 年净利润 | 73 000 | 42 000 | 115 000 |
| 小计 | 163 000 | 102 000 | 265 000 |
| 减：20×3 年度提款 | 45 000 | 30 000 | 75 000 |
| 20×3 年 12 月 31 日资本余额 | 118 000 | 72 000 | 190 000 |

# 专 用 名 词

| 公司 | 合伙企业 | 实收资本 | 注册资本 | 普通股 | 优先股 |
|---|---|---|---|---|---|
| 库存股 | 股利 | 认股权证 | 股票期权 | | |

# 习 题

## 一、思考题

**Q11-1** 股份有限公司这种组织形式有哪些特点？

**Q11-2** 股东权益同负债相比，有何异同点？

**Q11-3** 比较投资总额、注册资本、股本总额和实收股本这四个概念。

**Q11-4** 公司股东权益减少的可能原因有哪些？

**Q11-5** 优先股同普通股相比，有何不同？公司为何要发行优先股？

**Q11-6** 比较资本公积和盈余公积在形成、用途及会计处理上的异同点。

**Q11-7** 公司为何要分派股票股利？现金股利和股票股利在会计处理上有何不同？

**Q11-8** 股票期权的价值确认为费用与其他费用有何不同？

**Q11-9** 怎样认识库存股的性质和公司购买库存股的用途？

## 二、练习题

### E11-1 判断正误

1. 关于企业组织形式的下列说法，请判断正误，并给出理由。

（1）企业的组织形式包括独资、合伙和公司三种，前两种不具备法人资格，只有公司具有法人资格。

（2）公司以其全部资产对公司债务承担责任，当公司资产不足以偿还债务时，债权人可以向股东个人索取债权。

（3）设立股份有限公司时，发起人认购的股份可以用货币资金出资，也可以用实物资产、无形资产或劳务作价入股。

（4）设立股份有限公司采用募集方式设立时，发起人认购的股份不得低于股份总数的 35%，公开发行的股份不得低于股份总数的 25%。

2. 关于股票发行的下列说法，请判断正误，并给出理由。

（1）对于股票发行费用，如果存在以前发行溢价形成的资本公积，应作为冲减资本公积处理。

（2）即使是溢价发行股票的情况下，股份有限公司的股本也是股票面值与股份总数的乘积，而且股本应等于注册资本。

（3）无面值股票是指在票面上不记载金额，即无票面价值的股票。这种股票的价值依据发行时公司财产总额的一定比例而确定，是固定不变的。

（4）在我国，如果资本市场不景气，企业为了筹措资金，也可以采用折价发行股票的方式。

3. 下列经济事项是否会影响所有者权益总额？请具体说明。

（1）将资本公积转增资本。

（2）分配现金股利。

（3）发放股票股利。

（4）接受非现金资产捐赠。

（5）公司购买库存股票。

（6）股票分割。

4. 关于股票种类的下列说法,请判断正误,并给出理由。

(1) 普通股股东有权选举董事会并对公司重大的经营方针等事项进行表决,相同的出资额拥有同等的表决权。

(2) 当公司决定增发普通股股票时,潜在投资者和现有普通股股东拥有相同的权利认购新股。

(3) 当股份有限公司结束清算时,公司在将资产变现偿付完全部负债后,所剩余的资产再按公司章程优先分给优先股股东后,如果资产还有剩余,普通股股东有权按其股份参与分配。

(4) 优先股是在某些权利方面比普通股优先或还可能享受某种特殊权利的股份。因此优先股股东的表决权高于普通股股东。

(5) 累计优先股的累计股利未全部分派之前不得向普通股股东分配股利,因此累计未分派的股利构成公司的负债。

5. 关于资本公积的下列说法,请判断正误,并给出理由。

(1) 按有关规定,经批准后可以将各项资本公积转增资本。

(2) 企业接受现金和实物资产捐赠时,应按实际收到款项或同类资产市场价格计入资本公积。

(3) 国家拨入企业专门用于技术改造、技术研究的款项,在收到拨款时即立刻计入资本公积。

(4) 企业的经营积累可以形成企业的资本公积。

(5) 在债务重组中,由债权人和豁免的债务可以直接计入资本公积。

6. 关于股利的下列说法,请判断正误,并给出理由。

(1) 现金股利会减少留存收益总额,股票股利不影响留存收益总额。

(2) 与发放股利有关的日期通常有宣派日、登记日、除息日和支付日,宣派日和支付日需要编制会计分录,除息日和登记日无须编制会计分录。

(3) 财产股利应当按照所支付的财产的账面价值计价。

(4) 从经济含义上分析,股票股利实际上不是股利,而与股票分割相似,两者均增加股份数量,不向股东分配资产,股东权益总额不变,但就会计而言,股票股利减少留存利润,增加股本,而股票分割不改变股东权益构成。

(5) 当公司发放股票股利时,应当按照股票的公允市价减少留存利润,按照股票面值增加股本,差额作为超面值缴入股本。

7. 判断企业对下列经济事项的处理是否正确,并说明理由。

(1) 将汇率变动而发生的投入资本折算差额列作财务费用。

(2) 企业改制为股份有限公司,评估确认后的账面净资产换取的股份按面值折算小于净资产时,其差额作为商誉处理。

(3) 公司注册资本为1 000万元,法定盈余公积为300万元,公司决定用盈余公积转增资本100万元。

(4) 公司的股东之一由于自身经营困难不得已将资本抽回,公司只好冲减股本。

(5) 公司应经股东大会批准,并经有关部门批准后即减少注册资本,无须通知其他人。

8. 关于库存股和优先股的下列说法,请判断正误,并说明理由。

(1) 由于库存股可以用于以后出售或可转换优先股或可转换债券,为企业带来未来的经济利益,因此库存股是企业的一项资产。

(2) 库存股的核算方法既可以采用成本法也可以采用面值法,不论采用何种方法,其买卖差价不作为损益。

(3) 对于可赎回优先股,赎买价格与原始发行价格的差额应当计入当期损益。

(4) 股东权益总额不受核算方法的影响,但各个项目可能会受影响,如留存收益、库存股、超面值缴入股本。

9. 关于股票期权的下列说法,请判断正误,并说明理由。

(1) 公司以股票期权作为激励管理层的工具,尽管不需要公司支付现金,将股票期权的公允价值确认为费用是恰当的。

(2) 公司授予 5 000 份股票期权,1 份股票期权可以购买 1 股普通股,行权价格为 20 元,股票市价为 26 元,则在内在价值法下报酬费用总额为 $20 \times 5\,000 = 100\,000$ 元,在公允价值法下报酬费用总额为 $26 \times 5\,000 = 130\,000$ 元。

(3) 如果已知股票数量和认购价格,衡量日即为授予日;如果事实取决于授予日后的事件,即存在可变因素,衡量日一般为认购日。

(4) 由于授予股票期权时,股票的市场价格大多不会高于行权价格,因此股票期权是没有价值的。

**E11-2　股票发行会计分录**

A 公司委托 X 证券公司代理发行普通股 6 000 000 股,每股面值 1 元,发行价格为每股 1.5 元,企业与证券公司约定,按发行收入的 2% 收取佣金,从发行收入中扣除,假定收到的股款已存入银行。

要求:编制有关会计分录。

**E11-3　企业改组会计分录**

A 企业经批准改组为股份有限公司,可对外发行股票,改组前的各账户余额如下:

单位:万元

| | | | |
|---|---|---|---|
| 货币资金 | 32 | 应付账款 | 357 |
| 应收账款 | 75 | 短期借款 | 100 |
| 存　货 | 400 | | |
| 固定资产 | 800 | 实收资本 | 500 |
| 累计折旧 | 350 | | |
| 合　计 | 957 | 合　计 | 957 |

经评估确认的资产价值为:存货减少 48 万元,固定资产净值增加 100 万元,改组后的股份有限公司核定的普通股为 1 500 万股,每股面值 1 元,原企业的资产和负债全部转为新公司所有,并按账面净资产换取股票,其余股票对外发行,发行价为每股 1.50 元。

要求:继续使用原企业旧账册编制有关公司改组的会计分录。

**E11-4　可转换优先股分录**

A 公司已发行面值为 10 元,发行价格为 15 元的可转换优先股 10 000 股,该公司盈余公积账面余额为 12 000 元。

要求:按发行时规定每 1 股优先股可转换面值为 1 元的普通股 10 股、面值为 2 元的普通股 6 股、面值为 1.3 元的普通股 12 股,分别编制优先股转换成普通股的会计分录。

**E11-5　编制会计分录**

A 公司发生如下业务:

(1) 收到外商捐赠现金 10 000 美元,收到日美元的市场汇价为 USD\$1=RMB¥6.8;

(2) 接受外商投资 200 000 美元,投资协议规定汇率为 1:6.82 收到投资日的美元市场汇价为 1:6.88;

(3) 按国家规定对固定资产进行重新估价,其中一台设备原值 60 000 元,重估价值为 70 000 元。

要求:编制有关会计分录。

**E11-6　计算优先股股利**

A 公司发行在外的普通股 2 000 000 股,每股面值 1 元,优先股 100 000 股,每股面值 10 元,优先股股利率为 8%。该公司第 1 年、第 2 年和第 3 年宣布发放的股利分别为 50 000 元、80 000 元和 150 000 元。

要求：分别按累计优先股和非累计优先股分配普通股股东和优先股股东 3 年的股利额。

**E11-7　计算优先股和普通股股利**

A 公司发行在外的普通股 8 000 股，每股面值 30 元，7% 优先股 2 000 股，每股面值 100 元。年末宣告分派现金股利 37 400 元。

要求：按非参加优先股、部分参加优先股（分配的最高限度为 9%）、全部参加优先股计算分配的普通股股利额和优先股股利额。

**E11-8　股利分派会计分录**

A 公司发行在外普通股 200 000 股，每股面值 1 元，优先股 5 000 股，每股面值 10 元。股东大会决议并宣告：优先股股东每股可分派 0.5 元现金股利，普通股股东每 10 股可分派 1 元现金股利，还可按 10% 的比例分派股票股利，每股价格 2.5 元。

要求：编制公司分派股利的有关会计分录。

**E11-9　利润分配会计分录**

A 公司年末经决策，将全年实现净利润 1 600 万元作如下分配：（1）提取 10% 的法定盈余公积金；（2）按优先股面值 4% 计提优先股股利（4 000 万股优先股，每股面值 1 元）；（3）提取 10% 的任意盈余公积金；（4）按普通股面值的 5% 计提普通股股利（6 000 万股普通股，每股面值 1 元）。

要求：编制对净利润进行分配的会计分录。

**E11-10　库存股份会计分录**

A 公司发行在外的普通股有 1 000 000 股，每股面值为 1 元，发行价为 2.5 元，现因股东退股，公司以每股 2.8 元的价格赎回 10 000 股，半年后又以每股 3 元的价格再发行。

要求：分别按面值法和成本法编制赎回股票和再发行股票的会计分录。

**E11-11　编制会计分录**

Alex 公司在 12 月 31 日的所有者权益相关内容如下：

单位：元

| | |
|---|---|
| 股本——普通股（面值 10 元，50 000 股） | 500 000 |
| 资本公积 | 250 000 |
| 留存收益 | 1 500 000 |
| 股东权益合计 | 2 250 000 |

公司发生如下经济事项（假设各个事项是独立的）：

（1）当普通股市价为 30 元/股时，公司宣布 10% 股票股利；

（2）公司进行股票分割，1 股换 2 股，每股面值降为 5 元；

（3）在市场上以每股 25 元的价格回购公司普通股 5 000 股；

（4）在市场上以每股 15 元的价格回购公司普通股 5 000 股；

（5）将（3）回购的股票以 35 元/股的价格售出；

（6）将（3）回购的股票以 20 元/股的价格售出；

（7）将（3）回购的股票以 15 元/股的价格售出；

（8）可转换优先股 200 股，每股面值 50 元，当初的发行价格为每股 60 元。每 1 股可转换优先股可以转换面值为 10 元的普通股 4 股；

（9）同（8），但可以转换普通股 8 股。

要求：

（1）作出如上经济事项的相关会计处理。

（2）分析上述经济事项对股东权益的影响。

## 三、讨论题

**P11-1　组建公司**

麦克和汤姆大学毕业即组建合伙企业 X 开始创业，至今已 3 年。现公司进一步发展需要 120 万美元，麦克和汤姆试图寻求新的合作伙伴。一家风险投资公司 AAA 看中了他们公司未来的发展潜力，双方进行协商。他们提出如下筹资方案（虽然 X 公司现有净资产小于 90 万美元，但综合考虑公司产品、市场和未来发展前景，双方一致认可麦克和汤姆股权价值为 90 万美元）：

方案 a：AAA 公司出资 120 万美元作为新的合伙人加入 X 公司，公司仍以合伙企业形式存在。其中 AAA 公司同麦克和汤姆出资份额的比为 4：3。

方案 b：AAA 公司出资 120 万美元，其中 110 万美元以长期贷款方式（利率 8%），10 万元购买 X 公司股票，占 10%股权。麦克和汤姆占有其余 90%股权。

方案 c：AAA 公司出资 120 万美元，其中 20 万美元以长期贷款方式（利率 8%），90 万美元以购买优先股方式（利率为 10%），10 万美元购买普通股，占 10%股权。麦克和汤姆占有其余 90%股权。

方案 d：AAA 公司出资 120 万美元，其中 60 万美元以长期贷款方式（利率 8%），60 万美元购买普通股，占 40%股权。麦克和汤姆占有其余 60%股权。

方案 e：AAA 公司出资 120 万美元，其中 30 万美元以长期贷款方式（利率 8%），90 万美元购买普通股，占 50%股权。麦克和汤姆占有其余 50%股权。

要求：

（1）如果你是 AAA 公司的管理层，你会如何考虑上述方案？

（2）如果你是麦克和汤姆，你会如何考虑上述方案？

**P11-2　分配股利**

东方公司 20×1 年 12 月 31 日资产负债表资料如下：

单位：元

| | | | |
|---|---|---|---|
| 现金 | 125 000 | 流动负债 | 140 000 |
| 短期投资 | 210 000 | 应付长期票据 | 60 000 |
| （市价 90 000） | | 普通股本（面值 10 元） | 400 000 |
| 长期投资 | 595 000 | 资本公积——普通股溢价 | 80 000 |
| 固定资产（净额） | 60 000 | 盈余公积——法定公积金 | 120 000 |
| 其他资产 | 40 000 | 盈余公积——任意公积金 | 20 000 |
| | | 留存收益 | 210 000 |
| 合计 | 1 030 000 | 合计 | 1 030 000 |

在公司董事会上，各位董事就如何发放股利提出了如下建议：

（1）董事建议：以未拨定的留存收益支付现金股利；

（2）董事建议：用拨定的盈余公积发放股利；

（3）董事建议：支付现金股利金额等于资产负债表中现金年末余额 125 000 元；

（4）董事建议：以短期投资 210 000 元发放财产股利；

（5）董事建议：出售短期投资和长期投资，支付的股利为股东权益总额减去发行在外的股本面值；

（6）董事建议：发放 10% 的股票股利。

要求：

（1）试评述上述建议。

（2）请问制定股利分配政策时需考虑哪些因素？

（3）针对本公司的具体情况，你建议如何分配股利？

**P11-3　股票期权**

根据通用电气（GE）对员工持股计划的披露，在 199× 年末，员工共持有 270 万份股票期权，可以以平均每股 54 美元的价格购买市场价格为每股 77 美元的股票。而同时，GE 所有者权益总值为 25 亿美元。

（1）假如 GE 在 199× 年末以市场价格公开发行 270 万股普通股股票，请作出相关的会计处理（股票面值为 1 美元）。

（2）假如 GE 员工在 199× 年末行使股票期权，全部认购 GE 新发行的 270 万股普通股股票，请作出相关的会计处理。

（3）试从 GE 原有股东角度出发比较（1）和（2）两种情况是否有区别？哪个更为有利？

（4）在 GE 的年报中，对该员工持股计划的说明部分摘抄如下："在该计划中，GE 为员工提供的股票期权规定的行权价格等于提供股票期权当日的 GE 股票市场价格。因此，只有股票市场价格上涨，该计划的参与者才会从中受益，而股票价格上涨也必然会使得原有股东获利。"按照 GE 的说法，这些股票期权的行使不会伤害原有股东的利益，你如何评价 GE 的这个说法？

**P11-4　国企改组**

某国有企业经批准于某年年内整体改组为股份制企业，确定该年的 6 月 1 日为资产评估基准日。其资产评估结果已经有关部门批准确认。该年 9 月 1 日该企业经批准注册登记，正式改组为股份制企业。企业所得税税率为 33%。其相关资料如下：

（1）6 月 1 日有关资产账面余额、评估确认金额及 8 月 31 日按照资产评估结果进行调账前有关资产账面余额见下表。

单位：万元

| 项　　目 | 6 月 1 日账面余额 | 评估确认额 | 8 月 31 日资产评估确认入账前账目余额 | 调整后余额 |
|---|---|---|---|---|
| 应收账款（净值） | 1 194 | 1 194 | 995 | |
| 原材料 | 1 040 | 1 196 | 728 | |
| | （10 000 件） | （10 000 件） | （7 000 件） | |
| 长期投资 | 300 | 260 | 300 | |
| 固定资产： | | | | |
| 固定资产原价 | 1 700 | 2 400 | 1 800 | |
| 累计折旧 | 440 | 720 | 504 | |
| 无形资产： | | | | |
| 土地使用权 | 0 | 100 | 0 | |

（2）该企业采用后进先出法核算发出材料的成本，且企业材料只有一种。6 月 1 日至 8 月 31 日，该企业购入原材料 4 000 件，计 480 万元；领用原材料 7 000 件，计 792 万元。

（3）该企业 6 月 20 日购进设备一台，原价 100 万元，至 8 月 31 日止累计计提折旧 4 万元。

要求：

（1）由于评估基准日和调账日之间资产发生了增加或减少的变化，是否还按原定的评估增值额调账？为什么？

（2）如何确认原材料的增值额？

（3）请编制出有关资产评估结果的调账会计分录。

（4）请将调整后的各资产账面余额列示于表中的"调整后余额"栏。

**P11-5　科技公司上市资产重组的三种模式**

*模式一：整体改组式*

拟改组企业以其全部资产，包括经营性资产和非经营性资产都投入股份有限公司，根据计算出的净资产折算为股本，再向社会或其他法人发行股票增资扩股，原企业不复存在，代之以按照公司法设立的上市公司。

典型案例——三爱富（600636）1992 年，原上海有机氟研究所改组为三爱富新材料股份有限公司，将研究所转变为公司技术科下属的研究发展中心，从事技术研究与开发工作，原来的生产和管理人员直接改编为股份公司的生产管理人员，股份公司向社会公开发行股票 5 000 万元，每股面值 10 元，计 500 万元。其中上海市有机氟材料研究所以其相关资产折价入股 300 万股，向社会法人公开招募 50 万股（其中 8 万股以资产折价入股），向社会个人公开发行 150 万股（包括公司职工优先认购的 30 万股），发行价格每股 34 元。

要求：请评述此种方式的优点和缺点。

*模式二：内部分立组合式*

分立的改组模式是指拟改组企业根据一定的设想和原则将企业资产进行分割重组，一部分资产作为股本投入改组后的股份有限公司，另一部分资产保留在原企业内，由原企业或原企业的上级主管部门作为对股份有限公司的国有股权的管理单位。也有的企业将原有企业直接切割为若干独立法人，消灭原有企业的法人资格，由分立后的某一家企业作为对股份有限公司国有股权的管理单位。

典型案例——清华同方（600100）本公司由清华大学企业集团作为主要发起人以其所属部分企业的经营性净资产折资入股，其他发起人以货币资金投入，采取募集方式设立并于 1997 年 6 月 27 日上市。企业集团认购 6 570 万股发起人股、江西清华科技集团有限公司（企业集团持有其 5％的股权）认购 150 万股发起人股、北京首都创业集团认购 50 万股发起人股、北京实创高科技发展总公司认购 50 万股发起人股、北京沃斯太酒店设备安装公司认购 50 万股发起人股。

要求：请评述此种方式的优点和缺点。

*模式三：对外合并式*

改组企业与一家以上主营业务相同、相近或有关联的企业通过吸收合并或新设合并的方式"捆绑"在一起，以达到扩大企业规模、发行上市的目标。

典型案例——中国高科（600730）1992 年 6 月由上海交大、复旦大学等全国著名的 36 所大学共同发起，原公司成立后，至 1992 年 12 月底前，相继有其他 33 所院校申请入股 1 875 万元，总计达 3 875 万元。1993 年 4 月原公司由定向募集改制为中国高科集团股份有限公司，总股本金扩大至 12 000 万元。其中发起人持股 9 150 万元；法人持股 850 万元；内部职工持股 2 000 万元。新增法人股东 18 名，总计达 87 名法人股东（代表 174 所高等院校及部分教育系统的三产企业），遍及全国 22 个省、市及自治区。后因高校合并、股权转让，法人股东单位减至 82 个。

要求：请评述此种方式的优点和缺点。

# 第十二章

## 特殊会计问题

会计学
ACCOUNTING

### 学习目的
*XUE XI MU DI*

1. 理解关联方关系和关联交易；

2. 掌握关联交易披露的要求；

3. 了解非公允关联交易的会计原则；

4. 掌握债务重组的会计原则和核算方法；

5. 了解债务重组披露的要求；

6. 理解非货币性资产交换；

7. 掌握非货币性资产交换的会计原则；

8. 理解资产负债表日后的调整事项和非调整事项；

9. 掌握资产负债表日后调整事项的会计原则；

10. 理解会计政策变更和会计估计变更；

11. 掌握追溯调整法和未来适用法；

12. 掌握重大前期差错的核算方法。

**前** 六章讨论了会计报表主要项目的会计原则和方法,除了这些日常常见的会计事项外,企业还经常遇到一些特殊的会计事项,比如,武汉力诺工业股份有限公司2002年12月16日与中国信达资产管理公司武汉办事处签署《债务清偿协议》,以人民币现金8 500万元一次性清偿所欠信达公司全部债务12 733万元,剩余债务全部豁免。力诺工业如何处理豁免的4 233万元债务? 是否可以确认为本期收益?

本章将关联方关系及关联交易、债务重组、非货币性资产交换、资产负债表日后事项、会计变更五个会计问题,集中起来一并讨论。

# 第一节　关联方关系及关联交易

对于多数交易,交易的各方是无关的,或者说是相互独立的,因此,交易本身也是公平合理的,即是讨价还价的结果。但是,在激烈的市场竞争条件下,企业之间的并购、联合、重组等商业活动已变得日益普遍,随着大型企业集团在全国乃至世界各地设立子公司、分公司以不断提高自身的竞争能力,相关联的企业之间的交易也日见增多,交易金额也日益增大,由此而引发的问题也日益显著。例如上市公司利用关联交易,任意制定转移定价,以提高或降低交易成本,操纵利润,粉饰会计报表以达到特定经营目的;控股股东为了实现自身利益而滥用其控制权,侵害公司或中小股东的利益,大股东掏空上市公司的案例比比皆是。可见,如果是具有利益关系的各方发生交易,则有可能是不公平的交易。了解关联方及关联方交易,对于分析企业财务状况和经营成果的客观可靠性具有十分重要的作用。

根据财政部《企业会计准则——关联方关系及关联交易》的要求,企业必须披露关联方以及与关联方发生的关联交易。

## 一、关联方及关联方关系

按照会计准则的定义,关联方是指能够直接或间接控制、共同控制另一方财务和经营政策或对另一方财务和经营政策能够施加重大影响的企业、其他单位和个人,如果两方或多方同受一方控制,也成为关联方。这些与企业关联的企业或个人之间的关系便构成了关联方关系。例如母公司、子公司、受同一母公司控制的子公司之间的关系,合营企业,联营企业,主要投资者个人、关键管理人员和与其关系密切的家庭成员,受主要投资者个人、关键管理人员或与其关系密切的家庭成员直接控制的其他企业。

实务中,在判断关联方及关联关系时,应遵循实质重于形式的原则,即应视其关系的实质,而不仅仅是法律形式。

## 二、关联方交易

关联方交易是指关联方之间发生的转移资源和义务的事项,如买卖商品、买卖商品以外的其他资产、提供或接受劳务、代理、租赁、提供资金、担保和抵押、管理方面的合同、研究与开发项目的转移、许可协议、关键管理人员的报酬等。

在实务中,判断关联方交易的存在也应当遵循实质重于形式的原则。关联方交易是否需要披露,应以交易对企业财务状况和经营成果的影响程度来确定,而不是以交易金额的大小作为判断标准。

1. 购买或销售商品。即在相互关联的企业之间购买商品或将商品销售给关联企业。例如,中科健是一家以生产、销售手机为主营业务的公司,公司 2002 年有超过 70%的销售收入属关联交易,其中超过 60%是销售产品给其联营公司中科健实业有限公司。大量的关联交易使得中科健的业绩水平存在较大弹性。

2. 购买或销售除商品以外的其他资产。包括固定资产、投资、无形资产、股权或债权投资、转移或出售债权等的交易。例如五粮液 1999 年以 9 500 万元的募股资金收购宜宾塑胶瓶盖厂,并代该厂偿还其所欠五粮液集团债务 3.17 亿元;2000 年公司又决定将宜宾塑胶瓶盖厂的全部资产与关联方的酿酒生产车间资产进行资产置换;2001 年向关联方支付置换补差款 15.59 亿元。

3. 提供或接受劳务。母公司与子公司等关联企业之间除了相互销售商品,转让资产等业务,还相互提供维修、保养、服务等业务,从而形成关联交易。我国上市公司很多属于分拆上市,其中的后勤保障没有进入股份公司,如维修、动力。不少公司的后勤保障是其生产经营活动不可缺少的,为了保证经营活动的正常进行,分拆出来的股份公司大多与母公司签订综合服务协议,由此产生了经常性的关联交易。

4. 代理。代理主要是依据合同条款,一方可为另一方代理某些事务,如代理销售货物,或一方代理另一方签订合同等。但最近几年,上市公司与关联方之间委托或受托经营资产,或委托或受托经营企业频繁,其目的是为了获得委托或受托经营收益,以保持上市公司的业绩。

5. 租赁。上市公司与集团公司之间普遍存在着资产租赁关系(包括土地)。上市公司利润水平不理想时,集团公司调低租金价格或以象征性的价格收费,或上市公司以远高于市场价格的租金水平将资产租赁给集团公司使用;有的上市公司将从母公司租来的资产同时以更高的租金再转租给关联同属公司,形成股份公司的其他业务利润,向股份公司转移利润。由于各项服务收费的数额的合理性无法准确判断,因此操作弹性较大,有关信息难以准确。

6. 提供资金(包括以现金或实物形式)。占用资金的方式包括无偿占用、往来款拖欠、从上市公司借款、上市公司为大股东的借款提供担保等关联企业相互之间提供或占用资金。例如,三九医药关联交易就是一个典型,2001 年 5 月 3 日止大股东及关联方占用上市公司资金超过 25 亿元,侵占资金占上市公司净资产的 96%。

7. 担保和抵押。担保或抵押在企业日常的经营活动中也是比较常见的现象,但有些关联企业则不顾风险任意担保。如 ST 白云山 2001 年 6 月 30 日担保总金额 71 398 万元,占净资产的比例高达 923.3%;中科健 A 2001 年 6 月 30 日担保总金额 67 513 万元,占净资产的 301.7%。担保债务属或有负债,但倘若被担保方无力按期偿还到期债务,担保方将承担连带清偿责任,必然引发上市公司担保贷款的财务风险。

8. 管理方面的合同。管理合同通常指企业与某一企业或个人签订管理企业或某一项目的合同,如委托经营、委托管理。

9. 研究与开发项目的转移。在存在关联方关系时,有时某一企业的研究与开发的项目会由于一方的要求而放弃或转移给其他企业。

10. 许可协议。当存在关联方关系时,关联方之间达成某项协议,允许一方使用另一方的商标等。由于存在关联关系,一些上市公司为了某种目的,向母公司或集团支付高额专利权使用费。如五粮液 2001 年向其关联方支付 1.04 亿元的商标使用费、燕京啤酒按销售收入的 1‰ 支付关联方商标使用费。

11. 关键管理人员报酬。企业支付给关键管理人员的报酬,也被认为是一项主要的关联方交易。

### 三、关联方及关联方交易的披露

关联交易其实是一个中性的概念,运用得当会降低交易成本,提高效率,实现公司整体的战略目标。但是不公平的关联交易则有损中小投资者的利益,破坏市场公平的秩序,给社会经济带来严重的后果。因此,加强对关联方及其关联交易的披露就显得特别重要。按财政部《企业会计准则——关联方关系及其交易的披露》要求,企业应披露:

1. 存在控制关系的情况下,关联方如为企业,不论它们之间有无交易,都应说明如下事项:

第一,企业经济性质和类型、名称、法定代表人、注册地、注册资本及其变化;

第二,企业的主营业务;

第三,所持股份或权益及其变化。

2. 在企业与其关联方发生交易的情况下,企业应当说明关联方关系的性质、交易类型及其交易要素,这些要素一般包括:

第一,交易的金额或相应比例;

第二,未结算项目的金额或相应比例;

第三,定价政策(包括没有金额或只有象征性金额的交易)。

3. 关联方交易应分别关联方以及交易类型予以说明,类型相同的关联方交易,在不影响会计报表使用者正确理解的情况下可以合并说明。

4. 对于关联方交易价格的确定如果高于或低于一般交易价格的,应说明其交易价格的公允性。

### 四、非公允关联交易的会计处理[①]

通常意义上讲,表外披露可以使报表使用者了解关联方交易的公允性,从而满足决策需要。但为了控制上市公司利用关联交易操纵利润,恰当地反映公司的盈利能力,财政部对非公允的关联交易专门作出规定,其基本要求是,对于明显丧失公允性的关联交易所产生的利润,作为资本公积处理,并不得用于转增资本或弥补亏损。

#### (一)上市公司向关联方出售资产

向关联方销售商品(或提供劳务,下同)。

---

① 财政部 2001 年 12 月 21 日发布《关联方之间出售资产等有关会计处理问题暂行规定》,专门适用于上市公司。2006 年财政部发布新会计准则,这一规定可能会出现变化。

如果向关联方销售商品的数量低于销售总量的80%,以向非关联方销售的加权平均价格作为向关联方的销售价格,超过部分计入资本公积;

如果向关联方销售商品的数量高于销售总量的80%,确认收入的部分限于商品账面价值的120%,超过部分计入资本公积。有确凿证据表明销售商品的成本利润率高于20%的除外。

### (二)其他关联业务(非商品销售)

这里的其他关联业务包括非正常商品销售以及转移应收债权、出售其他资产等。

(1)非正常商品销售。如果确认对关联方的非正常商品销售属于不公允的交易,则按照出售商品的账面价值确认为收入,实际交易价格超过出售商品账面价值的部分计入资本公积。

(2)转移应收债权。向关联方转让应收债权,按照应收债权的账面价值确认收入,实际交易价格超过应收债权账面价值的部分计入资本公积。

(3)出售其他资产。向关联方出售固定资产、无形资产和其他资产,按照出售资产的账面价值确认收入,实际交易价格超过相关资产账面价值的部分计入资本公积。

### (三)关联方之间承担债务

对于关联方之间承担的债务(不属于债务重组),承担方按所承担的债务,计入营业外支出;被承担方应按承担方实际承担的债务,计入资本公积。

### (四)由关联方承担费用的会计处理

对于关联方之间的承担费用(如母公司为其子公司承担广告费用),如果这些费用是被承担方生产经营活动所必需的支出,应当作为被承担方的成本费用处理;如果被承担方收到承担方支付的款项,计入资本公积;如果承担方直接将承担的费用支付给第三方,被承担方应按承担方实际支付的金额,计入资本公积。

承担方应按实际承担的费用,计入营业外支出。

### (五)委托及受托经营

如果受托方实质上并未对受托经营的资产或企业提供经营管理服务,委托方或受托方取得的委托经营收益,全部计入资本公积;如果受托方实质上对受托经营资产或受托经营企业提供了经营管理服务,在符合收入确认条件的前提下,按以下规定处理。

(1)受托经营资产。确认的受托经营收益率不得超过1年期银行存款利率的110%,金额计算如下:

受托经营收益=受托资产账面价值总额×1年期银行存款利率×110%
超过部分计入资本公积。

如果受托经营资产所发生的相关费用由受托方承担,受托方应于相关费用发生时予以确认。

(2)受托经营企业。受托方应按以下三者中最低的金额,确认为其他业务收入,超过部分计入资本公积：

受托经营协议确定的收益；

受托经营企业实现的净利润；

受托经营企业净资产收益率超过 10% 的，按净资产的 10% 计算的金额。

如果受托经营企业发生亏损，受托方将自己应承担的部分直接计入当期管理费用；如果按照受托协议规定，即便受托经营企业发生亏损，仍然能够获得委托方支付的托管费，受托方应在取得委托经营收益时，扣除由其承担的亏损，余额计入资本公积。

委托方支付的委托经营费用，计入当期管理费用（托管费用）。

（3）上市公司将部分资产或被投资单位委托其关联方经营，按委托协议规定收取固定收益，或按实现净利润的一定比例等收取委托经营收益的，按上述同一原则处理。

### （六）关联方之间的资金使用费

关联方因占用资金而向上市公司支付资金使用费，上市公司按照 1 年期银行存款利率确认收入（冲减当期财务费用），超过部分计入资本公积。

如中国武夷实业股份有限公司 2002 年财务报告披露，资本公积项目中包含了关联交易差额 12 662 224.59 元，属于对关联单位计收资金占用费超过同期银行存款利息收入的部分。确认为其他业务收入的资金占用费为 10 605 071.09 元，构成如下：

单位：元

| | |
|---|---|
| 香港丰宏发展有限公司 | 1 862 254.62 |
| 福建百源房地产开发有限公司 | 205 327.62 |
| 福建置地房地产开发公司 | 8 338 848.78 |
| 武夷菲律宾有限公司 | 198 640.07 |

# 第二节　债务重组

由于激烈的市场竞争，或由于企业所处的客观经济环境发生变化，或由于企业自身的决策失误、领导不力、经营不善等原因导致企业陷入财务困境，对到期的债务无支付能力。债权人客观上为了帮助企业（债务人）渡过难关，主观上也是为了避免债务人破产导致自己更大的损失，在债务人破产倒闭之前，通过债务人和债权人的协商，对债务人采取减免债务、延期付款等措施以化解债务人的危机。在实际工作中，采用这样一种协议或方式以解决到期债务不能偿还的形式，通常被称为债务重组。财政部《企业会计准则第 12 号——债务重组》对债务重组下了严格的定义：债务重组"是指在债务人发生财务困难的情况下，债权人按照其与债务人达成的协议或者法院的裁定作出让步的事项"。

债务重组在大多数情况下分为两种情况。一是债务人在未向法院申请破产（通过法律程序解决债务问题）之前，双方已达成协议；另一种是在债务人向法院申请破产之后，在法院未宣布企业破产之前，通过法院调解，双方达成和解协议。前一种情况被认为是持续经营条件下的债务重组，后一种情况被认为是非持续经营条件下的债务重组。

事实上在大多数情况下,债务重组是一种不需要法律程序(持续经营条件下的债务重组),而由债权人和债务人协商解决债务问题的一种方法。

## 一、债务重组的方式

常见的债务重组方式有以下几种:

1. 以低于债务账面价值的现金清偿债务。比如,200万元的债务,经过协商重组,债权人豁免20万元,债务人用180万元清偿200万元的债务。

2. 以非现金资产清偿债务。债务通常使用现金偿还的,通过协商,债务人也可以用非现金资产偿还,如原材料、股票、债券、设备、专利权等,这也属于债务重组。

3. 债务转为资本。经债权人同意,将债务转为债务人的资本,债权人成为债务人的股东。

以债务转为资本用于清偿债务,对于上市公司法律上有一定的限制。例如,中国证监会对公司发行新股规定了一定的条件,而且,审批手续严格。

4. 修改其他债务条件。如延长债务偿还期限、延长债务偿还期限并加收利息、延长债务偿还期限并减少债务本金或债务利息等。比如,将到期的债务延长1年但加收5‰的利息。

5. 以上两种或两种以上方式的组合简称为“混合重组方式”。比如,债权人豁免部分债务的同时,债务人用实物资产偿还债务。

## 二、各债务重组方式的会计处理

不管采用哪种方式,债务重组的一般特征都是债权人作出让步,遭受损失的一方主要是债权人,其损失理应作为一种债务损失在会计报表中得到反映。而债务人,在大多数情况下,是得到了好处,该好处也应反映在债务人的会计报表中。债务重组的核心问题是如何恰当地反映债务人和债权人的收益和损失。按照会计准则,债务重组发生的损益计入当期损益,并且,要求采用公允价值对用于偿债的非现金资产进行计价。

### (一)以低于债务账面价值的现金清偿债务

以现金清偿债务时,债务人应当将重组债务的账面价值与实际支付现金之间的差额,计入当期损益;债权人应当将重组债权的账面余额与收到的现金之间的差额,计入当期损益。如果债权人已经对债权计提了减值准备,应当先将该差额冲减减值准备,减值准备不足以冲减的部分,计入当期损益。

**例 12-1** 甲公司20×2年向乙公司购买一批商品,价值280 000元,由于甲公司经营不善,无力全部偿还货款,20×3年经双方协商,乙公司同意减免货款80 000元,余款200 000元用银行存款支付。忽略所得税因素。[①]

---

① 按照财政部《企业债务重组业务所得税处理办法》规定,企业在债务重组中所获得的收入应计入当期的应纳税所得额。计算方式为债务人将重组债务的计税成本与支付现金金额或者非现金资产的公允价值的差额,确认为债务重组所得,计入企业当期的应纳税所得额中。

债务人甲公司：

借：应付账款——乙公司　　　　　　　　280 000
　　贷：银行存款　　　　　　　　　　　　　　200 000
　　　　营业外收入——债务重组利得　　　　　80 000

债权人乙公司：

借：银行存款　　　　　　　　　　　　　200 000
　　营业外支出——债务重组损失　　　　　80 000
　　贷：应收账款——甲公司　　　　　　　　　280 000

### （二）以非现金资产清偿债务

债务人常用于偿债的非现金资产主要有：存货、短期投资、固定资产、长期投资、无形资产等。以非现金资产清偿债务时，债务人应当将重组债务的账面价值与转让的非现金资产公允价值之间的差额，计入当期损益；转让的非现金资产公允价值与其账面价值之间的差额，计入当期损益。债权人按照公允价值对接受的非现金资产进行计价，重组债权的账面余额与接受的非现金资产的公允价值之间的差额，计入当期损益。

**例 12-2**　沿用例 12-1。如果甲公司与乙公司达成协议，乙公司同意甲公司用自己生产的产品抵偿货款，商品成本为 190 000 元，市价 230 000 元，增值税税率为 17%。

债务重组日债务的账面价值 280 000 元，销项税为 39 100 元（230 000×17%），产品成本为 190 000 元。

债务人应确认的收益 = 280 000 - 230 000 - 39 100
　　　　　　　　　　 = 10 900（元）

债权人应确认的库存商品价值 = 280 000 - 39 100 元（进项税：230 000×17%）
　　　　　　　　　　　　　 = 240 900（元）

债务人（甲公司）确认债务重组收益：

借：应付账款——乙公司　　　　　　　　280 000
　　贷：库存商品　　　　　　　　　　　　　　190 000
　　　　应交税费——应交增值税（销项税额）　　39 100
　　　　营业外收入——债务重组利得　　　　　10 900

债务人（甲公司）确认转让资产的收益：

借：存货——库存商品　　　　　　　　　 40 000
　　贷：营业外收入——资产转让收益　　　　　 40 000

债权人（乙公司）：

借：库存商品　　　　　　　　　　　　　240 900
　　应交税费——应交增值税（进项税额）　　39 100
　　贷：应收账款——甲公司　　　　　　　　　280 000

应当注意，这种处理方式事实上递延了债权人的损失，将债务重组的损失挤进了存货，高估了存货价值，债权人的损失将在出售存货时发生。

如果乙公司对该笔应收账款已经提取了 5% 的坏账准备，其会计分录应为

| 借：库存商品 | 226 900 | |
|---|---|---|
| 应交税费——应交增值税（进项税额） | 39 100 | |
| 坏账准备 | 14 000 | |
| 贷：应收账款——甲公司 | | 280 000 |

### （三）债务转为资本

以债务转为资本的方式来清偿某项债务时，债务人应当将债权人放弃债权而享有股份的面值总额确认为股本（或者实收资本），股份的公允价值总额与股本（或者实收资本）之间的差额确认为资本公积；重组债务的账面价值与股份的公允价值总额之间的差额，计入当期损益。债权人应当将享有股份的公允价值确认为对债务人的投资，重组债权的账面余额与股份的公允价值之间的差额，计入当期损益。

**例 12-3** 沿用例 12-1。若乙公司同意接受甲公司提出的方案，将 280 000 元的债务换为 40 000 股甲公司的普通股，每股面值 1 元，每股市价为 6.2 元。假定印花税和交易手续费为 5.5‰。

债务人甲公司：

| 借：应付账款——乙公司 | 280 000 | |
|---|---|---|
| 贷：股本 | | 40 000 |
| 资本公积——股本溢价 | | 208 000 |
| 营业外收入——债务重组利得 | | 32 000 |

债权人乙公司（假设未提坏账准备）：

| 借：长期股权投资 | 249 364 | |
|---|---|---|
| 营业外支出——债务重组损失 | 32 000 | |
| 贷：应收账款——甲公司 | | 280 000 |
| 银行存款 | | 1 364 |

其中 1 364 元为支付的印花税和交易手续费（40 000×6.2×5.5‰）。

### （四）修改其他债务条件

修改其他债务条件包括延长债务偿还期限、延长债务偿还期限并加收利息、延长债务偿还期限并减少债务本金或债务利息等。发生这种债务重组方式时，债务人将修改其他债务条件后债务的公允价值作为重组后债务的入账价值，入账价值与账面价值的差额，计入当期损益。如果修改后的债务条款涉及或有应付金额，按照或有事项的原则处理；如果确认预计负债，则构成计算损益的因素，即重组债务的账面价值，与重组后债务的入账价值和预计负债金额之和的差额，计入当期损益。

债权人将修改其他债务条件后的债权的公允价值作为重组后债权的账面价值，与原账面余额的差额，计入当期损益。修改后的债务条款中涉及或有应收金额的，债权人不得将其计入重组后债权的账面价值。

"或有应付金额"，是指需要根据未来某种事项出现而发生的应付金额，而且该未来事项的出现具有不确定性。比如，债务重组双方达成协议，将利息率降低 20%，但是，如果将来债务人经营情况好转,支付能力增强,应当补回降低的 20% 的利息。这种安排便是一种"或有支出"。

例 12-4　假设例 12-1 中乙公司销售商品给甲公司时,收到的是一张面值为 280 000 元,利率为 3% ,期限为 6 个月的商业承兑汇票。期满以后,甲公司要求再延长还款期限 3 个月,并免除前 6 个月的利息,后 3 个月仍按 3% 计息。乙公司经董事会讨论,同意甲公司的要求。

债务人甲公司:

| | | |
|---|---|---|
| 应付票据账面价值 | 284 200 元 = 280 000 + 280 000 × 3% × 6/12 | |
| 将来应付款 | 282 100 元 = 280 000 + 280 000 × 3% × 3/12 | |
| 差额 | 2 100 元 | |

借:应付票据　　　　　　　　　　　　　　　284 200
　　贷:应付账款　　　　　　　　　　　　　　282 100
　　　　营业外收入——债务重组收益　　　　　　2 100

债权人乙公司:

| | | |
|---|---|---|
| 应收票据面值 | 280 000 元 | |
| 应收票据应计利息 | 4 200 元 = 280 000 × 3% × 6/12 | |
| 将来应收金额 | 282 100 元 = 280 000 + 280 000 × 3% × 3/12 | |

借:应收账款　　　　　　　　　　　　　　　282 100
　　营业外支出——债务重组损失　　　　　　　2 100
　　贷:应收票据——面值　　　　　　　　　　280 000
　　　　应收票据——应计利息　　　　　　　　　4 200

### (五) 混合重组方式

以"混合方式"进行债务重组时,冲减债务账面价值的顺序成为关键问题。按照会计准则,如以现金、非现金资产、债务转为资本方式的组合清偿某项债务,债务人先以支付的现金、非现金资产的账面价值冲减重组债务的账面价值,再按债务转为资本进行债务重组应遵循的原则处理;债权人则以收到的现金首先冲减重组债权的账面价值,然后将剩余金额作为非现金资产和股权的入账价值,分配比例为公允价值的比例。

## 三、债务重组的披露

债务重组是企业的一项特殊业务,除了按企业会计准则作相关的会计处理进入会计系统以外,还要在会计报表附注中加以披露。按债权人和债务人分别进行披露。

1. 债务人应当披露下列与债务重组有关的信息:

(1) 债务重组方式。

(2) 确认的债务重组利得总额。

(3) 将债务转为资本所导致的股本(或者实收资本)增加额。

(4) 或有应付金额。

(5) 债务重组中转让的非现金资产的公允价值、由债务转成的股份的公允价值和修改其他债务条件后债务的公允价值的确定方法及依据。

2. 债权人应当披露下列与债务重组有关的信息:

(1) 债务重组方式。

(2) 确认的债务重组损失总额。

(3) 债权转为股份所导致的投资增加额及该投资占债务人股份总额的比例。

(4) 或有应收金额。

(5) 债务重组中受让的非现金资产的公允价值、由债权转成的股份的公允价值和修改其他债务条件后债权的公允价值的确定方法及依据。

多数债务重组业务都具备上市公司重大事项的特征,因此,按照《证券法》和中国证监会信息披露的要求,属于重大事项的债务重组,需要发布临时公告(参见附录 12-B)。

# 第三节  非货币性资产交换

易货交易是一种古老的交易方式,在交易方式不断创新的今天,易货贸易也并未消失,而是作为一种交易方式保留了下来。我国在 20 世纪 80 年代实行"对内搞活,对外开放"政策,并赋予边境市、县与周边国家和地区进行易货贸易的经营权,易货贸易的业务量大幅度增加。进入 20 世纪 90 年代,随着我国沪深交易市场的建立,以及企业经营方式的不断创新,资产置换、股权交换、债务重组等非货币性资产交换也越来越普遍。

## 一、非货币性资产交换的概念

非货币性资产交换是指交易双方主要以存货、固定资产、无形资产和长期股权投资等非货币性资产进行的交换。非货币性资产交换不涉及或只涉及少量的货币性资产(即补价)[①]。

### (一) 非货币性资产的定义

由于货币性资产与非货币性资产是一对非此即彼的概念,要了解非货币性资产的概念应先了解货币性资产的概念。

货币性资产是指持有的现金及将以固定或可确定金额的货币收取的资产,包括现金、应收账款和应收票据以及准备持有至到期的债券投资等。在判断一项资产是否是货币性资产时,主要依据该资产给企业未来带来的经济利益是否是固定的或是可确定的,只要符合该标准,该资产即是货币性资产,否则是非货币性资产。

非货币性资产是指除货币性资产以外的资产,如存货、固定资产等。非货币性资产有别于货币性资产的最基本特征是,其在将来为企业带来的经济利益,即货币金额,是不固定的,或不可确定的。比如,企业持有固定资产的主要目的是用于生产经营过程,通过折旧方式将其磨损价值转移到产品成本中,然后通过该产品销售获利,固定资产在将来为企业带来的经济利益,即货币金额,是不固定的,或不可确定的,因此,固定资产

---

① 财政部.企业会计准则第 7 号——非货币性资产交换[M].北京:经济科学出版社,2006.

属于非货币性资产。

非货币性资产的项目主要有：长期股权投资、预付账款、存货(原材料、包装物、低值易耗品、库存商品、委托加工物资、委托代销商品、分期收款发出商品、生产成本)、不准备持有至到期的债券投资、固定资产、工程物资、在建工程、无形资产等。

### (二) 少量货币性资产的界定

在实务中,若企业发生不等价非货币性资产交换时,就会涉及少量的货币性资产。此时所收到或支付的货币性资产,称为补价。要判断该交易是属于货币性交易还是属于非货币性资产交换,通常看补价占整个交易金额的比例。为便于判断,一般以 25% 作为参考比例。如果支付的货币性资产占换入资产公允价值的比例(或,占换出资产公允价值与支付的货币性资产之和的比例)不高于 25%(小于等于 25%),视为非货币性资产交换;如果这一比例高于 25%,则视为货币性交易。

## 二、非货币性资产交换的会计处理

### (一) 非货币性资产交换的一般会计原则

非货币性资产交换涉及两个会计问题,一是换入资产的计价问题,二是交易过程中发生的损益的处理问题。

按照会计准则要求,非货币性资产交换一般以公允价值加上应支付的相关税费作为换入资产的成本,即入账价值,换入资产成本与换出资产账面价值的差额计入当期损益。但是,以公允价值计价需要满足两个条件:①非货币性资产交换具有商业性质;②换入资产或换出资产的公允价值能够可靠地计量。如果换入资产的未来现金流量在风险、时间和金额方面与换出资产显著不同,或者,换入资产与换出资产的预计未来现金流量现值不同,且其差额与换入资产和换出资产的公允价值相比是重大的,就被认为具有商业性质。换言之,不同资产之间的交换是具有商业价值的,如果两项资产的未来现金流量在风险、时间和金额方面完全相同,就失去了交换的意义。

如果非货币性资产交换没有同时满足这两个条件,则以换出资产的账面价值和应支付的相关税费作为换入资产的成本,不能确认损益。

我国会计准则根据是否涉及补价将非货币性资产交换分为不涉及补价的非货币性资产交换和涉及补价的非货币性资产交换两种情况。

1. 不涉及补价的非货币性资产交换的会计处理

在不涉及补价的情况下,换入资产的成本按照下列方式确定:

$$换入资产的成本 = 公允价值 + 应支付的相关税费$$

$$交换损益 = 公允价值 - 换出资产账面价值$$

其中的公允价值是按照换入还是换出资产的公允价值,取决于哪一个公允价值更可靠。如果用于交换的两项资产的公允价值同样可靠,则取换出资产的公允价值。

应当注意:①非货币性资产交换涉及的税费处理,有的税费需要直接计入交换资产的成本,有的税费不进入交换资产的成本而进行单独核算;如增值税的处理,如果非货币性资产交换涉及的资产是动产(从法律角度),如存货,相关的增值税应通过应交增值税进项税额或销项税额单独核算;如果非货币性资产交换涉及的资产是不动产(从法律角度),如固定资产,则有关增值税直接计入固定资产的成本。②资产的账面价值,一般是指资产的账面余额扣除有关资产减值准备金额后的净额。

**例 12-5** 甲公司是一家生产机床的机器设备制造公司,因业务需要,经与乙公司协商,拟将其生产的五台机床与乙公司的一辆重型运输汽车进行交换。交换日甲公司每台机床账面价值 25 000 元,增值税税率为 17%。乙公司汽车原始价值 156 000 元,累计折旧 8 600 元,公允价值 145 000 元。交换中发生运输装卸费 3 000 元,由甲公司支付。乙公司将机床作为固定资产进行管理。

甲公司的会计处理:

(1) 计算换入固定资产的价值 = 145 000 + 3 000 + 125 000 × 17%
$$= 169\ 250(元)$$

交换收益 = 145 000 − 125 000 = 20 000(元)

(2) 会计分录

| | | |
|---|---|---|
| 借:固定资产——重型运输汽车 | 169 250 | |
| 贷:存货——库存商品(机床) | | 125 000 |
| 应交税费——应交增值税(销项税额) | | 21 250 |
| 银行存款 | | 3 000 |
| 营业外收入——非货币性资产交换收益 | | 20 000 |

乙公司的会计处理:

| | | |
|---|---|---|
| 借:固定资产清理 | 147 400 | |
| 累计折旧——汽车 | 8 600 | |
| 贷:固定资产——汽车 | | 156 000 |
| 借:固定资产——机床 | 145 000 | |
| 营业外支出——非货币性资产交换损失 | 2 400 | |
| 贷:固定资产清理 | | 147 400 |

2. 涉及补价的非货币性资产交换的会计处理

对于以公允价值加应支付的税费作为换入资产的成本的交换业务,发生的补价不计入换入资产的成本,而只是在计算交换损益时考虑;对于以账面价值加应支付的税费作为换入资产的成本的交换业务,发生的补价计入换入资产的成本。具体计算方法为:

(1) 以公允价值加应支付的税费作为换入资产的成本的交换业务

支付补价时:交换损益 = 公允价值 − (换出资产的账面价值 + 支付的补价)

收到补价时:交换损益 = (公允价值 + 收到的补价) − 换出资产的账面价值

(2) 以账面价值加应支付的税费作为换入资产的成本的交换业务

支付补价时:换入资产成本 = 换出资产账面价值 + 应支付的税费 + 支付的补价

收到补价时:换入资产成本 = 换出资产账面价值 − 收到的补价 + 应支付的税费

**例 12-6** 甲公司拥有生产经营使用机床一台,现因公司改变经营方向,拟将机床交换乙公司一辆运输汽车。交换日甲公司机床原始价值 16 000 元,累计折旧 4 200 元,机床公允价值 11 500 元。乙公司汽车原始价值 18 000 元,累计折旧 6 600 元,公允价值 12 000 元。交易中甲公司支付现金 500 元给乙公司。

甲公司以机器换汽车,支付 500 元现金,占换出资产公允价值 11 500 元与现金补价 500 元之和的比例为,500 ÷ 12 000＝4.2%,该交易可以认定为非货币性资产交换,根据我国会计准则的规定,甲公司和乙公司可作如下处理。

甲公司的会计处理:

$$换入汽车的成本＝换出资产公允价值＋应支付的相关税费$$
$$＝11 500＋0$$
$$＝11 500(元)$$
$$交换损益＝公允价值－换出资产账面价值－支付的补价$$
$$＝11 500－11 800－500$$
$$＝－800(元)$$

| | | |
|---|---|---|
| 借:固定资产清理 | 11 800 | |
| 累计折旧——机床 | 4 200 | |
| 贷:固定资产——机床 | | 16 000 |
| 借:固定资产——汽车 | 11 500 | |
| 营业外支出——非货币性资产交换损失 | 800 | |
| 贷:固定资产清理 | | 11 800 |
| 现金 | | 500 |

乙公司的会计处理:

$$换入资产机器的成本＝换出资产的公允价值$$
$$＝12 000(元)$$
$$交换损益＝公允价值＋收到的补价－换出资产账面价值$$
$$＝12 000＋500－11 400$$
$$＝1 100(元)$$

| | | |
|---|---|---|
| 借:固定资产清理 | 11 400 | |
| 累计折旧——汽车 | 6 600 | |
| 贷:固定资产——汽车 | | 18 000 |
| 借:固定资产——机床 | 12 000 | |
| 现金 | 500 | |
| 贷:固定资产清理 | | 11 400 |
| 营业外收入——非货性资产交换收益 | | 1 100 |

### (三) 非货币性资产交换涉及多项资产

涉及多项资产的非货币性资产交换与单项资产交换的会计核算原则相同,只是需要将多项资产交换的综合成本分配到单项资产中。如果换入资产的公允价值能够确定,按照换入各项资产的公允价值占换入资产公允价值总额的比例,对换入资产的成本总额进行分配,确定各项换入资产的成本;如果换入资产的公允价值不能确定,应当按照换入各项资产的原账面价值占换入资产原账面价值总额的比例,对换入资产的成本总额进行分配,确定各项换入资产的成本。

### 三、非货币性资产交换的披露

按照企业准则的要求,企业应在财务会计报告中披露非货币性资产交换中换入、换出资产的类别及其金额。

(1)非货币性资产交换中换入、换出资产的类别,是指企业在非货币性资产交换中,以什么资产与什么资产相交换。例如,甲公司以一批库存商品与乙公司的一台设备进行交换,丁企业以一批原材料与丙企业的一台设备进行交换,等等。

(2)非货币性资产交换中换入、换出资产的金额,是指非货币性资产交换中换入、换出资产的公允价值、补价、应确认的收益以及换出资产的账面价值。

# 第四节　资产负债表日后事项

资产负债表是一张特定时点的报表,而企业的经济业务在不断地发生,资产负债表中的大部分项目随时都会发生变化。又由于会计报表的编制日与会计报表的公布日不可能在同一天。因此,会计年度结束后到会计报表正式公布止,截至编表日的资产负债表可能会由于某一重大交易而发生重大变化,如果没有及时提供必要的信息,势必误导报表使用者。此外,尽管利润表是时期报表,但编表日以后发生的事项仍有可能对其产生影响。

资产负债表日后事项是指资产负债表日至财务报告批准报出日之间发生的需要调整或说明的事项。财务报告批准报出日是指董事会或类似机构批准财务报告报出的日期。

## 一、资产负债表日后事项对会计报表的影响方式

根据资产负债表日后事项对会计报表影响的方式,可以分为调整事项和非调整事项。

### (一)调整事项

调整事项是指资产负债表日后至财务报告批准报出日之间发生的,为资产负债表日已经存在的情况提供了新的或进一步证据,有助于对资产负债表日存在情况有关的金额作出重新估计的事项,应作为调整事项。

换句话说,需要调整的是已经编制但尚未公布的会计报表的事项,调整事项一般发生在编表日之前,但在财务报告正式公布之前需加以证实。应当特别注意的是,调整事项发生本身和导致调整事项发生的条件(原因)是两个概念,调整事项强调的是后者,即导致期后事项发生的条件是否已经于编表日存在。例如,已经证实发生的资产损失、销售退回、已经确定的索赔等。

做会计调整时,一般需对资产负债表日所反映的资产、负债、收入、费用和所有者权

益进行调整,涉及损益的事项,可通过"前期损益调整"账户进行调整,该账户的借方登记调整减少以前年度收益或调整增加以前年度亏损的事项,以及调整增加的所得税,贷方登记调整增加以前年度收益或调整减少以前年度亏损的事项,以及调整减少的所得税。该账户的借方或贷方余额转入"利润分配——未分配利润"的贷方或借方。

### （二）非调整事项

资产负债表日后至财务报告批准报出日之间才发生的,不影响资产负债表日的存在情况,但不加以说明将会影响财务报告使用者作出正确估计和决策的事项,应作为非调整事项。因此需要在会计报表附注中予以披露。披露时,应当说明非调整期后事项对会计报表有关项目的影响,视同这些非调整事项在编表日已经发生。例如,发行债券和股票,企业合并,意外事件造成的资产重大损失,重大应收账款无法收回,外汇汇率或税收政策发生重大变化,对外提供重大担保,对外签订重大抵押合同,发生重大诉讼、仲裁或承诺事项,发生重大会计政策变更等。

为便于了解调整事项与非调整事项的时间界限,请参见图 12-1。

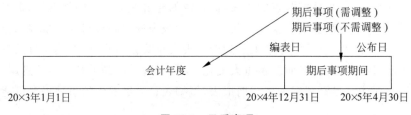

图 12-1　日后事项

## 二、应注意的问题

### （一）股利问题

资产负债表日后至财务报告批准报出日之间由董事会或类似机构所制订的利润分配方案中分配的股利(或分配给投资者的利润),应按如下方式予以处理:

（1）现金股利在资产负债表所有者权益中单独列示;

（2）股票股利在会计报表附注中单独披露。

资产负债表日后至财务报告批准报出日之间由董事会或类似机构制定并经股东大会或类似机构批准宣告发放的股利,比照上述规定办理。

### （二）持续经营问题

如果资产负债表日后事项表明持续经营假设不再适用,则企业不应在持续经营的基础上编制会计报表,同时,还应披露如下内容:

（1）不以持续经营假设编制会计报表的事实;

（2）持续经营假设不再适用的原因;

（3）编制非持续经营会计报表所采用的基础。

### （三）资产负债表日后事项的关键在于判断与披露

资产负债表日后事项是否需要调整会计报表在很大程度取决于会计人员的职业判断，或借助其他专业人员的判断。比如，由于一家客户在编表日后破产倒闭，无法支付所欠货款，造成公司损失。这一事项应当属于调整事项，因为导致客户破产的财务状况恶化这一情况在编表日就已经存在。但是，如果客户由于洪灾而倒闭，则属于非调整事项，因为导致客户破产的洪灾存在于编表日之后。确定已经结案的诉讼案件是否需要调整也是如此，如果导致诉讼案件的事项，如人身侵害、知识产权侵权等，在编表日之前已经存在，则属于调整事项；如果导致索赔的事项发生在编表日后，则属于非调整事项。有价证券市价变化通常属于非调整事项，因此市价变化一般反映新的估价因素。

另外，并非所有的期后事项都需要调整和披露，期后事项通常限于可以用货币计量的事项，非会计事项，如管理人员的变动、经营方针的变化、新发生的诉讼案件、罢工等，尽管它们会影响报表使用者对公司发展前景的判断，但不作为期后事项，而应当以其他方式进行披露。

# 第五节 会 计 变 更

会计是对企业经济活动的记录与反映，而企业经济活动又随时处于不确定状态，若企业所处的客观经济环境发生变化，会计进行记录与反映的方法也应作出变更，以便向会计信息的使用者提供及时相关可靠的会计信息。在会计核算中，为了提高会计信息的可比性，对变更会计原则、方法、估计标准等事项必须加以调整和披露，以避免会计信息的使用者作出错误的判断与决策。本节将会计政策、会计估计变更和前期差错更正统称为会计变更。

## 一、会计政策变更

### （一）会计政策与会计政策变更

#### 1. 会计政策

会计政策是指企业在会计核算时所遵循的具体原则以及企业所采纳的具体会计处理方法。具体原则，是指企业按照财政部《企业会计准则》或会计制度规定的原则所制定的、适合于本企业的会计制度中所采用的会计原则；具体会计处理方法，是指企业在会计核算中对于诸多可选择的会计处理方法中所选择的、适合于本企业的会计处理方法。常见的会计政策包括：

（1）合并政策，如母公司与子公司的会计年度不一致的处理原则；合并范围的确定原则；母公司和子公司所采用会计政策是否一致；等。

（2）外币折算，如外币报表折算是采用现行汇率法，还是采用时态法或其他方法。

（3）收入的确认，如建造合同是按完成合同法确认收入，还是按完工百分比法或其他方法确认收入。

（4）所得税的核算，如企业所得税会计处理是采用递延法，还是债务法或其他方法。

（5）存货的计价，如企业存货计价的先进先出法、后进先出法、加权平均法等。

（6）长期投资的核算，如企业对被投资单位的股权投资是采用成本法，还是采用权益法核算。

（7）坏账损失的核算，如企业的坏账损失是采用直接转销法，还是采用备抵法。

（8）借款费用的处理，是采用资本化还是采用费用化。

（9）其他，如无形资产的计价及核销方法、财产损益的处理、研究与开发费用的处理等。

2. 会计政策变更

会计政策变更是指企业对相同的交易或事项由原来采用的会计政策改用另一会计政策的行为。

为保证会计信息的可比性，企业采用的会计原则和具体的处理方法原则上是不能改变的，但是下列情况下，应变更原来采用的会计政策：

（1）法律或会计准则等行政法规、规章的要求。例如，财政部新发布或修订的准则、制度等。

（2）会计政策的变更能够提供有关企业财务状况、经营成果和现金流量等更可靠、更相关的会计信息。例如，一台设备的估计使用年限为 10 年，在出现新的技术后，该设备的效率就可能打折扣，这时，改变该设备的使用年限就是合理的。

### （二）会计政策变更的会计处理

会计政策变更一般采用追溯调整法。如果会计政策变更的累积影响数不能合理确定时，会计政策变更可采用未来适用法。

1. 追溯调整法

按照追溯调整法，对某项交易或事项变更会计政策时，如同该交易或事项初次发生时就开始采用新的会计政策，并以此对相关项目进行调整。由于追溯期可能涉及 1 年甚至几年，因此，在追溯调整法下，应计算会计政策变更的累积影响数，并调整期初留存收益，会计报表其他相关项目也相应进行调整。

按照我国会计准则规定，追溯调整法将会计政策变更的累积影响数调整期初留存收益，而不计入当期损益。

追溯调整法的计算步骤为：

第一步，计算会计政策变更的累积影响数；

第二步，相关的账务处理；

第三步，调整会计报表相关项目；

第四步，附注说明。

（1）会计政策变更的累积影响数，是指按变更后的会计政策对以前各期追溯计算的变更年度期初留存收益应有的金额与现有的金额之间的差额。留存收益，包括法定盈余公积、任意盈余公积和未分配利润各项目。我国会计准则所指的会计政策变更的累积影响数,是对变更会计政策所导致的对净损益的累积影响,以及由此导致的对利润分配及未分配利润的累积影响金额,不包括分配的利润或股利。

会计政策变更累积影响数的计算方法为:

第一步,根据新的会计政策重新计算受影响的前期交易或事项;

第二步,计算两种会计政策下的差异;

第三步,计算差异的所得税影响金额;

第四步,确定前期中的每一期的税后差异;

第五步,计算会计政策变更的累积影响数。

(2)会计政策变更追溯调整法举例。

根据国外的经验,追溯调整法按是否重新表述会计报表,又分为同时重新表述比较会计报表的追溯调整法和不调整比较会计报表,但提供模拟会计信息的追溯调整法。我国采用的追溯调整法是两者兼而有之,将会计政策变更的影响分为两个时间段,而采用不同的处理方法,具体方法是,在编制比较会计报表时,对于比较会计报表期间的会计政策变更,应调整各期间的净损益和其他相关项目,视同该政策在比较会计报表期间一直采用。对于比较会计报表期间以前的会计政策的累积影响数,应调整比较会计报表最早期间的留存收益,会计报表其他相关项目的数字也一并调整。

**例 12-7** 庆丰公司成立于 1999 年,公司应收账款坏账的核算一直采用直接冲销法。财政部 2001 年新《会计制度》颁布后,要求企业停止采用直接冲销,改为备抵法核算坏账损失。假设该公司 1999 年年底应收账款余额为 10 000 万元,2000 年年底为 15 000 万元,2001 年年底为 18 000 万元。该公司 1999 年未发生坏账损失,2000 年发生坏账损失 45 万元,2001 年发生坏账损失 110 万元。公司适用的所得税税率为 33%,假定采用应付税款法。2001 年公司按新制度要求,采用应收账款余额百分比法计提坏账损失,计提比例为 1%。

第一步,计算会计政策变更累积影响数(见表 12-1)。

表 12-1　庆丰公司会计政策变更累积影响数　　　　　　单位:万元

| 年　　度 | 应收账款 | 直接冲销法 | 备抵法 | 税前差异 | 所得税影响 | 税后差异 |
|---|---|---|---|---|---|---|
| 1999 | 10 000 | 0 | 100 | 100 | 33 | 67 |
| 2000 | 15 000 | 45 | 50 | 5 | 1.65 | 3.35 |
| 小计 | 15 000 | 45 | 150 | 105 | 34.65 | 70.35 |
| 2001 | 18 000* | | 140** | −80 | −26.4 | −53.6 |
| 合　　计 | 18 000 | | 180 | 25 | 8.25 | 16.75 |

\*　2001 年度实际发生的 110 万元的坏账损失,已经冲减坏账准备,18 000 万元的应收账款余额为冲销坏账后的余额。

\*\*　由于本年度冲减了 110 万元的坏账准备,本年坏账准备的期末余额为 180 万元,计入本年管理费用的坏账损失为 140 万元。

庆丰公司 1999—2000 年共发生坏账损失 450 000 元,在直接冲销法下,共计入管理费用的坏账损失 450 000 元;在备抵法下,计入管理费用的金额为 1 500 000 元,两种方法相差 1 050 000 元,对所得税的影响是 346 500 元,税后净影响额为 703 500 元,即该公司坏账损失核算方法由直接冲销法改为备抵法的累积影响数。

第二步,账务处理。

2001 年 1 月 1 日编制会计分录:

借:利润分配——未分配利润        703 500

    应交税金——应交所得税        346 500

    贷:坏账准备                1 050 000

第三步,调整会计报表相关项目。

应收账款应调减 750 000 元,"利润分配——未分配利润"调减 502 500 元,递延税款(借项)247 500 元作为 2001 年应交所得税的抵减数。该公司在编制 2001 年度比较会计报表时,应将 2000 年度报表按备抵法重新编制(见表 12-2、表 12-3)。

表 12-2   庆丰公司 2001 年资产负债表(部分)       单位:万元

|  | 2001 年度 | 2000 年度 |
|---|---|---|
| 应收账款 | 1 800 | 1 500 |
| 减:坏账准备 | 180 | 150 |
| 应收账款净额 | 1 620 | 1 350 |

表 12-3   庆丰公司 2001 年度利润及利润分配表       单位:万元

|  | 2001 年度 | 2000 年度 |
|---|---|---|
| 净利润(假设会计原则变更之前) | 2 400 | 3 000 |
| 减:所得税(变更坏账方法的累积影响数) | 8.25 |  |
| 本年净利润 | 2 391.75 | 3 000 |

### 2. 未来适用法

未来适用法指对某项交易或事项变更会计政策时,新的会计政策适用于变更当期及未来期间发生的交易或事项的方法。即在会计政策变更之日,企业会计账簿记录及会计报表上反映的金额,仍保留原有的金额,涉及变更的经济业务自变更之日起按新的会计政策进行核算。

会计政策变更时,其累积影响数不能合理确定时而采用的方法。这种方法操作简单,不需要重新计算会计政策变更的累积影响数,也不需要重新表述以前期间的会计报表。

例 12-8   假设某高新技术企业,从公司成立之日(2001 年 3 月 20 日)起,其固定资产折旧一直采用直线法计提,2003 年 1 月 1 日,国家为鼓励高新技术企业的发展,国家税务总局会同财政部下发文件,允许高新技术企业固定资产折旧可采用加速折旧法,该企业决定从 2003 年 1 月 1 日起,将固定资产的折旧方法改为年数总和法。公司从成立到 2002 年 12 月 31 日,已累计计提折旧 1 875 600 元。在采用未来适用法时,累计折旧的余额保持不变,仍为 1 875 600 元。年数总和法从 2003 年 1 月 1 日及以后才适用,不需要计算 2003 年 1 月 1 日以前按年数总和法计算累计折旧应有的余额,以及对留存收益的影响金额。

### （三）会计政策变更的披露

企业应按准则的规定,在会计报表附注中披露如下会计政策变更的有关事项:

（1）会计政策变更的内容和理由,包括对会计政策变更的简要阐述、变更的日期、变更前采用的会计政策和变更后所采用的新会计政策及会计政策变更的原因。

（2）会计政策变更的影响数,包括以下几个方面:

① 采用追溯调整法时,计算出的会计政策变更的累积影响数;

② 会计政策变更对本期以及比较会计报表所列其他各期净损益的影响金额;

③ 比较会计报表最早期间期初留存收益的调整金额。

（3）累积影响数不能合理确定的理由,包括在会计报表附注中披露累积影响数不能合理确定的理由以及由于会计政策变更对当期经营成果的影响金额。

## 二、会计估计变更

由于企业所处的客观环境总是处于不确定状态,企业在进行会计核算时所作的假设如会计分期假设,及收入和费用相配比的原则的采用,都需要根据过去的经验和判断,对许多结果还不确定的交易和事项作出各种估计和判断并予以入账,如固定资产使用寿命及残值的估计,坏账计提比例,资产减值准备的计提等,难免与实际情况不符,企业就需要根据客观情况随时作出调整,以提供真实准确的会计信息。

### （一）会计估计及会计估计变更

会计估计指企业对其结果不确定的交易或事项、以最近可利用的信息为基础所作出的判断。实际工作中常见的估计项目主要有:

（1）坏账计提比例;

（2）陈旧过时的存货;

（3）固定资产的耐用年限与净残值;

（4）无形资产的受益期;

（5）递延资产的摊销期间;

（6）或有损失;

（7）收入确认中的估计。

如果进行会计估计的基础发生了变化,或者由于取得新的信息,积累了更多经验以及后来的发展变化,就需对会计估计进行修订。对原来的会计估计进行修订,就是会计估计变更。有的会计估计变更只影响变更当期,有的会计估计变更既影响变更当期又影响未来期间。会计在核算时,应分别进行处理。

### （二）会计估计变更的会计处理

会计估计变更通常采用未来适用法,其处理方法为:

（1）如果会计估计的变更仅影响变更当期,有关估计变更的影响应于当期确认。例如,企业对存货因毁损、陈旧过时等原因对存货计提减值准备,原来按照存货余额的

3%提取减值准备,由于今年消费者的偏好发生改变等原因,企业实际库存已积压10%,则企业改按存货余额的10%提取减值准备,这类会计估计的变更,只影响变更当期,只需要在变更当期予以确认。

(2) 如果会计估计的变更既影响变更当期又影响未来期间,应当在当期及以后各期确认估计变更的影响。例如,变更固定资产的有效使用年限,不仅会影响变更当期,而且,在该项固定资产的存续期内,企业在每个会计期间计提的折旧费用都会受到影响。因此,这类会计估计的变更,应于变更当期及以后各期确认。

按准则的要求,会计估计变更的影响数应计入变更当期与前期相同的项目中。为了使不同期间的会计报表具有可比性,会计估计变更的影响如果以前包括在企业日常经营活动的损益中,则以后也应包括在相应的损益类项目中,如果会计估计变更的影响数以前包括在特殊项目中,则以后也相应作为特殊项目反映。

### (三) 会计估计变更的披露

企业应按本准则的规定,在会计报表附注中披露如下会计估计变更的事项:

(1) 会计估计变更的内容和理由,包括变更的内容、变更日期以及为什么要对会计估计进行变更。

(2) 会计估计变更的影响数,包括会计估计变更对当期损益的影响金额,以及对其他各项目的影响金额。

(3) 会计估计变更的影响数不易确定的理由。

### (四) 会计估计变更举例

**例 12-9** 假设上例庆丰公司的业务拓展很快,公司在产品销售政策上也采取了较为积极的营销政策,扩大了客户的授信范围和额度。公司决定从 2001 年度起,坏账的计提比例将由 5% 改为 10%。假设公司 2001 年已按 5% 的比例计提了坏账准备。

庆丰公司对该估计变更的会计处理如下:

(1) 由于该估计变更只与现在及未来有关,因此,不需调整以前的坏账损失,也无变更累积影响数。

(2) 变更日以后按新的坏账比例 10% 计提坏账损失。2001 按 5% 计提的坏账准备是 125 万元,按新比例 10% 则应提坏账准备 215 万元。

(3) 附注说明。本公司从 1999 年成立开始,应收账款的坏账计提比例一直是 5%,和实际发生的坏账差距不大。随着公司业务的不断扩大,客户增多,公司货款收不回来的风险也逐渐增大,经公司董事会讨论,决定从 2001 年起将公司坏账的计提比例由原来的 5% 提高为 10%。管理费用和坏账准备账户各增加 90 万元,对企业当年的利润影响是 −90 万元。

## 三、前期差错更正

企业发现的以前年度重大前期差错,如涉及损益,应通过"以前年度损益调整"账户及其相关账户核算,并将调整的对净损益的影响金额转入"利润分配——未分配利润"

账户;如不影响损益,则在相关账户中进行调整。

### (一)前期差错及前期差错产生的原因

前期差错,指在会计核算时,由于计量、确认、记录等方面出现的错误。前期差错的产生有诸多原因,常见的有:

(1)采用法律或会计准则等行政法规、规章所不允许的会计政策。例如,我国财政部2001年《企业会计制度》规定,坏账核算只允许采用备抵法,取消直接冲销法,而公司会计人员认为备抵法核算烦琐,计提比例难以准确估计,在实际中仍采用直接冲销法核算坏账。

(2)账户分类以及计算错误。例如,企业预付的保险费,应计入待摊费用,但在记账时计入了预提费用,导致账户分类上的错误。

(3)会计估计错误。例如,企业在估计一准备废弃的旧的机器设备时,其回收价值明显多估计或少估计了,而造成会计估计错误。

(4)在期末应计项目与递延项目未予调整。例如,企业在会计报表编制日之前,应根据权责发生制的要求,对应在本期核销的费用或在本期确认的收入进行调整,但企业会计人员在期末未加以调整,而导致会计数据没有真实反映企业本期的实际情况。

(5)漏记已完成的交易。例如,企业销售一批商品,商品已经发出,并开出增值税专用发票,商品销售收入确认条件均已满足,但企业在期末时未将已实现的销售收入入账。

(6)对事实的忽视和误用。例如,企业对某项建造合同应按建造合同规定的完工法或完工百分比法确认收入,但该企业却将客户的定金确认为收入。

(7)提前确认尚未实现的收入或不确认已实现的收入。例如,在采用委托代销销售方式下,应以收到代销单位的代销清单时,确认营业收入的实现,如企业在发出委托代销商品时即确认为收入,则为提前确认尚未实现的收入。

(8)资本性支出与收益性支出划分差错,等等。例如,企业将一些期间性费用(工资、办工费、维修费等)也计入了固定资产成本。

在实际工作中,造成差异的原因很多,以上原因并未完全穷尽。

在会计上,前期差错有重大和不重大之分,不重大的差错可以直接调整当期报表项目。如果是重大差错,则需要调整期初留存收益及会计报表其他相关项目的期初数。

重大前期差错是指企业发现的使公布的会计报表不再具有可靠性的前期差错。重大前期差错一般是指金额比较大,通常某项交易或事项的金额占该类交易或事项的金额10%及以上,则认为金额比较大,如某企业提前确认未实现的营业收入占全部营业收入的10%及以上,则认为是重大前期差错。企业发现的重大前期差错,如不加以调整,会使公布的会计报表所反映的信息不可靠,并有可能误导投资者、债权人及其他会计报表阅读者的决策或判断。

### (二)前期差错更正的会计处理

前期差错的更正按以下原则处理:

（1）非重大前期差错，是指不足以影响会计报表使用者对企业财务状况、经营成果和现金流量作出正确判断的前期差错。对于本期发现的，属于与前期相关的非重大前期差错，不调整会计报表相关项目的期初数，但应调整发现当期与前期相同的相关项目；属于影响损益的，应直接计入本期与上期相同的净损益项目；属于不影响损益的，应调整本期与前期相同的相关项目。

例 12-10　某公司在 20×2 年自查的过程中发现 20×1 年应属于管理用设备的折旧费用 1 000 元，计入了制造费用。对于这一非重大前期差错，公司应冲减制造费用1 000 元，增加管理费用 1 000 元，由于该错误系科目使用错误，并且都是费用类科目，因此对 20×1 年的利润总额没有影响，而且只涉及利润表，在编制比较利润表时，将其重新归类即可。

（2）重大前期差错，对于发生的重大前期差错，应当采用追溯重述法予以更正。追溯重述法要求从发生差错年份开始更正错误的会计报表项目，但是，如果差错发生的时间早于会计报表的报告期限，比如两年的比较会计报表，则将差错的累积影响调整相关项目的期初数。

例 12-11　某企业于 20×5 年发现 20×4 年的存货计算存在严重问题。期末存货漏列 200 000 元，计入了 20×4 年度的损益。假设企业的适用所得税税率为 33%。

企业发现该项差错后，分析如下：

20×4 年期末存货漏列 200 000 元，致使 20×4 年主营业务成本虚增 200 000 元，利润虚减 134 000 元（税后），产生 66 000 元的递延所得税负债，并使 20×5 年度期初存货虚减 200 000 元，主营业务成本虚减 200 000 元。可见存货一旦发生错误，其影响是跨期累计的，因此，在调整的时候应特别留心。按照会计准则，需要将 20×4 年的资产负债表的存货余额和利润表的营业成本、利润总额予以更正，即追溯重述 20×4 年会计报表的相关项目。在更正 20×4 年相关报表项目的基础上，编制 20×5 年的会计报表。

### （三）前期差错更正的披露

按照准则的规定，前期差错应在会计报表附注中披露如下事项：

（1）重大前期差错的内容，包括重大前期差错的事项陈述和原因以及更正方法。

（2）重大前期差错的更正金额，包括重大前期差错对净损益的影响金额以及对其他项目的影响金额。

## 专 用 名 词

| | | |
|---|---|---|
| 关联方 | 关联方关系 | 关联交易 |
| 债务重组 | 非货币性资产交换 | 补价 |
| 资产负债表日后调整事项 | 资产负债表日后非调整事项 | 会计政策变更 |
| 追溯调整 | 会计估计变更 | 未来适用法 |
| 追溯重述法 | | |

# 习　题

## 一、思考题

**Q12-1**　什么是关联交易？如何认定关联方？

**Q12-2**　如何判断关联交易的公允性？

**Q12-3**　非公允关联交易会计处理的基本原则是什么？

**Q12-4**　上市公司应当如何披露关联方关系和关联交易？

**Q12-5**　什么是"债务重组"？债务重组有几种方式？分别在什么条件下成立？

**Q12-6**　债务重组会计处理的基本原则是什么？

**Q12-7**　上市公司应当如何披露债务重组？

**Q12-8**　什么是非货币性资产交换？如何判断非货币性资产交换？

**Q12-9**　非货币性资产交换会计处理的基本原则是什么？

**Q12-10**　如何计算非货币性资产交换的收益？

**Q12-11**　资产负债表日后事项的处理原则是什么？

**Q12-12**　举例说明会计政策变更，为什么对会计政策变更需要作追溯调整？

## 二、练习题

### E12-1　长期股权投资和关联交易

A 股份有限公司为上市公司(下称 A 公司)，于 20×2 年 1 月 1 日用银行存款购入 B 公司 40％的股权，实际支付价款为 3 000 万元，并对 B 公司具有重大影响，采取权益法核算。B 公司 20×2 年 1 月 1 日所有者权益总额为 8 500 万元，其中股本 5 000 万元，资本公积 2 000 万元，盈余公积 500 万元，未分配利润 1 000 万元。A、B 公司所得税采取应付税款法核算，所得税率为 33％，股权投资差额按 10 年摊销。20×2 年 B 公司发生下列经济业务：

(1) 3 月 5 日，B 公司董事会提出 2001 年度利润分配方案，提取法定盈余公积 120 万元，提取法定公益金 60 万元，提取任意盈余公积 50 万元，分配现金股利 150 万元。

(2) 4 月 15 日 B 公司支付现金股利。

(3) 7 月 5 日 B 公司接受固定资产捐赠，固定资产原值为 25 万元，已提折旧 5 万元，估计公允价值与净值一致为 20 万元。

(4) 7 月 20 日，B 公司发现 2001 年 11 月漏提折旧 240 万元(属于管理部门使用)已作为重大前期差错进行了更正。

(5) 8 月 1 日 B 公司因使用 A 公司的资金支付资金使用费 160 万元，但根据 1 年期银行存款利率计算，资金使用费是 130 万元。

(6) B 公司 2002 年实现净利润 800 万元。

(7) 20×2 年 12 月 31 日，A 公司对 B 公司的投资预计可收回金额为 3 500 万元。

要求：

(1) 编制 B 公司上述有关经济业务的会计分录。

(2) 编制 A 公司上述有关投资业务的会计分录。

### E12-2　债务重组——以非货币性资产抵偿债务

20×1 年 1 月 5 日，A 公司向 B 公司销售材料一批，增值税专用发票上注明的价款为 500 万元，增值税额为 85 万元。至 20×2 年 9 月 30 日尚未收到上述货款，A 公司对此项负债已计提 5 万元坏账准备。

20×2年9月30日,B公司由于财务困难,提出以其生产的产品一批和设备一台抵偿上述债务。经双方协商,A公司同意B公司的上述偿债方案。

用于抵债的产品和设备的有关资料如下:

(1) B公司为该批产品开出的增值税专用发票上注明的价款为300万元,增值税额为51万元。该批产品成本为200万元。

(2) 该设备的公允价值为300万元,账面原价为434万元,至20×2年9月30日的累计折旧为200万元。B公司清理设备过程中以银行存款支付清理费用2万元(不考虑相关税费)。

要求:编制B公司20×2年上述业务相关的会计分录。

**E12-3 债务重组——改变债务条件**

20×1年1月1日,A企业从某企业获得年利率4%,两年期的贷款200万元。现因A公司财务困难,于20×2年12月31日进行债务重组,银行同意延长到期日至20×4年12月31日,利率降至3%,免除积欠利息16万元,本金减至180万元,但附有一条件:债务重组后,如A公司自20×3年期有盈利,则利率恢复至4%,若无盈利,仍维持3%,利息按年支付。假设A公司20×3年度亏损10万元。

要求:编制A公司自债务重组日至债务到期偿还债务相关业务的会计分录。

**E12-4 债务重组——债务转资本**

20×1年2月10日,深广公司销售一批材料给红星股份有限公司,同时收到红星公司签发并承兑的一张面值10万元、年利率7%、6个月期、到期还本付息的票据。8月10日,红星公司与深广公司协商,以其普通股抵偿该票据。红星公司用于抵债的普通股为1万股,股票市价为每股9.6元。假定印花税率为0.4%(假定发生的印花税计入管理费用),不考虑其他税费。

要求:

(1) 计算红星公司应计入股本溢价的资本公积。

(2) 写出红星公司债务重组的会计分录。

**E12-5 债务重组**

(1) 甲企业销售一批产品给乙企业,价款90 000元,增值税15 300元,款项未付。1个月后,乙企业发生周转困难,短期内无法支付货款。经协商,甲企业同意减免乙企业25 300元的债务,余款以现金偿付,甲企业对该项应收债权已计提5 000元的坏账准备。

(2) 如果双方协商,甲企业同意乙企业以其所生产的产品清偿债务,产品成本60 000元,计税价格为70 000元,计算出的增值税为11 900元,该产品已计提了1 000元的跌价准备。甲企业对该项债权已计提5 000元的坏账准备。

(3) 如果双方协商甲企业同意乙企业以其所有的一台机器设备清偿债务。该机器设备原值15 000元,已折旧80 000元,已提减值准备3 000元,甲企业对该项债权已计提5 000元的坏账准备,在转移过程中,乙企业另支付设备运输费600元。

(4) 如果双方协商,甲企业同意乙企业以其所持有的A公司债券清偿债务。债券面值100元,共500张,属于分期付息,到期一次还本的债券,债券票面利率为10%,每年年末付息。转让时债券上年度的利息5 000元尚未领取,转让过程中手续费2 000元。甲企业对该项债权已计提5 000元的坏账准备。

要求:编制甲、乙两企业上述业务的会计分录。

**E12-6 债务重组——综合**

甲公司于20×1年1月31日销售一批商品给乙股份有限公司,销售价款1 000万元。同时收到乙公司签发并承兑的一张限期为6个月、票面利率为4%、到期还本付息的商业承兑汇票。票据到期,乙公司因资金周转发生困难无法按期兑付该票据本息。2001年12月乙公司与甲公司进行债务

重组,相关资料如下:

(1) 免除积欠利率;

(2) 乙公司以一台设备抵偿部分债务,该设备的账面原值为 60 万元,累积折旧为 10 万元,计提的减值准备 4 万元。以银行存款支付清理费用 2 万元。该设备于 2001 年 12 月 31 日运抵甲公司。

(3) 将上述债务中的 800 万元转为乙公司 800 万股普通股,每股面值和市值均为 1 元。乙公司于 20×1 年 12 月 31 日办理了有关增资批准手续,并向甲公司出具了出资证明。

(4) 将剩余债务的偿还期限延长至 20×3 年 12 月 31 日,并从 20×1 年 1 月 1 日起按 3% 的年利率收取利息。

(5) 债务重组协议规定,乙公司于每年年末支付利息。

要求:编制乙公司与债务重组有关的会计分录。

### E12-7  非货币性资产交换

甲公司以待售 A 商品,交换乙公司的一台 A 设备。A 商品的原值为 60 000 元,公允价值为 50 000 元;乙公司的设备原值为 80 000 元,已提累计折旧为 45 000 元,公允价值为 40 000 元。乙公司向甲公司支付银行存款 10 000 元。

要求:编制甲乙公司该项交易的会计分录(忽略税金因素)。

### E12-8  非货币性资产交换

甲公司和 A 公司均为增值税一般纳税人,适用税率 17%。甲公司为发展需要,将设备和库存商品与 A 公司经营管理用的厂房、车辆进行交换。甲公司换出设备的账面原价 270 万元,已提折旧 90 万元,公允价值 210 万元;换出库存商品的账面价值 300 万元,公允价值和计税价格均为 390 万元。A 公司换出厂房的账面原价 150 万元,已提折旧 50 万元,公允价值 162 万元;换出车辆的账面原价 500 万元,已提折旧 170 万元,公允价值 378 万元。

假定甲公司和 A 公司对所有换出资产均未计提资产减值准备,在资产交换过程中未发生除增值税以外的其他税费,甲公司换入 A 公司的厂房、车辆均作为固定资产管理,A 公司换入甲公司的设备、库存商品分别作为固定资产、原材料使用。

要求:编制甲公司和 A 公司该项交易的会计分录。

### E12-9  资产负债表日后事项

某企业 20×2 年度财务报告对外公告日为 20×3 年 4 月 26 日。该企业在 20×3 年 1 月 1 日至 4 月 26 日前发生如下资产负债表日后事项。该企业所得税税率为 25%,按净利润的 10% 提取法定盈余公积。

(1) 该企业 1 月 20 日接到通知,某一债务企业宣告破产,其所欠的应收账款 200 000 元全部不能偿还。企业在 1999 年 12 月 31 日前已被告知该债务企业资不抵债,濒临破产,企业按应收账款的 10% 计提坏账准备。

(2) 3 月 5 日,企业发生一场火灾,造成净损失 1 000 000 元。

(3) 3 月 20 日,企业持有的某一作为短期投资的股票市价下跌,该股票账面价值为 500 000 元,现行市价为 300 000 元。

要求:

(1) 判断上述资产负债表日后事项哪些属于调整事项,哪些属于非调整事项。

(2) 对调整事项,进行账务处理并说明对 20×2 年度会计报表相关项目的调整数(不考虑现金流量表)。

### E12-10  会计政策变更

某企业于 20×1 年 12 月 10 日取得一项固定资产,该固定资产原值为 155 000 元,预计使用年限为 5 年,预计净残值为 5 000 元,用平均年限法计提折旧。该企业于 20×5 年决定将上述固定资产计提折旧的方法改为双倍余额递减法,所得税核算采用递延法,所得税税率为25%。按净利润的10%提取法定盈余公积金。

要求:

(1) 填列会计政策变更累积影响数计算表。

累积影响数计算表

单位:元

| 年度 | 按原会计政策计算确定的折旧费用(1) | 按新会计政策计算确定的折旧费用(2) | 税前差异(3)=(2)-(1) | 所得税费用的影响(4)=(3)×33% | 税后差异(5)=(3)-(4) | 累积影响数 |
|---|---|---|---|---|---|---|
| 20×2 | | | | | | |
| 20×3 | | | | | | |
| 20×4 | | | | | | |
| 合 计 | | | | | | |

(2) 对上述事项进行会计处理。

(3) 填列20×5年会计报表相关项目调整表。

单位:元

| 项 目 | 上 年 数 | | 年 初 数 | |
|---|---|---|---|---|
| | 调 减 | | 调 增 | |
| 累计折旧 | × | × | | |
| 盈余公积 | × | × | | |
| 未分配利润 | × | × | | |
| 递延税款(借方余额) | × | × | | |
| 管理费用 | | | × | × |
| 所得税 | | | × | × |
| 年初未分配利润 | | | × | × |
| 提取法定盈余公积 | | | × | × |
| 提取法定公益金 | | | × | × |

**E12-11　会计估计变更**

某公司20×1年12月购入一套办公自动化设备系统,原值20万元,估计使用9年,预计净残值2万元,使用2年以后,由于技术更新较快,不能按原估计年限计提折旧,于20×4年1月1日将设备的使用年限改为5年,预计净残值为1万元,该企业所得税率33%。

要求:

(1) 计算会计估计变更之后的折旧额。

(2) 会计估计变更当期对所得税费用和净损益的影响金额。

**E12-12　前期差错**

A公司20×5年6月编制会计报表时发现如下差错:

(1) 本年2月购入一项低值易耗品价值1 500元,误记为固定资产,并已计提折旧100元(计入管理费用)。该项低值易耗品已领用。该企业低值易耗品领用时一次摊销。

(2) 属于上年度的财产保险费5 000元已计入"待摊费用",未予摊销。

(3) 20×4年6月从承租方收到2年的设备租金共计30 000元,计入"预收账款",20×4年年底未做任何调整。

要求：编制更正后的会计分录。

**E12-13 会计差错影响**

某运动服务公司是某种运动品牌的经销商。公司的资产主要包括存货、库房和自动装运设备。假定在第一年年初，该公司以 300 万元价格购买了一套设备。管理人员预计其可使用 6 年。由于该项设备非常特殊，所以预计净残值为零。公司采用直线法计提折旧。由于会计错误，公司在购买设备时将其成本全部费用化。如果不考虑所得税的影响。

要求：

编制一表格，列明在设备 6 年使用期中，由于会计错误对每年年末下列各项所产生的影响。

（1）动资产合计额。

（2）设备净额。

（3）净利润。

（4）所有者权益。

（5）负债比率（总负债/总资产）。

## 三、讨论题

**P12-1 关联交易**

下表是根据 2009 年年度报告 1 393 家上市公司关联交易披露情况编制而成的分类统计：

| 交 易 事 项 | 金额/亿元 | 百分比/% |
|---|---|---|
| 购买商品 | 5 132.84 | 20.84 |
| 销售商品 | 3 393.32 | 13.78 |
| 购买其他资产 | 620.18 | 2.52 |
| 销售其他资产 | 781.14 | 3.17 |
| 提供劳务 | 1 286.56 | 5.22 |
| 接受劳务 | 905.32 | 3.68 |
| 代理产品和服务 | 179.84 | 0.73 |
| 租赁资产 | 867.32 | 3.52 |
| 提供资金 | 3 868.22 | 15.71 |
| 提供担保和抵押 | 6 738.09 | 27.36 |
| 提供研究和开发项目的转移 | 8.50 | 0.03 |
| 提供许可协议 | 11.97 | 0.05 |
| 提供报酬 | 476.20 | 1.93 |
| 债务重组 | 37.85 | 0.15 |
| 非货币性交易 | 43.57 | 0.18 |
| 共同投资 | 9.98 | 0.04 |
| 应收款项 | 53.06 | 0.22 |
| 应付款项 | 203.24 | 0.83 |
| 其他事项 | 10.87 | 0.04 |
| 合　计 | 24 628.07 | 100 |

要求：

（1）根据上表的百分比，找出关联交易主要的几种方式，并分析为什么这几种方式在实务中运用较多。

（2）为了解这些交易的情况，公司需要披露哪些信息？

### P12-2 郑百文重组预案

**（一）郑百文简介**

郑百文的前身是一个国有百货文化用品批发站。1996 年 4 月，经中国证监会批准，郑百文成为郑州市的第一家上市企业和河南省首家商业股票上市公司。郑百文称：1986—1996 年的 10 年间，其销售收入增长 45 倍，利润增长 36 倍；1996 年实现销售收入 41 亿元，全员劳动生产率 470 万元，这些数字当时均名列全国同行业前茅。按照郑百文公布的数字，1997 年其主营规模和资产收益率等指标在深沪上市的所有商业公司中均排序第一，进入了国内上市企业 100 强。然而，第二年，郑百文即在中国股市创下每股净亏 2.54 元的最高纪录，而上一年它还宣称每股盈利 0.448 元。1999 年，郑百文一年亏掉 9.8 亿元，再创沪深股市亏损之最。

2000 年 11 月 30 日，郑百文董事会公布"郑百文重组预案"。

2000 年 12 月 2 日，郑百文重组新闻发布会在京召开。重组方案的参与人：信达、中和应泰、山东三联和郑州市政府代表宣称，这次郑百文重组是纯粹的市场行为，是在充分考虑各方利益的前提下所达成的"对各方都有利"的方案。

**（二）郑百文重组预案内容**

（董事会）为解决本公司债务负担过重问题，谋求公司的长远发展，公司拟进行资产、债务重组，重组的原则如下：

（1）中国信达资产管理公司（以下简称信达）拟向三联集团公司出售对本公司的约 15 亿元的债权，三联集团公司取得信达约 15 亿元债权的价格为 3 亿元人民币。

（2）三联集团公司向信达购买上述债权后将全部豁免；在三联集团公司豁免债权的同时，本公司全体股东，包括非流通股和流通股股东需将所持本公司的约 50% 过户给三联集团公司。

（3）不同意将自己所持股份中的约 50% 过户给三联集团公司的股东将由公司按公平价格回购，公平价格由下一次股东大会以《独立财务顾问报告》确定的价格为准。

（4）提请股东大会授权董事会根据以上原则就公司资产、债务重组制订具体方案并提请下一次股东大会审议。该具体方案将包括郑州百文集团有限公司与本公司进行一定的资产、债务承接；三联集团公司与本公司进行一定的资产置换；本公司全体股东置换三联集团公司承接的信达的债权置换比例等事项。

要求：

（1）分析"郑百文债务重组"涉及的各方的实质利益，这是否是一个多赢的方式？

（2）应用债务重组的定义分析"郑百文债务重组"案例中涉及的各方在债务重组后应怎样进行会计处理？

### P12-3 深华源债务重组

2001 年 4 月 24 日，ST 深华源年报公布：进驻 ST 深华源的深圳市沙河实业集团于 2000 年 11 月 10 日与 ST 华源的债权人深圳国际信托投资公司签署协议，由沙河集团的下属子公司深圳市沙河联发公司承接 ST 深华源欠深圳国投的贷款本金 3 500 万元以及利息 1 058 万元，合计债务总额 4 558 万元。2000 年 12 月 24 日，沙河联发又与 ST 深华源签署协议，豁免了 ST 深华源所欠沙河联发的债务。

要求：

（1）编制上述交易的分录，并分析哪些会计账目受上述交易的影响。

（2）收集资料分析案例背景，研究这些会计交易产生的目的、过程以及结果。

**P12-4　世纪星源债务重组**

1995年，世纪星源与中国建设银行深圳分行达成如下债务重组方案：世纪星源以拥有的在建楼宇华乐大厦中的部分产权计 30 612 839.60 元，抵偿所欠中国建设银行深圳分行 166 585 723.22 元债务，之后，在完成此项债务重组后，该公司又以 166 585 723.22 元的价格向中国建设银行深圳分行购回华乐大厦中的部分产权，并按此价格确认为该公司的固定资产。

# 第十三章

会 计 学
ACCOUNTING

## 成本核算与控制

学习目的
XUE XI MU DI

1. 理解成本分类与会计报表之间的关系；

2. 掌握成本、作业、成本动因、成本库、成本对象的意义和成本计算的原理；

3. 掌握订单法运用的步骤和订单成本计算单的结构；

4. 掌握分步法运用的步骤、约当产量计算原理和生产报告的结构；

5. 理解成本分配在成本计算中的重要性；

6. 从管理角度解释标准成本系统的概念；

7. 弄清成本标准制定、差异分析、业绩计量和反馈报告的意义；

8. 阐述现代成本管理的创新及其背景；

9. 掌握特尔内二维作业成本模型的意义和作业成本计算的步骤；

10. 理解目标成本制度的前提条件、原则和价值工程运用的步骤。

**无**论对组织还是个人，或者是营利组织还是非营利组织，也无论对大型跨国公司还是街头小卖部，成本始终是生死攸关的大问题。在营利组织中，成本知识不仅是会计人员而且也是所有其他管理人员（包括总经理和董事长）工商管理知识结构中的重要组成部分之一，因为营利组织的任何决策几乎无一例外地涉及成本，只是涉及的程度深浅不同而已。成本知识的内容很多，本章无法面面俱到，我们将从成本信息用户或决策者的角度，重点讨论成本计算方法、成本管理控制系统、成本标准制定及成本业绩评价与报告。

# 第一节　概　述

## 一、成本概念

所谓成本，是指特定主体为了达成特定目的所做出的"牺牲"（sacrifice）。这种牺牲通常用耗费或放弃的经济资源来计量或计算。在市场经济条件下，"没有完全免费的午餐"，做什么事情，都必须有所耗费。换句话说，成本是市场交易的结果，是"为了得到自己所需要的有价值东西而放弃的自己所拥有的有价值的东西"。理解成本概念需要注意两个要点：

（1）从计算盈亏的角度看，不同的主体使用不同的成本概念。在这里，主体是指耗费或放弃经济资源的个人或组织。正如本书第九章所述，一家正规的公司，其厂场设备必须计提折旧，然后作为成本的组成部分去抵减收入，计算盈亏。我国合伙企业的合伙人日常并不领取工资，工资当然也不计入成本，而是包括在年终分红当中；更有甚者，大街上卖冰棍的老太太每天收摊儿后计算盈亏时通常既不对运载冰棍的手推车计提折旧，也不计算自己的工资。主体的多样化必然导致成本概念的多样化。本书使用的成本概念，是在"剩余主体理论"的前提下建立起来的。

（2）从管理的角度看，不同的目的需要不同的成本概念。正如以下各节所述，为了控制成本，必须有标准（计划或目标）成本和实际成本；为了进行决策，必须有相关成本、沉入成本、不可避免成本和机会成本等。

## 二、成本的分类

为了系统地理解和运用成本概念，必须对成本进行分类。成本种类很多，其中最重要的分类是按经济内容，兹以制造业企业为例予以说明。

按照经济内容，制造业企业在一定时期内所发生的成本可分为产品成本和期间成本。

### （一）产品成本

产品成本是指与以重新销售为目的而购入或制造的产品相关的成本。一般分成直接材料、直接人工和制造费用，简称"料工费"。直接材料就是产品制造过程中耗费的原材料，通常构成完工产品的实体。例如，电器公司生产电冰箱使用的薄钢板，杂志社出版杂志使用的纸张等。直接人工就是直接生产产品的员工的工资、津贴和奖金。例如，计算机装配厂装配工人的工资，汽车零部件厂车工的工资等。制造费用是为生产产品所发生的、不能直接追溯到产品上去的各项间接费用，并可进一步分成间接材料、间接人工和其他制造费用。制造费用包括的内容很多，如折旧费、保险费、水气电等公用事业费、车间管理人员工资、厂场设备维护费等。

对产品成本，还可以按计入产品的方式分成直接成本和间接成本。前者包括直接材料和直接人工，后者包括制造费用。由此推延出来的成本计算原则就是直接成本直接计入产品，间接成本先分门别类地归集，然后再分配计入产品。

### （二）期间成本

企业一定时期内所发生的成本中除了产品成本，剩余的就是期间成本。顾名思义，期间成本就是与特定期间相联系，当然也与产品的生产有关，但与产品的生产数量没有直接联系，在计算成本的过程中，期间成本直接在损益表中摊销，而不必追溯到特定产品之上。期间成本一般包括营业费用、管理费用和财务费用三项。营业费用主要包括营销成本、配送成本和客户服务成本；管理费用主要包括研究与开发成本、设计成本和行政管理成本；财务费用主要包括利息、银行手续费和汇兑损益等。

除上述按经济内容和计入产品的方式分类之外，还有几种分类特别值得说明：

（1）按成本性态将成本分成变动成本和固定成本，这种分类将在第十四章介绍。

（2）按计算时间将成本可分成实际成本和标准（计划或目标）成本。前者根据成本实际发生的数额计算；后者则在成本实际发生之前计算，是进行成本计划、控制和决策的工具。

（3）按决策权力将成本分成可控成本和不可控成本。在企业中，如果一个人的决策影响到某个成本项目是否发生或在多大程度上发生，那么，该成本项目就由这个人负责，属于这个人的可控成本，否则，即是不可控成本。在企业中所有的成本都是可控的（如总经理可通过关闭工厂将成本降低为零），对于具体的成本项目来说，需要弄清楚的是该项目对谁或对哪个部门是可控的。

## 三、成本流动与会计报表的关系

按经济内容分类成本的主要用途之一是反映成本在企业经营过程中的流动，之二是便利编制会计报表，因此，在按经济内容分类的成本与会计报表之间存在着严格的对应关系（如图 13-1 所示）。

图 13-1 表明：

（1）对产品成本的三个类别而言，先是材料采购，然后转化为材料存货，最后投入生产过程变成在制品存货的一部分；直接人工在生产过程中发生，并成为在制品存货的一部分；至于制造费用，因为它是间接成本一般是先分门别类地归集然后再分配到各种在制品之上。

（2）当在制品转化为产成品之后，通过在制品归集起来的成本也转化为产成品成本。

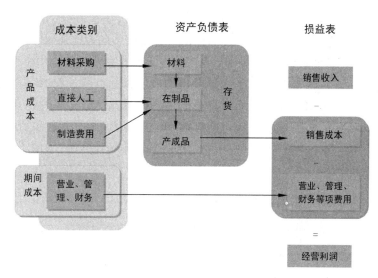

**图 13-1　成本流动及其与会计报表的关系**

（3）当产成品销售之后,产成品成本转化为销售产品成本。

（4）材料存货、在制品存货和产成品存货是资产负债表中存货项目的三个子项目。材料存货表示已经采购入库但尚未投产的材料数额;在制品存货表示已经投产但尚未完工产品所耗费的料工费数额;产成品存货表示已经完工但尚未销售的产品的料工费数额。

（5）销售产品成本及营业费用、管理费用、财务费用等期间成本是损益表项目。销售产品成本与销售的产品有直接联系,并与该产品的销售收入相配比。期间成本的三个子项目与销售的产品没有直接联系,也不计入产品成本,而是在它们发生的那个期间直接在损益表中摊销。

## 四、成本的计算原理

我们将逐渐领会到:无论成本会计还是成本管理,其起点是计算成本。毫无疑问,以计算机为基础的会计系统中,成本计算的大部分工作已经由计算机来完成,但计算机不能够设计会计系统,也不能在风险条件下取代决策者将会计信息加工成可以直接实施的决策。因此,掌握成本计算原理和了解成本计算的过程,对于参与和指导会计系统的设计、从决策的角度出发理解和提供成本信息将大有裨益。我们先从六个方面介绍成本计算原理。

### （一）成本对象

所谓成本对象,就是成本发生后所达到的目的。"目的"是一个非常宽泛的概念,例如购买一辆轿车、使用一天钻床、执行一套流程、印刷一份杂志等,但有三点需要特别注意:

（1）通常成本对象主要是指产品、服务或客户。

（2）在实行成本责任制的条件下,成本对象是指作为决策者的人,计算人的责任成本。这与产品、服务或客户作为成本对象并非相互排斥,例如产品,其在生产过程所耗费的成本都是在决策者的决策下发生的,同时也是决策者的责任成本。

(3)国外最新发展是将作业(activity)当作中间性的成本对象。作业是指具有特定目的的工作单位(如一个事件或一项交易等),是描述企业经营过程的一个基本的计量单位。换句话说,企业经营过程或者说产品的生产过程就是由一系列作业组成的。相关的作业连接起来称为作业链,实际上就是流程;优化的流程称为价值链,与企业战略密切相关。本章往后可以看到,将作业当作中间性的成本对象,从而计算作业成本,最终再计算产品成本或责任成本,是一个非常有创见的思路。

### (二)成本计算的基本思路与成本动因

计算成本的基本思路就是首先将成本项目区分为直接成本和间接成本,然后按照"直接成本直接计入成本对象,间接成本先分门别类地归集起来然后再分配计入成本对象"的原则,计算成本对象的成本。诚如上述,制造业企业的成本对象是产品,计算产品成本就是计算产品所耗费的直接材料、直接人工和间接制造费用的成本。因此,对制造业企业来说,一旦选定成本对象,其成本计算过程实际上就是将直接材料和直接人工直接按成本对象进行归集,将间接制造费用先分门别类地归集,然后再分配到成本对象上去。图 13-2 以印刷厂为例说明了成本计算的思路。

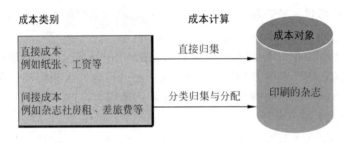

**图 13-2 成本计算基本思路**

在图 13-2 中,成本对象为印刷的杂志。成本有两类:一类是直接成本,包括纸张(直接材料)和工资(直接人工)等,这些成本直接归集到杂志上;另一类是间接成本,包括杂志社房租、差旅费等,这首先要按照房租和差旅费分别归集,然后分别分配到杂志上去。其中,间接成本的分类归集与直接成本的直接归集没有本质的区别,只是多了一个"分门别类"的步骤。但是,将归集起来的每一类间接成本分配到相关的成本对象上,则是完全不同的处理。

为了更加深入地理解成本计算的思路,我们引进成本库和成本动因的概念。成本库(cost pool)是指按照一定的分类标志将不同成本项目归类集中起来存放的地方,有时也称之为成本归集中心。其类别宽泛,规模也可大可小。例如在印刷杂志案例中,杂志的所有生产成本就是一个总成本库,但校对或排版一个环节、差旅或租房也都可以作成本库。成本动因(cost driver)是一个全新的但能够简明地说明问题的概念,是指影响特定成本项目的成本总额变动的因素。在印刷杂志的案例中,为了计算杂志的成本,我们必须计算直接成本和间接成本,那么,是什么因素影响了直接成本(或者说纸张或工资等项目)总额的变动、又是什么因素影响了间接成本(或者说杂志社房租或差旅费等项目)总额的变动呢?对于纸张成本或工资,成本动因显然是产量;对于房租和差旅费,产量不是它们的成本动因,而不同杂志所占用的房屋面积则是房租的成本动因。至于差旅费成本动因的确定就复杂多了。因为一方面出差次数、每次出差人数以及出差时的食宿标准都是差旅费的成本动因;另一方面对印刷的各种杂志(成本对象)来说,又是什么因素引起出差的发生。在理论上,任何成本的发生多有其动因,但在实务上不一定能找出来,有时也不是非找出来不可。成本动因的概念表明成本与成本对象之间的因果关系。正确地把握和运用成本库和成本动因的概念将有助于人们更好地为企业决策者提供有用的成本信息。

### (三) 成本分配

在一个特定的期间内,如果生产的产品或提供的服务在两种或两种以上时,为了计算不同产品或服务的成本,就产生了间接成本的分配问题,也就是说将间接费用按照一定的成本分配基础在不同产品或服务之间分配。在这样的意义上,间接成本相当于共同费用。

成本分配基础(cost-allocation base),是指将一个或一组间接成本项目与成本对象联系起来的因素。在制造企业中直接人工、直接人工工时、机器工时、直接材料成本等,是比较常见的间接成本分配基础。成本分配基础与成本动因有时意义完全相同,但也有明显的区别。成本动因是使得成本与成本对象具有因果关系的因素,成本分配基础将成本与成本对象联系起来了,但未必使它们具有因果关系;同时,成本动因适合所有成本项目,而成本分配基础仅适用间接成本项目。

为了分配间接成本项目,还必须根据成本分配基础和已知的间接成本项目数额计算间接成本(或制造费用)分配率,再来分配成本。间接成本分配率工时如下:

某间接成本项目分配率＝该成本项目数额÷成本分配基础

在制造企业,间接成本项目的分配有三种方法,现分别说明如下。

1. 一次分配:全厂一个分配率

在这种方法下,通常将整个企业的间接成本按照单一成本分配基础计算一个间接成本分配率,然后将间接成本分配到各种产品或服务上去。从历史上看,人们更喜欢使用直接人工小时作为这个单一的成本分配基础。显然这是一种比较粗放的做法,如果企业规模小、品种少,这种方法因其简单,也不失为一种切合实际的选择,但是,如果企业规模大、品种多,使用这种方法,很可能会严重地歪曲产品或服务的成本。

2. 两次分配:部门分配率

典型的制造业企业有五类部门:基本生产(如汽车制造厂的零部件加工车间、装配车间等)、辅助生产(如水、气、电供应车间等)、采购、销售和职能科室。制造费用一部分发生在生产部门内部,另一部分发生在生产部门外部的辅助生产部门。同时,辅助生产部门的成本并不都是为基本生产部门发生的。所谓两次分配,就是先按选定的成本分配基础所计算的部门分配率,将发生在生产部门之外的制造费用(主要是辅助生产部门的成本)分配到各生产部门；然后，再按选定的成本分配基础所计算的产品分配率，将生产部门本身发生的制造费用与从外部分配来的制造费用一并分配到该部门生产的各种产品上。图13-3简要地说明了成本分配的部门分配率方法。值得注意的是，如果选定的成本分配基础能够体现出间接成本与成本对象之间的因果关系，这时，成本分配基础就是成本动因。但在实务上是很难做到的，因而部门分配率法仍然有可能歪曲产品成本，尽管它比全厂一个分配率精细得多。

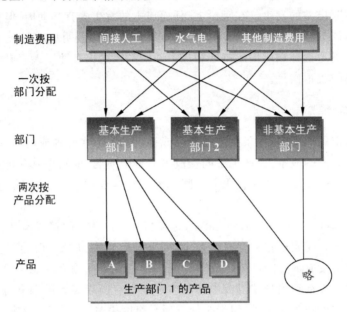

**图 13-3　成本分配的部门分配率方法**

根据文献改编。参见 Ray H. Garrison et al. Managerial Accounting，McGraw-Hill. 1999 ，p213

3．两次分配：以作业为基础的分配率

前面，我们曾将作业当作"中间性的成本对象"。实际上，如果使用作业概念来计算产品成本，作业就成了产品成本的动因。在制造企业，与制造费用相关的作业很多，例如调整设备、发送采购订单、发运产品、检验质量、下达生产指令或计划、机器工时、消耗电力、验收材料、搬运存货、维修保养设备等。因此，与其他两种分配率方法比较，以作业为基础的分配率方法至少在理论上能够准确地计算产品成本。这种分配率方法的基本原理是："产品耗费作业，作业耗费资源。"由于计算某种产品的成本就是计算该产品在生产过程中所耗费的资源的价值，因此，按照上述原理计算产品成本自然会引申出两个基本的步骤，即所谓的两次分配。

（1）在作业或作业中心确定的前提下，将耗费的各种资源分配到作业或作业中心。这里，作业或作业中心发挥着成本库的职能。各项作业通常根据生产过程或流程来确定，其方法如同流程的确定。由于有关作业资料或信息翔实而又零碎，在实务中确定作业并不是一件容易的工作。另外，企业经营过程就是由各种作业组成，因此，确定的作业在数量上可能成千上万，为了避免烦琐和节约核算成本，通常将若干项作业合并为作业中心。例如我们可以以将消耗电力、维护保养设备、车间机物料和辅助工人工资等合并为机器作业中心。另外,制造费用对产品是间接成本,而对作业则有相当的部分转化为直接成本——直接可以追溯到特定作业上去的成本;另一部分可能与另外一项或几项作业共同发生,即所谓的共同成本,因而需要在相关的几项作业之间进行分配。但必须注意,这种分配与全厂一个分配率方法和两次分配的部门分配率方法是不同,它特别强调按成本(或资源)动因分配。

(2)按照成本(或作业)动因,将按作业或作业中心归集起来的成本分配到各种产品。这里,最关键是选择成本动因。因为企业生产多种产品,按某项作业或作业中心归集起来的成本这些产品之间进行分配。选择成本动因要考虑两点:一是与成本(或作业)动因相关资料是否现成;二是成本(或作业)动因在多大程度上能够计量出产品对作业的消耗。例如处理材料作业,经分析,其成本动因是处理材料的次数,因而,根据处理材料次数就可以准确地将处理材料成本分配到各种产品。

为便于理解,我们用图 13-4 说明以作业为基础的分配率方法。

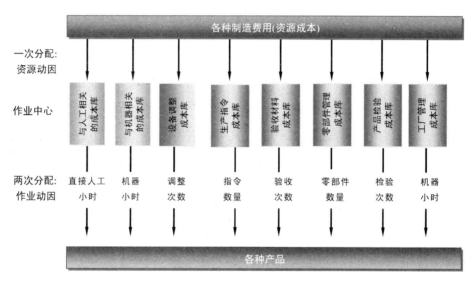

**图 13-4    以作业为基础的分配率方法**

根据文献改编。参见 Ray H. Garrison et al. Managerial Accounting. McGraw-Hill,1999 ,p. 222

### (四)成本计算系统

设计成本计算系统,还应该考虑下列几个方面。

### (一)成本计算结果

除了决策者的责任成本之外,其他所有成本计算都是计算成本对象的总成本和单位成本。在制造企业,产品的总成本是指该企业在生产该产品的过程中所耗费的资源的价值。而单位产品成本则是该产品总成本除以该产品产量之商。换句话说,总成本等于单位成本与产品产量之乘积。

### （二）成本计量的尺度

产品的单位成本或者总成本通常可以按照三种尺度计量，即实际成本、正常成本和标准成本。按照实际成本（actual cost）尺度，单位产品成本或总成本中直接材料、直接人工和制造费用都是实际发生的数额。按照正常成本（normal cost）尺度，单位产品成本或总成本中的直接材料和直接人工是实际发生的数额，而制造费用则是按预定分摊率和实际的分配基础（或成本动因）计算的数额。预定分摊率等于预计的制造费用与正常产能下的分配基础（或成本动因）的数量之商。按照标准成本（standard cost）尺度，产品单位成本或总成本中的直接材料、直接人工和制造费用全部标准成本。所谓标准成本是指企业预先确定的并且应该能够达到的目标成本。

从编制会计报表的需要考虑，一般使用实际成本尺度，这也是国家统一会计制度的基本要求。从企业内部管理特别是成本管理的需要考虑，必须使用标准成本，并且与实际成本或正常成本结合起来使用，以便于比较，达到控制成本的目的。

### （三）成本计算方法

成本计算方法是指计算产品单位成本和总成本的程序或步骤，按照产品生产的特点，分为订单法（job-order costing）和分步法（process costing）。按照生产的特点，制造业可粗略地分成两种类型：一是连续的、大批量生产，一种产品或相似产品的生产通常跨越几个会计期间，例如轿车制造厂、面粉厂、化肥厂、棉纺厂等；二是单件、小批量生产，一种产品的生产通常在一个会计期间内完成或者不考虑会计期间，例如印刷厂、家具厂、机器设备制造等。以前者为基础的成本计算方法为分步法，以后者为基础的成本计算方法为订单法或分批法。由于两种方法所依据的生产特点不一样，因而在成本归集的对象和程序、单位成本计算方法以及成本报告形式等方面都有差别。

### （四）成本信息的作用

计算成本的必要性取决于成本信息的有用性。成本信息至少有下列几种用途：
(1) 计算损益、实现资本保全的依据；
(2) 制定价格基础；
(3) 反映企业经济效益的指标；
(4) 业绩评价和考核的标准；
(5) 调节当事人利益的杠杆；
(6) 计划和控制企业经营过程的手段。

## 五、成本管理

成本控制是成本管理的组成部分，那么，什么是成本管理呢？理解成本管理就是要理解管理的概念。按照流行的观点，[①]管理包括计划、执行、控制和决策。其中，决策是

---

① Ray H. Garrison et al. Managerial Accounting. McGraw-Hill, 1999, 4-7.

指从若干可供选择的方案中选择一个最优或最满意的方案,但它不是独立的职能,而是寓于计划、执行和控制之中。在这个意义上,管理实际上有计划、执行和控制三个职能。计划确定目标或业绩标准,执行具体落实或实现目标,而控制则保证执行的过程符合计划的目标。控制过程包括两个阶段:一是计量执行计划的实际进度或结果;二是将计量的实际进度或结果与计划进行比较,遵照"按例外管理"(management by exception)的原则,如果实际与计划基本相符,可放手不管,如果实际与计划偏离,就应该采取干预或矫正措施,使实际执行过程重新回归计划目标要求的方向。同时,由于管理是相对一个组织而言,而组织又是有层级的,执行是下级的事情,而计划和控制是上级的事情,诸如此类,不一而足。成本管理与成本控制与管理的概念是相同的。据此,我们用图13-5说明成本控制的原理。

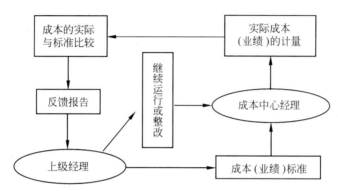

**图 13-5 成本控制的原理**

从图 13-5 看出:上级经理,通过计划职能为下级或成本中心经理制定"成本(业绩)标准";然后由成本中心经理去执行;在执行过程中,上级经理或其委托人(如会计)对成本中心经理执行标准的进度或结果进行计量即"实际成本(业绩)的计量";然后将实际成本与成本标准比较,编制反馈报告送达上级经理,上级经理根据"按例外管理"的原则,决定是通过成本中心经理整改还是允许其继续运行。

# 第二节 订单法与分步法

## 一、订单法

### (一)订单法的意义

订单法,又称分批法,是以产品订单为成本对象归集和分配直接材料、直接人工和制造费用,并计算出产品的单位成本和总成本的方法,主要适用于单件小批量生产的企业。根据调查,在澳大利亚家具制作、机器与计算机制造、电器生产、印刷等行业的企业中使用订单法的企业分别占 63%、65%、58%、73%。订单法的主要特点包括:

(1)成本计算对象是产品订单。订单是成本计算的行话,有时确实指一份订单,但有时也指一项合同、一个产品批次等。

（2）成本计算与生产任务通知单的签发和结束紧密配合，因此，产品成本计算是不定期的，它与产品生产周期基本一致，但与会计期间并不一致。

（3）会计期间末没有在制品存货，因而不存在本期成本在完工产品与未完工产品之间分配问题。

**（二）案例**

**例 13-1**　北京天法机械加工公司铣磨车间生产若干种零部件，20×3 年 3 月 2 日又新承接了两架机车专用连接器，编号为 2W47，3 月 8 日完成。生产期间直接材料领料 3 次，金额分别为 660 元、506 元、238 元；参与的职工 4 名，为连接器耗用的工时分别为 5 小时、8 小时、4 小时、10 小时，工资额分别为 45 元、60 元、21 元、54 元。制造费用按预定分摊率和实际直接人工工时进行分配，铣磨车间预计的制造费用总额 320 000 元，正常产能下直接人工工时为 40 000 小时。根据这个例子，我们说明如何使用订单法计算产品的总成本和单位成本。

**（三）计算过程**

在订单法下成本计算是从签发生产任务通知单开始（签发生产任务通知单的依据是销售订单）。会计人员使用一张预先设计的"成本计算单"（见表 13-1），紧紧跟随着产品生产的进度归集直接材料、直接人工和制造费用，并计算出总成本、单位成本。一个成本对象（产品、批次或订单）为一张成本计算单。

1. 成本计算单

成本计算单（见表 13-1）包括四个主要部分。

（1）基本情况，包括产品订单编号、生产部门、开工和完工日期、完工数量等。该部分在表头的下方，具有编码的功效。

（2）用来归集直接材料、直接人工和制造费用。该部分在整个表的中间。

（3）用来计算总成本和单位成本。该部分在表的左下方。

（4）用来记录产成品的发运情况。

2. 直接材料成本的归集

将直接材料归集到成本计算单中需要借助于领料单。不言而喻，在某种产品消耗材料之前，必须先到仓库领取材料，因此，只要我们将各种不同产品、批次或订单区分清楚，便可以在领料这个环节计算特定产品、批次或订单所耗费的直接材料成本。换句话说，将特定产品、批次或订单的领料单汇总起来就是该产品、批次或订单的直接材料成本。领料单的格式如表 13-1。它包括三项基本内容：

（1）基本情况，包括领料单编号、订单编号、部门和领料日期。这部分在表头的下方，具有编码的功效，以保证记录的真实合法。

（2）领取材料记录，包括材料名称、数量、单价和金额。

（3）负责人签字。

这样，按特定产品、批次或订单依次将领料单记录在成本计算单的直接材料部分。本例子共三张领料单，为简化起见，这里仅详细介绍一张，即表 13-1。这张领料单编号为 14873,材料价值共计 660 元,请对照表 13-1 和表 13-3,便可发现,领料单与成本计算单之间的钩稽关系。

表 13-1　领　料　单

领料单编号　14873　　　　　　　　部门　铣磨车间
订单编号　2B47　　　　　　　　　　日期　20×3 年 3 月 2 日

| 说　　明 | 数量/个 | 单价/元 | 金额/元 |
| --- | --- | --- | --- |
| M46 连接器护盖 | 2 | 124 | 248 |
| G7 连接器接头 | 4 | 103 | 412 |
| 合　　计 | | | 660 |

负责人签字　洪光

**3. 直接人工成本的归集**

将直接人工归集到成本计算单中需要借助工时卡。在比较规范的企业里,直接人工工资根据直接人工工时和小时工资率计算。小时工资率通常由人事部门制定,是直接人工成本计算已知的前提,但实际人工工时则必须通过实际记录工时取得。用于记录人工工时的表格称为"工时卡",比较规范的企业按职工设置,即一位职工一张工时卡。工时卡的格式如表 13-2。它包括三项内容:

(1) 基本情况,包括工时卡编号、职工姓名、部门、日期和岗位编号。该部分内容在表头的下方,具有编码的功效。

(2) 工时记录,包括订单编号、为不同订单工作的起止时间、耗费工时、工资率和工资额。

(3) 工长签字,以保证工时记录的真实、合法。

表 13-2　工　时　卡

工时卡编号　843　　　　　　　　　　日期　20×3 年 3 月 3 日
职工姓名　杨光　　　　　　　　　　　岗位编号　4
部门　铣磨车间

| 开　始 | 结　束 | 耗　费　工　时 | 工资率/元 | 工资额/元 | 订　单　编　号 |
| --- | --- | --- | --- | --- | --- |
| 7:00 | 12:00 | 5 | 9 | 45 | 2B47 |
| 12:30 | 2:30 | 2 | 9 | 18 | 2B50 |
| 2:30 | 3:30 | 1 | 9 | 9 | 维护设备 |
| 合　计 | | 8 | | 72 | |

工长签字　任致金

这样,通过职工的工时卡中的"订单编号"可找到特定职工在特定产品、批次或订单上所耗费的工时及工资额,然后依次将它们记录在相应产品、批次或订单的成本计算单的直接人工部分。本例共四张工时卡,为简化起见,这里仅详细介绍一张,即表13-2。这张工时卡编号为843,为订单2B47耗费的工资为45元,请对照表13-2和表13-3,便可发现,工时卡与成本计算单之间的钩稽关系。

**表 13-3  成本计算单**

订单编号 __2B47__  开工日期 __20×3 年 3 月 2 日__
部门 __铣磨车间__  完工日期 __20×3 年 3 月 8 日__
项目 __机车专用连接器__  完工数量 __2__

| 直接材料 | | 直接人工 | | | 制造费用 | | |
|---|---|---|---|---|---|---|---|
| 领料单编号 | 金额/元 | 工时卡编号 | 工时 | 金额/元 | 工时 | 分配率/<br>(元/小时) | 金额/元 |
| 14873 | 660 | 843 | 5 | 45 | 27 | 8 | 216 |
| 14875 | 506 | 846 | 8 | 60 | | | |
| 14912 | 238 | 850 | 4 | 21 | | | |
| | | 851 | 10 | 54 | | | |
| 合　计 | 1 404 | | 27 | 180 | | | 216 |

| 成本汇总/元 | | 发运记录/件 | | |
|---|---|---|---|---|
| | | 日期 | 数量 | 结存 |
| 直接材料 | 1 404 | 20×3/3/8 | 0 | 2 |
| 直接人工 | 180 | | | |
| 制造费用 | 216 | | | |
| 总成本 | 1 800 | | | |
| 单位成本 | 900① | | | |

注:① 1 800÷2＝900(元)。

4. 制造费用的归集与分配

制造费用随着发生单独归集起来。由于本例按预定分配率和实际直接人工工时进行分配。在成本计算过程中铣磨车间实际发生的制造费用并不是十分重要。最重要的是计算预定分配率和分产品、批次或订单统计直接人工工时,然后再根据特定产品、批次或订单耗费的直接人工工时,乘以预定分配率即可求得特定产品、批次或订单应负担的制造费用。

根据例 13-1 提供的资料,预定分配率计算如下:

预计的制造费用÷正常产能时的直接人工工时

＝320 000÷40 000

＝8(元/小时)

从成本计算单"直接人工"部分可以看到,生产机车专用连接器实际所耗费的直接人工工时为 27 小时,因此,它应该负担的制造费用为

预定分配率×实际人工工时

＝8(元/小时)×27(小时)

＝216(元)

根据上述计算,将直接人工工时、分配率和分配额记入成本计算单(见表 13-3)的制造费用部分。

5. 总成本和单位成本

表13-3左下方"成本汇总"部分将直接材料、直接人工和制造费用汇总起来,计算出总成本(1 800元),然后用总成本除以产量(2件),求得单位成本(900元)。

6. 产成品发运记录

表13-3右下方"发运记录"部分用来记录特定产品、批次或订单的完工数量、发运和结存情况。本例只记录完工产品数量(2件)和结存(2件)。

7. 对预定分配率的补充说明

按预定分配率和实际分配基础(本例为直接人工工时)分配制造费用可能出现三种结果:已经分配的制造费用可能大于、等于或小于在单独账户中归集的实际的制造费用。如果是相等情况,那正是我们所追求的,不必额外追加处理程序;但如果是大于或小于的情况,为了保证会计报表的准确性,必须另作处理。其方法有三种:一是如果数额大,可直接增加或冲减损益表"销售产品成本"项目;二是如果数额巨大,则需要在在制品、产成品存货和销售产品成本之间重新分配;三是递延,既然本期多分配,那么下期很可能发生逆转,出现少分配的情况,反之亦反,长期看,多分配和少分配正好抵消。至于哪种方法更适合特定企业,只能视特定企业的具体情况而定。

8. 订单法成本计算流程图解(图13-6)

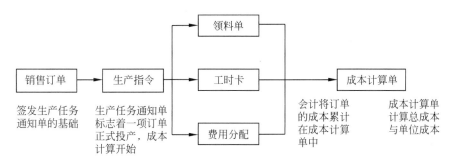

**图13-6 订单法成本计算流程**

## 二、分步法

### (一) 分步法的意义

分步法是按照产品生产的步骤(部门)归集和分配直接材料、直接人工和制造费用,并计算出产品的单位成本和总成本的方法,主要适用于多步骤条件下的大批量、连续生产的企业(如纺织、冶金、机械制造等)。根据调查,澳大利亚食品加工、纺织、冶金、炼油、化工等行业的企业中使用分步法的企业分别占96%、91%、92%、100%、75%。分步订单法的主要特点包括:

(1) 成本计算对象最终是大批量生产的产品,但必须借助于各生产步骤或部门这些"中间性成本对象"的成本的计算。

(2) 由于产品生产过程是连续的,因此,在期末计算产品成本时必然有在制品存货。在制品存货是未完工产品,为计算产品成本,又必须将未完工产品折算成完工产品,即所谓"约当产量"。

(3) 部门生产报告(department production report)正像订单法中的成本计算单一样,是分步法最重要的成本文件。

### (二) 分步法的原理

顾名思义,分步法是与产品生产步骤以及按生产步骤设置的部门有密切的关系。就大批量、连续生产的制造企业来说,产品生产有两种方式:连续式(sequential)和平行式(parallel)。图 13-7 描述了一家石油化工厂的生产步骤,是一种典型的平行式生产:从基本原材料——原油投入开始,经过原油提炼分成汽油和润滑油,汽油最终变为辛烷,而润滑油则变为塑料。辛烷和塑料是平行生产的产品。但是如果我们假定该厂只生产辛烷(当然,也可假定只生产塑料),那么,从基本原材料投入开始,依次到部门1、2、3 是生产辛烷的生产步骤,完全可以看成连续式生产。图 13-7 也可以说明连续式生产。

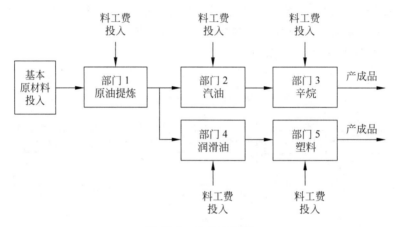

**图 13-7　分步法原理**

图 13-7 说明成本发生情况。继续假定只生产辛烷,那么,从图 13-7 就可以明显地看出:辛烷的成本应该等于投入的基本原材料成本在依次加上原油提炼、汽油和辛烷三个步骤投入的料工费。从成本计算的程序看首先要计算产品在每一个步骤的成本,然后计算最终产品——辛烷的成本,可以采用两种方法:一是逐步结转法,即基本原材料成本转入原油提炼,加上原油提炼步骤发生的料工费,求出原油提炼的成本;然后原油提炼成本转入汽油提炼步骤,加上汽油提炼的料工费,求出汽油的成本;再将汽油成本转入辛烷生产步骤,加上辛烷生产的料工费,最终求出辛烷的总成本。二是平行结转法,即分别计算每个步骤发生的成本(料工费),然后将每个步骤发生的成本加总,便求出最终产品——辛烷的总成本。

不言而喻,分步法最基本的是计算每一个步骤的成本,而最典型的又是按逐步结转法计算每一个步骤的成本。由于制造企业中的生产部门基本上按生产步骤设置,因而计算一个生产步骤的成本与计算一个部门的成本,具有相同的意义。因此,接下去,我们将集中在一个部门,介绍分步法,特别是其中的约当产量计算、在制品成本计算和生产报告。

### (三) 计算过程

这里我们将采用三个例子来说明分步法的应用过程。

**例 13-2** 全球机械制造公司的装配车间装配一种特殊油泵。20×3 年 3 月 1 日无任何存货,截至 3 月 31 日投产并测试车间的油泵为 400 台,其他相关资料如下:

| 油泵的生产情况/台 | |
| --- | --- |
| 期初在制品(3 月 1 日) | 0 |
| 3 月份投产数量 | 400 |
| 3 月份完工并转出的数量 | 400 |
| 期末在制品(3 月 31 日) | 0 |
| **油泵的成本发生情况/元** | |
| 3 月份发生的直接材料成本 | 32 000 |
| 3 月份发生的转换成本 | 24 000 |
| 3 月份装配车间发生的总成本 | 56 000 |

这是一个期初和期末都无在制品的例子,其中的转换成本(conversion cost)是指直接人工和制造费用之和。引进这个概念,主要为了更加简明地说明分步法的应用。由于期初、期末都没有在制品,因此,总成本就是 3 月份发生的总成本,即 56 000 元;单位成本也容易计算,用总成本除以 3 月份完工并转出的数量 140 元(56 000÷400)便可求得,或者按下列方式:

单位:元

| | |
| --- | --- |
| 单位产品直接材料成本(32 000÷400) | 80 |
| 单位产品转换成本(24 000÷400) | 60 |
| 装配车间单位产品成本 | 140 |

**例 13-3** 在例 13-2 的基础上,增加期末在制品。相关资料如下:

| 油泵的生产情况/台 | |
| --- | --- |
| 期初在制品(3 月 1 日) | 0 |
| 3 月份投产数量 | 400 |
| 3 月份完工并转出的数量 | 175 |
| 期末在制品(3 月 31 日) | 225 |
| **油泵的成本发生情况/元** | |
| 3 月份发生的直接材料成本 | 32 000 |
| 3 月份发生的转换成本 | 18 600 |
| 3 月份装配车间发生的总成本 | 50 600 |

225 台期末在制品是部分完工的油泵,其中直接材料为投产时全部投入,完工

100％,转换成本比较均匀地发生,平均完工程度为60％。

与例13-2相比,在例13-3条件下计算油泵的成本会遇到什么新问题呢? 新问题是:我们不能用本期发生的总成本直接除以完工并转出的油泵数量求得油泵的单位成本。因为本期发生的成本既用在完工并转出的油泵上,也用在未完工的在制油泵上,而一台在制的油泵与一台完工的油泵是不相同的。解决的方法就是将在制品折算成完工产品,即计算所谓的"约当产量"。然后用本期发生的总成本除以约当产量,求出油泵的单位成本,计算过程如表13-4和表13-5所示。

表 13-4 约当产量计算表                    单位:台

| 项 目 | 实 物 数 量 | 约 当 产 量 | |
| --- | --- | --- | --- |
| | | 直 接 材 料 | 转 换 成 本 |
| 期初在制品(3月1日) | 0 | | |
| 本期投产 | 400 | | |
| 待核算数量 | 400 | | |
| 本期完工并转出的数量 | 175 | 175 | 175 |
| 期末在制品(3月31日)(直接材料完工100％;转换成本完工60％) | 225 | 225① | 135② |
| 应核算数量 | 400 | 400 | 310 |

注: ① 225×100％＝225(台);

② 225×60％＝135(台)。

从表13-4可以看到本期投产的400台油泵,从直接材料方面看确实是400台,但从转化成本方面看只是完成了310台。这样,如果计算油泵的单位成本,只能将直接材料成本和转换成本分开计算,才是合理的。表13-5系统地说明了油泵的单位成本和总成本以及在制品成本的计算。

表 13-5 产品成本和在制品成本计算表                    单位:元

| 项 目 | 生 产 成 本 | 直 接 材 料 | 转 换 成 本 |
| --- | --- | --- | --- |
| 本期发生的成本 | 50 600 | 32 000 | 18 600 |
| 约当产量 | | 400 | 310 |
| 单位成本 | | 80 | 60 |
| 本期完工并转出的成本(175台) | 24 500 | (175×80) | (175×60) |
| 期末在制品(225台): | | | |
| 直接材料 | 18 000 | (225×80) | |
| 转换成本 | 8 100 | | (225×60) |
| 期末在制品总成本 | 26 100 | | |
| 应核算总成本 | 50 600 | | |

表13-5提供了油泵的单位成本140元(80＋60)、完工油泵的总成本24 500元和在制油泵的总成本26 100元。

**例13-4** 在例13-3的基础上增加期初在制品,可以看成例13-3下个月即4月份的情况。相关资料如下：

| 油泵的生产情况/台 | |
|---|---|
| 期初在制品（4月1日）（直接材料完工100%；转换成本完工60%） | 225 |
| 3月份投产数量 | 275 |
| 3月份完工并转出的数量 | 400 |
| 期末在制品（4月30日）（直接材料完工100%；转换成本完工50%） | 100 |
| **油泵的成本发生情况/元** | |
| 期初在制品成本（其中：直接材料为18 000元；转换成本为8 100元） | 26 100 |
| 4月份发生的直接材料成本 | 19 800 |
| 4月份发生的转换成本 | 16 380 |
| 4月份待核算总成本 | 62 280 |

与例13-3相比，例13-4增加了期初在制品。由此派生的问题是期初在制品的一部分工作在上月已经完成，从而一部分成本已经发生。反过来说，本期内将这些在制品变成完工产品只需要投入部分工作，从而发生部分成本。那么，在计算成本的过程中如何处理这种情况呢？我们可以采用两种方法：一是假定本期与上期在单位成本方面相等，将期初在制品当作本期投产的数量，其成本当作本期发生的成本，那么，问题实际上转化成与例13-3一样的情形，即无期初在制品，这种方法称为加权平均法。二是分别计算期初在制品完工和未完工部分的约当产量，完工部分的约当产量当作本车间本月完工并转出数量的减项，连同期初在制品成本先结转到下一个部门；同时期初在制品未完工部分的约当产量视同本期投产的数量，问题又转化为例13-3的情形，也就是将问题分成两个部分来处理的，这种方法称为先进先出法。这里，我们将用例13-4提供的资料，采用加权平均法，来说明期初、期末都有在制品条件下的成本计算（见表13-6和表13-7）。

表13-6　加权平均法下的约当产量计算表　　　　　　　单位：台

| 项　　目 | 实物数量 | 约当产量 | |
|---|---|---|---|
| | | 直接材料 | 转换成本 |
| 期初在制品（4月1日） | 225 | | |
| 本期投产 | 275 | | |
| 待核算数量 | 500 | | |
| 本期完工并转出的数量 | 400 | 400 | 400 |
| 期末在制品（4月30日）（直接材料完工100%；转换成本完工50%） | 100 | 100① | 50② |
| 应核算数量 | 500 | 500 | 450 |

注：① 100×100%=100（台）；
　　② 100×50%=50（台）。

从表 13-6 可以看到期初在制品数量 225 台直接与本期投产数量 400 台相加,作为待核算数量,在制品完工程度并没有考虑。期末在制品约当产量的计算与例 13-3 相同,也就是说,从直接材料方面看仍然是 500 台,但从转化成本方面看只是完成了 450 台。同样,如果计算油泵的单位成本,只能将直接材料成本和转换成本分开计算,才是合理的。表 13-7 系统地说明了油泵的单位成本和总成本以及在制品成本的计算。

表 13-7　产品成本和在制品成本计算表　　　　单位:元

| 项　　目 | 生 产 成 本 | 直 接 材 料 | 转 换 成 本 |
|---|---|---|---|
| 期初在制品 | 26 100 | 18 000 | 8 100 |
| 本期发生的成本 | 36 180 | 19 800 | 16 380 |
| 待核算成本 | 62 280 | 37 800 | 24 480 |
| 约当产量 | | 500 | 450 |
| 单位成本 | | 75.60 | 54.50 |
| 本期完工并转出的成本(400 台) | 52 000 | (400×75.60) | (400×54.40) |
| 期末在制品(100 台) | | | |
| 　直接材料 | 7 560 | (100×75.60) | |
| 　转换成本 | 2 720 | | (50×54.40) |
| 　　期末在制品总成本 | 10 280 | | |
| 应核算总成本 | 62 280 | | |

表 13-7 提供了油泵的单位成本 130 元(75.60 +54.40)、完工油泵的总成本 52 000 元和在制油泵的总成本 10 280 元。同时,期初在制品成本同期初在制品数量一样,视为本期发生的成本。

### (四) 部门生产报告

部门生产报告是报告生产成本的重要文件,可以作为编制会计报表、制定价格、考核相关当事人成本指标的完成情况的依据,其内容就是将上述约当产量计算表和产品成本和在制品成本计算表结合在一起。表 13-8 是根据例 13-4 编制的部门生产报告。

表 13-8 由三个部分组成:第一部分是产量和约当产量。约当产量的计算我们已经介绍,产量的填列结构依据下列投入产出关系:

期初在制品数量+本期投产数量=转入下个部门的数量+期末在制品数量

第二部分从投入的角度表明总成本和单位成本。第三部分从产出角度表明成本的用途。很显然,第二部分和第三部分在数量上存在着钩稽关系,即:

期初在制品成本+本期发生的成本=转入下个部门的成本+期末在制品成本

**表 13-8　全球机械制造公司装配车间生产报告**

20×3 年 4 月份

| 项　目 | 产量与约当产量/台 | | |
| --- | --- | --- | --- |
| | 产　量 | 约　当　产　量 | |
| | | 直接材料 | 直接人工 |
| 待核算数量 | | | |
| 　期初在制品(直接材料完工 100%;转换成本完工 60%) | 225 | | |
| 　投产数量 | 275 | | |
| 　　合　计 | 500 | | |
| 应核算数量 | | | |
| 　转入下个部门 | 400 | 400 | 400 |
| 　期末在制品(直接材料完工 100%;转换成本完工 50%) | 100 | 100 | 50 |
| 　　合　计 | 500 | 500 | 450 |

| 项　目 | 总成本与单位成本/元 | | |
| --- | --- | --- | --- |
| | 总成本 | 直接材料成本 | 转换成本 |
| 待核算成本 | | | |
| 　期初在制品成本 | 26 100 | 18 000 | 8 100 |
| 　本期发生的成本 | 36 180 | 19 800 | 16 380 |
| 　　合计(a) | 62 280 | 37 800 | 24 480 |
| 　约当产量(b) | | 500 | 450 |
| 　单位成本(a)÷(b) | 130 | 75.60 | 54.40 |

| 项　目 | 成本用途/元 | | |
| --- | --- | --- | --- |
| | 总成本 | 直接材料成本 | 转换成本 |
| 应核算成本 | | | |
| 　转入下个部门(400 台) | 52 000 | (400×75.60) | (400×54.40) |
| 　期末在制品(100 台) | | | |
| 　直接材料 | 7 560 | (100×75.60) | |
| 　转换成本 | 2 720 | | (50×54.40) |
| 　期末在制品成本合计 | 10 280 | | |
| 总成本 | 62 280 | | |

# 第三节　标准成本系统

　　标准成本系统应该是泰罗制的一个重要组成部分,是在 19 世纪末 20 世纪初随着泰罗制的产生而产生和发展起来的,也是人类管理历史上出现最早和最规范的成本控制系统。图 13-5 勾勒出成本控制系统所包括的基本要素。根据图 13-5 标准成本系统作为成本控制系统至少应该包括确定成本中心、制定成本标准、计量成本实际业绩、差异分析(成本比较)、编制反馈报告五个环节。我们将依次介绍这五个环节。

## 一、成本中心的确定

成本(责任)中心是成本责任的承担者和控制的对象。确定成本中首先要兼顾两个方面:一是组织结构,企业每个组织单位都可以粗略地看成成本中心;二是生产过程,对制造企业中的生产过程来说,每一个生产步骤都可以设立一个成本中心,成本中心的设置和生产部门的设置是完全一致的。其次,每个成本中心还必须同时符合下列三个条件:

(1) 在自然或物理形态上能够明确辨认。即成本中心使企业内部一个组成部分执行特定的任务,有明确的活动空间。

(2) 投入和/或产出能够计量。在企业管理中,"能够计量的东西才是能够控制的东西"。在这里,所谓能够计量就是说能够用数量表示出来。多数情况下,成本中心的投入或产出、或者投入和产出中总是可以计量的,但也有些情况下它们可能都不能计量。这时,需要采取一些变通办法进行处理。

(3) 由专人负责。即每个成本中心都有一位负责人。成本中心作为成本控制的对象,归根到底是对人或者对成本中心负责人的控制。换句话说,成本的控制是控制人,而不是控制物。因为物是人来使用的。公司的经理们无法直接左右产品或服务的成本水平,他们能够做的只是左右或影响那些决定成本是否发生以及如何发生的人。成本中心负责人是成本中心的代表,成本权力、成本责任以及相应的利益都必须具体地落实到他的头上,成本控制才能奏效。

典型的制造企业按组织单位可分成基本生产、辅助生产、销售、采购和职能处室五类部门,可以归并为生产和服务两大类。生产部门只包括基本生产,但按照生产步骤可以分成若干个,例如在图 13-7 中,我们将生产部门分成原油提炼、汽油提炼、辛烷生产、润滑油提炼和塑料生产五个生产部门。服务部门包括辅助生产、销售、采购和职能处室,这些部门的基本特点使它们的成本重新分配到基本生产部门。根据这种情况,人们习惯上将典型制造企业的成本中心也分成生产成本中心和服务成本中心。

## 二、成本标准的制定

成本标准也称成本指标,是为成本中心的负责人设定的成本责任,通常是按照成本中心所生产的产品或半成品来计算。确定成本标准首先要解决的问题是将成本标准确定在什么水平上。在严格意义上,成本标准是指在标准工作条件下,生产某种产品应当发生的成本,通常根据企业已经达到的生产技术水平,经过精密调查、分析和技术测定或动作时间研究来制定。这样制定的成本标准称为"理想标准"(ideal standard),人们通常是达不到的,只是作为衡量实际成本水平的基准。另外一种成本标准的水平称为"可行标准"(practical standard),在这个水平上,标准成本也充分兼顾到那些不可避免的两费和损失,是一种在现有条件下经过一定努力有可能达到的成本标准。经验表明,选择成本标准水平是一件很困难但非常重要的决策,因为成本水平过高或过低都会涣散职工的积极性,不能充分发挥职工的潜力。在企业管理实务中,更多企业倾向于可行标准水平。我国提倡先进平均数(即超过平均数以上各数之平均)有一定道理。对具体企业来说,还是要"具体情况做具体分析",任何选择都必须符合企业具体情况。

那么,如何按照成本中心所生产的产品或半成品确定成本标准呢?一般分生产成本中心和服务成本中心两类部门进行。由于服务成本中心的成本最终要分配到生产成本中心,这里着重讨论生产成本中心的成本标准的确定。

生产成本中心的成本标准就是该中心所生产的产品的成本标准,包括料工费三项,用公式表示为

产品的标准总成本＝标准直接材料总成本＋标准直接人工总成本＋
标准总制造费用

如果该生产成本中心只生产一种产品,那么,产品的标准总成本就是该生产责任中心的责任成本;如果生产多种产品,那么,该生产成本中心的责任成本则是多种产品的标准成本之和。接下来,我们按料工费依次介绍生产成本中心产品标准成本的确定,而其中的关键又在于确定单位产品的标准直接材料成本、标准直接人工成本和标准制造费用。

### (一) 标准直接材料成本

单位产品的直接材料标准成本的计算公式为

单位产品直接材料标准成本 ＝ 单位产品标准耗用量 × 标准价格

在企业生产过程中,一种产品或半成品往往耗用多种材料。在这些情况下,要按照材料种类分别确定单位产品标准耗用量和相应的标准价格,并计算每一种材料的单位产品成本,然后再将这些材料成本汇集成单位产品标准直接材料成本。这里,为了简化起见,我们假定一种产品只耗用一种材料。

从上述公式看,为了计算单位产品的标准直接材料成本,我们必须确定单位产品标准耗用量和标准价格两个因素。标准价格一般是在市场调研的基础上,结合本企业各个部门现有成本水平并与有关部门协商确定,内容包括发票价格、运杂费、检验费、正常损耗、丢失材料等项成本。例如,北方集雅家具公司铝制品车间使用铝合金生产包厢暖气的透气罩。该公司财务经理经与采购经理协商,用下列方式计算合金铝的标准价格。

单位:元/公斤

| | |
|---|---|
| 采购价格(15 公斤的合金铝锭) | 3.60 |
| 运费(从供应商仓库到本公司) | 0.44 |
| 验收和处理 | 0.05 |
| 减:销售折让 | (0.09) |
| 标准价格 | 4.00 |

单位产品标准耗用量,是指在现有生产技术条件下,生产单位产品所需用的材料数量,包括构成产品实体的材料和有助于产品形成的材料,以及生产过程中必要的损耗和难以避免的损失所需要的材料。单位产品标准耗用量的确定不仅要经过科学计算、统计调查、技术分析、设计图纸测算等多种环节,而且要同相关部门协商。例如,北方集雅家具公司的财务经理经与生产和设计两个部门的经理协商,用下列方式计算每只透气

罩的合金铝的耗用量：

单位:公斤

| | |
|---|---|
| 按图纸要求每副书档需用合金铝 | 2.7 |
| 浪费和破损 | 0.2 |
| 废品 | 0.1 |
| 单位产品标准耗用量 | 3.00 |

这样,我们便可计算单位产品的标准直接材料成本,即
$$4 \times 3 = 12(元)$$

### (二) 标准直接人工成本

单位产品标准直接人工成本的计算公式为
$$单位产品标准耗用工时 \times 标准工资率$$

单位产品标准耗用工时,是指在现有的生产技术条件下,生产单位产品所需要的直接人工的工作时间,包括对产品的直接加工工时、必要的间歇和停工工时(如工间休息、设备调整等)以及不可避免的废品所耗用的工时等。在确定过程中不仅要与相关当事人进行协商,而且要利用时间与动作研究、熟练曲线(learning curve)分析等技术测定和对科学的统计调查资料的研究。例如,北方集雅家具公司的财务经理经与生产和设计两个部门的经理协商,按下列方式计算每只透气罩的标准直接人工小时。

单位:小时

| | |
|---|---|
| 基本工作时数 | 1.9 |
| 休息和解决个人需要 | 0.1 |
| 清理和机器故障 | 0.3 |
| 废品 | 0.2 |
| 单位产品标准工时 | 2.5 |

标准工资率,是指预定的每小时的工资数额。如果采用计件工资制,每件的工资就是单位产品标准直接人工成本,无须过多计算。只有采用计时工资制,才有制定标准工资率的问题。标准工资率的制定需要考虑法律、本地生活水平、职工个人发展、企业效益水平等多方面因素,也需要与相关的部门协商。例如,北方集雅家具公司的财务经理经与人力资源部门的经理协商,按下列方式计算标准工资率。

单位:元

| | |
|---|---|
| 每小时基本工资 | 10 |
| 社会养老统筹 | 1 |
| 其他福利 | 3 |
| 标准工资率 | 14 |

这样,我们便可计算单位产品标准直接人工成本如下：
$$2.5 \times 14 = 35(元)$$

### （三）标准制造费用

某个生产部门(如上例中北方集雅家具公司的铝制品车间)的制造费用中一部分为本部门发生的,其余部分都是从其他服务部门分配来的。单位产品标准制造费用有几种确定方法。例如,我们可以预测某生产部门发生的制造费用和各服务部门可能分配来的制造费用,然后将两者加总后除以预计的该生产部门的产量,便求得单位产品标准制造费用。又如,我们还可以对上年度制造费用增加或减少一定的百分比后再除以预计的该生产部门的产量,求得单位产品的标准制造费用。这些方法比较简捷但显得粗放。最精细的方法是作业成本法,我们下节将介绍。这里介绍传统方法中比较精细的方法。这种方法的主要特点是首先假定制造费用是混合成本,然后运用成本形态分析(参见本书第十四章),将特定生产部门制造费用按照直接人工工时(或者机器工时)分解为变动成本和固定成本,并用下列公式求出单位直接人工制造费用。

标准总制造费用 ＝标准总固定费用＋(直接人工总时数×单位直接人工变动制造费用)

假定通过上述公式求出北方集雅家具公司铝制品车间单位直接人工的变动制造费用为 3 元,而前面我们在北方集雅家具公司的举例中已经知道每只透气罩需要直接人工 2.5 小时。据此,我们可以计算出每只透气罩的标准变动制造费用,即

$$3×2.5＝7.5(元)$$

另外,我们假定北方集雅家具公司铝制品车间本月度的总固定成本为 25 000 元,预计产量为 2 000 只。那么,如何处理这项固定费用呢? 方法之一:不记入铝制品车间。因为对于铝制品车间的负责人来说,这项固定成本是不可控的。方法之二:记入铝制品车间,主要是为了编制会计报表提取数据的方便,并不涉及可控不可控问题。因为固定成本在期初期末始终保持不变。方法之三:比照变动制造费用的处理方法,也用直接人工小时来表示固定费用如下。这种处理也不涉及可控不可控问题,但可以分析现有产能的利用或闲置情况。

(1) 25 000(元)＝2 000(只)× 2.5(小时)×单位直接人工固定制造费用

其中: 单位直接人工固定制造费用＝ 25 000÷ 5 000＝5(元)

(2) 每只透气罩的标准固定制造费用＝ 2.5×5＝12.5(元)

表13-9 将上述有关生产成本中心的标准成本全部情况。

表 13-9　铝制品车间透气罩标准单位成本汇总表

| 生产要素投入 | (1)<br>标准数量或<br>标准工时 | (2)<br>标准价格或<br>工资率/元 | (3)<br>标准成本/元<br>(1)×(2) |
|---|---|---|---|
| 直接材料 | 3.0 公斤 | 4.00 | 12.00 |
| 直接人工 | 2.5 小时 | 14.00 | 35.00 |
| 变动制造费用 | 2.5 小时 | 3.00 | 7.50 |
| 固定制造费用 | 2.5 小时 | 5.00 | 12.50 |
| 标准单位成本 | | | 67.00 |

## 三、成本业绩的计量

成本业绩计量也可以称为标准成本的核算,是用数量形式来反映标准成本实际完成的进度或结果,是成本比较分析的前提,是实现成本控制的最基本环节。从另一个角度看,成本业绩计量就是计算成本责任中心的产品或服务的实际成本。换句话说,为了编制财务报告所计算的产品的实际成本完全可以用来当作成本业绩的计量。但是,由于下列原因,我国很多企业将为编制财务报告的成本计算和标准成本核算(或成本业绩计量)设计成两个相互独立的系统。

(1) 标准成本核算的对象是成本中心的负责人,目的在于确认成本的实际与标准之间是否有差异,用于保证成本中心的负责人向着完成成本标准的方向而努力。

(2) 以编制会计报表为目的成本核算,对象是产品,目的在于确定产品的实际总成本和实际单位成本,用于资产计价和损益的确定。

(3) 以编制财务报告为目的的成本核算将企业当成一个整体,而标准成本核算要深入到企业内部结构,重点核算成本中心。

毋庸讳言,两种体系并存不仅浪费资源,而且给成本管理工作特别是发挥财务部门在成本管理中的主导作用带来许多不便。我们完全可以建立一个统一的体系,同时实现两个目标。理由是:

(1) 成本中心的责任成本和会计报表中的财务成本归根到底都是产品成本,都是为生产这些产品所耗费的直接材料、直接工资和制造费用,也就说,从信息的角度看,责任成本与财务成本是同源的。

(2) 在以编制会计报表为目的的成本计算中的成本库或成本归集中心,与成本控制中的成本中心本来就是同一个东西,或者略加调整就变成同一个东西。

(3) 在账户设计上略加调整,即在在制品以及有关的费用项目下按部门设置明细账户,即可兼顾核算企业整体和核算企业内部结构。

(4) 美国人早在100多年前就已经发现两个系统统一起来的方法。

总而言之,设置单一的系统不仅可行,而且有助于理解财务会计的管理职能。这里,我们不再用具体的例子说明,只是用图13-8说明同一体系的基本思路[①]。

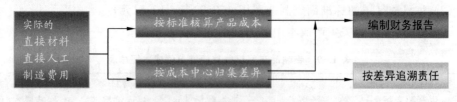

**图13-8 企业成本核算的单一系统**

从图13-8可以看到,当实际的直接材料、直接人工和制造费用发生时,均按标准成本计算产品成本;同时将差异分离出来,按成本中心归集;但会计期间末,依据各成本

---

① 参见于增彪.建立财务成本与责任成本统一核算体系的探讨[J].会计研究.1987(5).

中心归集的成本差异追溯各成本中心负责人的责任；同时用按成本中心归集的差异调整按标准核算的成本，计算产品的实际成本，用来编制财务报告。

## 四、成本差异分析

### （一）差异分析的模型与案例

分析成本差异就是对直接材料、直接人工和制造费用的实际数与标准数进行比较，确定差异；将差异分解为数量差异和价格差异；最后将分解的差异与特定的责任者联系起来的这样一个过程。在比较规范的企业中，还需要预先制定奖惩制度，说明符合成本标准和出现成本差异时如何对责任者进行奖惩。无论是直接材料、直接人工，还是制造费用，其差异都是按下列公式分解。

$$价格差异＝实际耗用总量×（实际价格－标准价格）$$

$$数量差异＝（标准耗用总量－实际耗用总量）×标准价格$$

其中：　　　实际耗用总量＝实际产量×实际单位材料耗用量或人工工时

标准耗用总量＝实际产量×标准单位材料耗用量或人工工时

接下来，我们将利用这个模型，结合例 13-5 提供的数据，依次分析直接成本差异和制造费用差异。

**例 13-5**　北方集雅家具制作公司的主要产品之一是包厢暖气的铝合金透气罩，由该公司铝制品车间生产。20×2 年 10 月铝制品车间的透气罩的标准成本资料如表 13-9 所示（表中有关数据根据计划产量 2 000 件计算）；实际产量 2 000 件，耗用材料 6 500 公斤，材料价格为 3.80 元；直接人工工时为 5 400 小时，工资总额为 74 250 元，工资率为 13.75 元；变动制造费用 15 390 元，单位直接人工小时的变动制造费用 2.85 元；固定费用总额为 26 000 元。

### （二）直接成本差异分析

1. 直接材料成本

由例 13-5 提供的资料可知：材料的标准价格为 4.00 元，实际价格为 3.80 元，直接材料的实际耗用总量为 6 500 公斤，标准耗用总量为 6 000 公斤（2 000×3），因此，

$$材料价格差异＝6 500×（3.80－4.00）＝－1 300（元）$$

$$材料数量差异＝（6 500－6 000）×4.00＝2 000（元）$$

根据计算，材料价格差异为 －1 300 元，属于有利差异，是实际价格比标准价格降低了 0.20 元所致；材料数量差异 2 000 元，属于不利差异，是实际比标准多消耗 500 公斤材料所致。直接材料成本总差异为 700 元（2 000－1 300），是不利差异。

2. 直接人工差异

由例 13-5 提供的资料可知：实际直接人工 5 400 小时，实际工资额为 74 250 元，实际工资率为 13.75 元，标准工资率为 14 元，直接人工标准耗用量 5 000 小时（2 000×2.5），因此，

$$直接人工价格差异＝5 400×（13.75－14）＝－1 350（元）$$

$$直接人工数量差异＝（5 400－5 000）×14＝5 600（元）$$

直接人工价格差异,又称为工资率差异,本例计算的数字为－1 350 元,属于有利差异,是工资率实际比标准降低了 0.25 元所致;直接人工数量差异,又称为效率差异,本例计算的数字为 5 600 元,属于不利差异,是直接人工实际比标准多使用 400 小时所致。直接人工成本总差异为 4 250 元(5 600－1 350),是不利差异。

### (三) 制造费用差异分析

#### 1. 变动制造费用差异

变动制造费用差异分析与直接成本差异分析相同。由例 13-5 提供的资料可知:实际的变动制造费用 15 390 元,直接人工实际耗用量为 5 400 小时,单位直接人工小时变动制造费用的实际为 2.85 元、标准为 3.00 元,直接人工标准耗用量为 5 000 小时,因此,

$$变动制造费用价格差异 = 5\,400 \times (2.85 - 3.00) = -810(元)$$
$$变动制造费用数量差异 = (5\,400 - 5\,000) \times 3 = 1\,200(元)$$

变动制造费用价格差异,又称为耗费差异,本例计算的数字为－810 元,属于有利差异,是每个直接人工小时所耗费的制造费用实际比标准降低了 0.15 元所致;变动制造费用数量差异,又称为效率差异,本例计算的数字为 1 200 元,属于不利差异,是直接人工实际比标准多耗用 400 小时所致。变动制造费用总差异为 390 元(1 200－810),是不利差异。

#### 2. 固定制造费用

对于生产部门来说,固定制造费用是不可控的。因此,差异分析没有实际的意义。但是,也有学者主张像变动制造费用差异分析一样对固定制造费用进行差异分析。这样分析的结果是分解出耗费差异和产能差异。特别是产能差异是指计划产量与实际产量之际的差异对成本的影响。这里不再对固定制造费用差异分解进行计算,但必须注意,固定制造费用的总额和单位数额在实务中并不是固定的。在例 13-5 中,固定制造费用总额的标准为 25 000 元、实际为 26 000 元,单位数额的标准为 5 元、实际为 4.81 元。

### (四) 成本差异的原因和责任

首先讨论直接材料。材料价格差异通常应由采购部门负责,因为影响材料采购价格的各种因素(如采购批量、供应商的选择、交货方式、材料质量、运输工具等),一般来说都是由采购部门控制并受其决策的影响。当然,有些因素是采购部门无法控制的。例如,通货膨胀因素的影响,国家对原材料价格的调整等。因此,对材料价格差异,一定要做进一步的深入分析研究,查明产生差异的真正原因,分清各部门的经营责任,只有在科学分析的基础上,才能进行有效的控制。影响材料数量差异的因素也是多种多样的,包括生产工人的技术熟练程度和对工作的责任感,材料的质量,生产设备的状况等。一般来说,用量超过标准大多是因为工人粗心大意,缺乏培训或技术素质较低等原因造成的,应由生产部门负责,但数量差异有时也会由其他部门的原因所造成。例如,采购部门购入了低质量的材料,致使生产部门用料过多,由此而产生的材料用量差异应由采购部门负责;再如,由于设备管理部门原因致使生产设备不能完全发挥其生产能力,造

成材料用量差异,则应由设备管理部门负责,找出和分析造成差异的原因是进行有效控制的基础。

其次,讨论直接人工。工资率差异原则上不是生产部门而是人事部门的责任,但生产部门如何安排本部门职工的工作也影响工资率差异。例如,在生产过程中使用工资级别较高、技术水平较高的工人从事了要求较低的工作,造成浪费,影响工资率差异。人工效率差异是考核单位工时生产能力的重要指标,降低单位产品成本的关键就在于不断提高单位工时生产能力。影响人工效率的因素是多方面的,包括生产工人的技术水平、生产工艺过程、原材料的质量以及设备的状况等。所以,人工效率差异原则上应该由生产部门负责,但同时还要具体分析,找出产生差异的具体原因,分清不同的责任部门,以便于更有效地控制成本。

最后,再来讨论制造费用。原则上,变动制造费用的耗费差异和效率差异由生产部门负责,而固定费用中的能量差异则大部分不是生产部门的责任。严格地说,按照传统标准成本制度无法严格区分制造费用的责任,因而也无法进行严格控制,只有采用作业成本法,才有可能很好地解决这个问题。

## 五、反馈报告

从图 13-5 可以看到:成本控制是一个循环的过程,从上级经理为成本中心经理制定成本标准开始,然后经过若干环节之后,借助于反馈报告又回到上级经理那里。反馈报告的重要性不言而喻。通俗地说,制定成本标准就是上级经理为成本中心经理"派活",而反馈报告则是成本中心经理对上级经理"派的活"完成情况的一种正式的"交代"。

成本反馈报告,又称为成本业绩报告,反映成本中心完成成本标准的进度或结果,其基本用途就是将上级经理与成本中心经营活动连接起来,为上级经理了解和控制成本中心经营活动提供了一个强有力的手段,也是分析各部门成本差异和责任并进行相应的成本奖惩的依据。另外反馈报告也可以抄送被考核的成本中心,它会强化成本中心经理自我约束的意识。

成本反馈报告一般要符合下列要求:

(1)在内容上应该说明差异、差异的原因和责任以及纠正差异的建议性措施。因此,比较完备的反馈报告应该包括两个文件:一是表格反映的差异;二是有关情况的分析(如差异原因和责任的分析)。

(2)具有经常、简洁的特点,并对上级经理决策有用。这就是说,按照考核的时间间隔编制反馈报告。要严格区分反馈报告和会计报表,报告中的内容正是上级经理控制成本中心所需要的。

(3)反馈报告既反映一个成本中心的成本标准的完成情况,也反映在企业组织框架中各成本中心之间的联系。换句话说,一个成本中心的报告,也反映所有成本中心的报告。

我们先根据例 13-5 编制铝制品车间的成本反馈报告(表 13-10)。

**表 13-10 北方集雅家具制作公司铝制品车间生产成本业绩报告**

20×3 年 10 月份

| 项　　目 | 标准/元 | 实际/元 | 差异/元 | 差异率/% |
|---|---|---|---|---|
| 直接材料 | 24 000 | 24 700 | −700 | 3 |
| 直接人工 | 70 000 | 74 250 | −4 250 | 6 |
| 变动制造费用 | 15 000 | 15 390 | −390 | 3 |
| 固定制造费用 | 25 000 | 26 000 | −1 000 | 4 |
| 合　计 | 134 000 | 140 340 | −6 340 | 5 |

由表 13-10 描述的成本中心业绩报告,除表头之外,包括四栏数据,反映了成本控制的理念,也就是通过差异来控制成本,所谓按例外原则管理。例外就是差异。但是,这些差异还需要另外予以说明,以便将我们差异分析的成果报告给上级经理。此外,现实经济生活中的企业都是层级组织,而每个层级又由若干个单位组成,那么,我们如何设计成本业绩报告,以反映这种情况呢?表 13-11 给出一个示意性报告格式。

**表 13-11 泛亚集团公司成本业绩报告** 单位:美元

| 给总经理的报告: | 责任中心 | 预算 | 实际 | 差异 |
|---|---|---|---|---|
| 汇总公司的全部数据。由于报告中给出差异数据,如果有必要的话,总经理可以向下查找,以确定工作重点。 | 销售经理 | × | × | × |
| | 生产经理 | 26 000 | 29 000 | 3 000U |
| | 工程经理 | × | × | × |
| | 人事经理 | × | × | × |
| | 财务经理 | × | × | × |
| | 合　计 | 54 000 | 61 000 | 7 000U |
| 生产经理: | 责任中心 | 预算 | 实际 | 差异 |
| 汇总所有生产部门的业绩,报告给生产主管,并向上级报告。 | 锻切部 | × | × | × |
| | 机加工部 | × | × | × |
| | 涂饰部 | 11 000 | 12 500 | 1 500U |
| | 包装部 | × | × | × |
| | 合　计 | 26 000 | 29 000 | 3 000U |
| 涂饰部部长: | 责任中心 | 预算 | 实际 | 差异 |
| 汇总所有生产车间的业绩,报告给机加工部部长,并向上级报告。 | 砂纸打磨车间 | × | × | × |
| | 布线车间 | 5 000 | 5 800 | 800U |
| | 装配车间 | × | × | × |
| | 合　计 | 11 000 | 12 500 | 1 500U |
| 布线车间主任: | 变动成本 | 预算 | 实际 | 差异 |
| 汇总布线车间变动成本业绩,报告给布线车间主任,并向上级报告。 | 直接材料 | × | × | × |
| | 直接人工 | × | × | × |
| | 变动制造费用 | × | × | × |
| | 合　计 | 5 000 | 5 800 | 800U |

注:U=Unfavorable,为不利差异。有时用 F 表示,F=Favorable,为有利差异。

表 13-11 中的预算就是标准。该表三栏数据与表 13-10 的四栏数据都是用来表现标准、实际和差异这样一种适合控制需要的数据结构。必须提醒的是,表 13-11 的根本

用途是表现与企业组织结构和层级完全一致的成本中心的结构,从而可以推导出一个具有严格数量钩稽关系的表格体系。如表 13-11 所示,生产经理控制着锻切、机加工、涂饰和包装四个部门;而就其中的涂饰部而言,它又控制着砂纸打磨、布线和装配三个车间;车间主任如布线车间主任才直接控制直接材料、直接人工和变动制造费用。实际上,其他经理如销售、工程等也有自己控制的部门,其他部门的部长也有自己控制的部门,其他车间当然也有自己控制的料工费。如果全部展开,表格体系随之建立起来。

## 第四节 现代成本控制

### 一、成本管理的发展演进

成本管理发展的大致轮廓是:18 世纪伴随着工业革命产生于英国,英国人在成本计算方法(订单法和分步法)的形成和制造费用分配方面作出创造性贡献。19 世纪末 20 世纪初随着美国跃居世界经济的霸主地位,成本管理在美国得到发扬光大,美国人在标准成本系统、成本性态、弹性预算、成本决策分析等方面贡献卓著,明显地拓展了成本管理在企业管理中的作用和范围。而后,成本管理的发展一度陷入停滞状态,但从 20 世纪 80 年代到现在则又重新焕发出新的光彩。这主要是 20 世纪 80 年代以来,企业运行的内外环境所发生的重大变化影响的结果。

1. 技术环境。20 世纪 70 年代以来,美国和日本等发达国家的企业面对日趋激烈的全球竞争压力,纷纷将高新科学技术应用于生产领域,其基本特征是在电子技术革命的基础上形成的生产高度计算机化、自动化,包括数控机床(numerical control machines)、机器人(robots)、计算机辅助设计(computer-aided design,CAD)、计算机辅助制造(computer-aided manufacturing,CAM)、计算机一体化制造系统(CIMS)等新技术的应用。企业可以从产品订货开始,直到设计、制造、销售等所有阶段都使用计算机,并由计算机将它们综合成一个整体,统一进行调控。技术进步与应用的直接后果是改变了作为成本计算基础的生产过程;同时也改变了企业经营结构和成本结构,制造业服务性活动比重上升以及直接材料和直接人工成本的比重下降,使得服务成本控制和制造费用分配成为突出问题。

2. 社会环境。西方发达国家早已进入富裕社会。在富裕社会中,个体作为消费者处于有利的地位,具有更大的选择性,而个体行为的主要特征是追求个性。其结果,传统的大批量生产逐渐为单件或小批量生产所取代,同时如何适应客户需求的多样性和多变性以及对消费者的新需求迅速做出反应等,成为企业必须应对的挑战。

3. 管理创新。在适应技术和社会环境变化的过程中,管理理念和方法的创新大量涌现出来。

(1) 适时制(just-in-time system),包括适时生产制(JIT production)和适时采购制(JIT purchases)。它是日本的零存货制度被引进到北美国家,与北美国家的富裕社会和高新技术应用以及战略和流程的理念相结合的产物。例如,按照适时生产系统的要求,实行从后向前拉动式(pull-through)的生产系统。这意味着企业要根据顾客订货所提出的要求作为生产的基本出发点,或者以最终满足顾客需求为起点,由后向前进行逐步推移,来全面安排生产任务:前一生产程序只能严格按照后一生产程序所要求的有关在产品、半成品的数量、质量和交货时间来组织生产,前一生产程序生产什么、生产多少、质量要求和交货时间只能根据后一生产程序提出的具体要求来进行。因而这种新的生产系统,前、后生产程序主、客的位置就恰恰颠倒过来了,它是由后面的生产程序为主导;前面的生产程序,只能被动地、同时极为严格地按时、按质、按量地完成后面生产程序所提出的生产任务。推而广之,适时制要求整个企业生产经营的各个环节像钟表一样相互协调、准确无误地进行运转,使之达到一流的效率和效果。

(2) 全面质量管理(total quality control),与适时制有直接联系,是适时制得以顺利实施的必要条件。全面质量管理以实现"零缺陷"作为出发点,重点在操作工人(不是专业检验人员)在每一加工程序上进行连续性的自我监控上,加工操作发现问题,立即采取措施,尽快进行纠正(或消除),以实现在生产第一线上瞬时地自动控制缺陷,绝对不允许让任何一件有缺陷(不符合质量预定要求)的零、部件从前一生产程序转移到后一生产程序,不仅保证企业整个生产过程的连续运行,而且使产品缺陷不是在消费者或产品完工之后被发现,而是在它们可能发生的时候就被防止或矫正。

(3) 管理与技术相结合,即是说计算机辅助设计、辅助工程与辅助制造以及弹性制造系统和计算机一体化的制造系统等,都体现着管理与技术的绝妙的结合。例如,为适应顾客多样化的需要,以提高企业在全球性市场竞争中的实力和优势,企业可以利用最先进的计算机技术协助产品的开发、优化新产品的设计,然后将通过计算机辅助设计得出的方案转入计算机辅助工程系统,以验证所得出的设计方案能否利用企业现有的生产设备进行生产,如果能够,则进一步转入计算机制造系统,对实际投入到计算机一体化的制造系统进行加工、制造,使之尽快投入市场,以开拓、提高产品的市场占有率。总而言之,技术与管理的结合,大大缩短了产品从设计到投产、销售整个过程所需的时间,大大提高企业对市场(顾客)需求的灵活反应能力。这些都是提高企业效益与竞争能力的关键所在。

4. 成本管理创新。技术与社会环境的变化以及管理创新也导致了成本管理的创新。其中主要包括作业成本制度、目标成本制度、质量成本管理、产品生命周期成本计算、改进成本计算等,但本节只介绍作业成本制度和目标成本制度。

## 二、作业成本制度

作业成本制度(activity-based costing,ABC)计算法的基本思想早在美国 20 世纪 30 年代末期就已经形成。但在逻辑上,它应该是适时制的组成部分。诚如上述,适时制综合了日本的零存货制度、北美国家的富裕社会和高新技术发展的特征以及战略和流程的理念,因而作业成本制度是相当前卫的成本管理制度。

### (一) 基本概念

在前文中,我们已经界定了作业、作业链或流程、价值链、成本动因等概念。这些概念都是作业成本制度的基础,换句话说,作业成本计算中所谓的作业,在计算实际成本时可以泛指一条作业链或一个流程上的一项作业,而在成本标准确定中则是指一条价值链上的一项作业。作业是作业成本制度的最基本的概念。在实务中,如何正确地分类和确定作业则是运用作业成本制度的关键。一种常见的做法是将作业分成四个层级,即:

(1) 单产性作业(unit-level activity),是指每生产一个单位就执行一次且每单位所消耗的资源数量大致相同的作业。也就是说,这类作业的成本与产量有关,动因是产量,随着产量的增减而增减。属于这一类的作业主要有:耗费直接人工、耗费直接材料、保养机器等。

(2) 批量性作业(batch-level activity),是指每生产一批产品就执行一次且每批所耗费的资源数量大致相同的作业。也就是说,这类作业的成本与产品批次有关,动因是批次,随着批次的增减而增减。属于这一类的作业主要有:设备调整、质量检验、材料处理等。

(3) 品种性作业(product-level activity),是指为了特定产品或生产线的存在而执行的作业,包括产品设计、顾客关系处理、采购和零部件管理等。这类作业通过各种产品或生产线与资源的消耗相联系,成本动因是品种。

(4) 产能性作业(facility-level activity),是指为了维护整个企业的总体生产能力而执行的作业,具体包括工厂管理、照明和热动力、财产占用、人事管理与培训等。这类作业与个别产品之间没有直接联系,因而将这类成本分配到各个产品,具有或多或少的主观武断性。但是对这类作业的单项管理或按类管理时,仍然需要、也有可能找到成本动因,例如,照明,照明费用显然是由照明设备的功率,设备的技术、质量及管理人员的水平等因素决定的,这需要进一步分解照明作业。对产能性作业的分解、管理和计算成本,具有战略意义。

为了深入具体地理解作业、成本动因和可直接计入每项作业的成本项目以及它们之间的相互关系,我们特意编制了表 13-12。从表 13-12 可以看到,我们是按照上述四类作业设计,在每一类作业下,又有作业举例、成本动因和可直接计入作业的成本项目三个部分。例如,在品种性作业下,有产品测试(质检)作业,其成本动因是测试次数,可直接计入作业的成本项目是测试成本,诸如此类。

### (二) 作业成本制度的原理

美国学者特尔内(Peter B. B. Turney)曾提出"二维作业成本模型"[1],用来描述作业成本制度的原理。该模型如图 13-9 所示,是一个平面坐标系:用纵轴表示成本分配的观点,横轴表示流程的观点,两轴相交的原点是作业。按照成本分配的观点,作业成本制度就是依据成本动因按照两个步骤计算成本对象的成本。成本对象包括产品、服务和客户等,与其他成本计算制度是相同的。成本动因表现为资源动因和作业动因。所谓两个步骤,上文介绍成本分配时我们已经做了简要的介绍,前提条件是"产品耗费作业,作业耗费资源"。由这个前提演化出成本计算的两个步骤:第一步将耗费的资源按照资源动因计入作业,包括根据不同资源动因分别设置资源成本库,再将成本库中的

---

① Journal of Cost Management 5,no. 4,54-60.

资源成本按照各项作业对资源的耗用数量直接或经分配计入作业成本库,进而计算出作业成本;第二步将作业成本按作业动因计入成本对象,主要是将作业成本库中作业成本按照各成本对象对作业的耗用数量直接或经分配计入成本对象,进而计算出产品、服务或客户的成本。

表 13-12　作业、成本动因和成本项目的举例

| | |
|---|---|
| **单产性作业** | 质量检验 |
| 作业举例 | **成本动因** |
| 　与机器相关,如研磨、切割、维护等 | 　处理订单数量 |
| 　与人工相关,如工资、福利等 | 　材料验收次数 |
| 成本动因 | 　材料处理数量(公斤) |
| 　机器小时 | 　设备调整次数 |
| 　直接人工小时 | 　设备调整时数 |
| 　产量 | 　质检次数 |
| **直接计入作业的成本项目** | 　质检时数 |
| 　电力成本 | **直接计入作业的成本项目** |
| 　维护成本 | 　白领工资 |
| 　直接人工成本 | 　物料耗费 |
| 　通用机器设备的折旧 | 　设备调整的人工成本 |
| **品种性作业** | 　材料处理的人工成本 |
| 作业举例 | 　办公室及材料处理设备折旧 |
| 　产品测试 | 　质量控制成本 |
| 　零部件存货管理 | **产能性作业** |
| 　产品设计 | 作业举例 |
| 成本动因 | 　制造费用 |
| 　测试次数 | 　厂房占用 |
| 　测试时数 | 　人事管理与培训 |
| 　设计时数 | **成本动因** |
| **直接计入作业的成本项目** | 　机器小时 |
| 　测试成本 | 　人工小时 |
| 　零部件管理成本 | 　员工数量 |
| 　零部件持有成本 | 　培训时数 |
| 　设计成本 | **直接计入作业的成本项目** |
| **批量性作业** | 　厂房管理工资 |
| 作业举例 | 　厂房折旧 |
| 　处理采购订单 | 　财产纳税与财产保险 |
| 　处理生产命令 | 　人事管理成本 |
| 　设备调整 | 　员工培训成本 |
| 　原材料处理 | |

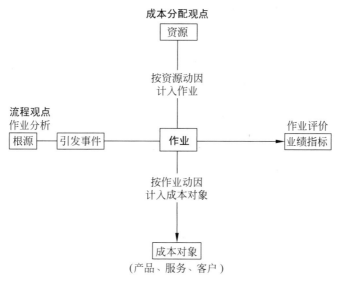

**图 13-9　二维作业成本模型**

按照流程的观点,作业成本制度是在相关的范围内用作业成本信息对作业进行管理,即所谓"作业管理"(ABM)。这也是为什么两坐标轴的原点是作业的原因。管理,归根到底是管人。作业管理实际上是通过管人来管作业。为了达到这个目的,必须为当事人设置与作业相关的业绩指标(体系)。从图 13-9 看,这个过程包括作业分析和作业评价两个阶段。作业分析主要是确定作业生成的原因、引发作业的事件以及各项作业之间的联系(绘制流程图),从而确认作业成本的动因。作业评价就是流程优化,即将作业链或流程转化为价值链的过程,其标准主要是客户需要、成本、质量和时间等,其结果当然是业绩指标的确定。据美国著名咨询大师哈林顿(H James Harrington)总结[①],流程绘制方法至少有 4 种,而流程优化方法要在 12 种以上。

成本分配观点与流程观点不是相互分离的。从图 13-9 看,按成本分配观点计算成本必定使成本更加准确,有助于产品或服务的定价,但如果被计算或分配的成本包含着浪费和低效率,那么单纯的成本分配充其量是对一个"坏的"成本数额给了一个"好的"分配,并不能从根本上解决问题,可行的选择是通过流程优化来优化作业,进而优化成本。其次,作业成本是为作业管理提供信息,作业管理也只有基于作业成本计算,才能更加有效率和效果。最后,从管理的角度看,计算通过流程优化而优化的作业的成本,实际上是确定成本标准,而计算实际执行的作业的成本则是对执行成本标准的计量,它们是交织在一起的两个东西,但如果撇开流程优化就是同一个东西。

**(三)作业成本计算**

这里,假定流程已经被优化,只考虑作业成本计算。我们将借助一个例子,并与传统成本计算方法对比着,来说明作业成本计算过程。

---

①　H.詹姆斯·哈林顿.于增彪等译.流程改进[M].北京:中国财经出版社,2002.

例 13-6 京京绿色食品公司,生产 A、B 和 C 三种肉食品。其中,A 是老牌产品,已有多年生产历史,产销量比较稳定,批量生产,每批 10 000 件,年产量 120 000 件;B 是根据顾客要求改进的产品,批量生产,每批 100 件,年产量 60 000 件;C 是一种制作工艺复杂的新产品,批量生产,每批 10 件,年产量 12 000 件。A、B、C 三种产品的制造费用为 3 432 000 元,直接材料和直接人工成本如表 13-13 所示。

**表 13-13 A、B、C 直接生产成本资料**　　　　　　单位:元

| 成 本 项 目 | A | B | C |
|---|---|---|---|
| 直接材料 | 600 000 | 360 000 | 96 000 |
| 直接人工 | 240 000 | 120 000 | 36 000 |

根据表 13-13 提供的资料,按传统成本计算方法分别计算的 A、B 和 C 三种产品的单位成本如表 13-14 所示。

**表 13-14 A、B、C 单位成本计算简表**　　　　　　单位:元

| 成 本 项 目 | A<br>(120 000 件) | B<br>(60 000 件) | C<br>(12 000 件) |
|---|---|---|---|
| 直接材料 | 5.00 | 6.00 | 8.00 |
| 直接人工 | 2.00 | 2.00 | 3.00 |
| 制造费用 | 10.00 | 10.00 | 15.00 |
| 合　计 | 17.00 | 18.00 | 26.00 |

在上述成本计算中,我们以直接人工成本作为制造费用分配基础,分配率为 500%[3 432 000÷(240 000+120 000+36 000)]。对 A 产品来说,制造费用为 1 200 000 元(240 000× 5),单位产品制造费用为 10 元(1 200 000÷120 000);直接材料成本为 600 000 元,单位产品直接材料成本为 5 元(600 000÷120 000);直接人工成本为 240 000 元,单位直接人工成本为 2 元(240 000÷120 000)。B 和 C 两种单位成本计算以此类推。

为了计算作业成本,我们得到制造费用的明细资料如表 13-15 所示。这些资料已经按作业归集起来,也就是已经按资源动因计入作业。

**表 13-15 制造费用明细表**　　　　　　单位:元

| 项　目 | 金　额 | 合　计 |
|---|---|---|
| 间接人工 | | |
| 　设备调整 | 320 000 | |
| 　材料处理 | 280 000 | |
| 　检验人员 | 200 000 | |
| 　采购人员 | 210 000 | |
| 　产品分类人员 | 100 000 | |
| 　工厂管理人员 | 160 000 | 1 270 000 |

| 项　目 | 金　额 | 合　计 |
|---|---|---|
| 其他费用 | | |
| 供热和照明 | 80 000 | |
| 房屋占用 | 190 000 | |
| 材料处理设备折旧 | 80 000 | |
| 机器产能 | 140 000 | |
| 供应商(检验) | 70 000 | |
| 供应商(购买) | 60 000 | |
| 供应商(产品分类) | 40 000 | |
| 供应商(全面管理) | 50 000 | 710 000 |
| 合　计 | | 1 980 000 |

同时,我们还得到有关的成本动因资料如表 13-16 所示。

表 13-16　成本动因资料

| 成　本　动　因 | A | B | C |
|---|---|---|---|
| 单位产品耗用机时/小时 | 1 | 1.5 | 3.5 |
| 每批次设备调整次数/次 | 1 | 1 | 1 |
| 每批标准检验单位/件 | 50 | 5 | 2 |
| 每批材料移动次数/次 | 25 | 50 | 100 |
| 每种产品发出购货订单数/个 | 200 | 400 | 1 400 |
| 每种产品分类次数/次 | 50 | 75 | 200 |

根据上述资料,我们将按照单产性作业、批量性作业、品种性作业和产能性作业四个层次分配制造费用如下。

1. 单产性作业层次

其中,直接材料与直接人工的成本计算与传统成本计算法相同。机器产能成本以机器小时为成本动因计算分配率,再分配计入产品。计算过程如表 13-17 所示。

表 13-17　机器产能成本分配表

| 产品 | 产量/件 | 使用比例 | 使用数量/小时 | 分配率/(元/小时) | 分配额/元 |
|---|---|---|---|---|---|
| A | 120 000 | 1 | 120 000 | 0.56 | 66 700 |
| B | 60 000 | 1.5 | 90 000 | 0.56 | 50 000 |
| C | 120 000 | 3.5 | 42 000 | 0.56 | 23 300 |
| 合　计 | | | 252 000 | 0.56 | 140 000 |

2. 批量性作业层次

(1)检验成本以检验次数为成本动因计算分配率,再分配计入产品。计算过程如表 13-18 所示。

表 13-18　检验成本分配表

| 产　品 | 批　次 | 每批检验次数/次 | 检验总次数/次 | 分配率/(元/次) | 分配额/元 |
|---|---|---|---|---|---|
| A | 12 | 50 | 600 | 45.00 | 27 000 |
| B | 600 | 5 | 3 000 | 45.00 | 135 000 |
| C | 1 200 | 2 | 2 400 | 45.00 | 108 000 |
| 合　计 | | | 6 000 | 45.00 | 270 000* |

　　*　检验成本(270 000 元)＝检验人员工资(200 000 元)＋供应商(检验)(70 000 元)。

　　(2) 材料处理成本以材料移动次数为成本动因计算分配率,再分配计入产品。计算过程如表 13-19 所示。

表 13-19　材料处理成本分配表

| 产　品 | 批　次 | 每批移动次数/次 | 移动总次数/次 | 分配率/(元/次) | 分配额/元 |
|---|---|---|---|---|---|
| A | 12 | 25 | 300 | 2.40 | 720 |
| B | 600 | 50 | 30 000 | 2.40 | 71 856 |
| C | 1 200 | 100 | 120 000 | 2.40 | 287 424 |
| 合　计 | | | 150 300 | 2.40 | 360 000* |

　　*　处理成本(360 000 元)＝材料处理人工(280 000 元)＋折旧(80 000 元)。分配率和分配额四舍五入后按整数列示。

　　(3) 设备调整成本以调整次数为成本动因计算分配率,再分配计入产品。计算过程如表 13-20 所示。

表 13-20　设备成本分配表

| 产　品 | 设备调整次数/次 | 分配率/(元/次) | 分配额/元 |
|---|---|---|---|
| A | 12 | 176.60 | 2 120 |
| B | 600 | 176.60 | 105 960 |
| C | 1 200 | 176.60 | 211 920 |
| 合　计 | 1 812 | 176.60 | 320 000 |

　　3. 品种性作业层次

　　(1) 购买成本以购货订单数量为成本动因计算分配率,再分配计入产品。计算过程如表 13-21 所示。

表 13-21　购买成本分配表

| 产　品 | 购货订单数量/件 | 分配率/(元/件) | 分配额/元 |
|---|---|---|---|
| A | 200 | 135.00 | 27 000 |
| B | 400 | 135.00 | 54 000 |
| C | 1 400 | 135.00 | 189 000 |
| 合　计 | 2 000 | 135.00 | 270 000* |

　　*　购买成本(270 000 元)＝购买人工(210 000 元)＋供应商(购买)(60 000 元)。

（2）产品分类成本以分类次数为成本动因，再分配计入产品。计算过程如表 13-22 所示。

**表 13-22　分类成本分配表**

| 产　品 | 分类次数/次 | 分配率/(元/次) | 分配额/元 |
|---|---|---|---|
| A | 50 | 430.77 | 21 540 |
| B | 75 | 430.77 | 32 310 |
| C | 200 | 430.77 | 86 150 |
| 合　计 | 325 | 430.77 | 140 000* |

\* 分类成本(140 000 元)＝分类人工(100 000 元)＋供应商(产品分类)(40 000 元)。分配率和分配额四舍五入后按整数列示。

### 4. 产能性作业层次

产能性作业层次以主要成本(直接材料成本＋直接人工成本)为成本动因进行分配。计算过程如表 13-23 所示。

**表 13-23　产能成本分配表**

| 产品 | 单位主要成本/元 | 产量/件 | 主要成本/元 | 分配率 | 分配额/元 |
|---|---|---|---|---|---|
| A | 7.00 | 120 000 | 840 000 | 0.33 | 277 686 |
| B | 8.00 | 60 000 | 480 000 | 0.33 | 158 678 |
| C | 11.00 | 12 000 | 132 000 | 0.33 | 43 636 |
| 合　计 | | | 1 452 000 | 0.33 | 480 000* |

\* 产能成本(480 000 元)＝工厂管理人员工资(160 000 元)＋照明和热动力费用(80 000 元)＋房屋占用费(190 000 元)＋供应商(全面管理)(50 000 元)。分配率和分配额四舍五入后取整列示。

### 5. 作业成本计算汇总

根据以上计算，各产品的总成本和单位成本简要汇总为表 13-24 的形式。

将表 13-24 与表 13-14 比较，可以看到传统成本计算法与作业成本计算法的区别。作业成本计算法除了提供更为详细的成本信息外，其所确定的成本也与传统成本计算法大不相同。本例中，产品 A 和 C 的差别尤其明显。A 是稳定性很强的大批量生产的产品，按作业成本法计算的单位成本仅为传统成本法的 60%(10.54÷17.00)。C 产品是一种工艺复杂小批量生产的产品，按作业成本法计算的单位成本大约是传统成本法的 3.5 倍(90.16÷26.00)。事实上，以直接人工成本为基础的传统成本计算法导致了 A 产品对 C 产品的补贴。导致这种结果的主要原因在于传统成本法采用单一分配标准进行制造费用的分配，忽视了各种产品生产的复杂性和技术性不同以及与此相应所需的作业量不同。相比之下，传统成本法失真度较大，而作业成本法考虑了引起制造费用发生的具有代表性的各种成本动因，并以此为基础分配制造费用，因而，它能较客观、真实地反映高新技术环境下各种产品的成本。

**表 13-24　某企业产品生产成本表**　　　　　　　　　　单位:元

| 项　　目 | A | | B | | C | |
|---|---|---|---|---|---|---|
| | 单位成本 | 总成本 | 单位成本 | 总成本 | 单位成本 | 总成本 |
| 1. 单产性作业层次 | | | | | | |
| 　直接材料 | 5.00 | 600 000 | 6.00 | 360 000 | 8.00 | 96 000 |
| 　直接人工 | 2.00 | 240 000 | 2.00 | 120 000 | 3.00 | 36 000 |
| 　机器产能 | 0.56 | 66 700 | 0.83 | 50 000 | 1.94 | 23 300 |
| 　小计 | 7.56 | 906 700 | 8.83 | 530 000 | 12.94 | 155 300 |
| 2. 批量性作业层次 | | | | | | |
| 　检验 | 0.23 | 27 000 | 2.25 | 135 000 | 9.00 | 108 000 |
| 　材料处理 | 0.01 | 720 | 1.20 | 71 856 | 24.00 | 287 424 |
| 　设备调整 | 0.02 | 2 120 | 1.77 | 105 960 | 17.66 | 211 920 |
| 　小计 | 0.26 | 29 840 | 5.22 | 312 816 | 50.66 | 607 344 |
| 3. 品种性作业层次 | | | | | | |
| 　购买 | 0.23 | 27 000 | 0.90 | 54 000 | 15.75 | 189 000 |
| 　产品分类 | 0.18 | 21 540 | 0.54 | 32 310 | 7.18 | 86 150 |
| 　小计 | 0.41 | 48 540 | 1.44 | 86 310 | 22.93 | 275 150 |
| 4. 产能性作业层次 | | | | | | |
| 　产能费用(见表13-22) | 2.31 | 277 686 | 2.64 | 158 628 | 3.63 | 43 636 |
| 　合　计 | 10.54 | 1 262 766 | 18.13 | 1 087 898 | 90.16 | 1 082 006 |

## 三、目标成本制度

### (一) 前提条件

目标成本制度由日本汽车制造企业于 20 世纪 60 年代创造,先是在日本国内流传,后来又传播到西方发达国家。目标成本制度的出现需要两个基本的前提条件:一是企业产品为"大路货",企业不能够直接控制价格,特别是不能随意提高价格。20 世纪 60 年代日本汽车制造企业正在崛起,面临的竞争对手是美国汽车制造企业。汽车是"大路货",而且美国企业几乎在所有方面都优于日本企业。因此,日本企业如果在竞争中达成一定的利润目标,只能降低成本。二是日本人发现生产成本的大部分(有时在 80% 以上)在生产开始之前就已经被研发和设计阶段确定了,因此,对降低成本来说,生产阶段并不是重点,重点应该在研发和设计阶段,通过选择不同技术水平、不同材料和不同工艺上的设计方案,达到降低成本的目的。

### (二) 基本原则

有学者认为,目标成本制度由七条基本原则[①]构成。其中最重要的原则是价格领先的原则。按照这一原则,目标成本制度的运用首先是从确定可以在市场上销售的产品的价格开始。当价格确定之后,再确定目标利润,然后再用价格减去目标利润求得目标成本,用公式表示为:

$$目标成本 = 价格 - 目标利润$$

---

① Ronald W. Hilton, Managerial Accounting (5E). 670-671.

公式的价格可以通过市场调研发现，而最重要，也是最不容易确定的是目标利润。其方法有很多，例如标杆法（benchmarking），即参照自己历史最好水平或行业的国际国内水平来确定；又如可以利用投资报酬率或销售利润率推算，因为投资可用资产负债表中的资产来替代，而投资报酬率又可参照行业的竞争状况单独选择（如国内项目投资评价的基准报酬率大多在 10％～15％ 之间），进而计算出总利润，然后除以预测的销量，将得到的结果略加调整，便可得到单位产品目标利润。

问题是：按上述公式计算的目标成本，是主观的东西，它与生产该产品的实际成本未必一致。例如某产品市价或某顾客乐意出的价格是 10 元，我需要 2 元的利润，目标成本就是 8 元。但生产该产品的实际成本很可能是 9 元，有 1 元的差额。不消除这个差额，计算毫无意义。日本企业用来消除这个差额的方法很多，其中最流行的是价值工程，即通过成本与功能的比较发现成本降低方向，然后再通过反复的改进设计或采用新技术，消除目标成本与实际成本之间的那个差额。

正因为如此，一般认为，所谓目标成本实际上是一种产品在赚取必要的利润的基础上所允许发生的成本，而目标成本制度则是一种战略性利润和成本管理的过程。

除价格领先的原则之外，还有下列四条主要原则值得说明。

1. 以客户为中心

为了实现目标成本，管理人员必须倾听客户意见和要求。客户需要什么产品？哪些功能最重要？在某种质量水平上，客户乐意出多大的价钱购买？管理人员必须想方设法取得客户的反馈意见，然后通过设计满足客户要求，并且按客户乐意支付的价格销售产品。总之，目标成本制度以市场为导向。

2. 以产品设计为重点

设计阶段是目标成本的关键阶段。为了能够按目标成本生产某种产品，工程师必须对该产品的所有方面进行认真、细致和富有高度创造性的设计。设计活动不仅包括详细说明生产过程中的人员、机器设备和其他要素，而且包括详细说明使用的原材料和零部件。总之，设计的产品应该具有可制造性（manufacturability）。

3. 突出流程设计

在设计过程中，必须审查生产流程每一个方面，以确保产品的生产尽可能高效率。高新技术、全球采购的采用以及生产流程的每一个方面都必须按照目标成本的要求进行设计。在很多情况下，实际成本高于目标成本。这时应运用流程优化的方法，剔除流程中的不增值作业，最终使设计的产品符合目标成本的要求。

4. 组织跨部门的工作团队

为了保证设计的产品不低于目标成本，需要不同部门工作背景人员的介入，包括市场调研、销售、设计工程、采购、生产技术工程、生产计划、材料处理、成本管理等，几乎所有部门的人员。这些人员最有可能提出改进设计的意见。但必须注意，这些介入者并不是专家，提完意见就大功告成，他们对整个产品负有责任。

**（三）目标成本制度的运用**[①]

为了简洁而又具体，我们采用举例分析方式来说明目标成本制度的应用，并重点在

---

① 该部分的数字资料由美国南加州大学林文雄教授提供，特此致谢。

于价值工程的运用。

**例 13-7** 太平洋家用电器制造公司(简称太平洋)最近经精英咨询公司的咨询,正在实施低成本战略。根据战略的需要,现有的咖啡壶产品在现行价格水平上必须达到单位产品目标利润 20 美元,为此其目标成本必须控制在 90 美元之内,但现行的咖啡壶成本则为 114 美元,超出目标成本 24 美元。按价值链和产品生命周期整理的咖啡壶成本的明细资料如表 13-25 所示。

表 13-25  按生命周期和价值链归集的目标和现行的成本资料　　　　单位:元

| 价值链/生命周期 | 内　部 | | | | 外　部 | | | | 合　计 | | |
| --- | --- | --- | --- | --- | --- | --- | --- | --- | --- | --- | --- |
| | 差异 | | 目标 | 现行 | 差异 | | 目标 | 现行 | 差异 | 目标 | 现行 |
| 研发 | 3.6 | 4% | 5 | 1.4 | | | | | 3.6 | 5 | 1.4 |
| 制造 | 15.3 | 17% | 20 | 4.7 | 21.6 | 24% | 30 | 8.4 | 36.9 | 50 | 13.1 |
| 销售 | 5.4 | 6% | 6 | 0.6 | 12.6 | 14% | 17 | 4.4 | 18.0 | 23 | 5.0 |
| 服务与维护 | 9.0 | 10% | 10 | 1.0 | | | | | 9.0 | 10 | 1.0 |
| 一般性管理 | 18.0 | 20% | 19 | 1.0 | | | | | 18.0 | 19 | 1.0 |
| 回收成本 | 4.5 | 5% | 7 | 2.5 | | | | | 4.5 | 7 | 2.5 |
| 合　计 | 55.8 | 62% | 67 | 11.2 | 34.2 | 38% | 47 | 12.8 | 90.0 | 114 | 24.0 |

在表 13-25 中,第一栏按产品价值链和生命周期设计,包括了研发、制造、销售、服务与维护、一般性管理、回收成本等项目,而每一项目所发生的成本又分成在企业内部发生的和在企业外部发生的两种,这由第一行标识出来。目标成本制度的主要内容就是通过价值工程分析来消除 24 美元的总差异,或者具体地消除每个项目的目标成本与现行成本之间的差额。这是一项非常繁重的工作。为了更好地说明问题,这里仅分析如何消除制造项目的差额,即 13.1 美元,然后读者可以举一反三,推广到其他项目。有关咖啡壶制造的明细资料如表 13-26 所示。

表 13-26  咖啡壶的功能成本分析

| 部　件 | 功　能 | 成　本 | |
| --- | --- | --- | --- |
| | | 金额/元 | 所占比重/% |
| 冲泡杯 | 研磨与过滤咖啡 | 9 | 18 |
| 水壶 | 盛咖啡、保温 | 2 | 4 |
| 保温器 | 保温 | 3 | 6 |
| 壶型与壶体 | 盛水与装倒水 | 9 | 18 |
| 加热装置 | 烧水并自动停烧 | 4 | 8 |
| 电子显示板 | 控制研磨时间和钟表 | 23 | 46 |
| 合　计 | | 50 | 100 |

由表 13-26 看到,咖啡壶由冲泡杯、水壶、保温器、壶型与壶体、加热装置、电子显示板 6 个零部件组成,每一个零部件都有特定的功能(例如水壶的功能是盛咖啡和保温)。最后一大栏是成本数据,其中的两小栏数据,一个是绝对数,另一个是相对数,表示每个零部件的成本数额以及在整个咖啡壶制造成本中的比重(例如水壶的制造成本是 2 美

元,在总成本中所占比重为 4%)。另外,表中的成本数额是现行成本,总额为 50 美元,与表 13-25 中的数据完全相等。表中每个项目的成本占咖啡壶总成本的比重也称成本系数,按照价值分析的原理,某一零部件的成本系数与其功能系数对比,就能发现成本降低的方向。所谓功能系数就是某一零部件的功能占咖啡壶总功能的比重。那么,如何确定咖啡壶的功能系数呢?通常需要三个基本步骤。

(1) 确定顾客对咖啡壶的要求。顾客对咖啡壶要求的资料如表 13-27 所示。

表 13-27　咖啡壶的顾客需求排序

| 顾 客 需 求 | 顾 客 排 序 | | | | | 相 对 排 序 | |
|---|---|---|---|---|---|---|---|
| | 1 | 2 | 3 | 4 | 5 | 绝对分数 | 比重/% |
| | 不 重 要 | | ← | → | 重　要 | | |
| 味道像蒸馏咖啡 | | | | | 5 | 5 | 20 |
| 壶体易清洗 | | | | 4 | | 4 | 16 |
| 美观 | | 2 | | | | 2 | 8 |
| 容量在 6 杯以上 | | | 3 | | | 3 | 12 |
| 按指定时间开机 | | | | 4 | | 4 | 16 |
| 适合不同咖啡豆 | 1 | | | | | 1 | 4 |
| 保温 | | | 3 | | 3 | 12 | |
| 自动关机 | | | 3 | | | 3 | 12 |
| 合　计 | | | | | | 25 | 100 |

在表 13-27 中,顾客对咖啡壶的要求由第一栏表示,包括 8 个方面。顾客排序一大栏是对顾客每一个方面的要求的重要程度所给出的排列,必须通过问卷调查或其他方式由顾客亲自排定。表中最后一大栏是对顾客需求的整理,两个小栏,一个为绝对排序,另一个是相对排序。

(2) 编制质量功能矩阵表。质量功能矩阵表如表 13-28 所示。该表的突出特点是通过界定每一个零部件在满足顾客要求中的作用,使零部件的功能与顾客的要求结合起来。

表 13-28　咖啡壶质量功能矩阵表

| 顾 客 需 求 | 部件/% | | | | | | 我们与竞争对手比较 | | | | | 顾客排名 |
|---|---|---|---|---|---|---|---|---|---|---|---|---|
| | 冲泡杯 | 水壶 | 保温器 | 壶型/壶体 | 加热器 | 电子显示板 | 1 | 2 | 3 | 4 | 5 | |
| 味道像蒸馏咖啡 | 50▲ | | | | 50▲ | | ■ | □ | | | | 5 |
| 壶体易清洗 | 30● | 10○ | | 60▲ | | | | □ | ■ | | | 4 |
| 美观 | | | | 60▲ | | 40▲ | | | □ | | ■ | 2 |
| 容量在 6 杯以上 | | 50▲ | | 50▲ | | | | ■ | □ | | | 3 |
| 按指定时间开机 | | | | | | 100▲ | | □ | | | ■ | 4 |
| 适合不同咖啡豆 | 15○ | | | | 95▲ | | ■ | □ | | | | 1 |
| 保温 | | 20● | 80▲ | | | | | ■ | | □ | | 3 |
| 自动关机 | | | | | | 100▲ | | | □ | | ■ | 3 |

注:设计参数和顾客需求的相关性　　比较竞争对手的排名

▲　强相关　　　　　　　　　　■　竞争对手给我们产品排名

●　中度相关　　　　　　　　　□　我们自己的排名

○　弱相关

在表 13-28 中,第一栏是顾客对咖啡壶的要求,第一行是咖啡壶的零部件。表中的数据由本企业或聘请的工程师和专家给出,其意义是一个零部件在满足顾客某种要求的过程中发挥多大的作用。例如味道像蒸馏咖啡一行,其含义是在实现咖啡壶能够煮出像蒸馏咖啡一样味道的咖啡,冲泡杯和加热器所发挥的作用各占 50%。其中,▲、●和○等符号表示零部件作用的强度。最后一栏是顾客排名,来自表 13-27,它与"我们与竞争对手的比较"结合起来,可以作为工程师和专家们的参考。

(3) 计算功能系数。功能系数的计算如表 13-29 所示。该表在表 13-28 的基础上,将顾客需求与零部件的功能完全连接起来,使零部件的功能也数量化了。

表 13-29 与表 13-28 相似,第一栏是顾客对咖啡壶的要求,第一行是零部件名称,它们围起来的数据,是表 13-27 与表 13-28 相应数据的乘积。表 13-27 的相关数据已经移到表 13-29 的最后一栏。例如"6 杯以上的容量"一行中"50×12=6",其中都是百分数,50%来自表 13-28,12%来自表 13-27,其乘积表示冲泡杯在满足客户"6 杯以上的容量"要求中发挥的作用或功能在总作用或总功能中的比重。最后一行"变动后部件排名"就是每个零部件的功能在总功能中所占的比重,即功能系数。

**表 13-29 每一部件对顾客需求的贡献率**

单位:%

| 顾客需求 | 冲泡杯 | 水壶 | 保温器 | 壶型/壶体 | 加热器 | 电子显示板 | 特征相对排名 |
|---|---|---|---|---|---|---|---|
| 味道像蒸馏咖啡 | 50×20=10 | | | | 50×20=10 | | 20 |
| 易于清洗 | 30×16=4.8 | 10×16=1.6 | | 60×16=9.6 | | | 16 |
| 美观 | | | | 60×8=4.8 | | 40×8=3.2 | 8 |
| 6 杯以上的容量 | | 50×12=6 | | 50×12=6 | | | 12 |
| 准时开机 | | | | | | 100×16=16 | 16 |
| 多种研磨设置 | 5×4=0.2 | | | | | 95×4=3.8 | 4 |
| 保温 | | 20×12=2.4 | 80×12=9.6 | | | | 12 |
| 自动关机 | | | | | | 100×12=12 | 12 |
| 变动后部件排名 | 15.0 | 10.0 | 9.6 | 20.4 | 10.0 | 35.0 | 100 |

求出每个零部件的成本系数和功能系数之后,将两者对比即可发现成本降低的方向。有关的计算汇总见表 13-30。

**表 13-30 咖啡壶价值指数**

| 部 件 | 成本系数/% | 功能系数/% | 价 值 指 数 | 拟采取的行动 |
|---|---|---|---|---|
| 冲泡杯 | 18 | 15.0 | 0.83 | 降低成本 |
| 水壶 | 4 | 10.0 | 2.5 | 增加成本 |
| 保温器 | 6 | 9.6 | 1.6 | 增加成本 |
| 壶型与壶体 | 18 | 20.4 | 1.13 | 合适 |
| 加热装置 | 8 | 10.0 | 1.25 | 增加成本 |
| 电子显示板 | 46 | 35.0 | 0.76 | 降低成本 |
| 合 计 | 100 | 100 | | — |

表 13-30 中,成本系数来自表 13-26 的最后一栏,功能系数来自表 13-29 的最后一行,价值指数为功能系数与成本系数之比。理论上,一个产品的某个零部件的成本在该产品总成本中的比重应该与该零部件的功能在产品总功能中的比重相匹配。也就是说,如果价值指数为 1 就意味着用相同比重的成本生产了相同比重的功能,正好匹配;如果大于 1 就意味着用较小比重的成本生产了较大比重的功能,成本投入不足;如果小于 1 就意味着用较大比重的成本生产了较小比重的功能,成本投入过度。但在实务上一般认为价值系数在 1~1.2 之间为宜,表 13-30 就采用的这个标准。根据表 13-30中的价值指数可以判断:冲泡杯和电子显示板的价值指数低于 1 因而需要降低成本;水壶、保温器和加热装置的价值系数均超过 1.2 因而需要增加成本;而壶型与壶体的价值系数为 1.13 正好合适。

当我们发现需要降低或提高成本的零部件之后,就要在研发和设计过程中付诸于实践。现以电子显示板为例说明如何实现成本降低。工程师们研究发现,电子显示板仍有很大的改进空间,其改进设计的想法汇集在表 13-31。

表 13-31    用价值工程降低电子显示板成本的方法

| 电子显示板零部件 | 降低成本的方法 |
| --- | --- |
| 电源 | 降低功率——在目前的设计中更需如此 |
| 可改动的线路 | 取消可改动的线路,使用配线装置 |
| 印刷线路板 | 使线路板规格标准化,采用大批量生产 |
| 定时钟 | 与印刷线路板结合 |
| 中枢处理集成电路片 | 用标准 8808 集成电路片代替按顾客要求定制 |
| 加热连接器 | 重新安排加热连接器板面的布局 |

表 13-31 中的内容具有很强的技术性,应当由工程师和技术人员去处理,与会计人员无关。但是,一旦有了处理结果,会计人员要重新计算成本,看咖啡壶的制造成本的那个目标和现行的 13.1 美元差额是否已经消除,如果没有,还需要进一步改进设计,采纳新技术,直到消除那个差额为止。

# 专 用 名 词

| | | | |
| --- | --- | --- | --- |
| 成本 | 产品成本 | 期间成本 | 直接成本 |
| 间接成本 | 成本分配 | 成本动因 | 成本库 |
| 订单法 | 分步法 | 约当产量 | 标准成本 |
| 差异分析 | 反馈报告 | 作业成本法 | 作业管理 |
| 目标成本 | | | |

# 习 题

## 一、思考题

Q13-1　什么是成本？理解产品成本构成有何意义？

Q13-2　成本核算过程中,应该划清哪些支出、费用界限？为什么要划清这些界限？

Q13-3　订单法运用分为哪几个步骤？如采用订单法进行核算,其成本计算单的结构怎样？

Q13-4　如何理解成本分配在成本计算中的重要性？

Q13-5　什么是标准成本系统？如何制定标准成本并进行差异分析？

Q13-6　标准成本、目标成本、作业成本核算存在多大差异？对企业的影响如何？

Q13-7　什么是"作业成本计算"？它比传统的成本计算有哪些特点和优越性？

Q13-8　什么是"目标成本计算"？它的前提条件、原则是什么？价值工程运用有哪几个步骤？

Q13-9　成本反馈报告对企业有何意义？

Q13-10　现代成本管理与以往的成本管理相比,在哪些方面有所创新？其意义何在？

## 二、练习题

### E13-1　成本库与成本动因

某企业生产甲、乙两种产品,共同领用 A、B 两种材料,共计 37 620 元。本月投产甲产品 150 件,乙产品 120 件。甲产品材料消耗定额：A 材料 6 千克、B 材料 8 千克；乙产品材料消耗定额：A 材料 9 千克、B 材料 5 千克。A 材料单价 10 元、B 材料单价 8 元。

要求：按照甲、乙产品材料定额成本的比例分配材料费用。

### E13-2　成本分配（以作业为基础）

ABC 电子公司的苏州分厂生产录像机。1 月预算数如下：

单位:元

| | |
|---|---|
| 原材料和零部件 | 295 000 |
| 工厂保险费 | 60 000 |
| 机器用电 | 12 000 |
| 照明用电 | 6 000 |
| 工程设计 | 61 000 |
| 工厂折旧 | 70 000 |
| 机器折旧 | 140 000 |
| 工厂保管人员工资 | 4 000 |
| 设备维修人员工资 | 15 000 |
| 设备维修（零件） | 3 000 |
| 生产准备人员工资 | 4 000 |
| 检测 | 3 000 |
| 房产税 | 12 000 |
| 天然气（供热） | 3 000 |

要求：在成本库内分配成本,确认将每个成本库的成本分配给产品的成本动因。

**E13-3　订单法**(分批法)

甲公司根据客户的需要组合及包装 20 余种不同的产品,每批生产量为 30~50 件。该公司采用分批法计算产品成本,各生产批量即为一个成本批次。20×6 年 7 月 1 日的有关存货记录如下:

在产品 45 726 元,成本构成:

| 项　　目 | 批号 202 | 批号 204 | 批号 205 |
|---|---|---|---|
| 直接材料/元 | 4 200 | 3 190 | 2 800 |
| 直接人工/元 | 8 500 | 7 210 | 6 500 |
| 制造费用分摊额/元 | 5 100 | 4 326 | 3 900 |
| 合计/元 | 17 800 | 14 726 | 13 200 |
| 在产品数量/件 | 30 | 50 | 35 |

产成品 22 520 元,成本构成:

| 项　　目 | 批号 203 |
|---|---|
| 直接材料/元 | 7 200 |
| 直接人工/元 | 10 200 |
| 制造费用分摊额/元 | 5 120 |
| 合计/元 | 22 520 |
| 在产品数量/件 | 50 |

原材料 7 800 元。当月发生的各批次直接成本资料:

| 项　　目 | 批号 206 | 批号 207 | 批号 208 | 合　　计 |
|---|---|---|---|---|
| 直接材料/元 | 4 180 | 3 600 | 1 200 | 8 900 |
| 直接人工/元 | 9 200 | 8 340 | 2 910 | 20 450 |
| 产品数量/件 | 40 | 50 | 40 | |

其他资料如下:

(1) 当月对期初在产品投入原料与人工:

单位:元

| 项　　目 | 批号 202 | 批号 204 | 批号 205 | 合　　计 |
|---|---|---|---|---|
| 直接材料 | 950 | 410 | 1 200 | 2 560 |
| 直接人工 | 2 000 | 3 500 | 4 500 | 10 000 |

(2) 制造费用基于直接人工小时按预定分配率分配。

(3) 当月发生的制造费用实际成本为

单位:元

| | |
|---|---|
| 生产领班薪资 | 4 000 |
| 厂房租金 | 2 000 |
| 设备折旧 | 3 000 |
| 间接人工 | 5 000 |
| 办公用品(工厂) | 1 100 |
| 营业费用 | 8 500 |
| 财产税、保险费 | 1 250 |
| 失业保险税(直接人工相关部分占 80%) | 3 200 |

(4) 当月购入直接材料 8 500 元,间接材料(办公用品)另行计算。

(5) 在 7 月 31 日,生产批号 207 和 208 尚未完工,期末产成品仅为生产批号 205 的产品。

(6) 制造费用分摊差异均计入销货成本。

要求:

(1) 计算用于对各生产批次分摊制造费用的预定分配率。

(2) 计算当月批号 204 的单位成本。

(3) 计算 7 月 31 日的存货账户余额,必须包括原材料、在产品和产成品。

(4) 计算当月的产成品成本。

(5) 计算当月的制造费用分摊差异,并编制调整分录。

**E13-4　订单法下制造费用的分配**

如 E13-3 所示,企业采用订单法进行成本核算,已知一订单编号为 245,其直接材料和直接人工的资料如下:

| 直 接 材 料 | | 直 接 人 工 | | |
|---|---|---|---|---|
| 领料单编号 | 金额/元 | 工时卡编号 | 工时 | 金额/元 |
| 1 | 100 | 101 | 6 | 45 |
| 2 | 400 | 102 | 8 | 60 |
| 3 | 550 | 103 | 9 | 21 |
| | | 104 | 11 | 54 |
| 合　计 | 1 050 | | 34 | 180 |

预计的制造费用为 15 万元,已知正常产能时的直接人工工时为 36 小时。

要求:

(1) 计算预定的制造费用分配率。

(2) 计算直接人工应负担的制造费用。

(3) 填列该订单的成本计算单。

**E13-5　分步法**

英雷公司设有两个制造部,并应用加权平均分步成本制度。20×6 年,B 制造部的有关资料如下:

(1) 3 月 31 日,6 000 件在产品,完工程度 50%,其成本包括来自 A 制造部的 56 000 元及 B 制造部的加工成本 24 000 元。

(2) 4 月份,从 A 部门转入半成品 22 000 件,成本 224 000 元。

(3) B 部门于 4 月份发生成本:直接材料 24 000 元,加工成本 156 000 元。

(4) 4 月份完工及转出产成品 16 000 件。

(5) 4 月底的在产品 10 000 件,完工程度 60%。

B 部门产成品的正常损失率为 5%,品质检验于完工时进行,B 部门的材料于检验后投入。

要求:

(1) 编制 B 制造部 1996 年 4 月份的生产成本报告。

(2) 分析 B 制造部的实际损坏率高于或低于正常水平,损坏品损失是多少?

(3) 试计算损坏率若降至 2% 时的成本节约额。

### E13-6　分步法

甲公司大量生产 A 产品。生产分为两个步骤,分别由第一、二两个车间进行,该企业采用平行结转分步法计算产品成本,各步骤完工产品与月末在产品之间,采用定额比例法分配费用:原材料费用按定额原材料费用比例分配;其他各项费用,都按定额工时比例分配。其他有关资料如下表所示。

一车间成本明细账　　　　　　　　　　　　　　单位:元

| 摘　要 | 原材料 | 燃料及动力 | 工资及福利 | 制造费用 | 合　计 |
|---|---|---|---|---|---|
| 月初 | 8 253 | 2 800 | 4 575 | 6 100 | 21 728 |
| 本月 | 6 300 | 1 700 | 3 000 | 4 400 | 15 400 |
| 生产费用累计 | | | | | |
| 分配率 | | | | | |
| 完工 | | | | | |
| 在产 | | | | | |

二车间成本明细账　　　　　　　　　　　　　　单位:元

| 摘　要 | 原材料 | 燃料及动力 | 工资及福利 | 制造费用 | 合　计 |
|---|---|---|---|---|---|
| 月初 | | 细账 | 950 | 3 050 | |
| 本月 | | 3 700 | 6 250 | 12 550 | |
| 生产费用累计 | | | | | |
| 分配率 | | | | | |
| 完工 | | | | | |
| 在产 | | | | | |

定额资料

| 摘　要 | 车间 | 定额原材料费用/元 | 定额工时 |
|---|---|---|---|
| 月末完工产成品定额资料 | 一车间 | 8 700 | 15 000 |
| | 二车间 | | 11 000 |
| 月末在产成品定额资料 | 一车间 | 6 000 | 10 000 |
| | 二车间 | | 1 000 |

要求:

(1) 登记产品成本明细账。

(2) 编制产品成本汇总计算表。

| 摘　　要 | 原材料 | 燃料及动力 | 工资及福利 | 制造费用 | 合　　计 |
|---|---|---|---|---|---|
| 一车间转入 | | | | | |
| 二车间转入 | | | | | |
| 　汇总 | | | | | |

产成品汇总表　　　　　　　　　　　单位：元

**E13-7　部门生产报告编制**

甲公司资料如上题所示，请编制一车间和二车间的生产报告。

**E13-8　约当产量计算**

荷园公司 20×6 年 12 月 31 日的存货余额如下：

| 项　　目 | 数量/件 | 成本/元 |
|---|---|---|
| 在产品（加工成本完工 50%） | 300 000 | 660 960 |
| 产成品 | 200 000 | 1 009 800 |

直接材料于加工初期一次投入，制造费用按直接人工成本的 60% 分摊，产成品无期初余额。该公司采用加权平均法编制生产报告，有关资料如下：

| 摘　　要 | 数量/件 | 成本/元 直接材料 | 人　工 |
|---|---|---|---|
| 期初在产品（加工成本完工 80%） | 200 000 | 200 000 | 315 000 |
| 本期投产数量 | 1 000 000 | | |
| 本期发生成本 | | 1 300 000 | 1 995 000 |
| 本期完工数量 | 900 000 | | |

要求：

（1）计算 1996 年的约当产量及单位产品的材料成本、人工成本和制造费用。

（2）计算产成品总成本和期末在产品成本。

（3）计算 1996 年的销货成本。

**E13-9　标准成本计算**（直接材料、直接人工）

华清公司拟生产一批布料，须经过两道工艺流程。有关资料如下：

（1）第一道工艺流程由 A、B 两种原料合成，在生产过程中将损耗 20% 的原料，制成后每件产品包含 10 公斤 A 原料和 20 公斤 B 原料。

（2）第二道工艺流程是将每件产品再加入 3 公斤 C 染料，染后包装成匹。

（3）该企业因投入生产期较短，所以产品质量尚存在不足，最终检验后，不合格品为 20%（无任何出售价值）。

（4）生产一匹布需耗用人工 60 分钟，每位工人每天作业 8 小时，其中包括 2 小时设备清理与休息时间。

要求：

（1）生产一匹合格产品所需原料的耗用标准。

（2）生产一匹合格产品所需人工耗用量标准。

（3）若 A 原料购买价格为 50 元/公斤，B 原料购买价格 10 元/公斤，C 染料购买价格为 30 元/公斤，人工工资率为 12 元/小时，试编制一匹合格产品的材料与人工标准成本率。

### E13-10　标准成本计算（制造费用）

假定华清公司资料如上题所示，另外其单位直接人工的变动制造费用为 3 元，本月的总固定成本为 50 000 元，预计产量为 2 000 匹。

要求：

（1）计算出每匹布料的标准变动制造费用。

（2）假定固定制造费用的处理方法同变动制造费用一致，试计算单位直接人工固定制造费用和每匹布的标准制造费用。

（3）编制华清公司标准单位成本汇总表。

### E13-11　标准成本差异分析（直接材料、直接人工）

汇通公司的标准成本资料如下：

单位：元

|  |  |
| --- | --- |
| 直接材料（5 千克，单价 1.60 元） | 8.00 |
| 直接人工（2 小时，薪资率 9.00 元） | 18.00 |
| 变动制造费用（2 小时，分配率 1.5 元/小时） | 3.00 |
| 固定制造费用（2 小时，分配率 2 元/小时） | 4.00 |
| 单位标准成本 | 33.00 |

固定制造费用分摊基于产能 72 000 件，当年实际资料为：产量 70 000 件；原材料购货 372 000 千克，单价 1.55 元；原材料耗用 369 000 千克；直接人工 145 000 小时，薪资率 8.95 元；年变动制造费用 220 000 元；固定制造费用 240 000 元。

要求：计算各项标准成本差异。

### E13-12　标准成本差异分析（制造费用）

某工厂只生产一种产品，其单件产品的有关资料如下所示，要求根据下列资料计算各成本项目的各项差异：（固定制造费用采用三因素分析法）

| 成本项目 | 标准成本 | 实际成本 |
| --- | --- | --- |
| 原材料 | 10 千克×0.15 元/千克 | 11 千克×0.16 元/千克 |
| 直接人工 | 0.5 小时×4 元/小时 | 0.45 小时×4.2 元/小时 |
| 制造费用： |  |  |
| 　固定制造费用（总额）/元 | 5 000（预算数） | 5 000 |
| 　单位变动制造费用/（元/件） | 1 | 1.2 |
| 产量/件 | 预计正常生产能力 10 000 | 实际 8 000 |

### E13-13　成本反馈报告（业绩报告）

某成本中心生产 A、B 两种产品，下面是两种产品的成本计算单，试填制该成本中心的业绩报告。

## A 产品成本计算单

产量：15 000 台          年　月          单位：元

| 项　　目 | 直接材料 | 直接人工 | 制造费用 | 合　　计 |
|---|---|---|---|---|
| 期初在产品 | 326 000 | 136 000 | 104 000 | 566 000 |
| 本期发生额 | 845 000 | 684 000 | 480 000 | 2 009 000 |
| 　合计 | 1 171 000 | 820 000 | 584 000 | 2 575 000 |
| 本期完工产品 | 1 050 000 | 780 000 | 504 000 | 2 334 000 |
| 单位产品成本 | 70 | 52 | 33.6 | 155.6 |
| 期末在产品 | 121 000 | 40 000 | 80 000 | 141 000 |

## B 产品成本计算单

产量：2 000 台          年　月          单位：元

| 项　　目 | 直接材料 | 直接人工 | 制造费用 | 合　　计 |
|---|---|---|---|---|
| 期初在产品 | 180 000 | 120 000 | 814 000 | 314 000 |
| 本期发生额 | 820 000 | 750 000 | 120 000 | 1 690 000 |
| 　合计 | 1 000 000 | 870 000 | 134 000 | 2 004 000 |
| 本期完工产品 | 850 000 | 805 000 | 103 000 | 1 758 000 |
| 单位产品成本 | 425 | 402.5 | 51.5 | 879 |
| 期末在产品 | 150 000 | 65 000 | 31 000 | 246 000 |

## ××成本中心业绩报告

| 成 本 项 目 | 实际/元 | 预算/元 | 差　　异 | | 原因分析 |
|---|---|---|---|---|---|
| | | | 差异额/元 | 差异率/% | |
| 直接材料 | | 1 660 000 | | | |
| 直接人工 | | 1 432 000 | | | |
| 可控制造费用 | 500 000 | 505 000 | | | |
| 责任转入 | 50 000 | | | | |
| 　责任成本合计 | | | | | |

### E13-14　作业成本动因分析

Genesco 公司制造大型光学望远镜使用复杂的透镜和平面镜。公司现正在编制年度利润预算。作为单个产品利润可行性分析的一部分，会计主管根据以下信息估计了应分配给单条产品线的间接费用。

| 项　　目 | 平 面 镜 | 透　　镜 |
|---|---|---|
| 生产的产品数/个 | 25 | 25 |
| 每条产品线运送的材料/个 | 5 | 15 |
| 每件产品耗用的直接人工小时 | 20 | 200 |
| 材料处理成本预算额/元 | 50 000 | — |

要求：

（1）根据直接人工小时分配间接费用的产品成本计算法下，分配给每面平面镜的成本为多少？

每面透镜的成本又为多少?

(2) 在 ABC 法下,应分配给每面平面镜的成本为多少?

(3) ABC 法下应分配给每面透镜的成本为多少?

**E13-15　作业成本计算**(传统成本与作业成本法)

西北公司生产两种不同型号激光打印机(经济型与标准型),年初的预算资料为

| 项　目 | 标　准　型 | 经　济　型 |
|---|---|---|
| 产量/台 | 100 000 | 800 000 |
| 售价/元 | 900 | 750 |
| 材料与人工单位成本/元 | 529 | 482.75 |
| 单位制造费用/元 | 47 | 117.25 |

在该公司现行成本系统中,制造费用按直接人工小时(DLH)分摊,当年发生的制造费用明细资料如下:

| 成 本 库 | 成 本 动 因 | 成本库分摊率 | 标准型 | 经济型 |
|---|---|---|---|---|
| 生产设备 | 准备次数 | 3 000 | 300 | 200 |
| 机器维修 | 机器工时 | 200 | 100 000 | 300 000 |
| 设计变更 | 设计工时 | 40 | 50 000 | 100 000 |
| 包装发运 | 购货订单数 | 20 | 100 000 | 400 000 |
| 地勤服务 | 使用面积 | 1 | 200 000 | 800 000 |

要求:

(1) 应用传统成本计算法,根据预算资料计算两种型号打印机的单位成本销货毛利率、单位毛利及毛利总额。

(2) 应用作业成本法,根据成本库分配率计算两种型号的单位成本、销货毛利率、单位毛利及毛利总额。

(3) 假设公司管理当局拟增加生产标准型并减少经济型打印机生产,试分析这一计划是否妥当?

**E13-16　作业成本计算**(按层次分配)

仁爱医院设一护理部,按日平均费用率向病人收费。护理服务包括病房使用、膳食与护理。病房使用又包括对床位与监测器的使用。根据病情状况,病人对护理服务及病房、监测器的需要量不同,有关资料如下:

| 活　　动 | 成本/元 | 成 本 动 因 | 数　　量 |
|---|---|---|---|
| 床位 | 900 000 | 病人/天 | 6 000 |
| 监测器 | 1 200 000 | 使用数量/小时 | 10 000 |
| 膳食 | 100 000 | 病人/天 | 6 000 |
| 护理 | 945 000 | | |
| 总计 | 3 145 000 | | |

不同病情状况的病人对监测器与护理服务的耗用量为

| 病情状况 | 病人/天 | 监测器/小时 | 护理时数/小时 |
|---|---|---|---|
| 严重 | 2 000 | 5 000 | 40 000 |
| 中等 | 3 000 | 4 000 | 18 000 |
| 一般 | 1 000 | 1 000 | 5 000 |

要求:

(1) 计算该护理部的单日平均费用率(按传统成本计算方法)。

(2) 计算各成本库分配率。

(3) 计算基于成本库分配率及耗用服务量的不同病情状况的日费用率。

(4) 分析作业成本法对服务业的适用性。

**E13-17 目标成本计算**

荷清公司最近正在目标成本战略。根据战略的需要,公司现有的迷你王电子产品在现行价格水平上必须达到单位产品目标利润 100 元,为此其目标成本必须控制在 500 元之内,但现行成本则为600 元,超出目标成本 100 元。迷你王由 U 盘、MP3、线控、耳机、录音器 5 个零部件组成,每一个零部件都有特定的功能。其他相关资料如下:

(1) 产品部件的功能与成本明细资料如下表所示。

| 部 件 | 功 能 | 成 本 | |
|---|---|---|---|
| | | 金额/元 | 份额/% |
| U 盘 | 存储 | 240 | 40 |
| MP3 | 听放歌曲 | 180 | 30 |
| 线控 | 调控 MP3 | 60 | 10 |
| 耳机 | 听音乐 | 30 | 5 |
| 录音器 | 录音 | 90 | 15 |
| 合 计 | | 600 | 100 |

(2) 经过问卷调查得知顾客对迷你王的要求是:

**顾客需求排序**

| 顾 客 需 求 | 顾客排序 | | | 相 对 排 序 | |
|---|---|---|---|---|---|
| | 1 | ← → | 5 | | |
| | 不重要 | ← → | 最重要 | 绝对分数 | 比重/% |
| 存储文件或 MP3 歌曲 | | | 5 | 5 | 23 |
| 声音清晰 | | 4 | | 4 | 18 |
| 美观 | 2 | | | 2 | 9 |
| 存储空间 128 兆以上 | | 4 | | 4 | 18 |
| 随时录音 | | 4 | | 4 | 18 |
| 立体声 | 3 | | | 3 | 14 |
| 总 和 | | | | 22 | 100 |

编制质量功能矩阵表如下：

**质量功能矩阵表**

| 顾客需求 | 部件/% | | | | | 我们与竞争对手比较 | 顾客排名 |
|---|---|---|---|---|---|---|---|
| | U盘 | MP3 | 线控 | 耳机 | 录音器 | | |
| 存储文件或 MP3 歌曲 | 50▲ | 50▲ | | | | | 5 |
| 声音清晰 | | 50▲ | 10 | 40 | | | 4 |
| 美观 | 30 | 30 | 30 | 10 | | | 2 |
| 存储空间 128 兆以上 | 100▲ | | | | | | 4 |
| 随时录音 | 50▲ | | | | 50▲ | | 4 |
| 立体声 | | 50▲ | 40 | 10 | | | 3 |

要求：

（1）计算功能系数并填列下表：

**每一部件对顾客需求的贡献率**    单位:%

| 顾客需求 | U盘 | MP3 | 线控 | 耳机 | 录音器 | 特征相对排名 |
|---|---|---|---|---|---|---|
| 存储文件或 MP3 歌曲 | | | | | | |
| 声音清晰 | | | | | | |
| 美观 | | | | | | |
| 存储空间 128 兆以上 | | | | | | |
| 随时录音 | | | | | | |
| 立体声 | | | | | | |
| 变动后部件排名 | | | | | | |

（2）计算价值指数并填列下表：

**价值指数表**

| 部　件 | 成本系数/% | 功能系数/% | 价值指数 | 拟采取的行动 |
|---|---|---|---|---|
| 优盘 | | | | |
| MP3 | | | | |
| 线控 | | | | |
| 耳机 | | | | |
| 录音器 | | | | |
| 合　计 | | | | |

### E13-18　成本分类

甲公司的现有厂房购置已有 10 年,其中一部分厂房多年来对外出租,年租金收入 5 万元,现租约即将到期。甲公司拟用这部分厂房生产甲产品而不再出租。新产品的单位直接材料成本为 20 元,公司将在厂区附近租用一小仓库储存完工新产品,月租为 500。此外还需租用设备生产该产品,月租金 2 000 元,并增加雇用工人。单位产品直接人工成本为 50 元,原出租厂房仍然按照直线法计提折旧,年折旧额为 5 000 元。新产品的广告促销费为每年 3 000 元,生产工人每月工资为 2 000 元。生产每单位产品需耗用水电费 2 元,销售运费 10 元。为资金需要,公司计划出售短期投资 5 万元,原投资收益每年 2 000 元。

要求：请按下列格式编制表格，并将上述新产品的有关成本分别归类。

单位:元

| 成本项目 | 产 品 成 本 | | 期间成本 | 机会成本 | 沉没成本 |
| --- | --- | --- | --- | --- | --- |
| | 变动成本 | 固定成本 | | | |
| 材料 | | | | | |
| 人工 | | | | | |
| 制造费用 | | | | | |

## 三、讨论题

### P13-1 订单法与分步法

某工业企业大量生产甲产品。生产分为两个步骤，分别由第一、第二两个车间进行。第一车间为第二车间提供半成品，第二车间将半成品加工成为产成品。该厂为了加强成本管理，采用逐步结转分步法按照生产步骤(车间)计算产品成本。

该厂第一、二车间产品成本明细账部分资料如下表所示：

#### 产品成本明细账

产品名称：半成品甲　车间名称：第一车间　20×1年3月　半成品产量：500件　单位:元

| 成本项目 | 月初在产品定额费用 | 本月费用 | 生产费用合计 | 完工半成品成本 | 月末在产品定额费用 |
| --- | --- | --- | --- | --- | --- |
| 原材料 | 1 900 | 6 300 | | | 2 800 |
| 工资及福利费 | 1 100 | 3 000 | | | 1 300 |
| 制造费用 | 2 300 | 6 100 | | | 2 600 |
| 合　计 | 5 300 | 15 400 | | | 6 700 |
| 单位成本 | × | × | × | | × |

#### 自制半成品明细账

半成品名称：甲

| 月份 | 月 初 余 额 | | 本 月 增 加 | | 合　　计 | | | 本 月 减 少 | |
| --- | --- | --- | --- | --- | --- | --- | --- | --- | --- |
| | 数量/件 | 实际成本/元 | 数量/件 | 实际成本/元 | 数量/件 | 实际成本/元 | 单位成本/元 | 数量/件 | 实际成本/元 |
| | 400 | 10 300 | | | | | | 700 | |
| | 200 | | | | | | | | |

#### 产品成本明细账

产品名称：产成品甲　车间名称：第二车间　20×1年3月　产成品产量：350件　单位:元

| 成本项目 | 月初在产品定额费用 | 本月费用 | 生产费用合计 | 产成品成本 | | 月末在产品定额费用 |
| --- | --- | --- | --- | --- | --- | --- |
| | | | | 总成本 | 单位成本 | |
| 半成品 | 6 100 | | | | | 2 600 |
| 工资及福利费 | 1 200 | 3 700 | | | | 500 |
| 制造费用 | 2 500 | 8 850 | | | | 1 400 |
| 合　计 | 9 800 | | | | | 4 500 |

要求:根据上列资料,登记产品成本明细账和自制半成品明细账,按实际成本综合结转半成品成本,计算产成品成本。

**P13-2 作业成本动因**

华清公司今年发生下列活动,正常作业量为 10 000 人工小时,有关成本及成本动因资料如下:

| 作 业 | 预计成本/元 | 成本动因 | 动因数量 |
|---|---|---|---|
| 试车准备 | 150 000 | 准备次数 | 400 |
| 订单处理 | 100 000 | 订单张数 | 5 000 |
| 设备维修 | 100 000 | 机器工时 | 20 000 |
| 动力 | 50 000 | 千瓦 | 60 000 |

当年完工三批产品:

| 项 目 | 批号♯100 | 批号♯105 | 批号♯110 |
|---|---|---|---|
| 直接材料 | 1 100 | 1 200 | 1 300 |
| 直接人工(各批号 100 小时) | 800 | 900 | 1 000 |
| 完工产量/件 | 100 | 50 | 80 |
| 试车准备次数/次 | 1 | 1 | 1 |
| 订单张数/张 | 5 | 6 | 8 |
| 机器工时/小时 | 50 | 60 | 30 |
| 动力/千瓦 | 30 | 50 | 40 |

要求:

(1) 以直接人工小时为分摊基础计算各批次的单位成本。

(2) 以四种成本动因为基础计算各批次的单位成本。

(3) 分析何种方法能提供更为准确的成本分摊结果。

**P13-3 标准成本**

王浩是甲制造公司(主营业务是承接定制的卡车车体)的总会计师,接到总裁一项指示,希望他研究一篇文章,并于下次主管会议中提出报告。该篇文章是描述乙公司的成本会计制度。

(1) 乙公司的成本制度

乙公司也是一家车体制造公司,不过,其车体都是属于标准规格。合计有 12 种规格的车体,而生产数量系依据主管人员对需求的预测而定。每年 12 月时,都需对下一年度预算达成一致协议,预算中包括成本、利润及销售量预估。

预算成本包含 12 种类型车体的个别成本预估。首先,根据预估投入人工工时及工资率求得人工成本,根据预估耗用原料及单价求得原料成本,再加上由按总直接人工成本分摊总制造费用。三者的预估成本即为各种类型车体的标准成本。

乙公司并未依照车体不同规格累计生产成本,而是按照四个生产部门及数个服务部门记账。由于各生产部门员工为该部门直接人工,因此,人工成本可以直接从员工记录中获得。各部门原料成本则依据领料单上的记录核算。而制造费用则根据各部门耗用的直接人工比例分配至各部门。

乙公司主管知道每月每个部门将生产何种规格的车体多少部,故各部门总标准成本可以直接以数量乘上标准成本而得出。因此,主管人员可随时注意实际成本与标准成本的差异状况,而采取必要措施。

每当车体完工时,即用标准成本将其转入成品存货科目,当该车体出售时,再转为销售成本。这种成本会计制度可以避免根据车体记录成本的麻烦,同时又能合理的预估产品成本。除此之外,乙公司还通过实际成本与标准成本比较的差异分析,达到成本控制的目的。

(2) 甲公司的成本制度

几乎每一个甲公司制造的车体都有独特之处。因此,其成本必须依个别车体列记。当开始制造一个车体时,即赋予一个货品号码,而成本即以每周一次的方式汇集于该号码下。领料时即在领料表上注明数量,由于原料单位不一,故以数量乘以单价的方式计算耗用的原料成本。将各号码下的领料表记录汇总,就可轻易地获知每件车体的原料成本。

同理,每件车体耗用的人工成本也可以同样方法汇总而得。假如某位工人同时参与几个车体的生产工作,则记录该名工人花在各车体上的时间,再将该名工人周薪依其在各车体的工作时间比例分摊至各车体。在整个公司中,凡是能直接归属到某个车体制造工作的工人时间,都尽可能将人工成本汇总由该车体负担。而对于那些无法直接归属的制造费用,即根据各车体所耗直接人工比例分摊。

在这种成本制度下,甲公司的主管在每月月底都可知道每个制造中车体的成本;同时,在每件车体完工时,也可知道其制造成本及毛利。

对于文章,总裁对王浩提出下列要求:

研究文章中所提成本制度在本公司实施的可行性,并对下列几点提出意见:

(1) 与本公司目前的成本制度比较,分析书面作业及记账工作的成本。

(2) 在乙公司的制度中,实际成本与标准成本发生差异的可能原因。

(3) 对在乙公司编制预算时某特定车型制造费用标准成本的计算方式有何看法?

(4) 本公司决定制造费用分摊率的时间,是否应从每月一次,改变为每年一次,若是如此,为什么?

(5) 从成本控制观点而言,哪一种成本制度较佳?

要求:

(1) 如果你是王浩,你将如何回复总裁的问题?

(2) 如有必要,甲公司应如何修改现行的成本制度。

**P13-4　成本反馈报告**

试填制下列报告,并对该利润中心进行评价。

利润中心业绩报告

年　　月

| 项　目 | 实际/元 | 预算/元 | 差　异 | | 原因分析 |
| --- | --- | --- | --- | --- | --- |
| | | | 差异数/元 | 差异率/% | |
| 销售收入 | 240 000 | 245 000 | −5 000 | −2.22 | |
| 变动成本 | 82 000 | 85 000 | −3 000 | −3.53 | |
| 变动生产成本 | 25 000 | 262 000 | −1 200 | −4.58 | |
| 　变动销售及管理费用小计 | 107 000 | 111 200 | −4 200 | −3.78 | |
| 边际贡献 | 133 000 | 133 800 | −800 | −0.59 | 略 |
| 可控固定成本 | 24 000 | 24 200 | −200 | −0.83 | |
| 可控边际贡献 | 109 000 | 109 600 | −600 | −0.53 | |
| 不可控固定成本 | 17 000 | 18 000 | −1 000 | 5.56 | |
| 中心边际贡献 | 92 000 | 91 600 | +400 | +0.44 | |

**P13-5　成本分配**

GZ 公司生产笔记本并通过零售商进行销售,其内部组织的主要部分是产品线,各产品线的部门经理对相应的收入和费用承担责任。部门经理根据其所在的产品线的业绩取得薪酬。

现在,GZ 公司根据其业务发展的需要,计划雇用一名律师负责公司的法律事务,以降低法律服务的成本。在此之前,部门经理可以根据其所属产品线的实际需要到公司外部去选择相应服务。现在,虽然公司提供了内部法律服务,但部门经理仍然可以和以前一样到外部寻求服务。

公司的财务主管发现有四种方式分配内部法律服务产生的成本:

各部门根据预算销售量分配内部法律服务成本;公司总部也会承担一定比例。

公司总部承担所有成本。

各部门根据实际使用量并按照某一固定的小时分配率来负担成本。分配率根据外部法律服务的成本确定。

各部门根据实际使用量并按照某一固定的小时分配率来负担成本。分配率根据总的实际使用量和总的成本确定。

要求:

(1)在四种成本分配方式下,描述 GZ 公司的部门经理的可能行为。

(2)在四种成本分配方式下,描述 GZ 公司内部法律服务的质量和数量情况。

(3)在四种成本分配方式下,描述 GZ 公司内部律师的可能行为。

(4)上述哪些成本分配方式会导致内部法律关闭?

# 第十四章

## 本量利分析

1. 掌握固定成本和变动成本的分类；
2. 熟悉本量利分析的基本概念和方法；
3. 掌握保本点分析方法；
4. 熟悉本量利的敏感性分析方法；
5. 熟悉边际贡献和差异分析在经营决策中的运用。

# 第一节　成本性态分析与成本分解

本量利中的"本"是指"成本"，"量"是指"数量"（某种业务量，如产品产量、销量、人工工时、机器小时等），"利"是指"利润"。本量利分析研究的是成本、数量和利润之间的关系，其中的成本以成本性态为依据划分为固定成本和变动成本两个因素，它们是本量利分析中的基本概念。

## 一、成本性态分析

成本费用与业务量之间存在着一定的关系，有些成本费用总额与业务量有着直接的联系，随业务量的增减变动而增减变动，业务量不单单指产量，也可以是销量、工时等；而有些成本费用则与业务量没有直接的联系，业务量变动但成本总额却相对固定。通常将业务量与成本费用之间的依存关系称为"成本性态"，据此可以将企业的成本（费用）分为固定成本（费用）和变动成本（费用）两大类。

### （一）固定成本

固定成本是指成本总额不随业务量的变动而变动的成本，如折旧费、广告费、财产保险费等。在制造业企业中，一般属于固定成本的项目涉及固定制造费、固定推销费、固定管理费等。例如，某公司为推销其产品，一次性支付广告费 100 万元，在电视上播出一个月。此项广告费用为固定成本，因为在一个月内不论推销多少产品它都固定为 100 万元。

一般而言，制造费用和管理费用中的折旧费、租赁费、保险费、间接人员工资、办公费、差旅费等，推销费用中的广告费、运输费、销售机构日常经费等都属于固定成本。固定成本具有如下特点：

（1）固定成本是指总额相对固定的成本，该总额一般不随业务量的增减而变动。如上例中，不管一个月内产品销售多少件，广告费均为 100 万元固定不变。

（2）单位固定成本是变动的，它随业务量的增减成反比例变动。如上述广告费的举例中，如果本月销售产品 10 000 件产品，单位广告费为 100 元；如果本月销售产品 20 000 件，单位广告费为 50 元。销售量上升 50%，单位成本也下降了 50%。正是由于固定成本总额是固定的，才会有单位固定成本与业务量增减成反比例变动的特点。

（3）固定成本的固定性具有一定的相关范围。固定成本的相关范围是指固定成本总额不受业务量变动影响而保持不变或单位固定成本与业务量成反比例变动关系的业务量范围。超过相关范围，固定成本总额可能会发生变动，单位固定成本也不一定与业务量保持反比例变动。如上述广告费的举例中，如果电视台覆盖面有限，支付 100 万元广告费最大只能使产品销售量达到 30 000 件，若想使销售量超过 30 000 件达到 50 000 件，则必须在另外的媒体投入 40 万元的广告费。此时，可以看到广告费要随业务量变动而变动，并不是保持固定。100 万元广告费作为固定成本的相关范围为 0～30 000 件。

### （二）变动成本

变动成本是指成本总额随业务量的变动而成正比例变动的成本，如直接材料、直接人工等。在制造业企业中，一般属于变动成本的项目涉及直接材料、直接人工、变动制造费、变动推销费、变动管理费等。

**例 14-1** 某机械制造厂生产甲产品需要外购一种零件，该零件单价为 40 元。该零件成本总额与其对应的业务量（产量）的变动关系如表 14-1。

表 14-1 零件外购成本总额

| 甲产品产量/件 | 零件单价/元 | 零件成本总额/元 |
| --- | --- | --- |
| 10 000 | 40 | 400 000 |
| 20 000 | 40 | 800 000 |
| 30 000 | 40 | 1 200 000 |
| 40 000 | 40 | 1 600 000 |

本例中，零件外购总成本随产品产量的增减而成正比例变动，所以该零件的总成本就是一项变动成本，零件的单价称为单位变动成本。一般来说，产品生产中的直接材料成本、直接人工成本、包装材料、零配件以及销售佣金等都属于变动成本。变动成本具有如下特点：

（1）变动成本是指总额变动的成本，该总额一般会随业务量的增减而成正比例变动。如上述机械厂举例中，零件外购总成本随产品产量成正比例变动，产品产量由 20 000 件上升到 30 000 件增长 50% 时，成本总额与业务量两者的增长幅度相同。

（2）单位变动成本是固定的，它一般不随业务量的变动而变动。如上述机械厂举例中，作为单位变动成本的零件外购单价是不变的，均保持每个 40 元。正是由于变动成本总额与业务量增减成正比例变动，才会有单位变动成本不变的特点。

（3）变动成本的正比例变动性具有一定的相关范围。变动成本的相关范围是指变动成本总额与业务量成正比例关系变动或单位变动成本固定不变的业务量范围。超过相关范围，变动成本总额不一定与业务量保持正比例变动，单位变动成本也可能发生变动。如上述机械厂举例中，当产品产量超过 40 000 件后，由于大批量购买零件，零件单价可能从 40 元降至 38 元。如果生产 50 000 件产品时，零件外购总成本为 1 900 000 元，在生产 40 000 件产品时的总成本 1 600 000 元的基础上增长了 18.75%，两者并不保持正比。对于单位成本而言，生产 50 000 件产品时平均购价为 38 元，已经发生了变动。该机械制造厂变动成本的一个相关范围是 0~40 000 件。

## 二、混合成本分解

在实际工作中，有一些成本兼有固定成本和变动成本两种性质，它们被统称为"混合成本"，这种混合成本总额随业务量的变动而变动，但不是成比例变动。在这个混合成本总额中有相对固定的成分，也有因业务量变动而引起变动的成分。本量利分析中的成本是划分为固定成本和变动成本两个因素的，混合成本在本量利分析中不能作为一个独立因素存在,否则问题会变得复杂起来,甚至不能得出分析结论。因此需要采用一定的方法将具有固定成本和变动成本两个因素的混合成本进行适当的分解,将分解结果分别归入固定成本和变动成本。分解混合成本有多种方法,下面介绍的是两种常见的方法。

### (一) 高低点法

高低点法的基本做法是取得若干期的混合成本资料,以该若干期期间内的最高业务量(高点)对应的混合成本与最低业务量(低点)对应的混合成本之差,除以最高业务量与最低业务量之差,求得的商即为单位变动成本,然后将所得结果代入高点(或低点)业务量及其对应的成本方程式,解方程可得混合成本中的固定部分,这样混合成本就被分解为固定成本和变动成本了。

设混合成本总额为 $y$,其中的固定成本总额为 $a$,单位变动成本为 $b$,业务量为 $x$,则混合成本的方程式为:$y=a+bx$。分解过程是首先根据若干期混合成本的历史资料按下式求出 $b$:

$$b = \frac{高低点混合成本之差}{高低点业务量之差}$$

然后将 $b$ 代入高点(或低点)的混合成本方程式,可求得 $a$:

$$a = y - bx$$

**例 14-2** 设某企业某年 12 个月的动力费如表 14-2 所示。

表 14-2　某企业运力费

| 月　　份 | 业务量/机器小时 | 动力费/元 |
|---|---|---|
| 1 | 18 000 | 300 000 |
| 2 | 11 000 | 250 000 |
| 3 | 16 000 | 280 000 |
| 4 | 15 000 | 230 000 |
| 5 | 12 000 | 185 000 |
| 6 | 9 000 | 155 000 |
| 7 | 8 000 | 150 000 |
| 8 | 9 500 | 160 000 |
| 9 | 11 000 | 180 000 |
| 10 | 10 500 | 170 000 |
| 11 | 14 000 | 190 000 |
| 12 | 16 000 | 230 000 |

表 14-2 中的历史资料显示,业务量的最高点和最低点分别在 1 月和 7 月,据此可计算单位变动成本 $b$:

$$b = \frac{300\ 000 - 150\ 000}{18\ 000 - 8\ 000} = 15(元)$$

将 $b$ 代入业务量最高点对应的方程,求出固定成本 $a$:

$$a = 300\ 000 - 15 \times 18\ 000 = 30\ 000(元)$$

通过计算可知,该企业的动力费混合成本中,大约有 30 000 元是固定成本,其余的是变动成本。

### (二) 最小平方法

最小平方法的基本做法也是要取得若干期的混合成本资料,用最小平方法的原理计算出混合成本历史数据中最能代表其平均值的一条直线的截距和斜率,然后据以确定固定成本和单位变动成本,即截距为固定成本,斜率为单位变动成本,这样混合成本就可被分解为固定成本和变动成本了。从理论上说最小平方法比高低点法分解的结果更准确。

采用最小平方法进行混合成本分解,仍然是首先根据若干期混合成本的历史资料求出 $b$,其计算公式是:

$$b = \frac{n\sum xy - \sum x \sum y}{n\sum x^2 - \left(\sum x\right)^2}$$

然后将 $b$ 代入求截距的公式,可求得 $a$:

$$a = \frac{\sum y - b\sum x}{n}$$

沿用例 14-2 说明采用最小平方法对混合成本的分解。

根据表 14-3 的计算结果,将有关数据代入公式分别求单位变动成本 $b$ 和固定成本 $a$:

$$b = \frac{12 \times 32\ 520\ 000\ 000 - 150\ 000 \times 2\ 480\ 000}{12 \times 1\ 988\ 500\ 000 - 150\ 000^2} = 13.39(元)$$

$$a = \frac{2\ 480\ 000 - 13.39 \times 150\ 000}{12} = 39\ 292(元)$$

按最小平方法计算,该企业的动力费混合成本中,大约有 39 292 元是固定成本,其余的是变动成本,于是:

$$y = 39\ 292 + 13.39x$$

表 14-3  计 算 结 果

| 月份 | 业务量/机器小时 | 动力费/元 | $xy$ | $x^2$ |
|---|---|---|---|---|
| 1 | 18 000 | 300 000 | 5 400 000 000 | 324 000 000 |
| 2 | 11 000 | 250 000 | 2 750 000 000 | 121 000 000 |
| 3 | 16 000 | 280 000 | 4 480 000 000 | 256 000 000 |
| 4 | 15 000 | 230 000 | 3 450 000 000 | 225 000 000 |
| 5 | 12 000 | 185 000 | 2 220 000 000 | 144 000 000 |
| 6 | 9 000 | 155 000 | 1 395 000 000 | 81 000 000 |
| 7 | 8 000 | 150 000 | 1 200 000 000 | 64 000 000 |
| 8 | 9 500 | 160 000 | 1 520 000 000 | 90 250 000 |
| 9 | 11 000 | 180 000 | 1 980 000 000 | 121 000 000 |
| 10 | 10 500 | 170 000 | 1 785 000 000 | 110 250 000 |

| 月份 | 业务量/机器小时 | 动力费/元 | $xy$ | $x^2$ |
|------|----------------|-----------|------|-------|
| 11 | 14 000 | 190 000 | 2 660 000 000 | 196 000 000 |
| 12 | 16 000 | 230 000 | 3 680 000 000 | 256 000 000 |
| $n=12$ | $\sum x =$ 150 000 | $\sum y =$ 2 480 000 | $\sum xy =$ 32 520 000 000 | $\sum x^2 =$ 1 988 500 000 |

# 第二节　本量利的关系式

## 一、本量利分析的基本概念和基本公式

成本—数量—利润分析(cost-volume-profit analysis,CVP 分析),简称本量利分析,是通过对销售数量、销售单价、变动成本、固定成本等因素与利润指标的内在联系的分析,揭示它们之间相互关系和变动规律,协助企业管理当局进行项目规划和短期计划。

本量利关系数学表达的基本关系式如下(假设业务量即产销量,产量和销量相同):

利润 ＝单价×销量－单位变动成本×销量－固定成本

这个方程式是明确表达本量利之间数量关系的基本方程式,它含有 5 个相互联系的变量,给定其中 4 个,便可求出另一个变量的值。

**例 14-3**　某企业生产一种产品,每年固定成本 80 000 元,该产品的单位售价20 元,单位变动成本 14 元,某年度计划销售 60 000 件,问预期利润是多少?

$$利润＝单价×销量－单位变动成本×销量－固定成本$$
$$＝20×60\,000－14×60\,000－80\,000$$
$$＝280\,000(元)$$

如果企业的目标利润 310 000 元,销售量应达到多少?

$$业务量＝\frac{固定成本＋利润}{单价－单位变动成本}$$
$$＝\frac{80\,000＋310\,000}{20－14}$$
$$＝65\,000(件)$$

如果企业的目标利润 310 000 元,销售量仍为 60 000 件,单价应定为多少元?

$$单价＝\frac{固定成本＋利润}{销量}＋单位变动成本$$
$$＝\frac{80\,000＋310\,000}{60\,000}＋14$$
$$＝20.50(元)$$

如果考虑税收的影响,那么净利润的计算为

$$销量＝\frac{固定成本＋\dfrac{税后净利}{1－所得税税率}}{单价×(1－产品税税率)－单位变动成本}$$

**例 14-4** 某企业产销一种产品,每月固定制造成本 15 000 元,固定性销售费 800 元,固定性管理费用 1 000 元;单位变动制造成本 5 元,单位变动性销售费 1 元,单位变动性管理费 2 元;该产品单位售价 15 元;消费税税率为 5%,所得税税率 30%;某月计划销售 4 000 件产品,预期税后利润将是多少? 如实现税后净利 8 000 元,销量应达到多少?

$$税后净利 = [4\,000 \times 15 \times (1-5\%) - 4\,000 \times 8 - 16\,800] \times (1-30\%)$$
$$= (57\,000 - 32\,000 - 16\,800) \times (1-30\%)$$
$$= 5\,740(元)$$

$$销量 = \frac{16\,800 + \dfrac{8\,000}{1-30\%}}{15 \times (1-5\%) - 8}$$
$$= 4\,517(件)$$

以上计算表明,该企业某月计划销售 4 000 件产品,预期税后利润将是 5 740 元,如实现税后净利 8 000 元,销量应达到 4 517 件。

## 二、边际贡献

将成本分为固定成本和变动成本的一个重要作用就是分析边际贡献的影响。边际贡献[1]是销售收入超过变动成本的差额,也可以用单位量表示为单价与单位变动成本的差额。

$$边际贡献总额 = 销售收入 - 变动成本总额$$
$$单位边际贡献 = 单价 - 单位变动成本$$

通常,如果在"边际贡献"前未加任何定语,那么多数是指"边际贡献总额"。

边际贡献是本量利分析中十分重要的概念。边际贡献是产品扣除自身变动成本后给企业所作的贡献,它首先用于补偿企业的固定成本。边际贡献补偿固定成本之后,如果还有剩余,则形成利润;如果不足以补偿固定成本,则发生亏损。

边际贡献除了用绝对额表示外,还可以用相对额表示,即边际贡献率。边际贡献率是指边际贡献总额在销售收入中所占的百分率,或者说是单位边际贡献在售价中所占的百分比。

$$边际贡献率 = \frac{边际贡献}{销售收入} \times 100\%$$
$$= \frac{单位边际贡献 \times 销量}{单价 \times 销量} \times 100\%$$
$$= \frac{单位边际贡献}{单价} \times 100\%$$

**例 14-5** 某企业只生产一种产品,单价 8 元,单位变动成本 5 元,销量 400 件,如前计算,该企业的边际贡献为 1 200 元,单位边际贡献为 3 元,则:

$$边际贡献率 = \frac{1\,200}{8 \times 400} \times 100\% = 37.5\% = 3 \div 8 = 37.5\%$$

---

[1] "边际贡献"一词,在我国有多种叫法,主要是英文翻译不统一造成的,如"创利额"、"贡献边际"、"边际利润""贡献毛益"等。

与边际贡献率相对应的一个概念是"变动成本率",它是指变动成本总额在销售收入中所占的百分率,或者说是单位变动成本在售价中所占的百分比,即:

$$变动成本率 = \frac{变动成本}{销售收入} \times 100\%$$

$$= \frac{单位变动成本 \times 销量}{单价 \times 销量} \times 100\%$$

$$= \frac{单位变动成本}{单价} \times 100\%$$

$$= \frac{5 \times 400}{8 \times 400} = 62.5\%$$

由于销售收入被分为变动成本和边际贡献两部分,故变动成本率和边际贡献率之和为1,即:

$$变动成本率 + 边际贡献率 = \frac{单位变动成本}{单价} + \frac{单位边际贡献}{单价}$$

$$= \frac{单位变动成本 + (单价 - 单位变动成本)}{单价} = 1$$

有了边际贡献和边际贡献率的概念,可以将利润的计算式表达为

$$利润 = 销售收入 \times 边际贡献率 - 固定成本$$

同时,还可以通过边际贡献计算其他变量,如:

$$销量 = \frac{固定成本 + 利润}{单位边际贡献}$$

$$销售收入 = \frac{固定成本 + 利润}{边际贡献率}$$

$$固定成本 = 销量 \times 单位边际贡献 - 利润$$

由于企业各种产品的边际贡献不一致,当企业生产多种产品时,就需计算综合边际贡献率:

$$综合边际贡献率 = \frac{\sum 各产品边际贡献}{\sum 各产品销售收入} \times 100\%$$

$$利润 = 各产品销售收入之和 \times 综合边际贡献率 - 固定成本$$

**例 14-6** 某企业每月固定成本 8 000 元,甲、乙、丙三种产品的计划数据如表 14-4 所示,利用边际贡献计算计划净利润。

表 14-4 销售和成本计划资料

| 产品 | 销售量/件 | 单价/元 | 销售收入/元 | 单位边际贡献/元 | 边际贡献总额/元 |
|------|-----------|---------|-------------|------------------|------------------|
| 甲 | 5 000 | 18 | 90 000 | 5 | 25 000 |
| 乙 | 2 000 | 15 | 30 000 | 3 | 6 000 |
| 丙 | 3 000 | 12 | 36 000 | 2 | 6 000 |
| 合计 | — | — | 156 000 | — | 37 000 |

$$综合边际贡献率 = 37\,000 \div 156\,000 = 23.72\%$$
$$净利润 = 156\,000 \times 23.72\% - 8\,000$$
$$= 29\,000(元)$$

该企业预计净利润是 29 000 元。

## 三、本量利图

将成本、业务量和利润的关系反映在直角坐标系中即为本量利图,用图示表达本量利的相互关系,形象直观、易于理解。因其能显示企业不盈不亏时应达到的业务量,故又称为盈亏临界图或损益平衡图。

### (一)基本的本量利图

**例 14-7** 假设某企业产销一种产品,每月固定成本 16 800 元,单位变动成本 8 元,该产品单位售价 15 元,据此绘制的本量利图如图 14-1。

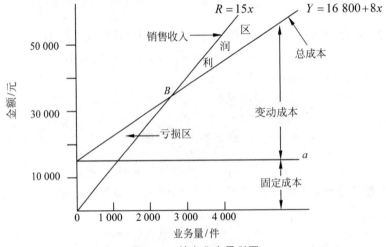

**图 14-1 某企业本量利图**

基本的本量利图表达的意义如下:

(1)固定成本线与横轴之间的距离为固定成本值,它不随业务量增减而变动;

(2)变动成本线与固定成本线之间的距离为变动成本,它随着产量的变动成比例变动;

(3)变动成本线与横轴之间的距离为总成本,它是固定成本与变动成本之和;

(4)销售收入线与总成本的交点 B,是保本点。它在横轴上对应的销售量是 2 400 件,表明企业在该销售量下总收入与总成本相等,既没有利润,也不发生亏损。在此基础上,增加销售量,销售收入超过总成本,R 和 Y 的距离为利润值,形成利润区。反之,形成亏损区。

### (二)边际贡献式的本量利图

根据例 14-7 的资料,绘制的边际贡献式本量利图如图 14-2 所示。

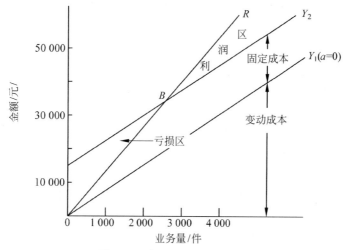

**图 14-2　边际贡献式本量利图**

这种图的主要优点,是可以表示边际贡献的数值。企业的销售收入 $R$ 随销售量正比例增长。这些销售收入首先用于弥补产品自身的变动成本,剩余的是边际贡献,即 $R0Y_1$ 围成的区域。边际贡献随业务量增加而扩大,当其达到固定成本值时(到达 $B$ 点),企业处于盈亏临界状态,当边际贡献超过固定成本后,企业进入盈利状态。

# 第三节　保本点分析

## 一、保本分析

保本分析是本量利分析的一项基本内容,也称为盈亏平衡分析,主要研究如何确定保本点、有关因素变动对保本点的影响等问题。

保本点是指企业总销售收入和总成本相等时的经营状态,即企业所处的既不盈利又不亏损的状态,这时企业的边际贡献等于固定成本。通常,用一定的销售量或者销售额来表示保本点。

### (一) 保本点

计算保本点实际上就是计算利润为零时的销售量或者销售额,于是有:

$$售价 \times 销售量 - 单位变动成本 \times 销售量 - 固定成本 = 0$$

$$保本点销售量 = \frac{固定成本}{单位边际贡献}$$

如果用销售额来表示保本点,则两边乘以单价:

$$保本点销售额 = \frac{固定成本}{单位边际贡献率}$$

根据例 14-7 的资料:

$$保本点销售额 = \frac{16\ 800}{(15-8) \div 15} = 36\ 000(元)$$

保本点销售额也可在本量利图中表现出来。本例中的保本点销售额在图 14-1、图 14-2 中纵轴的 36 000 元处,该点水平向右应交于 B 点。

### (二) 多品种的保本点

企业生产多种产品时,由于固定成本一般不能划分到每一种产品,故不能直接按每一种产品计算各产品的保本点。这时只能计算整个企业综合的保本点销售额,在此基础上根据各产品的销售额比重确定各产品的保本点销售额,各产品保本点销售额除以各产品售价可得各产品的保本点销售量。

沿用例 14-6 保本点销售额为

$$综合的保本点销售额 = 8\ 000 \div (23.72\%) = 33\ 727(元)$$

各产品的保本点销售额为

$$甲产品 = 33\ 727 \times 57.69\% = 19\ 457(元)$$
$$乙产品 = 33\ 727 \times 19.23\% = 6\ 486(元)$$
$$丙产品 = 33\ 727 \times 23.08\% = 7\ 784(元)$$

各产品的保本点销售量为

$$甲产品 = 19\ 457 \div 18 = 1\ 081(件)$$
$$乙产品 = 6\ 486 \div 15 = 433(件)$$
$$丙产品 = 7\ 784 \div 12 = 649(件)$$

由以上计算可知,该企业甲产品销售 1 081 件、乙产品销售 433 件、丙产品销售 649 件所达到的销售量组合成为企业的保本点销售量,用销售收入来反映即销售额达到 33 727 元,企业达到保本点,处于不盈不亏的状态。

### (三) 保本点作业率

保本点作业率是指保本点业务量占企业正常业务量的比重。所谓正常业务量,是指正常市场条件下和正常开工情况下,企业的生产和销售数量等的业务量,也可以用金额来表示业务量。保本点作业率的计算公式如下:

$$保本点作业率 = [保本点销售量(额) / 正常销售量(额)] \times 100\%$$

保本点作业率表明企业保本的业务量在正常业务量中所占的比重。由于多数企业的生产经营能力是按正常销售量来规划的,生产经营能力与正常销售量基本相同,所以,保本点作业率还表明保本状态下的生产经营能力的利用程度。

**例 14-8** 假如例 14-7 中的企业正常销售量为 4 000 件,或正常销售额为 60 000 元,保本点销售量为 2 400 件,保本点销售额为 36 000 元,则

$$保本点作业率 = 2\ 400 \div 4\ 000 \times 100\%$$
$$= 36\ 000 \div 60\ 000 \times 100\%$$
$$= 60\%$$

计算表明,该企业的作业率必须达到正常作业的 60% 以上才能取得盈利,否则就会发生亏损。

## 二、安全边际分析

安全边际是指正常业务量超过保本点业务量的差额,它表明业务量下降多少企业仍不致亏损。安全边际可以用销售量、销售额等表示,计算公式如下:

$$安全边际 = 正常销售额(量) - 保本点销售额(量)$$

根据例 14-8 的有关数据计算如下:

$$安全边际 = 4\ 000 - 2\ 400 = 1\ 600(件)$$
$$= 60\ 000 - 36\ 000 = 24\ 000(元)$$

有时企业为了考察当年的生产经营安全情况,还可以用本年实际订货额代替正常销售额来计算安全边际。

企业生产经营的安全性,还可以用安全边际率来表示,即安全边际与正常销售额(量)的比值。安全边际率的计算公式如下:

$$安全边际率 = [安全边际/正常销售额(量)] \times 100\%$$

根据例 14-8 的有关资料计算:

$$安全边际率 = 1\ 600 \div 4\ 000 \times 100\% = 40\%$$
$$= 24\ 000 \div 60\ 000 \times 100\% = 40\%$$

安全边际和安全边际率的数值越大,企业发生亏损的可能性越小,企业就越安全。安全边际和安全边际率的数值较小时,说明企业生产规模太小、生产能力太低,或者说企业产品售价太低、成本太高,需要采取措施提高安全边际,否则企业很容易出现亏损。安全边际率是相对指标,便于不同企业和不同行业的比较。

保本点把正常销售分为两部分:一部分是保本点销售量(额),另一部分是安全边际,即:

$$正常销售量(额) = 保本点销售量(额) + 安全边际$$

由此可得:

$$保本点作业率 + 安全边际率 = 1$$

只有安全边际才能为企业提供利润,安全边际部分的销售额减去其自身变动成本后成为企业利润,即安全边际中的边际贡献等于企业利润。

$$利润 = 安全边际 \times 边际贡献率$$

根据例 14-8 有关数据计算:

$$利润 = 24\ 000 \times 46.67\% = 11\ 200(元)$$

如果上式两端同时除以正常销售量取得的销售收入,则得:

$$利润/销售收入 = 安全边际/销售收入 \times 边际贡献率$$
$$销售利润率 = 安全边际率 \times 边际贡献率$$

该式提供了一种计算销售利润率的新方法,同时表明,企业要提高销售利润率,就必须提高安全边际率和边际贡献率。

根据例 14-8 的有关数据计算:

$$销售利润率 = 40\% \times 46.67\% = 18.67\%$$

### 三、有关因素变动对保本点的影响

前面介绍保本点的计算方法时我们假设固定成本、单位变动成本和产品售价是确定不变的。实际上,在经营过程中上述诸因素是经常变动的,并由此引起保本点的升降。事先了解有关因素对保本点的影响,采取措施降低保本点,对于企业扭亏增盈有重要意义。

#### (一) 固定成本的影响

固定成本就其性态而言不随业务量的变动而变动,但企业生产能力变动和资本运作决策都会造成固定成本的升降。企业的固定成本上升将引起总成本增加,保本点随之提高,反之降低。现以图 14-3 来说明。

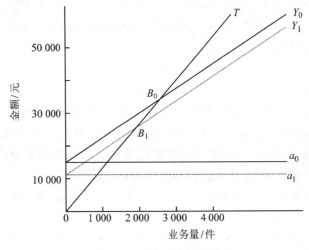

图 14-3　固定成本的影响

图 14-3 中,当固定成本从 $a_0$ 变为 $a_1$ 时,因单位变动成本未变,企业总成本会平行下移,由 $Y_0$ 变为 $Y_1$。保本点由 $B_0$ 移向 $B_1$。通过图示分析我们可以看到,保本点和固定成本保持同向变动,即固定成本增加或减少,保本点上升或下降。要降低保本点可以设法降低固定成本。

#### (二) 单位变动成本的影响

许多因素都会引起单位变动成本变动,诸如劳动生产率提高使人工成本下降,原材料的综合利用使材料成本节约等。在固定成本和产品售价既定的条件下,单位变动成本的增加会使总成本增加,并进而引起保本点上升,反之单位变动成本下降将引起保本点降低。现以图 14-4 来说明。

如图 14-4 所示,单位变动成本的变动,实际上是变动成本线斜率的变化,它使变动成本线与固定成本线的夹角发生变化,从而使保本点发生变化。当单位变动成本变动时,变动成本线 $V_0$ 变到 $V_1$ 时,保本点由 $B_0$ 移到 $B_1$。通过图示分析我们可以看到,保本

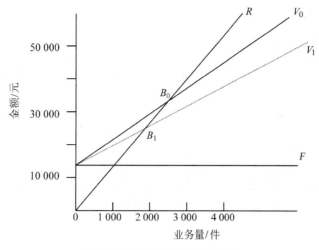

**图 14-4  单位变动成本的影响**

点和变动成本线的斜率保持同向变动,即变动成本斜率增加或减少,保本点上升或下降。要降低保本点可以设法降低单位变动成本。

### (三)单价的影响

产品销售价格是决定企业销售收入多少的因素之一,必然会影响企业的保本点。在固定成本和单位变动成本既定的条件下,售价上升使企业销售收入增加,保本点将下降;反之售价下降,保本点将上升。现以图 14-5 来说明。

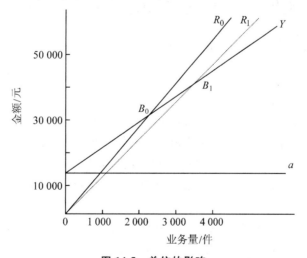

**图 14-5  单价的影响**

如图 14-5 所示,产品售价的变动实际上是销售收入线斜率的变化,它使销售收入线与横轴的夹角发生变化,保本点从 $B_0$ 移到 $B_1$。通过图分析我们可以看到,保本点和销售收入线的斜率保持反向变动,即销售收入斜率增加或减少,保本点下降或上升。要降低保本点可以设法提高产品售价。

### （四）品种结构的变化

企业生产多种产品的情况下，如果成本水平和各产品售价都不变，仅仅改变产品的品种结构，保本点也会发生变化。一般来说，边际贡献率大的产品的比重增加，则保本点下降，反之，边际贡献率小的产品的比重增加，则保本点上升。

**例 14-9**  假设例 14-6 中的某企业生产甲、乙、丙三种产品，该企业每月固定成本 8 000 元，其他有关资料如表 14-5 所示。现改变品种结构，即改变销售比重，如表 14-5 所示。

表 14-5  销售和成本计划资料

| 产品 | 单价/元 | 单位边际贡献 | 边际贡献率/% | 改变后销售量 | 销售收入/元 | 销售比重/% | 边际贡献总额/元 |
|------|--------|------------|------------|------------|-----------|-----------|--------------|
| 甲 | 18 | 5 | 27.78 | 6 000 | 108 000 | 66.67 | 30 000 |
| 乙 | 15 | 3 | 20.00 | 2 000 | 30 000 | 18.52 | 6 000 |
| 丙 | 12 | 2 | 16.67 | 2 000 | 24 000 | 14.81 | 4 000 |
| 合计 | | | | | 162 000 | 100 | 40 000 |

综合边际贡献率＝40 000÷162 000＝24.69%

综合的保本点销售额＝8 000÷24.69%＝32 400（元）

该企业增加了边际贡献率高的甲产品 1 000 件，减少了边际贡献率低的丙产品 1 000 件，结果使综合边际贡献率上升，综合的保本点销售额下降。因此企业各产品的边际贡献率不同时，改变产品品种结构将会引起保本点的变动。

# 第四节  目标利润影响因素分析

## 一、目标利润影响因素分析

绝大多数企业都会对未来的利润做出计划，以期达到预期的战略目的。要实现目标利润，就应当了解影响目标利润的因素，尤其是掌握这些因素变动对目标利润的影响程度，以便于在日常经营中，随时控制相关因素的影响。而且，为了将目标利润分解给有关责任单位或者责任人，也需要测算相关因素的影响。

由利润计算公式不难得出，影响目标利润的因素不外乎价格、销量、变动成本和固定成本。所谓的目标利润影响因素也就是测算这些因素变动对目标利润的影响程度。

**例 14-10**  某产品的销售量每年 10 000 件，售价每件 8 元，单位变动成本每件3 元，每年固定成本 30 000 元。企业确定的目标利润为 30 000 元，测算现有的条件应做哪些调整以保证目标利润的实现。

### （一）采取单项措施保证目标利润的实现

所谓采取单项措施，就是假定其他条件不变，测算改变一个因素对目标利润的影响程度。

1. 减少固定成本

$$30\,000 = 10\,000 \times 8 - 10\,000 \times 3 - a$$
$$a = 20\,000(元)$$

如果其他条件保持不变,固定成本必须从 30 000 元减少到 20 000 元,降低 33.3％,才能保证目标利润的实现。

2. 减少变动成本

$$30\,000 = 10\,000 \times 8 - 10\,000b - 30\,000$$
$$b = 2(元)$$

如果其他条件保持不变,单位变动成本必须从 3 元降低到 2 元,降低 33.3％,才能保证目标利润的实现。

3. 提高售价

将单位产品的售价($p$)作为未知数代入本量利关系方程式:

$$30\,000 = 10\,000p - 10\,000 \times 3 - 30\,000$$
$$p = 9(元)$$

如果其他条件保持不变,单位产品的售价必须从 8 元提高到 9 元,提高 12.5％,这样才能保证目标利润的实现。

4. 增加产销量

将产销数量 $x$ 作为未知数代入本量利关系方程式:

$$30\,000 = 8x - 3x - 30\,000$$
$$x = 12\,000(件)$$

如果其他条件保持不变,产销量必须从 10 000 件增加到 12 000 件,增加 20％,这样才能保证目标利润的实现。

### (二) 采取综合措施保证目标利润的实现

在现实经济生活中,企业往往采取综合措施以保证实现利润目标,因为影响利润的诸因素是相互关联的,为了提高产量,往往需要增加固定成本;为了提高销量又需要降低售价或增加推销费等固定成本。因此,这就需要进行综合测算和反复平衡。

假设例 14-10 中企业有剩余的生产能力,可以进一步增加产量,这需要增加销量,企业经理拟降价 12.5％,采取薄利多销的方针,争取实现利润 30 000 元。现测算降价后实现目标利润所需的销售量:

$$销售量 = \frac{30\,000 + 30\,000}{8 \times (1 - 12.5\%) - 3}$$
$$= 15\,000(件)$$

如果销售部门预计产品降价 12.5％后可使销量达到 15 000 件,同时生产部门在现有条件下也可以将 15 000 件产品生产出来,则目标利润就可以落实了。否则,还需要继续分析并进一步落实。

假设销售部门认为,上述 15 000 件的销量是达不到的,降价 12.5％后只能使销量增至 13 000 件,因此,需要设法降低成本。现测算需要降低的幅度:

$$单位变动成本 = 8 \times (1 - 12.5\%) - \frac{(30\,000 + 30\,000)}{13\,000}$$
$$= 2.38(元)$$

为了实现目标利润,在降低产品售价12.5%的同时,还需使单位变动成本从3元降至2.38元。如果生产部认为,通过降低原材料和人工成本,这个目标是可以实现的,则预定的利润目标可以落实。否则,只能在固定成本的节约方面想办法。

假设生产部门认为,通过努力单位变动成本可望降低至2.50元。为此,企业还需压缩固定成本支出。

$$固定成本 = 13\,000 \times [8 \times (1 - 12.5\%) - 2.50] - 30\,000$$
$$= 28\,500(元)$$

为了实现目标利润,在降价12.5%、销量增至13 000件、单位变动成本降至2.50元的同时,还需压缩固定成本1 500元(30 000 - 28 500),这样目标利润才可以落实。

## 二、敏感分析

本量利关系的敏感分析,主要研究与分析有关因素发生多大变化会使盈利转为亏损、各参数变化对利润变化的影响程度,以及各因素变动时如何进行调整以保证原目标利润的实现等问题。

售价、单位变动成本、产销量和固定成本的变化,会影响利润的高低。这种变化达到一定程度,会使企业进入盈亏临界状态,有可能使企业由盈变亏,经营状况发生质变。敏感分析的目的之一,就是提供引起目标变量发生质变的各参数变化的界限。

**例 14-11** 设某企业目前的有关资料为:某产品计划年度销售量10 000件,售价每件8元,单位变动成本每件3元,每年固定成本30 000元。企业将实现利润:

$$利润 = 10\,000 \times (8 - 3) - 30\,000 = 20\,000(元)$$

### (一) 有关因素临界值的测算

**1. 售价的最小值**

产品售价下降会使利润下降,下降到一定程度,利润将变为零,它是企业能忍受的售价最小值。

设售价为 $p$,令利润 $= 0$:

$$10\,000 \times (p - 3) - 30\,000 = 0$$
$$p = 6(元)$$

售价降至6元,即降价25%时企业由盈利转入亏损。

**2. 单位变动成本的最大值**

单位变动成本上升会使利润下降,并可能使利润趋于零,此时的单位变动成本是企业能忍受的最大值。

设单位变动成本为 $b$,令利润 $= 0$:

$$10\,000 \times (8 - b) - 30\,000 = 0$$
$$b = 5(元)$$

单位变动成本由 3 元上升至 5 元时,企业利润由 20 000 元降至零元,单位变动成本上升 67% 时企业由盈利转入亏损。

3. 固定成本最大值

固定成本上升也会使利润下降,并趋近于零。使利润等于零的固定成本增加额是企业能忍受的最大值。

设固定成本为 $a$,令利润$=0$:

$$100\ 000 \times (8-3) - a = 0$$

$$a = 50\ 000(元)$$

固定成本增至 50 000 元时,企业由盈利转为亏损,即固定成本增加 67% 时企业由盈利转入亏损。

4. 销售量最小值

销售量最小值是指使企业利润为零的销售量,它就是保本点的销售量,是企业能忍受的最小值。

设销量为 $x$,令利润$=0$:

$$x = \frac{30\ 000}{8-3} = 6\ 000(件)$$

销售计划如果只完成 60%,则企业利润为零。

**(二) 有关因素敏感程度的测算**

有关因素对利润的敏感程度可以用自变量变动 1% 引起因变量变动百分之几来反映。沿用例 14-11 作如下计算。

1. 售价的敏感程度

如果产品售价增长 1%,则:

$$利润 = 10\ 000 \times 8 \times (1+1\%) - 10\ 000 \times 3 - 30\ 000 = 20\ 800(元)$$

$$利润变化百分比 = (20\ 800 - 20\ 000) \div 20\ 000 \times 100\% = 4\%$$

即产品售价增加 1%,将使利润增加 4%。

2. 单位变动成本的敏感程度

如果单位变动成本增长 1%,则:

$$利润 = 10\ 000 \times 8 - 10\ 000 \times 3 \times (1+1\%) - 30\ 000 = 19\ 700(元)$$

$$利润变化百分比 = (19\ 700 - 20\ 000) \div 20\ 000 \times 100\% = -1.5\%$$

即单位变动成本增加 1%,将使利润减少 1.5%。

3. 固定成本的敏感程度

如果固定成本增长 1%,则:

$$利润 = 10\ 000 \times 8 - 10\ 000 \times 3 - 30\ 000 \times (1+1\%) = 19\ 700(元)$$

$$利润变化百分比 = (19\ 700 - 20\ 000) \div 20\ 000 \times 100\% = -1.5\%$$

即固定成本增加 1%,将使利润减少 1.5%。

4. 销售量的敏感程度

如果销量增长 1%,则:

$$利润=10\,000\times(1+1\%)\times(8-3)-30\,000=20\,500(元)$$

$$利润变化百分比=(20\,500-20\,000)\div20\,000\times100\%=2.5\%$$

即销量增加 1%,将使利润增加 2.5%。

综上所述,该企业影响利润诸因素中最敏感的是产品售价,售价变动 1%将引起利润变动 4%;其次是销量,产品销量变动 1%将引起利润变动 2.5%;成本相对来说是最不敏感的因素,单位变动成本和固定成本分别变动 1%,引起的利润变动是 1.5%。

### (三)目标利润不变时各因素对销量的敏感分析

在目标利润确定之后,企业在多变的经营环境中要不断地进行控制和调整来争取实现目标利润。在这一过程中管理人员需要知道有关因素变动后,如何调整销售量,以抵消各种不利影响,来保证目标利润的实现。为此,需要分析目标利润不变时各因素对销量的敏感程度。

沿用例 14-11,设该企业确定的目标利润为 30 000 元。

(1)当固定成本上升 10%时,销量 $x$ 达到多少才能实现目标利润?

$$30\,000=(8-3)x-30\,000\times(1+10\%)$$

$$x=12\,600(件)$$

这就是说,固定成本上升 10%,需要增加销量 2 600 件才能抵消固定成本上升给利润带来的不利影响,保证目标利润 30 000 元实现。

(2)设单位变动成本上升 10%,销量 $x$ 达到多少才能实现目标利润?

$$30\,000=[8-3\times(1+10\%)]x-30\,000$$

$$x=12\,766(件)$$

这就是说,单位变动成本上升 10%,需要增加销量 2 766 件才能抵消变动成本上升给利润带来的不利影响,保证目标利润 30 000 元实现。

(3)设产品售价下降 10%,销量 $x$ 达到多少才能实现目标利润?

$$30\,000=[8\times(1-10\%)-3]x-30\,000$$

$$x=14\,286(件)$$

这就是说,产品售价下降 10%,需要增加销量 4 286 件才能抵消价格下降给利润带来的不利影响,保证目标利润 30 000 元实现。

# 第五节　本量利分析的应用

## 一、经营决策中的应用

### (一)新产品是否投产的决策

企业在决定是否投产某种新产品时,可用本量利分析法进行分析。通过市场调研测算新产品的预计销售量,再根据其成本数据计算新产品投产后是否能取得利润以及利润水平如何,掌握新产品必须达到的保本点。

**例 14-12**　某企业拟投产一种新产品,为生产这种新产品需购买一项专利和一套专用设备,专利权购价 30 000 元,设备购价 50 000 元,专利权和设备的有效年限都是 5 年,设备期末无残值,采用直线法进行摊销和计提折旧。该产品预计售价为每件45元,与该产品有关的成本资料如表 14-6。

表 14-6 与新产品有关的成本资料 单位:元

| | |
|---|---:|
| 年固定成本 | |
| 专利权摊销 | 6 000 |
| 固定资产折旧 | 10 000 |
| 保险费 | 3 600 |
| 其他固定费用 | 2 400 |
| 合计 | 22 000 |
| 单位变动成本 | |
| 直接材料 | 18 |
| 直接人工 | 10 |
| 变动制造费用 | 7 |
| 合计 | 35 |

根据以上资料对是否投产该新产品进行分析。

首先测算该产品的保本点。

$$保本点=\frac{22\,000}{45-35}=2\,200(件)$$

计算表明,该产品年销售量能达到 2 200 件时,才能达到保本。这时需要根据市场调研情况分析该产品的年销售量能否超过 2 200 件,若能超过则可投产该新产品,若不能,则不应投产。

假如根据市场调研和预测,该产品的年销售量可达 5 000 件,但是由于竞争,该产品的销售价格有可能降到每件 40 元,这时是否应投产该产品呢?

这可以通过计算在这种情况下是否有利可图来决定:

销售量 5 000 件,单位售价 40 元时的盈亏情况:

$$利润(亏损)=(40-35)\times5\,000-22\,000=3\,000(元)$$

$$保本点=\frac{22\,000}{40-35}=4\,400(件)$$

测算表明,即使价格下降到每件 40 元,只要销售量能达到 5 000 件,就可以获得利润 3 000 元,所以在销量可以超过新的保本点 4 400 件的情况下,就可以投产该新产品。另一方面,若该产品的销量只能达到 5 000 件,则其安全边际较小,只有 600 件,安全边际率为 12%,所以投产该新产品也有较大的风险。

### (二) 设备购买还是租赁的决策

当企业需要的某种资产可以自行购买,也可以租入使用时,可采用本量利分析法分析两种方式的优劣,从而选择较优的方式。生产经营所需的设备,企业可以自己购置,也可以从其他企业或租赁公司租入。企业购置设备的目的不是拥有它,而是使用设备的服务,租赁可以达到同样的目的。如果购置或租赁可以取得相同的设备服务,那么成本较低的方案是较好的方案。所以,购置和租赁的选择,主要是成本的比较。

**例 14-13** 假如某企业为了提高产品的质量和精密度,需要增加一台精密仪器。若购买该仪器,需耗资 150 000 元,该设备可使用 10 年,期末有 10% 的残值,每年仪器的保险等费用为 36 000 元。这种仪器的每天开机运转费为 200 元。若向租赁公司租用该仪器,每日的租金为 800 元。那么企业是购买该仪器好呢,还是租用该仪器好呢?

从给出的条件我们可以看到,如果企业每年需用这种设备的天数不多,那么租赁比较合适,比如每年只需用这种仪器 10 天,则全年租金加运转费只有 10 000 元,而购买该设备一次就要投入 150 000 元。但是如果企业每年需用这种仪器的天数很多,比如300 天,那么租用设备的费用就会很高,达 300 000 元。所以是购买还是租赁取决于设备的年使用天数。可通过本量利计算公式计算出作为购买和租赁分界点的年使用天数,然后根据企业年使用天数的测算再决定是购买还是租赁。

设 $x$ 为使用日数,$Y$ 为年使用总成本,下标变量 1、2 分别代表购买方案和租赁方案。则仪器购买方案的年使用总成本:

$$Y_1 = \left( \frac{150\,000 \times (1-10\%)}{10} + 36\,000 \right) + 200x$$
$$= 49\,500 + 200x$$

仪器租赁方案的年使用总成本:

$$Y_2 = (200+800)x = 1\,000x$$

仪器购买方案和租赁方案的年使用总成本相等时的使用天数为:

$$Y_1 = Y_2$$
$$49\,500 + 200x = 1\,000x$$
$$x = 62(\text{天})$$

即企业如果每年使用该设备在两个月以上时,应购买该仪器,每年使用天数不足两个月时,以租用该设备为好。

### (三) 产品选择的决策

有时企业可以投产的新产品不止一种,或者企业剩余生产能力可以从几种产品中选择一种进行生产,这时需要进行一些分析测算,然后做出相应的选择。这种选择,要从技术、生产和经济等多方面进行综合分析,其中盈利能力的分析是一个重要方面。在多种产品中进行选择时,从盈利能力分析的角度可以是比较各产品的边际贡献,选择边际贡献大的产品。

**例 14-14** 某公司有甲、乙两种新产品可供投产。甲产品预计销量为 5 000 件,产品售价 30 元,单位变动成本 18 元,为生产甲产品而发生专属固定成本 38 000 元。乙产品预计销量为 20 000 件,产品售价 5 元,单位变动成本 2 元,为生产乙产品而发生专属固定成本 50 000 元。

两种产品边际贡献的比较计算如表 14-7。

表 14-7　两种产品边际贡献的比较　　　　　　　　　　　　　　单位:元

| 项　目 | 甲产品 | 乙产品 | 差　额 |
|---|---|---|---|
| 销售收入 | 150 000 | 100 000 | 50 000 |
| 　减:变动成本 | 90 000 | 40 000 | 50 000 |
| 边际贡献 | 60 000 | 60 000 | 0 |
| 　减:专属固定成本 | 38 000 | 50 000 | −12 000 |
| 毛利 | 22 000 | 10 000 | 12 000 |

从表 14-7 计算可见,甲产品宜优先投产。

### (四) 生产方式选择的决策

在确定了某种产品需要生产之后,往往会碰到选择生产方式的问题。相同的产品可以用不同的生产方式生产,但其成本结构会有很大区别。不同的生产方式使得变动成本和固定成本比例不同。一般来说,生产方式自动化程度高,意味着固定资产投资额较大、固定成本较高,生产效率也较高,使单位产品的变动成本较低;自动化程度低的方案,正好与此相反。相同的产品可以用不同的生产方式生产,但不同的生产方式会使企业的最终利润有很大区别。

**例 14-15**　某企业拟生产一种产品,有两种生产方式可供选择:甲方案是采用半自动化设备,预计年固定成本 80 000 元,单位变动成本 6 元,生产能力 30 000 件。乙方案是采用全自动化设备,预计年固定成本 120 000 元,单位变动成本 4 元,生产能力 32 000件。该产品预计销售价格为每件 16 元。试分析哪个方案较好?

首先,计算其保本点:

$$盈亏平衡点(甲)=\frac{80\,000}{16-6}=8\,000(件)$$

$$盈亏平衡点(乙)=\frac{120\,000}{16-4}=10\,000(件)$$

从保本点来看,甲方案生产 8 000 件就可以保本,而乙方案则需要生产 10 000 件才能保本,但是这并不能说明甲方案比乙方案好。对两个方案还需要比较各自的盈利水平。当企业产销量在 8 000~10 000 件时,显然采用乙方案不利,这时企业仍处于亏损状态。当企业产销量比较大时,自动化生产的优势就会反映出来,比如当企业的产销量达到 30 000 件时,两个方案的利润水平比较如下:

$$甲方案利润=(16-6)\times30\,000-80\,000=220\,000(元)$$

$$乙方案利润=(16-4)\times30\,000-120\,000=240\,000(元)$$

从以上计算可知,企业年产销量若能达到 30 000 件,则应选择乙方案。这样本例中的问题就不会有一个单一的答案,而应该提出在不同的产销量情况下选择不同生产方式的建议。但是在何种产销量条件下选择甲方案,又在何种产销量条件下选择乙方案呢?这需要通过计算两种方案利润相等的产销量点来确定,利润相等的产销量点可通过等成本点的计算来确定。

其次,计算等成本点的产销量 $x$:

$$甲方案总成本＝80\ 000＋6x$$
$$乙方案总成本＝120\ 000＋4x$$

令：甲方案总成本＝乙方案总成本

则：
$$80\ 000＋6x＝120\ 000＋4x$$
$$x＝20\ 000（件）$$

以上的两个方案也可以图示来反映，如图 14-6 所示。

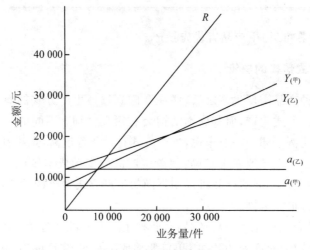

**图 14-6 两种方案对比**

图中销售收入线 $R$ 与甲方案的总成本线 $Y_{(甲)}$ 的交点为甲方案的保本点，产销量在该点以下时两个方案都不盈利。销售收入线 $R$ 与乙方案的总成本线 $Y_{(乙)}$ 的交点为乙方案的保本点，产销量在该点以下时乙方案不盈利，但甲方案盈利。甲方案的总成本线 $Y_{(甲)}$ 与乙方案的总成本线 $Y_{(乙)}$ 的交点为两个方案的等成本线，产销量在该点以下甲方案优于乙方案，产销量超过该点乙方案优于甲方案。

由此可以提出该企业生产方式的选择建议：

（1）当产销量<8 000 件时，该产品将亏损，不应生产该产品；

（2）当 8 000 件<产销量<10 000 件时，半自动化设备的方案盈利，全自动化设备方案亏损，应选择半自动化设备方案；

（3）当 10 000 件<产销量<20 000 件时，两方案均可获利，其中半自动化设备方案利润较大，可选择半自动化设备方案；

（4）当产销量>20 000 时，全自动化设备方案的利润超过半自动化设备方案，应选择全自动化设备方案。

**（五）损益平衡定价**

制定产品价格需要企业根据具体情况选用一定的方法进行。损益平衡定价是其中的一种方法，它根据本量利分析原理，提供一系列销售量条件下的保本价格。这些价格是企业在一定销售量条件下所能接受的最低价格，在决定是否投产和价格谈判中有重要参考价值。

**例 14-16** 某产品某月专属固定成本 15 000 元,单位变动成本 8 元。管理人员准备就该产品价格问题与客户商谈,现在需要会计师准备有关资料。

由于:产品保本售价 ＝固定成本÷销量＋单位变动成本

故,本例中:产品保本售价 ＝15 000÷销量＋10

由此可见,该产品的保本售价根据销量的不同可以有多种不同的价格。给出一个销量,即可计算出一个相应的保本价格,如表 14-8。

表 14-8　损益平衡价格

| 销量/个 | 300 | 500 | 1 000 | 1 500 | 2 000 | 3 000 |
|---|---|---|---|---|---|---|
| 价格/元 | 60 | 40 | 25 | 20 | 17.5 | 15 |

企业管理人员可以根据订货数量确定产品售价,在一定的销量条件下,所确定的售价只要超过保本价格,企业即可盈利。上述损益平衡定价资料可以从两个方面分析问题:在销量既定时(如顾客的订货数量已确定),考虑客户所提出的报价是否在保本价格之上;在价格确定时(如由于市场竞争无法改变已确定的价格),考虑企业能接受的最低产销量。

## 二、利润差异分析中的应用

对本期目标利润和实际利润的差异分析,可利用本量利的方法和技术,因为利润至少受产销量、售价、成本等基本要素的影响。在生产经营多种产品的企业,如果各种产品盈利水平不同,利润多少还受产品品种结构的影响,所以,目标利润与实际利润的净差异,可按差异的组成成分来剖析,分为销量差异、价格差异、成本差异和品种结构差异等几部分进行分析。

**例 14-17** 企业的有关数据如表 14-8 所示。

表 14-9　目标利润和实际利润对照表

| 项　目 | 预　算 | | | 实　际 | | |
|---|---|---|---|---|---|---|
| | 数量/台 | 单位金额/元 | 总金额/元 | 数量/台 | 单位金额/元 | 总金额/元 |
| 营业收入 | 20 000 | 6.00 | 120 000 | 22 000 | 5.60 | 123 200 |
| 变动成本 | 20 000 | 3.00 | 60 000 | 22 000 | 3.20 | 70 400 |
| 边际贡献 | 20 000 | 3.00 | 60 000 | 22 000 | 2.60 | 52 800 |
| 固定成本 | 20 000 | 2.00 | 40 000 | 22 000 | 1.90 | 41 800 |
| 利润 | 20 000 | 1.00 | 20 000 | 22 000 | 0.50 | 11 000 |

表 14-9 表明实际利润比目标利润下降 9 000 元(11 000－20 000),现按照本量利相互关系的原理来分析造成目标利润和实际利润出现差异的原因。

1. 销量变动引起的差异

销量变动引起的差异,是指实际销售量脱离预算销售量所引起的实际利润与目标利润的差额,简称销量差异,它是按实际销量计算的目标利润与按计划销量计算的原目标利润的差额。

$$\begin{matrix}\text{销量}\\\text{差异}\end{matrix}=\begin{matrix}\text{实际销量}\\\text{目标利润}\end{matrix}-\begin{matrix}\text{计划销量}\\\text{目标利润}\end{matrix}$$

$$=\left[\begin{matrix}\text{实际}\\\text{销量}\end{matrix}\times\left(\begin{matrix}\text{预算}\\\text{单价}\end{matrix}-\begin{matrix}\text{预算单位}\\\text{变动成本}\end{matrix}\right)-\begin{matrix}\text{预算固}\\\text{定成本}\end{matrix}\right]$$

$$-\left[\begin{matrix}\text{预算}\\\text{销量}\end{matrix}\times\left(\begin{matrix}\text{预算}\\\text{单价}\end{matrix}-\begin{matrix}\text{预算单位}\\\text{变动成本}\end{matrix}\right)-\begin{matrix}\text{预算固}\\\text{定成本}\end{matrix}\right]$$

$$=\left(\begin{matrix}\text{实际}\\\text{销量}\end{matrix}-\begin{matrix}\text{预算}\\\text{销量}\end{matrix}\right)\times\left(\begin{matrix}\text{预算}\\\text{单价}\end{matrix}-\begin{matrix}\text{预算单位}\\\text{变动成本}\end{matrix}\right)$$

$$=(22\,000-20\,000)\times(6.00-3.00)$$

$$=6\,000(\text{元})$$

由于实际销量比预算销量增加 2 000 台,使利润增加了 6 000 元。

2. 售价变动引起的差异

售价变动引起的差异是指实际售价脱离预算售价所引起的实际利润与目标利润的差额,简称售价差异,它是按实际售价计算的目标利润与按预算售价计算的原目标利润的差额。

$$\begin{matrix}\text{售价}\\\text{差异}\end{matrix}=\begin{matrix}\text{实际售价}\\\text{目标利润}\end{matrix}-\begin{matrix}\text{计划售价}\\\text{目标利润}\end{matrix}$$

$$=\left[\begin{matrix}\text{实际}\\\text{销量}\end{matrix}\times\left(\begin{matrix}\text{实际}\\\text{售价}\end{matrix}-\begin{matrix}\text{预算单位}\\\text{变动成本}\end{matrix}\right)-\begin{matrix}\text{预算固}\\\text{定成本}\end{matrix}\right]$$

$$-\left[\begin{matrix}\text{实际}\\\text{销量}\end{matrix}\times\left(\begin{matrix}\text{预算}\\\text{售价}\end{matrix}-\begin{matrix}\text{预算单位}\\\text{变动成本}\end{matrix}\right)-\begin{matrix}\text{预算固}\\\text{定成本}\end{matrix}\right]$$

$$=\left(\begin{matrix}\text{实际}\\\text{售价}\end{matrix}-\begin{matrix}\text{预算}\\\text{售价}\end{matrix}\right)\times\text{实际销量}$$

$$=(5.60-6.00)\times22\,000$$

$$=-8\,800(\text{元})$$

由于实际售价比预算售价下降 0.4 元,使利润下降了 8 800 元。

3. 变动成本变动引起的差异

变动成本变动引起的差异,是指因变动成本脱离预算造成实际利润与目标利润的差额,简称变动成本差异,它是按实际单位变动成本计算的目标利润与按预算单位变动成本计算的原目标利润的差额。

$$\begin{matrix}\text{单位变动}\\\text{成本差异}\end{matrix}=\begin{matrix}\text{实际单位变动}\\\text{成本预算利润}\end{matrix}-\begin{matrix}\text{计划单位变动}\\\text{成本预算利润}\end{matrix}$$

$$=\left[\begin{matrix}\text{实际}\\\text{销量}\end{matrix}\times\left(\begin{matrix}\text{实际}\\\text{售价}\end{matrix}-\begin{matrix}\text{实际单位}\\\text{变动成本}\end{matrix}\right)-\begin{matrix}\text{预算固}\\\text{定成本}\end{matrix}\right]$$

$$-\left[\begin{matrix}\text{实际}\\\text{销量}\end{matrix}\times\left(\begin{matrix}\text{实际}\\\text{售价}\end{matrix}-\begin{matrix}\text{预算单位}\\\text{变动成本}\end{matrix}\right)-\begin{matrix}\text{预算固}\\\text{定成本}\end{matrix}\right]$$

$$=\left(-\begin{matrix}\text{实际单位}\\\text{变动成本}\end{matrix}+\begin{matrix}\text{预算单位}\\\text{变动成本}\end{matrix}\right)\times\text{实际销量}$$

$$=(-3.20+3.00)\times 22\,000$$
$$=-4\,400(元)$$

由于实际单位变动成本上升 0.2 元,使利润下降 4 400 元。

4. 固定成本变动引起的差异

固定成本变动引起的差异是指由于固定成本脱离预算造成实际利润与目标利润的差额,简称固定成本差异,它是按实际固定成本计算的目标利润与按预算固定成本计算的原目标利润的差额。

$$\begin{aligned}固定成本差异&=实际固定成本预算利润-计划固定成本预算利润\\&=\left[实际销量\times\left(实际售价-实际单位变动成本\right)-实际固定成本\right]\\&\quad-\left[实际销量\times\left(实际售价-实际单位变动成本\right)-预算固定成本\right]\\&=\left(-实际固定成本+预算固定成本\right)\\&=(-41\,800+40\,000)\\&=-1\,800(元)\end{aligned}$$

由于实际固定成本上升 1 800 元,使利润下降 1 800 元。

上述四项因素对利润的影响程度,可综合归纳如表 14-10。

表 14-10　四项因素对利润的影响程度　　　　　　　　　　　　单位:元

| | |
|---|---:|
| 产品销量增加使利润增加 | 6 000 |
| 销售价格下降使利润减少 | −8 800 |
| 变动成本上升使利润减少 | −4 400 |
| 固定成本上升使利润减少 | −1 800 |
| 实际利润比目标利润减少 | −9 000 |

# 第六节　变动成本法

## 一、变动成本法的基本原则

变动成本法认为,只有变动成本可以计入产品成本,包括直接材料、直接人工和直接制造费用,所有固定成本为期间而发生的,随着期间的过去,固定成本应当从本期收入中扣除,而不能计入产品成本随产品转移,变动成本也可以称为直接成本,即与产品生产直接相关的成本,因此也称为直接成本法。变动成本法将变动成本从营业收入中扣除直接得出边际贡献,再用边际贡献弥补固定成本,剩余的部分作为当期的利润。

与变动成本法相对应的是完全成本法,其基本原则是产品成本的范围包括产品完工前所有的制造成本,固定制造成本也是为产品生产而发生的,应当计入产品成本,由于吸收了固定制造成本,因此也称为吸收成本法。

如果每一期的产量与销量完全相等,变动成本法与完全成本法计算的利润是相等的;如果产品与销量不等,按照完全成本法,由于产品成本包括了变动成本法所不包括的固定制造费用,将会随着产品的转移而转移,使得两种方法计算的利润不等。

产量＞销量,变动成本法 ＜完全成本法(完全成本法使产品带走了一部分固定成本)

产量＜销量,变动成本法 ＞完全成本法(完全成本法使产品带回了一部分固定成本)

产量＝销量,变动成本法 ＝完全成本法

目前公认会计原则接受的方法是完全成本法。

## 二、变动成本法

例 14-18　某公司的利润表采用完全成本法编制,其 20×1—20×3 年的利润表如表 14-11 所示。

表 14-11　某公司完全成本法利润表　　　　单位:元

| 项　　目 | 20×1 年 | 20×2 年 | 20×3 年 | 合　　计 |
|---|---|---|---|---|
| 营业收入 | 90 000 | 72 000 | 108 000 | 270 000 |
| 营业成本 | 60 000 | 48 000 | 72 000 | 180 000 |
| 毛利 | 30 000 | 24 000 | 36 000 | 90 000 |
| 销售及管理费用 | 19 000 | 19 000 | 19 000 | 57 000 |
| 净利润 | 11 000 | 5 000 | 17 000 | 33 000 |

该公司近 3 年的产销情况如表 14-12 所示。

表 14-12　某公司产销情况　　　　单位:件

| 项　　目 | 20×1 年 | 20×2 年 | 20×3 年 |
|---|---|---|---|
| 生产量 | 10 000 | 10 000 | 10 000 |
| 销售量 | 10 000 | 8 000 | 12 000 |

假定该公司产品的单位变动成本为 4 元/件,产品成本中分摊的固定成本为 2 元/件。

按照变动成本法计算,该公司各年的利润如表 14-13 所示。

表 14-13　某公司变动成本法利润表　　　　单位:元

| 项　　目 | 20×1 年 | 20×2 年 | 20×3 年 | 合　　计 |
|---|---|---|---|---|
| 营业收入 | 90 000 | 72 000 | 108 000 | 270 000 |
| 变动成本 | 40 000 | 32 000 | 48 000 | 120 000 |
| 边际贡献 | 50 000 | 40 000 | 60 000 | 150 000 |
| 固定制造费用 | 20 000 | 20 000 | 20 000 | 60 000 |
| 管理费用 | 19 000 | 19 000 | 19 000 | 57 000 |
| 利润 | 11 000 | 1 000 | 21 000 | 33 000 |

可以看出,由于 3 年的产量等于销量,两种方法计算的 3 年利润合计数相等;20×2 年的差别在于,由于产量大于销量,产生了 2 000 件的存货,完全成本法带走了 4 000 元(2 000×2)固定成本,使得完全成本法的利润高出 4 000 元;20×3 年的差别在于:由于产量小于销量,销售上年度的产量,完全成本法将上年度带走的 4 000 元固定成本又带回了本年度,使得变动成本法的利润高出 4 000 元。

# 专 用 名 词

固定成本　　变动成本　　混合成本　　　本量利分析
边际贡献　　安全边际　　变动成本法

# 习　题

## 一、思考题

Q14-1　什么是成本性态？

Q14-2　如何理解固定成本的概念？

Q14-3　如何理解变动成本的概念？

Q14-4　为什么单位固定成本与业务量增减成反比例变动？

Q14-5　为什么要进行混合成本分解？

Q14-6　请写出本量利关系的基本数学表达式。

Q14-7　什么是边际贡献？什么是边际贡献率？

Q14-8　什么是保本点作业率？

Q14-9　什么是安全边际？什么是安全边际率？

Q14-10　什么是敏感分析？

Q14-11　如何进行因素变动分析？

## 二、练习题

### E14-1　目标利润测算

某企业生产一种产品，每年固定成本 50 000 元，该产品的单位售价 15 元，单位变动成本 10 元，某年度计划销售 40 000 件。

要求：

(1) 计算该企业的预期利润；

(2) 若企业拟实现目标利润 160 000 元，产销量应达到多少？

(3) 若企业拟实现目标利润 160 000 元，销售量仍为 40 000 件，单价应定为多少元？

(4) 若企业拟实现目标利润 160 000 元，销售量仍为 40 000 件，单位变动成本应为多少？

(5) 若企业拟实现目标利润 160 000 元，销售量仍为 40 000 件，每年固定成本应为多少？

### E14-2　目标利润测算——税收影响

某企业产销一种产品，每月固定制造成本 30 000 元，固定性销售费 3 000 元，固定性管理费用 2 000 元；单位变动制造成本 10 元，单位变动性销售费 2 元，单位变动性管理费 4 元；该产品单位售价 30 元；消费税税率为 5%，所得税税率 30%；某月计划销售 8 000 件产品。

要求：

(1) 计算预期税后利润将是多少；

(2) 如实现税后净利 16 000 元，销量应达到多少？

### E14-3　多种产品目标利润测算

假设某企业生产甲、乙、丙三种产品，该企业每月固定成本 18 000 元，其他有关资料如下表所示，该企业预计利润是多少？

**销售和成本计划资料**

| 产品 | 销量/件 | 单价/元 | 单位变动成本/元 |
| --- | --- | --- | --- |
| 甲 | 2 500 | 20 | 14 |
| 乙 | 2 000 | 16 | 12 |
| 丙 | 4 000 | 10 | 6 |

### E14-4　保本点计算

某企业产销一种产品,每月固定成本 25 000 元,单位变动成本 10 元,该产品单位售价 15 元。

要求:

(1) 计算该企业产销这种产品的保本点销售量;

(2) 计算该企业产销这种产品的保本点销售额;

(3) 绘制该企业产销这种产品的保本点基本的本量利图;

(4) 绘制该企业产销这种产品的保本点边际贡献式的本量利图。

### E14-5　多种产品保本点

假设某企业生产甲、乙、丙三种产品,该企业每月固定成本 18 000 元,其他有关资料如下表所示。

要求:

(1) 计算该企业综合的保本点销售额;

(2) 计算该企业各产品的保本点销售额;

(3) 计算该企业各产品的保本点销售量。

**销售和成本计划资料**

| 产　品 | 销量/件 | 单价/元 | 单位变动成本/元 |
|---|---|---|---|
| 甲 | 2 500 | 20 | 14 |
| 乙 | 2 000 | 16 | 12 |
| 丙 | 4 000 | 10 | 6 |

### E14-6　目标利润测算

某企业目前某产品的销售量每年 20 000 件,售价每件 10 元,单位变动成本每件 6 元,每年固定成本 40 000 元。企业确定的目标利润为 50 000 元。

要求:

(1) 企业拟降价 10%,争取实现目标利润,现测算降价后实现目标利润所需的销售量。

(2) 若企业销售部门认为降价 10%后只能使销量增至 25 000 件,因此,需要设法降低成本,测算需要单位变动成本降低到多少。

(3) 若生产部门认为,通过努力单位变动成本可望在原有基础上降低 5%,因此,企业只能再压缩固定成本支出,测算需要固定成本降低到多少。

### E14-7　敏感性分析

某企业目前某产品的销售量每年 20 000 件,售价每件 10 元,单位变动成本每件 6 元,每年固定成本 40 000 元。

要求:

(1) 计算以下因素使企业由盈利转为亏损的数值:售价的最小值、单位变动成本的最大值、固定成本最大值、销售量最小值。

(2) 计算下列各因素变化 1%对利润变化的影响程度:产品售价下降 1%、单位变动成本下降 1%、固定成本下降 1%、销量下降 1%。

### E14-8　购买或租赁

某厂需用大型电子计算机一台,可以自行购置,也可以租赁,有关资料如下:

购置:购入价格 30 000 元,使用年限 5 年,期末残值 3 000 元,运转费用 50 元/天,维修费 2 800 元/年。

租入:租金 100 元/天,运转费 50 元/天。

要求：分析计算说明该企业在何种条件下购买这种计算机,在何种条件下租入。

**E14-9 设备选择**

某企业拟生产一种产品,有两种生产方式可供选择:甲方案是采用全自动化设备,预计年固定成本6 000元;乙方案是采用半自动化设备,预计年固定成本2 000元,现在获得了该企业以下一些资料。

| 项 目 | 自动化方案 | | 半自动化方案 | |
|---|---|---|---|---|
| | 占销售收入比重/% | 金额/元 | 占销售收入比重/% | 金额/元 |
| 营业收入 | 100 | 10 000 | 100 | 10 000 |
| 变动成本 | 20 | 2 000 | 60 | 6 000 |
| 边际贡献 | 80 | 8 000 | 40 | 4 000 |
| 固定成本 | 60 | 6 000 | 20 | 2 000 |
| 利润 | 20 | 2 000 | 20 | 2 000 |

要求：分析哪个方案较好。

**E14-10 利润差异分析**

某企业目标利润和实际利润的有关数据如下表所示。

**目标利润和实际利润对照表**

| 项 目 | 预 算 | | | 实 际 | | |
|---|---|---|---|---|---|---|
| | 数量/台 | 单位金额/元 | 总金额/元 | 数量/台 | 单位金额/元 | 总金额/元 |
| 营业收入 | 30 000 | 10.00 | 300 000 | 32 000 | 10.60 | 339 200 |
| 变动成本 | | 6.00 | 180 000 | | 6.20 | 198 400 |
| 边际贡献 | | 4.00 | 120 000 | | 4.40 | 140 800 |
| 固定成本 | | 2.00 | 60 000 | | 2.025 | 64 800 |
| 利润 | | 2.00 | 60 000 | | 0.50 | 76 000 |

要求：对该企业利润差异的原因进行分析。

**E14-11 变动成本法**

某企业某期间有关资料如下表:

单位:元

| | | | |
|---|---|---|---|
| 期初存货量 | 0 | 直接材料 | 28 000 |
| 本期生产量 | 8 000 | 直接人工 | 12 000 |
| 本期销售量 | 6 000 | 变动制造费用 | 8 000 |
| 期末存货量 | 2 000 | 固定制造费用 | 12 000 |
| 产品销售单价 | 13 | 变动销售及管理费 | 6 000 |
| | | 固定销售及管理费 | 10 000 |

要求：

(1) 计算变动成本法和完全成本法下的单位产品成本;

(2) 按变动成本法和全部成本法编制当期的利润表,说明两种方法计算的营业利润差异原因。

**E14-12 变动成本法**

某企业每年生产并销售12 000件A产品。经测算,20×7年该产品的单价为100元,按完全成本法计算的单位生产成本为60元,其中单位变动成本为50元。

企业现已掌握将 A 产品深加工为单价为 150 元、有市场销路的新产品 B 的技术，只要支付 15 000 元租入一套装置，就可以在本年内将 10 000 件 A 产品加工为 B 产品；A、B 产品之间的投入产出数量比为 1 : 0.9；此外，每加工出一件 B 产品，需要追加变动加工成本 30 元。

企业需要马上做出有关是否将 A 产品深加工为 B 产品的决策。

要求：

(1) 计算或列出下列指标：

① 直接出售 A 产品方案的相关业务量；

② 将 A 产品深加工为 B 产品方案的相关业务量；

③ 将 A 产品深加工为 B 产品方案的专属成本。

(2) 用差别损益分析法做出是否将 A 产品深加工为 B 产品的决策。

## 三、讨论题

**P14-1** 为什么讨论固定成本和变动成本时要考虑相关范围？

**P14-2** 请讨论混合成本方程式与总成本方程式的联系与区别。

**P14-3** 为什么提高安全边际率和边际贡献率可以提高销售利润率？

**P14-4** 请解释固定成本、单位变动成本、产品售价和产品结构等因素的变动会对保本点造成怎样的影响。

**P14-5** 请讨论"只要客户的出价高于该产品的单位变动成本就可以接受该客户的报价"的说法是否有道理。

**P14-6** 本量利分析方法在利润差异分析中如何应用？

# 第十五章

会 计 学
ACCOUNTING

## 预算管理

学习目的
XUE XI MU DI

1. 掌握预算、预算管理的意义和作用；

2. 掌握预算管理的过程；

3. 阐述预算编制起点的原理；

4. 掌握销售预算、利润预算和现金预算的结构、编制原理和编制方法；

5. 阐述弹性预算和零基预算的原理以及应用的条件；

6. 理解预算管理系统中行为问题产生的根源；

7. 描述参与性预算、预算松弛、预算指标水平和预算道德中的行为问题。

# 第一节　概　　述

从历史上看,预算由英国人在 13 世纪首创,当时用于政府部门的财务管理。20 世纪初期,美国杜邦化学公司和通用汽车公司相继将预算从政府部门引进到企业。目前,尽管欧洲有学者提出"跨越预算"(beyond budgeting)概念,试图否定或取代现行的预算体系,但在西方国家管理实务中,预算不仅被政府部门和非营利组织普遍采用,而且也是营利组织最重要的管理惯例之一。我国民国时期已有政府预算,新中国成立以后,除国家预算外,企业曾一度编制"生产、技术和财务计划",但严格意义上的企业预算则出现在 20 世纪 90 年代初期,最初的驱动力主要来自企业内部和企业对国家的经营承包责任制,此后经国家经贸委和财政部的大力推动,我国企业特别是国有企业目前基本上都在实行预算管理,并取得了重要的经验,但从整体上看,仍有很大的改进空间。

什么是预算呢? 预算首先是一种计划,是在办理某件事情之前从业务和财务角度对该件事情的办理过程和结果所进行测度、算计的方法。在这个意义上,任何个人或组织每天都在编制预算。但这种说法也并不完全准确。因为任何个人或组织未必采用系统方法编制这种财务计划,很可能只是凭借着经验和直觉进行估计的结果。本章所谓的预算主要是指使用系统方法编制的财务计划,是指用财务数据和统计表格来表达(或确定)特定组织或该组织的一个组成单位的年度经营目标的过程。

显然,这里的预算概念仅仅是指预算编制(budgeting),并没有考虑预算执行因素。至于预算执行以及上级对预算执行过程的监控,管理会计教科书也并不在预算章节中介绍,而是作为责任会计(responsibility accounting)的一部分。因此,人们很容易被导入"预算就是预算编制"的错误概念。参照第十三章阐述的管理的概念,我们使用预算管理的概念将这些内容综合起来考虑。预算管理是指通过预算来确定和实现特定组织或该组织的一个单位的经营目标的过程,如图 15-1 所示。

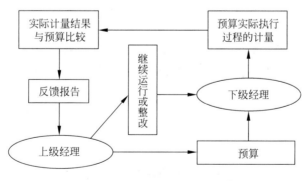

**图 15-1　预算管理的原理**

从图 15-1 看出,预算管理实际上是以预算为标准的管理控制系统。上级经理通过预算为下级经理确定业绩标准,然后由下级经理执行预算;为了保障下级经理的执行过程符合预算规定的目标,上级经理或其委托人(如会计)必须对下级经理预算执行的进度或结果进行计量即"预算实际执行过程的计量";然后将实际与预算比较,编制反馈报告并送达上级经理,上级经理根据例外管理的原则,决定是否干预下级经理的执行还是允许其继续运行;最终使下级经理达成预算。这就是预算管理的基本原理。

为什么要进行预算管理,或者说,预算管理有什么作用呢?

首先,预算管理作为一个系统是企业总经理对整个企业或者上级对下级的经营活动进行计划和控制的基本手段。流行的管理会计教科书中很少提到预算的这个作用。在管理实务中,大多数企业还没有意识到预算有这样的作用,将预算全部推给财务部门,成为财务部门"自娱自乐的节目",与总经理的计划与控制活动毫无关系。实际上,预算管理是利用价值信息的财务管理,它能够综合反映企业经营的全貌,并明确地体现出企业存在的理由和经营的目的——盈利。一个企业的总经理必须对整个企业进行计划和控制,上级对其下级也是这样,从技术、人事、生产、销售、供应等方面进行计划和控制,但任何一方面都不及从预算方面进行的计划和控制来得那么综合和有效,在表达企业经营目的上来得那么直截了当和易于理解。

其次,预算管理是实现公司整合的基本手段。这个作用也常常为人们所忽略,将预算管理仅仅限定在费用控制的范围。实际上,20 世纪初杜邦化学公司和通用汽车公司之所以引进预算,其主要目的之一是解决由工厂式企业转变而来的公司式企业的分散化问题。工厂管理主要解决效率(投入与产出之比)问题,而公司至少由几家工厂组成,在管理上不仅要解决效率问题,而且要解决工厂之间以及各工厂与公司总部之间的目标一致问题即所谓整合。一个企业特别是大型企业的总经理唯有通过预算才能有可能将企业的各个层级、每个层级的各个单位、每个单位的各位成员与企业总体目标连接起来,并使这些层级、单位和成员围绕着企业的总体目标而运作。

此外,预算还有下列重要作用被人们普遍提到:

(1) 通过预算将企业管理高层的管理意图传递到企业的各层级、各单位和各位成员。

(2) 通过预算编制强迫各级经理们事先思考和安排未来,而不至于在未来的工作中被日常琐事所拖累。

(3) 通过预算编制分配资源,并将资源分配到企业中效率最高的单位。

(4) 通过预算编制向下级经理指派责任,因而预算也成为评价下级经理业绩的依据。

(5) 通过预算反馈,上级经理可以了解下级经理预算执行的进度和结果,可以判断何时干预下级经理的经营过程。

# 第二节　预算管理的过程

预算管理包括预算编制和预算执行两大环节。预算编制涉及很多内容,本节着重介绍预算种类、预算管理机构、预算编制流程。预算执行同样涉及很多内容,本节着重介绍预算执行流程、财务结算和预算反馈。

## 一、预算种类

### (一)按预算内容

在这种分类法下,预算可分成经营预算、财务预算和资本预算。我们不同意将利润预算、现金预算与会计报表中的利润表、现金流量表相等同的做法,因为在预算管理中我们完全可以不按组织单位编制利润预算和现金预算。因此,经营预算中包括销售预算、生产预算、成本预算、费用预算等,其核心是利润预算;财务预算包括预计的资产负债表、利润表和现金流量表等,其核心是现金预算,资本预算就是资本自身。

### (二)按组织层级

在这种分类法下,预算可以分成高层预算、中层预算和基层预算。集团公司的预算最适合这种分类方法。在这里,集团公司是指除了集团高层的职能处室之外,还有三个或五个以上的业务性的中层单位。而中层单位最典型是具有对外销售的产品,相当于"战略性经营单位"(SBU)。基层单位在典型的制造业中包括五类,即销售、供应、基本生产、辅助生产和职能科室。中层单位预算包括利润预算、现金预算和资本预算,我们以此为平台,向上可以汇总为集团公司预算——集团的利润预算、现金预算和资本预算;向下可以细化为基层单位的预算,包括销售单位的销售收入预算、供应(采购)单位的采购预算、基本生产和辅助生产单位的生产成本预算、职能科室的费用预算、各基层单位的现金预算、销售和供应单位本身的费用预算等。

## 二、预算管理机构

为了有效地编制和执行预算,必须建立健全预算管理机构。在严格意义上预算管理机构包括预算单位本身和企业高层或上级预算单位为保障预算执行过程符合预算目标而设置的机构。前者就是现行的组织结构图中的各组织单位。按照预算管理的要求,各组织单位必须权责明确,相互关系清晰,而各组织单位的现状未必符合这样的要求,需要进行调整或重新设计;后者主要包括预算委员会、预算办公室和价格监管、奖惩、信息鉴证、财务等相关的职能。

### (一)预算委员会

预算委员会设在企业高层,是企业预算管理的最高决策机构,由主任和委员们组成。企业总经理担任主任,总会计师和相关的副总经理担任委员。预算委员会基本职责包括:

(1)根据企业愿景规划、发展战略和长期计划,决定本年度预算控制指标;

(2)审批与预算管理相关的政策与制度;

(3)审批企业总预算和下属二级单位预算;

(4)仲裁和协调预算管理中的冲突和纠纷;

(5)审批预算调整事项和在必要时干预预算执行过程。

### （二）预算办公室

预算办公室是预算委员会的常设办事机构,通常设在财务部门,由总会计师或财务处(部)长担任预算办公室主任。由于预算管理工作大部分与企业日常财务管理和会计核算等项工作是重叠的,因此,预算办公室工作人员往往就是财务部门的工作人员,即所谓的"一班人马、两块牌子"。但必须注意:财务部门是企业的职能部门,其作用限于财务方面;而预算办公室则是作为企业高层决策机构之一的预算委员会的组成部分,其作用涵盖整个企业。预算办公室负责预算管理的日常工作,具体包括:

（1）根据预算委员会的决议,编制企业年度预算管理手册或制度;

（2）为各预算单位的预算管理提供咨询;

（3）预审下属二级预算单位预算草案,并提供修改意见和建议;

（4）汇总企业预算,并向预算委员会提出审批重点和建议;

（5）定期向预算委员会提供预算反馈报告,反映预算执行中的问题,并为预算委员会进一步采取行动拟定备选方案。

### （三）配套职能

为了有效地进行预算管理,至少还需要价格监管、奖惩、信息鉴证和财务四个方面的职能配套。所谓价格监管,是说在预算管理中对企业的材料、设备等各项资源的采购价格,产品销售价格以及企业内部各单位之间中间产品或服务的转移价格必须制定监管政策和制度,不能放任不管。原因是价格是预算指标的动因,不仅影响到相关预算单位从而整个企业的预算指标,而且影响到预算单位之间的权责划分和整个企业整合。例如,对供应部门来说,材料采购价格越高越容易采购,但这会导致现金需要量增加、产品材料成本上升、销售利润减少,如果价格监管跟不上,势必给企业造成不良后果。价格监管政策和制度主要是关于询价和定价(包括内部转移价格)的过程、标准、审批和监督的规定。山东潍坊亚兴集团的购销比价即单位材料成本占单位价格的百分比,就是价格监管政策的一个典型案例。

所谓奖惩,是说预算或预算执行结果必须与奖惩挂钩、与奖惩制度配套。在操作层面上,奖惩制度就是业绩指标与奖惩资源的结合。业绩指标包括预算等财务指标,也包括非财务的或实物的指标。奖惩资源有精神与物质之分,其中物质奖惩资源包括现金、股票、期权、分房子配车、提拔等。现金是所有奖惩资源中最重要的资源。奖惩制度是预算管理系统运行的动力,说得严重一点儿,预算与奖惩不挂钩则无异于"劳民伤财"。因此,在实行预算管理的同时必须制定相应的奖惩制度,不能"完成与完不成预算一个样"、"预算完成的好与不好一个样"。

信息鉴证,在较大企业就是内部审计,其职能在于保障预算管理系统中传递的信息真实完整。一旦预算与奖惩挂钩,预算执行者就具有一种内在的动力利用预算编制和执行的过程操纵预算数据。为了防止和纠正数据或信息操纵,也需要建立鉴证制度,包括内控制度、审计规则和程序、审计人员职业道德及其惩戒措施等。

预算与财务的关系特别密切。财务职能对预算管理的配套作用在于预算编制通常也以现行会计准则为基础,而预算信息反馈则以会计核算、结算为基础。因此,预算编制和执行都需要财务制度的配套,包括收支业务结算、核算和报告制度、资金分配制度和现金控制制度等。

如何实现上述四项职能呢?这四项职能作为预算委员会的职能是设在预算委员会之中,还是设在预算委员会之外,由现存的相应部门来代理?从实务中看,大多数企业采用后者。一般价格部门或计划部门负责价格监管政策制定、人事部门负责奖惩制度制定、内部审计部门负责鉴证制度制定、财务部门负责财务制度制定,然后经预算委员会批准有效。

## 三、预算编制流程[①]

预算编制流程是指相关预算管理机构在预算编制中的动态衔接过程。图 15-2 是从一家集团公司预算编制过程中概括出来的流程图。

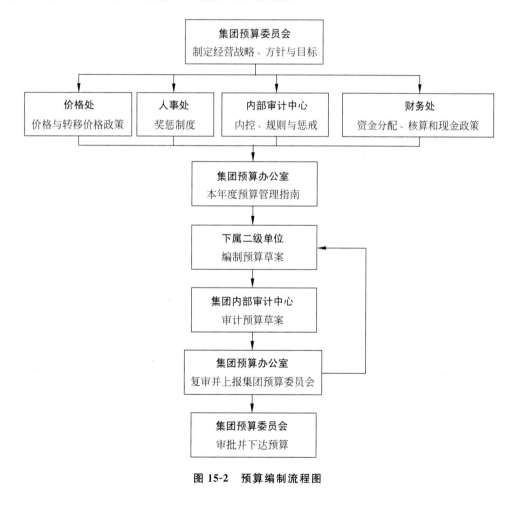

**图 15-2　预算编制流程图**

---

① 于增彪等.我国集团公司预算管理运行体系的新模式[J].会计研究,2001(8).

根据图 15-2 整个预算的编制是从集团预算委员会制定经营战略、方针与目标开始，然后集团预算办公室将这些战略、方针和目标，还有价格、人事、内部审计和财务等部门制定的各项制度以及预算编制和执行过程中的各种时间安排汇集成《本年度预算管理指南》，并发送给下属二级单位（分子公司和公司总部职能处室），下属二级单位据以编制预算草案。预算草案经集团内部审计中心审计后上报集团预算办公室；经集团预算办公室审核后如果不合乎要求则退回下属二级单位重新修订，然后再经集团内部审计中心报集团预算办公室。集团预算办公室认为合乎要求后，附上审批重点和建议，报集团预算委员会审批，批准后下达执行。这就是预算编制的整个流程。通过这个流程，上下之间权责的分派和接受同时完成。

这里有两个问题还需要进一步说明：

1. 集团预算委员会如何制定经营战略、方针与目标？其内容是什么？

一般说来，战略的制定都是按照哈佛大学波特教授的 SWOT 分析[①]方法进行，即找出外部的威胁和机会，内部的强点和弱势，然后将外部机会与内部强点结合起来就得到战略。从战略到本年度方针目标需要平衡记分卡（balanced scorecard）过渡才有可能。平衡记分卡的作用是将战略分解为若干项指标，从这些指标中选择出关键性业绩指标（KPI）就是方针目标。从预算编制角度考虑，产能、销量和利润三项指标是方针目标的最重要内容。

产能、销量与利润是相互依存的，因此在实务上必须考虑将哪项指标作为预算起点的问题。在计划经济或生产者市场条件下、或者垄断性行业中的企业，其预算编制的起点为产能（量）；竞争性市场条件下的独资企业，其预算编制的起点为销量；而竞争性市场条件下所有权与管理权分离的公司，其预算编制的起点为利润。当然，这三项指标中任何一项指标都要受其他两项指标制约，换句话说，预算编制总得有起点指标，但最终也需要指标之间的平衡。

2. 集团预算委员会、预算办公室和审计中心审核预算哪些内容呢？

审计中心审核重点是下属二级单位的内控制度健全程度和预算数据的真实性与完整性。内控制度在本质上是一种最简捷和最有效率的工作或作业标准，包括会计控制制度、管理控制制度和合规合法性控制制度。预算办公室主要审核下属二级单位是否遵守了《本年度预算管理指南》以及预算编制中的技术问题。集团预算委员会重点审核预算编制中的重大问题。当然，所谓"重大"，包含的主观成分较多，但一般说，下属二级单位编制的预算在产能、销量和利润等方面与《本年度预算管理指南》规定有明显差异，即为重大问题。例如，《本年度预算管理指南》拟定利润为 10 亿元，而汇总的各下属二级单位预算的利润为 8 亿元，有 2 亿元的差异。这就需要集团预算委员会决策：是接受这个现实，还是继续坚持原先拟定的数额？情况很可能是：实现 10 亿元利润市场没有问题，但产能短缺；如果产能能够保障 10 亿元利润，需要投资 9 000 万元；公司现金不足，公司为此至少向外部筹资 5 000 万元以应付增加产能投资；但资金能否筹措到则有很大的不确定性。这些只能由集团预算委员会定夺。

---

① 即 Strengths、Weakness、Opportunities、Threats 四个英文单词第 1 个字母的合写。

## 四、预算执行流程

预算执行流程是指相关预算管理机构在预算执行中的动态衔接过程。图 15-3 是上述那家集团公司预算编制流程的继续——预算执行流程图。

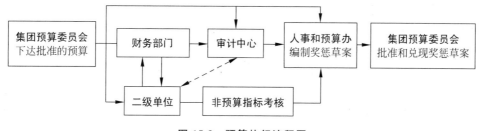

**图 15-3　预算执行流程图**

图 15-3 与图 15-2 是相互连接的。图 15-2 中以集团预算委员会批准预算结束,而图 15-3 则以集团预算委员会下达批准的预算开始。从图 15-3 可以看到:

（1）集团预算委员会将批准的预算分别下达到财务部门作为结算、核算和监督财务收支的依据;下达到二级单位作为经营活动的依据;下达到人事部门和核算办公室作为业绩评价和实施奖惩制度的依据;下达到审计中心作为预算审计的依据。

（2）下属二级单位根据预算组织本身的经营活动,其资金的收支通过集团财务部门。集团财务部门可以集中办理下属二级单位的核算和结算业务,也可以将结算、核算业务分散到下属二级单位。但无论哪种形式,必须保证财务部门能够取得整个集团的结算和核算的数据,以达成集中监督的目的。

（3）财务部门汇集的结算和核算数据就是预算的执行进度或结果,其用途:一是反馈给下属二级单位;二是传送给内部审计中心,经过审计,连同审计意见报送人事部门和预算办公室,继而编制奖惩草案,并报集团预算委员会批准兑现;三是作为预算管理的反馈信息报告给集团公司总经理,以控制整个集团公司。

（4）在编制奖惩草案之前,还要兼顾下属二级单位非预算指标或实物指标的完成情况。

通过图 15-3 所描述的预算执行流程,下属二级单位或预算执行者在完成企业目标（预算）的同时也实现了自己的目标（得到奖赏）。

## 五、结算与反馈

在预算执行流程中,财务部门发挥着对预算执行进度的计量、监督和反馈的作用。所谓对预算执行进度的计量在实务上就是财务会计核算,不同点仅仅在于这种财务会计核算要按部门进一步细化。一个实行预算管理的企业中,如果预算单位之间有中间产品或服务的转移,自然就产生了结算。为了解决结算问题,我国企业在 20 世纪 50 年代就创造了"厂内银行";最近几年,一些大型企业特别是集团公司（如中原石油勘探管理局、中兴通讯等）又建立了"财务结算中心",不仅承办集团内部子公司之间的结算业务,而且承办各子公司与集团外部的各种组织的资金收付业务。值得注意的是,财务会计核算以及"厂内银行"或"财务结算中心"的结算与预算结合起来,可以监督企业经营活动,实现预算控制。因为预算提供了标准,财务部门在办理核算业务时依据预算标准就可以发现违背预算的业务,并有可能予以制止。有经验证明,统一的核算系统和集中的结算机构,是预算执行的保障,从而有可能实现整个企业的整合。因为对核算和结算的结果略加处理就是预算执行的反馈报告,根据反馈报告企业高层可以了解下属二级单位的情况、发现它们的问题,如果有必要,则可以随时干预。

# 第三节 全面预算

## 一、原理

全面预算是经营预算、财务预算和资本预算的总称。在制造业企业,经营预算包括销售预算、生产预算、存货预算、直接材料预算、直接人工预算、制造费用预算、销售成本预算、三项(财务、销售和管理)费用预算、利润预算(预计利润表);财务预算包括预计资产负债表和现金预算(预计现金流量表);资本预算就是它自身。这些预算之间存在着严格的钩稽关系,如图 15-4 所示。

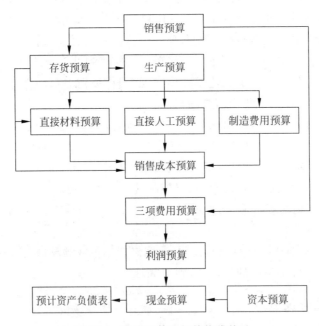

**图 15-4 各类预算之间的钩稽关系**

在图 15-4 中,利润预算之上的各类预算都是利润预算项目的展开,为利润预算所涵盖。在这个意义上,编制全面预算首先要处理的是利润预算、现金预算、预计资产负债表和资本预算之间的关系。资本预算是长期(或多年度)预算,在实务中是与利润预算、现金预算和预计资产负债表三个年度预算分开,专门编制项目预算(project budgeting)或作为"可行性研究报告"的一部分。换句话说,资本预算具有不同于年度预算的特点,在编制年度预算时不一定编制资本预算。但这并不意味着完全不考虑资本预算,因为资本预算中当年的资本支出(或收入)肯定是当年现金预算中支出(或收入)项目的一部分。至于现金预算,从技术上看,它是利润预算编制的副产品;预计资产负债表的编制尽管独立程度高一些,但主要方面则是利润预算和现金预算编制的副产品。因此,全面预算的编制关键是编制利润预算。只要编制出利润预算,就能编制现金预算;只要编制出利润预算与现金预算,就能编制预计资产负债表。

那么,如何编制利润预算呢? 一般地说,利润预算的编制首先从预测销售、产能和利润,然后编制销售预算,再借助于存货预算和生产预算,分别编制料工费预算,进而经过销售成本预算和三项费用预算,编制出利润预算。应该指出,如此编制的利润预算就是预计利润表。我们坚持称之为利润预算而不是预计利润表,原因在于预计利润表只是按项目编制的利润预算,是利润预算的一个维度,除此之外,还有按下属二级单位或组织单位和产品编制的利润预算,还有两个维度,而且按组织单位编制的利润预算才体现出"预算管理也是管人"的本质。我们使用现金预算而不用预计现金流量表的概念,有类似的理由。

## 二、利润预算的编制

### (一) 销售、产能与利润的预测

从涵盖的范围看,销售预测比销售预算要宽泛得多,需要同时考虑本企业和本企业所在行业的销售潜力。销售预测考虑的主要因素包括以往销量情况、未来价格政策、积压的订单、国民经济和行业经济的现状、总量国民经济指标的变化、促销力度、行业竞争、市场份额等。由于市场多变和存在着不确定性,预测是可以使用计算机模拟、回归分析、市场敏感性分析等科学方法进行预测,以保证预测销售的准确性。

产能预测主要是计算和分析现有产能、产能挖潜的可能性及水平、增加或减少产能的可能性及时间和水平。产能预测一要注意是否与销售保持平衡;二要注意如果增加产能,投资的筹措以及项目投产的时间是否有保障。

在独资企业,如果其他条件不变,从预测的销售可以推导出一个利润数据,然后再运用本量利分析,挖掘利润潜力,最终确定利润数据。对于两权分离的公司来说,可以撇开销售预测单独进行。例如,可以像第十三章目标成本所介绍的一样,先选择投资报酬率,然后再计算和预测利润数据。至于谁来选择投资报酬率,这可能是管理当局参照行业水平选择、可能是董事会根据股东的意愿选择、也可能由专家参照全国投资报酬率水平选择,但无论谁来选择应该得到董事会的认可,以反映股东意愿。

### (二) 销售预算

**例 15-1** 北京精细化学公司(简称北精公司)只生产一种化工产品,预计 20×4 年的销售单价 200 元,四个季度的销售量分别为 10 000 件、30 000 件、40 000 件和 20 000 件。该公司的销售政策规定:销货款的 70% 在当季收回,其余部分将在下一季度收回。另外预计 20×4 年收回 20×3 年应收货款 90 000 元。

根据上述资料,我们编制的销售预算如表 15-1 所示。

表 15-1　北精公司 20×4 年度销售预算

| 项　　目 | 季　　度 | | | | 年　　度 |
|---|---|---|---|---|---|
| | 1 | 2 | 3 | 4 | |
| 销售数量/件 | 10 000 | 30 000 | 40 000 | 20 000 | 100 000 |
| 单位价格/元 | 20 | 20 | 20 | 20 | 20 |
| 销售收入/元 | 200 000 | 600 000 | 800 000 | 400 000 | 2 000 000 |
| 销售现金回收附表 | | | | | |
| 20×3 年 12 月 31 日应收账款/元 | 90 000 | | | | 90 000 |
| 第 1 季度/元 | 140 000 | 60 000 | | | 200 000 |
| 第 2 季度/元 | | 420 000 | 180 000 | | 600 000 |
| 第 3 季度/元 | | | 560 000 | 240 000 | 800 000 |
| 第 4 季度/元 | | | | 280 000 | 280 000 |
| 现金回收合计/元 | 230 000 | 480 000 | 740 000 | 520 000 | 1 970 000 |

在表 15-1 中,上半部分是严格意义上的销售预算,下半部分称为销售现金回收附表,是"顺势"从销售预算中推算出现金回收数据,为随后现金预算的编制奠定基础。这正是"现金预算是利润预算编制的副产品"的含义所在。

### (三) 生产预算

生产预算主要是确定生产量,在销售预算之后编制。如果销量已知,那么,用产成品存货数量调整销量,便可求出生产量,其公式为

生产量＝销量＋期末产成品存货－期初产成品存货

生产预算的结构就是根据该公式设计的。

例 15-2　继续例 15-1。假定北精公司 20×3 年年末,产成品存货为 2 000 件,拟定 20×4 年每季度末产成品存货数量为下一季度销量的 20%。据此编制的生产预算如表 15-2 所示。

表 15-2　北精公司 20×4 年度生产预算　　　　　　单位:件

| 项　　目 | 季　　度 | | | | 年　　度 |
|---|---|---|---|---|---|
| | 1 | 2 | 3 | 4 | |
| 销量(见表 15-1) | 10 000 | 30 000 | 40 000 | 20 000 | 100 000 |
| 加:期末产成品 | 6 000 | 8 000 | 4 000 | 3 000 | 3 000 |
| 产成品需要量 | 16 000 | 38 000 | 44 000 | 23 000 | 103 000 |
| 减:期初产成品 | 2 000 | 6 000 | 8 000 | 4 000 | 2 000 |
| 生产量 | 14 000 | 32 000 | 36 000 | 19 000 | 101 000 |

### (四) 直接材料预算

直接材料预算主要是确定产品的直接材料耗用量、采购量和采购成本。一种产品的某种直接材料耗用量计算公式为:

直接材料耗用量＝生产量×单位产品消耗直接材料数量

在一种产品消耗的直接材料在两种或两种以上时,应该每一种分别地计算。直接材料采购量计算与生产预算中生产量计算的原理相似,需要用存货数据调整。在这里,就是用直接材料调整直接材料耗用量,其计算公式为:

直接材料采购量＝直接材料耗用量＋期末直接材料存货－期初直接材料存货

直接材料的采购成本为直接材料采购量乘以采购单价。直接材料预算的结构就是根据上述这些公式设计的。

**例 15-3** 继续例 15-2。为了简化,假定北精公司生产一种产品,并且只需要一种直接材料,单位产品直接材料消耗量为 5 公斤,单位成本为 0.60 元/公斤,每季度末的材料存货为下一季度生产用量的 10%,每季度的购料款中当季支付 50%,其余款项在下一季度支付。预算年度第 1 季度应付上年第 4 季度赊购材料款为 25 800 元,估计期初材料存货为 7 000 公斤,期末材料存货为 7 500 公斤。据此编制的直接材料预算如表 15-3 所示。

表 15-3　北精公司 20×4 年度直接材料预算

| 项　　目 | 季　　度 | | | | 年　度 |
|---|---|---|---|---|---|
| | 1 | 2 | 3 | 4 | |
| 生产量(见表 15-2)/件 | 14 000 | 32 000 | 36 000 | 19 000 | 101 000 |
| 乘:单位产品耗用量/公斤 | 5 | 5 | 5 | 5 | 5 |
| 生产耗用量/公斤 | 70 000 | 160 000 | 180 000 | 95 000 | 505 000 |
| 加:期末直接材料存货/公斤 | 16 000 | 18 000 | 9 500 | 7 500 | 7 500 |
| 直接材料需要量/公斤 | 86 000 | 178 000 | 189 500 | 102 500 | 512 500 |
| 减:期初直接材料存货/公斤 | 7 000 | 16 000 | 18 000 | 9 500 | 7 000 |
| 直接材料采购量/公斤 | 79 000 | 162 000 | 171 500 | 93 000 | 505 500 |
| 乘:材料价格/元 | 0.60 | 0.60 | 0.60 | 0.60 | 0.60 |
| 直接材料采购成本/元 | 47 400 | 97 200 | 102 900 | 55 800 | 303 300 |
| 采购现金支付附表 | | | | | |
| 上年度末应付账款/元 | 25 800 | | | | 25 800 |
| 第 1 季度/元 | 23 700 | 23 700 | | | |
| 第 2 季度/元 | | 48 600 | 48 600 | | |
| 第 3 季度/元 | | | 51 450 | 51 450 | |
| 第 4 季度/元 | | | | 27 900 | 27 900 |
| 采购现金支付合计/元 | 49 500 | 72 300 | 100 050 | 79 350 | 301 200 |

在表 15-3 中,上半部分是严格意义上的直接材料预算,下半部分称为采购现金支付附表,是"顺势"从直接材料预算中推算出现金支付数据,为随后现金预算的编制奠定基础。这也是"现金预算是利润预算编制的副产品"的含义所在。接下来的直接人工预算和制造费用预算有类似的处理。

556

## （五）直接人工预算

直接人工预算主要是确定产品的直接人工的耗用量和成本。一种产品的直接人工耗用量计算公式为：

$$直接人工耗用量＝生产量×单位产品消耗直接人工数量$$

直接人工成本为直接人工耗用量乘以平均工资率。直接人工预算的结构就是根据上述这些公式设计的。

**例 15-4**　继续例 15-3。假定北精公司生产一种产品，单位产品直接人工消耗量为 0.8 小时，平均工资率为 7.50 元。据此编制的直接人工预算如表 15-4 所示。

**表 15-4　北精公司 20×4 年度直接人工预算**

| 项　目 | 季　度 | | | | 年　度 |
|---|---|---|---|---|---|
| | 1 | 2 | 3 | 4 | |
| 生产量（见表 15-2）/件 | 14 000 | 32 000 | 36 000 | 19 000 | 101 000 |
| 乘：单位产品耗用人工/小时 | 0.8 | 0.8 | 0.8 | 0.8 | 0.8 |
| 直接人工耗用量/小时 | 11 200 | 25 600 | 28 800 | 15 200 | 80 800 |
| 乘：平均小时工资率/元 | 7.50 | 7.50 | 7.50 | 7.50 | 7.50 |
| 直接人工成本合计/元 | 84 000 | 192 000 | 216 000 | 114 000 | 606 000 |

注意：表 15-4 没有像表 15-3 那样"顺势"推算出现金支付数据，这是因为直接人工成本都必须用现金支付，换句话说，该数据可以直接用于现金预算的编制。

## （六）制造费用预算

制造费用预算主要确定制造费用的数额。由于制造费用项目缺乏与产品产量之间的因果关系，因此，制造费用预算编制中或多或少地夹杂着主观成分。为了解决这个问题，人们发明各种各样的方法，其中最彻底的方法就是使用作业预算的思想，发现成本（费用）动因，然后依据成本动因与制造费用项目之间的因果关系，分别编制作业预算，再进一步汇总为制造费用预算。第二种方法就是利用成本性态（cost behavior）分析的原理，将制造费用分解为固定费用和变动费用，并在这个基础上编制制造费用预算。第三种方法是一种综合或折中的方法，它首先将制造费用项目分解为可控和不可控项目，然后对可控项目中那些数额较大或数额不大但比较重要的项目分别编制业务活动计划，并据以计算相应制造费用项目的数额。为简化起见，这里举例说明按第二种方法编制的预算。

**例 15-5**　继续例 15-4。北精公司变动制造费用为每直接人工小时 2 元，固定制造费用为每季度 60 000 元（其中折旧费 15 000 元）。据此编制的制造费用预算如表 15-5 所示。

表 15-5　北精公司 20×4 年度制造费用预算

| 项　目 | 季　度 | | | | 年　度 |
| --- | --- | --- | --- | --- | --- |
| | 1 | 2 | 3 | 4 | |
| 直接人工耗用量（见表 15-4）/小时 | 11 200 | 25 600 | 28 800 | 15 200 | 80 800 |
| 乘：单位变动制造费用/元 | 2 | 2 | 2 | 2 | 2 |
| 变动制造费用/元 | 22 400 | 51 200 | 57 600 | 30 400 | 161 600 |
| 固定制造费用/元 | 60 000 | 60 000 | 60 000 | 60 000 | 242 400 |
| 制造费用合计/元 | 83 000 | 111 800 | 118 200 | 91 000 | 404 000 |
| 制造费用现金支付附表 | | | | | |
| 折旧/元 | 15 000 | 15 000 | 15 000 | 15 000 | 60 000 |
| 现金支付（制造费用合计减折旧）/元 | 68 000 | 96 800 | 103 200 | 76 000 | 344 000 |

### （七）销售成本预算

销售成本预算主要确定已销售产品的生产成本。由于期初存在着产成品存货，而其单位成本与本期生产的产品单位成本通常不相等，因此涉及产成品存货的计价方法（有先进先出、后进先出和加权平均法三种可供选择）。比较规范的做法是先确定期末产成品成本，然后按下列公式设计销售成本预算的结构和计算销售成本：

销售成本＝本期产成品成本＋期初产成品成本－期末产成品成本

**例 15-6**　继续例 15-5。假定北精公司期初产成品存货成本总额为 26 000 元。结合上述连续案例中提供的资料，我们遇到一种特殊情况，即期初产成品存货的单位成本[13 元（26 000/2 000）]，见例 15-2 与本期生产的产成品的单位成本（本期产成品产量101 000 件，总成本根据例 15-7、例 15-8 和例 15-9 计算为 1 313 000 元，单位成本13 元）相等。这样，我们可以采用简化表格，如表 15-6 所示。

表 15-6　北精公司 20×4 年度销售成本预算

| 项　目 | 季　度 | | | | 年　度 |
| --- | --- | --- | --- | --- | --- |
| | 1 | 2 | 3 | 4 | |
| 销量（见表 15-1）/件 | 10 000 | 30 000 | 40 000 | 20 000 | 100 000 |
| 乘：单位生产成本/元 | 13 | 13 | 13 | 13 | 13 |
| 销售成本合计/元 | 130 000 | 390 000 | 520 000 | 260 000 | 1 300 000 |

### （八）三项费用预算

如上所述，三项费用是指销售费用、财务费用和管理费用。在实务中，三项费用应分别编制预算，由于这三项费用的性质及预算编制原理相同，我们将它们放在一起处理。在编制三项费用过程中遇到的问题与制造费用预算编制中遇到的问题相同。这里，我们将使用上述制造费用预算所使用的方法编制三项费用预算。

**例 15-7**　继续例 15-6。北精公司单位销量的变动三项费用为 1.80 元；全年广告费 160 000 元,按季度平均分摊;管理人员工资 140 000 元,按季度平均分摊;利息费用 39 650 元,第 2 季度支付 1 900 元,第 3 季度支付 37 750 元;其他 18 150 元,按季度平均发生,第 4 季度支付。据此编制三项费用预算如表 15-7 所示。

表 15-7　北精公司 20×4 年度三项费用预算

| 项　目 | 季　度 | | | | 年　度 |
|---|---|---|---|---|---|
| | 1 | 2 | 3 | 4 | |
| 销量(见表 15-1)/件 | 10 000 | 30 000 | 40 000 | 20 000 | 100 000 |
| 乘:单位变动三项费用/元 | 1.80 | 1.80 | 1.80 | 1.80 | 1.80 |
| 变动三项费用(A)/元 | 18 000 | 54 000 | 72 000 | 36 000 | 180 000 |
| 固定三项费用 | | | | | |
| 广告费/元 | 40 000 | 40 000 | 40 000 | 40 000 | 160 000 |
| 管理人员工资/元 | 35 000 | 35 000 | 35 000 | 35 000 | 140 000 |
| 利息费用/元 | 9 912 | 9 913 | 9 912 | 9 913 | 39 650 |
| 其他/元 | 4 538 | 4 537 | 4 538 | 4 537 | 18 150 |
| 固定三项费用合计(B)/元 | 89 450 | 89 450 | 89 450 | 89 450 | 89 450 |
| 三项费用合计(C)=(A+B)/元 | 107 450 | 143 450 | 161 450 | 125 450 | 537 800 |
| 三项费用现金支付附表 | | | | | |
| 应付款项/元 | 14 450 | 12 550 | −23 300 | −3 700 | 0 |
| 现金支付/元 | 93 000 | 156 000 | 184 750 | 129 150 | 537 800 |

### (九) 利润预算

国内外流行的管理会计教科书中,大多数将利润预算与预计利润表相等同,仅仅编制一张年度的、没有年度时间分割(分割为季度等)的利润表。其问题是十分明显的:一是作为利润表要素的其他预算表都有时间分割,而作为经营预算中心的利润预算却没有时间分割,至少在技术上就讲不通;二是既然利润预算按年编制,那么,对利润的考核也只能按年度进行,在现代数据处理技术如此发达的今天,这显然是不妥当的。根据上述连续案例的资料和例 15-8 我们先给出有时间分割的利润预算。

**例 15-8**　继续例 15-7。假定北精公司每季缴纳所得税 18 000 元,无营业外收支项目。据此,结合上述连续案例资料编制的利润预算如表 15-8 所示。

表 15-8　北精公司 20×4 年度利润预算(按项目)　　　　　　　　　单位:元

| 项　目 | 季　度 | | | | 年　度 |
|---|---|---|---|---|---|
| | 1 | 2 | 3 | 4 | 预算 |
| 营业收入(见表 15-1) | 200 000 | 600 000 | 800 000 | 400 000 | 2 000 000 |
| 减:营业成本(见表 15-6) | 130 000 | 390 000 | 520 000 | 260 000 | 1 300 000 |
| 毛利 | 70 000 | 210 000 | 280 000 | 140 000 | 700 000 |
| 减:三项费用(见表 15-7) | 107 450 | 143 450 | 161 450 | 125 450 | 537 800 |
| 税前利润 | −37 450 | 66 550 | 118 550 | 14 550 | 162 200 |
| 所得税 | 18 000 | 18 000 | 18 000 | 18 000 | 72 000 |
| 净利润 | −55 450 | 48 550 | 100 550 | −3 450 | 90 200 |

正如我们以上所强调的,预算管理归根到底是管人,这体现在预算编制方面就是按组织单位设计预算表格。

**例 15-9** 继续例 15-8。假定北精公司由甲、乙、丙三个子公司以及 A 与 B 两个职能处室组成。子公司发生费用、赚取收入,按利润考核;职能处室只发生费用,也按费用考核。据此按组织单位编制的利润预算如表 15-9 所示。

表 15-9 北精公司 20×4 年度利润预算(按单位)　　　　　单位:元

| 项　目 | 季　度 | | | | 年　度 |
| --- | --- | --- | --- | --- | --- |
| | 1 | 2 | 3 | 4 | |
| 甲 | −10 000 | 19 000 | 40 000 | 8 000 | 57 000 |
| 乙 | 5 000 | 40 000 | 60 000 | 12 000 | 117 000 |
| 丙 | −35 000 | 3 000 | 17 000 | −8 000 | −23 000 |
| A | −5 450 | −4 450 | −5 450 | −5 450 | −20 800 |
| B | −10 000 | −9 000 | −11 000 | −10 000 | −40 000 |
| 利润合计 | −55 450 | 48 550 | 100 550 | −3 450 | 90 200 |

## 三、现金预算的编制

现金预算既是财务预算的核心,又是利润预算实现的保障。它主要描述现金收支的时间分布、平衡现金的收支和供求关系。现金预算的结构按下列公式设计:

期初现金余额＋本期现金收入－本期现金支出 ± 融资金额＝期末现金余额

很多企业都有最低现金余额的规定。在这种情况下,期初现金余额加上本期现金收入,再减去本期现金支出和最低现金余额,就是本期融资额的下限(或上限)。如果融资额为正数,可以安排投资,这时融资额即为投资额的上限;如果融资额为负数,必须筹措资金,这时融资额即为筹资额的下限。另外,按照国外的做法,利息也是融资额的一个项目,在以上连续案例中我们将利息在三项费用预算中已经做了处理,这里不再显示。

**例 15-10** 继续例 15-9。假定北精公司年初现金余额 42 500 元;购置设备支付 50 000 元,第一季度 30 000 元,第二季度 20 000 元;每季度发放股利 10 000 元;贷款 180 000 元,第一季度贷款 120 000 元,第二季度贷款 60 000 元;归还贷款 180 000 元,第三季度归还 107 500 元,第四季度归还 72 500 元。据此编制现金预算如表 15-10 所示。

表 15-10 北精公司 20×4 年度现金预算　　　　　单位:元

| 项　目 | 季　度 | | | | 年　度 |
| --- | --- | --- | --- | --- | --- |
| | 1 | 2 | 3 | 4 | |
| 现金收入 | | | | | |
| 　期初现金余额(结转上期) | 42 500 | 40 000 | 40 000 | 40 500 | 42 500 |
| 　销售回款(见表 15-1) | 230 000 | 480 000 | 740 000 | 520 000 | 1 970 000 |
| 　可动用现金 | 272 500 | 520 000 | 780 000 | 560 000 | 2 012 500 |

续表

| 项　　目 | 季　　度 | | | | 年　　度 |
|---|---|---|---|---|---|
| | 1 | 2 | 3 | 4 | |
| 现金支出 | | | | | |
| 　直接材料采购(见表 15-3) | 49 500 | 72 300 | 100 050 | 79 350 | 301 200 |
| 　直接人工工资(见表 15-4) | 84 000 | 192 000 | 216 000 | 114 000 | 606 000 |
| 　制造费用(见表 15-5) | 68 000 | 96 800 | 103 200 | 76 000 | 344 000 |
| 　三项费用(见表 15-7) | 93 000 | 156 000 | 184 750 | 129 150 | 537 800 |
| 　所得税(见表 15-8) | 18 000 | 18 000 | 18 000 | 18 000 | 72 000 |
| 　设备购置 | 30 000 | 20 000 | | | 50 000 |
| 　股利发放 | 10 000 | 10 000 | 10 000 | 10 000 | 40 000 |
| 　现金支出合计 | 352 500 | 540 000 | 632 000 | 426 000 | 1 951 000 |
| 现金结余(短缺为—) | −80 000 | −20 000 | 148 000 | 134 000 | 61 500 |
| 　减：最低现金余额 | −40 000 | −40 000 | −40 000 | −40 000 | −40 000 |
| 融资 | | | | | |
| 　借款 | 120 000 | 60 000 | | | 180 000 |
| 　还款 | | | −107 500 | −72 500 | −180 000 |
| 　融资合计 | 120 000 | 60 000 | −107 500 | −72 500 | 0 |
| 期末现金余额 | 40 000 | 40 000 | 40 500 | 61 500 | 61 500 |

# 第四节　其他类型的预算

除了上述全面预算之外，还有弹性预算、作业预算、概率预算、滚动预算、零基预算、超越预算等。每一种预算都适用于特定条件，具有不同的用途，这里将重点介绍弹性预算和零基预算。

## 一、弹性预算

弹性预算(flexible budgets)也称动态(dynastic)预算，是相对静态(static)预算而言。本章第三节介绍的全面预算就是静态预算，是基于某一经营活动水平编制，其中的各种收入、成本或费用、盈亏等都被"钉死"在该经营活动水平上。但是，现代企业所面对的市场受多种因素的影响，预算中的各项指标，诸如销量、售价及各种变动成本等都可能发生变化，使得预算数与实际数出现偏差，并不一定是预算执行者努力不够的结果。为了使静态预算更加灵活，弹性预算便应运而生。顾名思义，弹性预算强调的是弹性，是利用成本性态的原理，充分考虑预算期内各预定指标可能发生的变化，将各项预算指标基于一定范围的经营活动水平，使各种收入、成本及盈亏等指标变化在该范围内加以调整，从而在相同的经营活动水平的基础上将预算与实际比较。弹性预算应用的步骤是：

（1）确定预算期内经营活动量可能的变动范围。

（2）选择经营活动量的计量标准(如产量、直接人工小时、机器小时等)。

（3）根据成本与计量标准间的依存关系将企业成本分为固定成本、变动成本、混合成本三大类。

（4）按成本函数（$y=a+bx$）将混合成本分解为固定成本和变动成本。

（5）利用单位成本计算在特定范围内相对于不同经营活动量的变动成本的预算数额。

**例 15-11** 上海清风电扇制造公司（简称上海风扇），是一家家庭电扇生产厂家。20×4 年该公司电扇销售价格为 200 元；单位变动成本为 80 元，其中：直接材料 50 元，直接人工 20 元，变动制造费用 6 元，变动三项费用 4 元；全年固定成本总额为 46 600 元，其中：固定制造费用 16 600 元，固定三项费用 30 000 元。公司考虑到预算期电扇销售变化的可能，认定销量的变化大致在 1 550～1 850 件之间。现在考虑编制弹性利润预算。

按照上述步骤，该公司首先确定了经营活动量的范围为 1 550～1 850 件之间；经营活动量的标准选定的是销量；按照成本与销量的依存关系，直接材料和直接人工为变动成本，制造费用和三项费用为混合成本。经过对混合成本的分解，单位销量的变动制造费用为 6 元，变动三项费用 4 元；固定制造费用 16 600 元，固定三项费用 30 000 元。这样，我们得到三个成本预测公式即：

（1）$Y_1 = a_1 + b_1 X = 16\ 600 + 6X$

（2）$Y_2 = a_2 + b_2 X = 30\ 000 + 4X$

（3）$Y = a + bX = 46\ 600 + 80X$

其中：$Y_1$ 为制造费用，$a_1$ 为固定制造费用，$b_1$ 为单位变动制造费用，$X$ 为销量；$Y_2$ 为三项费用，$a_2$ 为固定三项费用，$b_2$ 为单位变动三项费用；$Y$ 为总成本，$a$ 为总固定成本，$b$ 为单位变动成本。根据这三个公式，我们只要知道产销量，就立刻计算出制造费用、三项费用和销售电扇的总成本，换句话说，成本是由销量决定的。这就是弹性预算的数学原理。公司决定在 1 550～1 850 件之间，按 100 为级差，分别编制 1 550 件、1 650 件、1 750 件和 1 850 件销量水平上的弹性预算，编制结果如表 15-11 所示。

**表 15-11　上海风扇 20×4 年度弹性利润预算**　　　　　　　单位：元

| 项　目 | 单位变动成本 | 销量水平 | | | |
|---|---|---|---|---|---|
| | | 1 550 件 | 1 650 件 | 1 750 件 | 1 850 件 |
| 营业收入 | 200 | 310 000 | 330 000 | 350 000 | 370 000 |
| 变动成本 | | | | | |
| 　直接材料 | 50 | 77 500 | 82 500 | 87 500 | 92 500 |
| 　直接人工 | 20 | 31 000 | 33 000 | 35 000 | 37 000 |
| 　变动制造费用 | 6 | 9 300 | 9 900 | 10 500 | 11 100 |
| 　变动三项费用 | 4 | 6 200 | 6 600 | 7 000 | 7 400 |
| 　　变动费用合计 | | 124 000 | 132 000 | 140 000 | 148 000 |
| 边际贡献 | | 186 000 | 198 000 | 210 000 | 222 000 |
| 固定费用 | | | | | |

续表

| 项　　目 | 单位变动成本 | 销 量 水 平 | | | |
|---|---|---|---|---|---|
| | | 1 550 件 | 1 650 件 | 1 750 件 | 1 850 件 |
| 固定制造费用 | | 16 600 | 16 600 | 16 600 | 16 600 |
| 固定三项费用 | | 30 000 | 30 000 | 30 000 | 30 000 |
| 固定费用合计 | | 46 600 | 46 600 | 46 600 | 46 600 |
| 净利 | | 139 400 | 151 400 | 163 400 | 175 400 |

表 15-11 清楚地显示了在 1 550～1 850 件之间 4 个经营活动水平上的营业收入、成本和盈亏情况。这是弹性预算的主要作用之一。另一个作用是为评价预算执行结果提供了公正的基础。

**例 15-12** 继续例 15-11。上海清风电扇制造公司预算销量为 1 750 件,实际销量 1 650 件,并且实际的成本项目数额也发生了一定的变化。在评价电扇利润预算完成情况时,采取表 15-12 的处理方式。

表 15-12　上海风扇 20×4 年度利润预算执行情况分析表　　　　单位:元

| 项　　目 | 实际数<br>(1 650 件) | 预算数<br>(1 650 件) | 差异<br>(0 件) |
|---|---|---|---|
| 营业收入 | 330 000 | 330 000 | 0 |
| 变动成本 | | | |
| 　直接材料 | 84 000 | 82 500 | 1 500(U) |
| 　直接人工 | 32 500 | 33 000 | 500(F) |
| 　变动制造费用 | 10 900 | 9 900 | 1 000(U) |
| 　变动三项费用 | 6 600 | 6 600 | 0 |
| 　　变动费用合计 | 134 000 | 132 000 | 2 000(U) |
| 边际贡献 | 196 000 | 198 000 | 2 000(U) |
| 固定费用 | | | |
| 　固定制造费用 | 17 000 | 16 600 | 400(U) |
| 　固定三项费用 | 30 000 | 30 000 | 0 |
| 　　固定费用合计 | 47 000 | 46 600 | 400(U) |
| 净利 | 149 000 | 151 400 | 2 400(U) |

注:F=Favorable,表示有利差异;U=Unfavorable,表示不利差异。

注意表 15-12 的预算执行情况分析就是差异分析,在原理上与第十三章成本差异分析相同。其次,表 15-12 成功地区分了“销售控制责任”和“成本控制责任”,因为我们将预算数和实际数基于相同的销量水平。在本案例中,销售没有完成预算任务,直接材料、变动制造费用和固定制造费用都超过预算,说明成本控制方面还存在着问题。

## 二、零基预算

零基预算(zero-based budget)是美国一家公司于 20 世纪 70 年代首创,主要用于费用预算的编制。在零基预算出现以前的费用预算通常采用“增量方法”(incremental approach），即在前期预算数的基础上，根据本预算年度可能变化的情况增加或减少一定的数额。在确定预算时只对新的业务活动进行分析，而对过去曾列入预算并重复发生的业务活动则视为理所当然，不予深究，所谓"存在就是合理"。这种"增量方法"的致命弱点是有很大的可能性在未来的预算中承认过去业务活动中的浪费和低效率。

零基预算正好克服"增量方法"预算的弱点。所谓"零基"，就是预算的编制不考虑前期预算数据如何，而是像创办一个新的机构一样，一切从"零"开始，对每一个成本或费用项目列入预算的合理性进行论证，以消除可能存在的浪费和低效率。零基预算分析的逻辑要点是：

（1）企业现有的每一项活动是否符合企业经营战略或战术的要求？

（2）对每一项活动来说，有无取消的可能？

（3）如果没有可能取消，是否还有其他活动取而代之？

（4）被选定的业务活动，其费用水平应该是多少？

零基预算的应用需要四个步骤：

（1）确定零基预算单位。通常就是组织结构中的一个或几个单位。

（2）零基预算单位提交业务活动计划或"决策包"（decision packages），说明每项活动的必要性、预期效益和费用，以及放弃该项活动所带来的后果。

（3）对每项业务活动计划进行成本与效益的比较分析，将业务活动计划分成等级，排出优先顺序。

（4）编制总体预算。企业高层根据对"决策包"中业务活动的排序，确定拨款方案，直至全部可供分配的资金分配完毕，并在这个基础上形成企业总体预算。

**例 15-13**[①]　上海寰宇国际公司为应付日益增多的法律事务，拟在法律事务部下设诉讼、索赔和财产三个处室，其中索赔处负责追讨其他企业拖欠本企业的逾期应收账款，配备人员最多可达 11 人（包括正副处长、秘书各 1 人，业务员 6 人，机动追讨债人员 2 人），配备专用汽车 3 辆（其中 2 辆为业务员专用），租用专用设备 2 台。现拟定追讨 150 000 元一项欠款。

根据该案例提供的情况，我们至少可以设计 3 个可供选择的方案：一是本公司设立索赔处追讨；二是委托专业性债务追讨公司 A 追讨；三是委托专业性债务追讨公司 B 追讨。对这三个方案进行的成本与效益比较分析及其结果如表 15-13 所示。

表 15-13　上海寰宇索赔处追讨债务方案分析

| 方　案 | 费用/元 | 可收回款/元 | 毛益/元 | 效益与费用比/% |
|---|---|---|---|---|
| 方案 1 | 50 000 | 150 000 | 100 000 | 300.0 |
| 方案 2 | 80 000 | 150 000 | 70 000 | 187.5 |
| 方案 3 | 75 000 | 150 000 | 75 000 | 200.0 |

---

① 该案例及相关分析参考了余绪缨主编《管理会计》（辽宁人民出版社，1996 年版第 404～405 页）。

从表 15-13 中效益与费用比可以看出,方案 1 最优。但对该方案所需费用和形成的效益还可按完成的作业量的百分比进行分解,如表 15-14 所示。

表 15-14　上海寰宇索赔处追讨债务方案分析

| 摘　　要 | 累计完成工作/% | 追加费用/元 | 累计项目 | | | |
|---|---|---|---|---|---|---|
| | | | 费用/元 | 可收回款/元 | 毛益/元 | 效益与费用比/% |
| 配备最低的专业人员和专业设备:处长与秘书各 1 人,业务员 2 人,汽车 1 辆。 | 24 | 18 000 | 18 000 | 36 000 | 18 000 | 200.0 |
| 在已有的基础上追加人员与设备:增加业务员 2 人,机动讨债员 1 人,汽车 1 辆。 | 47 | 12 000 | 30 000 | 70 000 | 40 000 | 233.3 |
| 在已有的基础上追加人员与设备:增加副处长 1 人,业务员 2 人,机动讨债员 1 人,汽车 1 辆。 | 87 | 15 000 | 45 000 | 130 000 | 85 000 | 288.9 |
| 在已有的基础上增加设备:租用专用设备。 | 100 | 5 000 | 50 000 | 150 000 | 100 000 | 300.0 |

对于诉讼和财产两个处的有关活动也可以按照与索赔处相同的思路、方法和步骤进行分析。假定诉讼和财产两处在预算期内的费用分别为 25 000 元和 16 000 元,是保证各自完成必不可少的工作所需要的费用,分别列入预算的第 1 级和第 5 级。对法律部三个处室的有关数据进行综合归类,便得到按等级顺序列示的费用预算,如表 15-15 所示。

表 15-15　上海寰宇索赔处追讨债务方案分析　　　　　　　　　单位:元

| 方案 | 处　　室 | 追 加 费 用 | 累计费用支出 |
|---|---|---|---|
| 1 | 诉讼处 | 25 000 | 25 000 |
| 2 | 索赔处(1) | 18 000 | 43 000 |
| 3 | 财产处(1) | 10 000 | 53 000 |
| 4 | 索赔处(2) | 12 000 | 65 000 |
| 5 | 财产处(2) | 6 000 | 71 000 |
| 6 | 索赔处(3) | 15 000 | 86 000 |
| 7 | 索赔处(4) | 5 000 | 91 000 |

从以上分析可以看出,零基预算在合理分配资源、科学编制预算方面优点突出,但其缺点也非常明显。这就是工作量过于庞杂,费时、费力、费钱。为了扬长避短,在实务中并不是每年就每一个项目都要编制零基预算,而是采用比较灵活的办法处理。例如,

可以全面地编制一次零基预算,然后恢复到"增量方法",过三五年,再重新全面编制一次零基预算。又如,可以每年仅选择一个或一些"问题突出"的业务活动项目编制零基预算,其他则按"增量方法"编制,这样轮流进行,等等。另外,零基预算如果同作业成本制度特别是流程优化结合起来,定能收到更好的效果。

# 第五节  预算管理系统中的人类行为

现实中的预算管理系统是多维度的,至少包括技术、组织、行为和环境四个维度。这里讨论预算管理系统的行为维度,也就是讨论预算管理系统中各当事人的行为。当事人主要是作为下级的各级预算执行者和作为上级的各级预算制定和管理者。那么,预算管理系统中为什么会发生当事人的行为问题呢?从根本上说它是预算指标和奖惩挂钩的结果,也与预算作为资源分配的基础有关。这实在是令人左右为难:预算指标不与奖惩挂钩,预算管理系统中的当事人就没有动力完成预算;一旦预算指标与奖惩挂钩,产生了正面的激励,也诱发预算执行者"功能紊乱"或"急功近利"的行为以及玩弄一些预算花招,威胁着预算管理系统的正常运行,甚至使预算流于形式。下文我们将结合预算松弛、参与性预算、预算指标水平和预算道德问题等方面,较为系统和深入地做些分析。

## 一、预算松弛

预算松弛(budgetary slack)是指预算指标所表示的预算执行的业绩水平低于预算执行者自己预期可能达到业绩水平的部分,换言之,是预算数额与预算执行者能够达成的数额之间的差额,表现为低估收入和利润、高估成本和费用或者兼而有之。例如,某公司的一位车间主任相信车间水电气的费用大致 18 000 元,但编制预算时,这位车间主任列入 20 000 元。他高估了费用,并制造了预算松弛 2 000 元。

预算松弛所带来的严重行为问题之一,就是预算编制过程中的"扯皮"现象。有一家在国内外同时上市的国家级大型企业,几年前开始认真地推行预算管理,每年从 9 月份开始编制预算,一直编到第 2 年 6 月份,主要预算的指标还不能定下来,时间紧迫,只能"有什么算什么"而不得不作罢。接着过两个月,又开始下一年度的预算编制,到头来还是"有什么算什么"。现在,在这家公司已经到了谈预算人人色变的程度。其实,这家公司采用的预算编制程序并没有问题,像教科书或其他企业一样,都是由上级先下达一个半指令半指导性的关键业绩指标,然后下级据此编制预算报上级审批。如果有问题,上级将预算退回下级,重新修改后再报再审批。例如在这家公司,9 月份由总部给某子公司下达的利润指标为 10 亿元,该子公司经过研究,向总部报告说只能完成 5 亿元,理由列出几十条!总部经过进一步调查和分析通知该子公司说:"10 个亿是有点儿高,但 5 个亿显然太少,应该至少 8 个亿吧。"该子公司得知后重新研究,又向总部报告说不仅 8 个亿完不成,而且 5 个亿都有困难,比较合适的数额应该是 4 个亿!有趣的是,这次的理由差不多有 100 条。这样,预算成了足球,踢来踢去,时间都耗光了。

为什么会出现预算松弛呢?第一个原因是按照信息经济学的理论,预算松弛就是

"信息不对称",对预算内业务活动的情况,下级总是比上级知道得多,占有所谓的"私有信息",并在谋取自己私利的同时,损害上级的利益。第二个原因是预算执行者有倾向认为,如果能够超过预算,自己会得到上司的赏识和好感,因而要制造预算松弛。第三个原因是预算执行者用来防范、规避风险和降低不确定性。例如,一位生产部门的负责人可能对 10 个成本项目的预测都非常有把握,但他也可能觉得预算期内有些不可预见的成本发生。例如机器可能发生故障而停产。防范不可预见事件的途径之一就是制造预算松弛。在有预算松弛的情况下,如果没有不可预见的事情发生,这位负责人会大大超过预算规定的指标;如果不可预见的事情发生了,预算执行者可以用预算松弛来消化不可预见事件的负面影响,并且仍然可以完成预算。第四个原因是说在成本预算中制造松弛的原因——在资源分配时成本预测数据总是被削减。因为有削减,我必须制造松弛,所谓"头戴三尺帽,不怕砍三刀"。因为我制造松弛,他又去削减我的成本。从而陷入一种恶性循环(vicious circle)之中。第五个原因奖惩制度设计有偏差。

如何消除或者减缓预算松弛呢? 这里至少可以列出四种方法:

1. 发现成本动因,并使之标准化。我们在第十三章介绍标准成本制度和作业成本制度时已经提到标准的制定。标准为预算编制和审核提供了一个统一的基础。这不一定消除预算松弛,但可以将它减缓到最低限度。大庆石油管理局和上海宝山钢铁公司在这方面已经有成功的经验。

2. 标杆法(benchmarking)。所谓标杆是指本企业历史最好水平、本行业同类企业最好水平、国外同类企业最好水平等,属于"顶级指标"(best practices)。利用标杆可以对下级上报的预算进行审核。倒不一定非让下级达到顶级水平,但需要他给出解释为什么人家能够达到的他却不能够。利用标杆法很容易发现问题。目前国外已有专门归集各行各业标杆的组织,一些咨询公司也做类似的工作,需要付费才能获得相应的标杆数据。

3. 重新设计奖惩制度。这是最根本的解决方案。邯郸钢铁集团公司(邯钢)有一套做法很能说明这一点。邯钢的业绩考核指标有考核指标、双增双节指标和奋斗指标三类,其中后两类比前一类水平高。邯钢的职工完成考核指标,该得的工资、奖金都可以得到。如果有职工完成考核指标后又"冲"到双增双节指标或奋斗指标,这位职工将得到一个大奖。但是在向双增双节指标或奋斗指标"冲"之前,他一定要想明白,一旦"冲"上去,就不能下来,明年的考核指标就是今年他"冲"上去的双增双节指标或奋斗指标。这样,通过奖惩制度的设计将职工的潜力全部挖掘出来,消除松弛。美国学者魏茨曼(M. L. Weitzman)基于苏联的激励制度证明:上级通过改变某些预算参数及其相互间的数量搭配可以控制作为预算执行者的下级的行为,即可以引导下级高报预算、低报预算或者如实编报预算。也就是说,无论下级的预算行为多么恶劣,那都是上级设计的奖惩制度有意无意地让他那样做。

## 二、参与性预算

按照作为预算执行者的下级和作为预算制定与管理者的上级在预算编制中所发挥的作用,可以区分出三类性质不同的预算,即指令性(imposed)预算、参与性

（participative）预算和咨询性（consultantive）预算。指令性预算完全是由上级决定的，下级只是执行。咨询性预算是说上级在预算被决定和下达之前要征求下级的意见，但是否采纳仍然由上级定夺。参与性预算是指上级和下级共同参与预算编制的过程，其中涉及很多行为问题。

从行为科学的角度看，参与性预算是满足组织成员感受尊敬和自我实现需要的手段。"参与"在本质上是一种联合或集体决策。参与性预算为组织成员和较低层级的管理人员提供了在企业管理中表达自己意见的机会，对企业有利。具体表现在下列几个方面：

（1）对参与者来说，通过参与预算编制，实际上将"自我"融于工作，而不仅仅是因为完成上级强加的任务才去工作，有助于提高士气，诱发组织成员的创造性，增强组织凝聚力。因为执行者参加自己的执行标准的确定，这本身就证明他的个人目标已经与组织目标达成一致。在西方文献中，参与性预算又被称为"目标内在化"（goal internalization），原因就在于此。

（2）参与性预算可以降低预算执行者的预算压力和担心。因为预算执行者作为参与者已经知道预算是否能够达成，知道企业的资源为什么这样分配而不是那样分配的原因等。

（3）参与性预算也存在着多种消极的行为后果，其中之一就是利用参与的机会压低预算标准，制造预算松弛；其中之二就是"公开扯皮"，在预算参与的会议上故意拖延、推诿、参而不决，甚至将预算编制演化成"政治游戏"。

那么，如何正确实施参与性预算呢？这实际上就是说如何保证联合或集体决策的有效性。其途径之一是真正发扬民主，而不是将预算参与当作给予下级的一种奖赏；之二是建立程序，特别是对时间安排和议题排列顺序事先就有严格的规定；之三是健全表决机制，以保证每位参与者都能自由和充分地表达自己的意见，保证进入表决程序，得到决策结果；之四是与相关的制度配套，例如当预算仅仅与个人奖惩挂钩的时候，预算参与往往促使下级参与者制造预算松弛，但如果同时将预算作为资源分配的基础，下级参与者又不得不考虑将预算指标的水平尽量做的高一些，其中可能有互相替代（trade-off）问题，但这种配套措施会使那些理智的下级参与者，不敢贸然制造预算松弛，在参与预算制定过程中也会认真权衡和对待。

## 三、预算指标水平

在实务中，预算指标水平多高算高（How high is high enough?）或者多低算低往往难以验证和说得清楚。人们至少发展出 ① 可行的（practical）、② 理想的（ideal）、③ 超理想的（stretching）三种指标水平，可供人们选择。每一种指标水平都是根据特定假设或观点推演出来的，在实际应用中会引起当事人不同的行为。

一种观点认为，预算指标过高将挫伤执行者的积极性，助长预算执行者沮丧情绪；过低，反而助长执行者的懒散或懈怠的风气，有时甚至完不成已经很低的预算。因此，选择可行或可达成的指标水平（相当于理想水平的 80%，或者在若干个预算执行者中取"平均之上平均数之平均"）作为业绩标准，效果最佳。这是第①种指标水平鼓吹者的推演。

另一种观点认为,激烈的竞争环境要求企业彻底消除低效率以及那些不能满足顾客要求和不增加股东价值的作业,使企业达到至善的地步。为此,企业各成员的业绩标准必须确定在"至善"或"应该达到"的水平上。企业成员往往不能达到这样的水平,这也无妨,它可以显示企业的潜力或差距,为持续的改进指明方向。这些反映在预算金额的确定上就是所谓的理想水平,即最大限度满足顾客要求和股东利益最大化的水平。这是第②种指标水平鼓吹者的推演。

还有一种观点认为,信息不对称以及不确定性因素的存在不仅使得"可行水平"中夹杂着"预算松弛",而且使人们根本无法知道何为"理想水平"。既然如此,不如将预算指标水平确定在"理想水平"之上,即无法达成的水平。于是乎,只要预算执行者能够接受,指标水平越高越好。其目的就是给预算执行者施加较大的压力,将预算执行者的潜力全部挖掘出来。由此推演出来的"超理想水平"的概念似乎不合理,但实际上国内外有很多企业运用得十分成功。美国通用电气等多家公司采用"超理想水平"预算(stretching budgeting)就是很好的例证。我国本来就有"高指标"的"传统",目前仍然有相当数量的大型企业采用这种做法,但这未必就是绝对的坏事。一家大型企业 2000年预算利润 6 亿元,实际完成 4 亿元,在编制 2001 年预算时,总会计师找总经理请求2001 年预算利润的确定尽量切合实际。理由是 2000 年既然实际完成 4 亿元而不是6 亿元,为什么编制预算时不将预算利润确定为 4 亿元呢?总经理胸有成竹地回敬道:"我们定了 6 亿元预算利润,才完成了 4 亿元,如果定 4 亿元预算利润,最多也就完成3 亿元!"实际上,"超理想水平"或者"高指标",如果与蓄意浮夸联系在一起,则是在企业里不能提倡的,但是,如果当作一种管理方法自觉地加以运用,倒也未尝不可,其条件是预算指标与奖惩制度的挂钩必须采用灵活而不是僵硬的方式。例如只奖不罚:完成预算有奖,多完成多得奖,少完成少得奖,完不成预算并不惩罚或惩罚并不严厉,诸如此类,不一而足。

## 四、预算道德问题

道德是处理人与人之间关系的规范,判断是非和采取相应行为的标准,通常可以区分为通用道德规范和职业道德规范,但不具有强制性。通用道德规范随处可见,如孝敬父母、尊老爱幼、热爱祖国等。职业道德是对特定职业(如医生、律师、教师、企业员工、总经理和会计师等)而言。一位道德高尚的职业分子,其职业道德表现为一种稳定的职业心理和职业习惯。有人以为道德都是一些虚无缥缈的东西,并没有实际的意义。这是一种错误的观点。实际上,人与人之间关系的重要内容之一是利益,而某种职业道德中的关键点就是告诉该职业的各位成员在遇到利益冲突时如何进行道德判断和采取适当的行为。

预算与道德因为两个主要原因连接在一起。一是预算管理作为计划和控制企业经营活动、作为上级管理下级的工具,并不是企业计划、控制或管理的全部内容。预算固然重要,但并不是一切。它至少还需要以个人利益为导向的奖惩制度、社会法制、其他内控制度以及职业道德的共同作用下,预算执行者才有可能圆满地完成预算。换言之,预算管理系统的运行以其中当事人一定的道德水平为依托。再严密的制度也有漏洞，预算管理亦然。脱离开当事人道德水平的依托，每一位当事人都"变着法儿"地利用预算漏洞（特别是预算外事件的发生）或专门"打擦边球"，设计再精致的预算管理系统也会被整垮。

二是预算常常与奖惩制度、资源分配等相联系，因而在预算编制、执行以及执行结果的评价等环节上都可能反映出当事人之间的利益冲突。在这些利益冲突发生时，需要各当事人按照职业道德规范行事。但由于各当事人所处的地位不同，那些处于有利地位的当事人可能利用自己的有利地位以损害其他当事人为代价牟取私利。例如在指令性预算条件下，信息不对称也表现为下级比上级掌握私有信息的情况。由于上级总是希望指标定的高一些，因而在分派指标时常常遇到阻力。有一家企业在确定 $20 \times 1$ 年利润指标中尚有 50 万元无法分派下去，预算管理人员在总经理的压力下找到下属子公司 A 的经理，暗示他：如果他能够接受这 50 万元的利润指标，下年度确定预算指标时或利用今年的某些机会一定给他补回超过 50 万元的数额。确定 $20 \times 2$ 年利润指标时，该预算人员对子公司 A 的经理履行诺言，但他又有 80 万元利润无法分配下去，他又按 $20 \times 1$ 年如法炮制，找到子公司 B 的经理……如果该企业有几十家子公司，这样的故事甚至可以永远地重复下去。问题是，在整体上每个子公司并没有得到什么好处，而且这对整个企业是不利的。又如，一家企业某子公司经理和其他员工的奖金为该子公司实际利润超过预算利润部分的 15%，这就会触发该子公司预算管理人员操纵利润数据的行为。之所以如此，很可能是子公司按超利润提取的奖金中也有预算管理人员的一份；也有可能是预算管理人员屈于子公司经理的压力，如果不从子公司经理，其工作可能受到威胁。无论是哪一种情况，预算管理人员操纵利润的行为都是不道德的。

总之，遵守道德规范需要付出代价，而违反职业道德至少可以得到眼前的利益。道德培养实际上教人"吃眼前亏"，目前在我国这确实是一项极为艰难的工作。

# 专 用 名 词

| | | | |
|---|---|---|---|
| 预算 | 预算管理 | 全面预算 | 预算编制 |
| 现金预算 | 业务预算 | 财务预算 | 弹性预算 |
| 零基预算 | 预算松弛 | | |

# 习 题

## 一、思考题

**Q15-1** 什么是预算？

**Q15-2** 什么是预算管理？简述预算管理的原理和作用。

**Q15-3** 预算的管理机构有哪些，主要具备哪些功能？

**Q15-4** 简要描述集团公司预算编制和执行的流程。

**Q15-5** 全面预算包括哪些内容，简要描述各部分的钩稽关系。

**Q15-6** 什么是弹性预算？什么是静态预算？两者之间有何差异？

**Q15-7** 简述零基预算的概念，并指出它的优点。

**Q15-8** 什么是预算松弛？指出它产生的原因和可能引起的后果。

**Q15-9** 什么是参与性预算？它有何优点？

**Q15-10** 简述预算可能会引发何种道德问题。

## 二、练习题

### E15-1 销售预算

甲公司于 20×2 年第 4 季度的销售预测如下：

| 月 份 | 销售量/件 |
| --- | --- |
| 10 月 | 16 000 |
| 11 月 | 24 000 |
| 12 月 | 40 000 |

销货通常包括 20% 的现销和 80% 的赊销，单位售价 10 元。其中 60% 的赊销额当月收现，30% 于下月收现，其余 10% 于两个月后收现。预期无坏账损失，10 月初的应收账款余额为 96 000 元。另外，20×2 年 8 月销货 200 000 元，9 月销货 190 000 元。

要求：试编制该公司 20×2 年第 4 季度的销售预算和预测现金收入附表。

### E15-2 生产预算

乙公司 20×3 年前 4 个月的销售预算资料如下：

| 月 份 | 销售量/件 | 销售收入/元 |
| --- | --- | --- |
| 1 月 | 100 000 | 50 000 |
| 2 月 | 120 000 | 60 000 |
| 3 月 | 110 000 | 55 000 |
| 4 月 | 200 000 | 100 000 |

该公司政策规定各月制成品存货数量必须为下月销售量的 30%，1 月初制成品存货量为 18 000 件。

要求：试编制 20×3 年度第 1 季度的生产预算。

### E15-3 购货预算

某商店预期期末存货和预期销货资料如下：

单位:元

| 项　　目 | 5月 | 6月 | 7月 |
|---|---|---|---|
| 预期期末存货 | 250 000 | 280 000 | 300 000 |
| 预期销货 | 450 000 | 440 000 | 430 000 |

　　另外,4 月份购货 25 万元,5 月份购货 30 万元。其他资料如下:销货毛利率为 40%,货款的 30% 于当月支付,60% 于下月支付,其余 10% 再下月支付。

　　要求:试编制该商店 6~8 月的购货预算和现金支付表。

### E15-4　生产预算与直接材料预算

　　A 公司于 20×3 年 7~12 月的销货预算如下:

| 月　份 | 7 | 8 | 9 | 10 | 11 | 12 |
|---|---|---|---|---|---|---|
| 销售量(个) | 5 000 | 11 000 | 13 000 | 8 000 | 9 000 | 12 000 |

　　各月底制成品存货量为下月销售量的 30%。7 月 1 日存货为 800 个。每个产品需耗用 5 千克材料,根据公司规定,该材料存货为下月生产所需的 20%。

　　要求:试编制第 3 季度的生产预算和 7~9 月的直接材料预算。

### E15-5　购货预算与预计损益表

　　一商店有关销售预测资料如下:

单位:元

| 月　份 | 7 | 8 | 9 | 10 | 11 |
|---|---|---|---|---|---|
| 销货收入 | 50 000 | 110 000 | 130 000 | 85 000 | 95 000 |

　　(1) 销货成本占销货收入的 35%,其他变动成本为销货收入的 15%;

　　(2) 期末存货必须为下月销货的 25%;

　　(3) 固定费用每月 25 000 元;

　　(4) 所得税税率为 30%。

　　要求:试编制 9 月份的购货预算和预计损益表。

### E15-6　直接人工预算

　　陶园牙医联合会是甲地区一家大型的牙医机构。公司主计长正在编制下年的预算,他预测病人看病的次数总计为 48 000 次,均匀分布于全年。80% 的看病时间为半小时预约和 1 小时治疗,其他 20% 直接接受 1 小时治疗。专业牙医服务的平均费率为:半小时预约费用为 40 元,一小时治疗费用为 70 元。每月专业服务收入的 90% 在服务提供的当月收回,剩下的则在下月收回。忽略坏账不计,大都市中的牙医联合会会员每小时挣 60 元。

　　要求:试编制下列预算表:

　　(1) 6 月份的直接专业人工预算。

　　(2) 6 月份所收回的在 5 月份和 6 月份所提供的专业服务的应收款项。

### E15-7　制造费用预算

　　青青公司生产两种型号电钻头,20×3 年制造费用的弹性预算(基于直接人工小时)资料如下:

单位:元

| 项 目 | 成本 | 作业量/人工小时 | | |
|---|---|---|---|---|
| | | **10 000** | **15 000** | **20 000** |
| 变动费用: | | | | |
| 维修 | 1.50 | 15 000 | 22 500 | 30 000 |
| 间接材料 | 0.50 | 5 000 | 7 500 | 10 000 |
| 动力 | 0.10 | 1 000 | 1 500 | 2 000 |
| 合 计 | 2.10 | 21 000 | 31 500 | 42 000 |
| 固定费用: | | | | |
| 折旧 | | 6 000 | 6 000 | 6 000 |
| 薪资 | | 60 000 | 60 000 | 60 000 |
| 合 计 | | 66 000 | 66 000 | 66 000 |
| 制造费用总成本 | | 87 000 | 97 500 | 108 000 |

根据 8 月份生产预算,A 型钻头产量 24 000 付,每付需耗用 5 分钟直接人工,B 型钻头产量 12 000 付,每付耗用 3 分钟直接人工。固定制造费用在全年内均衡发生。

要求:试编制青青公司 8 月份的制造费用预算。

**E15-8 三项费用预算**

TT 公司生产一种化工产品,预计 20×4 年的销售单价 300 元,四个季度的销售量分别为 20 000 件、40 000 件、50 000 件和 30 000 件。单位销量的变动三项费用为 1.80 元;全年广告费 200 000 元,按季度根据销售量分摊;管理人员工资 140 000 元,按季度平均分摊;利息费用 39 650 元,第二季度支付 1 900 元,第三季度支付 37 750 元;其他 18 150 元,按季度平均发生,第四季度支付。

要求:试编制 TT 公司 20×4 年的三项费用预算。

**E15-9 按项目编制利润预算**

在上题中,如果公司的所得税率为 30%,产品单位成本为 150 元。

要求:试按项目编制利润预算。

**E15-10 按单位编制利润预算**

在 E15-8 和 E15-9 题的基础上,进一步假定公司由甲、乙、丙三个子公司组成。各子公司每季的预计销售量占全部销售量的比例为 2∶3∶5,固定的广告费、管理人员工资和利息费用三个子公司平均分摊。子公司发生费用、赚取收入,按利润考核。

要求:根据上述材料,试按单位编制利润预算。

**E15-11 现金预算**

紫荆公司生产两种产品——椅子和凳子。每把椅子需要 3 米垫衬料和 4 千克钢材;每张凳子需要 2 米垫衬料和 5 千克钢材。垫衬料价格为 2 元/米,钢材为 0.25 元/千克。

20×4 年 1 月 1 日,存货水平预计为

| 椅子/把 | 凳子/张 | 垫衬料/米 | 钢材/千克 |
|---|---|---|---|
| 25 | 15 | 75 | 150 |

其中,原材料的数量不能低于 20×4 年 1 月 1 日的预计水平;产成品在每月初的数量足以满足下月预算销售量的 25%。在采购时,垫衬料一般以 100 米为单位,钢材以 50 千克为单位。

原材料采购的应付款项在当月支付一半,下月支付一半。

20×4 年前 3 个月的销售预算如下：

| 项　目 | 一月 | 二月 | 三月 |
|---|---|---|---|
| 椅子/把 | 100 | 120 | 80 |
| 凳子/张 | 60 | 80 | 60 |

要求：计算二月与购买钢材相关的现金支出。列出详细计算过程。

**E15-12　现金预算**

某公司的预算主管计划通过按月编制的现金预算来提高控制系统的效率。下列信息与 20×2 年 7 月有关：

单位：元

| | |
|---|---|
| 现金余额，20×2 年 6 月 30 日 | 45 000 |
| 拟于 7 月 15 日宣布的现金股利 | 12 000 |
| 7 月份营业费用预计现金支出 | 36 800 |
| 7 月份折旧摊销费用 | 4 500 |
| 7 月份预计现金收回 | 89 000 |
| 7 月份购买活动预计现金支出 | 56 200 |
| 7 月份购买设备预计现金支出 | 20 500 |
| 公司最低现金持有量 | 25 000 |

要求：

(1) 编制以 20×2 年 7 月 31 日为截止日的现金预算，并计算出该公司需要的融资量(如果可能的话)。

(2) 解释现金预算是怎样减少短期融资成本的。

**E15-13　现金预算**

下表为按季编制的现金预算。填写"?"处的数字。公司要求每季初需要最少 5 000 元。

单位：千元

| 项　目 | 1 | 2 | 3 | 4 | 全年 |
|---|---|---|---|---|---|
| 期初现金余额 | 6 | ? | ? | ? | ? |
| 销售现金回收额 | ? | ? | 96 | ? | 323 |
| 可用现金总计 | 71 | ? | ? | ? | ? |
| 减：现金支出 | | | | | |
| 购买存货 | 35 | 45 | ? | 35 | ? |
| 经营费用 | ? | 30 | 30 | ? | 113 |
| 购买设备 | 8 | 8 | 10 | ? | 36 |
| 股利 | 2 | 2 | 2 | 2 | ? |
| 现金支出总计 | ? | 85 | ? | ? | ? |
| 现金溢缺 | (2) | ? | 11 | ? | ? |
| 融资： | | | | | |
| 借款 | ? | 15 | — | — | ? |
| 还款(包括利息①) | — | — | (?) | (17) | (?) |
| 融资总计 | ? | ? | ? | ? | ? |
| 期末现金余额 | ? | ? | ? | ? | ? |

① 利息每年支出为 1 000 元。

**E15-14　全面预算**

大石桥公司拟编制明年第一季的经营预算,预期各月底现金余额不能低于 5 000 元。产品平均售价为 4 元。因采用及时存货制度,购货将等于销货,从 1 月份起月底存货将降至 6 000 元。购货单位成本 2 元,货款于下月支付。全部销货均为赊销,60％于当月收现,30％于下月收现,另 10％于再下月收现。每月有关营业费用为:薪资费 15 000 元,保险费摊销 125 元,折旧费 250 元,杂项费用 2 500 元,月租金为 250 元,另外加上季度销货收入超出 10 000 元部分的 10％。自 1 月 15 日起,按季支付现金股利 1 500 元,提前 30 天宣告股利。薪资和杂项费用均于当月支付。租金为各月初支付 250 元,其余部分由各季后的下月 10 日支付(下一结算日为 1 月 10 日)。管理当局计划于 3 月份支付 3 000 元购买新设备。

该公司可按年利率 12％向银行借款。借款与还款均以 500 元为单位。管理当局希望尽可能减少借款。利息于借款还本时计算支付,假设借款均发生于月初,还款发生于月底。20×1 年 12 月 31 日的资产负债表如下:

单位:元

| 资　产 | | 负债与股东权益 | |
|---|---|---|---|
| 现金 | 5 000 | 应付账款(购货) | 35 550 |
| 应收账款 | 12 500 | 应付股利 | 1 500 |
| 存货(期初余额为 16 000 元) | 39 050 | 应付租金 | 7 800 |
| 未摊销保险费 | 1 500 | 负债合计 | 44 850 |
| 固定资产净额 | 12 500 | 股东权益 | 25 700 |
| 合　计 | 70 550 | 合　计 | 70 550 |

销售预测资料如下:

单位:元

| 20×1 年 | 10 月 | 38 000 | 20×2 年 | 1 月 | 72 000 |
|---|---|---|---|---|---|
| | 11 月 | 25 000 | | 2 月 | 75 000 |
| | 12 月 | 25 000 | | 3 月 | 38 000 |
| | | | | 4 月 | 45 000 |

要求:编制 20×2 年全面预算,列示 1~3 月的各月预计损益表、预算现金收支、资产负债表及有关附表。

**E15-15　全面预算编制**

荒岛公司生产并销售一种具有季节性需求特征的产品,其销售高峰期为第 3 季度。下面是一组公司在 20×2 年和 20×3 年的经营数据。

公司产品单价为 8 元。在接下来的 6 个季度里预算销售量如下:

| 项　目 | 20×2 年 | | | | 20×3 年 | |
|---|---|---|---|---|---|---|
| | 1 | 2 | 3 | 4 | 1 | 2 |
| 预算销售量 | 40 000 | 60 000 | 100 000 | 50 000 | 70 000 | 80 000 |

产品销售后假定现金收回方式如下:75％在销售当季收回,剩下的 25％于下季收回。

20×2 年 1 月 1 日,公司资产负债表显示应收账款余额为 65 000 元,这笔款项将于 20×2 年第一季度全部收回。坏账忽略不计。

公司要求每个季度末的期末存货（产成品）为下季度预算销售量的30％。公司20×1年12月31日的期末存货（产成品）为12 000件。

1件产品需要耗费5千克原材料。公司要求每个季度末的期末存货（原材料）为下季度预算生产量的10％。公司20×1年12月31日的期末存货（原材料）为23 000千克。

原材料成本为0.80元/千克。购买原材料价款付款方式如下：60％的价款在购买当季支付，剩下40％于下季支付。20×2年1月1日，公司资产负债表显示应付账款余额为81 500元，这笔款项将于20×2年第一季度全部支付。

要求：编制下列预算，同时反映季度和年度总数：

(1) 销售预算和预期现金收回表；

(2) 生产预算；

(3) 原材料购买预算和预期现金支付表。

**E15-16 弹性预算**

河塘公司主要生产平底锅。为加强生产控制，公司总裁希望能建立弹性预算系统以取代目前实行的固定预算系统。下面这组数据是河塘公司在生产水平分别为90 000、100 000、110 000单位时的预期成本数据：

| | | |
|---|---|---|
| 变动成本/(元/单位) | 生产 | 6.00 |
| | 管理 | 3.00 |
| | 销售 | 1.00 |
| 固定成本/元 | 生产 | 150 000 |
| | 管理 | 80 000 |

要求：

(1) 编制生产水平分别为90 000、100 000、110 000单位时的弹性预算。

(2) 如果河塘公司每单位产品售价为15元，计算利润为25 000元时的销售数量。不考虑税收。

**E15-17 弹性预算**

补充完整下面的弹性预算：

单位：元

| 制 造 费 用 | 机 器 小 时 | | | |
|---|---|---|---|---|
| | 10 000/个 | 15 000/个 | 20 000/个 | 25 000/个 |
| 变动成本： | | | | |
| 　间接材料 | | 9 000 | | |
| 　机器维护 | | 36 000 | | |
| 　相关服务 | | 15 000 | | |
| 　　变动成本总计 | | | | |
| 固定成本： | | | | |
| 　监工工资 | | 180 000 | | |
| 　租金 | | 30 000 | | |
| 　保险 | | 20 000 | | |
| 　　固定成本总计 | | | | |
| 制造费用总计 | | | | |

### E15-18 弹性预算

万人农药厂使用某种原料生产两种型号除草剂。预期下年度生产甲、乙型产品各 100 000 包（每包 20 千克）。甲型除草剂每包需耗用 0.25 直接人工小时，乙型除草剂耗用 0.30 直接人工小时。该厂的四项制造费用直接成本方程式如下（$X$ 表示直接人工小时）：

单位：元

| | |
|---|---|
| 维修费用 | $10\,000 + 0.30X$ |
| 动力成本 | $0.5X$ |
| 间接人工 | $24\,500 + 1.5X$ |
| 租金 | $18\,000$ |

要求：

(1) 该厂下半年制造费用预算。

(2) 若两种产品产量低于预期产量 20% 的制造费用预算。

### E15-19 预算松弛

张三是中国银行某国分行的新账户经理。他刚刚被要求就 20×4 年将要产生多少新银行账户进行预测。银行经营所处国家的经济一直在增长，在过去 5 年的每一年中，银行账户的数目以 10% 的比率在增长。在 20×3 年，银行有 10 000 个账户。新账户经理的报酬为工资，外加每超出预算数目一个新账户，他将获得 15 元的奖金。从而，如果年度预算为 500 个新账户而实际却获得 540 个新账户，则张三的奖金将为 600 元（40×15）。张三认为 20×4 年将和近几年一样，国家经济将以同样的比率持续增长。他已决定为 20×4 年提出 700 个新账户的预算计划。

要求：中金咨询公司已被银行行长雇用前来提供有关提高经营业绩建议。假如你是咨询人员，请你写一份备忘录给行长，以解释预算松弛的负面后果。同时，讨论银行对新账户经理的奖励机制以及该奖励机制是怎样缓解预算松弛的。

### E15-20 零基预算

诚志公司在应用零基预算时遇到下述困难：

(1) 缺乏对需达成结果的认同。

(2) 零基预算制定过程缺乏可信性。

(3) 中层管理人员反弹（对其负责部门有不利影响）。

(4) 高层主管未作严厉决策。

要求：假设你受聘为诚志公司设计零基预算，试说明应该如何避免上述问题。

## 三、讨论题

### P15-1 预算编制

春田公司以年为经营期间，于每年 8 月份开始编制下年预算。一般情况下，公司总裁最先提出下年的目标销售量和税前净利润。然后，市场部根据目标销售量，由部门经理确定各产品线的销售预算（包括销售数量和价款两项指标）。同时，市场部经理会估算出为实现目标销售量而必须支出的营销活动成本，并给出初步的营销费用预算。

执行副总裁根据目标销售量和净利润、各产品线的销售预算和营销费用预算等来确定生产和公司运转所需资金。执行副总裁编制公司费用预算，并将各产品线的销售预算转至各生产部门。公司负责生产的经理和各工厂经理共同拟订一份生产计划以确定具体生产数量（当然在执行副总裁确定的成本限制以内）。至此，春田公司预算编制程序基本结束。

接下来,融资部的副经理、执行副总裁、营销部经理和生产部门经理会碰头确定各部门的预算。一般而言,最后协调的结果是:生产成本会调高,而营销费用和公司运转费用会调低,公司总裁提出的总销售收入和净利润不会调整。尽管各参与者很少对这种折中方案满意,但公司预算还是会就这样确定下来。实际上,每位经理都会私下根据个人真实想法制定所在部门新的执行预算。

近年来,没有部门能实现自己的预算。实际销售量总是低于目标销售量。当预算销售量没有达到时,各部门就会降低成本以满足目标净利润。实际上,目标净利润很难达到,因为成本能够降低的空间不够,实际成本往往高于预算成本。公司总裁对此很不满意,为此他雇用了一位对春田公司所在的行业非常了解的咨询专家。该专家浏览了过去4年的预算,认为各产品线的销售预算是合理的,成本和费用预算对目标销售量和生产水平而言是充分的。

要求:分析春田公司现行的预算编制程序是否有问题?如果有,请指出并更正。

**P15-2 预算松弛**

方同公司已实施整体预算制度若干年,此制度为公司控制各工厂业务及成本计划的重要环节,各工厂经理需要定期与最高主管聚会并讨论整个公司的控制制度。在本年度会议中,预算制度受到一工厂经理的严厉批评,他说这一制度存在着对旧厂不公平歧视和对新厂的袒护;影响所及,旧厂年终奖金较低,员工士气受到严重影响。按照他的看法,这一制度如要更为有效,必须予以修正。方同公司预算的基本因素包括:

(1) 由最高主管宣布每年改进目标的百分比。

(2) 工厂提出执行每年改进目标的预算。

(3) 管理人员审查并修改拟议的预算。

(4) 确定并分配最终预算。

为支持其立场,他比较了修正预算与实际绩效后发现,一方面,旧厂起初均预料可以达到要改进的目标,然而经常无法达成;另一方面,新厂较容易达到预算目标,且其绩效通常较修正预算为佳。

他又指出公司对工厂间的运营状况差异不予承认,而此项差异阻碍了改进因素的达成。他所在的工厂20年来一直生产相同的产品,机器及设备在5年前进行过大规模的维修,但近年来并无多大变动。再加上工厂本身破旧,近年来每年修理及维护费均大幅增加。从技术的角度看,工厂资深技术员认为现在已无法进一步改进,即使保持现状也很不易。为比较起见,他注意4年前开工的一家工厂,由于设备和技术的先进性,即使工厂技术员经验不够丰富,达到公司的预期目标也极为容易。

要求:

(1) 评论该工厂经理的观点。

(2) 要使预算制度合理应用,公司管理人员须有能力将工厂预算内的预算松弛消除,试讨论每一工厂如何将预算松弛消除。

**P15-3 弹性预算与差异分析**

恐龙公司与政府签订一份合同,主要分析井水的矿物质构成。每次测试需花费25.20元,正常情况下一般每月作10 000次测试。每次测试需要耗费两片试纸,价格均为3.80元;测试耗费直接人工10分钟,人工成本为22.80元/小时。正常情况下制造费用如下:

单位:元

| | | |
|---|---|---|
| | 直接人工 | 18 000 |
| | 公用服务 | 4 000 |
| 变动制造费用 | 人工劳动相关成本 | 15 000 |
| | 实验室维护 | 11 000 |
| | 小　计 | 48 000 |

续表

|  |  |  |
|---|---|---|
| 固定制造费用 | 监督 | 30 000 |
| | 折旧摊销 | 28 000 |
| | 基础服务 | 9 000 |
| | 保险 | 2 000 |
| | 小　计 | 69 000 |
| 制造费用小计 | | 117 000 |

制造费用分摊以直接人工小时为基础。

20×1年5月实际有9 000次测试。会计记录显示如下成本和生产资料：

| 项　目 | 作业/小时 | 实际成本/元 |
|---|---|---|
| 购买试纸数量 | 19 000 | 70 300 |
| 使用试纸数量 | 18 500 | |
| 直接人工 | 1 623 | 37 646 |
| 制造费用总计：变动 | | 45 200 |
| 固定 | | 68 500 |

存货中试纸采用标准成本计价。5月底没有测试在进行过程中。

要求：

(1) 假定实际测试次数为正常情况的80%，编制弹性预算。

(2) 编制测试的标准成本卡片。

(3) 计算公司20×1年5月直接材料的价格差异和数量差异以及直接人工率和效率差异，并注明这些差异哪些是有利的，哪些是无利的。

(4) 计算公司20×1年5月变动制造费用差异，并注明这些差异哪些是有利的，哪些是无利的。

**P15-4　服务组织与业绩评价报告**

京华大学在全国很多城市都开展了教育项目，为了教职员工的方便，学校雇用了一名主管人员负责经营机动车服务部。2月份该服务部购入一辆新汽车，而此前，该服务部有20辆，并提供汽油、柴油和其他汽车设备，同时也提供常规修理。但是主要的修理服务还是由附近的商业修理部门来完成。

每年，该主管会编制一份经营预算上报学校管理当局以反映当年的资金需求。汽车的折旧（直线法）也会体现在预算中用以确定汽车每千米的运营成本。

下表为今年经批准的经营预算，同时也反映了3月份运营的实际成本和每月平均预算成本。

| 项　目 | 年经营预算 | 每月预算① | 3月实际 | 预算超低 |
|---|---|---|---|---|
| 汽油/元 | 42 000 | 3 500 | 4 300 | (800) |
| 小部件修理等/元 | 3 600 | 300 | 380 | (80) |
| 主要部件修理/元 | 2 700 | 225 | 50 | 175 |
| 保险/元 | 6 000 | 500 | 525 | (25) |
| 工资/元 | 30 000 | 2 500 | 2 500 | — |
| 交通工具折旧/元 | 26 400 | 2 200 | 2 310 | (110) |
| 成本总计/元 | 110 700 | 9 225 | 10 065 | (840) |

| 项　目 | 年经营预算 | 每月预算① | 3月实际 | 预算超低 |
|---|---|---|---|---|
| 总里程数/千米 | 600 000 | 50 000 | 63 000 | |
| 运营成本/(元/千米) | 0.184 5 | 0.184 5 | 0.159 8 | |
| 汽车使用数量/辆 | 20 | 20 | 21 | |

① 年经营预算÷12 个月。

年经营预算是基于下列假设形成的：

(1) 修理部有 20 辆汽车；

(2) 每辆汽车每年行驶 30 000 千米；

(3) 每辆汽车每升汽油可以行驶 15 千米；

(4) 每升汽油 1.05 元；

(5) 每千米的小部件修理费用为 0.006 元；

(6) 每辆汽车每年主要修理费用为 135 元；

(7) 每辆车每年保险费为 300 元。

主管人员对 3 月份的预算报告不满意,认为将实际情况与每月平均预算进行比较不公平。

要求：

(1) 采用弹性预算的思路,重新编制每月平均预算。

(2) 上表中的业绩报告有什么缺陷问题? (1)中编制出的弹性预算是怎样克服这一不足的?

**P15-5　弹性预算业绩评估**

龙泉公司制造费用基于直接人工小时分摊,预算分摊基础为 120 000 小时。20×3 年制造费用预算及实际资料如下：

单位:元

| 项　目 | 预　算　数 | | 实　际　数 |
|---|---|---|---|
| | **100 000 小时** | **120 000 小时** | **112 000 小时** |
| 领班薪资 | 184 000 | 184 000 | 190 000 |
| 水电费 | 18 000 | 21 000 | 20 500 |
| 折旧 | 30 000 | 30 000 | 30 000 |
| 间接材料 | 24 000 | 28 000 | 24 640 |
| 直接人工 | 980 000 | 1 176 000 | 963 200 |
| 直接材料 | 220 000 | 264 000 | 248 000 |
| 维修 | 239 000 | 283 000 | 237 000 |
| 租金 | 12 000 | 12 000 | 12 000 |
| 其他费用 | 60 000 | 70 000 | 65 000 |
| 总成本 | 1 767 000 | 2 068 000 | 1 790 340 |

要求：

(1) 编制永庆公司 20×3 年制造费用的绩效报告,说明哪些成本项目需要进一步分析。

(2) 若单位产品需耗用 2 小时直接人工,计算单位正常制造成本。

(3) 计算 20×3 年的制造费用分摊额及其与预算数的差异。

# 第十六章

## 长期投资分析

会计学
ACCOUNTING

学习目的
XUE XI MU DI

1. 掌握现值、终值和净现值的含义和计算方法；

2. 理解机会成本的含义；

3. 理解风险和收益的关系；

4. 掌握现金流量和资金成本的估计方法；

5. 掌握长期投资的分析方法，尤其是净现值、内部收益率、回收期的评价方法。

北京牡丹电视机厂曾经是电视机市场非常有影响力的企业，20世纪90年代初，由于上马大屏幕彩电项目导致企业一蹶不振；江苏盐城无线电厂的收录机在20世纪80年代风靡一时，由于上马两条生产线，遇到产品转型的灾难，使企业无力回天。我国的制造业有一流行的口头禅："不搞技改是等死，搞了技改是找死"，可见长期投资的重要性。影响长期投资的因素很多，本章将集中介绍长期投资的评价方法，应当注意的是，市场、产品、技术、原材料、工艺、资金等都会对这些评价产生重大影响。

# 第一节　长期投资分析的基本概念

## 一、资金的时间价值、现值与净现值

### （一）资金的时间价值

前面的章节中我们已经提到，在会计中我们使用的是历史成本原则，所谓历史成本，在这样的原则下，我们认为发生在不同时间的收入和支出可以直接相加，它们具有同等的价值。实际上是不是这样的呢？让我们假设你在两个投资机会之间进行选择。这两个投资机会都要求你现在就投入100元，一个投资机会能够让你明年得到110元的收益，而另一个投资机会让你在后年得到110元的收益。那么，你会选择哪一个投资机会呢？看来答案很明显——你应该选择前者。虽然两个投资机会给你的回报是一样的，但是回报发生的时间却不同，这样，选择第一个投资机会，你就能够提前一年拿到110元的收益，如果幸运的话，你可以把这110元再进行相同的投资，那么到了后年，你拿到的就不仅仅是110元了，而是121元（110×110÷100），也就是说，到了后年，你比选择第二个投资机会将多得到11元。

从上面的例子我们可以看到，资金的价值不仅仅与它的金额有关，还与它发生的时间有密切的关系。越早得到的钱越值钱。这就是资金的时间价值的概念——今天的1元钱比明天的1元钱更值钱。那部分多出来的价值就是由时间带来的。但是这并不是说时间赋予了资金额外的价值，而是时间给了资金进行额外投资，从而获得额外收益的机会。

说到这里你可能会问，如果我明年得到了110元的收益之后不进行任何投资，那么后年的110元是否就和明年的110元没有差别了呢？这是一个很好的问题。但是你忽略了一个问题，就是在你明年得到110元收益的时候，这个110元是实实在在拿在你手里的，而后年的那个110元还存在拿不到的风险。这说明资金之所以具有时间价值不仅与再投资可能获得的收益有关，而且还与风险有关。

下面，就让我们先来看一看在考虑到资金具有时间价值的情况下，如何将发生在不同时间的收益和成本进行比较，为了做到这一点，我们需要了解现值的概念和计算方法；然后，我们再去看一看风险在上述过程中所起的作用。

### (二) 现值和终值

由于资金是具有时间价值的,所以发生在不同时间的数额相同的现金流入或流出就具有不同的价值,我们如果想对这些现金流量进行比较,或者进行加、减运算,就需要把它们统一到相同的口径。现值就是这样的一个口径。

所谓现值,就是未来时间货币的现在价值。因此,在现值的基础上我们就可以将发生在不同时刻的现金流量进行比较和加、减了。现值的计算方法非常简单,还是以上面的例子来说明。假设我们进行投资的期望收益率为 10%,那么明年得到的 110 元的现值就可以这样得到:

$$110 \div (1 + 10\%) = 100 (元)$$

如果期望收益率保持不变,而我们采取了第二个投资方案,要到后年才能得到这 110 元的收益,那么这 110 元的现值就成为

$$110 \div (1 + 10\%)^2 = 90.91 (元)$$

其中的"平方"是因为 10% 只是一年的期望收益率,如果考虑明年收到的钱还可以进行再投资,得到 10% 的收益,当前投入 90.91 元,经过两年的时间就可以得到 $90.91 \times (1 + 10\%) \times (1 + 10\%) = 110 (元)$。

从上面的计算过程我们可以总结出计算现值的一般方法:

$$PV = \frac{F_n}{(1 + i)^n}$$

其中 PV 表示现值,$F_n$ 表示发生在未来第 $n$ 期的现金流量,$i$ 表示折现率。从上面计算出来的现值我们就可以清楚地看到,第一个投资方案要优于第二个投资方案。同时,我们也可以看到,为了实现不同时点的现金流量可比的目的,我们不一定要使用现值的概念,我们也可以将不同时点发生的现金流量统一到将来的某一时刻,这就是终值。终值是一个与现值相对的概念。

$$FV = PV(1 + i)^n$$

其中 FV 表示终值,其他符号的含义与现值计算公式中的相应符号相同。如果说明年得到的 110 元的现值是 100 元,我们同样可以说当前的 100 元到明年的终值是 110 元。但是,因为当前这个时点对于不同的投资机会是相同的,而将来则是不唯一的,所以人们通常使用现值,而不是终值。

为了计算上的统一,人们一般还对现金流量的发生时刻进行定义。当我们说"明年"时,实际上我们指的是明年的年末。更确切地说,我们用"0 时刻"表示"当前",这个"当前"指的就是第 0 年的年末,而第 0 年的下一年就称为"1 时刻",它指第 1 年的年末。如果现金流量的发生不是以年为单位的,我们也可以将上面所说的"第 0 年"、"第 1 年"变为"第 0 期"、"第 1 期",同样用"0 时刻"、"1 时刻"表示。

在对时刻进行了定义之后,我们就可以用一个时间轴来表示现金流量的发生了。仍然以上面的例子来说明。假设第一个投资机会要求现在(今年年末)支付 100 元,明年年末得到 110 元;第二个投资机会要求现在支付 100 元,后年年末得到 110 元,则两

个投资机会可以分别用下面图 16-1 的时间轴来表示。

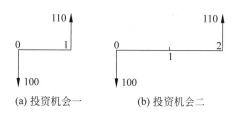

(a) 投资机会一　　　　　(b) 投资机会二

**图 16-1　现金流量的时间表示**

### (三) 净现值

当然,一个投资项目的现金流量往往不是这么简单的,可能涉及多个期间。比如图 16-2 所示的投资项目。在这个项目中,假设期望收益率为 10%,我们可以分别计算 $C_1$、$C_2$、$C_3$、$C_4$ 的现值为:

$$PV(C_1) = 100 \div (1+10\%) = 90.91$$
$$PV(C_2) = 100 \div (1+10\%)^2 = 82.64$$
$$PV(C_3) = 100 \div (1+10\%)^3 = 75.13$$
$$PV(C_4) = 100 \div (1+10\%)^4 = 68.30$$

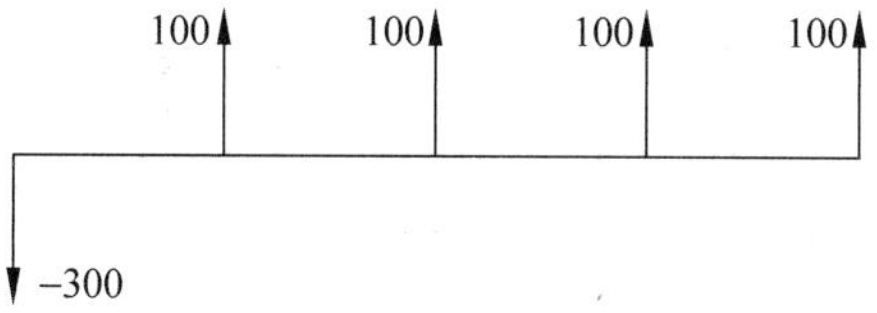

100　　100　　100　　100

−300

**图 16-2　多期投资项目的现金流量**

这时你可能会有一个疑问:这个投资项目到底好不好呢? 或者说与前面的两个投资项目相比,这个项目如何呢? 要回答这个问题,我们就不能仅仅知道 $C_1$、$C_2$、$C_3$、$C_4$ 的现值,我们需要得出一个综合的评价方法。从前面的介绍中我们已经知道,$PV(C_1)$、$PV(C_2)$、$PV(C_3)$、$PV(C_4)$ 具有相同的口径,它们与发生在第 0 年年末的投资 300 元具有同等的价值,因此它们之间具有可加性。因此,一个很自然的评价这个投资项目的方法就是将与该项目有关的所有现金流量的现值加在一起。于是,我们就得到了: $PV(C_1) + PV(C_2) + PV(C_3) + PV(C_4) - 300 = 16.98$。这个 16.98 元的结果就是该项目的净现值(NPV),即该项目寿命期内各年现金流量按照期望收益率贴现之后的和,用一般性的公式表示如下:

$$NPV = -I_0 + \sum_{t=1}^{T} \frac{C_t}{(1+i)^t}$$

其中 $I_0$ 表示初始投资,$t$ 表示时期,$i$ 表示折现率,$C_t$ 表示 $t$ 时期的现金流量。这个项目的 NPV 大于 0,就意味着该项目所有未来收益现金流量的价值大于该项目的投资,因此这个项目是可行的。同样的道理,如果一个投资项目的 NPV 小于 0,就表示该项目未来收益现金流量的价值小于其所需的投资,那么这个项目就是不可行的。

## 二、风险、收益与资金的机会成本

### （一）资金的机会成本

前面在计算 NPV 时我们曾经谈到过期望收益率（折现率）的概念，我们知道它是用来将未来的现金流量折算为现值的因子，但是我们并没有谈到这个折现率的具体含义和计算方法。实际上，这个折现率是由资金的机会成本决定的。

我们都知道成本的含义，但是机会成本是什么呢？它与其他的成本有什么区别呢？所谓机会成本，正如其字面上的含义一样，就是机会的成本，具体地说就是由于资源是有限的，当我们接受某一投资机会时，就不得不放弃其他的很多投资机会，而这些被放弃的投资机会也会在未来给我们带来回报，我们放弃这些投资机会就意味着要放弃由于放弃该投资机会而可能得到的回报。因此，某项投资的机会成本实际上就是我们为选择该项投资而放弃的投资机会的收益。

这里还有两个容易混淆的问题。首先，机会成本不同于沉没成本。举个例子来说，我买了一张电影票去看电影，但是进了电影院才发现那部电影远不如我想象的好看，继续看下去无非是浪费时间（给我带来的效用是负的），还不如回家去休息（给我带来的效用是正的）。我应该选择继续看电影还是回家呢？看来如果我选择回家，电影票就浪费了，为了避免这个浪费，我应该选择继续看电影。但是，在做出这个决定时我犯了一个错误，那就是无论我选择继续看电影还是回家，我的电影票都已经买了，而且也使用了，不能再出售或退票，这样，无论我最终做出何种选择，买电影票的成本都是一样的，而且无法收回。这样的成本与我继续看电影或回家的决策是无关的，这个成本就是沉没成本。确切地说，沉没成本就是已经付出并且不能收回的投资。在进行投资决策时，沉没成本是不应该考虑的。因此，我应该选择回家，而不是为了"避免"电影票的损失而勉为其难地坐在电影院里浪费时间。机会成本和沉没成本是两个经常容易产生误解的概念，但它们又是非常重要的。著名经济学家斯蒂格利茨曾经这样说：经济学家和普通人的区别在于，普通人考虑沉没成本而经济学家不考虑；普通人不考虑机会成本而经济学家考虑。在进行长期投资分析时我们要始终牢记，机会成本必须纳入我们的分析中去，而千万不要把沉没成本计算进去。

其次，你可能会问，在我选择了某项投资的时候，我可能放弃了成千上万的其他投资机会，但是这些投资机会的未来收益可能是不相等的，在这种情况下我选择这项投资的机会成本到底由哪一个被放弃的投资机会的收益率决定呢？机会成本的定义给了我们问题的答案。机会成本是一项资源以其在其他用途中的最优用途上的价值所衡量的成本。也就是说，我们需要找到的是那个"最优"的投资机会。一般来说，我们所说的"最佳"是在有限可供选择的投资机会中收益率最高的一个。而从更普遍的意义上来说，这个问题还与风险有关。我们知道，当我们选择一个投资机会时，我们关心的不仅仅是收益，还关心风险，因此，我们仅仅讨论那些被放弃的投资机会的收益是不够的，还要考虑它们的风险，风险水平不同时简单地讨论收益水平是没有意义的。这就是说，资金的机会成本是一个与风险密切相关的概念，而我们应该在那些被放弃的投资机会中选择具有与该项投资具有同等风险水平的投资机会的平均收益率作为某项投资资金的机会成本。需要注意的是,我们这里所说的是"具有同等风险水平的投资机会的平均收益率"。为什么是平均的呢?这是因为即使是具有同等风险水平的投资机会,其实际的收益水平也是千差万别的,对于这一类投资可能获得的收益水平的最合理的估计就是这类投资收益率的均值了,因此这个收益率又叫做"期望收益率"。

### (二) 风险

看来了解一个投资机会的风险对于估计这个投资机会资金的机会成本,或者说折现率具有非常重要的作用,那么一个现实的问题就是我们应该如何分析一个投资机会的风险水平,并进而确定这个风险水平对应于一个怎样的机会成本呢?

风险是由于不确定性产生的。这些不确定性可能来自各个方面,常见的风险因素包括通货膨胀风险、利率风险、违约风险、经营风险等。那么,我们如何衡量一个投资项目的风险水平呢?从统计学的角度,我们可以用方差或标准差来衡量风险,确切地说就是用一个投资项目未来收益现金流量的标准差衡量投资项目的风险水平。根据统计学上的定义,标准差的计算方法为:

$$\sigma_{r_m} = \sqrt{E(r_m - \bar{r}_m)^2}$$

其中,$\sigma$ 表示标准差,$E$ 表示期望值,$r_m$ 表示投资项目 $m$ 在各种不同情况下可能产生的收益率,$\bar{r}_m$ 表示投资项目 $m$ 可能产生的收益率的均值。假如我们有这样一个投资项目:该项目可能出现三种结果,每种结果下的收益率和这种结果发生的概率如表 16-1 所示,标准差的计算过程同样列示在表中。

表 16-1 标准差的计算方法 单位:%

| 收益率 (1) | $r_m - \bar{r}_m$ (2) | $(r_m - \bar{r}_m)^2$ (3) | 概率 (4) | (3)×(4) (5) |
|---|---|---|---|---|
| 40 | 30 | 900 | 25 | 225 |
| 10 | 0 | 0 | 50 | 0 |
| −20 | −30 | 900 | 25 | 225 |

方差$=E(r_m - \bar{r}_m^2)=225+0+225=450$

标准差$=\sqrt{方差}=\sqrt{450}=21$

说明:该投资项目收益率的均值$=40\%×25\%+10\%×50\%+(-20\%)×25\%=10\%$。

### (三) 风险与收益的关系

我们衡量风险的目的是为了估计与该风险水平相对应的期望收益率,因此,了解风险与收益之间的关系是非常重要的。人们常说"高风险、高收益",这句话就简单地表明了风险与收益之间的关系,也就是说,你承担高风险的前提是它可能能够为你带来高收益,反之,你如果想获得高收益,就必须承担高风险。这与"没有免费的午餐"所表达的意思是相似的。但是,我们还需要了解风险与收益之间在数量上的对应关系,这样,我们才能把这个概念具体应用于长期投资项目的分析中去。

实际上,"高风险、高收益"这句话是不确切的,它之所以不确切并不是因为它没有描述出风险与收益之间的数量关系,而在于它没有考虑风险的不同性质。那么,风险有哪些不同的性质,这些不同的性质对于我们了解它与收益之间的关系又会造成什么影响呢?

我们都有这样的常识,就是当宏观经济发生变动时,并不一定所有的行业都发生同等程度和方向的变动。这是因为不同的行业与宏观经济之间有不同的相关程度,这就是我们划分风险的不同性质的依据。与宏观因素相关联的那部分变动是所有在这个系统里的行业都会受到的冲击,而各个行业自身又可能受到一些与宏观经济无关的冲击。我们就根据这个道理将风险划分为系统风险和非系统风险。像上面提到的与宏观经济有关的风险,我们说它是由系统性因素导致的,就叫做系统风险;而各个行业自身因素造成的那部分风险与系统性因素无关,就叫做非系统风险。

一般来说,在系统内部各个个体所遭受的冲击往往不具有相关性,因此可以相互抵消,而系统因素造成的冲击则不可能在各个个体之间被抵消,这样就造成了系统风险和非系统风险的不同特征——系统风险不能通过多角化投资的方式消除或降低,而非系统风险则可以通过多角化投资的方式降低甚至消除。这就是"不要把所有的鸡蛋都放在同一个篮子里"所表达的投资理念。

既然非系统风险是能够通过多角化投资来消除的,我们在进行投资时合理的预期就应该是只得到与系统风险相对应的收益,否则收益过高,就可能有人通过卖出低收益的多角化投资,买入高收益的项目而套利。也就是说,我们要寻找的期望收益率(资金的机会成本)应该只与项目的系统风险水平有关。著名的CAPM(资本资产定价)模型就描述了期望收益率与系统风险之间的数量关系:

$$r - r_f = \beta(r_m - r_f)$$

其中 $r$ 表示某股票的期望收益率,$r_f$ 表示无风险收益率,一般用短期国库券的利率估计,$r_m$ 表示市场收益率,$(r_m - r_f)$ 为市场的风险溢价。$\beta$ 表示的就是该股票系统风险的水平,$\beta$ 越大,系统风险就越高,期望收益率也就越高。$\beta$ 可以通过某股票的历史收益率和市场的历史收益率估计得到,但是由于篇幅限制,我们在这里不作具体的介绍。

# 第二节 长期投资分析方法

## 一、长期投资分析的净现值方法

### (一)估计增量现金流量

从前面的介绍我们已经知道,净现值是投资项目评价的重要方法,而计算净现值需要两个必要条件,一是知道项目的现金流量,二是知道项目的期望收益率(折现率)。在前面的分析中,我们始终认为这两个条件都是已知的,我们所需要解决的只是如何计算的问题。实际上,当我们面对一个投资项目的时候,这两个条件都是未知的,需要我们经过分析得到。下面,我们就先来谈一谈现金流量的估计问题。

企业在经营的过程中,每天都会有现金流量发生,因此,我们这里说的现金流量实

际上是一个增量现金流量的概念,即由于投资项目而产生的额外的现金流量。这些现金流量一般包括以下的内容:

1. 增量现金流入

营业收入:指投资项目投产后实现的经营收入;

残值收入:指投资项目寿命期结束时固定资产的残值收入;

流动资金回收:指投资项目寿命期结束时将在寿命期内投入于与该投资项目有关的各项流动资产的资金收回。

2. 增量现金流出

投资支出:指项目建设初期用于购建固定资产的支出和项目投产后为使该投资项目正常运行而增加的流动资产的投资;

付现运营成本:指投资项目运行后发生的经营性支出,一般可以通过当年发生的总成本扣除固定资产折旧、无形资产摊销等不需要支付现金的费用计算得到。

得到上面的各个项目之后,增量现金流入减去增量现金流出的余额就是投资项目的增量现金流量了。我们用例 16-1 来说明上述计算过程。

**例 16-1** 某公司生产体育用品,原来的产品主要包括足球、篮球、网球等,现在,该公司正在考虑是否投资建设一条保龄球的生产线。为此,公司委托一家市场调查公司对市场前景进行了一项研究,结果支持公司目前进军保龄球生产的计划。但是这项研究也耗费了公司 25 万元的投入。公司计划将一幢公司自有的建筑作为未来保龄球的生产车间,这幢建筑目前处于闲置状态,但是建筑占地的土地使用权如果出售,可以得到 15 万元。保龄球的生产线将耗资 10 万元,寿命期为 5 年,预计 5 年后残值将为 3 万元。未来 5 年中产量将分别达到 5 000 件、8 000 件、12 000 件、10 000 件和 6 000 件,保龄球的售价在第一年将为 20 元,由于市场竞争激烈,公司估计保龄球的价格在未来 5 年只有平均每年 2%的上升。另一方面,用于生产保龄球的原材料价格却在不断上涨,这使得未来的经营现金流出将以每年 10%的速度上升。第一年的经营成本为每单位产品 10 元。公司的税率为 34%。另外,公司预计保龄球项目投产后将需要投入更多的资金用于采购原材料和增加现金储备,应收账款也将增加,这部分将需要在第一年增加投入 1 万元,以后每年增加的投入如表 16-2 所示。这些增加的投入将在 5 年后项目结束时收回。

表 16-2　保龄球项目的增量现金流量分析　　　　　　　　　　　　　　　单位:元

| 项　　　目 | 第 0 年 | 第 1 年 | 第 2 年 | 第 3 年 | 第 4 年 | 第 5 年 |
|---|---|---|---|---|---|---|
| 投资活动现金流量 | | | | | | |
| (1) 保龄球生产线 | −100 000 | | | | | |
| (2) 残值 | | | | | | 30 000 |
| (3) 土地使用权 | −150 000 | | | | | 150 000 |
| (4) 营运资本 | −10 000 | | −6 320 | −8 650 | 3 750 | 21 220 |
| (5) 投资活动净现金流量 | −260 000 | | −6 320 | −8 650 | 3 750 | 201 220 |
| 经营活动现金流量 | | | | | | |
| (6) 销售收入 | | 100 000 | 163 200 | 249 720 | 212 200 | 129 900 |

续表

| 项 目 | 第 0 年 | 第 1 年 | 第 2 年 | 第 3 年 | 第 4 年 | 第 5 年 |
|---|---|---|---|---|---|---|
| (7) 营运成本 | | 50 000 | 88 000 | 145 200 | 133 100 | 87 840 |
| (8) 折旧 | | 14 000 | 14 000 | 14 000 | 14 000 | 14 000 |
| (9) 税前利润 | | 36 000 | 61 200 | 90 500 | 65 100 | 28 060 |
| (10) 所得税(34%) | | 12 240 | 20 808 | 30 770 | 22 134 | 9 540.40 |
| (11) 净利润 | | 23 760 | 40 392 | 59 730 | 42 966 | 18 519.60 |

这个投资项目的增量现金流量我们已经列示在表 16-2 中。首先,我们需要分析项目所需的投资。在这个例子中,购建保龄球生产线的 10 万元属于固定资产投资,为该项目而增加的流动资金投入 1 万元属于流动资金投入。建设该项目所需要使用的闲置建筑物由于并没有其他用途,所以不属于投资范围,但是相关的土地使用权却因为建设该项目而不能出售,因此属于机会成本,应该计入投资中。而为该项目进行前期市场研究投入的 25 万元,无论是否决定投资建设保龄球项目都无法收回,属于沉没成本,不应该计算在现金流出中。

再来看现金流入。在 5 年后收回上述流动资金投资 1 万元和固定资产残值 3 万元,都属于项目的现金流入。当然,还有一个最重要的部分,就是项目的营运现金流量。表 16-3 给出了营运现金流量的详细计算过程,其中营业收入是根据销量和价格计算出来的,运营成本的计算见表 16-3 折旧的计算采用 5 年直线折旧法。表 16-4 给出了最终得到的项目净现金流,这就是我们计算该项目的价值,判断是否应该进行投资的基础。

**表 16-3  营业收入与营运成本的分析**                    单位:元

| 年 份 | 销售量 | 价 格 | 营业收入 | 单位成本 | 营运成本 |
|---|---|---|---|---|---|
| 1 | 5 000 | 20.00 | 100 000 | 10.00 | 50 000 |
| 2 | 8 000 | 20.40 | 163 200 | 11.00 | 88 000 |
| 3 | 12 000 | 20.81 | 249 720 | 12.10 | 145 200 |
| 4 | 10 000 | 21.22 | 212 200 | 13.31 | 133 100 |
| 5 | 6 000 | 21.65 | 129 900 | 14.64 | 87 840 |

**表 16-4  净增量现金流量分析**                    单位:元

| 项 目 | 第 0 年 | 第 1 年 | 第 2 年 | 第 3 年 | 第 4 年 | 第 5 年 |
|---|---|---|---|---|---|---|
| 营业收入 | | 100 000 | 163 200 | 249 720 | 212 200 | 129 900 |
| 营运成本 | | −50 000 | −88 000 | −145 200 | −133 100 | −87 840 |
| 所得税 | | −12 240 | −20 808 | −30 770 | −22 134 | −9 540.40 |
| 经营活动现金流量 | | 37 760 | 54 392 | 73 750 | 56 966 | 32 519.60 |
| 投资活动现金流量 | −260 000 | | −6 320 | −8 650 | 3 750 | 201 220 |
| 净增量现金流量 | −260 000 | 37 760 | 48 072 | 65 100 | 60 716 | 233 739.60 |

## (二) 估计资本成本

现在,我们已经得到了项目的净增量现金流量,我们知道,将这个净增量现金流量按照一个合适的折现率折现,就可以计算出项目的净现值了。因此,现在的问题就是如何确定这个合适的折现率了。

从前面的分析我们知道,折现率是期望收益率,而这个期望收益率与系统风险有关,因此,投资项目的折现率应该对应于投资项目的系统风险水平。一般情况下,如果一个投资项目的实施不改变企业整体的风险水平,我们就可以认为该项目的系统风险等于企业原来整体的系统风险。

企业的资本来自两个方面,一个是债权,另一个是股权,因此,企业整体的系统风险就是债权和股权系统风险的加权平均,企业整体的期望收益率也就是债权和股权期望收益率的加权平均。实际上,我们将企业整体的期望收益率称为加权平均资本成本(WACC),它与债权和股权的期望收益率(分别用 $r_D$ 和 $r_E$ 表示)的关系可以表示为

$$\text{WACC} = \frac{D}{D+E}(1-T_D)r_D + \frac{E}{D+E}r_E$$

其中:

$D$——负债总额;

$E$——股东权益总额;

$T_D$——公司的所得税率。

从上式可以看出,WACC 是 $r_D$ 和 $r_E$ 的加权平均。权重分别是债务和股权在总资产中所占的比重。在负债部分有一项 $(1-T_D)$,是因为负债的利息是在税前支付的,所以可以起到降低所得税的作用,一般将负债的这个作用称为负债的税盾作用。税盾作用使负债的成本降低,不再是 $r_D$,而是税后成本 $(1-T_D)r_D$。

当然,现在还有一个问题,就是债权和股权期望收益率的计算问题。上一节中提到的 CAPM 理论就描述了根据系统风险确定期望收益率的方法。在一些国家,有机构会定期公布公开发行的债券和股票的风险等级,以及公开发行股票的系统风险 $\beta$,这样,就可以比照具有相似风险水平的其他公司的债券和股票的期望收益率计算出企业的 WACC。在我国,虽然没有这样的机构,但是我们仍然可以根据公开发行股票的历史价格测算出该股票的 $\beta$,并进而计算出其期望收益率。对于债权,则可以参照现有债券和银行存款的利率水平大致确定期望收益率。

在前面保龄球项目的例子里,假设该项目不会改变公司的整体风险水平,而且与该公司债券处于同等风险水平的债券年收益率为 6%,公司股权的 $\beta$ 为 1.2,无风险收益率为 5%,市场收益率为 8%,公司的负债占总资产的比重为 40%,则我们就可以通过如下的方法计算出保龄球项目的折现率:

股票的期望收益率:$r_E = 5\% + 1.2 \times (8\% - 5\%) = 8.6\%$

债券的期望收益率:$r_D = 6\%$

$$\text{WACC} = 40\% \times (1 - 34\%) \times 6\% + 60\% \times 8.6\% = 6.696\%$$

### (三)计算净现值

在增量现金流量和折现率都已知的情况下,计算净现值就很简单了。下面,我们仍然以保龄球项目为例,说明净现值的计算方法。

表 16-5 列示了在增量现金流量的基础上计算净现值的过程。现值由相应的增量现金流量按照 6.696% 的折现率折现得到,例如,第 3 年的 53 597＝65 100÷ (1＋6.696%)³。净现值则由各年的现值相加得到。从表中的结果可以看出,保龄球项目的净现值为 87 106 元,大于 0 这表明投资于该项目,将为公司带来 87 106 元的价值增值,因此,该项目是可行的。

**表 16-5　保龄球项目净现值的计算**　　　　　　　　　　单位:元

| 项　　目 | 第 0 年 | 第 1 年 | 第 2 年 | 第 3 年 | 第 4 年 | 第 5 年 |
|---|---|---|---|---|---|---|
| 增量现金流量 | −260 000 | 37 760 | 48 072 | 65 100 | 60 716 | 233 739.60 |
| 现值 | −260 000 | 35 390 | 42 228 | 53 597 | 46 850 | 169 041 |
| 净现值 | −260 000＋35 390＋42 228＋53 597＋46 850＋169 041＝87 106 | | | | | |

说明:表中结果四舍五入到元。

## 二、长期投资分析的其他方法

通过前面的分析我们看到,我们可以通过计算投资项目的净现值判断投资项目的可行性。但是,净现值法并不是长期投资分析的唯一方法,在实务中,还有很多其他方法经常被使用。下面,我们就来分别介绍一下这些方法,以及它们与净现值法的关系和区别。

### (一) 回收期法

回收期法是实务中应用最为普遍的长期投资分析方法,甚至远远超过净现值法。这种方法得到普遍应用的最主要原因在于它的简单、直观。比如,一个如图 16-3 所示的投资项目,按照净现值法进行分析,我们需要先计算项目的折现率,然后将每年发生的现金流量进行折算,才能得到项目的净现值。而回收期法关注的是通过项目的现金流入需要多长时间能够将初始投资收回,这样,我们马上就可以得到这个项目的回收期为 2 年,同时,我们也就知道投资于这个项目,2 年后的现金流量就是这个项目的净收益,因此,该项目中第 3 年的 10 000 元现金流入就是项目的净收益。另一方面,投资者还可以知道投资于这个项目风险最大的时间是在前两年。可见,采用回收期法可以简单、直观地表现投资项目的收益和风险。

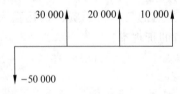

**图 16-3　某投资项目的现金流量**

但是,回收期法虽然简便,却存在着很多问题。首先,回收期法忽略了在回收期内现金流量的时间分布造成的影响。如表 16-6 中所示的项目 A 和项目 B,回收期都是 3 年,从回收期的标准判断,是完全一样的,而实际上我们知道,由于资金具有时间价值,所以越早得到的现金流入价值越大,因此项目 B 显然比项目 A 更好。

其次,回收期法不考虑在回收期之后的现金流量,这也会导致判断的错误。例如表 16-6 中的项目 B 和项目 C,由于项目 C 在第 4 年的现金流入远远高于项目 B,所以很显然项目 C 比项目 B 要好,但是按照回收期法的判断,两个项目是完全一样的。

最后,回收期法在给出一个回收期为 3 年的结果之后,实际上仍然难以得出是否应该接受项目的决策,也就是说,回收期法实际上是缺乏标准的,而在净现值法下,这个标准则很明确,就是净现值是否大于 0。

从上面的分析可以看出,虽然回收期法具有简单、直观的优点,但是却具有先天的缺陷,这使得回收期法往往只能作为一个初步的决策依据,在进行最终的决策时如果依据回收期法,则很可能做出错误的判断。

**表 16-6 三个对比项目的现金流量** 单位:元

| 年 份 | 项目 A | 项目 B | 项目 C |
|---|---|---|---|
| 0 | −100 | −100 | −100 |
| 1 | 20 | 50 | 50 |
| 2 | 30 | 30 | 30 |
| 3 | 50 | 20 | 20 |
| 4 | 60 | 60 | 60 000 |
| 回收期/年 | 3 | 3 | 3 |

为了改变回收期法的缺陷,有人提出使用考虑折现的回收期法,也就是将未来的现金流量全部折现之后再计算回收期。这样的方法解决了普通回收期法不考虑现金流量在回收期内的分布情况的缺点,但是这种方法同样存在没有考虑回收期后现金流量,以及缺乏判断标准的问题。因此,无论是简单的或是经过折现的回收期法,都存在问题,而不能作为最终的决策依据。

### (二) 账面值平均收益法

账面值平均收益的概念类似于总资产报酬率,只是在计算总资产报酬率时的净利润变成了投资项目寿命期内项目带来的净利润的平均值,而总资产则变成了项目投资期和寿命期内各年固定资产投资水平的平均值。

表 16-7 给出了一个具体的例子。在这个例子里,项目寿命期内每年的净利润通过收入减去成本、折旧费用和所得税得到,平均净利润就是项目寿命期的 5 年内每年净利润的算术平均值,即 50 000 元;而项目投资和寿命期内的平均投资额是各年年末固定资产投资余额的平均值。该项目初始投资为 500 000 元,由于每年计提 100 000 元的折旧,所以固定资产的价值每年递减 100 000 元,即从第 0 年末到第 5 年年末的固定资产余额分别为 500 000 元、400 000 元、300 000 元、200 000 元、100 000 元和 0 元。这样,固定资产年末余额的算术平均值就如表中所计算的那样,为 250 000 元。账面平均收益率就是平均净利润和平均投资额的比值,为 20%。

表 16-7 账面值平均收益法示例 单位:元

| 项 目 | 第 1 年 | 第 2 年 | 第 3 年 | 第 4 年 | 第 5 年 |
|---|---|---|---|---|---|
| 收入 | 433 333 | 450 000 | 266 667 | 200 000 | 133 333 |
| 成本 | 200 000 | 150 000 | 100 000 | 100 000 | 100 000 |
| 税前现金流量 | 233 333 | 300 000 | 166 667 | 100 000 | 33 333 |
| 折旧 | 100 000 | 100 000 | 100 000 | 100 000 | 100 000 |
| 税前利润 | 133 333 | 200 000 | 66 667 | 0 | −66 667 |
| 所得税(税率为 25%) | 33 333 | 50 000 | 16 667 | 0 | −16 667 |
| 净利润 | 100 000 | 150 000 | 50 000 | 0 | −50 000 |

平均净利润＝(100 000＋150 000＋50 000＋0−50 000)÷5＝50 000(元)

平均投资＝(500 000＋400 000＋300 000＋200 000＋100 000＋0)÷6＝250 000(元)

账面平均收益率＝50 000÷250 000＝20%

　　这个 20% 的数字说明,该项目建成后的 5 年内,将为企业带来平均每年 20% 的收益。表面看来,这个收益率就能帮助我们做出是否进行投资的决策,但是这个方法同样有自身的缺陷,使得它不能成为投资项目决策的最终方法。首先,账面平均收益法是以会计利润为基础计算出的收益率,而前面我们已经分析过,会计利润并不是进行投资项目分析和评价的正确基础。会计利润往往不考虑机会成本,但是像折旧等一些并没有机会成本的因素却被当作费用处理了,因此,现金流量才是投资项目分析的正确基础。其次,账面平均收益法不进行贴现,因此没有体现出资金时间价值的概念。最后,账面平均收益法具有与回收期法相同的缺陷,就是难以找到一个客观的评价标准,我们很难说 20% 的收益率是否足够,因此也就很难通过账面平均收益法作出最终的投资决策。

### (三) 内部收益率法

　　内部收益率法与净现值法最为相近,具体来说,内部收益率(internal rate of return,IRR)就是当净现值(NPV)等于 0 时的折现率。以图 16-4 所示的投资项目为例,我们可以通过下面的式子计算内部收益率。

$$0 = -200 + \frac{100}{1+\text{IRR}} + \frac{100}{(1+\text{IRR})^2} + \frac{100}{(1+\text{IRR})^3}$$

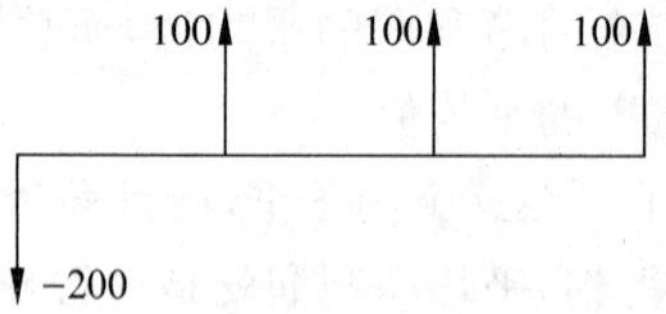

图 16-4　IRR 计算的示例

　　当折现率等于 20% 时,上式右边表示的净现值等于 10.65 万元,由此我们可以知道,IRR 应该大于 20%;而当折现率为 25% 时,上式右边表示的净现值等于 −4.8 万元,由此我们可以知道,IRR 还是小于 25% 的。这样,我们就可以通过在 20%～25% 之间逐渐缩小范围试算得到 IRR 为 23.37%。

内部收益率法克服了回收期法和账面平均收益法存在的问题。首先,由于是以现金流量为基础,而且考虑了资金的时间价值,所以内部收益率法不会因为现金流量的不同分布时间而产生错误;其次,内部收益率是一个项目可以带来的经济收益率,因此我们可以很明确地找到决策标准,这就是项目的资本成本,在一般情况下也就是企业的加权平均资本成本,如果内部收益率高于资本成本,项目就可行,否则就不可行。从这些方面看来,内部收益率法与净现值法的差别似乎只是形式上的,然而,形式上的差别却带来了其他的问题,那就是内部收益率法不像净现值法那样可以普遍应用,在特定情形下内部收益率法仍然可能产生错误的结果。

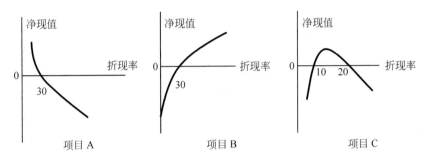

图 16-5　IRR 存在的问题示例

图 16-5 说明了内部收益率可能存在的问题。图中项目 A 所示的投资项目现金流量为(-100,130),项目 B 的现金流量为(100,-130),由于 130÷1.3=100,所以很容易计算出来项目 A 的内部收益率为 30%。同样的道理,可以计算出项目 B 的内部收益率同样为 30%。也就是说,从内部收益率的角度判断,这两个项目是完全一样的,但是从现金流量的情况看,两个项目又是完全不同的,项目 A 是先投资,以后获得收益,这与一般的投资项目是相同的;而项目 B 则是先获得收益,以后再投资,这与一般的投资项目不同,而是一个融资项目。虽然二者的内部收益率完全一样,但是判断的标准却是完全不同的。对于项目 A 来说,如果资本成本低于内部收益率,项目是可行的。就像图中所示的一样,当折现率降低时,项目的净现值提高。而对项目 B 来说则正好相反,当折现率提高时,项目的净现值增加。这是因为对于融资项目来说,折现率提高就意味着市场上的资本成本提高,那么按照既定的现金流量所进行的融资项目就变得更有吸引力。在使用净现值标准时,上述问题根本不会对决策造成影响,但是使用 IRR 作为标准时则需要特别小心。

再来看图 16-5 中的项目 C。该项目的现金流量为(-100,230,-132)。由于 230÷1.1-132÷1.1² =100,同时 230÷1.2-132÷1.2² = 100 也是成立的,所以项目 C 就有两个内部收益率,那么哪一个才是最终的判断标准呢? 很显然,这时单纯从内部收益率已经很难做出判断了,必须结合净现值,我们才能得出,只有资本成本介于10%～20%之间时,项目才是可行的。项目 C 之所以会有两个内部收益率,是因为在这个项目的寿命期内,现金流量的符号发生了改变。如果现金流量的符号发生多次改变,项目还可能有多个内部收益率,这时使用内部收益率法就更无法判断项目的可行性了。

从上面的分析可以看出,尽管从道理上说,内部收益率法与净现值法似乎是等同的,但是一些概念上的问题使得它仍然无法完全取代净现值法。实际上,内部收益率法还存在着一些其他的问题,比如两个项目 A 和 B 相比,A 的内部收益率是 12%,B 却只有 10%,看来是 A 比 B 要好,但是由于规模上的差异,A 只能带来 100 万元的净现值,而 B 却能带来 1 000 万元的净现值,如果企业只能选择一个投资项目,就还是 B 项目能够在更大的程度上增加企业的价值,因此 B 项目比 A 项目更可取。

### (四) 盈利指数或收益/成本比率法

盈利指数法又称收益/成本比率法,它的定义为

$$盈利指数(收益/成本比率) = \frac{项目未来收益现金流的现值}{初始投资}$$

假设有三个投资项目,如表 16-8 所示。可以很容易地计算出三个投资项目的净现值分别为:50.5 万元、35.3 万元和 19.2 万元,而三个项目未来收益现金流量的现值分别为 70.5 万元、45.3 万元和 29.2 万元,分别除以三个项目的初始投资,就得到了各自的盈利指数:3.53、4.53 和 2.92。显然,盈利指数大于 1 就代表着项目未来的收益大于初始投资,项目可行。从表中的数据可以看出,如果没有任何的投资限制,那么这三个项目都是可行的,而这个结论与从净现值法得到的结论是一致的。但是,如果只能选择一个投资项目,而且投资额没有限制,就应该选择项目 1,这时盈利指数法得到的结论与净现值法存在差异。如果可以选择的项目数量没有限制,但是公司只有 20 万元的资金进行投资,这时最好的选择投资项目的方法就不一定是净现值法了,此时应该按照项目收益率的高低,在资金的限额内选择投资项目。当公司的投资限额为 20 万元时,选择项目 1 和项目 2 与项目 3 都可以满足投资限额的要求,但是投资于项目 2 和项目 3 能够得到更高的净现值,这与优先选择盈利指数最高的项目 2,然后再在剩余的两个项目中选择满足资金限额的项目 3 得到的结果是一致的。由此可见,盈利指数法在处理有资金限额时的投资项目分析具有一定的优势,但同时我们也可以看到,净现值法仍然是解决问题的最好办法。

表 16-8　盈利指数的计算方法

| 项目 | 现金流量/万元 | | | 项目未来收益现金流量的现值/万元(折现率为 12%) | 盈利指数 | 净现值/万元 |
| --- | --- | --- | --- | --- | --- | --- |
| | 第 0 年 | 第 1 年 | 第 2 年 | | | |
| 1 | −20 | 70 | 10 | 70.5 | 3.53 | 50.5 |
| 2 | −10 | 15 | 40 | 45.3 | 4.53 | 35.3 |
| 3 | −10 | 60 | −30 | 29.2 | 2.92 | 19.2 |

# 专 用 名 词

| | | | |
| --- | --- | --- | --- |
| 现值 | 终值 | 年金 | 风险 |
| 收益 | 机会成本 | 资金成本 | 净现值 |
| 内部收益率 | 回收期 | | |

# 习 题

## 一、思考题

**Q16-1** "折现率是公司将其现金再投资可以获得的收益率",这句话对吗? 阐述你的理由。

**Q16-2** "因为多角化能够降低风险,所以企业应该选择那些与自己的主营业务没有什么关系的项目进行投资。"你认为这句话对吗? 请解释你的理由。

**Q16-3** "对于一个 $\beta$ 很高的投资项目,应该用较高的折现率去折现正的现金流量,而用较低的折现率去折现负的现金流量。"这句话对吗? 你认为现金流量的正、负是否应该影响折现率的高、低?

**Q16-4** 虽然很多管理人员都知道回收期法的理论缺陷,但是调查中发现,回收期法仍然是实际中应用最广泛的投资项目分析方法,你认为这是为什么?

**Q16-5** 甲、乙两个投资项目的初始现金流出和 IRR 是一样的,而且都高于公司的资本成本。甲项目的现金流入比乙项目大,但是发生的时间比较晚,哪个项目的 NPV 会比较大?

**Q16-6** 下面的两句话都是对的,请解释为什么这两句话是一致的:

(1) 公司投资于一项新产品,或者扩大原有产品的生产规模时,营运资本的投资往往是一项重要的现金流出;

(2) 如果所有现金流入和流出的时点都被准确定义,就不需要预测净营运资本投资的变化了。

**Q16-7** 假设一家公司对所有的投资项目都采用加权平均资本成本作为折现率,这种做法有没有可能发生错误? 为什么?

**Q16-8** 设备生产商发明了一种新产品,这种产品的效率更高、成本更低,你认为谁将是这种新产品的受益者? 在什么情况下购买这种新设备是一个 NPV 大于 0 的投资项目?

**Q16-9** 一种新的生产工艺可以使一家铝冶炼厂产生一种含金量很高的副产品,你将如何估计这些黄金销售带来的附加价值?

**Q16-10** 一些公司强调会计业绩,并以账面投资收益作为选择投资项目的标准,在一家大规模的、多角化公司中,这种做法可能存在什么问题?

## 二、练习题

**E16-1 选择最恰当的答案**

(1) 资金的时间价值与下面哪一句话有关系:

(A) 支出的钱与收到的钱之间的关系;

(B) 未来收到的 1 元钱与现在收到的 1 元钱之间的关系;

(C) 本金与利率的关系;

(D) 以上都不是。

(2) 现值与未来值:

(A) 相互之间没有任何关系;

(B) 是正相关关系;

(C) 是可加的;

(D) 是负相关关系。

（3）下面的哪一个关于净现值法的说法是不正确的？

（A）净现值法是所有投资项目分析方法中最简单的；

（B）净现值法考虑了所有与投资项目相关的信息；

（C）净现值法中使用了项目的所有现金流量；

（D）净现值法将项目的所有未来现金流量都进行贴现。

（4）一个投资项目初始投资为 16 000 元，以后每年年末能够带来 5 000 元的现金流量。假设项目的折现率为 10%。该项目的回收期为

（A）3.20 年；

（B）2.91 年；

（C）4.71 年；

（D）1.00 年。

（5）如果一个投资项目按照回收期法是可以接受的，而按照净现值法却不能接受，这可能是因为：

（A）该项目初始投资很大，未来收益现金流量较小，但持续时间很长；

（B）在项目结束时有一个非常大的现金流出；

（C）该项目大部分的现金流量都发生在项目初期；

（D）回收期法和净现值法不能用来评价不同类型的投资项目。

（6）某投资项目的年现金流量为 $-250$、75、125、100、50，资本成本为 12%，则该项目的考虑折现的回收期为

（A）2.5 年；

（B）2.7 年；

（C）3.38 年；

（D）1.25 年。

（7）一个投资项目初始投资为 10 万元，寿命期为 4 年，4 年中每年的税前现金流量为 3.5 万元。如果所得税率为 40%，采用直线法计提折旧，则账面平均收益率为

（A）5%；

（B）12%；

（C）35%；

（D）48%。

（8）按照内部收益率法，一般情况下，当内部收益率为（  ）时项目是可行的：

（A）等于加权平均资本成本；

（B）大于加权平均资本成本；

（C）小于加权平均资本成本；

（D）大于 0。

（9）某投资项目需要初始投资 12 000 元，该项目在未来 3 年的每年年末都会带来 5 000 元的现金流入，则该项目的内部收益率为

（A）10%～15%；

（B）15%～20%；

（C）20%～25%；

（D）25%～30%。

(10) 某公司在一项投资计划中使用了一幢公司以前购买的建筑物,则该建筑物在这个投资计划中属于

(A) 沉没成本;

(B) 机会成本;

(C) 固定成本;

(D) 以上都不是。

(11) 在投资项目分析中,以下哪一项不应该考虑:

(A) 公司固定成本的改变;

(B) 公司销售收入的改变;

(C) 公司折旧费用的改变;

(D) 以上都是。

(12) 在投资项目评价中,以下哪一项不属于相关现金流量:

(A) 应付账款增加;

(B) 为了项目启动而增加公司的银行存款余额;

(C) 为实施该投资项目而向银行借款的利息费用;

(D) 以往购买的一项固定资产的耗费将增加。

**E16-2　计算终值、现值、贴现率和期限**

(1) 对以下各终值,计算现值:

| 终值/元 | 年　份 | 折现率/% | 现值/元 |
|---|---|---|---|
| 498 | 7 | 13 | |
| 1 033 | 3 | 6 | |
| 14 784 | 23 | 4 | |
| 898 156 | 4 | 31 | |

(2) 对以下各现值,计算终值:

| 现值/元 | 年　份 | 折现率/% | 终值/元 |
|---|---|---|---|
| 123 | 13 | 13 | |
| 4 555 | 8 | 8 | |
| 74 484 | 5 | 10 | |
| 167 332 | 9 | 1 | |

(3) 请计算下表中缺失的年份:

| 现值/元 | 年　份 | 折现率/% | 终值/元 |
|---|---|---|---|
| 100 | | 12 | 350 |
| 123 | | 10 | 351 |
| 4 100 | | 5 | 8 523 |
| 10 543 | | 6 | 26 783 |

(4) 请计算下表中缺失的折现率:

| 现值/元 | 年　份 | 折现率/% | 终值/元 |
|---|---|---|---|
| 123 | 6 | | 218 |
| 1 000 | 5 | | 3 052 |
| 4 100 | 7 | | 8 523 |
| 10 543 | 12 | | 21 215 |

**E16-3　计算风险**

请计算下表中所示的投资项目 X 和 Y 各自的期望收益率、收益率的方差和标准差。

| 年　份 | 收益率/% | |
|---|---|---|
| | 项目 X | 项目 Y |
| 1 | 15 | 18 |
| 2 | 4 | −3 |
| 3 | −9 | −10 |
| 4 | 8 | 12 |
| 5 | 9 | 5 |

**E16-4　计算项目净现值和内部收益率**

数据公司刚刚结束了一个历时两年、耗资 20 万元的市场研究,基于这个研究的结果,数据公司估计它的新产品"数据扫描"在以后的 8 年中,能够以每个 0.8 万元的价格每年出售 3 000 个。已知该产品每件的变动成本为 0.44 万元,固定成本为每年 540 万元。

为了投资这个新产品,数据公司需要花费 1 760 万元用于购买生产设备,150 万元用于获得土地使用权,400 万元用于网络建设。1 760 万元的设备将以直线法计提折旧,寿命期为 8 年,8 年后残值为 0。项目寿命期结束时设备和土地使用权将可以以 470 万元出售。

该项目启动经费 40 万元在当前(第 0 年)可以作为税前费用。数据公司的所得税率为 35%,加权平均资本成本为 20%,该项目的投入不会改变数据公司的风险水平。

要求:

(1)"数据扫描"项目在第 1 年到第 7 年的营运现金流量是怎样的?

(2)"数据扫描"项目 1~7 年的税后收入、税后利润和折旧的税盾分别是多少?对营运现金流量的贡献分别是多少?

(3)"数据扫描"项目在第 0 年的现金流量是怎样的?

(4)"数据扫描"项目在寿命期的最后一年现金流量是怎样的?

(5)"数据扫描"项目的净现值和内部收益率分别是多少?

**E16-5　投资项目评价**

某公司决定投资一个新的项目,该项目投产后预期能产生的销售收入、所需的净营运资本和投资要求如下表所示:

单位:万元

| 年　份 | 销售收入 | 净营运资本 | 投资 |
|---|---|---|---|
| 0 | 0 | 40 | 2 000 |
| 1 | 500 | 50 | |
| 2 | 600 | 50 | |
| 3 | 900 | 70 | |
| 4~6 | 1 000 | 70 | |

该项目的变动成本是销售收入的60%，固定成本很小，可以忽略。2 000万元的投资是用于购买生产设备的，将按照5年的时间、直线法、5年后残值为0计提折旧，预计5年后设备实际上将有1 000万元的残值。假设公司的加权平均资本成本为10%，所得税率为35%，该公司是否应该进行这项投资？

**E16-6　设备更新分析**

百云公司正在考虑是否应该将其4台旧的食品加工机换成一条新的生产线。4台旧设备目前每台价值10万元，如果继续使用的话每台每年需要3万元的营运成本，继续使用4年后就不再能使用，但是4年后会有每台0.5万元的残值。4台机器只能同时置换。新的生产线购买和安装、调试共需要花费100万元，以后每年的营运成本为2万元，可以使用8年，8年后将有共10万元的残值。新、旧设备每年可创造的现金流入均为10万元，百云公司的加权平均资本成本为12%。不考虑所得税，请问百云公司是否应该用新的生产线置换原来的4台旧机器？

**E16-7　计算净现值**

一个投资项目需要使用一家网络公司服务器上的剩余空间。如果该项目在第2年年末时还未终止，该公司就需要购买额外的服务器空间。如果项目在那时结束，公司就只需要在第4年的年末时购买新的服务器空间。新的服务器耗资10 000元。假设公司的加权平均资本成本为10%。

要求：

（1）如果该投资项目在2年后终止，假设如果不能使用目前剩余的服务器空间，公司就要为该项目购买专门的服务器，且新购入的服务器不能做其他用途。那么由于可以使用公司目前剩余的服务器空间而带来的净现值是多少？

（2）如果该投资项目在可预见的未来一直持续下去，使用剩余服务器空间计划的净现值又是多少？

**E16-8　设备投资选择**

博斯公司要在两个功能相同，但寿命期不同的设备之间进行选择。两个设备的成本分别如下表所示：

单位：万元

| 年　份 | 设备A | 设备B |
|---|---|---|
| 0 | 40 | 50 |
| 1 | 10 | 8 |
| 2 | 10 | 8 |
| 3 | 10＋设备更新支出 | 8 |
| 4 |  | 8＋设备更新支出 |

要求：

（1）假设你是博斯公司的财务总监，你必须在两个设备之间做出选择，并准备将最终决定购买的设备在整个寿命期中都出租给生产经理，你将向生产经理要求每年多少租金？（假设资本成本为6%，忽略所得税）。

（2）你认为应该购买哪个设备？

**E16-9　设备更新分析**

海德公司四年前以每台20万元的价格买下了4台印刷机，现在每年的维护成本为每年共2万元，但是再过2年（第2年年末）目前的维护合同就将到期，从而使维护成本增加到每年共8万元。如果将这4台印刷机现在出售，每台可以卖到8万元，但是如果在2年后出售就只能卖到每台3万元了，6年后这些印刷机就将一钱不值而报废。海德公司正在考虑更新这些印刷机，更新设备的支出将为每台25万元，而且公司可以签订为期8年的维护合同，每年只需要支付共1万元用于维护，这些新的设备8年后也将一钱不值而报废。新的印刷机与旧的印刷机都按照8年、直线法计提折旧，每年带来的现金流入均为 12 万元(4 台合计)公司的所得税率为 35%,不考虑通货膨胀,资本成本为 7%。

要求:海德公司应该在什么时候更新这些印刷机?

**E16-10　净现值和内部报酬率计算——考虑所得税因素**

一个投资项目需要初始投资 100 万元,可以在未来的 5 年内每年创造 26 万元的税前现金流入。A 公司因为得到政府的税收优惠政策,所以不需要支付所得税,B 公司的所得税率为 33%。假设两家公司的加权平均资本成本都是 8%。

要求:

(1) 计算这个投资项目对两家公司的 NPV 分别是多少?

(2) 请计算该投资项目对两家公司的 IRR 分别是多少?从 IRR 的比较看,你认为在考虑资金的时间价值之后,两家公司的实际所得税率是怎样的?

**E16-11　净现值计算**

友鹏公司正在考虑一项投资计划,该投资计划将使用公司现有的一个仓库,这个仓库目前是出租给附近的一个工厂的,下一年的租金为 10 万元,以后的租金将每年增长 4%。除此之外,该投资计划还需要投资 120 万元用于设备和厂房的购建,这些投资将按照 10 年的时间直线折旧。但是,友鹏公司计划在第 8 年的年末将厂房和设备以 40 万元的价格出售。另外,该投资计划还需要在第 0 年增加营运资本投资 35 万元,第 1~7 年所需的营运资本将为当年营业收入的 10%。

第 1 年的营业收入预计为 420 万元,以后将以每年 5% 的速度增长。制造成本预计将为营业收入的 90%。友鹏公司的所得税率为 33%,资本成本为 12%。

要求:友鹏公司的这项投资计划的净现值是多少?

## 三、讨论题

**P16-1　长期投资评价**

美文公司发明了一种新技术,用该技术可以以更低的成本生产出更先进的产品。2000 年,该公司的年销售额达到了 1.68 亿元,数量为 0.24 亿件。虽然该公司目前只占有市场 10% 的份额,但它的增长非常迅速,特别是这一新技术的应用,使产品的售价从目前的 9 元钱降低到了 7 元钱,从而使市场需求大大增加。

预计未来的供求关系将保持下面的情况:需求量 = 80×(10−价格)(百万)。当前的行业状况见下表(投资、成本、设备残值以单位产品表示):

| 技术 | 行业产量/亿件 | 美文公司 | 投资/元 | 成本/元 | 设备残值/元 |
|---|---|---|---|---|---|
| 一代 | 1.2 | — | 17.5 | 5.50 | 2.50 |
| 二代 | 1.2 | — | 17.5 | 3.50 | 2.50 |

第三代技术的投资额仅为平均每件产品 10 元,生产成本也只有每件 3 元。该公司准备投资 10 亿元,这将使其生产能力增加 1 亿件。公司预计可以在 12 个月内达到生产能力。

假设美文公司的资本成本为 20%,生产设备在可预见的未来可以永远使用下去,上面提到的需求量与价格的关系将保持不变,而且在可预见的未来,不会出现第四代技术。公司将保持目前这种不需要支付企业所得税的状态。该公司的竞争者都认为在 5 年之内,任何其他厂家也不可能掌握这种新的技术。

要求:

(1) 市场的竞争将使产品价格均衡在什么水平?

(2) 该项目未来的净现金流量是怎样的(为简化起见,可以用单位产品表示)?

(3) 该项目的净现值如何?

(4) 你认为该项目的净现值是从何而来的？

(5) 在回答问题(4)的基础上,你有没有更简单的方法计算该项目的净现值？

(6) 你认为企业有什么管理手段可以增加自己的价值？

### P16-2　开通新航线

很多航空公司都是用租赁的方式获得飞机,近年来租赁市场也逐渐形成并越来越活跃。某航空公司有两架过去购买的麦道 11 飞机,这两架飞机原来是用于洲际飞行的,现在该航空公司准备将洲际飞机更新为波音 777,而准备用这两架麦道 11 开通西安到兰州的航线。如果开通这条航线,该公司还需要支付相应的停机设备、培训和广告支出,而且由于支付航线资源使用费的原因,这条航线一旦开通就需要运营 3 年的时间。在公司内部,有些人反对开通这条航线,而是建议将这两架飞机作为备用飞机,他们认为公司已有的一条从西安到北京的航线未来运量将迅速增加,并将面临运力不足的问题。

你将如何评价这个开通新航线的投资计划？请列出你在分析中需要考虑的步骤和因素。并思考飞机租赁市场的存在对你的分析可能造成的影响。如果你认为开通新航线是可行的,你将如何回应公司内部的反对意见？

### P16-3　投资机会选择

以下是两篇投资建议:

(1) 2000 年 3 月

热点公司成立于今年年初,公司计划开一系列连锁店,为年轻人提供聚会和谈话的场所。公司的一种咖啡很有特色。热点的经营模式很简单,每一家连锁店都需要花费 20 万元用于租赁家具和器具。这些家具和器具估计可以使用 5 年,而且按照 5 年的时间、直线法计提折旧。新店开张之后会有大笔的启动开支,要 5 年的时间才能盈利。每个店的盈利预计如下表所示。

| 项　目 | 开张之后的年份 | | | | |
|---|---|---|---|---|---|
| | 1 | 2 | 3 | 4 | 5 |
| 利润/万元 | 0 | 4 | 8 | 12 | 17 |
| 折旧/万元 | 4 | 4 | 4 | 4 | 4 |
| 折旧后利润/万元 | −4 | 0 | 4 | 8 | 13 |
| 年初的长期资产余额/万元 | 20 | 16 | 12 | 8 | 4 |
| 长期资产投资收益/% | −20 | 0 | 33 | 100 | 325 |

热点公司刚刚开张了一家新店,并准备以后每年开一家新店。尽管初期是亏损的,但主要是因为启动支出,我们的计算表明,公司未来利润将迅速增长,而且从长远来看长期资产投资的收益率远远超过公司的资本成本 20%。

热点公司目前股票的市场价值总额只有 25 万元。我们认为这远远没有体现公司的真实价值,所以强烈建议投资者购买该公司的股票。

(2) 2000 年 4 月

热点公司的总经理昨天宣布了一项庞大的投资计划,计划在明年开张两家新店,后年开张 3 家新店,并以这样的趋势持续下去。我们计算了这对热点公司每股收益和投资收益率的影响,结果并不太好,看来该公司永远也不可能获得一个令人满意的投资收益率了。

从 3 月份以来,热点公司的股票价格已经下跌了 40%。我们强烈建议投资者出售热点公司的股票。

比较在两种扩张计划下热点公司的会计收益与经济收益,你认为扩张计划的改变对公司长期资产的投资收益率有什么影响？热点公司的股票价值是多少？(在计算过程中不考虑所得税)。

**P16-4 收益率计算和分析**

下表给出了波音 747 飞机在其寿命期内不同时点的价值,以及要达到 10% 收益率每年所需要创造的现金流量。

例如,如果你在第 1 年的年初用 19 690 万元购买了一架波音 747 飞机,并在一年后出售,如果在这一年中这架飞机为你带来了 3 670 万元的现金流量,那么你的利润将是 17 990＋3 670－19 690＝1 970 万元,是购买价格的 10%。

单位:百万元

| 年 份 | 市 场 价 值 | 现 金 流 量 | 年 份 | 市 场 价 值 | 现 金 流 量 |
|---|---|---|---|---|---|
| 1 | 196.9 | | 9 | 120.5 | 19.0 |
| 2 | 179.9 | 36.7 | 10 | 114.6 | 18.0 |
| 3 | 167.9 | 30.0 | 11 | 109.1 | 17.0 |
| 4 | 157.8 | 26.9 | 12 | 103.9 | 16.1 |
| 5 | 148.9 | 24.7 | 13 | 99.1 | 15.2 |
| 6 | 140.9 | 22.9 | 14 | 94.4 | 14.6 |
| 7 | 133.6 | 21.4 | 15 | 90.1 | 13.7 |
| 8 | 126.8 | 20.2 | | 85.9 | 13.2 |

航空公司一般都按照 15 年、直线法计提折旧,预计残值为初始投资的 20%。

要求:

(1) 请计算飞机寿命期内的会计折旧和经济折旧。

(2) 比较各年的实际收益率和会计收益率。

(3) 假设一家航空公司每年购买固定数量的波音 747 飞机,你认为会计收益率是高估了还是低估了公司的收益率?

**P16-5 投资项目评价**

过氧乙酸是个竞争性行业。很多企业的生产能力是 10 万吨,平均每吨的运营成本为 9 元,销售价格为 10 元。建立一个生产能力 10 万吨的生产厂需要投资 100 万元。目前一个生产厂的残值为 60 万元,但是 2 年后预计将下降到 57.9 万元。

三实公司计划投资 100 万元建立一家过氧乙酸的生产厂,而且计划采用一种新型的、低成本的生产过程,营运成本将为 8.5 元每吨。三实公司估计,自己在这方面的优势能够保持 2 年,但是在这 2 年内,自己也没有能力建更多的生产厂或生产能力更大的生产厂。三实公司认为,未来 2 年的需求不会有大的变化,所以自己新建的生产能力将带来供给过剩。

假设三实公司不需要交纳所得税,公司的资本成本为 10%。请回答以下问题:

(1) 假设到第 2 年年末,由于对过氧乙酸需求的增长,会有一些新的以三实公司的新技术建立的生产能力。这些新厂的 NPV 是多少?

(2) 每个新厂的现值是多少?

(3) 基于对上述问题的回答,你认为 3 年以后过氧乙酸的价格将会怎样?

(4) 你认为按照老技术建立的生产厂在 2 年后会关闭退出吗? 如果一个生产厂的残值变成 40 万元和 80 万元,你的答案有什么变化吗?

(5) 另一家工厂联华厂的生产设备已经折旧完,它在 2 年后能否继续经营并获得利润?

(6) 美加厂去年刚花了 100 万元建了一家新厂,并每年计提 10 万元的折旧,你认为美加厂应该在第 2 年年末时将这家工厂关闭吗?

(7) 三实公司新投资的 NPV 是多少?

# 附表1 复利现值系数表

| T | 1% | 2% | 3% | 4% | 5% | 6% | 7% | 8% | r 9% |
|---|---|---|---|---|---|---|---|---|---|
| 1 | 0.990 1 | 0.980 4 | 0.970 9 | 0.961 5 | 0.952 4 | 0.943 4 | 0.934 6 | 0.925 9 | 0.917 4 |
| 2 | 0.980 3 | 0.961 2 | 0.942 6 | 0.924 6 | 0.907 0 | 0.890 0 | 0.873 4 | 0.857 3 | 0.841 7 |
| 3 | 0.970 6 | 0.942 3 | 0.915 1 | 0.889 0 | 0.863 8 | 0.839 6 | 0.816 3 | 0.793 8 | 0.772 2 |
| 4 | 0.961 0 | 0.923 8 | 0.888 5 | 0.854 8 | 0.822 7 | 0.792 1 | 0.762 9 | 0.735 0 | 0.704 8 |
| 5 | 0.951 5 | 0.905 7 | 0.862 6 | 0.829 1 | 0.783 5 | 0.747 3 | 0.713 0 | 0.680 6 | 0.649 9 |
| 6 | 0.942 0 | 0.888 0 | 0.837 5 | 0.790 3 | 0.746 2 | 0.705 0 | 0.666 3 | 0.630 2 | 0.596 3 |
| 7 | 0.932 7 | 0.870 6 | 0.813 1 | 0.759 9 | 0.710 7 | 0.665 1 | 0.622 7 | 0.583 5 | 0.547 0 |
| 8 | 0.923 5 | 0.853 5 | 0.789 4 | 0.730 7 | 0.676 8 | 0.627 4 | 0.582 0 | 0.540 3 | 0.501 9 |
| 9 | 0.914 3 | 0.836 8 | 0.766 4 | 0.702 6 | 0.644 6 | 0.591 9 | 0.543 9 | 0.500 2 | 0.460 4 |
| 10 | 0.905 3 | 0.820 3 | 0.744 1 | 0.675 6 | 0.613 9 | 0.558 4 | 0.508 3 | 0.463 2 | 0.422 4 |
| 11 | 0.896 3 | 0.804 3 | 0.722 4 | 0.649 6 | 0.584 7 | 0.526 8 | 0.475 1 | 0.428 9 | 0.387 5 |
| 12 | 0.887 4 | 0.788 5 | 0.701 4 | 0.624 6 | 0.558 6 | 0.497 0 | 0.444 0 | 0.397 1 | 0.355 5 |
| 13 | 0.878 7 | 0.773 0 | 0.681 0 | 0.600 6 | 0.530 3 | 0.468 8 | 0.415 0 | 0.367 7 | 0.326 2 |
| 14 | 0.870 0 | 0.757 9 | 0.661 1 | 0.577 5 | 0.505 1 | 0.442 3 | 0.387 8 | 0.340 5 | 0.299 2 |
| 15 | 0.861 3 | 0.743 0 | 0.641 9 | 0.555 3 | 0.481 0 | 0.417 3 | 0.362 4 | 0.315 2 | 0.274 5 |
| 16 | 0.852 8 | 0.728 4 | 0.623 2 | 0.533 9 | 0.458 1 | 0.393 6 | 0.338 7 | 0.291 9 | 0.251 9 |
| 17 | 0.844 4 | 0.714 2 | 0.605 0 | 0.513 4 | 0.436 3 | 0.371 4 | 0.316 6 | 0.270 3 | 0.231 1 |
| 18 | 0.836 0 | 0.700 2 | 0.587 4 | 0.493 6 | 0.415 5 | 0.350 3 | 0.295 9 | 0.250 2 | 0.212 0 |
| 19 | 0.827 7 | 0.686 4 | 0.570 3 | 0.474 6 | 0.395 7 | 0.330 5 | 0.276 5 | 0.231 7 | 0.194 5 |
| 20 | 0.819 5 | 0.673 0 | 0.533 7 | 0.456 4 | 0.376 9 | 0.311 8 | 0.258 4 | 0.214 5 | 0.178 4 |
| 21 | 0.811 4 | 0.659 8 | 0.537 5 | 0.438 8 | 0.358 9 | 0.294 2 | 0.241 5 | 0.198 7 | 0.163 7 |
| 22 | 0.803 4 | 0.646 8 | 0.521 9 | 0.422 0 | 0.341 8 | 0.277 5 | 0.225 7 | 0.183 9 | 0.150 2 |
| 23 | 0.795 4 | 0.634 2 | 0.506 7 | 0.405 7 | 0.325 6 | 0.261 8 | 0.210 9 | 0.170 3 | 0.137 8 |
| 24 | 0.787 6 | 0.621 7 | 0.491 9 | 0.390 1 | 0.310 1 | 0.247 0 | 0.197 1 | 0.157 7 | 0.126 4 |
| 25 | 0.779 8 | 0.609 5 | 0.477 6 | 0.375 1 | 0.295 3 | 0.233 0 | 0.184 2 | 0.146 0 | 0.116 0 |
| 30 | 0.741 9 | 0.552 1 | 0.412 0 | 0.308 3 | 0.231 4 | 0.174 1 | 0.131 4 | 0.099 4 | 0.075 4 |
| 40 | 0.671 7 | 0.452 9 | 0.306 6 | 0.208 3 | 0.142 0 | 0.097 2 | 0.066 8 | 0.046 0 | 0.031 8 |
| 50 | 0.608 0 | 0.371 5 | 0.228 1 | 0.140 7 | 0.087 2 | 0.054 3 | 0.033 9 | 0.021 3 | 0.013 4 |

ACCOUNTING 会 计 学

$$PVIF = 1/(1+r)^T$$

| 10% | 12% | 14% | 15% | 16% | 18% | 20% | 24% | 28% | 32% | 36% |
|---|---|---|---|---|---|---|---|---|---|---|
| 0.909 1 | 0.892 9 | 0.877 2 | 0.869 6 | 0.862 1 | 0.847 5 | 0.833 3 | 0.806 5 | 0.781 3 | 0.757 6 | 0.735 3 |
| 0.826 4 | 0.797 2 | 0.769 5 | 0.756 1 | 0.743 2 | 0.718 2 | 0.694 4 | 0.650 4 | 0.610 4 | 0.573 9 | 0.540 7 |
| 0.751 3 | 0.711 8 | 0.675 0 | 0.657 5 | 0.640 7 | 0.608 6 | 0.578 7 | 0.524 5 | 0.476 8 | 0.434 8 | 0.397 5 |
| 0.683 0 | 0.635 5 | 0.592 1 | 0.571 8 | 0.552 3 | 0.515 8 | 0.482 3 | 0.423 0 | 0.372 5 | 0.329 4 | 0.292 3 |
| 0.620 9 | 0.567 4 | 0.519 4 | 0.497 2 | 0.476 1 | 0.437 1 | 0.401 9 | 0.341 1 | 0.291 0 | 0.249 5 | 0.214 9 |
| 0.564 5 | 0.506 6 | 0.455 6 | 0.432 3 | 0.410 4 | 0.370 4 | 0.334 9 | 0.275 1 | 0.227 4 | 0.189 0 | 0.158 0 |
| 0.513 2 | 0.452 3 | 0.399 6 | 0.375 9 | 0.353 8 | 0.313 9 | 0.279 1 | 0.221 8 | 0.177 6 | 0.143 2 | 0.116 2 |
| 0.466 5 | 0.403 9 | 0.350 6 | 0.326 9 | 0.305 0 | 0.266 0 | 0.232 6 | 0.178 9 | 0.138 8 | 0.108 5 | 0.085 4 |
| 0.424 1 | 0.360 6 | 0.307 5 | 0.284 3 | 0.263 0 | 0.225 5 | 0.193 8 | 0.144 3 | 0.108 4 | 0.082 2 | 0.062 8 |
| 0.385 5 | 0.322 0 | 0.269 7 | 0.247 2 | 0.226 7 | 0.191 1 | 0.161 5 | 0.116 4 | 0.084 7 | 0.062 3 | 0.046 2 |
| 0.350 5 | 0.287 5 | 0.236 6 | 0.214 9 | 0.195 4 | 0.161 9 | 0.134 6 | 0.093 8 | 0.066 2 | 0.047 2 | 0.034 0 |
| 0.318 6 | 0.256 7 | 0.207 6 | 0.186 9 | 0.168 5 | 0.137 2 | 0.112 2 | 0.075 7 | 0.051 7 | 0.035 7 | 0.025 0 |
| 0.289 7 | 0.229 2 | 0.182 1 | 0.162 5 | 0.145 2 | 0.116 3 | 0.093 5 | 0.061 0 | 0.040 4 | 0.027 1 | 0.018 4 |
| 0.263 3 | 0.204 6 | 0.159 7 | 0.141 3 | 0.125 2 | 0.098 5 | 0.077 9 | 0.049 2 | 0.031 6 | 0.020 5 | 0.013 5 |
| 0.239 4 | 0.182 7 | 0.140 1 | 0.122 9 | 0.107 9 | 0.083 5 | 0.064 9 | 0.039 7 | 0.024 7 | 0.015 5 | 0.009 9 |
| 0.217 6 | 0.163 1 | 0.122 9 | 0.106 9 | 0.093 0 | 0.070 8 | 0.054 1 | 0.032 0 | 0.019 3 | 0.011 8 | 0.007 3 |
| 0.197 8 | 0.145 6 | 0.107 8 | 0.092 9 | 0.080 2 | 0.060 0 | 0.045 1 | 0.025 8 | 0.015 0 | 0.008 9 | 0.005 4 |
| 0.179 9 | 0.130 0 | 0.094 6 | 0.080 8 | 0.069 1 | 0.050 8 | 0.037 6 | 0.020 8 | 0.011 8 | 0.006 8 | 0.003 9 |
| 0.163 5 | 0.116 1 | 0.082 9 | 0.070 3 | 0.059 6 | 0.043 1 | 0.031 3 | 0.016 8 | 0.009 2 | 0.005 1 | 0.002 9 |
| 0.148 6 | 0.103 7 | 0.072 8 | 0.061 1 | 0.051 4 | 0.036 5 | 0.026 1 | 0.013 5 | 0.007 2 | 0.003 9 | 0.002 1 |
| 0.135 1 | 0.092 6 | 0.063 8 | 0.053 1 | 0.044 3 | 0.030 9 | 0.021 7 | 0.010 9 | 0.005 6 | 0.002 9 | 0.001 6 |
| 0.122 8 | 0.082 6 | 0.056 0 | 0.046 2 | 0.038 2 | 0.026 2 | 0.018 1 | 0.008 8 | 0.004 4 | 0.002 2 | 0.001 2 |
| 0.111 7 | 0.073 8 | 0.049 1 | 0.040 2 | 0.032 9 | 0.022 2 | 0.015 1 | 0.007 1 | 0.003 4 | 0.001 7 | 0.000 8 |
| 0.101 5 | 0.065 9 | 0.043 1 | 0.034 9 | 0.028 4 | 0.018 8 | 0.012 6 | 0.005 7 | 0.002 7 | 0.001 3 | 0.000 6 |
| 0.092 3 | 0.058 8 | 0.037 8 | 0.030 4 | 0.024 5 | 0.016 0 | 0.010 5 | 0.004 6 | 0.002 1 | 0.001 0 | 0.000 5 |
| 0.057 3 | 0.033 4 | 0.019 6 | 0.015 1 | 0.011 6 | 0.007 0 | 0.004 2 | 0.001 6 | 0.000 6 | 0.000 2 | 0.000 1 |
| 0.022 1 | 0.010 7 | 0.005 3 | 0.003 7 | 0.002 6 | 0.001 3 | 0.000 7 | 0.000 2 | 0.000 1 | * | * |
| 0.008 5 | 0.003 5 | 0.001 4 | 0.000 9 | 0.000 6 | 0.000 3 | 0.000 1 | * | * | * | * |

# 附表 2　年金现值系数表

| T | 1% | 2% | 3% | 4% | 5% | 6% | 7% | 8% | r<br>9% |
|---|----|----|----|----|----|----|----|----|----|
| 1 | 0.990 1 | 0.980 4 | 0.970 9 | 0.961 5 | 0.952 4 | 0.943 4 | 0.934 6 | 0.925 9 | 0.917 4 |
| 2 | 1.970 4 | 1.941 6 | 1.913 5 | 1.886 1 | 1.859 4 | 1.833 4 | 1.808 0 | 1.783 3 | 1.759 1 |
| 3 | 2.941 0 | 2.883 9 | 2.828 6 | 2.775 1 | 2.723 2 | 2.673 0 | 2.624 3 | 2.577 1 | 2.531 3 |
| 4 | 3.902 0 | 3.807 7 | 3.717 1 | 3.629 9 | 3.546 0 | 3.465 1 | 3.387 2 | 3.312 1 | 3.239 7 |
| 5 | 4.853 4 | 4.713 5 | 4.579 7 | 4.451 8 | 4.329 5 | 4.212 4 | 4.100 2 | 3.992 7 | 3.889 7 |
| 6 | 5.795 5 | 5.601 4 | 5.417 2 | 5.242 1 | 5.075 7 | 4.917 3 | 4.766 5 | 4.622 9 | 4.485 9 |
| 7 | 6.728 2 | 6.472 0 | 6.230 3 | 6.002 1 | 5.786 4 | 5.582 4 | 5.389 3 | 5.206 4 | 5.033 0 |
| 8 | 7.651 7 | 7.325 5 | 7.019 7 | 6.732 7 | 6.463 2 | 6.209 8 | 5.971 3 | 5.746 6 | 5.534 8 |
| 9 | 8.566 0 | 8.162 2 | 7.786 1 | 7.435 3 | 7.107 8 | 6.801 7 | 6.515 2 | 6.246 9 | 5.995 2 |
| 10 | 9.471 3 | 8.982 6 | 8.530 2 | 8.110 9 | 7.721 7 | 7.360 1 | 7.023 6 | 6.710 1 | 6.417 7 |
| 11 | 10.367 6 | 9.786 8 | 9.252 6 | 8.760 5 | 8.306 4 | 7.886 9 | 7.498 7 | 7.139 0 | 6.805 2 |
| 12 | 11.255 1 | 10.575 3 | 9.954 0 | 9.385 1 | 8.863 3 | 8.383 8 | 7.942 7 | 7.536 1 | 7.160 7 |
| 13 | 12.133 7 | 11.348 4 | 10.635 0 | 9.985 6 | 9.393 6 | 8.852 7 | 8.357 7 | 7.903 8 | 7.486 9 |
| 14 | 13.003 7 | 12.106 2 | 11.296 1 | 10.563 1 | 9.898 6 | 9.295 0 | 8.745 5 | 8.244 2 | 7.786 2 |
| 15 | 13.865 1 | 12.849 3 | 11.937 9 | 11.118 4 | 10.379 7 | 9.712 2 | 9.107 9 | 8.559 5 | 8.060 7 |
| 16 | 14.717 9 | 13.577 7 | 12.561 1 | 11.652 3 | 10.837 8 | 10.105 9 | 9.446 6 | 8.851 4 | 8.312 6 |
| 17 | 15.562 3 | 14.291 9 | 13.166 1 | 12.165 7 | 11.274 1 | 10.477 3 | 9.763 2 | 9.121 6 | 8.543 6 |
| 18 | 16.398 3 | 14.992 0 | 13.753 5 | 12.659 3 | 11.689 6 | 10.827 6 | 10.059 1 | 9.371 9 | 8.755 6 |
| 19 | 17.226 0 | 15.678 5 | 14.323 8 | 13.133 9 | 12.085 3 | 11.158 1 | 10.335 6 | 9.603 6 | 8.950 1 |
| 20 | 18.045 6 | 16.351 4 | 14.877 5 | 13.590 3 | 12.462 2 | 11.469 9 | 10.594 0 | 9.818 1 | 9.128 5 |
| 21 | 18.857 0 | 17.011 2 | 15.415 0 | 14.029 2 | 12.821 2 | 11.764 1 | 10.835 5 | 10.016 8 | 9.292 2 |
| 22 | 19.660 4 | 17.658 0 | 15.936 9 | 14.451 1 | 13.163 0 | 12.041 6 | 11.061 2 | 10.200 7 | 9.442 4 |
| 23 | 20.455 8 | 18.292 2 | 16.443 6 | 14.856 8 | 13.488 6 | 12.303 4 | 11.272 2 | 10.374 1 | 9.580 2 |
| 24 | 21.243 4 | 18.913 9 | 16.935 5 | 15.247 0 | 13.798 6 | 12.550 4 | 11.469 3 | 10.528 8 | 9.706 6 |
| 25 | 22.023 2 | 19.523 5 | 17.413 1 | 15.622 1 | 14.093 9 | 12.783 4 | 11.653 6 | 10.674 8 | 9.822 6 |
| 30 | 25.807 7 | 22.396 5 | 19.600 4 | 17.292 0 | 15.372 5 | 13.764 8 | 12.409 0 | 11.257 8 | 10.273 7 |
| 40 | 32.834 7 | 27.355 5 | 23.114 8 | 19.792 8 | 17.159 1 | 15.046 3 | 13.331 7 | 11.924 6 | 10.757 4 |
| 50 | 39.196 1 | 31.423 6 | 25.729 8 | 21.482 2 | 18.255 9 | 15.761 9 | 13.800 7 | 12.233 5 | 10.961 7 |

$$PVIF=[1-1/(1+r)^T]/r$$

| 10% | 12% | 14% | 15% | 16% | 18% | 20% | 24% | 28% | 32% |
|---|---|---|---|---|---|---|---|---|---|
| 0.909 1 | 0.892 9 | 0.877 2 | 0.869 6 | 0.862 1 | 0.847 5 | 0.833 3 | 0.806 5 | 0.781 3 | 0.757 6 |
| 1.735 5 | 1.690 1 | 1.646 7 | 1.625 7 | 1.605 2 | 1.565 6 | 1.527 8 | 1.456 8 | 1.391 6 | 1.331 5 |
| 2.486 9 | 2.401 8 | 2.321 6 | 2.283 2 | 2.245 9 | 2.174 3 | 2.106 5 | 1.981 3 | 1.868 4 | 1.766 3 |
| 3.169 9 | 3.037 3 | 2.913 7 | 2.855 0 | 2.798 2 | 2.690 1 | 2.588 7 | 2.404 3 | 2.241 0 | 2.095 7 |
| 3.790 8 | 3.604 8 | 3.433 1 | 3.352 2 | 3.274 3 | 3.127 2 | 2.990 6 | 2.745 4 | 2.532 0 | 2.345 2 |
| 4.355 3 | 4.111 4 | 3.888 7 | 3.784 5 | 3.684 7 | 3.497 6 | 3.325 5 | 3.020 5 | 2.759 4 | 2.534 2 |
| 4.868 4 | 4.563 8 | 4.288 3 | 4.160 4 | 4.038 6 | 3.811 5 | 3.604 6 | 3.242 3 | 2.937 0 | 2.677 5 |
| 5.334 9 | 4.967 6 | 4.638 9 | 4.487 3 | 4.343 6 | 4.077 6 | 3.837 2 | 3.421 2 | 3.075 8 | 2.786 0 |
| 5.759 0 | 5.328 2 | 4.946 4 | 4.771 6 | 4.606 5 | 4.303 0 | 4.031 0 | 3.565 5 | 3.184 2 | 2.868 1 |
| 6.144 6 | 5.650 2 | 5.216 1 | 5.018 8 | 4.833 2 | 4.494 1 | 4.192 5 | 3.681 9 | 3.268 9 | 2.930 4 |
| 6.495 1 | 5.937 7 | 5.452 7 | 5.233 7 | 5.028 6 | 4.656 0 | 4.327 1 | 3.775 7 | 3.335 1 | 2.977 6 |
| 6.813 7 | 6.194 4 | 5.660 3 | 5.420 6 | 5.197 1 | 4.793 2 | 4.439 2 | 3.851 4 | 3.386 8 | 3.013 3 |
| 7.103 4 | 6.423 5 | 5.842 4 | 5.583 1 | 5.342 3 | 4.909 5 | 4.532 7 | 3.912 4 | 3.427 2 | 3.040 4 |
| 7.366 7 | 6.628 2 | 6.002 1 | 5.724 5 | 5.467 5 | 5.008 1 | 4.610 6 | 3.961 6 | 3.458 7 | 3.060 9 |
| 7.606 1 | 6.810 9 | 6.142 2 | 5.847 4 | 5.575 5 | 5.091 6 | 4.675 5 | 4.001 3 | 3.483 4 | 3.076 4 |
| 7.823 7 | 6.974 0 | 6.265 1 | 5.954 2 | 5.668 5 | 5.162 4 | 4.729 6 | 4.033 3 | 3.502 6 | 3.088 2 |
| 8.021 6 | 7.119 6 | 6.372 9 | 6.047 2 | 5.748 7 | 5.222 3 | 4.774 6 | 4.059 1 | 3.517 7 | 3.097 1 |
| 8.201 4 | 7.249 7 | 6.467 4 | 6.128 0 | 5.817 8 | 5.273 2 | 4.812 2 | 4.079 9 | 3.529 4 | 3.103 9 |
| 8.364 9 | 7.365 8 | 6.550 4 | 6.198 2 | 5.877 5 | 5.316 2 | 4.843 5 | 4.096 7 | 3.538 6 | 3.109 0 |
| 8.513 6 | 7.469 4 | 6.623 1 | 6.259 3 | 5.928 8 | 5.352 7 | 4.869 6 | 4.110 3 | 3.545 8 | 3.112 9 |
| 8.648 7 | 7.562 0 | 6.687 0 | 6.312 5 | 5.973 1 | 5.383 7 | 4.891 3 | 4.121 2 | 3.551 4 | 3.115 8 |
| 8.771 5 | 7.644 6 | 6.742 9 | 6.358 7 | 6.011 3 | 5.409 9 | 4.909 4 | 4.130 0 | 3.555 8 | 3.118 0 |
| 8.883 2 | 7.718 4 | 6.792 1 | 6.398 8 | 6.044 2 | 5.432 1 | 4.924 5 | 4.137 1 | 3.559 2 | 3.119 7 |
| 8.984 7 | 7.784 3 | 6.835 1 | 6.433 8 | 6.072 6 | 5.450 9 | 4.937 1 | 4.142 8 | 3.561 9 | 3.121 0 |
| 9.077 0 | 7.843 1 | 6.872 9 | 6.464 1 | 6.097 1 | 5.466 9 | 4.947 6 | 4.147 4 | 3.564 0 | 3.122 0 |
| 9.426 9 | 8.055 2 | 7.002 7 | 6.566 0 | 6.177 2 | 5.516 8 | 4.978 9 | 4.160 1 | 3.569 3 | 3.124 2 |
| 9.779 1 | 8.243 8 | 7.105 0 | 6.641 8 | 6.233 5 | 5.548 2 | 4.996 6 | 4.165 9 | 3.571 2 | 3.125 0 |
| 9.914 8 | 8.304 5 | 7.132 7 | 6.660 5 | 6.246 3 | 5.554 1 | 4.999 5 | 4.166 6 | 3.571 4 | 3.125 0 |

# 附表 3  复利终值系数表

| $T$ | 1% | 2% | 3% | 4% | 5% | 6% | 7% | 8% | $r$ 9% |
|---|---|---|---|---|---|---|---|---|---|
| 1 | 1.010 0 | 1.020 0 | 1.030 0 | 1.040 0 | 1.050 0 | 1.060 0 | 1.070 0 | 1.080 0 | 1.090 0 |
| 2 | 1.020 1 | 1.040 4 | 1.060 9 | 1.081 6 | 1.102 5 | 1.123 6 | 1.144 9 | 1.166 4 | 1.188 1 |
| 3 | 1.030 3 | 1.061 2 | 1.092 7 | 1.124 9 | 1.157 6 | 1.191 0 | 1.225 0 | 1.259 7 | 1.295 0 |
| 4 | 1.040 6 | 1.082 4 | 1.125 5 | 1.169 9 | 1.215 5 | 1.262 5 | 1.310 8 | 1.360 5 | 1.411 6 |
| 5 | 1.051 0 | 1.104 1 | 1.159 3 | 1.216 7 | 1.276 3 | 1.338 2 | 1.402 6 | 1.469 3 | 1.538 6 |
| 6 | 1.061 5 | 1.126 2 | 1.194 1 | 1.265 3 | 1.340 1 | 1.418 5 | 1.500 7 | 1.586 9 | 1.677 1 |
| 7 | 1.072 1 | 1.148 7 | 1.229 9 | 1.315 9 | 1.407 1 | 1.503 6 | 1.605 8 | 1.713 8 | 1.828 0 |
| 8 | 1.082 9 | 1.171 7 | 1.266 8 | 1.368 6 | 1.477 5 | 1.593 8 | 1.718 2 | 1.850 9 | 1.992 6 |
| 9 | 1.093 7 | 1.195 1 | 1.304 8 | 1.423 3 | 1.551 3 | 1.689 5 | 1.838 5 | 1.999 0 | 2.171 9 |
| 10 | 1.104 6 | 1.219 0 | 1.343 9 | 1.480 2 | 1.628 9 | 1.790 8 | 1.967 2 | 2.158 9 | 2.367 4 |
| 11 | 1.115 7 | 1.243 4 | 1.384 2 | 1.539 5 | 1.710 3 | 1.898 3 | 2.104 9 | 2.331 6 | 2.580 4 |
| 12 | 1.126 8 | 1.268 2 | 1.425 8 | 1.601 0 | 1.795 9 | 2.012 2 | 2.252 2 | 2.518 2 | 2.812 7 |
| 13 | 1.138 1 | 1.293 6 | 1.468 5 | 1.665 1 | 1.885 6 | 2.132 9 | 2.409 8 | 2.719 6 | 3.065 8 |
| 14 | 1.149 5 | 1.319 5 | 1.512 6 | 1.731 7 | 1.979 9 | 2.260 9 | 2.578 5 | 2.937 2 | 3.341 7 |
| 15 | 1.161 0 | 1.345 9 | 1.558 0 | 1.800 9 | 2.078 9 | 2.396 6 | 2.759 0 | 3.172 2 | 3.642 5 |
| 16 | 1.172 6 | 1.372 8 | 1.604 7 | 1.873 0 | 2.182 9 | 2.540 4 | 2.952 2 | 3.425 9 | 3.970 3 |
| 17 | 1.184 3 | 1.400 2 | 1.652 8 | 1.947 9 | 2.292 0 | 2.692 8 | 3.158 8 | 3.700 0 | 4.327 6 |
| 18 | 1.196 1 | 1.428 2 | 1.702 4 | 2.025 8 | 2.406 6 | 2.854 3 | 3.379 9 | 3.996 0 | 4.717 1 |
| 19 | 1.208 1 | 1.456 8 | 1.753 5 | 2.106 8 | 2.527 0 | 3.025 6 | 3.616 5 | 4.315 7 | 5.141 7 |
| 20 | 1.220 2 | 1.485 9 | 1.806 1 | 2.191 1 | 2.653 3 | 3.207 1 | 3.869 7 | 4.661 0 | 5.604 4 |
| 21 | 1.232 4 | 1.515 7 | 1.860 3 | 2.278 8 | 2.786 0 | 3.399 6 | 4.140 6 | 5.033 8 | 6.108 8 |
| 22 | 1.244 7 | 1.546 0 | 1.916 1 | 2.369 9 | 2.925 3 | 3.603 5 | 4.430 4 | 5.436 5 | 6.658 6 |
| 23 | 1.257 2 | 1.576 9 | 1.973 6 | 2.464 7 | 3.071 5 | 3.819 7 | 4.740 5 | 5.871 5 | 7.257 9 |
| 24 | 1.269 7 | 1.608 4 | 2.032 8 | 2.563 3 | 3.225 1 | 4.048 9 | 5.072 4 | 6.341 2 | 7.911 1 |
| 25 | 1.282 4 | 1.640 6 | 2.093 8 | 2.665 8 | 3.386 4 | 4.291 9 | 5.427 4 | 6.848 5 | 8.623 1 |
| 30 | 1.347 8 | 1.811 4 | 2.427 3 | 3.243 4 | 4.321 9 | 5.743 5 | 7.612 3 | 10.063 | 13.268 |
| 40 | 1.488 9 | 2.208 0 | 3.262 0 | 4.801 0 | 7.040 0 | 10.286 | 14.974 | 21.725 | 31.409 |
| 50 | 1.644 6 | 2.691 6 | 4.383 9 | 7.106 7 | 11.467 | 18.420 | 29.457 | 46.902 | 74.358 |
| 60 | 1.816 7 | 3.281 0 | 5.891 6 | 10.520 | 18.679 | 32.988 | 57.946 | 101.26 | 176.03 |

ACCOUNTING 会计学

$$FVIF = (1+r)^T$$

| 10% | 12% | 14% | 15% | 16% | 18% | 20% | 24% | 28% | 32% | 36% |
|---|---|---|---|---|---|---|---|---|---|---|
| 1.100 0 | 1.120 0 | 1.140 0 | 1.150 0 | 1.160 0 | 1.180 0 | 1.200 0 | 1.240 0 | 1.280 0 | 1.320 0 | 1.360 0 |
| 1.210 0 | 1.254 4 | 1.299 6 | 1.322 5 | 1.345 6 | 1.392 4 | 1.440 0 | 1.537 6 | 1.638 4 | 1.742 4 | 1.849 6 |
| 1.331 0 | 1.404 9 | 1.481 5 | 1.520 9 | 1.560 9 | 1.643 0 | 1.728 0 | 1.906 6 | 2.097 2 | 2.300 0 | 2.515 5 |
| 1.464 1 | 1.573 5 | 1.689 0 | 1.749 0 | 1.810 6 | 1.938 8 | 2.073 6 | 2.364 2 | 2.684 4 | 3.036 0 | 3.421 0 |
| 1.610 5 | 1.762 3 | 1.925 4 | 2.011 4 | 2.100 3 | 2.287 8 | 2.488 3 | 2.931 6 | 3.436 0 | 4.007 5 | 4.652 6 |
| 1.771 6 | 1.973 8 | 2.195 0 | 2.313 1 | 2.436 4 | 2.699 6 | 2.986 0 | 3.635 2 | 4.398 0 | 5.289 9 | 6.327 5 |
| 1.948 7 | 2.210 7 | 2.502 3 | 2.660 0 | 2.826 2 | 3.185 5 | 3.583 2 | 4.507 7 | 5.629 5 | 6.982 6 | 8.605 4 |
| 2.143 6 | 2.476 0 | 2.852 6 | 3.059 0 | 3.278 4 | 3.758 9 | 4.299 8 | 5.589 5 | 7.205 8 | 9.217 0 | 11.703 |
| 2.357 9 | 2.773 1 | 3.251 9 | 3.517 9 | 3.803 0 | 4.435 5 | 5.159 8 | 6.931 0 | 9.223 4 | 12.166 | 15.917 |
| 2.593 7 | 3.105 8 | 3.707 2 | 4.045 6 | 4.411 4 | 5.233 8 | 6.191 7 | 8.594 4 | 11.806 | 16.060 | 21.647 |
| 2.853 1 | 3.478 5 | 4.226 2 | 4.652 4 | 5.117 3 | 6.175 9 | 7.430 1 | 10.657 | 15.11 2 | 21.199 | 29.439 |
| 3.138 4 | 3.896 0 | 4.817 9 | 5.350 3 | 5.936 0 | 7.287 6 | 8.916 1 | 13.215 | 19.343 | 27.983 | 40.037 |
| 3.452 3 | 4.363 5 | 5.492 4 | 6.152 8 | 6.885 8 | 8.599 4 | 10.699 | 16.386 | 24.759 | 36.937 | 54.451 |
| 3.797 5 | 4.887 1 | 6.261 3 | 7.075 7 | 7.987 5 | 10.147 | 12.839 | 20.319 | 31.691 | 48.757 | 74.053 |
| 4.177 2 | 5.473 6 | 7.137 9 | 8.137 1 | 9.265 5 | 11.974 | 15.407 | 25.196 | 40.565 | 64.359 | 100.71 |
| 4.595 0 | 6.130 4 | 8.137 2 | 9.357 6 | 10.748 | 14.129 | 18.488 | 31.243 | 51.923 | 84.954 | 136.97 |
| 5.054 5 | 6.866 0 | 9.276 5 | 10.761 | 12.468 | 16.672 | 22.186 | 38.741 | 66.461 | 112.14 | 186.28 |
| 5.559 9 | 7.690 0 | 10.575 | 12.375 | 14.463 | 19.673 | 26.623 | 48.039 | 86.071 | 148.02 | 253.34 |
| 6.115 9 | 8.612 8 | 12.056 | 14.232 | 16.777 | 23.214 | 31.948 | 59.568 | 108.89 | 195.39 | 344.54 |
| 6.727 5 | 9.646 3 | 13.74 3 | 16.367 | 19.461 | 27.393 | 38.338 | 73.864 | 139.38 | 257.92 | 468.57 |
| 7.400 2 | 10.804 | 15.668 | 18.822 | 22.574 | 32.324 | 46.005 | 91.592 | 178.41 | 340.45 | 637.26 |
| 8.140 3 | 12.100 | 17.861 | 21.645 | 26.186 | 38.142 | 55.206 | 113.57 | 228.36 | 449.39 | 866.67 |
| 8.954 3 | 13.552 | 20.362 | 24.891 | 30.376 | 45.008 | 66.247 | 140.83 | 292.30 | 593.20 | 1 178.7 |
| 9.849 7 | 15.179 | 23.212 | 28.625 | 35.236 | 53.109 | 79.497 | 174.63 | 374.14 | 783.02 | 1 603.0 |
| 10.835 | 17.000 | 26.462 | 32.919 | 40.874 | 62.669 | 95.396 | 216.54 | 478.90 | 1 033.6 | 2 180.1 |
| 17.449 | 29.960 | 50.950 | 66.212 | 85.850 | 143.37 | 237.38 | 634.82 | 1 645.5 | 4 142.1 | 10 143 |
| 45.259 | 93.051 | 188.88 | 267.86 | 378.72 | 750.38 | 1 469.8 | 5 455.9 | 19 427 | 66 521 | * |
| 117.39 | 289.00 | 700.23 | 1 083.7 | 1 670.7 | 3 927.4 | 9 100.4 | 46 890 | * | * | * |
| 304.48 | 897.60 | 2 595.9 | 4 384.0 | 7 370.2 | 20 555 | 56 348 | * | * | * | * |

# 附表 4  年金终值系数表

| T | 1% | 2% | 3% | 4% | 5% | 6% | 7% | 8% | r<br>9% |
|---|---|---|---|---|---|---|---|---|---|
| 1 | 1.000 0 | 1.000 0 | 1.000 0 | 1.000 0 | 1.000 0 | 1.000 0 | 1.000 0 | 1.000 0 | 1.000 0 |
| 2 | 2.010 0 | 2.020 0 | 2.030 0 | 2.040 0 | 2.050 0 | 2.060 0 | 2.070 0 | 2.080 0 | 2.090 0 |
| 3 | 3.030 1 | 3.060 4 | 3.090 9 | 3.121 6 | 3.152 5 | 3.183 6 | 3.214 9 | 3.246 4 | 3.278 1 |
| 4 | 4.060 4 | 4.121 6 | 4.183 6 | 4.246 5 | 4.310 1 | 4.374 6 | 4.439 9 | 4.506 1 | 4.573 1 |
| 5 | 5.101 0 | 5.204 0 | 5.309 1 | 5.416 3 | 5.525 6 | 5.637 1 | 5.750 7 | 5.866 6 | 5.984 7 |
| 6 | 6.152 0 | 6.308 1 | 6.468 4 | 6.633 0 | 6.801 9 | 6.975 3 | 7.153 3 | 7.335 9 | 7.523 3 |
| 7 | 7.213 5 | 7.434 3 | 7.662 5 | 7.898 3 | 8.142 0 | 8.393 8 | 8.654 0 | 8.922 8 | 9.200 4 |
| 8 | 8.285 7 | 8.583 0 | 8.893 2 | 9.214 2 | 9.549 1 | 9.897 5 | 10.260 | 10.637 | 11.028 |
| 9 | 9.368 5 | 9.754 6 | 10.159 | 10.583 | 11.027 | 11.491 | 11.978 | 12.488 | 13.021 |
| 10 | 10.462 | 10.950 | 11.464 | 12.006 | 12.578 | 13.181 | 13.816 | 14.487 | 15.193 |
| 11 | 11.567 | 12.169 | 12.808 | 13.486 | 14.207 | 14.972 | 15.784 | 16.645 | 17.560 |
| 12 | 12.683 | 13.412 | 14.192 | 15.026 | 15.917 | 16.870 | 17.888 | 18.977 | 20.141 |
| 13 | 13.809 | 14.680 | 15.618 | 16.627 | 17.713 | 18.882 | 20.141 | 21.495 | 22.953 |
| 14 | 14.947 | 15.974 | 17.086 | 18.292 | 19.599 | 21.015 | 22.550 | 24.215 | 26.019 |
| 15 | 16.097 | 17.293 | 18.599 | 20.024 | 21.579 | 23.276 | 25.129 | 27.152 | 29.361 |
| 16 | 17.258 | 18.639 | 20.157 | 21.825 | 23.657 | 25.673 | 27.888 | 30.324 | 33.003 |
| 17 | 18.430 | 20.012 | 21.762 | 23.698 | 25.840 | 28.213 | 30.840 | 33.750 | 36.974 |
| 18 | 19.615 | 21.412 | 23.414 | 25.645 | 28.132 | 30.906 | 33.999 | 37.450 | 41.301 |
| 19 | 20.811 | 22.841 | 25.117 | 27.671 | 30.539 | 33.760 | 37.379 | 41.446 | 46.018 |
| 20 | 22.019 | 24.297 | 26.870 | 29.778 | 33.066 | 36.786 | 40.995 | 45.762 | 51.160 |
| 21 | 23.239 | 25.783 | 28.676 | 31.969 | 35.719 | 39.993 | 44.865 | 50.423 | 56.765 |
| 22 | 24.472 | 27.299 | 30.537 | 34.248 | 38.505 | 43.392 | 49.006 | 55.457 | 62.873 |
| 23 | 25.716 | 28.845 | 32.453 | 36.618 | 41.430 | 46.996 | 53.436 | 60.893 | 69.532 |
| 24 | 26.973 | 30.422 | 34.426 | 39.083 | 44.502 | 50.816 | 58.177 | 66.765 | 76.790 |
| 25 | 28.243 | 32.030 | 36.459 | 41.646 | 47.727 | 54.865 | 63.249 | 73.106 | 84.701 |
| 30 | 34.785 | 40.568 | 47.575 | 56.085 | 66.439 | 79.058 | 94.461 | 113.28 | 136.31 |
| 40 | 48.886 | 60.402 | 75.401 | 95.026 | 120.80 | 154.76 | 199.64 | 259.06 | 337.88 |
| 50 | 64.463 | 84.579 | 112.80 | 152.67 | 209.35 | 290.34 | 406.53 | 573.77 | 815.08 |
| 60 | 81.670 | 114.05 | 163.05 | 237.99 | 353.58 | 533.13 | 813.52 | 1 253.2 | 1 944.8 |

$$\text{FVIFA} = [(1+r)^T - 1]/r$$

| 10% | 12% | 14% | 15% | 16% | 18% | 20% | 24% | 28% | 32% | 36% |
|---|---|---|---|---|---|---|---|---|---|---|
| 1.000 0 | 1.000 0 | 1.000 0 | 1.000 0 | 1.000 0 | 1.000 0 | 1.000 0 | 1.000 0 | 1.000 0 | 1.000 0 | 1.000 0 |
| 2.100 0 | 2.120 0 | 2.140 0 | 2.150 0 | 2.160 0 | 2.180 0 | 2.200 0 | 2.240 0 | 2.280 0 | 2.320 0 | 2.360 0 |
| 3.310 0 | 3.374 4 | 3.439 6 | 3.472 5 | 3.505 6 | 3.572 4 | 3.640 0 | 3.777 6 | 3.918 4 | 4.062 4 | 4.209 6 |
| 3.641 0 | 4.779 3 | 4.921 1 | 4.993 4 | 5.066 5 | 5.215 4 | 5.368 0 | 5.684 2 | 6.015 6 | 6.362 4 | 6.725 1 |
| 6.105 1 | 6.352 8 | 6.610 1 | 6.742 4 | 6.877 1 | 7.154 2 | 7.441 6 | 8.048 4 | 8.699 9 | 9.398 3 | 10.146 |
| 7.715 6 | 8.115 2 | 8.535 5 | 8.753 7 | 8.977 5 | 9.442 0 | 9.929 9 | 10.980 | 12.136 | 13.406 | 14.799 |
| 9.487 2 | 10.089 | 10.730 | 11.067 | 11.414 | 12.142 | 12.916 | 14.615 | 16.534 | 18.696 | 21.126 |
| 11.436 | 12.300 | 13.233 | 13.727 | 14.240 | 15.327 | 16.499 | 19.123 | 22.163 | 25.678 | 29.732 |
| 13.579 | 14.776 | 16.085 | 16.786 | 17.519 | 19.086 | 20.799 | 24.712 | 29.369 | 34.895 | 41.435 |
| 15.937 | 17.549 | 19.337 | 20.304 | 21.321 | 23.521 | 25.959 | 31.643 | 38.593 | 47.062 | 57.352 |
| 18.531 | 20.655 | 23.045 | 24.349 | 25.733 | 28.755 | 32.150 | 40.238 | 50.398 | 63.122 | 78.998 |
| 21.384 | 24.133 | 27.271 | 29.002 | 30.850 | 34.931 | 39.581 | 50.895 | 65.510 | 84.320 | 108.44 |
| 24.523 | 28.029 | 32.089 | 34.352 | 36.786 | 42.219 | 48.497 | 64.110 | 84.853 | 112.30 | 148.47 |
| 27.975 | 32.393 | 37.581 | 40.505 | 43.672 | 50.818 | 59.196 | 80.496 | 109.61 | 149.24 | 202.93 |
| 31.772 | 37.280 | 43.842 | 47.580 | 51.660 | 60.965 | 72.035 | 100.82 | 141.30 | 198.00 | 276.98 |
| 35.950 | 42.753 | 50.980 | 55.717 | 60.925 | 72.939 | 87.442 | 126.01 | 181.87 | 262.36 | 377.69 |
| 40.545 | 48.884 | 59.118 | 65.075 | 71.673 | 87.068 | 105.93 | 157.25 | 233.79 | 347.31 | 514.66 |
| 45.599 | 55.750 | 68.394 | 75.836 | 84.141 | 103.74 | 128.12 | 195.99 | 300.25 | 459.45 | 700.94 |
| 51.159 | 64.440 | 78.969 | 88.212 | 98.603 | 123.41 | 154.74 | 244.03 | 385.32 | 607.47 | 954.28 |
| 57.275 | 72.052 | 91.025 | 102.44 | 115.38 | 146.63 | 186.69 | 303.60 | 494.21 | 802.86 | 1 298.8 |
| 64.002 | 81.699 | 104.77 | 118.81 | 134.84 | 174.02 | 225.03 | 377.46 | 633.59 | 1 060.8 | 1 767.4 |
| 71.403 | 92.503 | 120.44 | 137.63 | 157.41 | 206.34 | 271.03 | 469.06 | 812.00 | 1 401.2 | 2 404.7 |
| 79.543 | 104.60 | 138.30 | 159.28 | 183.60 | 244.49 | 326.24 | 582.63 | 1 040.4 | 1 850.0 | 3 271.3 |
| 88.497 | 118.16 | 158.66 | 184.17 | 213.98 | 289.49 | 392.48 | 723.46 | 1 332.7 | 2 443.8 | 4 450.0 |
| 98.347 | 133.33 | 181.87 | 212.79 | 249.21 | 342.60 | 471.98 | 898.09 | 1 706.8 | 3 226.8 | 6 053.0 |
| 164.49 | 241.33 | 356.79 | 434.75 | 530.31 | 790.95 | 1 181.9 | 2 640.9 | 5 873.2 | 12 941 | 28 172.3 |
| 442.59 | 767.09 | 1 342.0 | 1 779.1 | 2 360.8 | 4 163.2 | 7 343.9 | 22 729 | 69 377 | * | * |
| 1 163.9 | 2 400.0 | 4 994.5 | 7 217.7 | 10 436 | 21 813 | 45 497 | * | * | * | * |
| 3 034.8 | 7 471.6 | 18 535 | 29 220 | 46 058 | * | * | * | * | * | * |

# 教师服务

　　感谢您选用清华大学出版社的教材！为了更好地服务教学，我们为授课教师提供本书的教学辅助资源，以及本学科重点教材信息。请您扫码获取。

**》教辅获取**

本书教辅资源，授课教师扫码获取

**》样书赠送**

**会计学类**重点教材，教师扫码获取样书

 清华大学出版社

E-mail: tupfuwu@163.com

电话: 010-83470332 / 83470142

地址: 北京市海淀区双清路学研大厦 B 座 509

网址: https://www.tup.com.cn/

传真: 8610-83470107

邮编: 100084